東京大学ものづくり経営研究シリーズ

建築ものづくり論

Architecture as "Architecture"

藤本隆宏・野城智也
安藤正雄・吉田 敏
編

有斐閣
YUHIKAKU

はしがき

　われわれは，建築学および経営学・経済学を専門とする研究者による文理混成チームである。2006 年以来，文理融合の「建築ものづくり研究会」を，隔月に 1 回のペースで東京大学生産技術研究所や経済学研究科所属の「ものづくり経営研究センター」(MMRC) で開催し，現場見学も含め，多くの研究交流やディスカッションを行ってきた。本書はその成果の一部である。

　そもそもこの研究会は，駒場の野城・吉田（当時）と本郷の藤本・渡邊（当時）の出会いによりスタートした。2005 年 12 月のことである。当時，「設計形式における思想」としてのアーキテクチャ概念を用いてさまざまな産業・企業の競争力分析を開始していた藤本と，建築学にサービス概念を導入した野城が意気投合したのである。そこに安藤，志手，富田，向井，森がメンバーとして加わった。

　最初から出版の構想があったわけではなく，当初は「アーキテクチャは建築そのものだよね」「建築学と経営・経済学のコラボレーションで何か面白い研究できないか」といったところから話が始まった。互いの研究内容を紹介することから始まり，テーマを決めずにそれぞれの問題関心を出し合った。アウトプットが見えなくても，議論が面白いからとメンバー一同，会の雰囲気を楽しんでいる節さえあった。

　こうして 3 年が経過した頃，有斐閣で出版の話が持ち上がった。同社既刊の『ビジネス・アーキテクチャ』は当初，勘違いされて書店の建築本コーナーに置かれることも多かったが，今回は建築産業のアーキテクチャ論，ものづくり論なので，堂々と建築コーナーにも置かせて頂こうということになった。

　本書副題は，Architecture as "Architecture" と題したが，もともとアーキテクチャ論の源流は，建築学の大家クリストファー・アレグザンダーにあった。しかし，その後，十分議論がなされてきたとは言いがたい。むしろ機械・電子工学やソフトウェア工学，経営学などの分野で精緻化されたのである。とくに経営学では，産業・企業の戦略や競争力の分析ツールとして発展を遂げた。このアーキテクチャ論がおよそ半世紀を経て，建築産業・企業分析のツールとして舞い戻ったのである。

本書執筆当初のそれぞれの期待は概ね次のとおりである。建築学者にとっては，アーキテクチャ論，ものづくり論から見た建築産業がどのようにとらえられるのか。経営・経済学者にとっては，未知の産業であった建築産業のものづくりとはいかなるものなのか。執筆作業は，まず各々の専門領域を活かした建築分析からスタートしたが，文理混成チームということもあり，いざ執筆を始めてみると，アーキテクチャ概念ひとつとっても，擦り合わせが必要であった。開催回数は，9年間で約50回，現場見学，外部研究者招聘も行うなど，多くの研究交流も行ってきた。このような知的興奮を共有する時間を持てたことは執筆者一同，望外の喜びである。分析対象や分析のアプローチはいずれも，当初の構想を大幅に超え，より広く深く発展させることができた。その内容は本書に凝縮されている。

　文理混成チームにもかかわらずここまで長い期間継続してこられたのは，筆者ら全員に共通する，日本の建築産業に強い現場を残したいという思いがあったからである。執筆中には，リーマン・ショックによる急激な需要減があり，建築産業から多くの人材と企業が離れていった。その後，東日本大震災が残した未曾有の惨禍からの復興や，2020年の東京オリンピックの開催決定による急激な需要増が招来したが，建築産業の就業人口はほとんど増えていない。その結果，人材の量的不足による，建設物価の大幅高騰と，工期の遅延が生まれている。過去10年に建築産業に起きた諸事象は，日本の建築産業が持っている強みと弱みを露呈した。それらは，本書が多岐にわたって論じる建築産業の特質や構造を反映したものである。地殻変動の活動期と経済社会の転換点を迎え，建築産業は，自らの特質や構造を見つめ直したうえで，その将来を構想し行動しなければならなくなっている。激動の時代に直面し，本書が学界・実務界において日本の建築業の将来を考える一助になれば幸いである。

　本書の執筆にあたっては，学界・実務界それぞれにおいて多くの方々にお世話になった。御名前をあげることはできないが，ここに記して感謝申し上げたい。最後に，有斐閣編集部藤田裕子さんにも深謝申し上げたい。本書の構想から6年もの間，毎回研究会に出席し，辛抱強くおつきあい頂いた。本書は執筆者が多く，統一感を持たせるための編集作業ではご苦労が絶えなかったのではと推察される。改めて御礼申し上げる。

　　2015年4月

執筆者一同

執筆者紹介 （執筆順，☆は編者）

☆**藤本隆宏**（ふじもと たかひろ）　　　　第1章；序章・第7章・第9章・第11章・終章（共同執筆）
1955年生まれ。現在，東京大学大学院経済学研究科教授
主要著作　『ものづくりからの復活：円高・震災に現場は負けない』日本経済新聞出版社，2012年。『「人工物」複雑化の時代：設計立国日本の産業競争力』（編）有斐閣，2013年。

☆**野城智也**（やしろ ともなり）　　　　　　　　　　　第4章；序章・第11章・終章（共同執筆）
1957年生まれ。現在，東京大学生産技術研究所教授
主要著作　『サービス・プロバイダー：都市再生の新産業論』彰国社，2003年。『住宅にも履歴書の時代：住宅履歴情報のある家が当たり前になる』（共著）大成出版社，2009年。

☆**安藤正雄**（あんどう まさお）　　　　　第2章；序章・第5章・第6章・終章（共同執筆）
1948年生まれ。現在，千葉大学名誉教授
主要著作　『変革期における建築産業の課題と将来像：その市場・産業・職能はどのように変わるのか』（共著）日本建築学会，2007年。『マネジメント時代の建築企画』（共著）技報堂出版，2004年。

☆**吉田　敏**（よしだ さとし）　　　　　　　　　　第3章；第5章・第6章・終章（共同執筆）
1963年生まれ。現在，産業技術大学院大学産業技術研究科教授
主要著作　『技術経営：MOTの体系と実践』（編）理工図書，2012年。『Beyond Innovation：「イノベーションの議論」を超えて』（共著）丸善プラネット，2009年。

志手一哉（しで かずや）　　　　　　　　　　　　　　　　　　　　第7章・終章（共同執筆）
1971年生まれ。現在，芝浦工業大学工学部准教授
主要著作　「総合建設業の研究開発活動における対顧客ポジショニングの変化：集合住宅と半導体工場の比較」『日本建築学会計画系論文集』（共同執筆）第76巻668号，2011年，1929-1935頁。「大型タワー型マンションにおけるフリープラン対応構造体と住戸計画の関係性：板状型との比較分析を通じて」『日本建築学会計画系論文集』（共同執筆）第77巻676号，2012年，1415-1422頁。

富田純一（とみた じゅんいち）　　　　第8章，第Ⅰ部～第Ⅲ部の流れと位置づけ；終章（共同執筆）
1974年生まれ。現在，東洋大学経営学部准教授
主要著作　「生産財開発における提案プロセスとダイナミックな評価能力」『The Journal of Japanese Operations Management and Strategy』第3巻1号，2012年，91-107頁。「旭硝子『ルミフロン』：バックセルによる市場開拓」藤本隆宏・桑嶋健一編『日本型プロセス産業：ものづくり経営学による競争力分析』有斐閣，2009年，第12章。

向井悠一朗（むかい ゆういちろう）　　　　　　　　　　　第9章・第10章・終章（共同執筆）
1986年生まれ。現在，高崎経済大学経済学部講師
主要著作　「高付加価値船に集中する韓国造船業」『赤門マネジメントレビュー』（共同執筆）第14巻3号，2015年，169-188頁。"Technological Change from Analog to Digital: Aircraft Engine Control System," *Annals of Business Administrative Science*, Vol. 13, 2014, pp. 329-342.

渡邊泰典（わたなべ やすのり）　　　　　　　　　　　　　　　　第10章・終章（共同執筆）
1974年生まれ。現在，多摩大学グローバルスタディーズ学部准教授
主要著作　"A Monotone Comparative Statics Result on Contract Incompletenes," *Economics Bulletin*, Vol. 4, No. 16, 2008, pp. 1-8.「Black-Scholes Martingale Model: An Algorithm Analysis」『多摩大学グローバルスタディーズ学部紀要』2010年。

森泰一郎（もり たいいちろう）　　　　　　　　　　　　　　　　　第10章・終章（共同執筆）
1988年生まれ。現在，ラクスル株式会社勤務

目　次

序　章　建築の「ものづくり分析」を行う意味
　　　　　　　　　　　　　　　　藤本隆宏・野城智也・安藤正雄　　1

1　なぜ建築業のものづくり分析を行うのか …………………………… 1
　1.1　問題意識：「普通のものづくり産業」としての建築業　　1
　1.2　既往研究(1)：建築学における建設産業研究　　3
　1.3　既存研究(2)：公共工事の経済学的研究　　5
　1.4　本書の立場：民間建築業における設計概念の重要性　　7

2　ものづくり経営学と建築学 ……………………………………………… 9
　2.1　建築学における「ものづくり」研究　　9
　2.2　「広義のものづくり論」と建築　　11
　2.3　ものづくり経営学と建築学のコラボレーションの成果は？　　12

3　本書の構成 ………………………………………………………………… 15

第Ⅰ部◆ものづくり経営学から見た建築

第1章　建築物と「広義のものづくり」分析　　　　　藤本隆宏　　19

1　「広義のものづくり」とは：良い設計の良い流れ ………………… 19

2　建築物のものづくり分析(1)：ストック側面 ………………………… 21
　2.1　建築物への基本概念の適用　　21
　2.2　固有技術としての建築学　　24
　2.3　建築のアーキテクチャ　　26

3　建築物のものづくり分析(2)：建築物のフロー側面 ……………… 34
　3.1　設計者と利用者の分業　　34
　3.2　利用プロセス　　34
　3.3　設計プロセス　　37
　3.4　実現（realization）プロセス　　39

4　建築における設計循環の全体像 ……………………………………… 41
　4.1　製品・工程のストック・フロー　　41

4.2　設計情報の循環としての「ものづくり」　*42*
　　4.3　流れの制御と「ものづくり組織能力」　*43*
　5　建築物の機能と構造 ……………………………………………… *44*
　　5.1　人工物の構造・操作・機能　*44*
　　5.2　建築物の構造・操作・機能　*45*
　　5.3　建築物の「機能」のわかりにくさ　*46*
　6　建築の産業分析：現場発の視点から ……………………………… *48*
　　6.1　分析枠組み　*48*
　　6.2　他産業との知識共有をめざして　*49*
　　6.3　建築物・建築プロセス・顧客システム　*51*
　　6.4　競争力と価値実現：価格が機能を反映しない　*52*
　　6.5　建設企業のものづくり組織能力　*54*
　　6.6　建築物の設計思想（アーキテクチャ）　*56*
　まとめ：新たな視点からの建築産業論 ………………………………… *57*

第2章　日本型建築生産システムの成立とその強み・弱み

　　　　　　　　　　　　　　　　　　　　　　　安藤正雄　*61*
　　　　ゼネコンを中心とした擦り合わせ型アーキテクチャの形成と課題

　はじめに …………………………………………………………………… *61*
　1　日本の建設産業の強み：取引リスクと関係レントによる説明 …… *62*
　2　日本型建築生産システムの特性 ……………………………………… *66*
　　2.1　ゼネコンによるレント独占と発注者の利害　*66*
　　2.2　市場と市場における行動様式の特性　*68*
　　2.3　建築産業の組織間関係と組織の行動特性　*69*
　　2.4　価格の不確定性　*71*
　　2.5　生産プロセスとアーキテクチャの特性　*73*
　3　転換を境に最大化した構造的リスク：強みが弱みに …………… *76*
　4　持続可能な建築産業像と強みの保持に向けて …………………… *79*
　　4.1　持続可能な市場のイメージ　*79*
　　4.2　発注者の役割の顕在化と多様な調達方式の必要性　*79*
　　4.3　新たな市場とものづくりのアーキテクチャ　*81*
　　4.4　建築産業の技術革新力と魅力の保持　*84*
　5　設計施工一貫方式の今後 …………………………………………… *86*

  5.1 日本の設計施工一貫方式と欧米のデザインビルドは別物 *86*
  5.2 日本と欧米における CM，DB のアーキテクチャの位置取り戦略 *87*
  5.3 買手市場におけるデザインビルドのグローバルな潮流 *90*
  5.4 インテグラルな日本の建築産業のゆくえ *98*

第3章　建築における価値創造 ───────────── 吉田敏　*103*
    建築設計，建築施工において求められる「機能」の実現

 はじめに ……………………………………………………………… *103*
 1 建築の競争環境：発注側，受注側ともにジレンマを抱える仕組み
   …………………………………………………………………… *103*
  1.1 つくる前に契約をしなければならない発注者のジレンマ *104*
  1.2 建築分野の慣行を推し進めることによる受注者のジレンマ *106*
  1.3 発注者と受注者にとっての危険性 *109*
 2 建築分野における健全な競争環境の構築 ………………………… *119*
  2.1 設計プロセスの精査 *121*
  2.2 つくり手による機能と使い手による機能の相違 *125*
  2.3 価値共創の概念と建築における「発生機能」の差異 *132*
  2.4 建築に必要な使い手視点の価値創造 *134*
 3 建築におけるこれからの価値創造の方向性 ……………………… *136*

第4章　プロダクトからサービスへ ─────────── 野城智也　*139*
 1 人工物としての建築と建築の機能 ………………………………… *139*
  1.1 建築が提供するサービスが問われている *139*
  1.2 建築を使いこなし，その機能を引き出す *141*
 2 市場の変容と建築の考え方の変化 ………………………………… *143*
  2.1 ストックの時代からフローの時代へ *143*
  2.2 経時的カスタマイゼーションという考え方 *145*
  2.3 海外市場でも賢い住まい方・使い方を支えるエンジニアリングが
    求められている *147*
 3 使い方・住まい方のカスタマイゼーションへ …………………… *148*
  3.1 生活の質を向上させる機能のカスタマイゼーション *148*
  3.2 スマート建築の本当の意義 *150*
 4 ストック時代の産業枠組み ………………………………………… *152*

 4.1 プロシューマー　*152*
 4.2 サービス・プロバイダーという業態　*153*
 4.3 垂直統合の桎梏を越えて　*155*
5　サービス・プロバイダーのビジネスモデル　*156*
 5.1 事例1：「すまいのコンシェルジェ」　*156*
 5.2 事例2：機器・部品のリース・レンタルによる機能売り　*159*
 5.3 事例3：エネルギーを賢く使うためのサービス　*160*
6　サービス・プロバイダーが定着・展開するための諸条件　*166*
 おわりに　*169*

第Ⅱ部 ◆ 建築ものづくりの特徴

第5章　建築の特徴のとらえ方 ─── 吉田敏・安藤正雄　*173*
これまでのつくり手の視点から使い手の視点へ

1　建築の基本的な特徴　*173*
 1.1 単品受注生産としての建築の特徴　*174*
 1.2 機能面に課題が残る建築設計　*177*
 1.3 標準化や生産システムの固定に課題が残る建築施工　*179*
 1.4 発注方法と機能・構造・工程創造の関係性　*182*
 1.5 機能・構造・工程創造における顧客システムの影響　*184*
2　類型化による建築の全体像の把握　*188*
 2.1 現状の類型化の問題点　*189*
 2.2 使い手から見た類型化の必要性　*192*
3　価値創造の視点から見る建築の類型化　*194*
 3.1 建築の主要機能に着目した類型化　*196*
 3.2 ユーザーの特徴から見る類型化　*199*
 3.3 ユーザーの要望の特徴から見る類型化　*203*
4　多様な建築に関する正確な理解の必要性　*208*

第6章　「アーキテクチャ」から見た日本の建築ものづくり
─── 安藤正雄・吉田敏　*211*

1　はじめに　*211*
 1.1 アーキテクチャと建築　*211*

1.2 アーキテクチャによる建築ものづくり分析　212
  1.3 本章の構成　213
 2 建築ものづくりの「アーキテクチャ」による記述 ………………… 214
  2.1 機　　能　214
  2.2 構　　造　217
  2.3 機能－構造　221
  2.4 機能－構造－工程　230
 3 日本の建築ものづくりのアーキテクチャ ……………………… 236
  3.1 日本の建築における「構造」のアーキテクチャの傾向　237
  3.2 国内建築の「機能－構造」のアーキテクチャの傾向　240
 4 日本の建築における機能－構造－工程－生産組織の関係性 …… 244
 5 構成要素の重層性から見たアーキテクチャの特性 …………… 246
  5.1 アーキテクチャのポジショニング　246
  5.2 3階層のポジショニング分析による建築生産システムの評価　249
 6 建築産業の組織特性と製品アーキテクチャの関係性 ………… 258
  6.1 日本の建築組織間の擦り合わせを前提とした関係性　258
  6.2 建築におけるモジュラー化とオープン化　260
  6.3 国内建築産業におけるモジュラー化の促進によるメリットとデメリット　264
 7 構造－工程アーキテクチャを擦り合わせる構工法計画 ……… 267
  7.1 複合化構法と多工区同期化工法　267
  7.2 インターフェイス・マトリクスによる多工区同期化構工法計画　271
 8 建築ものづくりのアーキテクチャとBIM ……………………… 282
  8.1 BIMとアーキテクチャの型の整合性　282
  8.2 アーキテクチャから見たBIMの課題　286
  8.3 DBとBIM　288
  8.4 インテグラルか，モジュラーか　290

第7章　建築におけるアーキテクチャの位置取り戦略
―――――――――― 志手一哉・藤本隆宏　295

はじめに ………………………………………………………………… 295
 1 アーキテクチャの位置取り戦略とは ………………………… 296
  1.1 中アーキテクチャと外アーキテクチャ　296

1.2 アーキテクチャ・ポジションの4類型　*298*
　　1.3 アーキテクチャのポートフォリオ（合わせ技）戦略　*303*
2 日本の建築物とアーキテクチャの位置取り ································ *304*
　　2.1 利用システムの機能要求・意匠要求・制約条件と外アーキテクチャ　*304*
　　2.2 建築物自体の機能要求・意匠要求・制約条件と中アーキテクチャ　*306*
3 建築物のアーキテクチャ位置取り戦略の諸類型 ····················· *308*
4 人工物の階層構造と中外アーキテクチャの分析 ····················· *310*
5 住宅分野の分析 ··· *312*
　　5.1 戸建住宅　*312*
　　5.2 マンション　*319*
6 非住宅分野の分析 ·· *323*
　　6.1 製造施設（ハイテク分野）　*323*
　　6.2 賃貸オフィス　*328*
　　6.3 病　　院　*333*
7 その他の分野 ·· *338*
　　7.1 リフォーム・リニューアル（R&R）市場　*338*
　　7.2 海外市場　*345*
8 ま と め ··· *351*
　　8.1 建築物のタイプとアーキテクチャ戦略　*351*
　　8.2 中アーキテクチャ・外アーキテクチャとプロセス改善　*353*
　　8.3 建築生産プロセスとポジショニング戦略　*355*
　　8.4 ポジショニングを考慮した建築マネジメントへ　*356*

第Ⅲ部◆建築ものづくりにおける課題と展望

第8章　建築の顧客 ――――――――――――― 富田純一　*361*
　　　　　　建築は誰が評価するのか

1 建築の顧客とは ··· *361*
2 顧客システム ·· *364*
3 建築物の顧客システム ··· *367*
4 建築の顧客システムの分析 ··· *373*
　　4.1 刑務所：島根あさひ社会復帰促進センターの事例　*376*

4.2　市庁舎：立川市役所の事例　*381*
　4.3　同窓会館：A会館の事例　*384*

5　ディスカッション ………………………………………………………… *387*
　5.1　顧客システム・アプローチの有効性　*387*
　5.2　顧客システム知識の蓄積　*388*

おわりに ……………………………………………………………………… *389*

第9章　建築物の価格設定　――――――向井悠一朗・藤本隆宏　*393*
　　　　　建築物の価格はなぜ決まりにくいのか

はじめに ……………………………………………………………………… *393*

1　建築価格決定の不確実性・不安定性 ………………………………… *394*

2　機能と価格に関する従来の経済分析 ………………………………… *397*

3　建築物の価格設定の特徴と進化 ……………………………………… *400*
　3.1　人工物・経済財としての建物の特徴　*400*
　3.2　価格の根拠：留保価格とマークアップ価格　*401*
　3.3　日本の建物価格設定ルーチンの発生　*402*
　3.4　結果としての価格設定ルーチンの構造　*403*
　3.5　価格設定ルーチンの機能と逆機能　*404*
　3.6　日本の自動車産業との類似点と相違点　*404*

4　個別の建物（物件）取引における価格 ……………………………… *405*
　4.1　分析の前提　*406*
　4.2　マンションの場合　*408*
　4.3　戸建て注文住宅の場合　*411*
　4.4　リフォームの場合　*415*

5　建築の価格設定に関する問題解決に向けて ………………………… *416*

おわりに ……………………………………………………………………… *419*

第10章　建築産業の契約に関する分析
　　　　　――――――渡邊泰典・森泰一郎・向井悠一朗　*423*
　　　　　ゲーム理論と情報の経済学の応用

はじめに ……………………………………………………………………… *423*

1　ゲーム理論 ……………………………………………………………… *424*
　1.1　ゲーム理論とは何か　*424*

1.2　囚人のジレンマ　425
　1.3　囚人のジレンマの解消と繰り返しゲーム　426
2　情報の経済学 …………………………………………………… 429
3　基本的な契約モデル …………………………………………… 431
　3.1　逆選択　431
　3.2　モラルハザード　432
　3.3　逆選択とモラルハザードの混合（False Moral Hazard モデル）　434
4　契約後に生じる事態への対処 ………………………………… 434
　4.1　バジャリ＝タデリス・モデル　434
　4.2　仕様・設計変更に関するモデル　436
　4.3　発注者と受注者間のプリンシパル・エージェント問題の解消　439
　まとめ ……………………………………………………………… 441

第11章　建築の組織論　————————　野城智也・藤本隆宏　445
　　　　　　どのような組織，どのようなマネジャーが必要か

1　はじめに：なぜ，統合者（system integrator）が重要か ……… 445
2　製造業の製品開発プロセスにおける統合者（開発リーダー）のあり方
　　…………………………………………………………………… 449
3　建築の活動はプロジェクトを基盤とする …………………… 452
　3.1　プロジェクト組織とは何か　452
　3.2　グロアクによるテクノロジー・パラダイム論　454
　3.3　巨大建築物における設計・生産組織のあり方：仮説　457
4　建築プロジェクトにおけるシステム統合にかかわる論点 … 459
　4.1　論点1：設計生産インターフェイスのあいまい性　459
　4.2　論点2：プロジェクト組織における内部調整構造の変化　462
　4.3　論点3：プロジェクト組織の外部連携の拡大　466
　4.4　論点4：技術課題の相互関連性　467
5　建築プロジェクトにおけるまとめあげの事例 ……………… 469
　5.1　設計者による直営方式の系譜　470
　5.2　施工・生産者によるイニシアティブの系譜　470
　5.3　円卓定期定例会議：現代社会におけるまとめあげの一様態　471
6　建築プロジェクトにおける統合者像 ………………………… 474

終　章　建築産業のものづくりのあり方 ──── 執筆者一同　*479*

1 本書が提示した論点 ……………………………………………… *480*

2 浮かび上がってきた建築産業の課題 …………………………… *483*

3 今後の展望と提言 ………………………………………………… *486*

　3.1　建物は複雑化するのか　*487*

　3.2　アーキテクチャ発想の能力構築競争　*489*

　3.3　新たな形式の人工物創造能力の向上　*491*

　3.4　優れたディマンドチェーンの構築と進化　*493*

4 結語：開かれた建築業を目指して ……………………………… *493*

本書のコピー，スキャン，デジタル化等の無断複製は著作権法上での例外を除き禁じられています。本書を代行業者等の第三者に依頼してスキャンやデジタル化することは，たとえ個人や家庭内での利用でも著作権法違反です。

序章	
	建築の「ものづくり分析」を行う意味

藤本隆宏
野城智也
安藤正雄

1 なぜ建築業のものづくり分析を行うのか

1.1 問題意識:「普通のものづくり産業」としての建築業

　本書は,とかく特殊なもの,特殊な世界と見られがちな建築物および建築業を,できるだけ「普通の人工物」「普通のものづくり産業」として分析することによって,新たな知見や発見を得られないか,という共通の動機で書かれている。建築業と他の産業(たとえば自動車産業やサービス業)との間に新たな共通点が見つかれば,それだけ両者の間での相互学習が進み,それは建築業にも他産業にも,将来へ向けての有益な知識や知恵をもたらすのではないか。そう考えたわれわれは,建築学を専門とする研究者と,産業一般の分析を行う経営学者・経済学者が定期的に集まって議論する「建築ものづくり研究会」を東京大学で数年間続けてきた。本書はその一つの成果である。

　むろん,建築物にも建築業にも,それ特有の特殊性があることは了解している。それを無視した乱暴な議論をしようというわけではない。しかし逆に,「建築業はあらゆる面で他の産業とは異なる特殊な世界だ」とも考えていない。むしろ,一般に考えられている以上に,建築業と他産業は共通点が多く,これまで見落としていた相互学習の機会がまだまだあるとわれわれは考えた。言い換えれば「普通の製造業やサービス業の産業論理が建築業にも意外に使えるぞ」,あるいは「建築業の長年の知恵がある種の製造業やサービス業で役に立

つぞ」といった知見や発見を期待した。

　そこでわれわれは，議論の起点として，「建築物は自動車やコンピュータと共通の人工物である」「建築業は自動車産業やコンピュータ産業と共通点を持つものづくり産業である」という「普遍仮説」から出発することを選んだ。逆に「建築物も建築業も他の製品や産業とはまったく性質が異なる」という「特殊仮説」から議論を始めてしまうと，へたをすれば「特殊なものは特殊だ」という一種の思考停止に陥り，「建築は特殊な世界なのだから放っておいてくれ」という「引きこもり」的な建築産業論に偏ってしまうのではないかと危惧したからである。

　もっとも「普遍仮説」から議論を始めたとしても，それはある部分では反証され「やはり建築には建築独特の世界があった」という結論に回帰するかもしれない。しかし，それはそれでよいのである。本書の目的は「普遍仮説」を証明することではない。本書の狙いは，建築業は他の産業の知識や知恵をどこまで活用できるのかを知ること，つまり「普遍仮説」と「特殊仮説」の境界を見極めることなのである。われわれがあえて「建築業も，結局はものづくり産業の一種だ」という普遍仮説から議論分析を始める理由は以上である。

　以上の研究姿勢を前提に，われわれの研究会は，文理融合の観点から，建築業のいろいろな側面について自由なディスカッションをしてきた。たとえば以下のような仮説あるいは命題について，われわれは議論をしてきた。本書にもこれらが反映している。

・日本の建築は，特殊な部品・部材を多く用いながらきめ細かく調整されたものが多く，美的にも機能的にも構造的にも，概してよくできている。
・建築の基本性能（たとえば，構造安全性）の多くは直観的には把握しがたい「見えざる性能」で，この「見えざる」ことが，基本性能が不足した建築物をときとして出現させている。
・日本の首都東京は（その評価は分かれるものの），独特の景観と機能を持つ都市に進化しつつある（日本人はそれにあまり気づいていないが）。
・日本の建築業は，概して品質管理や工程管理に優れ，海外と比べて工期が遅れることは少ない。
・一方，顧客から見て日本の建築物の価格の根拠は不明瞭で，機能と価格が明瞭に結びついていないのではないか。そのために「坪単価いくら」という機能が見えにくい大雑把な価格設定が多く見られる。

- 日本の建設業（建築・土木業）では，談合もダンピングも同時に見られ，マスコミなど部外者は前者をたたき，業界当事者は後者を嘆いているが，なぜ，この奇妙で不毛な状況が生まれているのか，根本に戻って考える必要がある。
- 建築生産において構成部材のプレハブ化が全般的に進行しているにもかかわらず，戸建住宅分野において，プレハブ住宅のシェアがその認知度に比べて意外なほどに少なく，在来工法による注文住宅が比較的多い。
- 工場建設は，日本の隠れた優良建築部門であり，収益を確保しつつ，海外でも競争力を持っている。
- 住宅の改修（リフォーム）は，建築業者にとって比較的，収益の安定した部門である。

われわれは，建築学の新旧概念と社会科学の新旧概念を融合させることにより，これらの仮説に対して，文理融合の新たな視角から答えを探っていきたい。というのは，いままで用意されてきた答えやその根拠が，特定の時代や立場に縛られたものである可能性があり，むしろ多角的な視点から考え直すことが，学術的にも，また，この国の建築産業の未来を構想するうえでも重要であるように思われるからである。

とりわけそこで重要なのは，「建築物の機能とは何か」「建築物がもたらすサービスとは何か」「建築物の機能やサービスは市場でどう評価されるのか」「設計思想（アーキテクチャ）論の観点から見た日本の建築の特徴とは何か」「ものづくり論の観点から見た建築物の設計・施工プロセスの特徴は何か」といった根源的な問題設定である。

以上をふまえ，本書では，広義の「ものづくり論」の観点から，建築，建築物，建築産業などについて考えてみたい。またそれによって，建築を，建築を含むより広い観点から考察してみたい。

1.2 既往研究(1)：建築学における建設産業研究

さて，以上のような動機と問題意識に基づく本書は，建築業（より広くは土木も含む建設業）に関する建築学や経済学の既往研究の流れの中で，どのように位置づけられるのであろうか。まずこの点について簡単に見ておこう。

建築学の中で，いわゆる建築経済（Building Economics）を専門とする研究者が現れるのは，第二次世界大戦後のことである。1942 年 12 月設立の大蔵省大

臣官房営繕課建築研究室を母体に，戦災復興院総裁官房技術研究所を経て，1948年7月に建設省建築研究所が設置される。ここに置かれた第一研究部は住宅政策・建築経済を担当し幾多の研究者を輩出した。

　その一人，古川修は建設業・建築生産を対象とした研究者の草分けで，1963年8月に『日本の建設業』を著す。同書は，建設業の市場，請負の性格，中小企業的性格，経営組織，下請制度，建設労働，財産・損益，技術とその変化について，俯瞰的に，またつとめて客観的に記述しており，建設業研究草分けの書のひとつとして位置づけられるであろう。その内容をここで要約することはできないが，たとえば，本書の主題から見ても，半世紀前の古川の炯眼は，いまなお興味深い。

　以下に，本書に関連する指摘をいくつか抜粋してみよう（古川 1963）。

・日本の請負は歴史的に直営から発生した。江戸期以前は，建設工事はそれを必要とする個人・機関などの直営のかたちで行われてきたが，明治期に工事量の増加や近代的建設企業の発展とともに請負に置き換わっていった。
・ただ，直営も相当期間併存し，請負関係の中にも直営的な事実関係や観念がいまに至るまで残っている。明治初期の請負契約書は請負人心得書とも言えるほどに片務的な内容から出発し，支配従属の関係が強い。
・その裏返しに，恩恵・懇請の関係も持ち，明治大正期には，大規模なプロジェクトにおいては「値増し・嘆願金」という形で「お施主様」がリスクをヘッジした事例すら見られる。
・前渡金，資材支給や，高価な機械などの生産手段提供などの商習慣は第二次世界大戦後も残り，お施主様への信用が一番という基本的発想は脈々と続いている。
・建設業は比較的少数のお施主様に奉仕するための組織という意識が，経営情報の極端な非公開性を生んでいる。それは秘密の必要性があるから非公開的なのではなく，公開の必要がないからそうなのである。
・建設業者にとって過小受注・赤字受注よりも，工事代金未収や過大受注のほうが危険度が高いために，中小の経営者は経営規模の拡大・工事量の増大に対して保守的である。需要の不安定さに対しては，農業，不動産業など他業種と兼業することでヘッジしている。
・異なるタイプのプロセス，生産組織が同時に存在し棲み分けている。

　古川が『日本の建設業』を著した1963年は盛んな設備投資と都市化を背景

に，建設需要が飛躍的に増え続け，建設業の GDP に占める割合も 1955 年の 12% から 61 年の 18% に伸びた時期で，いまとなっては隔世の感のある状況の中で上梓されている。にもかかわらず，上記の指摘は，半世紀後のわれわれが見ても違和感がない。それほどに，日本の建設業が持つ性格は，歴史的経緯を経て形成されてきたことを示唆している。

最も重要なことは，古川修が，日本の建設業が持つ性格が，合理的客観的に説明できる，という立場を貫いていることである。言い換えれば，古川は産業の一つとして，そのマクロ・ミクロの動態を説明しようとしていることである。これは，建設産業を特殊なものとして扱う立場とは根本的に異なる。

われわれは，古川と同様に，つとめて客観的に，普通の産業の一つとして，その特性をとらえ考察していきたい。

1.3 既存研究(2)：公共工事の経済学的研究

建設業は言うまでもなく大産業であり，近年低下したとはいえ国内 GDP の 5.5%（内閣府「国民経済計算」2010 年度）を占める。建設業がつくり出す人工物は，大きく建築物（住宅，商業ビル，公共建築物など）と土木構造物（道路，港湾，トンネル，ダムなど）に分かれる。また建設業は，発注者によって民間工事と公共工事に分かれる。このうち，本書が焦点を当てるのは，主に「建築物」である。そして建築物に関しては，その大半が民間工事である。

建設業に関しては，過去にも多くの産業研究が行われてきたが，ここでは，1999 年に，主に経済学者を中心に発刊された『日本の建設産業』（金本良嗣編）における主張の概要を紹介しよう。この本は，主に土木の公共工事に焦点を当てたもので，おおまかに言えば，当時は規制改革論の興隆期であったことも反映し，公共工事をめぐる，政府の介入や規制，制限的な取引慣行，官公庁等の発注能力の不足などに対する批判が大きな部分を占める[1]。執筆者により若干の違いはあるが，以下，『日本の建設産業』の執筆者による公共工事論の主張を列挙してみよう（金本 1999）。

・建設業は 1949 年の建設業法で登録制，71 年に特定建設業を許可制としたが，業者数は 70 年代に急増しており（約 10 万→50 万），政府の規制は参入障壁としては機能していない。

---

[1] 金本（1999）のその起点となった「建設産業研究会」に筆者の一人（藤本）も参加したが，執筆には加わっていない。

- 建設業，とくに土木業は，政府発注が多い（50%弱）のが特徴だが，土木事業の比率はゼネコン大手では低く，地方の中小業者で高い傾向がある。大手ゼネコンは建築事業が8割を占める。
- 日本の建設産業には，「中小企業＝弱者＝総じて保護」という伝統的な中小企業政策が全産業の中でも最も明確に適用されたが，画一的な中小建設業保護や，地元企業への優先発注は，いわゆる「上請け」や「丸投げ」も含め，非効率を生む結果にもなった。
- 公共工事の入札では，業者が赤字受注に走る傾向があるが，その原因としては，不確実性下で費用を過小に見積もった業者が落札してしまう「勝者の呪い」による「意図せざる赤字受注」，将来の受注可能性や埋没原価（受注の成否に関係なく発生する費用）の回収を勘案した「意図的な赤字受注」あるいは業者が利益よりも受注高の実績を重視する結果としての安値受注，といった，経済学的な説明がありうる。
- 日本の公共工事の入札・調達制度は，概して古く硬直的である。「一般競争入札」「指名競争入札」「随意契約」の三つしか認めず，民間工事は随意契約，公共工事は競争入札が中心である。競争入札では落札者は価格のみで決まり，品質を含む総合評価になっていない[2]。
- 日本の公共工事に見られる，発注者による「予定価格」（最高価格）は，発注者たる政府が「良いものを安く」買うための高い能力と意欲（インセンティブ）を持つことを前提にするが，その条件は総じて成立していない。政治家の介入も公共調達に歪みをもたらしやすい。
- 上述のように，日本の従来の入札・契約制度は，総じて特殊で競争制約的であり，今後，国際的には通用しないだろう。
- とはいえ，入札参加業者数を増やせば公共工事の価格が下がるとか，一般競争入札に移行すればコストも品質も常に改善される，というほど，現実は単純ではない。とりわけ品質保証のためには，発注側（官）の技術力不足による設計情報の不備，契約主体の役割分担の不明確さ，契約額と工期遵守のみに偏った契約方式，単年度予算による工期への負荷，追加発注による事実上の実費精算方式，等々，公共工事契約における弊害に対し，個別具体的な改善が必要である。

---

2 ただし，近年「総合評価落札方式」などの入札改革が進められている。

・中央建設業審議会は1993年と98年に，大規模公共工事への「資格審査つき一般競争入札」の導入，指名競争入札方式やジョイントベンチャー（JV）方式の改善，その他を内容とする入札制度改革を決めたが，依然，発注者たる官公庁等の技術力・審査能力・インセンティブなどが，実態として不足している。

以上のように，従来の建設産業，とりわけ公共工事に対する経済学的研究の集大成とも言える『日本の建設産業』は，総じて，日本の従来の競争制限的な契約方式や，発注者（官公庁等）の発注能力の不足に対して厳しい評価を加える一方，一般競争入札を含め，より競争促進的な処方箋を奨励する内容であった。これに対し，本書の執筆者は，とりわけ公共工事に関しては，この諸説に，概ね異論はない。よって，本書では，公共工事に対する経済学的な分析は繰り返さない。本書の問題意識は，若干，別のところにある。

1.4 本書の立場：民間建築業における設計概念の重要性

すなわち，本書で主に取り上げるのは，土木を中心とする公共工事ではなく，民間を中心とする建築物（住宅，マンション，商業ビル，工場建屋，公共建築物ほか）の工事である。この場合，建築物の所有者や利用者に対して，いかにして最適な設計を提供し，それを許容される納期と，最適な価格で実現するか，という問題，つまり，「設計」あるいは「人工物」（＝設計物）というコンセプトが前面に出る。

しかし，オーソドックスな経済学の分析は，従来，「設計」あるいは「人工物」という概念の取り扱いを，やや苦手としてきた。「すでに設計されたもの」の価格と数量を最適化する精緻なモデルが，主流派経済学の真骨頂である。その反面，将来の利用者や所有者が持つ漠然としたニーズに対して，設計品質，施工品質，納期，価格といったファクターを同時並行的に計画し，実行し，そのための能力構築を行う企業や産業のダイナミックな活動に関しては，一般均衡論を軸とする主流的な経済学は，必ずしも切れ味のよい分析を行ってこなかったように見える。そこを補完したい，というのが本書の狙いである。

従来，建築物の設計を専門にしてきたのは，言うまでもなく「建築学」である。一方，社会科学において，産業・企業の能力構築や人工物の創造を扱ってきたのは，技術管理・生産管理を基礎とする「ものづくり経営学」，あるいは人工物や組織能力の変化を扱う進化経済学である。したがって，建設業におけ

る設計という側面に着目する本書が，主に，建築学の専門家と，ものづくり経営学（あるいは進化経済学・新制度派経済学）の専門家による協働作業になったのは，ある意味で自然な成り行きである。

　前述の「公共工事の経済分析」に対して，本書が対象とする民間の建築工事は，以下のような特徴を持つと考えられる。

- 受注競争は，設計能力を含む総合評価となる。したがって公共土木工事で「一般競争入札」への流れが見られるのに対して，民間の建築物の発注は，設計の事前審査を織り込んだ「随意契約」や，発注者が選定した候補者との競争的対話（合い見積りや交渉）が基本である。
- 公共工事が，設計と施工の分離を基本形とするのに対し，大規模建築物の民間発注の場合，元請けのゼネコンは，「設計施工一括（デザイン・ビルド）方式」も少なからぬ割合を占める。この場合，元請けは，設計能力と施工管理能力の両方を持っていることが期待される。
- 民間の場合，建築物の発注者は，官公庁のように，繰り返し発注する主体であるとは限らない。したがって発注者が「ヘビー・ユーザー」としての能力を持っていることを前提とせずに，品質・納期・コストがコントロールできる工夫が要求される。結果的には，受注企業側に，ものづくりの組織能力が要求される。
- 民間発注者の事前の建物評価能力は，発注頻度・回数によって大きな開きがあり，工場建屋を発注する製造企業のように非常に高い場合もあるし，新築住宅を発注する家族のように，必ずしも高くない場合もある。いずれにせよ，発注者の設計や価格に対する評価能力を高める必要があり，この点は公共工事と共通の問題を抱える。
- 建物の発注者，最終所有者，最終利用者などが異なる可能性があるのは，公共工事の場合も同様であるが，所有者が建物を商業的に利用する場合，「利用者の声」を建物設計に反映させるインセンティブは，公共工事以上に大きいと予想される。
- 民間発注の建築の場合，公共工事に特有の慣行，たとえば指名入札，予定価格，最低価格，単年度予算，追加工事による納期延長と予算オーバー等々は，それほど問題ではない。納期遵守と品質保証は，いままでは相対的には問題が少なかった。問題は，価格設定の不安定性である。

　こうした違いをふまえ，本書では，「設計」「人工物」「組織能力」といった

概念をより前面に出すことにより，民間の建築物の工事に焦点を当て，従来の経済学的な分析とは一味違った，文理融合的な産業分析を試みたい。そして，その出発点は，建物を大規模な人工物とみなし，建築活動をひとつの「ものづくり」活動として再解釈することである。

2 ものづくり経営学と建築学

2.1 建築学における「ものづくり」研究

建築活動を「ものづくり」活動として解釈する試みは，必ずしも新しいものではない。たとえば，「人工物」としての建築の「設計」に関しては，1960年代後半からはっきりとした形をとり始めた「設計方法論」と呼ばれる分野がある。設計方法に関する関心は日本建築学会の常置調査研究委員会である建築計画委員会内の一小委員会の活動として位置づけられ，多くの研究成果を生むことになった。また，方法論を扱ううえでは建築以外の人工物の設計に関する知識も広く参照された。さらには，総合建設業や大手組織事務所の設計組織が扱われたという点でも，設計方法論は本書の取り組みに先行する建築学分野の成果と言ってよいだろう。

もうひとつ，ものづくり経営学との関連では，建築生産と呼ばれる分野の成果について述べておく必要がある。1950年代以降，日本においては，増大する建築需要に対応するためプレハブ技術をはじめとして，生産性を向上させるための技術が開発され，導入された。その結果，建築の部材構成だけでなく，建築をつくるプロセスや組織構成も大きく変化し，また非定型化してきた。こうした状況を背景に，建築生産を主題にした研究分野も発展した。

ものづくり経営学は，経済学分野の「広義のものづくり」概念と工学分野の「アーキテクチャ」概念との組み合わせのうえに成立した学問分野である。ものづくり経営学において，アーキテクチャは「機能」と「構造」およびそれぞれの要素間の関係（インターフェイス）を記述・分析する方法として用いられるが，建築の領域においても同様の考え方から発展し，1960年代から70年代にかけて確立された建築構法学という分野がある。ここでは，床・壁・屋根といった部位概念を媒介に，「要求」（機能）と「設計解」（構造）を結びつけることがその方法の中核に置かれている。

1977年に刊行された内田祥哉『建築生産のオープンシステム』はその集大

成のひとつである．内田は，オープンシステムとは，「いつでも手に入る既製品や，どんな地域にも定着している既成の職種を集めて建物を造る方法」であるとし，「建物全体を造るシステムをトータルシステムとしてとらえ，その部分を生産するシステムをサブシステムとしてとらえる．そして特定の建物の部分を生産するのではなく，多くの建物に利用できるサブシステムを育てることをサブシステムのオープン化と言い，オープン化されたサブシステムを集めてトータルシステムを構成することをオープンシステムと言う」と定義づけている（内田 1977）．

内田は，現場での仕事を減らすことを目的とするプレファブ技術は部品の大型化をもたらすが，一方で「要求が個別的で多様化して」くると，その部品は一品生産か少量生産になってしまう．そこで，多様化に応ずるためには，量産効果の大きな部分とそうでないものを分けて，前者については大型化をやめ，後者については大型化によってプレハブ効果を出すという考えが浮かぶとし，これらの組み合わせ方が重要であると述べ，この本の主題としている．そして，サブシステムとして成立するためには「形のきれめが仕事の切れ目」とすることが必要であり，仕事の手順としては，「あとでくる職種が接合を完成する」「硬い部品を先に，柔らかい部材をあとで」という原則が重要である等，諸原則を具体例を交えながら示している．この例示のうち，前者はサブシステムのインターフェイスに関する原則であり，後者は異なるサブシステム間のインターフェイスの擦り合わせに関する原則である．さらに，内田は，性能－価格曲線をふまえたサブシステム選択の考え方，多様化を実現するための部品分割や互換性のあり方，個別設計のあり方などについても原則を示している．

これらの諸原則は，工業化時代の建築における「ものづくり」の原則として，実務者・産業界に広く浸透・普及している．本書はものづくり経営学と建築学との間の初めてのコラボレーションの成果である．しかし，ここに示されているように，建築においても早い時期から同様の思考が存在したことは強調されてよい．

2000年代に入ると，ものづくり経営学の成果が直接建築学に援用されるようになった．20世紀に入って大きく変貌した経済環境を受け，日本建築学会では「建築市場・産業の現状と将来展望」に関する特別研究委員会（2002年〜2005年）を設け，その成果を刊行した．その中の第3章第1節，「日本建築産業の強みと弱み」は本書の執筆者の一人である安藤が担当した部分であり，そ

こではものづくり経営学を参照し，擦り合わせ型の特性を持つ日本の建築産業とその能力構築に関する議論が展開されている。また，第4章第3節では「エンジニアリング・マネジメント職能の可能性」を，第4章第4節では「ファシリティ・マネジメント職能の可能性」（この章も本書の執筆者の一人の野城による）について言及されており，ものづくりをサービス分野に拡張することの必要性が論じられている。

ものづくり経営学の概念や手法を直接応用した研究が現れたのもやはりこの時期である。その代表的なものに，本書の執筆者による論文（吉田・野城 2005, 2006）等がある。

本書はこのような関心が直接的な接触となって生まれたものである。

2.2 「広義のものづくり論」と建築

そもそも建築とは何か。『広辞苑』には，「建築」（architecture）とは「建造物を造ること」とある。また建築物とは「土地に定着する工作物のうち，屋根と柱または壁を有するもの」とある。言い換えれば「建築」は，大地に根を張った人工物をつくること，つまり「ものづくり」の一種である。実際，建築業（あるいは土木を含む建設業）は，原材料を加工して経済価値を得る第二次産業に含まれ，その点で，物財を生産する製造業に近いと考えられてきた。

しかしながらわれわれは，「ものづくり」を，単にモノの加工と狭く解釈せず，つくり手の意図である「設計情報」を「もの（媒体）」に転写し，あるいはつくり込み，顧客に伝達する行為の総体だと広義に捉える（藤本 2004；藤本ほか 2007；藤本・桑嶋 2009）。言い換えれば，顧客へ向かう「良い設計」の「良い流れ」をつくり，顧客を喜ばせることが，広義の「ものづくり」の本質であり，その鍵は「もの」自体より，むしろ「設計」が握る。一般に「設計されたもの」を「人工物」（artifact または artificial）と呼ぶが，その意味では「ものづくり」とは，人工物で顧客満足を生み出す経済行為とも言える。

詳しくは本書でおいおい明らかにしていくが，ものづくりの基礎が「設計」であるとするなら，その設計情報が有形媒体に転写され顧客に提供される製造業や建築業も，無形媒体に転写されて顧客に発信されるサービス業も，ひとしく「広義のものづくり論」の研究対象として分析できることになる（藤本ほか 2007；藤本ほか 2008）。つまり，建築業，製造業，サービス業を，同じ分析枠組みによって比較検討することが可能になる。われわれが本書で，設計概念に立

脚する「広義のものづくり論」を採用した意味はここにある。

実際われわれは，建築業を，「大地に根を張る有形な人工物を生産する一種の製造業」と考えると同時に，「空間の利用者に対し無形の諸機能を提供するサービス業」としても把握できるのである（野城 2003）。それは建築物が，生産された場所で消費（利用）される必要がある点で，サービス業と類似していることも関係しよう。詳しくは後述するが，要するに，建築物という人工物の「構造」を，ある環境のもとで利用者やサービス提供企業が「操作」すると，その結果として，利用者に有益な「機能」つまり「振る舞い」がもたらされる。この「建物の機能」は，建物が利用者に対して行う「サービス」だと再解釈できる。「建築業はサービス業でもある」とわれわれが考える理由は，ここにある。

2.3 ものづくり経営学と建築学のコラボレーションの成果は？

さて，はたして，ものづくり経営学と建築学のコラボレーションはうまくいったのであろうか。その成果は新しい視点を用意し，新しい知見をよく提供しえたであろうか。この点は読者諸氏の判断にあおぐところである。まず本書では「建設業も概ね普通のものづくり産業である」という仮説から出発する「広義のものづくり分析」を試みるべきとの立場からの分析を試みた。分析に際しては建設を建築に限定し，建築を民間プロジェクトに限定して議論した。その結果，以下に示すように，これまでにない見方と分析の成果が得られたと考える。

第一に，一定の留保はつくものの，建築物も同じ人工物としてものづくり経営学の俎上に載せることができるということが，われわれの共同作業を通じて，ある程度は証明されたと言えよう。

第二に，自動車など日本の輸出産業の多くと同様に，日本の建築・建築産業も擦り合わせ型（インテグラル型）のアーキテクチャ特性を多く有することが明らかにされ，また，そのような設計特性を獲得するに至った日本建築産業の歴史的あるいはその他の特性要因も説明された。これは，経営学・経済学的アプローチなくしては達成できなかったことである。広義のものづくり論を建築業に適用したことによる，本書の研究成果の一つと言えそうである。

第三に，「顧客に向かう設計情報のよい流れ」を常に改善していく，「現場の組織能力」あるいは「組織能力構築」という考え方が，日本の建築業にも当て

はまることが示された。従来，ややもすると規制，談合，ダンピングなど，取引慣行に議論が偏りがちである反面，現場の能力構築という論点は，既存の建築・建設産業論には希薄だったと言わざるをえない。本書では，建築業の「良い現場」もまた，他の産業，とくに輸出産業の良い現場と同様，能力構築による不断の現場改善が必須であることが，本書の分析により確認されたと言ってよかろう。

　第四に，アーキテクチャの位置取り戦略に関する議論がある。「擦り合わせ型アーキテクチャを持つ高機能型の建築物」と「能力構築を続ける強い現場」は，たしかに日本の建築業の強い部分を反映しているが，それだけでは，「儲かる建築業」が実現するとは限らない。そこには，顧客との関係性も含む，ある種の「良い戦略」が加味される必要がある。この意味で，顧客（発注者）のアーキテクチャと自社（受注者）のアーキテクチャの位置取り戦略に関する分析は，今後の建築・建築産業のあり方にとっても少なからず参考になるとわれわれは考える。

　一方，「広義のものづくり論」という汎用的な分析フレームワークを適用することによって，かえって建築業に固有の特性，あるいは建築業の内部の多様性が浮き彫りになるという面も多々あった。

　その第一は，建築と一言に言っても実に多様な建築があり，顧客システムも違えばアーキテクチャも異なるものが同じ建築という言葉に含まれている。この点に関しては，第5章をとくに設け，典型的なタイプを抽出して個別に議論ができるように留意した。見方を変えれば，アーキテクチャや顧客システムの違いによる建築の分類がなされたということも，本書の成果のひとつであると言うことができよう。

　第二は，建築は環境の一要素として長く存続する人工物であるため，一般の消費財のように，個々の消費者の所与のニーズを前提とするタイプの経済分析には必ずしもなじまない側面がある。とくに，減速した経済のみならず，資源の有限性や環境負荷，建築・環境の文化的価値を重視するようになった現在，建築物を長く，大切に使っていこうとする考え方が主流となりつつある。このような立場に立つと，建築物の当初の用途，すなわち機能を確定する困難，あるいは無意味さが明らかになってくる。用途の変更（転用）や外部経済の問題をどのように合理的に取り込んでいくかは，建築分野だけではなく，ものづくり経営学や産業経済学にとっても新たなチャレンジの対象であると言うべきで

あろう。

　第三に，建築物の価格と，建築物の機能あるいは構造の関係に関しても，建築業に特有の問題があるかもしれない。建築物は大地の上に建てられてこそ，その利用価値が生ずる。ならば，その価値は立地や周辺環境によって大きく左右されるはずである。そして，そうした利用価値が価格に反映するのが，一品一品が異なる建築物という財のひとつの特徴でもある。

　それでは，建築物の利用価値とは何か。究極的には，それはその建築物の利用者が，その環境や立地を前提に，その建築物を操作して得る「機能」あるいは建築物が利用者に対して提供する「サービス」であるはずだ。つまり，建築物の価格は，それが持つ機能やサービスを根拠として決まるべきである。実際，たとえば自動車の価格は，こうした機能の評価と連動すると言われる。

　ところが，建築業界で多用される価格設定の表現はいわゆる「坪単価」であり，それは建築物の機能やサービスではなく，構造的な側面（面積）を示したものである。つまり，建築業の通常の価格設定は，機能を反映していない。これが，建築業の価格設定問題の根源にあるロジックだとわれわれは考えた。詳しくは本書後半の各章をご覧いただきたい。これも，本書の分析を通じて明らかになった，建築業の特殊な側面であるかもしれない。

　顧客による「価値＝機能」評価である価格に関して，本書では「価格が機能を反映していない」という考え方をとった。これは，今後の課題としてよかろう。

　第四に，建築物は基本的に一品生産，注文生産の形をとるが，多くの場合，その機能や構造には大きな複雑性や不確実性を伴うがゆえに，事前に発注者の要求機能を措定しがたい傾向がある。とくに，発注者がその種の建築の専門家でない場合にその機能要求をいかに明らかに引き出すかは，建築学にとっても長らく大きな問題であり，現在も未解決な問題である。ある建築物の事後の評価がその後の同種の製品の開発・設計に直結するとは必ずしも言えない。しかし，建築をこのような一品生産・注文生産のプロジェクト型産業の製品の一製品とみなすのであれば，本書の分析・論考は，その他のタイプの大型人工物（たとえば大型航空機やスマートシティのような先端的な電力供給網）にも適用可能かもしれず，本書のひとつの成果と言ってよかろう。

　第五に，建築の所有と利用にはさまざまな組み合わせがあるという点がある。たとえば，同じ住宅やオフィスといっても，自己所有・利用の場合と事業用の

場合の違いがある。工場建物の場合には所有者と利用者はたいてい一致するが，市役所のビルであれば所有者と利用者は基本的に一致しない。これらの点に関しては，本書では「機能」の所有者と「利用者」を峻別し，その組み合わせに多様なタイプがあることを明らかにした。

第六に，建築物が「人の活動空間を囲む」という主機能を持った人工物であることも，他の製造物に対して建築物が持つ特徴である。アーキテクチャという言葉がそもそも建築に由来するものであるにもかかわらず，アーキテクチャで言うところの「構造」が狭義の構造（建築物の物的構成）とそれによって生成される空間の二面性を持つということがあげられる。要するに，利用者が機能を引き出すのは物的構成物としての建築からなのか，あるいは空間からなのかという問題である。この二つのいずれかにより他方が相対的に記述されうるという可能性はなしとはしないが，この点は建築学にとってもものづくり経営学にとっても今後の課題として残っている。

最後に，建築物が持つ創発的な特性について指摘したい。建築技術や生産システムは日進月歩で進歩しているといえども，多くは伝統技能，あるいは在来的技能に依存しながらオープンな社会システムの中で建築は生産されているという特質をあげておく。いかに合理的な建築システムや生産方式を机上で思いついたとしてもそれがすなわち実効的に普及していくわけではない。

多くの複雑なシステムがそうであるように，建築物の設計プロセスもまた「創発的」(emergent) なものであり，そのアーキテクチャもその間に進化 (evolution) していく。とくに，設計・施工期間も利用期間も他の製造物よりずっと長い傾向のある建築物の場合は，こうした創発性が財の長期的な価値に対して与える影響は大きい。

3 本書の構成

このような動機と目的と問題意識で書かれた本書は，以下の3部構成となっている。第1部は建築ものづくり論の基礎編である（第1～第4章）。設計論に立脚する広義の「ものづくり」概念を導入し，大型人工物たる建築物の設計・施工によって顧客や社会に対する使用価値を創造する活動を，利用者に対するサービス（機能）を顕現化させるプロセスとして再解釈するプランが示される。また，日本の建築業の形成過程と，その結果としてのものづくり産業としての

諸特徴と課題が示される。

　第2部は，第1部で論じた建築ものづくり論の基礎編を受けて，その応用編としてアーキテクチャ概念を建築物に適用し分析がなされる（第5～第7章）。具体的には，ビルディング・タイプとしての建築物を類型化し，アーキテクチャの観点から機能・構造・工程・組織の関係を分析し，日本の建築設計・施工の特徴を浮き彫りにしたうえで，建築物のアーキテクチャに関する戦略論的な検討がなされる。

　以上をふまえて，第3部では，日本の建築業が直面する最大の課題のひとつとわれわれが考える「価値実現」，つまり顧客満足と利益獲得が両立するような建物の供給価格と機能（サービス）のパッケージをいかに実現するか，そのためにどのような課題を解決すべきかについて検討し，問題提起と提言が行われる（第8～第11章）。

参考文献
藤本隆宏（2004），『日本のもの造り哲学』日本経済新聞社．
藤本隆宏・東京大学21世紀COEものづくり経営研究センター（2007），『ものづくり経営学：製造業を超える生産思想』光文社．
藤本隆宏・大隈慎吾・渡邊泰典（2008），「人工物の複雑化と産業競争力」『一橋ビジネスレビュー』第56巻第2号，90-109頁．
藤本隆宏・桑嶋健一編（2009），『日本型プロセス産業：ものづくり経営学による競争力分析』有斐閣．
古川修（1963），『日本の建設業』岩波新書．
金本良嗣編（1999），『日本の建設産業』日本経済新聞社．
日本建築学会編著（2007），『変革期における建築産業の課題と将来像：その市場・産業・職能はどのように変わるのか』建築学会叢書6，丸善（発売）．
内田祥哉（1977），『建築生産のオープンシステム』彰国社．
野城智也（2003），『サービス・プロバイダー：都市再生の新産業論』彰国社．
吉田敏・野城智也（2005），「『アーキテクチャ』の概念による建築生産における構成要素のモジュラー化に関する考察」『日本建築学会計画系論文集』第595号，173-180頁．
吉田敏・野城智也（2006），「構成要素間関係性からみた技術革新に関する一考察」『特定領域研究「日本の技術革新：経験蓄積と知識基盤化」第2回国際シンポジウム研究論文発表会論文集』．

第Ⅰ部　ものづくり経営学から見た建築

第1章　建築物と「広義のものづくり」分析
第2章　日本型建築生産システムの成立とその強み・弱み
　　　　――ゼネコンを中心とした擦り合わせ型アーキテクチャの形成と課題
第3章　建築における価値創造
　　　　――建築設計，建築施工において求められる「機能」の実現
第4章　プロダクトからサービスへ

第Ⅰ部の流れと位置づけ

　序章で示したように，本書の目的は，従来，他の産業とは隔離された特殊な世界と見られがちであった建築，建築物，建築業を，「広義のものづくり」という新たな観点から相対的に再解釈することにより，この産業，とくに日本の建築産業の現状の問題や将来のあり方に対し，新たな知見を得ることである。まず第Ⅰ部では，そのために必要な基本情報として，分析道具，現状分析，基本概念などについて，順次見ていく。いわば本書の立論の下ごしらえである。

　まず第1章では，分析枠組みとして，設計論を基点とする「広義のものづくり論」の基本的な概念，構成要素，ロジックを説明する。建築物をひとつの大型人工物，つまり「設計されたもの」として，他の製品やサービスと同様に分析するのがここでの狙いである。人工物，設計情報，製品機能，製品構造，工程，固有技術，アーキテクチャ，設計情報の良い流れ，などの鍵概念が提示される。

　第2章では，分析対象となる日本の建築産業の特徴，強み，問題点を指摘する。民間需要を中心とする日本の建築産業とりわけ総合建設工事業（GC）は，受発注者間の調整能力，協調性，信用などにより，納期や品質や技術力の面で強みを発揮してきたが，成長の終焉とともに構造転換を余儀なくされたことを明らかにする。そして，現状も取引不透明性，片務性などに起因する「価格の不安定性」が大きな問題であることを指摘するとともに，今後の設計施工一貫方式のあり方については，アーキテクチャの位置取り戦略が示唆的であることに言及する。これは，公共の土木工事を念頭に置いた従来における建設業の経済分析と異なる問題設定と分析視点である。

　第3章では，製品としての建築物のこの問題を掘り下げ，建築物という人工物が持つ機能が，発注時に発注者（施主）によって明確に把握されにくいこと，受注側（建築企業）も顧客への機能訴求が曖昧なまま安値受注競争に陥りやすいこと，そもそも建物の機能が多分に創発的であるため建築物の製作者と利用者の機能定義がずれやすいこと，などを指摘する。

　第4章では，フローとしての国内建築産業の縮退，すなわち「ストックの時代」への移行という近年の実態をふまえ，建築が社会にもたらす本質的な価値は建築物そのものというよりは，その建築物を操作することで得られる機能，すなわち「サービス」であると主張する。つまり建物は機能（サービス）を生み出すひとつの装置であり，建築産業は，建築物の構造を供給する「プロダクト・プロバイダー」であるより，むしろそこから機能を引き出す「サービス・プロバイダー」としての性格が強いと，本書では主張する。

　以上が第Ⅰ部であり，ここで問題の輪郭をとらえたうえで，第Ⅱ部以下で，より詳細な産業記述・現場分析・戦略分析などを行うことにする。

第1章
建築物と「広義のものづくり」分析

藤本隆宏

1 「広義のものづくり」とは：良い設計の良い流れ

　まず本章では，分析枠組みとしての「広義のものづくり論」の道具立てを一通り説明することにしよう。

　すでに序章で述べたように，本書は，建築物と建築業を，できるだけ「普通の人工物」「普通のものづくり産業」とみなすことによって，新たな知見や発見を導き出し，ひいては他産業との知識交流・知識共有を促進することを目的としている。そのひとつの手がかりが，「ものづくり論」である。ただし，われわれがここで援用するのは，モノの削り方や組み方に関する，伝統の知恵や高度な技能，つまり「匠の世界」の研究ではない。われわれがこの本で応用するのは，もっと応用範囲の広い，「広義のものづくり」である（藤本 2004；藤本ほか 2007；藤本・桑嶋 2009；ほか）。

　われわれが考える「広義のものづくり」とは，「設計されたもの」すなわち「人工物」（artifact）によって，その利用者や購入者を喜ばせ，かつ企業・産業も収入や雇用を得る，という一連の経済活動を指す。言い換えれば，「良い設計」の「良い流れ」によって，顧客の満足，利用者の便益，企業の収益，産業の成長などを得るための企業活動・産業活動が，「広義のものづくり」である。

　そもそも「ものづくり」という言葉には，明確な定義はない。たとえば『広辞苑』では，「ものつくり」は「農作」「小正月の行事」などとあるが，われわ

れが日常的に想定する「ものづくり」の定義はない。『大辞林』には項目そのものがない。また，「ものづくり」には英語の定訳もない。Manufacturing も making things も operation も production も，ぴったりの訳とは言えない。ニュアンス的には，これらの英語の用法範囲を越える，もっと広い概念と思われる。

このように「ものづくり」は，おそらくは現場から自然に発生した概念で，辞書にはないので，その意味を知るには，実際の用法に当たるしかない。一般には，製造業の生産現場で物を成形・加工することをイメージする人が多いようだ。テレビ番組などが「日本のものづくり」として強調するのも，多くは，画像にしたときにわかりやすい，生産現場の「匠の技」である。むろんそれも，ものづくりの重要な要素ではある。

しかしこれだけでは，定義として狭すぎる，とわれわれは考えた。そこで，日本の企業・産業でのこの言葉の用法について，もう一度現場に戻って見直した。たとえば，企業の設計室の片隅で，コンピュータ画面に向かって，一日中，部品の設計図を描いている技術者に，「貴方はものづくりをやっているのか」と聞けばどうなるか。おそらく当の技術者は，「当たり前だ，私はものづくりの中枢におるではないか」と憤慨しつつ答えるだろう。「貴方はコンピュータ画面の前にいるばかりで，物には触っていないが，それでも，ものづくりの中枢にいるのか」とさらに問えば，「物に触っていなければものづくりでないと，だれが決めたのか。私はものの設計をやっているではないか」とさらに憤慨するだろう。これが，現場での「ものづくり」概念に近いとわれわれは考える。つまり日常の用法から類推すれば，生産だけでなく開発も含まれるのである。

一方，趣味の陶芸を楽しむ人々は，多くの場合，自らの作品を設計し，物に触り，造形をするが，彼らを「ものづくりをする人」とはあまり言わない。その先に「お客」がいないからである。「ものづくり」という活動は，その先に「お客の喜ぶ顔」が暗に想定されている。

こうした日常的な用例を積み重ね，それを抽象化していくことによって，「ものづくり」とは結局「設計されたもの（人工物）でお客を満足させるための経済活動」である，という「広義のものづくり」のエッセンスが抽出される。言い換えれば，「ものづくり」とは，単に「物をつくること」なのではなく，設計者の思い（設計情報・設計意図・設計構想）を「ものにつくり込むこと」である。

また、後述のように、われわれは「付加価値は概ね設計情報に宿る」と考えるので、「良い設計情報の良い流れ」とは、経済学に近づけて言えば「高水準な付加価値の流れ」と言い直すことができる。こうして、工学系の設計概念、経済学の産業競争力概念、経営学の管理概念などが出会う文理融合の領域に、「広義のものづくり学」は展開される。

このように、設計情報を中心に「ものづくり」を考える場合、「もの」とは設計情報を転写する媒体（メディア）であり、そうした媒体は、有形でも無形でもよい。一般に、媒体が有形なら製造業、無形ならサービス業だが、「良い設計の良い流れで顧客満足を得る」という定義に適う限り、製造業のみならず、サービス業も農業も「ものづくり」概念の適用範囲に含まれる。われわれが「広義」と呼ぶゆえんである。

そこで次に、以上のように構想される「広義のものづくり論」の基礎概念、構成要素、基本論理などについて、ストック面とフロー面に分けて、人工物としての建築物に当てはめて順次検討してみよう（藤本 2007；Fujimoto 2007；藤本 2008；藤本・桑嶋 2009；ほか）。

2 建築物のものづくり分析(1)：ストック側面

2.1 建築物への基本概念の適用

まず、人工物としての建物、建築物の設計情報と媒体、固有技術とアーキテクチャといった、ストック的側面における基本概念を示し、建築物にこうした概念を適用してみよう。

(1) 人工物としての建築物

人間が「ひとつのもの」と認識する「個物」には、自然物と人工物がある。このうち人工物（artifact）とは、人間が機能・効用や構造・形状を事前に構想した個物、すなわち、「あらかじめ設計されたもの」のことを言う（Simon 1969）。言い換えれば、人工物とは、設計情報が何らかの媒体の上に、いわば転写されたものである。アリストテレスの『形而上学』にも人工物、たとえば、家屋の事例が頻繁に出てくるが、それらは形相〔設計情報〕が質料〔媒体〕と結合したものである。すなわち「人工物＝制作物＝形相＋質料」となり、これを現代的に表現すれば、「人工物＝設計情報＋媒体」となる（図1-1）。

図1-1 人工物＝設計情報＋媒体

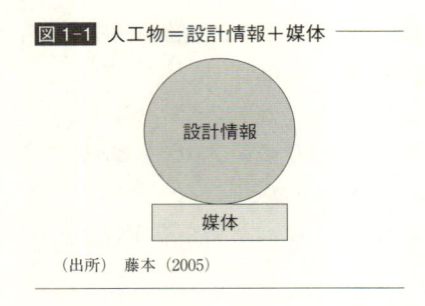

(出所) 藤本（2005）

(2) 建築物の設計情報

設計情報とは，人工物の生産（媒体への転写による具現化）に先立って存在する情報であり，根源的にはそれは，設計者の頭の中で生まれ，育ち，保持される。それは，スケッチ，紙模型，粘土模型，設計図，コンピュータ支援設計データ，金型（金属媒体），開発試作品（製品と類似した材料）など，さまざまな生産資源に乗り移りながら成長し，最後に，量産材料という媒体に転写され（商業生産され），顧客に届けられる。転写対象である媒体は，本質的にモノかエネルギーであるが，設計情報そのものはさまざまな媒体に乗り移りつつ存続・進化する何ものかであり，それは本質的に「情報」である。

それでは設計情報とは，何に関する情報か。設計者が人工物に先立って構想するのは，通常，①その人工物の機能（振る舞い），②構造（形状），③さらに広義に考えれば製法（工程）である。ある人工物の設計情報とは，狭義には，当該人工物の機能と構造に関する情報，広義には，機能と構造と工程に関する情報のことである。

通常，ある人工物の機能，構造，工程は，それぞれ複数の側面あるいは要素からなり，それら要素群は複数の変数（パラメータ）で事前に表現できる。それらパラメータを「設計要素」と呼ぶならば，ある人工物の設計とは，そうした設計要素間（設計パラメータ間）の関係に関し，人工物の実現に先立ち存在する情報・知識のことだと言い換えることもできよう。

(3) 建築物の媒体

設計情報が転写される対象あるいは素材を媒体（メディア）と呼ぶ。それは基本的に，モノかエネルギーである。媒体には，質量のある有形物（物質）と，質量のない無形媒体（エネルギー）があり，耐久的な媒体（金属，樹脂，紙，電子

図 1-2 製品＝設計情報＋媒体

設計情報

素材・仕掛品

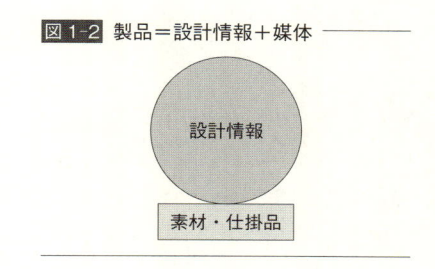

媒体など）と，すぐに減衰する非耐久的な媒体（たとえば，電波や空気の振動）とがある。一般に，有形で耐久的な媒体に転写して市場に提供するのが製造業，無形で非耐久的な媒体に転写して提供するのがサービス業であるが，その境界は必ずしも明確ではない。

なお，製造業の場合，耐久的な媒体を外部から調達してストックしておくことも可能であるが，そうした媒体の調達にかかわる諸業務は，「購買」活動と呼ばれる。

(4) 製品としての建築物

さて，人工物のうち，取引され対価を得るタイプの人工物を「製品」(product) と言う。大地に根を張った人工物（被設計物）である建物も，この意味でひとつの製品である（図1-2）。

厳密に言えば，企業によって建物の材料に直接転写されるのは，構造設計情報である。機能設計情報は，利用者がこの人工物を利用するプロセスを通じて，製品から利用者へと発信される情報である。製品の消費者（利用者）が消費するのは，人工物としての製品そのものではなく，利用プロセス（後述）を通じて製品から利用者へと発信される機能情報である[1]。

(5) 工程としての施工設備

製品を生産する「工程」(production process) もまた，一種の人工物である。工程とは，生産設備，治工具，金型，工程制御プログラム，作業標準書などの書類，そして作業者・監督者・管理者が体得した作業手順や作業熟練などを含むシステムのことを指す。これらは，製品設計情報の一部がさまざまな媒体（金属，紙，電子媒体，人体など）に転写された人工物である。この意味での工程は，それ自体，製品設計情報のストック（蓄積庫）である。生産活動を通じて，

---

[1] 消費者は製品そのものではなく機能から効用を得る，という考え方は，近代経済学でも受け入れられている。代表的なものは，Lancaster（1966）ほかの一連の研究である。

図1-3 工程＝設計情報＋媒体

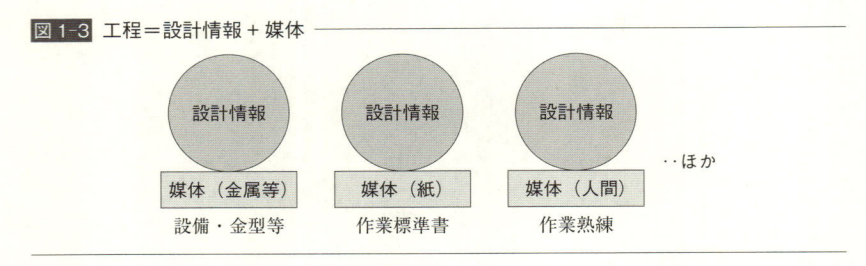

設計情報	設計情報	設計情報	
媒体（金属等）	媒体（紙）	媒体（人間）	…ほか
設備・金型等	作業標準書	作業熟練	

　工程に分散配備された構造設計情報が逐次，素材・仕掛品に転写され，素材が製品になる。この転写プロセスが，生産活動にほかならない（図1-3）。

　このように，生産活動を「設計情報の転写活動」とみなすのであれば（藤本 1986；藤本 1997；Fujimoto 1999），工程は発信側，製品（仕掛品・素材を含む）は受信側であり，両者は設計情報を媒介に緊密に結びついている。かつてW. アバナシーが，ある製品とそれを生産する工程は同時に分析すべき「プロダクティブ・ユニット」なる分析単位であると論じたのは（Abernathy 1978），この関係を示したものである。

　建築物の場合，工程の生産資源は，①現場で使われるクレーンや工具や足場，②あるいは部品・部材の工場生産（プレハブ住宅モジュールの加工・組立や，木材のプレ・カットなど）に用いられる生産設備や治工具・金型などの人工物からなる。現場の生産工程は，基本的には組立作業からなる。

　工場生産の工程は他の産業と基本的に変わらないが，現場施工の工程は，クレーンが建築途中の建物軀体に結合されるなど，いわば仕掛品（工事中の建築物）の上に生産工程が取り付いたり乗っかったりした形になる。そこでは，工程（現場設備）の組立が，製品（建築物）の組立と同時並行で行われることが多い。

　たとえば，工程管理の進んだ高層マンションの建築現場などでは，各階を田の字に分割し，各区画を螺旋型に上方に追加しつつ，同期化された施工作業を高層展開させていくが，それはさながら，同期化されたトヨタ的な組立ラインの先頭（最上流）工程を順次付け加えながら部品（各区画）の同期生産を行っているのに等しい（左海 2003）。

2.2　固有技術としての建築学

　さて，設計情報の議論に戻ろう。前述のように，人工物の機能・構造・工程

図1-4 固有技術（具体的な因果知識）

　人工物の　　→　　人工物の
　具体的な構造　　　具体的な機能

に関する事前の構想を「設計」と呼ぶならば，設計には，実体的・具体的な側面と，形式的・抽象的な側面とが存在することがわかる。前者は「固有技術」，後者は「アーキテクチャ」（設計構想）と呼ばれる。文章にたとえるならば，前者は語彙，後者は文法に相当する。

　固有技術は，要素技術とも呼ばれ，「ある構造を持った人工物がある機能を発揮する」という具体的な因果関係に関する一般知識を指す（図1-4）。

　たとえば「ある寸法・形状の内燃機関（構造）は，ある馬力とトルク（機能）を発生する，といった因果知識である。Know-how的知識である固有技術は，現象間のより一般的な因果知識である「科学」（Know-why的知識；たとえば熱力学第二法則）に裏づけられている場合と，科学的根拠が不明確なまま，固有技術としてのみ存在している場合とがある。たとえば，多くの機械技術は力学によって明確に裏づけられているが，醸造技術などは，まだ化学的・生命科学的な裏づけが明確でないものも少なくない。

　複雑な人工物は，多くの機能設計要素，構造設計要素，工程設計要素からなる多次元的な存在であるので，通常は，複数の固有技術がそこにかかわっている。その人工物が市場に供される製品である場合，その製品の価格設定（価値実現）に顕著な影響を与える固有技術を，とくにコア技術と呼ぶこともある（延岡 2006）。

　いずれにせよ，固有技術には，人工物の構造要素と機能要素の間の因果関係を表す「製品技術」と，人工物の生産にかかわる工程要素と，生み出される製品の構造・機能要素の間の因果関係を表す「工程技術（生産技術）」とに分かれる（図1-5）。

　建築学の場合，製品設計・工程設計・施工管理・施工などが一体となって進行する傾向が強いことから，製品技術と工程技術は一塊のカリキュラムとなっている傾向がある。たとえば，社会が要求する機能を建築物の基本設計に翻訳する「建築計画」「建築設計」「都市計画」「都市設計」など，あるいはその工程を管理する「プロジェクト・マネジメント」がある。また，建築物は巨大人

図1-5 固有技術

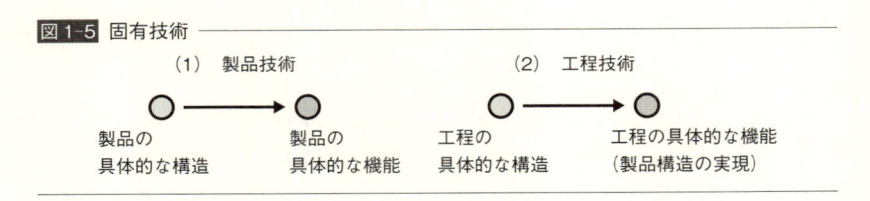

(1) 製品技術　　　　　　　　(2) 工程技術

　製品の　　　　製品の　　　　工程の　　　　工程の具体的な機能
具体的な構造　具体的な機能　具体的な構造　（製品構造の実現）

　工物として長期的に安全に自立している必要があり，強度・耐久度といった機能を構造設計に翻訳する「構造工学・構造技術」「設計・製図」「耐震・耐火・空力設計」，その工程を管理する「施工法」などがある。最後に，利用者つまり人間に対して熱・空気・光・音などの面での快適性を確保する「環境計画」や，そのための「設備計画・設備設計」がある[2]。要するに，巨大人工物である建築物の構造が，社会経済的，物理的，人間工学的な機能の発揮にどのように結びつくか，その因果関係（あるいはその逆の目的手段関係）を分析するのが，人工物学としての建築学である。

2.3　建築のアーキテクチャ

　一般に「アーキテクチャ」とは，設計情報の抽象的・形式的側面を指す。すなわち，ある人工物の設計情報から，具体的な因果知識である固有技術を捨象し，設計要素の間の形式的な対応関係，たとえば機能設計要素群と構造設計要素群が1対1対応か，多対多対応か，といった結合関係のみに着目する。言い換えれば，人工物の設計情報を，設計要素間の結合関係，あるいはグラフ構造として抽象的，形式的に示したのが「アーキテクチャ」という概念である。

　設計要素の結合形式を示すのがアーキテクチャであるなら，それは，自動車，コンピュータ，服，医薬品，建造物など，あらゆる人工物（設計されたもの）に関して定義できる。製品も工程も人工物であるから，それぞれについて，製品アーキテクチャ，工程アーキテクチャを定義できる。所与の製品のアーキテクチャは，当該製品の機能設計要素群と構造設計要素群の間の形式的な対応関係を示す（図1-6）。一方，工程もまた人工物であるから，所与の工程のアーキテクチャは，当該製品の機能設計要素群と構造設計要素群（つまり工程設計要素群）の間の形式的な対応関係を示す（図1-7）。工程の持つ機能とは，直接的に

　2　以上は，主に京都大学のカリキュラムを参考にした。

2 建築物のものづくり分析(1) 27

図 1-6 アーキテクチャ（設計要素の結合形式）

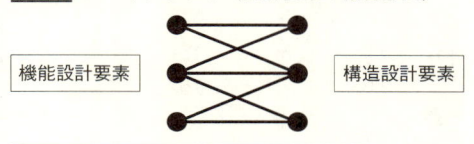

機能設計要素　　構造設計要素

図 1-7 製品アーキテクチャ

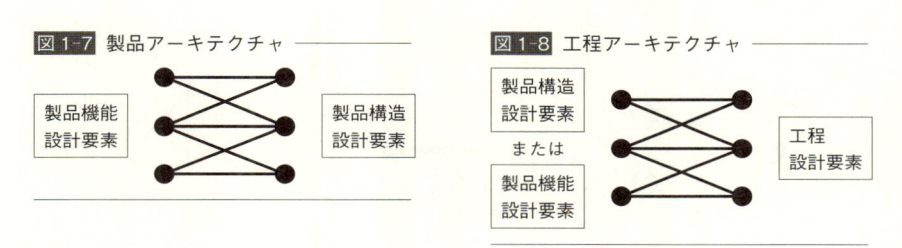

製品機能設計要素　　製品構造設計要素

図 1-8 工程アーキテクチャ

製品構造設計要素　または　製品機能設計要素　　工程設計要素

は製品構造の実現，間接的には製品機能の実現であるから，工程アーキテクチャとは，工程設計要素と製品構造設計要素，あるいは工程設計要素と製品機能設計要素の対応関係を示す（図 1-8）。

いずれにしても，アーキテクチャのみで所与の人工物を描写しきれるわけではない。しかし，固有技術を捨象することにより，固有技術の違い（多くの場合それは産業分類の違いにつながる）を超えて，幅広い比較人工物分析が可能になる。こうした抽象性が，アーキテクチャ論の強みでも限界でもある（詳しくは，後述する）。

建築物に関しても，製品（建物自体）のアーキテクチャと，施工プロセスに関する工程アーキテクチャを考えることができるが，基本的に一品生産である建築物は，現代の大量生産製品とは違って，建築現場に工程が長期的にとどまることはないので，分析の中心は，製品アーキテクチャでよい。

しかし，製品の機能要素の中心が，一意には決まらないので，実際のアーキテクチャ分析は，そう簡単ではない。たとえば，建物の構造設計を行う人に，建築物の機能要素を聞けば，「柱機能」「梁機能」「床機能」「壁機能」「天井機能」といった，ほぼ構造要素に対応した機能を列挙するかもしれない。ところが，建物を商業建築として計画する人に同じ質問をすれば，「外観」「内装・眺望」「動線・空間機能」「空調・断熱」「採光・照明」「防犯」「耐震安全」など，より利用者の立場に立った機能要素を列挙するかもしれない。

このように，建築物の要求機能の定義は多義的であり，この定義が共通であ

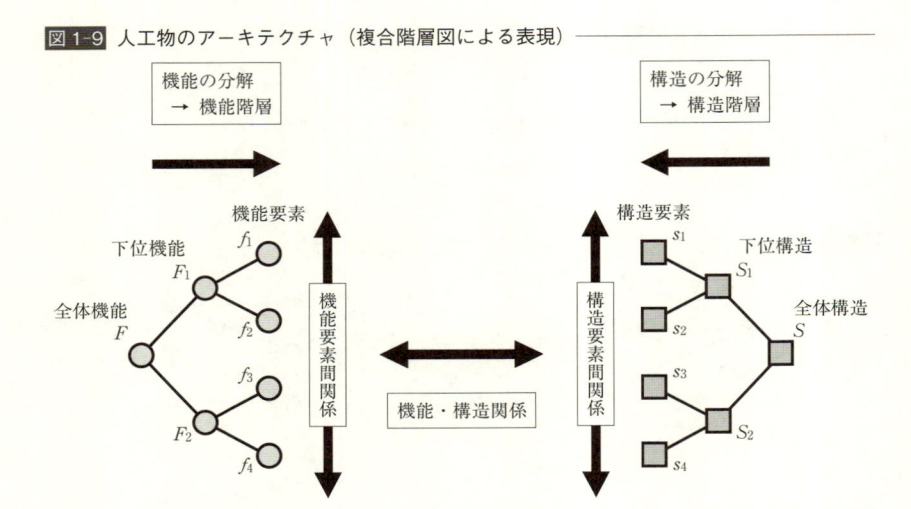

図1-9 人工物のアーキテクチャ（複合階層図による表現）

るかを確認せずにアーキテクチャを議論すると，無用の混乱を引き起こす可能性がある。少なくとも本書では，建物の経済的な分析を随所で行うため，どちらかと言えば，建築物の価格に影響を与える属性，つまり後者の，利用者満足に直結する機能定義を優先的に用いることにする。

モジュラー・アーキテクチャとインテグラル・アーキテクチャ

複雑な人工物の機能と構造は，ともに階層構造で示すことができ，よってアーキテクチャは2つの階層の間の連結パターンとみなせる（図1-9; 藤本1986; Göpfert and Steinbrecher 1999; Takeishi and Fujimoto 2001; ほか）。

図が示唆するように，人工物のアーキテクチャは，①機能分解，②構造分解，③機能・機能関係，④構造・構造関係，⑤機能・構造関係という5つの側面を持つ。この図を用いて，アーキテクチャの基本特性である「モジュラー性」と「インテグラル性」を定義することができる。

(1) モジュラー型アーキテクチャ

設計要素間の関係が単純で，①機能要素と構造要素の相互依存関係が1対1対応ですっきりしており，②構造要素間の相互依存性がなく，③機能要素間の相互依存性がない場合，このようなアーキテクチャを純粋な「モジュラー(modular)型」あるいは「組み合わせ型」と呼ぶ（図1-10）。

実際，「モジュラー型」と呼ばれる製品の場合，製品をあるレベルに構造分

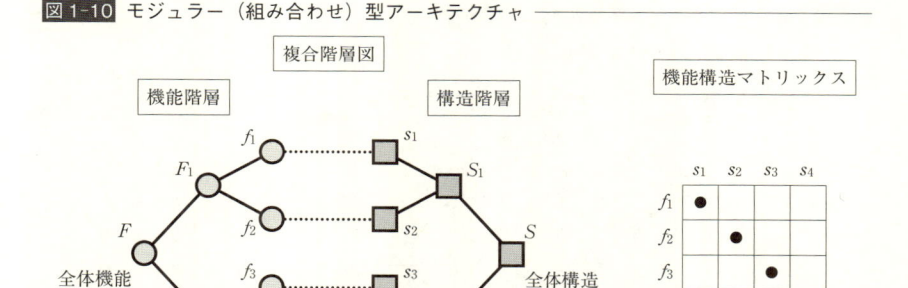

図 1-10 モジュラー（組み合わせ）型アーキテクチャ

解した場合の基本モジュール（部品）を見ると，それぞれの部品がかなり機能完結的である。このため，部品相互間の信号やエネルギーのやり取りもそれほど必要ではなく，構造要素間の連結部分（インターフェイス）が比較的シンプルで済む。したがって，各部品（モジュール）の設計者は，インターフェイスの設計ルールについて事前の知識があれば，部品供給者は，他の部品の設計をあまり気にせず独自の設計ができる（Ulrich 1995; Baldwin and Clark 2000）。

一方，すでに設計済みの部品を事後的に寄せ集めても，全体の製品機能が発揮されるので，組立企業は，すでに他社が設計済みの部品をカタログ買いで購入し，それを組み合わせても，ちゃんとした性能の製品を組むことができる。

さらに，モジュラー型には，自社の中だけで「社内共通部品」を寄せ集める「クローズド・モジュラー型」と，企業を超えた「業界標準部品」の寄せ集めができる「オープン・モジュラー型」とがある。

(2) インテグラル型（擦り合わせ型）アーキテクチャ

逆に，設計要素間の関係が複雑なケースで，①機能要素と構造要素が多対多対応の形で複雑に絡み合っており（Ulrich 1995），②構造要素間の相互依存性が高く，③機能要素間の相互依存性が高いケースで，このようなアーキテクチャを「インテグラル（integral）型」あるいは「擦り合わせ型」という（図1-11）。

現実に「インテグラル型」と呼ばれる製品は，部品点数が多く，顧客の要求が高度かつ多様で，重量やサイズの制約が厳しく，市場ニーズ的にも技術特性

図 1-11 インテグラル（擦り合わせ）型アーキテクチャ

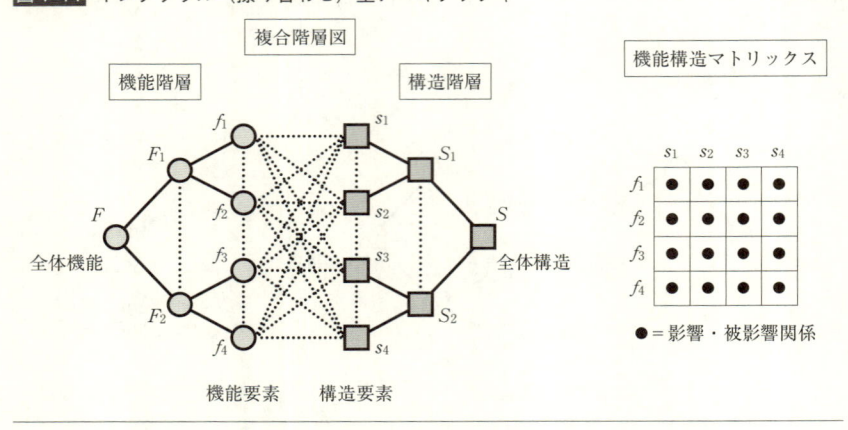

複合階層図 ― 機能階層・構造階層（機能要素 F, F_1, F_2、f_1, f_2, f_3, f_4 と構造要素 S, S_1, S_2、s_1, s_2, s_3, s_4）

機能構造マトリックス

	s_1	s_2	s_3	s_4
f_1	●	●	●	●
f_2	●	●	●	●
f_3	●	●	●	●
f_4	●	●	●	●

● ＝ 影響・被影響関係

的にもモジュラー化が難しい製品である傾向がある。

自動車の例：小型車はなぜインテグラル寄りか

たとえば自動車，とりわけ 20 世紀後半以来の先進国における小型乗用車は，以上の条件から見ると，「人工物としての複雑化」「アーキテクチャのインテグラル化」の条件を多く備えていることがわかる。すなわち，

① 使用者は自動車に移動，自己表現，遊戯，住宅代替といった複合的な機能を期待する。
② 経験を積んだ使用者は操縦性，乗り心地，居住性，燃費などの高度なバランスを要求する。
③ 自動車を構成する構造要素（部品）の点数は依然多く，1 台当たり 3 万点ぐらいある。
④ 小型車は燃費や利便性の面から重量や容積の制約が大きく，部品間の相互干渉が著しい。
⑤ 先進国の自動車購入者は製品使用経験が長く，高水準の機能・性能を要求する傾向がある。
⑥ 自動車は安全規制，排気ガス規制，燃費規制などの制約が厳しく，この傾向には際限がない。

この結果，自動車は，機能要素（要求仕様）が多く，構造要素（部品）も多く，しかも機能要素間の相互連係，構造要素間の相互干渉，そして構造要素と機能要素の対応関係は複雑である。したがって，自動車設計者が，事前に最大限の

モジュラー・アーキテクチャ化の努力をしたとしても，事後的には，市場や技術の要求や制約ゆえに，21世紀初頭の段階ではインテグラル型にとどまらざるをえなかったのである（藤本 2003）。

また，逆にひとつのモジュールが多くの機能を担っている。たとえばボディは，安全性・居住性・デザイン性・空力特性など，複合的な機能を持つ。つまり，機能要素と構造要素（部品）が「1対1」ではなく「多対多」の関係にある。したがって，各部品の設計者は，互いに設計の微調整を行い，相互に緊密な連携をとる必要がある。

このように，「モジュラー型」が，部品間の「擦り合わせ」の省略により「組み合せの妙」を活かした製品展開を可能とするのに対して，インテグラル型は逆に，「擦り合わせの妙」で製品全体の完成度を競うのである。

こうしたアーキテクチャ類型は，建築物の場合にも適用できる。たとえば，あるビルディングの機能要素の一つひとつが，多くの構造設計要素（たとえば部品）によって実現し，あるいは逆に，ひとつの構造設計要素が複数の機能設計要素に貢献する場合，その建物の機能要素群と構造要素群は，多対多で対応しているわけであり，その建物のアーキテクチャは「インテグラル」寄りである。逆に，機能設計要素と構造設計要素が1対1対応しており，その建物が機能完結的な部品群により構成されている場合，その建物はモジュラー寄りということになる。建築のアーキテクチャ分析については，本章の後半および2章以下で改めて論じることにしよう。

人工物の階層性と中・外アーキテクチャ

すでに図1-9で示したように，アーキテクチャの概念を実際の産業・企業分析に使う場合，よく注意すべきは，建築物や自動車のような複雑な人工物には部分と全体（サブシステムと全体システム）による「階層性」（ヒエラルキー性）があることである（Simon 1969; Langlois and Robertson 1992）。それゆえに，あらゆるアーキテクチャ分析は人工物システムのどの階層（layer）を論じているかを常に明示する必要がある。

たとえば，あるビルディングは，軀体や設備や内外装品を構成要素とする人工物システムであるとともに，それ自体が都市空間の一構成要素である。ここで「ビルディング」という階層に視点を置くならば，その構成要素たる軀体や設備の分割・結合関係は当該ビルディングの「中アーキテクチャ」であり，そのビルが属する上位システムである都市空間の分割・結合関係は，当該ビルの

図 1-12 アーキテクチャの垂直配置

(1) インテグラル製品・インテグラル部品

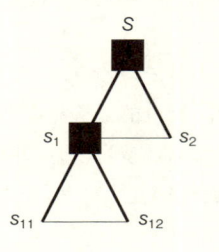

(2) モジュラー製品・インテグラル部品

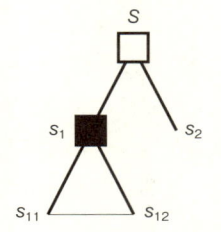

(3) インテグラル製品・モジュラー部品

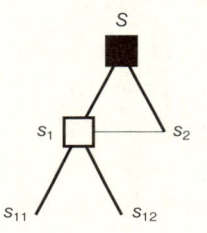

(4) モジュラー製品・モジュラー部品

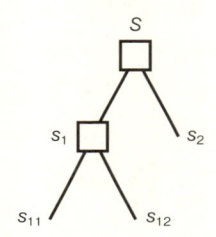

「外アーキテクチャ」である．一般に，構成要素数や階層数の多い，複雑な人工物の設計特性を分析する場合，われわれは常にこうした階層関係を明確にしておく必要がある．

逆に言えば，アーキテクチャは，複雑な人工物のどの階層に対しても定義できる．こうした「中アーキテクチャ」「外アーキテクチャ」の概念は，たとえば本書の第7章で「アーキテクチャの位置取り戦略」に応用される．

たとえば，基本形として，図 1-12 のように，製品・部品・子部品と，3階層の構造設計要素からなる製品＝人工物（S）があるとしよう．

アーキテクチャ特性の垂直配分問題は，第2層（s_1），第3層（s_{11}, s_{12}）の組み合わせで言えば，図 1-12 の4タイプに分かれる．

(1) インテグラル製品・インテグラル部品［第2層＝インテグラル，第3層＝インテグラル］
(2) モジュラー製品・インテグラル部品［第2層＝モジュラー，第3層＝インテグラル］
(3) インテグラル製品・モジュラー部品［第2層＝インテグラル，第3層＝

モジュラー］

(4) モジュラー製品・モジュラー部品［第2層＝モジュラー，第3層＝モジュラー］

　かりに，ここで第2階層にある部品（s_1）の設計・生産を担当する部品サプライヤーがいたとするなら，彼らは，自らの「中アーキテクチャ」（s_{11} と s_{12} の分割・結合関係）を決めつつ，上位階層のシステム（S）に対しては「外アーキテクチャ」（s_1 と s_2 の間の分割・結合関係）を戦略的に決める必要がある。それがこの企業の「アーキテクチャの位置取り戦略」である。

ミクロ・アーキテクチャの変異とマクロ・アーキテクチャの淘汰

　また，ある複雑な人工物システムのアーキテクチャ特性，たとえばその「インテグラル性」あるいは「モジュラー性」を分析する場合，システムの個々の構成要素（部品）を設計する技術者は，それぞれの部品に課された機能要件や制約条件を勘案して，その部品の中アーキテクチャ・外アーキテクチャを細かく決める必要がある。こうした個別部品レベルの詳細なアーキテクチャを「ミクロ・アーキテクチャ」と呼ぶことにしよう。

　その結果，全体システムは，さまざまなアーキテクチャ特性を持った部品が混在した形になることが多いわけだが，その，いわば加重平均的な集計値として，システム全体のアーキテクチャ的傾向を示すことはできよう。これを「マクロ・アーキテクチャ」と呼ぶことにする。

　かりに，最終消費者と取引される財を全体システムと考え，その構成要素を個々の部品とした場合，個別部品のミクロ・アーキテクチャ特性は，とりあえず技術者が主体的に決めることができるが，その全体的傾向であるマクロ・アーキテクチャ特性は，最終的には消費者の選好や社会が課す制約条件によって決まると見るべきであろう。たとえば，他の条件が一定であれば，消費者が製品機能重視であり，社会的な制約条件が厳しい場合は，その製品のマクロ・アーキテクチャはインテグラル寄りになりやすいが，顧客が価格重視で制約条件が比較的緩い場合は，そのマクロ・アーキテクチャはモジュラー寄りになりやすい。

　このように，ある製品（取引される人工物）のミクロ設計は技術者が主体的に行い，それによりミクロ・アーキテクチャは変異するが，その結果として形成される製品全体のマクロ・アーキテクチャに対しては，市場や社会による選択・淘汰が加わると考えるのが，われわれがとる，アーキテクチャに対する進

化論的な考え方である。

言い換えれば，ある製品のアーキテクチャ特性は，外から与えられる外性変数ではなく，動態的に変化する内性変数である（藤本 2007; Fujimoto 2007）。その意味で，製品カテゴリー（たとえば，自動車）に固有のアーキテクチャは存在しない。たとえば同じ小型乗用車でも，日本企業と中国企業では，利用環境や設計の進化経路が異なるため，日本車はインテグラル寄り，中国車はモジュラー寄りと，アーキテクチャが大きく異なることが知られている。建築物の場合も同様である。すなわち，同様の機能を有する建物であっても，国や企業や時期による，利用環境の厳しさ，利用者の要求の水準，環境・安全など諸規制の厳しさ等々の違いによって，アーキテクチャは異なりうる。

3 建築物のものづくり分析(2)：建築物のフロー側面

3.1 設計者と利用者の分業

次に，「広義のものづくり」を，フロー（流れ）の側面から考えてみよう。ここでは，人工物の「設計・生産・利用」という流れの全体を見ていくことにする。その背後には，現代社会における「設計者・生産者・利用者の分業」という基本的な現象がある。

現代経済においては，生産者と消費者が分業するのは常態である。それは，ある人工物の機能達成に関する「設計者と利用者の分業」のことを指す（奥野・瀧澤・渡邊 2006；藤本・大隈・渡邊 2008）。設計者と利用者は，ある機能の達成を共通の目的とし，設計者は，ある利用環境と操作を行えば機能を達成できる人工物を設計する。生産者は，設計情報を媒体に転写し，人工物として実現する。利用者は，ある利用環境下で人工物を操作することにより，その機能を達成しようとする。以下，人工物，とりわけ「製品」と「工程」について，「利用」「設計」「実現」の順に，人工物生成のプロセスを概略説明しよう。

3.2 利用プロセス

まず，人工物の「利用活動」とは，ある利用環境（e）のもとで，利用者が，ある構造（x）を持つ人工物に働きかけて，ある操作すなわち入力（z）を行い，目的とする機能（y）を実現しようとするプロセスを指す。つまり，人工物利用プロセスの基本形は，$y=f(z,x,e)$ つまり，機能＝f（入力，構造，環境）であ

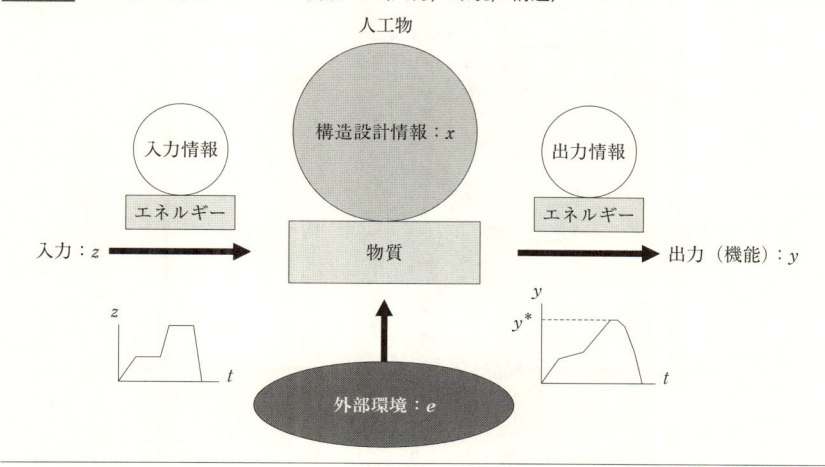

図 1-13 人工物の利用プロセス　機能＝f（入力，環境，構造）

（図1-13，藤本 2008；藤本・大隈・渡邊 2008）。

さらに，操作 y は，利用者が外から加える人的操作と，人工物自身が行う自動制御に分かれる[3]。たとえば，ある自動車（構造 x）が，ガソリン1リットル当たり20キロの10モード燃費効率（機能 y）を達成するには，常圧の平坦な舗装路という条件下（環境 e）で，運転者が特定の加速・減速操作（入力 z）を行わねばならない[4]。自動車の電子制御化が進めば，この目標を達成するための運転者の人的操作は簡単になる。

(1) 製品の利用プロセス（消費）

「製品」という人工物を利用して目標機能を達成しようとすることを，経済学では「消費」と言う。利用の結果，製品から引き出される機能が，利用者にもたらす満足を，経済学では「効用」と言う。複数の製品がそれぞれ機能を持つと期待されるとき，消費者（＝利用者＝製品購入者）は，最大の効用を得る機能の束（＝製品の束）を探索する，と標準的なミクロ経済学の消費論は説明する。

---

[3] 奥野・瀧澤・渡邊（2006），藤本・大隈・渡邊（2008）はこれを，それぞれ「直接コーディネーション」「内部コーディネーション」と呼ぶ。

[4] この図式は，たとえば制御工学や品質工学の分析枠組みとも親和的である。ちなみに，H. サイモンは，その人工物分析において，ここでいう機能 y を人工物の「目的」，構造 x を「内部環境」，環境 e を「外部環境」と呼んでいる（Simon 1969）。

図1-14 人工物に対する人的操作と自動制御

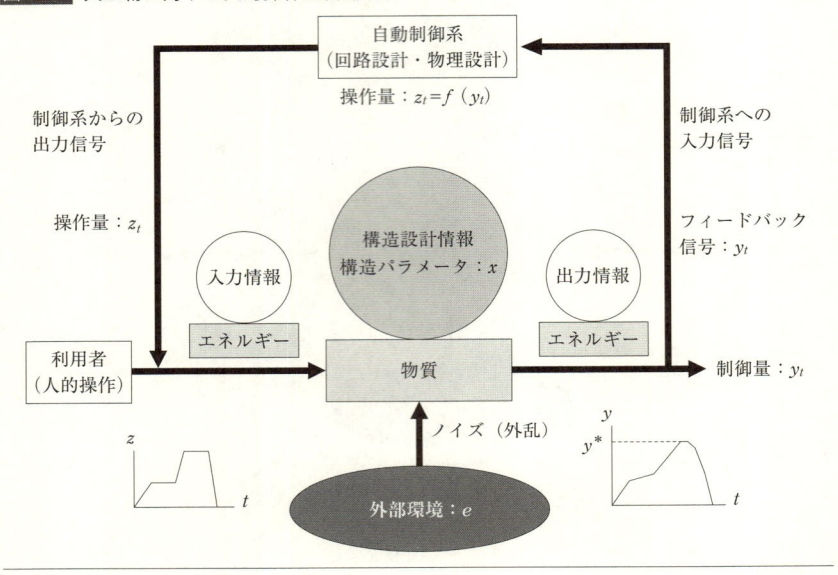

自動制御系
（回路設計・物理設計）
操作量：$z_t = f(y_t)$

制御系からの出力信号
制御系への入力信号

操作量：z_t
フィードバック信号：y_t

構造設計情報
構造パラメータ：x

入力情報　エネルギー
出力情報　エネルギー

利用者（人的操作） → 物質 → 制御量：y_t

ノイズ（外乱）
外部環境：e

住宅の場合，所有であれ賃貸であれ，利用者が住宅という構造を操作して，日々の生活に必要な機能を引き出している。それは，利用者自らが構造を操作するセルフサービス，すなわち消費活動である。一方，これが商業建築物になると，空調，清掃，設備保守など，利用者のために建築物を操作する，いわゆるビル・サービス業者等の役割が大きくなる。

いずれにせよ，「人工物である建物をある環境のもとで人間が操作し，その機能（＝サービス）を引き出す」という，人工物利用プロセスの基本形は，通常の工業生産物（たとえば自動車やコンピュータ）でも建築物でも変わらない。

(2) 工程の利用プロセス（生産）

これに対し，「工程」という人工物を利用して，目標とする製品の構造・機能を実現しようとする活動が，経済学における「生産」にほかならない。自動車の利用プロセス，すなわち消費活動が，運転者による自動車の運転・操作であるように，工程の利用プロセス，すなわち生産活動は，作業者による「工程の運転・操作」とみなすことができる。生産活動においては，ある操業環境（e）のもとで，作業者は，工程に配備された設備・治工具，あるいは自らの身体などの生産資源（x）に対し，所定の操作（z）を行うことにより，「素材・

仕掛品・製品への情報転写」という機能（y）を実現しようとする。自動車の運転と同様，工程の運転においても，自動制御は，作業者の人的な制御を簡素化する役割を持つ。

所与の工程が狙った機能（製品への設計情報転写）を実現しているかどうかは，結果としての製品の構造が目標通りか，その製品の機能が目標通りか，そしてその転写が高い生産性と短い所要時間でできているかどうかで判断される。その判断は通常，工程内・工程後の検査工程で行われる。工程機能の実現度は，直接的に製品構造の寸法精度や外観を検査することでも，また間接的に，その生産物が発揮する製品機能を検査することで判定する[5]。

建築の場合，現場施工の工程は，仕掛品に取り付いた形になっている。クレーンや足場などは，施工期間中は，仕掛品と一体の構造物として，施工者によって利用される。製品（建築物）の設計が，工程とのインターフェイスを持ち，建物の構造計算においてクレーンの重量や取り付け強度が勘案されるなど，建築（製品）設計と施工（工程）設計とは，密接な相互作用を持つ。

3.3 設計プロセス

これに対し，人工物の設計者は，利用に先立ち，目標とされる要求機能（y^*）に対して，想定される操作（z^*）と環境条件（e^*）を前提としたうえで，まだ存在しないその人工物の構造（x^*）を事前に構想する。こうして，要求機能を達成する構造パラメータを事前推定する活動が，設計活動にほかならない。あるいは，人工物の利用プロセスを事前にシミュレーションするのが設計プロセスだとも言える。

人工物の設計プロセス，あるいはより広く開発プロセスは，利用者の問題を設計者が事前に解決しようとするという意味で，「問題解決」のプロセスとも言える（Simon 1969; Fujimoto 1989; Clark and Fujimoto 1991）。つまり，未実現の機能（y^*）の達成を設計者が対峙する「問題」とし，ある条件（z^*）（e^*）のもとで，それを達成する人工物の構造の代替案（x_1^*, x_2^*, …x_i^*）を探索（サーチ）し，また所与の条件下で，その目標機能が達成できること〔$y_i^* = f(z^*, x_i^*, e^*)$〕を，実物試作の実験やコンピュータ・シミュレーションにより確認する。

一般に「製品」とは，取引を通じて設計者（生産者）から利用者（消費者）に

---

[5] たとえば，自動車の量産ラインの末端には，できあがった製品の構造（仕上がり，たてつけなど）をチェックする検査工程と，製品機能をチェックする検査工程の両方が存在する。

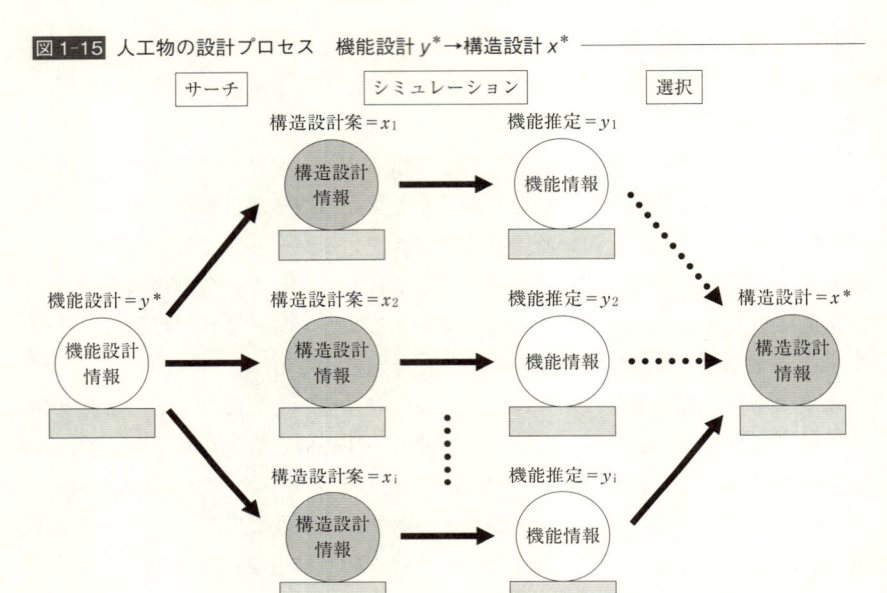

図1-15 人工物の設計プロセス　機能設計 y^* →構造設計 x^*

サーチ　　シミュレーション　　選択

構造設計案 = x_1　機能推定 = y_1
構造設計情報　　機能情報

機能設計 = y^*　構造設計案 = x_2　機能推定 = y_2　構造設計 = x^*
機能設計情報　　構造設計情報　　機能情報　　構造設計情報

構造設計案 = x_i　機能推定 = y_i
構造設計情報　　機能情報

引き渡される人工物であることから，製品の設計プロセスと利用プロセスは明確に分かれていることが多い。しかしそれを生産する「工程」の設計者・生産者・利用者は，しばしば同一の主体（企業）である。たとえば，自らが生産で用いる金型を，外注ではなく内製とする企業は少なくない。

(1) 製品の設計プロセス

前述のように，製品も工程も，設計情報が媒体に転写された人工物であるから，ともに設計活動の対象となる。自動車の製品開発の実証研究を行ったクラーク＝藤本は，製品開発を広義にとらえ，製品設計と工程設計の両方をそこに含めている（Clark and Fujimoto 1991）。

このうち製品設計は，目標とする製品の機能設計情報（y^*）から，それを実現すると期待される構造設計情報（x^*）を生み出すプロセスであり，それは，製品の利用プロセス（すなわち消費活動）を事前にシミュレーションすることにより達成される。それは，①顧客ニーズの機能設計への翻訳，②機能設計を実現する構造設計案のサーチ，③構造設計案が要求機能を実現するかどうかを確認するためのシミュレーションモデルの作成（たとえば試作）と実行（実験），④シミュレーション結果の評価と構造設計案の選択，といった，一連の「問題

解決サイクル」を経る（Fujimoto 1989; Clark and Fujimoto 1991）。

　こうした製品設計プロセスは，建築の場合も基本的には同じである。ただ建築物の場合は，人間が人工物の内側にも外側にも接して存在するため，ヒューマン・インターフェイスが複雑であり，また，公共空間に存在するため，地域や都市など外部との機能的相互依存関係も発生し，また，建物自体の部品点数も膨大で内部構造も複雑なので，設計プロセスはきわめて複雑なものになる。つまり，複雑な巨大人工物の設計プロジェクトは，それ自体がきわめて複雑になる。

(2) 工程の設計プロセス

　これに対し工程設計は，生み出される製品実物における目標構造（x^*）や目標機能（y^*）の実現を目的として，それを実現しうる生産工程の諸要素（p^*），たとえば設備，金型・治工具，工程レイアウト，作業設計などを，生産に先立って行うことを指す。その手順は，製品設計の場合と同様の，複合的な「問題解決サイクル」である（Fujimoto 1989; Clark and Fujimoto 1991）。

　建築物の場合，現場の生産工程は，施工が終われば取り壊す，比較的短期対応で製品特殊的なものであり，製品の一部として工程の構成要素として使われる工具やクレーンや足場は，再利用される汎用品であることが多い。したがって，特定の建築物に合わせて，新しい設備や工具が設計されることは，比較的少ないと見られる。

3.4　実現（realization）プロセス

　前述のようにこれは，設計情報を媒体に転写し，人工物として実現するプロセスである。ここで設計情報というのは，厳密に言えば，人工物に転写され埋め込まれる構造設計情報である（図1-16）。後述のように，製品の場合，それは製品構造設計の情報であり，工程の場合は工程構造設計の情報であるが，後者は通常，単に「工程設計」と呼ばれる。つまり，工程設計とは，工程構造の設計のことである。

(1) 製品の実現プロセス（生産）

　利用者（消費者）に供給する人工物の製品設計情報を，工程から素材・仕掛品といった媒体へと「転写」する活動が，いわゆる生産（商業生産）である。ところが，すでに見たように，製品の生産は，「工程ストックの利用プロセス」として把握することもできる。つまり生産活動は，「工程の利用プロセス」と

図1-16 人工物の実現プロセス：最終媒体への情報転写

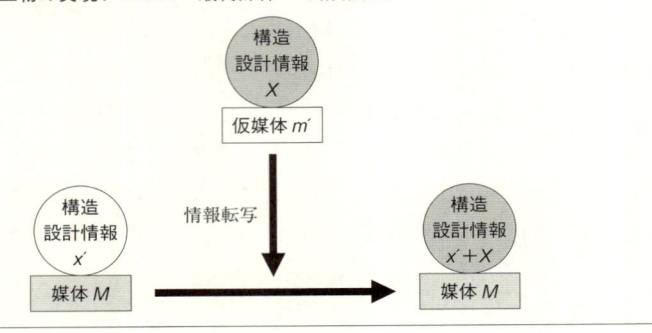

いう制御的側面と「製品の実現プロセス」という情報転写的側面を持つ。前者は生産者的な視点，後者は利用者的な視点ということもできる。いずれにせよわれわれは，生産活動が持つこの二面性を認識する必要がある。

建築に関しても，施工が建築物の設計情報の転写プロセスであるということは，通常の工業製品と変わりはないが，転写が消費の場でもある建築現場で行われることが，大地に根を張った大型人工物の特徴とも言えよう。

(2) 工程の実現プロセス（工程構築）

工程設計情報（工程の構造設計情報）を，しかるべき媒体に転写し，工場などの現場に配備することを，工程構築，生産準備などと呼ぶことがある。それは，「設計情報の流れ」の中では，工程設計と生産の間に位置するもので，多くの場合，設備投資や人的資本投資を伴う経済活動である。

製品設計・工程設計のプロセスを通じ生成された工程設計情報は，次に，適切な媒体に転写され，自社やサプライヤーの工場現場に配備される。具体的には，生産設備が内製あるいは購入され，金型・治工具が製作され，作業設計情報が作業標準書として紙に印刷され，さらに作業訓練を通じて，作業者の脳裏に作業知識・作業熟練として埋め込まれ，それらが現場のしかるべき位置に配備される。つまり，工程設計情報が媒体に転写され，生産工程が「生産」される。これで，商業生産の準備が整う。

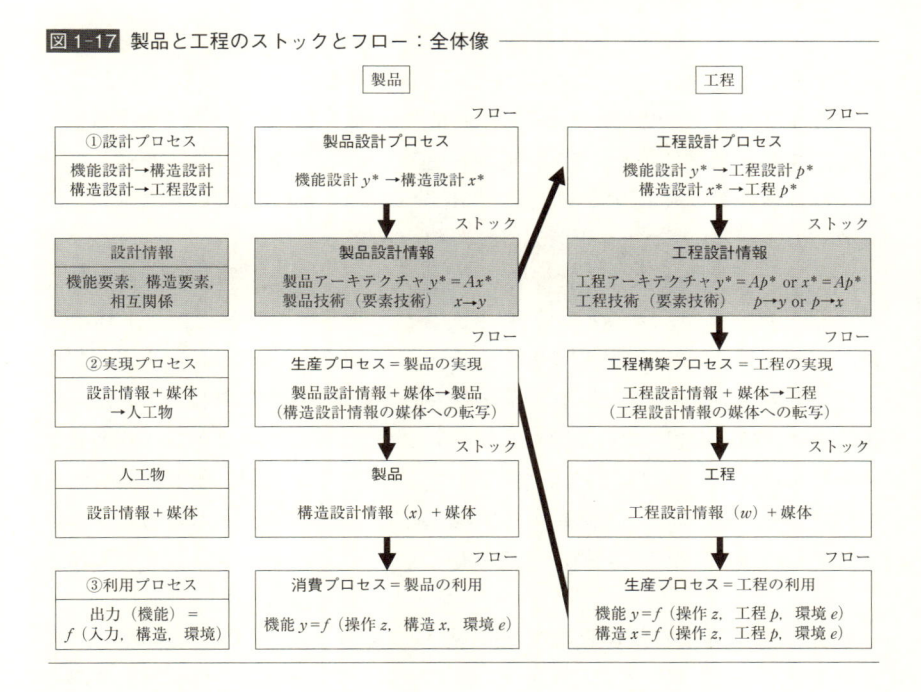

図1-17 製品と工程のストックとフロー：全体像

	製品	工程
	フロー	フロー
①設計プロセス 機能設計→構造設計 構造設計→工程設計	製品設計プロセス 機能設計 y^* →構造設計 x^*	工程設計プロセス 機能設計 y^* → 工程設計 p^* 構造設計 x^* → 工程 p^*
	ストック	ストック
設計情報 機能要素，構造要素， 相互関係	製品設計情報 製品アーキテクチャ $y^* = Ax^*$ 製品技術（要素技術） $x \to y$	工程設計情報 工程アーキテクチャ $y^* = Ap^*$ or $x^* = Ap^*$ 工程技術（要素技術） $p \to y$ or $p \to x$
	フロー	フロー
②実現プロセス 設計情報＋媒体 →人工物	生産プロセス＝製品の実現 製品設計情報＋媒体→製品 （構造設計情報の媒体への転写）	工程構築プロセス＝工程の実現 工程設計情報＋媒体→工程 （工程設計情報の媒体への転写）
	ストック	ストック
人工物 設計情報＋媒体	製品 構造設計情報 (x) ＋媒体	工程 工程設計情報 (w) ＋媒体
	フロー	フロー
③利用プロセス 出力（機能）＝ f（入力，構造，環境）	消費プロセス＝製品の利用 機能 $y=f$（操作 z, 構造 x, 環境 e）	生産プロセス＝工程の利用 機能 $y=f$（操作 z, 工程 p, 環境 e） 構造 $x=f$（操作 z, 工程 p, 環境 e）

4 建築における設計循環の全体像

4.1 製品・工程のストック・フロー

　工程と製品という二つのタイプの人工物に関して，まずストック的側面を考察し，それらが設計情報と媒体の結合物であること，さらに設計情報には固有技術という具体的側面と，アーキテクチャという形式的側面とがあることを示した。

　次にフローの側面として，人工物の利用・設計・実現のプロセスを，製品，工程の双方について示した。消費とは製品の利用プロセスであること，生産とは工程の利用プロセスであること，生産は製品の実現プロセス（情報転写プロセス）ともみなせること（生産の二面性）などを示した。

　こうした，ものづくりのストック面，フロー面をまとめると，図1-17 の通りになる。すなわち，①設計プロセスにおいて，設計者が問題解決サイクルを通じて設計情報を創造し，②実現プロセスにおいて，媒体への情報転写を通じ

て人工物の構造を形成し，③利用プロセスにおいて，利用者が人工物を操作・制御することを通じて人工物の機能を引き出す。それはすなわち，「設計プロセス→設計情報→実現プロセス→人工物構造→利用プロセス→人工物機能」という，ストック・フローが交互に現れる連鎖である。このプロセスを通じて，経済的価値のある人工物の機能が引き出される。こうした流れの総体を，「広義のものづくり」プロセスと呼ぶ（藤本ほか 2007）。

図 1-17 でも明らかなように，製品の生産プロセスとは，直接的には製品設計情報（構造情報）の媒体への転写であるが，それは間接的には，工程の設計・実現・利用を通じて実現するとも言える。これは，現代の迂回生産体制を反映した入れ子構造である。伝統的・職人的な生産形態であれば，職人が汎用工具を使い図面を読んで設計情報を転写するので，そこに本格的な工程開発は介在しない。これに対して，現代のものづくりプロセスでは，製品の設計・実現のプロセスの中に，工程の設計・実現・利用のプロセスが入れ子のように組み込まれた構造になっているわけである。

4.2 設計情報の循環としての「ものづくり」

以上のような，設計情報と人工物のストック・フロー連鎖を並べ替えてみると，図 1-18 のような，設計情報の循環となる。図の上半分は設計情報，下半分は実物を表し，①上から下へは「実現プロセス」における設計情報の転写，②逆に下から上へは「シミュレーション」，③左から右へは「設計プロセス」（問題解決サイクル）を通じた設計情報の創造，④右から左へは「利用プロセス」（生産・消費）を通じた機能の実現を表す。こうした設計情報の循環を通じて，顧客に効用を与える人工物の設計情報が創造され，構造設計情報が転写され，それが顧客（利用者）に発信される。利用者はその人工物を操作し，そこから製品機能情報を引き出し，受信する[6]。

かくして，設計概念を起点とする広義の「ものづくり論」は，商品の開発・生産・販売・消費活動を「設計情報の創造・転写・発信・受信のプロセス」と読み替えられる（藤本 1997; Fujimoto 1999）。「設計」という概念を起点とすることにより，固有技術，アーキテクチャ，開発プロセス，生産プロセス，消費

---

[6] この図では，単純化のため，製品機能が最終的に顧客満足（効用）を生み出すプロセス，および顧客満足を先取りして構想する「製品コンセプト創造」のプロセス（Fujimoto 1989; Clark and Fujimoto 1991）を省略し，「製品企画プロセス」として縮約している。

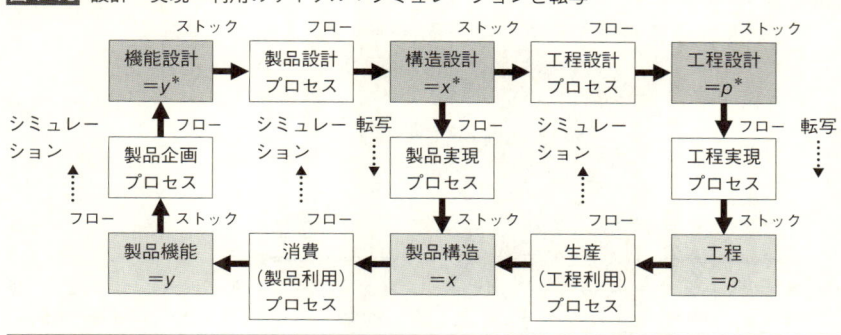

図 1-18 設計・実現・利用のサイクル：シミュレーションと転写

プロセスといった諸概念を，1枚の図で一元的に理解することが可能になる。

建築物の場合も，こうした設計・実現・利用のサイクルが存在することは，他の工業生産物と変わりがない。しかし，図1-18の下部，つまり実物空間での活動は，すべて，利用現場である同じ敷地の上で行われるところが，大地に根を張った人工物である建築物のひとつの特徴だと言えよう。

4.3 流れの制御と「ものづくり組織能力」

以上示したような，顧客に至る設計情報の創造・転写・発信の循環プロセスを，ある企業・現場が他の企業・現場よりもうまく統御し，より高い顧客満足を繰り返し安定的に生み出しているとき，そうした「良い流れ」を繰り返し実現する「組織ルーチン」(Nelson and Winter 1982)の体系を，「ものづくりの組織能力」と呼ぶ（藤本 2003, 2004）。

ここで「良い流れ」とは，正確で（品質），効率がよく（生産性・コスト），よどみのない（リードタイム・納期）設計情報の流れのことであり，現場では「QCD」(Quality, Cost, Delivery) として周知の概念である。そうした良い流れを，製品企画・製品設計・工程設計・工程構築・購買・生産・販売等の諸活動の連鎖を通じて，一貫して確保する質的な能力が，「ものづくりの組織能力」にほかならない。

以上が，設計概念を中核概念とする，人工物分析の大まかな全体像である。それはストック的側面とフロー的側面があることを示した。こうした全体的構図の中で，アーキテクチャは人工物のストック的側面，とりわけ設計情報ストックの形式的・抽象的属性として位置づけられる。他方，製品開発プロセスは，

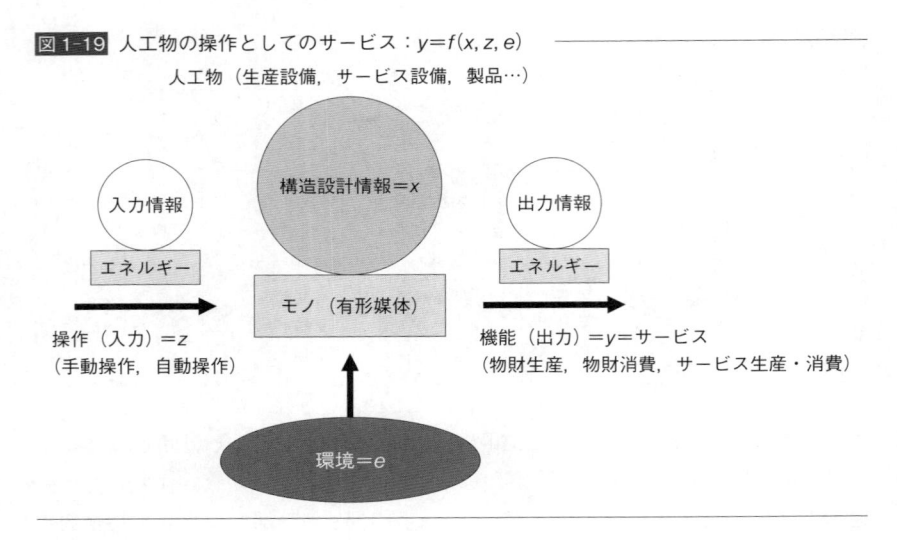

図1-19 人工物の操作としてのサービス：$y=f(x, z, e)$

人工物（生産設備，サービス設備，製品…）

入力情報　構造設計情報＝x　出力情報
エネルギー　　　　　　　　　エネルギー
　　　　　モノ（有形媒体）
操作（入力）＝z　　　　　　機能（出力）＝y＝サービス
（手動操作，自動操作）　　　（物財生産，物財消費，サービス生産・消費）

環境＝e

人工物のフロー（流れ）の側面，とりわけ設計情報の創造活動であり，それは製品設計・工程設計・工程構築の連鎖により構成される。かくして，本書の中心テーマである「プロセス産業のアーキテクチャ」と「製品開発プロセス」は，以上のような人工物分析の全体系の中で，たがいに関連づけられるのである。

5 建築物の機能と構造

5.1 人工物の構造・操作・機能

前述のように，広義のものづくり論における中核概念のひとつは「設計」である。それでは，あらためて「設計」とは何か。それは，一言で言えば，個物の構造（形）と機能（働き）を事前に構想することにほかならない。つまり，ある人工物の設計には，形（形状・材質）を表象する構造設計情報と，働き（性能，出力）を表象する機能設計情報がある。

これを，簡単なモデルで示してみよう（図1-19）。ある人工物を利用する者は，その構造（x）に働きかけ，ある環境（e）においてそれを操作（z）し，その機能（y）を得る。つまり，人工物を利用する活動は，$y=f(x, z, e)$ という因果関係が基本である（藤本・大隈・渡邊 2008；藤本 2009）。逆に人工物を設計する活動とは，要求機能 y^* に対し，ある環境と操作を前提に，最適な構造 x^* を

推定することにほかならない (Suh 1990)。

ここで,「広義のものづくり論」が想定するのは,「人工物の利用者は,人工物の機能を消費する」という考え方である。そして,機能とは,前述のように,人工物を操作することで引き出される「働き」であり,それは経済学的には「サービス」と呼ばれるものにほかならない。つまり,設計論に立脚する「広義のものづくり論」が考える建築の概念は,本書の編者の一人（野城 2003）が提唱する「サービスとしての建築」という概念と,きわめて親和的だと考えられるのである（図1-19）。

「構造を操作して機能（＝サービス）を得る」という発想は,通常の物財であれば容易に理解できるだろう。たとえば,自動車という「構造」をある環境（道路）において,企業の従業員（運転手）が操作（運転）し,その「機能」（サービス）を利用者（乗客）に提供すれば,それはタクシー業という,「構造を操作して機能を提供するサービス産業」である。一方,利用者が自ら自動車を操作すれば,それは「セルフサービス」としての消費行動となる。

5.2 建築物の構造・操作・機能

これに比べれば,「建築物を操作してサービスを得る」という状況を思い浮かべることは,ある程度の発想転換を要するかもしれないが,本質は変わらないと筆者は考える。すなわち,「ものづくりとしての建築」というこのモデルにおいて,「建物」すなわち建築業の生産物とは,構造設計情報（設計図x）が有形媒体（たとえば鉄やコンクリートやガラス）に転写されたものであり,一方,その建築物が利用者にもたらす「サービス」とは,機能設計情報（y）が無形媒体に転写されたものである。この機能（y）すなわちサービスを,人工物（構造x）を所有する本人が自ら操作して引き出すならば,それは「建築物に対する消費活動」である。消費活動は,消費者（利用者）による「セルフサービス」だとも言える。

これに対し,消費者自身ではなく,供給者（企業）が人工物を操作し,消費者がその機能を享受するなら,それは「サービス活動」である。とくに接客型サービス業の場合,機能を運ぶ媒体が減衰し,その在庫がきかないため,サービス設備（x）の操作（z）と,機能（y）の発揮,機能の享受が同一時間・同一空間である必要がある。

たとえば,共通設計の建物（構造）に対して,利用者に合わせて異なる操作

（オペレーション）を行い，結果として各顧客に合わせた異なる機能（サービス）を提供することを，業界では「オペレーションズ・カスタマイゼーション」と呼ぶ。一般に，利用者や居住者の特殊な機能要求に対して，顧客特殊的な構造設計（デザイン・カスタマイゼーション）で応じるか，あるいは構造設計は標準化しつつ，顧客特殊的な操作（オペレーションズ・カスタマイゼーション）のみで応じるかは，居住者自身やサービス提供企業の選択となる。

さらに，企業の作業者あるいは生業者が，生産設備（x），たとえばクレーンや建設機械を操作し，加工すなわち「建物の構造設計情報の転写」という機能（y）をもたらすなら，それは建築物の生産活動（施工）である。つまり，生産活動一般がそうであるように，建築における生産活動も，ある種の生産サービス（productive service: Penrose 1959）とみなせる。

以上のように，①建築物の消費・利用，②建築物関連サービスの生産・消費，③建築物の生産（施工）は，いずれも，人工物の構造xに対して操作zを加え，機能yを引き出す，という基本型$y=f(x, z, e)$で表すことができ，ゆえに，これらすべては，ある種のサービス活動と考えられる。

5.3 建築物の「機能」のわかりにくさ

それでは，「大地に根を張る人工物」である建築物（x）の機能（サービスy）とは何か。その機能はどのような操作（z）によって発揮されるのか。実は，多くの建築物において，その構造（x）が存在することは明らかだが，その操作（z）と機能（y）の概念は，必ずしも自明ではない。利用者による「建物の操作」とはいかなることか。それにより引き出される「建物の機能」とは何か。

たとえば，消費者自ら自動車やテレビを操作して性能を得る消費活動の場合，運転手が自動車を操作して消費者に機能提供するタクシー・サービスの場合，あるいは作業者が工作機械を操作して加工（情報転写）という機能を得る生産活動の場合，いずれも，構造・機能・操作・構造操作者・機能享受者の関係は明瞭である。

しかし，建築物の場合，その操作や機能を明示することは，それほど容易ではない。一般に，所与の建築物の基本機能は，ある目的のために仕切られた「空間の供給」であり，それに加え，その空間を空調・採光などの面で快適に保つこと，その空間を安全に保持し，人災や天災から守ること，外部侵入者を遮断すること，内装・外装の美観を維持すること，などであろう。そのために

利用者は，ドアや窓を開閉する，空調装置や照明装置を操作する，といった操作を行うが，最も基本的な操作は「ある目的を持って，その場所に入り，そこにいる」という操作とは，認識しにくい行為である．

また，ある空間に対する入居者・利用者の目的・用途は，人や時とともに変化することがある．たとえば，ライフスタイルや家族構成の変化により，ある部屋が応接間から居間や寝室や書斎に変わることはよくある．商業ビルがアパートに変わることも，工場が倉庫に変わることもある．つまり，建築物の構造（空間）と機能（用途）の関係は，通常の人工物に比べれば，流動的・創発的である．つまり，ある機能要件を満たすために設計・施工された建物（構造）が，利用されるうちに，当初の計画外の機能を事後的に持つようになることは，空間の集合である建築物の場合は珍しくないのである．

このように，機能と構造の関係が単純でないため，建築物の機能に関する，設計者と利用者の機能観にも，ときに乖離が見られる．たとえば，ある建築空間（部屋）の現利用者にとっての機能は，現在の用途と直結する形で，空間的余裕，美観，採光性，空調性，防犯性，耐久性，収納性などの重みづけとして表現できるが，一方，要求機能が事前に明確でない場合，構造設計者にとっての機能とは，あくまでも仕切られた空間確保であり，その結果，床機能，天井機能，梁機能，柱機能，壁機能といった，利用者から見れば構造的属性に当たるものが，機能的属性として意識されることもあるようだ．

このように，「建築物の機能」とは，ややもすると曖昧な概念である．それは，「建築物を操作する」という概念が，必ずしも自明でないことに由来する．むろん，工場の建屋のように，工場に対する要求機能が明確な建物も存在するが，多くの公共建築物や，集合住宅，新築の個別住宅においては，当該建物の建築・引渡しの段階では，その機能は潜在的なものにとどまる．これらの建築物においては，居住者や利用者が，長年にわたってそれを使いこなすことによって，初めてその機能が明瞭化（articulate）することが少なくない．

このように，建物の取引時に，その構造から推定される機能が，いまだ潜在的で不明瞭であることが，建物の価格設定を難しくする．「取引される人工物」である商品の価格は，それが服であれ自動車であれ建物であれ，取引時に買手がその構造から推定する機能により，基本的には決まってくるからである．

さらに，多くの商業施設において，建築物の「構造の所有者」（たとえばビルのオーナー）と，「構造の操作者＝機能の提供者」（たとえばスーパーマーケット企

業）と，「機能の利用者」（たとえば来店客）は，別々の経済主体である。このことが，「誰にとっての建物機能か」という点をさらに曖昧にし，建築物の機能は，ますます多義的かつ曖昧になる。

本書では，このような，建築物の機能の多義性・曖昧性を意識しつつ，とくに顧客（直接的には構造所有者，間接的には機能利用者）の側から見た建築物の機能，つまり建築が提供するサービスとは何かを明らかにしたうえで，建築物の設計形式（アーキテクチャ）や設計・施工プロセスを分析していくことにする。

6 建築の産業分析：現場発の視点から

6.1 分析枠組み

次に，ここまで展開してきた「広義のものづくり論」を応用して，現場視点による建築業の産業分析の可能性について，簡単に説明してみよう。

筆者らが考える「ものづくり現場発の産業分析（とりわけ産業競争力分析）の枠組みとは，概略，図1-20のようなものである。すなわち，ものづくり現場で観察される諸現象のうち，固有技術など産業特殊的なものを捨象し，特定の産業の垣根を越えて，諸産業・諸企業が共有しうる概念に，分析の対象を絞る。具体的には，第一に，現場における付加価値（設計情報）の「流れの良さ」を支える「ものづくりの組織能力」であり，第二には，製品の設計形式に関する構想，すなわち製品や工程のアーキテクチャが，ものづくり現場発の産業分析における，2つの中核概念となる。そして，後述するように，ある企業の現場が持つ組織能力のタイプ（たとえば統合型か分業型か）と，その企業の製品が持つアーキテクチャのタイプ（たとえば擦り合わせ型か組み合わせ型か）との間に，適合性が見られる場合，その現場と製品の組み合わせは，競争優位（competitive advantage）を生むと予想する。

一般に「産業」（industry）とは，同種の設計情報を共有する現場の集合体であるから，ある国（たとえば日本）の現場群に，何らかの歴史的・地理的・文化的な理由により，特定のタイプの組織能力が偏在するなら，その組織能力と適合性の高い（相性の良い）製品が，その国が競争優位を持つ製品となりやすい。設計形式（アーキテクチャ）を，競争優位に影響を与える属性として重視することから，この考え方を「設計の比較優位説」と筆者は呼ぶ（藤本2007）。

本書の競争力論は，この枠組みをベースにする。第一に，ものづくり現場の

図 1-20 産業競争力の進化論的枠組み

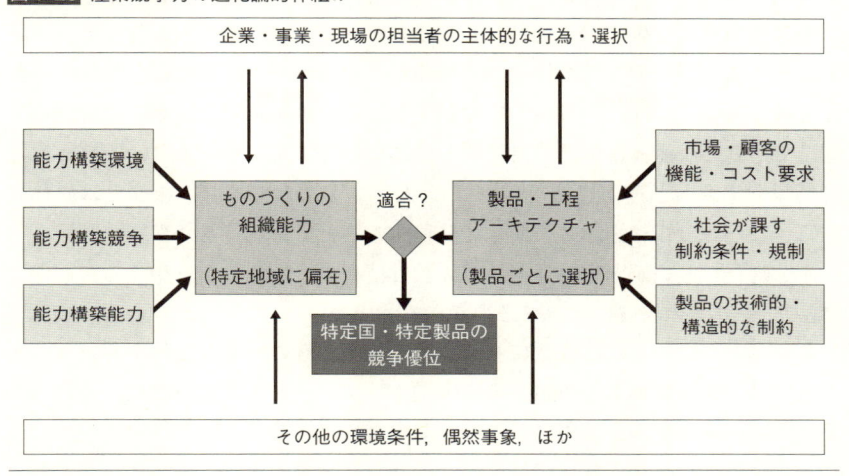

```
┌─────────────────────────────────────────────────────────────────┐
│        企業・事業・現場の担当者の主体的な行為・選択              │
└─────────────────────────────────────────────────────────────────┘

                                              ┌──────────────┐
                                              │市場・顧客の   │
┌──────────┐      ┌─────────┐     ┌─────────┐│機能・コスト要求│
│能力構築環境│─────→│ものづくりの│適合?│製品・工程 │└──────────────┘
└──────────┘      │組織能力  │←─→│アーキテクチャ│┌──────────────┐
┌──────────┐      │         │    │         ││社会が課す    │
│能力構築競争│─────→│(特定地域に│    │(製品ごとに││制約条件・規制 │
└──────────┘      │ 偏在)   │    │ 選択)   │└──────────────┘
┌──────────┐      └─────────┘    └─────────┘┌──────────────┐
│能力構築能力│─────→                          │製品の技術的・│
└──────────┘         ┌──────────┐            │構造的な制約  │
                     │特定国・特定製品│           └──────────────┘
                     │の競争優位│
                     └──────────┘

┌─────────────────────────────────────────────────────────────────┐
│        その他の環境条件, 偶然事象, ほか                         │
└─────────────────────────────────────────────────────────────────┘
```

組織能力とは，広義の現場において，設計情報の流れを制御し，安定した競争優位をもたらす組織ルーチン群の体系を指す（図1-20の左側）。たとえば「トヨタ生産方式（TPS）」や「全社的品質管理（TQC）」は，その意味で，典型的な「ものづくり組織能力」だと言える（たとえば，トヨタ方式は400ほどのルーチンから成るシステムである，との指摘もある）。

第二に，アーキテクチャ（図1-20の右側）と組織能力の相性が，一国・一産業の産業競争力に影響を与える，という「設計の比較優位」仮説を提示する。日本の自動車ものづくり現場がいまなお競争力を持つ反面，日本のエレクトロニクス産業が1990年代以降，多くの製品で競争優位を失った一因は，こうした「組織能力」と設計形式の間の適合性にあると本書では見る。また，建築業のように，概して非貿易財産業に近い部門の場合は，この適合性は，産業の収益性の傾向に影響を与える可能性がある。

6.2 他産業との知識共有をめざして

すでに述べたように，「ものづくり」とは，単に工場内の生産活動にとどまらず，製品すなわち「人工物」によって顧客満足を実現しようとする，企業の開発・生産・購買・販売活動の総体を指す。そして人工物は「あらかじめ設計されたもの」と定義される。したがって「ものづくり」とは，要するに「顧客

へと向かう設計情報の良い流れ」をつくる活動にほかならない。

　企業が顧客に提供する「製品」も「建物」もまたひとつの人工物であり，顧客にとって使用価値を持つ構造設計情報が，顧客が利用可能な媒体に転写されたもの（製品＝設計情報＋媒体）である。そして，製品開発とはその設計情報の創造であり，生産とは構造設計情報を媒体に転写することであり，購買とは設計情報を顧客へと運ぶ媒体（＝素材）を入手することであり，販売とは媒体に転写された設計情報を顧客に向けて発信することである。したがって，設計・生産・購買・販売が緊密に連携して「設計情報の良い流れ」をつくることが，「ものづくり」の成就にとって必須である。

　ある産業，たとえば建設業に対し，こうした「ものづくり分析」を行うことの狙いは，産業横断的な知識移転の促進にある。「設計情報の流れ」という抽象度の高い概念をあえて用いるのも，そのためである。

　たしかにそれぞれの産業には，固有の歴史，固有の伝統，固有の技術がある。このため，産業界の当事者は，自分の業界や現場の特殊性を強調しがちだ。建築には建築学があり，それは他の工学とは異なる特異なものだ，との観念は，多くの建築専門家の中に根強いようである。しかし，それはしばしば，産業間の知識交流を妨げる障害となる。

　それでも，高度成長期には，それぞれの企業・産業が個々ばらばらな理由で成長機会を追いかけていればよかった。たとえば自動車など日本の多くの製造業は，「能力構築競争」（ものづくりの組織能力や生産性・品質で切磋琢磨する現場の動態的な競争）をまず国内で，次いで国際的に展開し，輸出を梃子に成長した。これに対し金融業は，慢性的に不足する産業資金の安定供給を使命と任じ，支店網を通じた預金獲得競争を展開したが，政府の諸規制に縛られ，能力構築は不活発であった。

　そして戦後の建設業は，国内のインフラ整備や雇用創出において大きな役割を果たしたが，そうした位置づけゆえに生産性における能力構築競争は活発でなく，むしろ談合体質など競争不全が繰り返し指摘された。むろん，結果として構築された建造物は，ときに過剰設計ではないかと言うほどの性能・機能を発揮したが，その機能と価格の関係には，不透明さが付きまとう傾向があった。概してマスコミなど部外者は，機能に対し価格が不自然に高い「談合」を指摘し，業界内部の人間は，逆に機能に対し価格が低すぎる「ダンピング」を問題とした。

かくして20世紀後半の日本においては，製造業・貿易財を中心とした高生産性部門と，金融・サービス・建設など，非貿易財を中心とする低生産性部門が並存し，それぞれ別個の動機と経路で成長機会を追いかけていたわけである。

しかしながら，少子高齢化の中での経済力維持が大きな課題となった21世紀初頭の日本においては，およそあらゆる産業において生産性の向上が必要となる。それは建設業も例外ではない。そして，その鍵となる方策は，規制緩和・談合抑制といった競争促進策のみならず，これまで能力構築競争を展開してきた製造業など高生産性部門からの「ものづくり知識」の移転である。

広義の「ものづくり」分析は，そうした産業間知識移転を促進するための第一歩である。企業が供給する製品は，固有技術が何であろうと，また物財であろうとサービスであろうと，「設計情報が媒体に転写された人工物」である点は共通だからである。この視点から建築産業という，一見特異な産業を比較分析してみようとするのが本書のひとつの狙いである。

6.3 建築物・建築プロセス・顧客システム

まず，人工物としての建造物について「広義のものづくり論」の観点から考察しよう。建築物は，前述のように「大地に根を張った人工物」である。しかもそれは，膨大な数の構成要素が相互依存関係を持つ，複雑な人工物である。地形という自然物との，不確実性の高い境界面での設計要素の擦り合わせを必要とするため，標準品の大量生産には向かず，一品一様の特注生産となりやすい。また事前の詳細設計には限界があり，現物合わせとなりやすい。

完成品は移動せず，生産された場所に定着し，そこで顧客に引き渡される。つまり，生産と消費が「同地点・異時点」である。この点，製造業の物財は，在庫や物流の切り離し効果により，生産と消費は「異地点・異時点」が可能である。接客型のサービス業は，設計情報を担う媒体がすぐに減衰するので在庫や輸送ができず，生産と消費が「同地点・同時点」となる。建設はその意味で，製造業と接客サービス業の中間にくる。建築が，製造業とサービス業の二面性を持つゆえんである。

また，住宅の場合は購入者と使用者が同じである点で耐久消費財に近いが，公共建造物の場合は，財の購入者（施主）と使用者が同一でない。つまり，顧客システムが複雑である（Tomita and Fujimoto 2005; 富田 2011）。この点では大型トラックや建設機械などの産業財と共通するところがある。施主が所有する

建物は，それ自体は構造設計情報が建材に転写された人工物であるが，その建物に出入りし，それを操作することで，建物から発信される機能設計情報，すなわちサービスを最終的に受信するのは，当該建物の利用者である．本書の編者の一人，野城が提唱する「サービスとしての建築」という発想はこの点をとらえている（野城 2003）．

加えて，建造物の顧客および供給者の分業関係は複雑である．購入者（施主）は構造を所有し，利用者は機能を享受する．設計事務所（設計施工一括の場合はゼネコン）は主に機能設計と基本構造設計（仕様）を行い，サブコンが詳細構造設計（製作図）と生産（施工）の大部分を行う．ゼネコンはその間に入って，構造設計要素間の配置調整（取り合い・擦り合わせ）や生産作業の調整（施工管理）を行い，工期や製造品質（施工品質）を保証する．

このように，建設業特有の特性も多々見られるが，にもかかわらず，建造物を一個の人工物とみなし，購入者・使用者への設計情報の流れをプロセスとして把握することにより，建設業を「普通のものづくり産業」として分析することは可能だと筆者は考える．

6.4 競争力と価値実現：価格が機能を反映しない

こうして建設業を「普通のものづくり」産業とみなすことにより，製造業やサービス業との比較が可能になり，その強み・弱み・機会・課題がより明確にならないだろうか．この観点から，まず建設業の競争力について考察する．

一般に，競争力概念は，「表の競争力」すなわち製品が顧客に選ばれる力と，「裏の競争力」すなわち現場が生き残る力とに分かれる．「表」の競争力指標は，購入者が製品を選択する際の判断材料となる指標で，価格，製品機能，納期，アフターサービスなどであり，結果は市場シェアに現れる．「裏」の競争力指標は，市場では直接評価されない現場の実力を示す指標であり，生産性，原価，設計品質，製造（施工）品質，欠陥率，開発期間，生産期間などを含む．表の競争の代表は価格競争，裏の競争の代表は能力構築競争である．

国際競争力のある日本の輸出型製造業には，表の競争と裏の競争が相互に強化しあう好循環があり，そうした部門を筆者は「競争貫徹部門」と呼ぶ．その生産性は米国同業のそれを凌ぐ．

対する建設業は，そもそも貿易財産業ではないので，その国際競争力を製造業と同列に論じることは難しいが，少なくとも，表の競争と裏の競争の相互作

用は活発とは言えない。それゆえに，概して低生産性を特徴とする「競争不全部門」に分類せざるをえない。

　個々の指標ごとに見るなら，まず，リードタイムすなわち工期に関しては，日本の建設業は概して実力がある。ゼネコンの施工管理能力は，この面では国際的に見ても最高水準と言えよう。

　問題は他の面，すなわち，価格やコストにある。これに関しては，業界内では安値受注，業界外では談合が問題にされ，その間の認識のずれが大きいが，筆者には，両者の根は一緒で，「製品機能と価格の関係がはっきりしない」という根本的問題から派生しているように見える。すなわち，「購入者は機能に対して対価を払う」という，多くの工業製品に共通のロジックが希薄であるように見える。

　かりに，建造物の機能要件が，ブリーフなどの形で購入者によって事前に設定され，価格がその機能に応じて決まるのであれば，その機能をより低い原価で満たすための価値工学（バリュー・エンジニアリング）あるいは生産性工学（インダストリアル・エンジニアリング）的な努力をする誘因が企業の側に発生する。価格は機能設計，コストは構造設計と連動するようになり，機能を所与として構造を合理化する企業努力の結果，能力構築競争と価格競争の好循環が始まる。

　ところが，機能と価格の関係が不明瞭であると，結局，価格設定の拠り所が曖昧なので，原価に対して価格がどうなるか，受注側にはわからない。その結果，赤字受注の恐怖から，長期の能力構築（生産性向上）ではなく，短期的防衛手段である談合に走りやすい。一方，建築物の購入者・使用者の側からすれば，これは価格の機能的根拠があいまいということを意味し，建設業界に対する世間の不信感がここから生まれる。機能要件を所与とした構造合理化・生産性向上・原価低減の企業努力が，少なくとも使用者・一般市民からは見えにくい。

　この背後には，建造物の機能や品質の一部が購入者・利用者にとって見えにくいという，より根源的な問題がありそうだ。建造物＝人工物の機能のうち，外装，内装，快適性，利便性といった，顧客から見える「ユーザー・インターフェイス機能」に関しては，通常の工業製品と同様の，機能と価格の総合力を競う競争が成り立ちそうである。実際，インターフェイスの設計者である建築家の間では有効な競争（コンペ）が成立している。

ところが，建造物には「構造保持（強度維持）」というもうひとつの大きな機能がある。これが人命にかかわる最重要機能であることは，耐震強度をめぐる不祥事からも明らかであるが，それはまさに構造体の中に隠れてしまうものであり，使用者にとっては平常時における観察は困難である。

また，構造保持機能の価格づけは難しい。構造保持は空気のようなもので，なければ生命にかかわるが，あっても意識されないからである。しかも，建造物は概して一品生産であるため，自動車など量産財のように試作品の破壊試験を通じて強度を保証することが難しく，ゆえに机上計算に頼りがちである。

要するに，「構造維持」という機能を測定し，機能に応じた価格を決めることには，根源的な難しさがある。このあたりが，建造物が抱える根本的な難しさではなかろうか。結果として現れる談合や強度不足を非難するのは容易だが，この問題の解決には，根本原因にさかのぼった分析を要すると思われる。

このように，「機能・価格関係の明示化」なくしては，表の競争と裏の競争の好循環は起こりにくい。前述のように輸出型製造業では，能力構築競争を通じて「機能→価格→構造→原価」の順にものごとが決まる傾向があるが，建設業の場合，ややもするとはじめに価格ありきで，「価格→原価→構造→機能」の順になりやすい。「機能が価格を決める」というロジックが貫徹しない限り，建築におけるものづくり能力構築はなかなか加速化しないだろう。

6.5 建設企業のものづくり組織能力

すでに指摘したように，日本の建設業は，工期やユーザー・インターフェイス機能（表層の品質）といった，顧客から容易に観察が可能な競争力指標に関しては，着実な能力構築が進展しているように見える。つまり，工期およびユーザー・インターフェイス品質の保証に関連する，ゼネコン，サブコン，設計事務所，コンサルタント等の組織能力は，概ね健全と見える。建設業が全般的に能力不全産業であるわけではない。

しかし，前述のように，コスト・生産性および構造保持機能に関しては，能力構築競争が機能しているとは言い難い。機能基準の価格設定が行われず，ゼネコン・サブコンは，能力構築よりは，談合という短期的な策に走る傾向がある。施主・使用者からすれば，「能力構築織り込み済みの価格設定」になっていないのである。

ものづくりプロセスに即して具体的に言うなら，ゼネコン・サブコン・設計

事務所のユーザー・インターフェイス設計能力，管理能力，および工期遵守能力（工程管理能力）は比較的問題が少ないように見える。問題は，以下のような組織能力の不足であろう。

　第一に，一部の品質管理，すなわち構造自体によって隠れる「構造保持機能」に関する組織能力である。製造業では，「隠れる機能は隠れる前にインライン検査」が大原則であるが，建造物の場合，これに類したシステム運営・能力構築は可能だろうか。

　第二に，作業管理における，原価低減のための作業改善の能力である。製造業で言うなら，その第一歩は「作業の標準化」である。一流の製造企業では「標準なくして改善なし」が常識となっている。これに対して，「建設業は一品一様なので標準作業は成立しない」という建設業特殊論が，作業標準化の進展を遅らせる傾向がある。しかし，たとえば金型の先端企業は，こうした固定観念を乗り越え，一品生産を標準作業の組み合わせと，ごく一部の非定型作業との連携により実現している。「一品生産＝非定型作業」という固定観念は，製造業の先端部分ではすでに否定されつつある。

　第三に，外注管理に関して言うなら，ゼネコンによるサブコンの能力評価能力に懸念が残る。日本の自動車産業の競争力の一源泉が，部品メーカー間の能力構築競争を保証する組立メーカーの多面的な能力評価能力にあることは筆者らの研究で明らかにされているが，日本のゼネコンの場合，機能的スペックを基準としたサブコンの能力評価基準が確立しているようには見えない。部品によっては，構造設計と生産（施工）をサブコンに任せすぎている懸念もある。発注先に対する能力評価能力を欠いた発注を俗に「丸投げ」と言うが，ゼネコンに関してはこのことがしばしば問題になる。「施工なくして施工者の評価能力を保てるか」ということが，問題の核心ではないかと思われる。

　最後に，設計管理・工程管理における，現場での設計内容・施工内容の変更能力である。前述のような建造物の特性，つまり，大地に根を張った一品一様の人工物で，建ててみないとわからないことが多い，という性質からすれば，現場での変更は必要な組織能力である。しかし，問題は設計変更の理由である。施工途上で顧客のニーズの顕在化や変化に柔軟に対応することは重要だが，供給側の連携不足・知識不足からくる設計不具合は本来あるべきではない。現場での不正な変更に至っては論外である。

　このように，建設業における能力構築は，ある部分では概ね健全と言えるが，

他の側面では，輸出型製造業と比べて，問題を残しているように見える。要するに，能力構築競争が十全ではないのである。

6.6 建築物の設計思想（アーキテクチャ）

次に，建築物のアーキテクチャ（設計思想），およびそれと組織能力との相性を考察しよう。一般に，アーキテクチャとは，人工物の機能設計要素と構造設計要素のつなぎ方，あるいは対応関係に関する基本構想のことである。これには，機能要素と構造要素の関係がすっきりした1対1対応になっている「モジュラー型アーキテクチャ」と，それらの関係が錯綜している「インテグラル型アーキテクチャ」に大別される。

アーキテクチャの実態を調べるためには，その人工物の主な機能要素と主な構造要素をリストアップし，その間の相互依存関係を吟味する必要がある。たとえば，建造物に要求される機能には，構造維持，断熱，外観，内装，照明，視界，防犯，耐震，耐火，等々がある。一方，建造物の構造設計要素としては，基礎，軀体，開口部（サッシほか），配管・水周り・空調，電気・電子などがある。こうした機能要素と構造要素をマトリックスの縦横に展開しその間の相互関係を調べるなら，「関係あり」を示すセルが多いほどインテグラル寄り，少ないほどモジュラー寄りである。

工業製品の場合，主に戦後の歴史的経緯から長期雇用・長期取引に基づく多能工重視・チームワーク重視の組織能力が構築された企業が相対的に多く，そうした「統合型のものづくり組織能力」を備えた企業（たとえばトヨタ）は，とくにインテグラル型の製品（たとえば乗用車）で競争力を発揮してきた。

この点から見ると，たしかに日本企業が設計・施工する建造物は，欧米のそれに比べてインテグラル寄りである。たとえば，吉田・野城の研究（吉田・野城 2006）は，外壁開口部の標準詳細図における設計要素間の相互依存性を日英で比較分析した結果，日本企業の標準詳細の設計思想は相互依存性の強いインテグラル型，英国のそれは各部材間の相互調整を省略するモジュラー型であると論じている。

しかし問題は，こうした日本の建造物のインテグラル性が，何らかの意味で顧客満足や競争力につながっているかどうか，である。前述のように，そもそもゼネコンなどの組織能力（たとえば作業改善能力やサブコン能力評価能力）に一部不安材料があるのであれば，「日本企業＋インテグラル製品＝競争力」とい

う単純な図式は成立しない。

したがって，一方においては，ものづくり組織能力のさらなる構築，他方においては，組織能力の企業間分布の現状に適合したアーキテクチャあるいは分業体制の見直しが必要であろう。

たとえば，サッシなどの部材メーカーにおいて設計・製造の能力構築が進んでいるのであれば，それを活かして，サッシへの機能統合（たとえば断熱，防犯，強度などの機能を付加するようなアーキテクチャの変更）を考えてもよいかもしれない。また，同様の理由で，サッシメーカー・ガラスメーカー間での機能統合，あるいは空調など設備メーカーの取引方式やアーキテクチャ的位置取りの修正なども一考に値しよう。

一般に，建造物全体にインテグラル性が要求されるのであれば，その「部品」である設備のアーキテクチャは「中モジュラー・外インテグラル」，すなわち共通モジュールの組み合わせで全体のカスタム化を目指すのが妥当な位置取り戦略であろう。ただしこの場合，共通モジュールそのものは入念な擦り合わせにより素性の良いものを開発するなど，機能面での製品差異化の工夫を要する。ユニットバスはこの意味での成功例だと吉田らは論じている（吉田 2007）。

建設の取引形態そのものも，こうしたアーキテクチャや組織能力の実態を考慮したものであるべきだ。たとえば，ゼネコンによる設計施工一式請負か，施工一式請負（設計は別）か，あるいは設計・管理・施工（サブコン）の分離請負か。優劣は一概に論じられないが，機能重視という本書の考え方に立つなら，いずれにせよ発注者は，自らの陣営が機能設計・機能評価の組織能力を持ったうえで，主たる契約は，実質的にモジュール機能保証の組織能力を持つ主体と結ぶべきだろう。結果としてそれがゼネコンであれ，サブコンであれ，設備メーカーであれ，である。

まとめ：新たな視点からの建築産業論

以上，本章では，建設業をはじめから特殊な産業と見て他産業との交流に背を向けるのではなく，「建設業も概ね普通のものづくり産業である」という仮説から出発する「広義のものづくり分析」を試みるべきとの立場から，部外者の立場で大摑みな試論を試みた。

建設業は戦後，インフラ構築と雇用創出で大きな役割を持ち，工期遵守など

では高い能力を持ったが，価格・原価・生産性の面に弱点があった。その一因は，機能で価格が決まらず，むしろ価格が先行し機能は後から確定するという従来の「日本式」にありそうだ。

　安藤・長谷川（2005）が指摘するように，高い関係的レントがとれた高度成長期においては，ゼネコンによる設計施工一式請負といった「日本式」はリスク分配など一定の機能を持ったが，低成長期には修正が必要になる。ものづくり論は，そのヒントを広く他業種に求める産業横断的な枠組みである。本章では「機能と価格の関係の明示化」がひとつの鍵ではないかとの見通しを示した。

　むろん，本章でも述べてきたように，建設業と通常の製造業やサービス業の間には重要な相違点もある。しかしそうした違いの多くは，はじめから比較が不可能なほど違うということではなく，むしろ，まさに比較をした結果明らかになる差異なのである。

　その意味で，建設業を「広義のものづくり分析」の俎上にのせることは，無意味なことではないと筆者は考える。それは，建設業と製造業あるいはサービス業との知識交流を進めるうえでの，ひとつの出発点だと言えよう。

参考文献

Abernathy, R. (1978), *The Productivity Dilemma: Roadblock to Innovation in the Automobile Industry*, Baltimore: John Hopkins University Press.

安藤正雄・長谷川優貴（2005），「日本建設産業における企業間取引の考察：長期的継続関係と関係レントについて」『第 21 回建築生産シンポジウム論文集』日本建築学会・建築経済委員会．

Baldwin, C. Y. and K. B. Clark (2000), *Design Rules: The Power of Modularity*, Vol. 1, Cambridge, MA: MIT Press.（安藤晴彦訳『デザイン・ルール：モジュール化パワー』東洋経済新報社，2004 年．）

Clark, K. B. and T. Fujimoto (1991), *Product Development Performance Product Development Performance: Strategy, Organization, and Management in the World Auto Industry*, Boston MA: Harvard Business School Press.（田村明比古訳『製品開発力：日米欧自動車メーカー 20 社の詳細調査実証実験』ダイヤモンド社，1993 年．）

藤本隆宏（1986），「テクノロジー・システムに関するノート」土屋守章編『技術革新と経営戦略』日本経済新聞社，所収．

Fujimoto, T. (1989), "Organizations for Effective Product Development: The Case of the Global Automobile Industry," Unpublished D. B. A. Dissertation, Harvard University Graduate School ot Business Administration.

藤本隆宏（1997），『生産システムの進化論：トヨタ自動車にみる組織能力と創発プロセス』有斐閣．

Fujimoto, T. (1999), *The Evolution of a Manufacturing System at Toyota*, New

York: Oxford University Press.
藤本隆宏（2003），『能力構築競争：日本の自動車産業はなぜ強いのか』中央公論新社．
藤本隆宏（2004），『日本のもの造り哲学』日本経済新聞社．
藤本隆宏（2005），「ものづくりと哲学」『一橋ビジネスレビュー』第53巻第1-4号．
Fujimoto, T. (2007), "Architecture-Based Comparative Advantage: A Design Information View of Manufacturing," *Evolutionary and Institutional Economics*, Vol. 4, No. 1, pp. 55-112.
藤本隆宏（2007），「設計立地の比較優位：開かれたものづくりの視点から」『一橋ビジネスレビュー』2007年夏，22-37頁．
藤本隆宏（2008），「アーキテクチャとコーディネーションの経済分析の関する試論」MMRCディスカッションペーパー，No. 207．
藤本隆宏・東京大学21世紀COEものづくり経営研究センター（2007），『ものづくり経営学：製造業を超える生産思想』光文社．
藤本隆宏・桑島健一編（2009），『日本型プロセス産業：ものづくり経営学による競争力分析』有斐閣．
藤本隆宏・大隈慎吾・渡邊泰典（2008），「人工物の複雑化と産業競争力」『一橋ビジネスレビュー』第56巻第2号，90-109頁．
Göpfert, J. and M. Steinbrecher (1999), "Modulra Product Development: Managing Technical and Organizational Independencies," Mimeo.
Lancaster, K. (1966), "The Economics of Product Variety," *A Survey, Marketing Science*, Vol. 9, No. 3, pp. 189-206.
Langlois, R. and P. Robertson (1992), "Network and Innovation in a Modular System: Lessons from the Microcomputer and Stereo Component Industry," *Research Policy* Vol. 21, No. 4, pp. 297-313.
Nelson, R. R. and S. G. Winter (1982), *An Evolutionary Theory of Economic Change*, Cambridge, MA: Harvard University Press.（後藤晃他訳『経済変動の進化理論』慶應義塾大学出版会，2007年．）
延岡健太郎（2006），『MOT［技術経営］入門』日本経済新聞社．
奥野正寛・瀧澤弘和・渡邊泰典（2006），「人工物の複雑化と製品アーキテクチャ」RIETI Discussion Paper Series, 06-J-038, 経済産業研究所．
Penrose, E. (1959), *The Theory of the Growth of the Firm*, New York: Wiley.
左海冬彦（2003）「鹿児島建築市場とトヨタ生産方式：ものづくり研究からみた住宅生産合理化の新しい可能性」『住宅系研究報告会論文集2』41-50頁．
Simon, H. A. (1969), *The Sciences of Artificial*, Cambridge, MA: MIT Press.（稲葉元吉・吉原英樹訳『システムの科学』第3版，パーソナルメディア，1999年．）
Suh, N. P. (1990), *The Principles of Design*, Oxford: Oxford University Press.
Takeishi, A. and T. Fujimoto (2001), "Modularization in the Auto Industry: Interlinked Multiple Hierarchies of Product, Production, and Supplier Systems," *International Journal of Automotive Technology and Management*, Vol. 1, No. 4, pp. 379-396.
富田純一（2011），「製品開発における顧客システムのマネジメント：建築産業の事例」『経営力創成研究』第7号，135-148頁．
Tomita, J. and T. Fujimoto (2005), "The Customer System and New Product

Development: The Material Supplier's Strategy in Japan," in C. Herstatt, C. Stockstrom, H. Tschirky, A. Nagahira, eds., *Management of Technology And Innovation in Japan*, New York: Springer, pp. 73-84.

Ulrich, K. (1995), "The Role of Product Architecture in the Manufacturing Firm," *Research Policy*, Vol. 24, No. 3, pp. 419-440.

野城智也（2003），『サービス・プロバイダー：都市再生の新産業論』彰国社．

吉田敏（2007），「日本の技術特性に関する一考察」『特定領域研究「日本の技術革新：経験蓄積と知識基盤化」第3回国際シンポジウム研究論文発表会論文集』．

吉田敏・野城智也（2004），「アーキテクチャ概念による建築の設計・生産システムの記述に関する考察」『日本建築学会計画系論文集』第589号，169-176頁．

吉田敏・野城智也（2005），「『アーキテクチャ』の概念による建築生産における構成要素のモジュラー化に関する考察」『日本建築学会計画系論文集』第595号，173-180頁．

吉田敏・野城智也（2006），「構成要素間関係性からみた技術革新に関する一考察」『特定領域研究「日本の技術革新：経験蓄積と知識基盤化」第2回国際シンポジウム研究論文発表会論文集』．

第2章 日本型建築生産システムの成立とその強み・弱み
ゼネコンを中心とした擦り合わせ型アーキテクチャの形成と課題

安藤正雄

はじめに

　本章で扱うのは，民間建築市場における総合建設工事業（General Contractor：ゼネコン，以下 GC）を中心とした建築ものづくりである。その理由は，民間建築市場が建築市場全体の大半を占めること，GC の突出した能力が良くも悪しくも日本型建築生産システムに顕著な特性を付与していること，およびその能力が日本のものづくりに共通する擦り合わせ型のアーキテクチャの上に構築されてきたことにある。

　その意味で，本章はひとつの「GC 論」として読まれることを意図している。まず試みられたのは，日本の GC がなぜ世界にもまれな独特の強みを持つ組織能力を獲得するに至ったかを明らかにすることである。しかし，それを説明する同じ論理が，成長が終わった現在，GC の能力構築能力の減退を明らかに指し示している。そのことを正確に認識したうえで，20 世紀末の高度の到達点からいかなる進化の方向を見出しうるかを考えることが，本章の大きな目的である。

　もうひとつ日本が自負してよいことに，GC を中心とした建築ものづくりには，設計施工一貫方式に代表されるように，設計と施工，すなわち建築のありようとやりようを統合して考えるという一大特徴がある。すなわち，GC の能力の中核をなす擦り合わせ型のものづくりである。本章は，擦り合わせ型のものづくりアーキテクチャが，成長期の状況と整合的に形成されたものであることを明らかにする。しかし，利益機会やリスクといった枠組みとその時代的，

地政学的変化を考慮すれば，この方式に普遍的な価値を見出すわけにもいかない。本章では，21世紀に趨勢となった潮流，すなわち買手市場の中でのデザインビルドのグローバルな盛行という文脈下で，日本型デザインビルド方式（＝設計施工一貫方式）の意味を再考する。本章は，その意味では，広義の「デザインビルド論」として読むことが可能である。

本章では，まず第1節で，日本の建築ものづくりの強みがいかにして形成されたかを，成長期のリスク配置とGCのレント獲得努力によって説明する。続く第2節では，このように形成された日本型建築生産システムの特性を，市場制度や慣行，組織間関係，生産プロセスなどさまざまな観点から明らかにする。

第3節では，以上を通じて了解された日本型の建築ものづくりが，成長の終焉と同時にどのような状況に直面しているかを述べる。また，第4節では，転換後のあり方を考察する。

最後の第5節は，アーキテクチャの位置取り戦略を基軸として，日本型デザインビルド方式，すなわち設計施工一貫方式の特徴を明らかにする。また，欧米におけるデザインビルドの導入状況，および現在の買手市場下でのグローバルなデザインビルドへの傾斜から，発注者のイニシアティブ，戦略も含めた建築ものづくりの社会システム構築，ないしは再構築が喫緊の課題であることを確認する。

1 日本の建築産業の強み：取引リスクと関係レントによる説明[1]

建築産業に限らず，日本の産業は第二次世界大戦後の半世紀の間に高度の技術力と市場競争力を備えるに至った。これに，ものづくりの伝統や職人・技術者の気質やモラルといった日本に特有の文化的風土が寄与したことは否定できない。しかし，ここではもうひとつ別の仮説を提示してみよう。

すなわち，建築産業を含む日本の産業の強みは20世紀後半の半世紀間継続した成長の産物である。また，その強みを発揮するように形成された取引慣行や市場における行動様式も，成長という文脈に適応して形成されたものである。

この仮説の証明には，取引リスクと（関係）レントという2つの概念を用い

---

[1] 第1節および第2節は，安藤正雄（2007）を加筆修正したものである。なお，この文献は，建築市場・建築産業の現状と将来展望特別調査委員会（委員長：嘉納成男，日本建築学会，2002～2004年度）の成果物として刊行されたものである。

る。「レント」とは「投資や資産からの収益」を指す経済学の用語であるが，ここでは自動車産業の国際競争力分析に用いられた例，すなわち，中間財を供給する部品メーカーとそれらの中間財から最終製品をつくる組立メーカー（つまり自動車メーカー）との関係を説明する場合に用いられた例に依拠しながら論を進める（青木・奥野 1996 など）。部品メーカーと自動車メーカーの取引は 3，4 年続くとされるモデルチェンジまでの期間を単位とする。新規の取引に際し，自動車メーカーは通常それ以前の取引よりは低い価格を提示するが，部品メーカーは取引期間中に自ら投資を行い，より高い品質を持つ，より安い部品を開発しようとする。こうして生み出された追加的価値のことをレントと言う。多くの場合，こうした追加的投資は，特定の相手に対してのみ価値を持ち，一度投資するとその費用を回収するには同一企業との関係を継続するほうが有利な投資，すなわち関係特殊投資としての性質を持つ。関係レントとは，この関係特殊投資によって生み出されたレントのことである。

　関係レントは事前に明らかではなく，またそれを部品メーカーと組立メーカーの間でどのように配分するかも定まっていないが，結果として双方に利益と競争力をもたらす。いずれにせよこうした互恵的な仕組みが部品メーカーにインセンティブを与え，日本の産業を発展させてきたことに疑いはない。この際，日本の組立メーカーは自ら設計図を完成させることはなく，開発コンペ，ないしは承認図という形で部品の設計を部品メーカーに委ねてきたことが重要である[2]。

　さて，この関係を建築業の発注者と受注者（ゼネコン＝GC），あるいは元請（GC）と下請（サブコン＝SC）／サプライヤーにあてはめながら，成長期に何が起こったかを検証してみよう。日本の民間建築工事においては，発注者の 1 社特命により特定の GC が設計施工一貫方式によって工事を受注することが少なからずある。また，GC による SC／サプライヤーからの調達は，開発コンペ・承認図型かあるいは 1 社特命型であることが多い。欧米の建築の慣行とは対照的なこのような傾向に，長期的関係を前提とした関係特殊投資の実行が 20 世紀後半の日本建築産業においてはきわめて有効な戦略であったことが見てとられ，またその結果，特有の行動様式が産業レベルで形成されたと考えられるのである[3]。

　継続的な成長が見込まれている市場は，売手市場である。個々の取引機会におけるリスクを「取引リスク」と呼ぶことにすれば，このような状況下では一

般に受注サイドに比べて発注サイドにより大きな取引リスクが存在する。供給を上回る需要があれば，発注者が優良な受注者を選別することや，発注者にとって有利な条件で価格・納期・品質を設定することが困難になると考えられるからである。しかしながら，日本においては，本来発注サイドに存在したはずの取引リスクを受注サイドが引き取ってきた（図2-1）。なぜ，受注者はこのような逆説的な戦略を採用してきたのか。それを解く鍵が関係レントである。

第一に，受注者には取引リスクを引き取りながら契約を遵守することによって発注者との長期的関係を築き，そのことでもたらされる関係レントによって追加的利潤の配分を得ることができるというインセンティブがはたらいた。第二に，環境的な要因として，戦後半世紀にも及ぶ成長が継続したことがあげられる。長期にわたる成長は引き続き発注サイドに大きな取引リスクを課し続けたが，一方受注サイドの引取りによるその軽減と関係レントに由来する追加的価値の二重の利益を発注者に与え続けた。他方，受注サイドも絶えざる成長の

---

2 製品の設計図のあり方による分類（貸与図，承認図，市販品）と契約方法に関する分類（入札，開発コンペ，1社特命）を組み合わせると，代表的なパターンは次に示す3つに整理される。

A. 入札・貸与図	部品の設計図を組立メーカーが描き，部品メーカーにその図面を貸与して製造させる。誰がそれをつくるかは入札で決定する。部品メーカーは独自の技術等を必要とせず，製造能力のみを提供する。いわゆる下請けのイメージに近い。
B. 開発コンペ・承認図	設計図を数社の部品メーカーが描き，組立メーカーはそのうち1社を採用して部品を製造させる。部品メーカーは製造能力だけではなく，開発・設計能力も提供する。
C. 1社特命	組立メーカーは最初から1社のみを指名し，部品の開発・設計・製造にあたらせる。設計を部品メーカーが行う点はBと同じであるが，開発コンペはなく，開発段階から独占的契約が結ばれている。

1995年時点の報告（藤本1995）によると，日本の自動車産業には，新車開発・モデルチェンジともに開発コンペの比率が高いという特徴が認められる。一方この時点の米国では，入札・貸与図型の調達が主流であった。このことより，日本の自動車産業においては，戦後の成長の過程を通じて組立メーカー，部品メーカーの双方が関係レントの最大化を追求した結果，部品メーカーの関係特殊投資，すなわち部品メーカーによる開発・設計が常態化したと結論することができる。

3 発注者とGCとの関係は自動車産業における組立メーカーと部品メーカーとの関係ほど「関係特殊的」ではない。しかし，GCが取引先の信用を何より重んじ，長期的関係を取り結ぼうと努めてきたことは事実である。また，GCとSCの関係は特定GCに専属的に依存する下請の「協力会」が広汎に存在することより，十分に「関係特殊的」であると言ってよい。これらより，本章では「関係レント」というより限定的な言い方を採用している。

図2-1 受注サイドにおける取引リスクの引取り

(1) 成長期における取引リスク配置

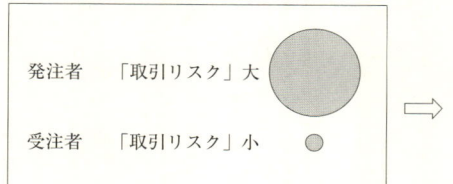

発注者　「取引リスク」大

受注者　「取引リスク」小

(2) 受注者による取引リスク引取り

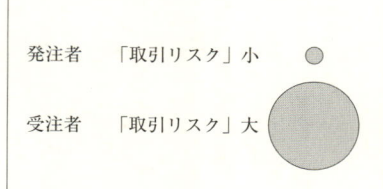

発注者　「取引リスク」小

受注者　「取引リスク」大

図2-2 成長が持続する中，関係レントと引換えに受注サイドに転嫁される取引リスク

(1) 成長期のリスク配置と関係レント

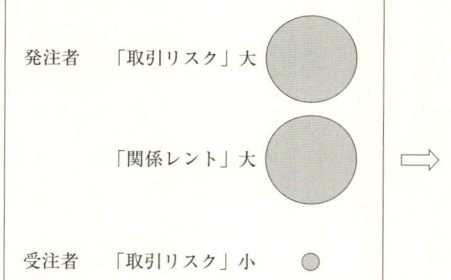

発注者　「取引リスク」大

「関係レント」大

受注者　「取引リスク」小

(2) 受注者によるリスク引取り後

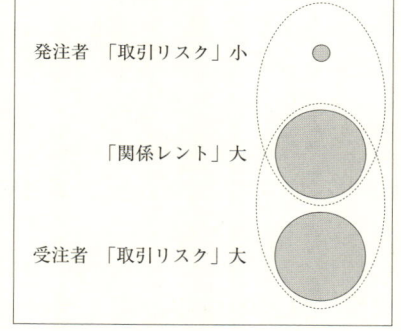

発注者　「取引リスク」小

「関係レント」大

受注者　「取引リスク」大

存在によって好循環の恩恵を享受し続けた（図2-2）。リスクを甘受しつつも信用獲得を重んじて未来への投資を続ける能力があるということは，たしかに日本の社会の誇るべき特質と言ってよい。しかし，それが顕現するためには成長という必要条件が満たされていなければならない。

結局，好循環の中で繰り返された関係特殊投資はさらなる能力と利益をGCに賦与し続けた。

GCに対するSC／サプライヤーの立場についても同様である。工費・工期・品質を遵守する日本の建築産業の定評と高度の技術力，資本蓄積はこのようにして達成されたものである。

しかし，次のことを強調しておく必要がある。すなわち，市場全体の安定性を脅かすようなリスクを「構造的リスク」と呼ぶならば，半世紀間継続した成長の時代を通じて構造的リスクは最小にとどまった。なぜならば，まず，転嫁

図 2-3 構造的リスクは存在しなかった成長期

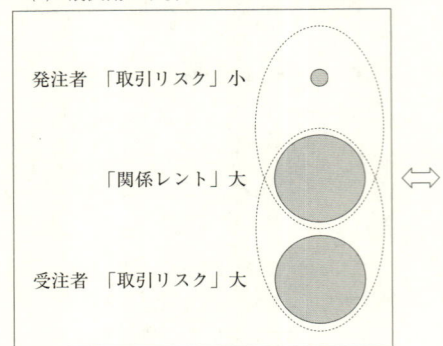

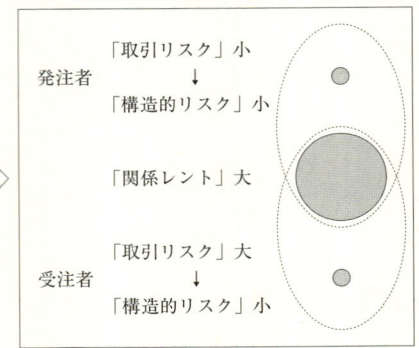

(1) 成長期の取引リスク・レントの配置　　(2) 成長期の構造的リスク・レントの配置

発注者　「取引リスク」小　　　　　　　　発注者　「取引リスク」小
　　　　　　　　　　　　　　　　　　　　　　　　　↓
　　　　　　　　　　　　　　　　　　　　　　　「構造的リスク」小

　　　　　「関係レント」大　　　⇔　　　　　　　「関係レント」大

受注者　「取引リスク」大　　　　　　　　受注者　「取引リスク」大
　　　　　　　　　　　　　　　　　　　　　　　　　↓
　　　　　　　　　　　　　　　　　　　　　　　「構造的リスク」小

された取引リスクによる損失および関係特殊投資を補って余りある利益が関係レントによってもたらされるという見通しを，受注サイドは常に持つことができた。さらに，取引リスクがかりに最終的な損失につながったとしても，成長経済がその挽回を可能にした。要するに，成長期には構造的リスクは存在しなかったのである（図2-3）。

2　日本型建築生産システムの特性

　戦後半世紀続いた成長はこうして良くも悪しくも「日本型建築産業」と呼びうる構造とそれに特有の行動様式を形成した。良い面とは，受発注者各層に存在する協調性と信用が供与する柔軟性，産業内部に浸透した活力と技術革新のポテンシャルなどである。悪い面としては，取引の不透明性，履行義務の片務性などがあるが，とりわけ供給サイド一辺倒の市場メカニズムを結果として築き上げてしまったことがあげられよう。
　以下に，建築市場・産業を構成する成員の組織間関係と行動様式が成長期を通じていかに形成されてきたか，またその結果として制度化・慣習化された市場・調達プロセスにいかなる特性がもたらされたかについて述べる。

2.1　ゼネコンによるレント独占と発注者の利害

　まず，潤沢な関係レントがどのように配分されたかについて述べておきたい。

結論を先に述べれば，建築における調達の場合，それはすべて GC の獲得するところとなったと考えてよい。関係レントに関しては一般に次のことが言える。すなわち，関係特殊投資を伴う契約の多くは不完備契約であるため，開発投資 $C(x)$ は発注者によって負担されることのないサンクコストであり，再交渉（その機会があるとして）の時点での両者の「取引による利潤」はレントそのもの（$R(x)$）である。かりにそれを受注者が独占するとすれば，受注者が最終的に獲得する報酬は $R(x)-C(x)$ となって，サンクコストを上回るレントが存在する限り，受注者には関係特殊投資を続けるインセンティブが存在するということになる。

ではなぜ発注者は受注者によるレント独占を容認し続けたのであろうか。その答としては，建築物の迅速・確実な調達が発注者自身の事業において別の大きなレントをもたらすと見込まれていたからと考えるのが最も自然であろう。GC が請け負う民間工事は B to B（企業間取引）を基本とする。GC が供給する建物は事業用建物であり生産施設である。とくに成長期にあっては，設計・建設に長い時間を要する建物をいかに早く，計画どおりに入手し，発注者が提供する製品やサービスをいち早く市場に投入できるかが発注企業にとって死活問題であった。要するに，発注者自身のレント獲得と GC によるレント独占は相補的であったと言うことができるのである。

こうして，関係レントを独占することと引換えに工費・工期・品質に関する契約を違えずに履行すること，言い換えれば発注者側に存在する取引リスクを GC が引き取ることの合理的な説明がなされる。しかし，ここで注意すべきことは，契約価格に本来レントによって減額されてもしかるべき金額，あるいは逆に増額の要因となる開発投資までが含まれている可能性があるということである。これに，さらに取引リスクに備えたコンティンジェンシー・コストが加わる。したがって，日本の建築産業が保持する価格・工期・品質の遵守という定評のうち，価格については曖昧かつ不透明な部分が存在する。後述するように，このことが一部の発注者，とくに外資系企業の GC 不信を招く大きな要因となっていたことを記しておきたい。

また，先に触れた相補性は，制度や慣習として建築という営みの全体の随所に埋め込まれ，日本の建築ものづくりに顕著な「インテグラル（擦り合わせ）型のアーキテクチャ」形成の必要条件となっている。以下では，このような「制度」として形成された組織間関係や企業・職能の行動様式について述べる

こととするが，これらはあくまで（高度）成長期に形成された制度として説明が可能なものである。その後日本の建築産業は成長から縮小へと転じ，大きな制度変化（青木昌彦によればひとつの均衡から他の均衡への推移）を経験しつつある。制度変化を見通すに当たっては，青木の次の指摘に十分留意しておくことが必要であろう。すなわち，「市場・技術環境に大きな変化が生じても，制度体系のどこかにそれに対応するブレーク・スルーがないと，制度的補完性が粘着的な慣性力として作用し，システム全体が環境変化に対する適応不全を引き起こしてしまうこともある」（青木 2008）。

2.2 市場と市場における行動様式の特性

(1) 市場の不完全性

取引リスクを受注サイドに転嫁する行動様式が確立されたため，発注者による受注者の選別という競争的市場の要件が十全に成立しないまま今日に至っている。受発注者間には良かれ悪しかれ協調的関係が保たれており，両者の関係をコンフリクト問題としてエクィタブル（公平）に調整するという欧米の発想が立ち入る余地は少ない。

(2) 発注者の機能不全

発注者には，さまざまな経済環境下，各種のリスクと利益機会の逸失に備えて調達方式を多様化するなどの自発的な取り組みが本来必要なはずである。しかし日本においては，市場変革・制度改革・構造変革を進めようとする発注サイドのイニシアティブは希薄である。一般論として，発注サイドのプロジェクト管理能力・リスク管理能力は，その必要性に関する認識の不足およびその結果としての経験不足のゆえに，十分な水準にあるとは言い難い。発注者がリスクや利益に敏感であり，かつ自ら十分な専門的能力を備えていないことを自覚していれば，外部の専門家を雇用することが自然である。しかし，PM（プロジェクト・マネジメント）・CM（コンストラクション・マネジメント）の効用や導入の必要性が繰り返し強調されてもその普及が進まないように，発注者の意識は全般的に低い。

とは言え，以上に述べた発注者の機能不全やその弊害は長期の成長が促した合理的選択の結果であることを再度確認しておきたい。

(3) 受注サイド主導の市場形成

発注サイドの機能不全に対して，受注サイドの市場における機能は格段に大

きな存在感を示す。すなわち，日本の他産業の場合と同様に，建築市場は受注サイド，すなわち GC に代表される供給サイド主導の市場として形成されてきた。効率的サプライチェーンが随所に実現されたことは，成長期を通じて関係特殊投資が受注サイド各層に誘導されたことの直接的帰結である。

　成長はまた，需要と供給の両面で，ストックに比してフローを重視する傾向をもたらした。スクラップアンドビルドの日常化である。受注サイド主導の市場における行動様式は，資源問題，環境問題等，外部経済・不経済に対しては比較的鈍感であったと言えよう。

2.3　建築産業の組織間関係と組織の行動特性
（1）　発注者と設計者・エンジニア・コンサルタント（AEC）の関係

　設計施工一貫方式という日本独特の調達方式こそ，関係レントの源泉にほかならない。GC はこれにより大幅な裁量を与えられ，取引リスクを軽減できると同時にレントの獲得が可能となる。たとえ関係レントを GC が独占しようとも，その逸失を発注者自身の事業におけるレントが補って余りあるため，発注者に AEC 雇用の動機は薄く，また設計など本来 AEC が提供するサービスは GC から無償で入手できると考えられがちである。設計施工分離の場合でも，発注者から設計者に要求（ブリーフ）が明示的に示されることは少なく，入札以前の設計仕様の確定度は低い。その結果，GC には設計仕様に関するある程度の裁量が与えられるのであるが，このこともまた，受注サイドのリスク軽減とレント獲得のための必要条件として説明できる。

（2）　発注者と GC の関係

　両者の間に信用が樹立されていることおよび関係レントへの期待から，発注の内容と条件が不明確なまま，不完備な形で総価契約が結ばれるのが普通である。ゼネコンに引き取られた取引リスクが顕在化した場合でも，再交渉によって追加費用が請求されることはまれで，結局，契約価格は概ね遵守されることになる。しかし，その負担も長期的関係が続くうちに調整されると期待されがちであった。不完備契約は原則的に価格の再交渉を伴う。建築工事においては設計変更をその根拠とするのが通常であるが，そもそも入札時の設計内容が不明確である以上，変更をもって正当な事由とはし難い側面がある。形式的に完備契約を装う日本の契約制度と実態との間には大きなギャップがある。価格の不透明性も，その一端は不完備契約に由来するものであるが，外資系をはじめ

発注サイドがGCに抱く不信感は少なからず存在する。

(3) GCの組織と行動様式の特性

下請制度を構築・維持することは短中期の景気循環への対応として理解されるのが普通であるが，日本の建設下請は特定の元請に対する専属的組織として成立したという特性を持つ。このような長期的関係の樹立も長期の成長が可能としたものであり，また下請側に片務的に課される義務も長期の成長という条件があってこそ甘受されてきたものである。この元下関係は垂直的協調と言えるが，JVという水平的協調もある。JVは取引リスクを担保する能力を増大し，関係特殊投資の負担を軽減するための手段であると言える。

取引リスクを引き取り，関係レントの果実を摘み取ろうとする限り，GCにはそれに対処する能力が備わっていなければならない。関係特殊投資には関係特殊設備のほかに関係特殊技能を有する人的資源が含まれる。関係特殊技能はとくに開発や設計に関連するため，建築設計者をはじめ各種のエンジニアリング業務の専門家，さらには建築・建設以外の専門家らに至るまで，GCはさまざまな人材を多く企業内に囲い込むこととなった。また，このことがGCの能力構築のために必須の条件であったことは言うまでもない。

(4) 設計施工一貫体制の成立と設計への早期参画

とくにインハウスの建築設計者の大量雇用は，関係特殊投資の中核をなす設計機能を保持するために必要となったといえる。一方，欧米においては，設計と施工の分離は利益相反の排除を目的として19世紀に確立されており，この時期建築家の職能団体が設立されるとともに，工事請負業との兼業が禁止されて今日に至っている。欧米にも設計施工一貫方式と同様の語義を持つデザインビルド（DB）方式[4]があるが，この場合，設計者と施工者は別の主体であり，一般的には施工者がプロジェクトの都度，設計者を雇用する形がとられる。世界的にも特殊な日本の設計施工一貫体制は，レント獲得・リスク回避をその動機として成立したものであるが，レント獲得のために必要な信用に基づく長期的関係の保持が，かろうじて利益相反を排除してきたと言ってよい。

設計施工一貫体制は，プロジェクト・プロセスの基幹部分である設計＝仕様決定をGCの裁量に委ねることを許し，結果としてGCは自ら引き取った取引リスクを主体的に回避する回路を所有することになった。GCに集中的に蓄積

---

4 米語ではDesign Build，英語ではDesign and Build。

された設計能力は多岐に及ぶが，そのひとつに後述する生産設計能力がある。生産設計はプロジェクトの実現可能性や経済的利益をおおいに左右するため，設計施工一貫方式によらぬ場合においても，GCによる設計への参画が要請されるようになった。これも取引リスク引取りから帰結するひとつの形態とみなすことができ，プロセス全体における垂直的協調が助長される原因となった。

(5) GCによる研究開発投資の拡大

また，日本のGCが示す先進性のひとつに，盛んな研究開発投資という事実がある。GC各社がそれぞれ充実した研究所を保有していることはその一例である。研究所設立の背景には，発注者からの信用獲得と取引リスク回避のために瑕疵の発生防止が至上命令であったという事情がある。しかし，研究開発投資には，本来，関係特殊設備と関係特殊技能を保有するための関係特殊投資というより積極的な意味合いがある。

(6) 設計・設計者のあいまいな位置づけと設計仕様の低い確定度

このように，GCによる設計施工一貫方式は，成長期の日本に適した建築調達方式として定着した。しかし，設計施工分離の場合でも，品質を確保し工期・工費を予定の範囲に収めるためには入札段階での設計図書の不完全さはむしろ必要な条件であったといえる。設計図書の完成度の低さは設計期間の短さや設計料が不十分なことに起因するという設計者の主張は必ずしも正鵠を射ていない。むしろ，リスクを軽減し，レント獲得を拡大するために社会的に容認・合意されてきた慣行であるという認識が必要である。

日本において，設計図が施工（生産）に必ずしも直結していないという現状は，上述のように説明できる。技術の高度化に伴い，設計情報から生産情報へ至る意思決定が設計者からGCに移転されるばかりではなく，さらにGCからSC／サプライヤーに移転されているという実態もある。結果として，発注者に委任されて完備した設計仕様をGCに提示するという設計者本来の役割と立場は，全体としてあいまいになった。

2.4 価格の不確定性

人工物である建築のアーキテクチャは「機能」と「構造」の組み合わせとしてとらえることができる。この場合，「価格」は「機能」に，また「コスト」は「構造」に対応するということが，本書に一貫する考え方である。顧客は人工物が提供する機能（＝効用・便益）に対して価格を支払うのであり，それが

どのように作られているかを説明するコストを正確に知って負担するのではない。一方,「構造」は設計解が提示されてはじめて確定し,実現された設計解が発揮するであろう「機能」も了解可能となる。自動車等の工業製品であれば,設計・生産された製品がすでに市場に存在するため,顧客は「機能」に見合う「価格」を考慮して製品を選別できる。しかし,一品受注生産の建築の場合,おのずと事情は異なる。

　伝統方式とも呼ばれる設計施工分離(DBB: Design-Bid-Build)方式においては,設計が完了した後に入札に付されることが建て前となっているため,顧客(=発注者)はまだしもコストに裏づけられた価格と機能のバランスを判断しやすいと言える。「構造」が確定すれば,設計仕様に対応した数量書(BQ: Bill of Quantity)に従って値入ができ,市場「価格」が構成されることになる。しかし,設計の確定度が低いことが常態化しているとすればどうか。発注者は「構造」も「機能」もあいまいにしかわかっていない状況で購入(調達)を決定せざるを得なくなるのである。

　一方,設計施工一貫方式の意味するところは(契約がどの段階で行われるかによって大いに事情は異なるが),設計解が存在しない段階,すなわち「構造」が未定の段階で発注がなされるということである。この場合,要求「機能」を発注者が正確に理解し,受注者に提示できるのであれば,コストにかかわらず顧客は価格を評価できる。ところが,顧客による要求機能の明示は能力的・技術的に困難であり,またすでに見たように,受注者側のリスク引取りにより発注者がその要求を十全に提示することは一般に行われない。注意すべきは,欧米のDB(デザインビルド)方式は比較的小規模・単純で低リスクの,いわばありきたりのプロジェクトに適用されるものとして整備されたという事実である。発注者,受注者の双方に,建てられようとする建物の機能の水準,構造に関する共通理解があれば,要求「機能」をその都度事前に明示することはそれほど必要とされない。しかし,後に述べるように,日本の設計施工一貫方式は大規模・複雑・高リスクのプロジェクトにも適用され,その結果,GCおよびGCを中心とした産業の能力構築が実現されてきたという経緯がある。

　設計施工一貫方式の確立と多用,および全般的に見られる設計の確定度の低さは,長期の成長を通じて合理的に形成された日本型建築生産システムの特性を表す現象であることは,繰返し述べてきたとおりである。しかし,顧客に向かう設計情報の良い流れを実現するという意味では,このシステムは未達成の

課題を抱えている．要求「機能」のあいまいさ，設計解（「構造」）が担保する「機能」を事前に把握することの困難さ，それに起因する「価格」の認識のあいまいさ，あいまいな「価格」意識に助長された受注者の「コスト」意識偏重，受注サイドのみならず顧客側にも見られる「価格」と「コスト」の混同といった問題のすべてが，日本型システムの特性と大きくかかわっている．その結果，坪単価という言葉に象徴されるように，期待機能が満たされることに関する漠然とした信頼と相場感に基づいて価格が決められていると言えないだろうか．また，その信頼は，信用に基づく受発注者間の長期的関係樹立を可能にした長期の成長によってこそ担保されていたと言えないだろうか．

2.5 生産プロセスとアーキテクチャの特性

(1) パートナリングとコンカレント化

受発注者間，受注組織間の至るところに認められる協調的連携は，不完備契約・不完全分業に由来する調達プロセスの一側面である．しかし，その特性が備える柔軟性と高い効率性が，建築産業を含む日本の産業全般に独特の競争優位性を付与することになったことは否めない．今日世界標準化した「日本型経営システム」の特徴はパートナリングとコンカレント化という2つの言葉で整理できる．前者はそれ自体が手法となっているほか，TQC（Total Quality Control），TQM（Total Quality Management），サプライチェーンマネジメントなどの概念や手法と通じている．また後者はDBやファスト・トラック，コンカレント・エンジニアリング，リーン生産方式などの手法に関連する．

日本の産業に認められる調達プロセス上の特徴を要約すれば次のようになる（長島・安藤 1999）．すなわち，①プロジェクトの目標や条件をあいまいにしたまま，②早期の段階で川下側のプロセス関与者の参加をうながす．それにより，③プロジェクト組織間での目標や戦略の共有が図られるとともに，④漸進的なプロジェクトの定義が可能となり，あわせて，⑤責任，リスク，利益機会の分配調整が実現される．また，⑥分業の規制を緩和することで先行後続プロセスの重複連携を許し，同時に，⑦協働とプロセスの自発的改善を促進する．このような特質が，組織間関係や労使間関係を本来的にコンフリクトのある関係とみなし，その桎梏から脱却できなかった欧米の契約社会に新鮮な刺激を与えたと考えられる．パートナリングとコンカレント化は日本の建築産業の強みを手法として表現したものであるが，その成立の背景には長期の継続的成長があっ

たことを忘れてはならない。

(2) 生産設計の重視

もうひとつ，日本の調達方式が成長経済下に獲得した調達プロセス上の特長として，GC を中心とした生産設計の独特な位置づけと，関連する能力の高度な発展があげられる。

日本の自動車産業は，インテグラル型（擦り合わせ型）アーキテクチャを持つ製品と相性の良い組織能力を持っているがゆえに，現在も他の追随を許さない競争力を保持しているという指摘がある（藤本 2003）。日本の建築もまた，いくつもの要素技術を擦り合わせてつくられる，まさに「統合型（擦り合わせ型）アーキテクチャ」の典型と言ってよい。深層の能力は，設計者と GC 間，GC と SC／サプライヤー間で二重に展開される生産設計を通じて具現化される。この能力の多くは関係特殊投資によって獲得されたものであり，そのことはまた受発注者間の長期的関係と関係レントの獲得という動機があってこそ可能となったことであった。建築産業において，生産設計は利潤確保と能力構築の源泉であり続けた。生産設計（つくり込み）の能力こそ，日本の GC が獲得し，諸外国の GC が獲得しえなかった能力であると言ってよい。

(3) インテグラル型アーキテクチャを持つ日本の建築ものづくり

アーキテクチャとは「どのように製品を構成部品や工程に分割し，そこに製品情報を配分し，それによって必要となる部品間・工程間のインターフェイスをいかに設計・調整するか」に関する基本的な設計思想のことである。「製品アーキテクチャ」は，一般に「機能」と「構造」それぞれの内部構成と相互関係によって表現される（図 2-4）。「機能」とは製品（本章においては建築）がそのユーザー，オーナーに提供しうる効用・便益のことで，これが製品の価値を決める。一方，「構造」とは製品の物的構成のことを言い，ここでは建築分野の術語として一般に用いられる狭義の構造とは異なることに注意したい。建築の「構造」は，たとえば，構造（狭義）・仕上げ・設備といったように分節される。機能も構造も，さらに下位の構成要素に分節される。

インテグラルなアーキテクチャとは，機能要素（異なる性能）が相互に関連し，構造要素も複雑に取り合い，さらに機能要素と構造要素とが複雑に対応しているものを言う。これに対して，モジュラーなアーキテクチャとは，機能，構造それぞれの分節が簡潔なツリー状の構成を持ち，さらに機能要素と構造要素とが 1 対 1 の単純な対応関係にあるものを指す。注文設計，一品生産を前提

2 日本型建築生産システムの特性 75

図2-4 製品アーキテクチャの2つの型

(1) インテグラル・アーキテクチャ製品の設計　　(2) モジュラー・アーキテクチャ製品の設計

　　製品機能ヒエラルキー　製品構造ヒエラルキー　　　製品機能ヒエラルキー　製品構造ヒエラルキー

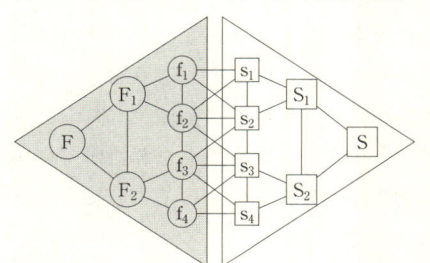

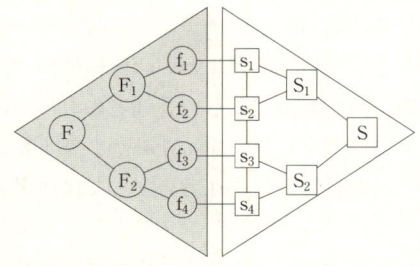

(出所) 藤本・武石・青島 (2001)。

とする建築は一般にインテグラル・アーキテクチャに傾きがちであるが，倉庫やビジネスホテルのように単純かつ周知の機能・形態を持ち，在来工法によって建設される建築は，比較的モジュラーなアーキテクチャを持つと言ってよい。

　さて，日本の建築および建築ものづくりはインテグラルなアーキテクチャを持つと述べた。それは，製品アーキテクチャのどのあたりを指しているのであろうか。建築は注文による一品生産物であるから，要求「機能」は本来発注者によって指示されるものであるが，発注者には必ずしも専門知識が備わっていないため，設計者（AEC）が代わってその案をつくり，発注者の承認を得ることも多い。一方，「構造」は，伝統的な設計・施工分離方式による建築の場合，設計者がそれを決定し，仕様としてまとめることになっている。工事を請け負う受注者であるGCは，その仕様に従って施工を行う。しかし，日本においては，長期の成長を通じて設計施工一貫方式という独特な発注方式が定着するに至った。この場合，発注者が「機能」を指示し，受注者であるGC（≒デザイン・ビルダー）が「構造」を決定する。これにより，発注者にとっては早い段階で工事完成の責任をGCに一任できる一方，GCにとっては「構造」を擦り合わせることによってコスト削減が実現できるというメリットが生ずる。しかし，継続的成長という環境下では，日本の設計施工一貫方式にはそれ以上のメリットが存在した。

　すなわち，これまで述べてきたように，レント最大化戦略に即してGCは長期的信用を発注者から獲得することを最重要視してきた。その結果，発注者は

自ら「機能」の指示をすることをやめ，GCにその多くを委ねるようになった。信用が重んじられるがゆえに利益相反は起こらず，GCは「機能」設計を通じて発注者のための価値創造にもかかわることができるようになった。そのことがさらに信用を増すという好循環ができあがったわけである。こうして，設計施工一貫方式とともに発注者のための価値創造と受注リスク削減・コストダウンの両方を可能にするインテグラル型アーキテクチャがもたらされたが，いずれかと言えば，受注者にとっては後者の動機が優先すると言ってよいであろう。

受注リスク低減，コストダウンの効果は「構造」のレベルで測定されるが，それは調達コストや工法の検討を通じて実現される。ものづくりアーキテクチャの考え方においては，同じ「構造」の部分をつくるのにもいくつもの方法やリソースの組み合わせが考えられるため，「機能」，「構造」の2軸に「工程」（プロセス）の軸を加えてアーキテクチャの特性を表現することがある。これに従えば，「構造」の擦り合わせは「構造」－「工程」アーキテクチャの擦り合わせ，すなわち生産設計を通じて行われることが理解されるであろう。「構造」は，「構造」－「工程」アーキテクチャの擦り合わせの結果，変更される（ないし最終的に決定される）ことが多く，「構造」の変更は「機能」－「構造」アーキテクチャにフィードバックされるから，生産設計段階においても「機能」－「構造」－「工程」アーキテクチャ全体を通じた擦り合わせが実行されると言ってよい。設計施工分離方式の場合でも，設計に不確定な部分が存在するため，程度の差こそあれ，「機能」－「構造」－「工程」全般に及ぶ擦り合わせは存在する。

3 転換を境に最大化した構造的リスク：強みが弱みに

さて，バブル崩壊後21世紀に入って状況は一変し，建築産業は大きな構造転換期を迎えることとなった。構造転換期とは，すなわち市場の縮退期を意味する。需要が最盛期の3分の2を割り込み，さらに2分の1近くまで縮小しようとしていた東日本大震災直前の状況に至るまで，建築産業は多過ぎる業者を抱え，底の見えぬ状況で安値受注に耐え続けてきた。本格的な買手市場が到来してすでに長い年月が経っている。この間，建築産業も経営努力を傾注して対応に努めたことの成果が徐々に現れ，縮小した市場でのある種の均衡の展望が見えてきた。

さらに最近の状況として，東日本大震災復興需要によって工事量が急増したことの影響や東京オリンピック特需への期待も大きく，予想外の売手市場がふたたび到来したかに見える。しかし，技能者不足や資材高騰のため，取引リスクはきわめて高い水準で推移している一方，この状況は一過性のものでかつてのように長期間続くものではないという認識も揺らいでいない。要するに，大きなレントが期待できないまま受注リスクが高い水準にはりついている現況は，20世紀後半の継続的な成長の時代とは決定的に異なるのである。人口減少および少子高齢化の趨勢は変わりようもないから，長期的に見れば市場成長から縮小に伴う構造転換が起こることは間違いない。そこで以下では，まず，構造の急激な転換がその直後，どのような状況を生み出したかを中心に述べることにする。

　成長期の売手市場においては，取引リスクは発注者の側にあった。そのリスクを受注者側が引き取ることにより日本の建築産業の強みが構築されたことを，これまで述べてきた。需要不足によって縮小に向かう市場，すなわち買手市場においては，一転して，取引リスクは常に受注サイドにある。受注競争が激化するため，要求品質を保ちながら，受注者にとって望ましい工期，価格を設定することは困難となる。一方，発注サイドはより良い条件を提示する受注者には事欠かないから，特定の発注者・受注者間で長期的関係を維持することは難しくなる。それゆえ，受注者が関係特殊投資を行って関係レントを獲得することもかつてほど期待できなくなった。取引リスクを相殺低減する関係レントが得られないということは，アンバランスな需給に変化がない限り，受注サイドがその危機的状況から逃れる術がないということを意味する。少子高齢社会の到来やグローバリゼーションに伴う産業空洞化の影響により，長期的には需要の大幅な回復は見込みにくいというのが大方の認識である。

　このような状況下，発注サイドの取引リスクは最小にとどめられるが，取引の成立がすなわちリスクの最小化を保証するわけではない。受注者の取引リスクが発注者にはねかえってくる危険性が絶えず存在するからである。たとえば，安値で落札した受注者に工期，品質を達成する能力があるという保証はどこにもない。安値受注に耐えながら良心的に履行義務を果たそうとする受注者には倒産の危機がつきまとう。いずれの場合も，受注サイドのリスクの現実化は，すなわち発注サイドの損失に直結する。いわんや，発注者・受注者に能力やモラルが欠如している場合には，リスクの及ぶ範囲は際限もない。耐震偽装事件

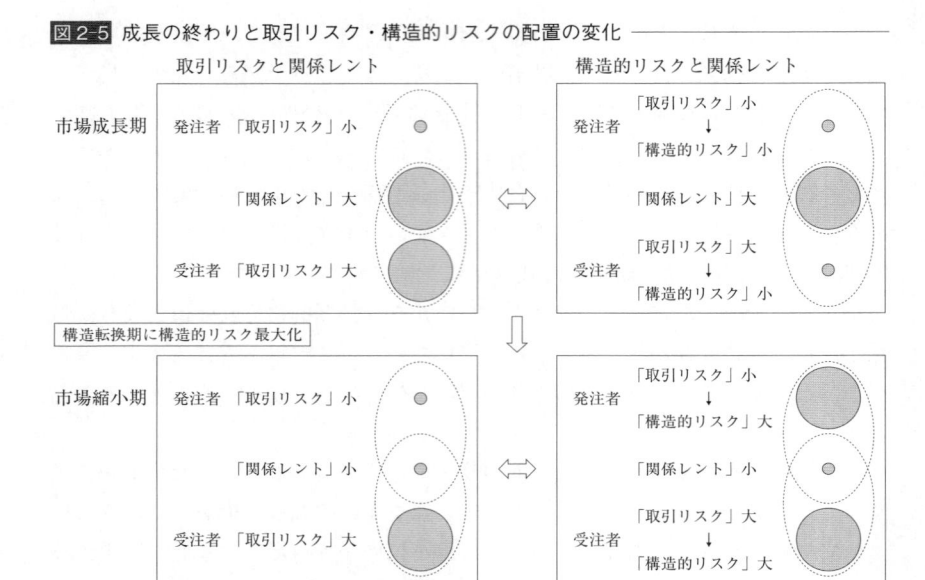

図2-5 成長の終わりと取引リスク・構造的リスクの配置の変化

市場成長期

取引リスクと関係レント
- 発注者：「取引リスク」小
- 「関係レント」大
- 受注者：「取引リスク」大

構造的リスクと関係レント
- 発注者：「取引リスク」小 → 「構造的リスク」小
- 「関係レント」大
- 受注者：「取引リスク」大 → 「構造的リスク」小

構造転換期に構造的リスク最大化

市場縮小期

取引リスクと関係レント
- 発注者：「取引リスク」小
- 「関係レント」小
- 受注者：「取引リスク」大

構造的リスクと関係レント
- 発注者：「取引リスク」小 → 「構造的リスク」大
- 「関係レント」小
- 受注者：「取引リスク」大 → 「構造的リスク」大

はその典型例である。このように受注サイドも発注サイドも回避のしようのないリスクにさらされているという状況，言い換えれば構造的リスクが上限にはりついた悪循環の状況が，転換点を越えた縮退期の現実である（図2-5）。この状況から脱却するには，構造的リスクを取り除く以外に方策はない。しかし，成長の時代を通じて好循環の恩恵に長期間浴し続けた建築産業の行動様式は，一変した状況に適応して変革を遂げるにはあまりにも大きな慣性力を持ってしまった。このことが，日本の建築産業が抱える最大の弱みにほかならない。

構造的リスクを取り除くにはさまざまな方策をとりうるであろうが，市場全体の成長回復が見込めない以上，縮小均衡が最も現実的な着地点ということになろう。すなわち，市場全体の縮小に適応しつつ，取引リスクは中程度，期待（関係）レントも中程度という市場の実現を目指すことである。しかし，その実現には別の大きな問題がある。それは，安値受注を余儀なくされるなか，そのつけを下請業者にまわし続けてきたことである。その負担に耐え切れず，廃業に追い込まれた下請業者も少なくない。また，技能者に関しては，構造転換以前より高齢化の進行と後継者難という問題が絶えず存在した。この間の不況は，技能者育成の見込みがたたないことをさらに決定的にした。

これまで，受注者としてはもっぱらGCを想定し，高度の擦り合わせ能力を中心に能力構築を果たしてきた日本の建築産業と建築ものづくりの軌跡を記述してきた。しかし，それもGC単独で達成したことではない。同じく高度の擦り合わせ能力を有する優れた下請業者，技能者があってはじめて実現できたことである。このことが，将来の日本の建築ものづくりに深刻な影響を及ぼさないはずがない。

4 持続可能な建築産業像と強みの保持に向けて

4.1 持続可能な市場のイメージ

　持続可能で魅力に富む建築産業とはどのようなものであろうか。差し当たり，持続可能な産業の要件として，総量が比較的安定していると同時に需給バランスがとれた競争的市場と，品質・工期・工費を総合した価値を通じた競争が存在することをあげておこう。産業の魅力は，レント獲得を通じた技術革新の有無に多く関係する。市場の成長が顕著ではないためにレントはすべての成員にとって等しく大きくはないが，コア・コンピテンスを有する一部の受注者が優良発注者のデマンド（サプライ）チェーンに組み込まれ，競争的に関係レントを勝ち取ることになるから，その大きさは「中」程度であると期待できる。したがって，目指すべき市場のイメージは，発注者，受注者の取引リスクがともに「中」で，関係レントが「中」，構造的リスクが「小」ということになろう（図2-6）。

4.2 発注者の役割の顕在化と多様な調達方式の必要性

　今後ますます求められるべきは，これまで市場における本来の役割を果たすことが少なかった発注者が，明確な意思と責任を持って市場に立ち現れることである。縮小市場下にあっては，取引リスクを一身に負った受注サイドには改革の余力も権能もない。もし発注サイドがこれまでの行動様式を選択し続け，安値受注を無条件に押しつけるばかりであれば，受注者は疲弊・弱体化し，その結果，最大化した「構造的リスク」のつけが発注サイドにまで及ぶことは，すでに述べたとおりである。また，このことは，GCとSCの関係においても同様である。需要サイドのイニシアティブによって透明性を備えた公正な市場が実現されれば，初めて需給の調整を市場機能に委ねることができるようにな

図 2-6 持続可能な市場のイメージ

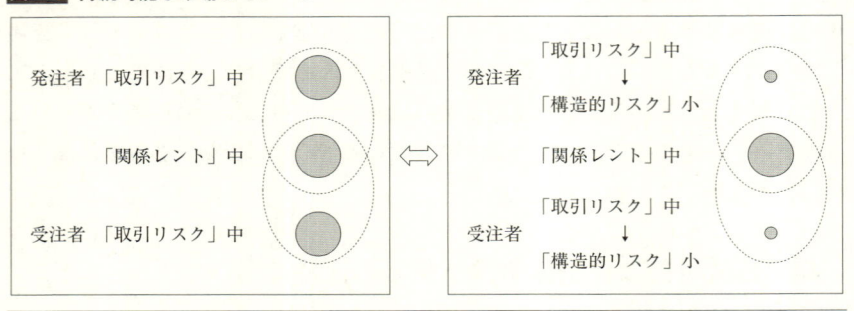

発注者	「取引リスク」中		発注者	「取引リスク」中 ↓ 「構造的リスク」小
	「関係レント」中	⇔		「関係レント」中
受注者	「取引リスク」中		受注者	「取引リスク」中 ↓ 「構造的リスク」小

る。

　発注者が建築市場でその役割を果たすということは，建築プロジェクトの調達にかかわるリスクを応分に負担すると同時に，自らの利益を確保することに責任を持って主体的に振る舞うということを意味する。しかし，プロジェクトごとに利害得失の条件は異なり，また発注者の調達に関する専門的な知識・経験もまちまちであるため，発注者が市場で的確に振る舞うためには，多様な調達方式を用意するとともに，適切な発注者支援策を講ずる必要がある。

　具体的に言えば，CM に代表されるようなさまざまなプロジェクト・マネジメント方式の整備と，その任を負うコンストラクション・マネジャー（CMr）をはじめとする各種第三者専門コンサルタント機能の成立・確立が必要である。発注者のエージェントとしての第三者専門コンサルタントは社会的要請に従って新たに養成されることになるが，日本の場合，これまで GC に集中的に雇用されてきた専門家が独立し，新たな職能集団を構成する可能性もあろう。第三者専門コンサルタントが確立されるとサービスが外部化され，有償化される。その費用の負担義務は当然発注者にあるが，有償のサービスに価値を認める慣行が定着するか否かも，ひとえに発注者の意識転換にかかっている。

　設計者をはじめとする既往の第三者専門コンサルタントについても，これまでのあいまいな位置づけを是正してまずその第三者性を確立し，次いで多様な調達方式のあり方に照らしながらその業務と履行義務を規定してゆく必要がある。

4.3 新たな市場とものづくりのアーキテクチャ

　21世紀に入って以降，建築ものづくりが直面している諸問題は，主として成長の終わりに起因していると述べてきた。成長から持続可能な社会へという意識の転換は，他の多くの事柄と深い関係を持っている。更地に新築される建物がなくなることはないにしても，国内市場がすでにいまある建築，すなわちストックの維持・改修・更新に傾斜していくことは確実である。建築の機能・価値をライフサイクルで考えるということは，建物の計画・設計（プランニング）や建物そのもの（プロダクト）のデリバリーに代わって，建物が提供するライフサイクルにわたるサービスのデリバリーやそのマネジメントにより多く目を振り向ける必要があることを意味する。また，一般にキャピタルゲインが期待できず，長期にわたるサービスのデリバリーこそが問題だとすれば，建物の所有に代わって利用が重視されると考えるのが自然であろう。

　このように考えると，箱（プロダクト）として良い建築が必ずしも良い建築とは言えない。箱として良い建物は，しばしばサプライ側の一人よがりの産物である。ライフサイクルにわたって必要なサービスを必要十分に提供できる持続可能な建築とは何かを考えるためには，いままで以上にデマンド側の（ときとして声なき）声に耳を傾けなければならない。また，建築は土地に根差して初めてその機能を発揮する。その土地，環境が建物の機能や価値を大きく左右することは明らかであるし，逆に，ひとつの建築がその土地・環境に大きな影響を及ぼすことも自明である。持続可能な建築を考えるとき，建築単体だけではなく，まちや環境，外部経済を強く意識することが要求されるということである。

　さて，本章の主題からすれば，上記の転換が建築ものづくりや，そのアーキテクチャにいかなる影響を及ぼすかについて触れなくてはならない。これらの転換が示唆することは，建築という事業の範囲や，事業プロセス，事業の遂行に要する知識・技能体系には大きな転換が迫られているということである。何もない土地での新規建築事業であれば，都市計画から建築企画，計画・設計，施工という線形のプロセスに沿った分業とそれに対応した知識体系の編成は明快である。しかし，幾度もの大規模改修や用途変更を含むライフサイクル全体の建築デザインと専門サービスの提供を想定すると，従来のプロセス区分や分業が一挙にそれらの確実な意味を失ってゆく。ストック市場における建築ものづくりが，各種コンサルタントなど新たな専門職能を巻き込んだ，よりインテ

グラルなアーキテクチャの形をとることはたしかである。

　現時点においても，新市場に対応する組織能力は GC に最も分厚く集積されていることは疑いない。しかし，ストック市場でのインテグラルな建築ものづくりを今後も GC が中核的，主導的に担っていくのかということについては疑問が残る。

　まず，ストック市場の需要は小規模かつ散在的であることが事業の効率上の問題となる。次に，建築設備に典型的に示されているように，GC は完成建物のオペレーションに直接的に関与しているとは限らず，建築（の部分）の改変・更新に関する先々の意思決定に必要な維持・管理・更新にかかわる情報を欠く。第三に，これが最も大きな問題というべきであろうが，ひとつの建築はそのライフサイクルの間に幾度もの建築工事（設計・施工）を経験する。その発注の都度，発注者の意思決定を支援する役割は，あくまで発注者に雇用されたコンサルタント（プログラム・マネジャーら）にあるとするべきであろう。GC が信用と長期的関係に基づいて LCM（ライフサイクル・マネジメント）に乗り出すことの意味はある。しかし，その場合でも，追加的投資による関係特殊能力の構築が図られること，レントの一部が建築オーナーに還元されることといった条件が求められるのではないだろうか。さらに言えば，発注者に雇用されるコンサルタントとしての業務は建築工事請負とは異なった事業であり，そのような事業は別個の事業体に担われるほうが自然であろう。

　国内市場が停滞すれば，海外に活路を求めるのは当然のことである。しかし，過去日本の GC が海外市場で失敗を繰り返してきたことも事実である。その原因は契約に関する理解，経験の不足等さまざまに分析されているが，そのひとつにアーキテクチャと組織能力のミスマッチの問題がある。高い技術が要求されているプロジェクト，工期が著しく限定されているプロジェクト等には，高度の擦り合わせが要求される。ところで，建築ものづくりにおける GC の組織能力とは，実は SC／サプライヤーを含めた日本型生産システム全体の組織能力であり，これが各現場に埋め込まれていると言ってよい。海外にあっては，日本の SC／サプライヤーをそのまま使えるわけではない。したがってこの組織能力を欠いたままインテグラルなアーキテクチャに取り組むことがきわめて困難であることは，想像に難くない。そこで，ものづくりのアーキテクチャと組織能力が異なる海外には M&A によって進出するという戦略がとられることも多い。

しかし，インテグラルな性格を持つ海外の建築プロジェクトに，日本のGCが単独では組織能力を発揮できないということでもなさそうである。よく知られているように，日本では躯体図や総合図と呼ばれる図面を作成する。これらなくして，仕上げや設備との適切な取り合いを保証できないからである。そのため，海外での日系GCの現場には設計要員が必ず配置されている。ところが，シンガポール，中東などにおいて，韓国系，中国系のGCは設計要員をまったく置かないのみならず，躯体図も作成しないというのである（古阪ほか2013）。その結果が，日系GCのブランディングに寄与しないわけがない。

　一方，日系メーカーの海外工場建設プロジェクトは，変わらず日系GCが受注することが多い。これもまた，工期が厳しく縛られ，機械・設備との取り合い調整が求められるインテグラルなプロジェクトに対して，日系GCの組織能力が格段に良い相性を持っていることの例である。先述の例とあわせて，インテグラルな性格の強い建築プロジェクトについては，日本のGCの競争力は海外工事においても顕著に認められると言える。ただし，それが発揮されるのも，デマンド・サイドに牽引された良好なサプライチェーンの形成があってこそという認識は重要である。しかし，設計施工一貫方式については，本章第5節で触れるように，買手市場におけるデザインビルド方式がこのところグローバルに変貌し，リスクやレントの配置を一変させているだけに，注意が必要である。

　日系企業の海外工場建設は，顧客企業が自社製品を製造する施設にタイムリーに投資し，それによるレントを最大化したいとする行動である。このようなケースは民間設備投資を中心に成長を続けたかつての国内市場の全般的な状況と異なるところはなく，受注サイドもレント最大化戦略をとることができる。すなわち，成長市場とは顧客企業が自らレントを期待して投資を行う市場と言い換えることができ[5]，このような市場では設計施工一貫方式に典型的に示される日本型の建築ものづくりがなお有効であり，受注サイドの能力構築や技術革新が期待できる。

　以上，日本の建設業が競争力を持つインテグラルなアーキテクチャに即して新しい市場を考えてみた。では，新しい市場，あるいは変化しつつある市場は，モジュラー・アーキテクチャやそれにふさわしい組織能力を必要としないのか。その答は，間違いなくイエスということであろう。しかし，その具体的な姿や

---

[5] 環境対応技術，廃棄物対応技術なども市場獲得に関連する重要な建築ものづくりの技術であるが，本章ではそれ自体を市場とはみなしていない。

有効性はまだはっきりと見えてはいない。このところ，プレハブ住宅産業の海外進出が盛んである。日本のプレハブ住宅は注文住宅であり，間取りすなわち空間の「構造」に関する限りインテグラルなアーキテクチャを持つ。しかし，その物的な「構造」はモジュラー・システムにほかならない。量産技術と個別顧客対応を両立させた供給手法をマス・カスタマイゼーションというが，個人住宅でこの手法を大規模に確立した国は日本に限られると言っても過言ではない。これが海外でどのように受容され，定着するか，大いに興味深いところである。

インテグラル型のアーキテクチャはたしかに日本の建築ものづくりの強みと対応している。しかし，プレハブ住宅の例に見られるように，顧客の個別・多様な要求にモジュラー型のアーキテクチャが最も有効に適用された例は存在する。また，単純明快な要求に対しても絶えずインテグラルな手法で対応するということは，過剰設計，過剰サービス以外の何物でもない。擦り合わせ一辺倒のアーキテクチャからの脱却は，建築のみならず日本のものづくりがひとしく持つ課題である。この点に関しては，第5節で再度触れる。

4.4 建築産業の技術革新力と魅力の保持

技術革新の多くは，レント獲得を目指す受注企業の追加的投資の産物である。これまで GC をはじめとする受注サイド各層に蓄積されてきた知識や技術力，およびそれに由来する競争力は，関係レントを生み出してきた長期的関係の保持が全般的に困難になるために，生成の原動力を失う。一部 GC，専門工事業がサプライチェーンを通じた競争に打ち勝って関係特殊投資を継続する機会に恵まれるにしても，産業全体としての能力をこれまでに近い水準で構築，維持するとなれば，何らかの代替的な方策が必要になるかもしれない。GC がこれまでどおり高度かつ広汎な技術力を保持していくためにはどうすればよいか。あるいは，各種のエンジニアリング・コンサルタントが台頭して，需要に即した建築産業全体のリエンジニアリングを媒介・主導してゆく可能性があるのか。あるいはさまざまなアライアンスが有効なのか。

成長の終わり，長期的関係の解消，発注サイドのイニシアティブ増大と受注サイドに残された裁量の減少，それに伴う第三者専門コンサルタントの機能・業務の明確化は，日本型建築生産システムのポテンシャルの保持に対してネガティブに作用する。それだけに，この新しい時代に，技術革新力，深層の能力

図 2-7 レントの減少

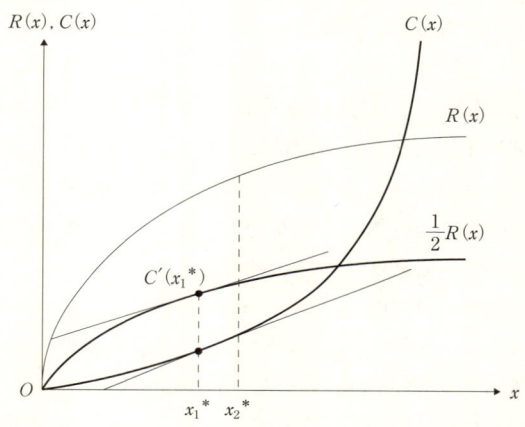

をいかに継続して保持していけるかが大きな課題となる。これらを欠いた産業，企業には，競争力も魅力もない。

図 2-7 は，縮小する市場で減少するレントがどのような影響を及ぼすかを示したものである。x は受注者による追加的努力，すなわち投資である。その結果，追加的価値（レント）である $R(x)$ が生ずるが，投資に関連する投資コスト $C(x)$ も発生する。レント $R(x)$ が投資額 x の増加に伴って逓減する一方，投資コスト $C(x)$ は逓増する。この投資・開発行為の利潤は $R(x) - C(x)$ であり，それを最大にする投資水準は，$C'(x_2^*) = R'(x_2^*)$ を満たす x_2^* である。図は市場が縮小する中，期待できるレントの水準が半分になった状態を示している。この状態での最適投資水準 x_1^* においては，利潤，$R(x_1^*) - C(x_1^*)$ は大幅に減少する。成長の終わりが日本型生産システムの持続可能性に深刻な影響を及ぼすとすれば，（関係）レントの消滅はその最たるもののひとつである。

それでもなお，$R(x)$ が逓減し $C(x)$ が逓増するという一般的性質を考慮するならば，レントを求めて追加的投資を行うことには少なからぬ価値があると考えるべきであろう。

5 設計施工一貫方式の今後

5.1 日本の設計施工一貫方式と欧米のデザインビルドは別物

　先に，日本型建築生産システムは，端的に言って，設計施工一貫方式にその特性が最もよくあらわれていると述べた。また，この方式は継続的成長を必要条件として確立されたものであるとも述べた。では，成長の終わりは設計施工一貫方式の将来にどのような意味を持つのだろうか。

　建築の調達プロセスの代表的なものに，DBB（設計施工分離，または伝統）方式，CM（コンストラクション・マネジメント）方式，DB（デザインビルド）方式がある。日本で整備され，広く認知されている標準約款はDBB方式のものしか存在しないが，実際には大手を中心にGCによる設計施工一貫方式がおおいに用いられている。しかし，日本型DB方式とも言えるこの方式は，GCが社内に雇用する建築家（＝設計部）が設計の任に当たるという点で，それぞれ独立した建築家（建築設計事務所）・コントラクター（工事請負企業）がプロジェクトごとにチームを組む欧米のDBと外形的に異なるばかりではなく，対象とされるプロジェクトの性格が異なるという意味で，欧米の制度とはまったく別物であると考えた方がよい。

　欧米では，DBB，DB，CM方式それぞれにおける受発注者間のリスク負担に関して，はっきりとした認識がある（図2-8）。と言うより，これらの調達方式は，伝統方式だけでは合理的に対処しきれないリスクを調整する社会システムとして順次整備されてきたものである。

　欧米におけるDBでは，リスクの大部分を受注者（Design Builder: DBr）が負うとされるが，日本型DBでもDBrとしてのGCがその大半を引き取るという点においては同様である。その方が発注者にとっては手離れがよいのだが，他方DBrにしてみればあらゆる種類のプロジェクトについて闇雲にリスクを引き取るわけにもいかない。要するに，簡単でリスクの少ない建築が欧米ではDBに向いているとされているのである。たとえば，ファストフード・チェーンの店舗のように，品質・デザインがほぼ標準化されており，かつ早期の竣工が必要とされている施設がそれに当たる。対して，日本ではリスクの高い複雑・大規模な工事にもDBが適用されていることは，すでに述べたとおりである。このように日本に特有なDBの形態が生じた理由は，成長期を通じてGC

5 設計施工一貫方式の今後　87

図2-8 プロジェクト方式と受発注者のリスク分担（英国の例）

調達方式別	リスク分担の考え方
	発注者　｜　施工者
DB：設計施工一括方式（基本設計から）	
DB：設計施工一括方式（詳細設計から）	
設計施工分離方式（総額請負）	
設計施工分離方式（実費精算）	
マネジメント・コントラクト方式	
CM（コンストラクション・マネジメント）方式	

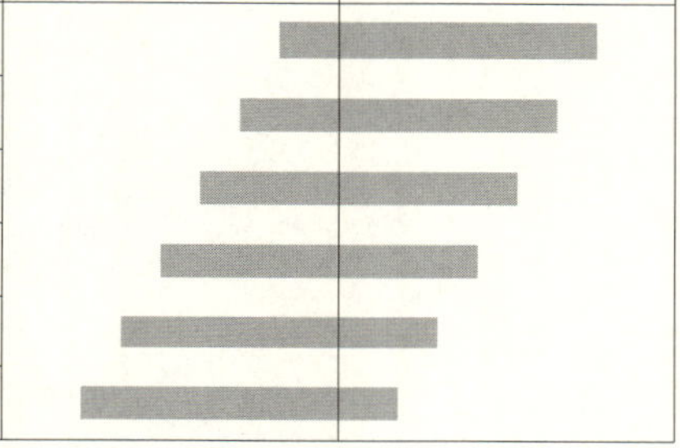

が本来は発注者側により多く存在したはずのリスクを引き取り（すなわちいついかなるときでも工期・工費・品質を守るということ），そのリスクを軽減しつつ契約後の追加利益（レント）を獲得するために追加的投資を GC 自らが行い，その結果 GC が能力構築と成長を遂げてきたという好循環による。

　CM は逆にリスクの高いプロジェクトに対処するために欧米で編み出された方式である。CM はパッケージごとの分離発注を特徴とし，とくに Pure CM と呼ばれる方式ではコスト・プラス・フィーの形をとることからもわかるように，発注者側が多くのリスクを引き受ける方式である。しかし，日本ではリスクの高いプロジェクトも（成長期には）多くのレントが期待できたため，設計施工一貫方式（あるいは実質的にそれに近い方式）によって行われてきた。

　リスク配分という観点からは，DBB 方式は CM と DB の中間にある。設計および工事請負に関する米国の標準約款を詳しく見てみると，発注者の責務は CM 方式において最も多く記述されており，DB において最も少ないことがわかる（図 2-9）。

5.2 日本と欧米における CM，DB のアーキテクチャの位置取り戦略

　アーキテクチャの位置取り戦略で見ると日本型 DB 方式と欧米の DB の違いは一目瞭然となる。アーキテクチャの位置取り戦略とは，顧客（発注者）が求める製品（ここでは建築物）のアーキテクチャの型に対して，受注者がどのようなアーキテクチャ特性を持つ自社製品ないしはビジネス・モデルで対応しよう

図 2-9 AIA（米国建築家協会）標準約款に見るプロジェクト方式と発注者の責務範囲

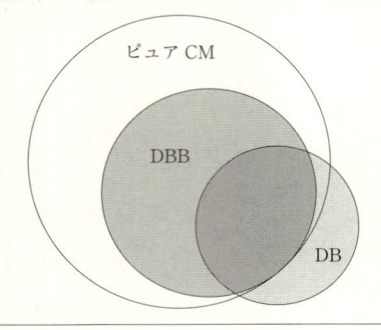

ピュア CM
DBB
DB

とするかという戦略のマッチングを分析するための枠組みである。一品受注生産を基本とする建築はそもそもインテグラルな性格の強い製品であると言えるが，なかでも，リスクの高い建築プロジェクトは高度・複雑・大規模・長期といった特性があるため，顧客要求は間違いなくインテグラル型であると言ってよい。日本型 DB では，このような場合，必要とあらば追加的投資による技術開発まで行って GC がソリューション（設計）をその都度用意するため，自社製品（技術）のアーキテクチャは必然的にインテグラルとなる（図 2-10）。このような位置取り戦略を，外インテグラル・内インテグラルと表現する。

　日本型建築生産システムは，このように GC による日本型の DB 方式，すなわち設計施工一貫方式に最も大きな特徴が現れており，全体としてインテグラル（擦り合わせ）型の特性を持つということができる。ただし，日本の設計施工一貫方式は単純かつ低リスクのプロジェクトを含む幅広い性格のプロジェクトに適用されており，GC のアーキテクチャもモジュラー型をとることがあるため，一概に日本の位置取り戦略は外インテグラル・内インテグラルであるというわけにはいかない。しかし，日本の受注者は発注者要求へのきめ細かい対応を旨とする戦略で成功を積み重ねてきただけに，インテグラル型のアーキテクチャに対する深い信認が存在し，それがかえって行動を束縛しがちである。その結果，単純な要求に複雑煩瑣なサービスをもって応えること，言い換えれば外モジュラー・内インテグラルという普通にはありえない戦略が選択されることが往々にして起こってはいないだろうか。過剰サービス，過剰設計である。

　擦り合わせという意味では，日本型 DB は欧米の DB とは異なり，プロジェクト早期に受注者側に「シングル・ポイント・レスポンシビリティ」を移譲す

5 設計施工一貫方式の今後   89

図 2-10 日本の設計施工一貫方式の位置取り戦略

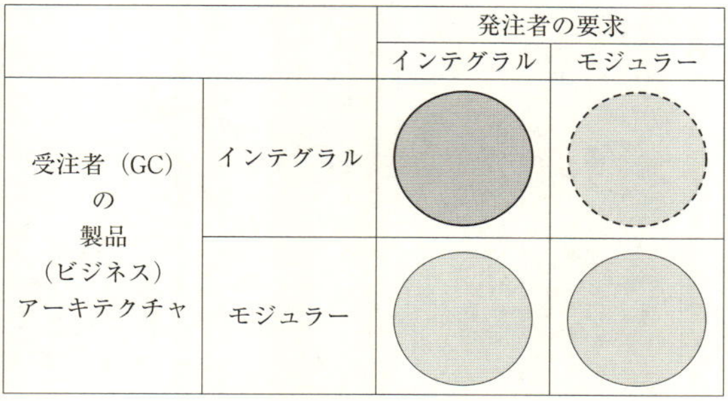

		発注者の要求	
		インテグラル	モジュラー
受注者（GC）の製品（ビジネス）アーキテクチャ	インテグラル	●	◯（破線）
	モジュラー		●

表 2-1 BCS（建築業協会，現日本建設業連合会）の設計施工一貫方式と AIA（米国建築家協会）の DB および CMC の比較

プロジェクト・フェイズと受発注者間の責任／リスク分担（約款の分析から）

		設計前段階	設計段階	施工段階
BCS-DB	発注者	◯	◯	◯
	DBr	◯	◯	◯
AIA-DB	発注者	◯	—	—
	DBr	—	◎	◎
AIA-CMC	発注者	◯	◎	—
	CMrC	◯	—	◎

— なし　◯ 一部　◎ すべて

（注） CMC とは CM as Constructor を指す。この場合，コントラクターは設計段階の終わりまでは CM コンサルタントの役割を果たすが，施工段階になるとコントラクターとして振る舞う（より厳密に言うと，実施設計段階（Construction Documents：作成段階）では CMC は設計に関与するため，単なるコントラクターと言うよりは DBr に近いところもある）。

ることを重視しない。表 2-1 に示すように，日本型 DB（BCS-DB）では設計段階，施工段階のいずれにおいても発注者と随時協議がなされ，受注者（DBr = GC）による提案と発注者による承認が繰り返されているのである。

一方，欧米の DB は簡単なプロジェクトに対して定型的なソリューションを用意すればよいのであるから，外モジュラー・内モジュラーという形になる。このように，日本型 DB と欧米の DB はきわめて対蹠的な位置取り戦略を持つ（図 2-11）。

複雑で高リスクのプロジェクトに対しては，欧米では CM 方式が用意され

図 2-11 日本型 DB と米国の DB の位置取り戦略の違い

		発注者の要求	
		インテグラル	モジュラー
受注者の製品（ビジネス）アーキテクチャ	インテグラル	日本	
	モジュラー		米国

ている。CM（とくに pure CM）はプライム・コントラクター，スペシャリスト・コントラクターへの分離発注を前提としているから，この場合，発注者要求はインテグラルとモジュラーの中間にあると言ってよかろう（図2-12）。また，CMrのもう一段下の階層の各パッケージ内部（プライム・コントラクター，スペシャリスト・コントラクター）のアーキテクチャはインテグラルであることも多い。そのパッケージの範囲内で高度の専門的ソリューションが要求されることがあるからである。

さらに近年，BIM（Building Information Modeling）の進展によって米国ではIPD（Integrated Project Delivery：統合的プロジェクト・デリバリー方式）が有望な調達方式として導入されつつある（図2-13）。この方式ではプロジェクトの早い段階からスペシャリスト・コントラクターやサプライヤーの設計への参画をうながし，発注者も交えて擦り合わせを行い，設計・開発を進めることを目指すから，これも外インテグラル・内モジュラーの範疇に属する（図2-12）。ただし，この場合も，各モジュールの内部は高度の専門性に裏づけられたインテグラルなソリューション能力を持っていなければ意味はない。米国においては，複雑かつ高リスク，すなわちインテグラルな要求に対してすらモジュラー型のアーキテクチャで対処しようとする思想が鮮明であり，このことからも，日本のアーキテクチャはインテグラル型の，また米国のそれはモジュラー型の極性，指向性を持つと結論づけられる。

5.3 買手市場におけるデザインビルドのグローバルな潮流

このところの顕著な傾向として，世界的な市場低迷・縮小を受け，DB の位

5 設計施工一貫方式の今後　91

図2-12 米国の DB，CM，IPD の位置取り戦略

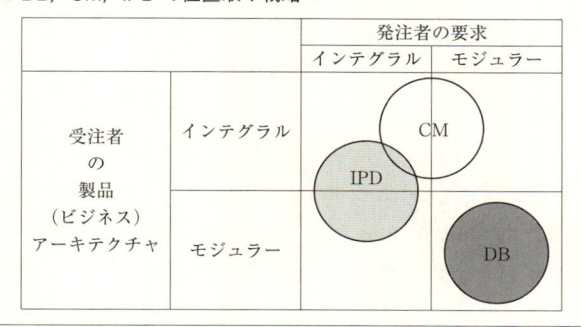

		発注者の要求	
		インテグラル	モジュラー
受注者の製品（ビジネス）アーキテクチャ	インテグラル	IPD / CM	
	モジュラー		DB

図2-13 IPD

（図：発注者「意思決定」、コンサルタント「設計支援」、スペシャリスト・コントラクター「設計支援」、建築家「設計」、GC、スペシャリスト・コントラクター「設計支援」、スペシャリスト・コントラクター「設計支援」が中心の「BIM 3次元情報+建築情報」に接続）

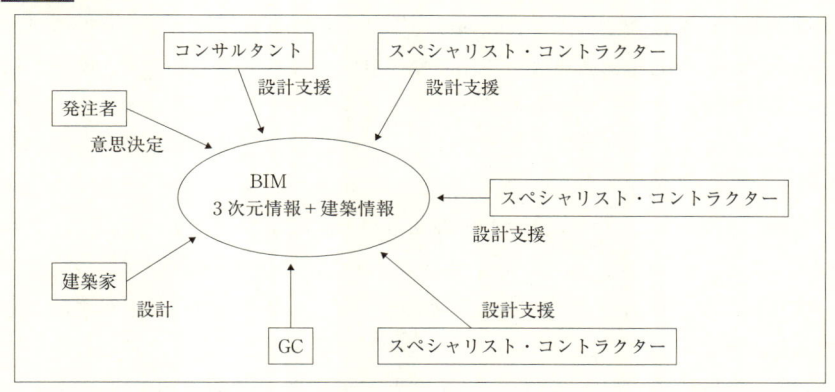

置づけが一変したように見える。英国においては1990年代からDB方式の契約が急増し，2000年代前半には件数比で13%台，契約額比で43%前後を占めるに至ったという。また，ここで注目すべきは，DBが相対的に大規模なプロジェクトに適用されているという事実である。さらに，DBの大半は基本設計を行った設計者がそのままDBチームに移行するノーヴェイション（novation）と呼ばれる方式によるということである（平野ほか 2012）。

　以上のことから察せられるのは，現今の買手市場においては，発注者にとって最もメリットの多いデリバリー方式としてDBが浮上してきたのではないかということである。ただし，同じDB方式の範疇に括られるとは言え，ノーヴェイションの例に示されるようにその適用対象，内容は一変している。そこで，

以下では，英国のノーヴェイションおよびそれと類似した米国のブリッジング (bridging) について整理を行い，デザインビルド変貌の世界的潮流を明らかにしておきたい。

(1) ブリッジング

ブリッジングとは，米国で，伝統的な DBB（設計施工分離，または伝統）方式と DB 方式の中間に位置するとみなされているデリバリー方式である。DBIA (The Design-Build Institute of America) によれば，1985 年半ばに公共・民間の非住宅建築プロジェクトの 10% を占めるにすぎなかった DB 方式は 2005 年時点で 40% に達し，2015 年には DBB 方式を逆転して最もポピュラーな方式になると予想されていると言うから，この間の変わりようには目を見張るものがある。同じく DBIA によると[6]，ブリッジングは，これまで DBB 方式にしか馴染みのない発注者が DB 方式の利点を享受することを後押しすると期待されている。繰り返し建物を建設する民間発注者であれば，特定受注者と緊密な信頼関係を築き，プロジェクトの早い段階で義務と責任を受注者に一括りに委ねる DB 方式を有効に用いることができる。しかし，特定受注者との関係構築が許されない公共発注，あるいは，まれにしか建築ニーズのない民間発注者であっても，ブリッジングによれば DB の採用が可能になると言う。ただし，ブリッジングはここ 10 年，もっぱら公共プロジェクトで実績が積まれている。

ブリッジングの特徴は，異なる立場の設計者（建築家）が二者存在することである。前者をブリッジング・アーキテクトと呼ぶことがあるが，これは正確に言えば建築家の立場にはなく，発注者に雇用される設計コンサルタント (Owner's Design Consultant，以下 ODC) のひとりにすぎない。その役割は，デザイン・クライテリア（要求水準）を作成することであり，その意味で DCC (Design Criteria Consultant) と呼ばれることもある (Drewry and Toops 2008)。ODC はデザイン・クライテリアを後段のデザインビルダー（以下，DBr）に橋渡しするが，この DB チームに含まれる建築家が設計責任を有する建築家 (Architect of Record) となる。

このようにして，発注者は設計の内容により深く関与することが可能になると同時に，設計・施工の責任を一括して DBr に委ねることができる。ODC は，Schematic Design (SD：概略設計) に次いで Design Development (DD) を行い，

---

[6] ただし，DBIA はブリッジング DB を推進しようとしているわけではなく，あくまで旧来の DB の普及を目指している。

これらを性能仕様および設計図にまとめ，他の法的文書とあわせて Bridging Contract Documents（BCDs）を作成する。

ODC が用意する仕様書・設計図書はある程度固まった設計という意味で「基本設計」に近いが，米国ではこれをあえて「設計」とは呼ばず，DBr への RFP（Request for Proposal）の一部と位置づける。設計責任は基本的に DBr の側にあるとされているからである。ODC が仕様として規定するのは，機能上および意匠上の要求事項であり，工法・技術に関する事項は DBr に任せるとされている。また，法令や性能仕様で適切に規定される事項については設計を行わないこと，あるいは過度な仕様を示さないことが了解されている。建物種別にもよるが，実施設計完了時の 30～50% 程度の設計が ODC によってなされると言う[7]。

RFP に基づいて，DBr の入札，あるいは選択された DBr との間での価格交渉が行われ，最終的に選ばれた DBr との間で DB 契約が締結される。この時点で，DBr は実施設計図（CDs: Construction Documents）の作成にかかるが，これは DBB 方式の場合と異なり，DBr の建築家の業務であることに注意しよう[8]。CDs が完成した時点に用意された 2 段階目の契約機会は，発注者に契約停止の権利を保障するためである（図2-14）。

ブリッジング DB によれば，発注者側がより深く設計にコミットすることができ，定額請負や GMP（Guaranteed Maximum Price）付きのコスト・プラス・フィー契約がより現実的となることが容易に理解されよう。設計責任は基本的に DBr が負うが，ODC による仕様提示が詳細になるほど，発注者側に帰せられる設計責任も多く発生する可能性がある。一方，DBr にとっては，設計料が不足ぎみであることのほかに，設計の自由度を束縛されながらリスクを一方的に負担する義務を負うことが問題となる。

(2) ノーヴェイション

novate という動詞は「新しいものに置き換える」ことを意味するが，

---

[7] ODC が用意するのは，DD 段階の図面（ものにより SD と DD の中間のどの段階に相当するか幅はあるが）ということになるから，実質的に，これはやはり設計であるとみなすことも可能である。DBB と DB の中間にあるブリッジング DB などでは，要求仕様（機能）と設計解（構造）との境界が実際のところきわめてあいまいであるという事実が浮き彫りにされる。設計という行為に伴う責任（ライアビリティ）を考えるとき，ここには大きな問題が残されている。
[8] DBr の建築家による設計，すなわち CDs の作成は，あくまで BCDs を補足するものであり，変更は許されない。

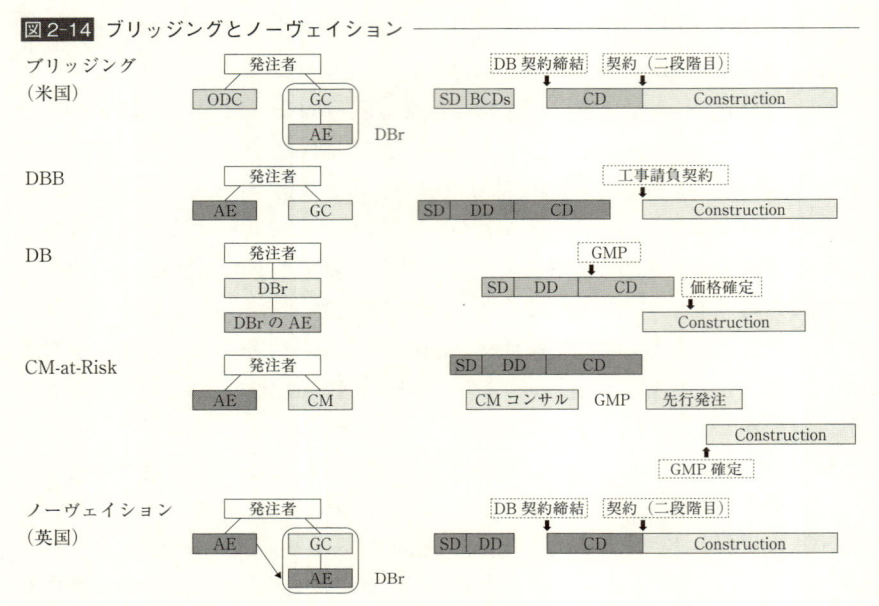

図2-14 ブリッジングとノーヴェイション

ブリッジング（米国）／DBB／DB／CM-at-Risk／ノーヴェイション（英国）の各方式の発注者・設計者・施工者の契約関係と工程（SD・DD・CD・Construction）を示す模式図。

ODC: Owner's Design Consultant　　AE: Architect & Engineers　　DBr: DesignBuilder
CM: Construction Manager　　SD: Schematic Design　　BCDs: Bridging Contract Documents
DD: Design Development　　CD: Construction Drawings
GMP: Guaranteed Maximum Price

---

novation という法概念は古くローマ法の時代から存在し，契約関係にある二者の合意により新たに第三者がその二者のいずれかにとって代わることを言う。本章の文脈では，最初に発注者との間に契約を結んだ建築家が，発注者の意向により，途中で選定されたコントラクターとの間の契約に移行することを言う。この場合，発注者と建築家間の契約がコントラクターと建築家間のそれに novate されたことになる。また，ノーヴェイションによる DB の隆盛は，冒頭にも述べたように1990年代以降の最近のことである。

　ノーヴェイションの場合，発注者とコントラクターの契約は必然的に DB（英国では Design and Build）となり，建築家は DB チームの一員となる。ブリッジングと比較した場合のノーヴェイションの著しい特徴は，DB に移行した後も，同じ建築家が設計者としてとどまり，移行前は発注者に，また移行後はコントラクターに雇用されて専門業務を提供するということである。この場合，同一者が，時を隔ててとは言え，利害の異なる二者に雇用されるという点で，

利益相反の問題が生ずる。

　加えて、ノーヴェイション以前になされた設計に対する償還請求権を有さないまま、コントラクターがその部分の設計責任を背負わされかねないという厄介な問題がある[9]。これに関して、多くの論考や言及が見出されるが（Cottam 2004; Needham-Laing 2006 など），その後，ノーヴェイションのための二つの契約標準書式が整備されるに至っている[10]。要は，建築家（コンサルタント）の任用に当たって，要求される業務を慎重にリストアップし，かつまたコントラクターのためとはみなし難い業務を除外するか，ノーヴェイション以前の業務に限定することが重要だということである。

(3) 買手市場の新しい DB 方式

　では，なぜノーヴェイションが盛行しているのであろうか。コントラクターへの面接調査をまとめたキングらの論文（King et al. 2001）を参考に，整理してみたい。

　キングらによれば，ノーヴェイションよる DB は概してコントラクターには不評であるという。その理由は大別して，DB 契約以前の4つ，および契約後の一つにまとめられる。

　契約前の理由の第一は，入札に先立ってコントラクターは自ら設計仕様をより詳細に仮定するために建築家に情報提供を求めるのが常であるが，多忙のためにそれが果たされることがまれであるということにある。第二に，コントラクターは建築家を選任できる立場にはなく，他方，建築家は他の多くのコントラクターとの DB を経験する可能性があるので，当該コントラクターが保持するノウハウ，技術情報が流出し，競争力を失うおそれがある。第三は，VE 実施機会の減少である。発注者が雇用する建築家の設計を引き継ぐこと，自社と馴染みのある建築家を選任できないこと，時間が限られていることにより，DB のメリットを活かせないのである。第四は，第三とも関連するが，馴染みのない建築家との協働はそれ自体リスク要因となり，それを見込んだ入札価格は高くならざるをえないことにある。

　契約後の不満理由は利益相反に由来する。しかし，どちらかといえば，ノー

---

[9] Blyth & Blyth ケースと知られる判例は，平野ほか（2012）にも紹介されている。
[10] The City of London Low Society（Construction Committee）standard form および Novation of consultant's appointment on design and build projects（Construction Industry Council）

ヴェイションに携わる建築家は，発注者に雇用されていると思いがちであるし，発注者と直接協議しがちであると言う。その結果は過剰設計，コストアップとなり，DBの本来の目的は達成されないことになる。これらを総合して，コントラクターは一般的なDB，あるいはDBBをより好ましいと受け止めるのである。

コントラクターの不満はそっくり裏返しになって発注者の満足につながる。コントラクターの裁量の減少は，発注者サイドの設計への関与の増大を意味する。さらに，リスクのすべてをコントラクターに転嫁できるとあっては，ノーヴェイションによるDBは，まさに発注者にとって，DBBとDBの「いいとこどり」にほかならない。

建築家にとってはどうか。ノーヴェイション後も発注者のために仕事をしていると勘違いしがちであるならば，コントラクターのノウハウを吸収しながら設計に時間を費やすことができ，かつまた設計責任を逃れることのできるこの方式は理想的とは言えないだろうか[11]。

ブリッジングはノーヴェイションよりも明快である。ブリッジング・アーキテクトはDBチームの建築家とは別の者であるため，利益相反は発生しない。ノーヴェイションに関して英国のコントラクターがあげた不満の理由の第二，第三，第四は存在しないか，激減する。利益相反がないため，ノーヴェイション後の不満としてあげられた理由も存在しない。Architect of Recordになりえないことはアメリカのブリッジング・アーキテクトにとって好ましいことではないに違いないが，計画の骨格と意匠面を決定するのはブリッジング・アーキテクトの役目であるから，彼らの多くは自分たちが正当な建築家であると自負している。

しかしながら，DBrにとって，設計の裁量を制限されながらリスクを一方的に負担させられているという事実は，ノーヴェイションにおいてもブリッジングにおいても変わりはない。そこで，DBrに不利なDBの変容がなぜ英米で同時に生起しているのかという疑問が生じてくる。そして，その答は，買手市場（受注者にとっては競争的市場）という現今の状況に求めるほかにない。長

---

[11] 第三者監理を巡る議論において，日本の建築家の多くは，限られた設計期間という条件下での設計品質の確保を理由に，工事段階の監理業務の一環としての設計の必要性を主張した。ノーヴェイションの実態はこれに近いと言えるが，問題はノーヴェイションのような制度化の努力が見られないことにある。

期継続する買手市場においては，発注者の立場はまことに強固である。
　シンガポール，中東でプログラム・マネジャーを務める英国人から次のような話を聞いたことがある。すなわち，ノーヴェイションとはリスクのすべてをコントラクターに押し付けることと理解している，と。国内市場の縮小・停滞で海外展開を目指す建築産業を抱える国は多くある。シンガポール，中東は，成長市場ではあるが，多すぎるコントラクターが参入を目指す買手市場でもある。そこでこのような，受注者にとっては片務的とさえ言える新しいデザインビルド方式が盛行しない理由は何もない。
　いま日本でも，設計・施工一貫方式（日本型 DB）に代わる設計・施工一括発注方式が多く用いられるようになってきている。公共プロジェクトでは，基本設計業務を公募型プロポーザルに付して設計事務所に委託し，実施設計および施工を GC に発注する DB 方式が多く見られるようになった。現在，日本ではこのような方式をデザインビルド（設計施工一括方式）と呼んでいる。また，2020 年の東京オリンピックを控えて大量のプロジェクトを抱える東京都も，工期短縮・コスト管理を目的に同様の DB 方式を導入する予定であると言う。民間プロジェクトにおいても，設計事務所を実施設計業務から外し，DB が採用される大型案件が出てきているようである。
　この DB 方式は，ブリッジングやノーヴェイションと類似しており，その意味で日本においても新しい DB 方式の普及の兆しがあると認めることができる。しかし，いくつかの点で決定的に異なっていることに大いに注意する必要がある。まず，基本設計という呼称に込められた「設計」の意味，すなわち設計責任に関する議論が詰められなければならない。また，新しい DB 方式への発注者の傾斜が，東日本大震災後の不落・不調の傾向やオリンピック特需といった事情を反映していることも重要である。一時的に売手市場化した現在の状況下では，リスクは当然発注者の側に多くあるが，さらに技能者不足や資材の供給不足で建設単価の高騰が続く中，受注者側にも大きなリスクが存在する。このようなリスク配置は，現在の欧米の状況とはまったく異なっているのである。また，売手市場も長くは続かないと考えられているため，長期的関係を通じたレント獲得への期待も薄い。
　しかし，中長期的には買手市場が復活し，その間発注者が一度経験した新しい DB 方式のメリットの記憶は容易に忘れられないであろう。こうして DB 方式への傾斜が続くとすれば，新しい状況に即した制度や手法の確立が急がれな

くてはならない。

5.4 インテグラルな日本の建築産業のゆくえ

個別性の強いニーズに応えると同時に専門性の高い知識や技術を要する建築ものづくりはインテグラルな性格を持つ。これを実現するのに日本では設計施工一貫方式に代表される擦り合わせ（インテグラル）型のアーキテクチャで対処してきた。設計施工一貫方式によらずとも，発注者，設計者，施工者の間で情報を共有しつつ綿密な擦り合わせが行われ，結果として質の高い建築が実現されてきたと言ってよいだろう。これが日本のものづくりの特徴である。一方，欧米では，リスクの高い（インテグラルな）プロジェクトの「質」は発注者が自らの責任においてプロジェクトに直接（CMrというエージェントを介してではあるが）関与するCM方式によって担保されてきた。とくに近年のICT（情報通信技術）の発達に後押しされてIPDのような新しい調達方式も出てきた。IPDでは，情報プラットフォームを共有して高度な専門機能／知識／技術がプロジェクトの最上流で（発注者も含めて）結合することが可能である。新規の技術，高度な技術の導入という意味で，この方式は今後建築・サービスの質の向上に大いに役立つ可能性があると言ってよいだろう。

さて，問題は日本における建築の質と調達方式の関係，およびその将来である。日本のGCに集中的に構築された能力はいまなおきわめて高い。擦り合わせ能力，インテグラル・アーキテクチャに依拠することで獲得された技術革新能力や競争力はどこに行くのか。成長が止まり，リスク引取りとレント獲得によるGCの能力構築が困難な時代に遭遇している日本の状況においては，この問題を十分に検討し，解答を用意しておく必要がある。

最初に，設計施工一貫方式の将来について述べておく。日本では，複雑・高度でリスクの高いプロジェクトに対して「外インテグラル・内インテグラル」という位置取り戦略を採用することがGCの能力構築にとって最も有効な戦略であったことを繰り返し確認した。しかし，また，成長の終わりとともに長期的関係を通じたレント獲得は困難となり，したがって競争力確保も難しくなることも明らかにした。ここから導かれるひとつの結論は，新しい状況にマッチしたアーキテクチャを手の内に加える必要があるということであろう。インテグラルな要求に対してモジュラー型のアーキテクチャで対応すること，あるいは，シンプルな外モジュラーの要求に対しては，あくまでモジュラー型アーキ

テクチャで対応することなどが，真っ先に考えられる。前者は，米国型のアーキテクチャに通ずることであり，とりわけ優れてモジュラーな先進性を持つBIM・IPDから学ぶべきことは多いはずである[12]。

とは言え，外インテグラル・内インテグラルという位置取り戦略が全面的に放棄されることもあり得ない。成長市場，あるいは顧客自身がレントを求めて積極的に投資しようとしているプロジェクトにおいては，依然としてこの位置取りは有効である。ただし，そのような位置取りが可能となるのは，発注者に良好なサプライチェーン構築の意思が存在し，かつ受注企業に深層の能力が備わっている場合に限られるであろう。

日本型生産システムの今後については，全産業に通ずる興味深い議論が存在する。たとえば，青木昌彦による制度体系の進化に関する議論である（青木1995，2008）。情報共有度の高い水平的ヒエラルキーを発展させた日本は，1980年代にハイ・エンジニアリング産業の躍進を見た。集団的かつアドホックな問題解決と「文脈的」技能を特徴とする「情報共有型」組織のアーキテクチャは，本章の用語法で言えばインテグラル型のそれである。一方，アングロアメリカン・システムは，1980-90年代にデジタル通信技術の革新とともに「情報異化型」，あるいは「機能分化型」の組織革新を遂げたという。このような組織形態のもとで有用な情報処理能力は「機能的」であり，各機能間には明確なインターフェイスが存在するから，こちらはモジュラー型である。青木が問題視するのは，「変化しつつある国際環境や個人の技能形成の進化の可能性に対応して，日本の制度体系は，比較優位性を持ちうる産業分野を維持・拡大する方向に進化しうるであろうか」ということである。グローバリゼーションのもと，先進部門の比較優位性の維持は困難であり，また組織内部の業務の高い補完性はそれ自体進化の障碍となるから，全体として「情報共有型」の組織アーキテクチャは，これまでのままでは持続可能ではない。しかし，進化には経路依存性があり，また制度体系全体の状態にもよるから，青木の示唆するところは，「日本的な組織均衡（J均衡：文脈的技能に基づいた情報共有型の組織均衡）の中に機能型・情報異化型の組織（A均衡：アングロアメリカン・システム型の組織均衡）の利点を取り込んで，組織の多様性からの利益を実現しようと試みることが，より効率的なのである」となる。以上は，貿易財やサービスを扱う産業に関す

---

[12] BIMの2極性（インテグラル性とモジュラー性）に関する第6章の議論もあわせて参照されたい。

る分析からもたらされた結論であるが，日本型システムという点で共通するところの多い建築産業にとっても示唆に富む。

　さて，インテグラルな日本の建築産業はどこへ向かうべきか。これまで，GCを中心とする日本建築産業の能力構築能力と競争優位性は，成長経済という環境に適合した建築ものづくりのアーキテクチャ，すなわちインテグラル型のアーキテクチャに集約されていると述べてきた。1990年代以降の状況は，残念ながら，このようなアーキテクチャにふさわしいものとは言えない。しかし，これを全面的に放棄することが要求されているわけではない。要は，これまでの達成をもとにどのように進化してゆくかが問われているのである。

　本章を結ぶに当たって，一言付言しておく。本章で述べたことは，あくまでGCを中心とした日本型建築生産システムに関する議論である。設計事務所をはじめとするコンサルタント群を中心とした議論を展開するとなれば，今後いかに機能型，すなわちモジュラー型の組織アーキテクチャを構築し，社会に定着させることができるかが課題の核心となることは明らかである。しかし，それも，設計事務所等コンサルタントの意思や能力のみによって実現されることではなく，発注者のイニシアティブに多くかかっていることも，本章で繰り返し述べてきたことのひとつである。

参考文献

安藤正雄（2007），「日本の建築産業の強みと弱み」『変革期における建築産業の課題と将来像：その市場・産業・職能はどのように変わるのか』日本建築学会，所収。

安藤正雄・長谷川優貴（2005），「日本建設産業における企業間取引の考察：長期的継続関係と関係レントについて」『第21回建築生産シンポジウム論文集』日本建築学会・建築経済委員会。

青木昌彦（1995），『経済システムの進化と多元性：比較制度分析序説』東洋経済新報社。

青木昌彦（2008），『比較制度分析序説：経済システムの進化と多元性』講談社。

青木昌彦・奥野正寛編著（1996），『経済システムの比較制度分析』東京大学出版会。

Cottam, G.（2004），"Avoid Novation Pitfalls," *Construction News*, 6.（http://www.cnplus.co.uk/news/avoid-novation-pitfalls/406826.article#.VH-sxrkcTIU）

Drewry, M. F. and L. A. Toops（2008），'The Design-Build Bridging Method Part," *DSV Special News-Letter*, 1.

藤本隆宏（1995），「部品取引と企業間関係：自動車産業の事例を中心に」植草益編『日本の産業組織：理論と実証のフロンティア』有斐閣，所収。

藤本隆宏（2003），『能力構築競争：日本の自動車産業はなぜ強いのか』中央公論新社。

藤本隆宏・武石彰・青島矢一編（2001），『ビジネス・アーキテクチャ：製品・組織・プロセスの戦略的設計』有斐閣。

古阪秀三・藤井寛明・片田匡貴・西野佐弥香（2013），「国際建設市場における建築プロジェクト組織の編成方法に関する国際比較：シンガポール，U.A.E.の市場を対象として」『第29回建築生産シンポジウム論文集』日本建築学会・建築社会システム委員会。

平野吉信ほか（2012），「設計・施工分離方式とデザインビルドの中間的建築生産方式の発展に関する一考察：英国における事例を中心に」『第28回建築生産シンポジウム論文集』日本建築学会。

King, A. P., A. D. Knight and A. Griffith（2001），" Understanding the Dynamics of Novation: A Contractor's Perspective," 17th Annual ARCOM conference, Sep.

長島和久・安藤正雄（1999），「専門工事業のプロジェクト関与に関する研究」『第15回建築生産シンポジウム論文集』日本建築学会・建築経済委員会。

Needham-Laing, M.（2006），"Novation: Principles and Pitfalls," Jan.（http://www.fenwickelliott.com/files/Contract%209%20-%20Novation%20Principles%20and%20Pitfalls.pdf）

第3章

建築における価値創造
建築設計，建築施工において求められる「機能」の実現

吉田　敏

はじめに

この章では以下の課題をとらえ，それを克服する方向性を考えていきたい。
- 現状の建築設計・建築施工の発注・受注に根本的な問題点が存在すること。
- それらの問題点が，建築産業全体の環境に対し，マイナスの要因となっていること。
- そのため，建築設計・建築施工における現状の競争環境の健全化が必要であること。

これらの課題の根本的要因を示すため，建築の世界で「機能」というものが，誤解され，軽視されている問題点や不自然さを指摘していく。

1 建築の競争環境：発注側，受注側ともにジレンマを抱える仕組み

建築産業は，現在，国内の需要に陰りがあり，先行きに対して強い閉塞感がある一方，入札での不調，不落札なども目立つ局面もあり，混沌とした状況となっている。長期的に見ると，頑張って，良く，安くつくっても，設計も施工も国内における受注は減少する可能性が否めず，利益も増加しにくい面があることは否定できない。しかし，これは，健全な競争に基づくものなのであろうか。まずは，競争の環境について，ほとんどの建築関係者が「当たり前」だと感じていることを再考したい。

現在のスタンダードが，さまざまな立場から「当たり前なこと」とされてい

るが，よく考えると「当たり前でないこと」がスタンダードになっている可能性があることを以下にあげる。

- 発注者は，自分が頼もうとする建物に関する内容をきちんと考え，設計者や施工者に依頼しなければいけない。しかし，専門的知識がなく，よく設計者や施工者に求められる内容を整理できていないのに，建築分野の慣行に従って無理に発注しているのではないだろうか。もしそうであれば，これは，発注者の基本的義務を果たしていないのではないだろうか。
- 受注者（建築設計者，建築施工者）が気にしているのは，専門分野の中だけで行われている評価ではなかろうか。しかし，本当に拠り所とすべきなのは，つくる対象（空間や建築）の主要な目的を達成できるかどうかということではないだろうか。つまり，使い手側や社会が，空間や建築に何を求めているかを正確に理解し，その求められる内容を実現させることが重要なのではないだろうか。

このような点から，各立場が抱えているジレンマを考えていく。

1.1 つくる前に契約しなければならない発注者のジレンマ

まずは，建築工事に関する諸課題を議論したい。建築工事の発注者は，良い建築をなるべく安くつくってもらいたいと願うのが普通である。また，建築は単品受注生産のため，まだ何もできていないうちに契約しなければならない。発注者にとっては，どのくらい良い建築をつくってもらえるかよくわからない段階では，できるだけ値段を安くしてもらいたいという方向に注意が向くことになろう。ましてや，妥当な金額より明らかに高い金額で契約することなどは，絶対に回避したいと考えて当然である。そのため，発注者は，施工の受注者が妥当な金額で契約する姿勢を持っているかどうか，しっかりと確認していきたいということになる。

現在の建築の契約システムは，このような発注者のジレンマからつくり上げられたという説明ができそうな内容となっている。以上のような視点から建築施工に関する発注について，そのメカニズムを見ていきたい。

まず，建築工事の契約金は，設計図書に基づき，工事方法が考えられ，それに即した工事用の仮設を含め，一つひとつの建築の部品や素材の数量が積算され，その材料代と工賃を基本とした金額が計算され，その総計に管理費などの諸経費等を加えて算出される。この内容は，工事の受注者がむやみに大きな金

額を提示しないようにするため，つくるために一体いくらかかるのかを検討したものをベースとしており，発注者としては必要な方法であると考えることができる．それも，何社かの受注者に金額を競争させて，納得できる金額で契約するための手法がとられていると言えよう．

　一方，でき上がる建築の品質については，発注者としては，劣悪品をつくってもらっては困るわけである．そのため，最低限として，建物仕様として必要な品質の保証が欲しくなってくる．しかし，つくる前に契約しなければならないために，なかなか明確な最低品質の実質的保証を的確に得るのは難しい．隙間が空きすぎているトイレブースのドアや，なかなかうまく施錠できないサッシ，少し経つとはがれ落ちるタイルなどに始まり，メンテナンスに大きなコストがかかるかどうかや，不具合や取り替えが頻発する部材やシステムかどうかまで，設計図書や仕様書では理解しきれないとも言える．また，これらすべてに対する最低品質保証とは何かを具体的に言い表せるのかどうかも，難しい問題であると言えよう．つまり，発注者は，受注者が的確な金額で，きちんとした建物をつくるかどうか不安を感じながら，うまくでき上がることを願うことしかできないのである．

　このような問題は建築工事だけではなく，建築設計についても当てはまる部分がある．建築というものは，人間が何らかの目的に沿って活動をする場をつくり出すものである．そのため，主要用途によっては，構築物ではなく内部の空間だけが重要なものも存在する．しかし，設計図書にあるのは，壁や床，開口部や仕上げ材，そして設備機器などだけである．もう少し明確に言えば，あるタイプの建築では，発注者は，その壁や床が欲しいのではない．たとえば，多くの使い手にとって住宅の居間なら，家族で安心して快適で落ち着いた時間を過ごしたいということが一つの目的となる．その場合，どんな壁でできていて，どんな床で支えられているのかについてはあまり関心がない．未来にでき上がる居間という空間で，家族の一人ひとりがどのように感じるようになるかが重要なわけである．しかし，発注者は，設計図書だけでは家族全員が求めるような感覚を得られるかはまったく予想できない．そして，渡された資料からは，構造体の素材をはじめ，天井の高さや窓の大きさをはじめとした建築の形体や，壁紙や床の色や，各居室の面積等を知るだけになる．場合によっては，首をかしげながら仕上げ材の色や柄を決めさせられ，「ほら，希望通りできますよ」と設計者に言われてしまうのである．しかし，でき上がった居間は，あ

る冷たさを感じ不快かもしれないし，思ったよりずっと明るくて広く感じるかもしれないし，思いのほか外部の電車の音が気になって落ち着かないかもしれないし，窓を開けても風が通らず快さを感じないかもしれない。また，これらのような明らかな理由がなくても，何となく家族の誰もが居つかない空間になるのかもしれない。要するに，設計図に描かれた内容が自分たちにとって求めるものかどうか，本当はほとんどわからない状態で発注することになる。

また，コスト面では，ものとして直接残らない「設計」というものについて，できるだけ抑えたいという感覚がある発注者が非常に多いと言えよう。現状としては，一般的に認められているコスト基準（工事費のある割合や，面積と建物種別に基づいたもの）を念頭に置いて，それぞれのプロジェクトごとに設計料を折衝する場合が多いと考えられる。しかしその中で，繰り返しになるが，物理的なモノでない設計内容について，お金を払うことがもったいないと感じる人が多いと思われる。

しかし，設計の内容によっては，自分たちにとってきわめて大きな価値が生じることになる。設計は，何もなかったゼロの状態から始まり，最終形を決定づけるものである。そのため，内容が良い設計ができるのなら，出費は厭わないべきなのかもしれない。むしろ，少々高い設計料を払っても，本当に良い建物を設計してもらったほうが得なのではないだろうか。逆に，設計の内容を見抜き，出来の悪い設計内容はやり直してもらうことが重要でありそうである。

問題は，どのような設計内容が発注者にとって大きな価値を生むことになるか，評価する術がないことである。つまり，どのような設計が良い設計なのかが，明確に理解しにくいということである。これは，専門家側の責任である。設計に関する明確な評価軸を示すことは，すぐにでも，とりかからなければならない課題であると考えられる。

1.2 建築分野の慣行を推し進めることによる受注者のジレンマ

(1) 施工者のジレンマ

次に，施工の受注者が抱えるジレンマを議論する。以下の二点を注視しながら議論を進めていく。

- 受注時の競争では，良いものをつくるかどうか，良いプロセスでつくるかどうかの競争ではなく，価格が安いかどうかの競争を強いられる。
- その反面，つくり上げる建築とつくるプロセスについては，常に内容の良

さが問われる。

　受注者が一番重要視していることは，信用や評判と言われるものであろう。なぜなら，つくる前に契約をしなければならないという特徴がある建築を対象とする場合，本当にきちんとつくってもらえる安心感がないと頼んでもらえないということになるからである（そのため，発注者は，受注者が今までどんな建築を設計したか，施工したかを確認し，安心しようとするのであろう）。また，企業の活動を考えた場合，発注者との持続的な信頼に基づく関係性は，企業の永続的発展という基本的課題に対する必要条件の一つとも考えることができる。そのために，ゼネコンを中心としてしっかりとした建築をつくる努力をし，良好な取引先と継続的関係を保とうとする面があると言える。

　その反面，コストに関しての対処はどうなるであろうか。積算，見積という方式が行われていく以上，施工の段階でより良い品質の建築をつくり上げるために追加のコストをかけることは，多くの場合得策ではないと考えられる。つまり，設計図で求められる必要最低限にとどめることが前提となることを否定できないということであり，知識があろうと，技術があろうと，与えられた内容以上のものをつくることは得策ではない面があるということである。一方，技術的に自信があるゼネコンは，すべての物件で自分達がつくりたい同一の良い品質につくり上げることを前提にしている面もある。基本的には立派なことであるが，場合によってはある種のオーバースペックとなり，当然契約金額が高めになる傾向が否めないことになる。とくに，物件によってはそれほど高くない品質で許容される場合もあり，その場合は単に過剰品質のために高めの契約金額が前提となってしまう。つまり，品質は，発注者の求める内容に応じて的確にコントロールされるというよりは，受注者側の品質に対する考え方が優先され，ある問題点が生じていることになる。

　また，発注方式そのものについても，課題が少なからず含まれている。多くの公的発注組織が導入している総合評価方式も，これまでの実績と現状の人材や，特定の事項に関する工事の考え方を確かめたうえで，安くしてくれるところがあればその企業に発注する，というかたちである。これも少々変である。なぜなら，発注者が欲しいのは最終的に良い建築であって，過去に頑張り，人材が豊かな会社につくってもらえば，必ず安心できるわけではないからである。ある程度の力量のある会社であれば，今回どのくらい頑張ってくれるのかを重視して発注すべきであろう。過去に数多くの物件を受注してきた会社でも，今

回の物件で最高の建築を提供してくれる保証はない。どちらかというと，発注者としては，ある一つの企業が過去にどのくらい建築物を提供してきたかより，今回の物件に関し，どれだけ担当者たちが注意深く集中してプロジェクトを進めてくれるかどうかを問いたいのではないだろうか。少なくとも，発注者は，なぜその企業に発注すると発注者が幸せなのかを，工事受注側によく説明してもらいたいはずである。ましてや，この総合評価方式は，今回の物件で満足できない建築ができたとき，「次回以降は頼みません」というだけであり，今回の物件で最終的に低品質の建築を受け取らざるをえない（公的発注者は，担当者が発注後に苦労して，何とかこのリスクを回避しようとしているのが現状と言えよう）。

　ここでおさえておかなければならないのは，受注側は，どのような理由で自分に頼んでもらうとメリットがあるか，明確に説明できることが必要である，ということである。このとき，自分たちの都合や考え方を発注者に押し付けるのではなく，発注者の意向に基づいた健全な競争を展開できる環境が求められる。

　また，価格競争の側面から引き起こされる結果としては，つくるためのコストとはまったく遊離したかたちで，請け負うための値入れによる競争（入札に勝つための値引き）などが懸念される。このような競争は，実際にかかるコストを前提にするのが建前なのに，最終的な総額からほとんど理由のない値引きをすることが競争の要点になることにより，ダンピングや談合に結び付く可能性を含むものとなる。

(2) 設計者のジレンマ

　設計の内容についてはどうであろうか。前述のように，建築は人間の活動の場をつくる側面を持つ。そのため，実際の建築をつくる前に，発注者に設計内容の良さを明確に理解してもらうことが必要である。だが，このことは困難である。

　理解をしてもらわなければならない内容は，主に意匠性と機能性に分けることができるであろう。意匠性としては，社会性や文化性の変化を反映させ，歴史や新規性を考慮し，純粋な美しさを追求することなどが必要であろう。また，街並みや周囲への配慮をしつつ，特定の使い手の嗜好性に配慮していくことも求められる場合などが考えられる。一方，機能性としては，技術や関連製品の発展や進化に対応しつつ，対象建物の用途に適合した計画合理性が求められる。そのため，多くの要求条件，制約条件に的確に答えを見つけていく必要がある。

そのうえ、前述のように、発注者は、図面や絵や模型を見せられても自分たちが満足するかどうかがわからない。自分たちで使い始め、その建築内部の空間の明るさや冷たさや狭さを体験し、その中で日々生活し、何かを感じ出し、何らかの自主的な使い方（その使い方は、設計者が意図したものかもしれないし、まったく意図したものではないかもしれない）を始めない限り、使い手は良いも悪いも判断できないのではないだろうか。要するに、その空間の可能性について経験を通して理解しない限り、提示された建築が良いか悪いかの判断は基本的に不可能であるため、あいまいな評価しか下しようがないことになる。

建築をつくる第一義の目的は、その建物主要機能の確立ではないだろうか。そのためには、主要機能が何であるかを的確にとらえ、それを成り立たせるためにどのような意匠性や機能性が必要であり、でき上がった後まで追うと、どのように主要機能が達成できたかどうかがわかるかを知る必要がある。繰り返しになるが、ここで重要な点は、発注者から見た明確な評価軸が存在しないことである。専門家がほめたとしても、入居者が本当に求めるものを理解せずにつくった住宅は、問題があるのではないだろうか。専門誌には掲載されても、設計者がイノベーションという意味も理解できないのにイノベーションセンターを設計していたとすれば、問題ではないだろうか。つまり、設計者はその建物の主要な目的を明確に理解し、それを実現することで価値を生み出すことができるのではないか、ということである。きわめて当たり前のことであるが、はたしてその当たり前のことが本当にできているのであろうか。

設計者は、専門家の中で有効な評価軸をもとに、専門家の評価や専門誌の掲載内容に左右され、慣行化された設計教育を拠り所とし、変化する社会の中で設計しなければならない。このような環境の中では、社会全体が何を求めているかということに対して、社会の動きよりやや遅れて考えるのは仕方がないのかもしれない。しかし、使い手側が本当に欲しいものについて、そろそろ真摯に考える必要があるのではないだろうか。

1.3 発注者と受注者にとっての危険性

(1) 理由なく安値受注する施工者（工事の受注者）の危険性

工事受注者にとって危険なことは、「良くつくる競争」ではなく「安く契約する競争」になっている点であろう。

前述のようなジレンマの存在により、建築産業は健全な競争環境を得られて

いない。理由や見方はさまざまであっても，多くの製品分野では，結果として価値が認められた製品やサービスは高い価格で取引される。ベンツやBMW，ダイソンの扇風機，国内の高級料亭や高級旅館などは典型的である。そこには，良い製品をつくり，良いサービスを提供し，社会に認められることにより，高くても売れ，十分な利益が得られるというメカニズムが存在する。各企業は社会の中で価値を認められるような製品づくりに取り組むことになる。つまり，各企業の競争の目的は社会に受け入れられる良い製品やサービスやソリューションをつくることとなり，企業活動として頑張れば報われるという健全な競争が行われることになる。

建築はどうであろうか。良くつくるのではなく，安い請負金額の競争である。または，長期の安定した取引の確保が目標である。これは，きわめて危険な方向性を持っていると考えられる。良くつくることによって相応の報酬が得られないとき，はたして品質や価格が保たれるのであろうか。業態の健全な発展はあるのであろうか。前述のように，競争が，品質に直接関係ないコスト競争や取引関係の確保になることによって，価格の不透明性をまねきながら，ダンピング，低入札等が起こり，業界として確保すべき利益が得られなくなり，産業にかかわるすべての働き手に妥当な報酬が支払われなくなる。建築産業全体が疲弊していくことが懸念されることになる。この点からも社会に認められる評価軸の創出が重要となる。

以上により，現在の価格競争（安く契約する競争）から，単なるオーバースペックではない顧客が求める良質な建築をつくる競争（良くつくる競争）を支える環境を整える必要性があると考えられる。

(2) 専門分野の評価を気にする設計者の危険性

建築設計者は，自分が何を拠り所にして設計しているのかを明確にする必要がある。ただ，第一義としては，人工物をつくるという根本的な部分から考えると，本章で繰り返し指摘しているとおり，使い手の目的を果たすことであろう。この点について，真摯に考えているだろうか。建築設計の世界の中だけで認められることを目指していないだろうか。むろん，設計者として建築設計の世界で，認められることは重要である。しかし，建築設計の世界で認められることと同時に，自分の考えを社会に広く認めてもらうことも考えるべきではないだろうか。そのためには，遠慮することなく，哲学を語るときは哲学分野の一線級を越えるような議論を展開すべきであるし，芸術を突き詰めるときは芸

術の一線級を越えることを目指すべきではないかと思う。もちろん，建築や空間を俯瞰的に考えてもよいが，哲学や芸術などの一つの視点や領域から苦しくなって逃げ出すと，結局自分も他人も理解できないような内容しか出てこないことが懸念される。どうも建築分野の人たちは遠慮がちで，哲学を語っているうちにかたちを語りだし，かたちを語っていると哲学の話に移行しようとする。そんな難しいことをせず真摯に取り組まないと，結局後悔するようにも思われる。その反面，自分たちの建築設計分野の明確な評価軸は示すことなく，そのために抽象的な議論が多いのではないだろうか。

要するに，良いものを設計したつもりでも，社会全体には認められず，単なる自己満足になってしまう危険性がある。事実，同時多発テロの世界貿易センタービル跡地利用や東日本大震災の復興計画では，人の命や生活が失われ，社会が真剣になったとき，これまでの建築の意匠性などが，かなりの局面で無力だったと感じた人は少なくなかったのではないだろうか。社会が真剣なとき，建築が問われることになる。

(3) 建築分野の慣行に従うだけの発注者の危険性

発注者にとって危険なことは，「発注者が受注者のボキャブラリーを使う」ことである。つまり，つくり手が考えるべきことなのに，使い手が自らの責任範囲を越えて考え，その内容の理解もできていないのに何らかの答えを示そうとすることである。本当は素人の発注者ではわからないはずなのに，わかったふりをしてしまい，結果としてつくる内容に関する結論の一部を出すことを強いられているということが，危険なことである。

発注時に慣行化されていることの中に，普通に考えると不自然なことが少なからずある。とくに，発注者が受注者の使っている言葉や見積方法を使い続けるのは，発注者にとって危険なことである。

まず工事の発注を考えると，前記のような理由から，妥当な金額で建築工事を発注するために，発注者は受注者が工事するのに実際にいくらかかるのかを詳細にわたって確認していくことになる。しかし，各工事にかかる金額をすべて理解することは不可能である。建築工事は，物件の種類にもよるが，元請けのゼネコンが，通常数十の協力業者（サブコン）とともに施工していくことになる。材料や部材も非常に多くのものが使われることになる。建設費の算出の元になる多くの項目は，材料費と人件費（と施工者の利益）で成り立つと考えられる。これらは，実際の施工時期が契約時期と異なるため，価格やコストの変

動が考慮されることになる．また，需要と供給の関係として，多くの工事を長期間持続的に受注することがわかっている場合，請け負う金額は抑えられる傾向があると理解できよう．また，細かく見ると，プロジェクト型の建築工事の特徴として，他の工事との関係性がコスト面で重要になる場合が多い．たとえば，他の工事が同時期に近くの敷地である場合，材料費も人件費も，各資源の有効活用によって有利となる場合が多いと考えられる．これらのコストにかかわるすべての要因を発注者が完全に把握するのは難しい．

　そもそも，発注者が，通常関係のない建設業におけるコスト面の詳細部分まで検討しようとすることは，少々不自然であると言わざるをえない．自動車を買うときも，ケーキを買うときも，ホテルに泊まるときも，髪の毛を切ってもらうときも，それらの製品やサービスを提供するのに原価がいくらだったのかを含む価格構成を計算する人はまれで，対価に見合う要望が適えられるかどうかがすべてであろう．いずれの場合でも，顧客側が専門用語でつくり手の考えるべきポイントを議論しようとするだろうか．建築の発注者も自分の言葉で，自分が望む内容を素直に表現し，それを受注者が実際の建築にしていくのが自然であると考えられる．

　たとえば，住宅の発注者は，「家族構成が変わっていくであろうなか，30年くらいは快適で安心できるような，自分たちにとって生活を送るうえで理想的な空間が欲しい」といって発注すべきではないだろうか．それに対し，設計者は，何を考え，どのような対処をしようとしているかを，平易な（専門用語の入っていない）説明で明確に伝えるべきではなかろうか．そして，結果として十分に満足できる内容をつくり上げてもらった場合，発注者はそれに見合った高めの設計料を払っても納得がいくのではないだろうか．つまり，発注者たちにとって，良さが非常にわかりやすく説明され，考えている以上に良い建築がつくってもらえるのなら，それに見合った設計料を支払うのは当然であるという感覚は持ちやすいのではないだろうか．そして，本当に良いものが欲しい発注者は，高い価格となっても積極的にその内容を得たいと考えるのではないだろうか．現在は，多くの場合，建築工事費に対するある割合や，建築物の大きさと設計作業の量から，設計料を算出しようとするのが主流である．また，過去の実績から高めの設計料を設定しようとする考え方もある．しかし，過去にどれだけすばらしい設計をしたことがあっても，その物件で示された設計内容の良し悪しが結果のすべてであり，その内容が良ければ高い設計料が支払われ，

悪ければそれなりの設計料となるべきではなかろうか。このようなことからも理解できるのが，根本的な問題は，その建築の良し悪しを決める指標を建築分野がつくってこなかったことである。

(4) 発注者による危険性回避の方向性

簡単に触れたが，建築産業以外の他の産業分野では，ここまで述べてきたような指標は当たり前のように存在し，使われている場合が多い。つくり手も使い手も，内容と価格との関係について，「これは高い」「これは割安感がある」などと発言する場面が少なからずある。社会に浸透したある共通の指標が存在するからであろう。たとえば，品質とデザイン性の良い装飾品は高めの金額で取引され，性能，品質，デザインの良い家電製品も高い価格で取引される傾向があると言える。そして，衣料品や食品に関しても同様であり，ほとんどの使い手は，つくり手の専門用語による説明や材料単価や人件費に基づいて価格を判断し，購入を検討することはない。紳士服をオーダーするときも，特定の糸の価格を気にして生地の価格の妥当性を考えることもなく，縫製の人件費を計算することもなく，発注することになる。むしろ，基本的な素材の種類や，色合いや艶などと価格の関係を気にして生地を選び，そのテーラーの腕前や評判によって全体の金額の妥当性を考えるであろう（この評判が影響する点は建築設計に似ている部分もあるが，建築設計には物件ごとの独自の要素が多いことから，結果が一様のレベルに収まらない傾向があり，テーラーは定められた環境の中で厳格な技能が最終製品の品質の一様化を実現する傾向があるという差異がありそうである）。

以上の建築以外の例を考えると，自分が満足すれば高い金額も払い，満足しなければ安い金額しか払いたくないということが少なからず確認できる。それも，つくり手の気にする事柄，つくり手が拠り所としている事柄に合わせるように発注することもほとんどない。たとえば服のユーザーは，最終製品に対して，「こんな柔らかさのものが欲しい」「もう少し明るい色のものにしたい」などという要望を持っているのが普通であるが，それを実現するのに必要な専門的知見や数量計算には，多くの場合，興味も持たないのではないだろうか。このように他の産業分野と比較すると，建築産業には不自然な部分があることに気づくことになる。

では，具体的にどのように建築を発注するべきであろうか。住宅を例に考えていこう。たとえば，自分たちの住宅を建てようとして住宅展示場に来る人たちは，根本的に何を望んでいるのであろうか。3LDKのプランを持つ建物が欲

しいのであろうか。立派な石張りの壁がある家が欲しいのであろうか。おそらく，多くの場合はそうではない。ほとんどの人は，住宅を手に入れることによって，これからの良い経験，良い思い出，良い時間が得られることを期待しているのではないだろうか。友人を招き，子どもが伸び伸びと育ち，家族が仲良く集うという経験や思い出づくりを期待しているのではないだろうか。要するに，将来の明るく安心できる生活を何となく描き，それを望んでいる状態であろう。

そのような住宅展示場の来場者へのつくり手からの典型的な問いかけは，「どんな構造の建物を考えていますか。2×4（ツーバイフォー）ですか。軽量鉄骨ですか」とか「坪いくらで考えていますか」などである。これらは，前述の他産業の視点から考えると違和感がある。本来，発注者は，自分の要望を素直に言えば十分のはずである。たとえば，「家族の人数が変わっていっても，30年は愛着を持ってみんなで過ごすことができる空間が欲しい」とか「子どもが巣立った夫婦が近所の人と仲良くしながらずっと安心して生活していくのに最高の場所が欲しい」とか「今後何年も，四季が移ろい，周囲が変わっていくのを感じながら，静かに街並みを眺めながら過ごせる環境が欲しい」などという注文を出せば済むのではなかろうか。もちろん建物への所有欲が優先する場合もあるが，多くの場合は，壁や床，ドアや便器がほしいのではなく，安心して過ごすことができる空間や経験が欲しいのではないかと考えられる。

このことは，住宅にとどまらない。たとえば，地方合同庁舎の居室が余ってしまうことについては，発注するときに「今後50年間に人口や産業が変わっていくであろうが，行政に必要な空間を的確に変化させながら対応する」建築を発注すればよいと考えられる。これに対し，「執務室は何平米を何室，倉庫は何平米を何室」と発注してしまってはいないか。これらの内容は，本来設計者が発注者の要望を理解し，建築空間に翻訳して最終的に提案していくものである。その設計者による提案内容が望まれているものかどうかを，わかりやすく説明するのも設計者の役目であり，発注者は自分が本当に理解するまで，何度でも説明を求めるべきである。

異なる面として，発注者側から工事内容に関して考えてみよう。建築物の施工による品質についても，ここまでの議論の内容と同様のことが言える。たとえば，施工内容について，発注者側で，施工者のミスなどによって最低限の品質が保たれない危険性や，発注内容に対してある受注者が技術的に的確に対応

できない危険性が議論されることがある。しかし，これらは工事受注者がどのような工事手法によって品質を確保できるのかということを，発注者に，専門用語や専門知識を用いないで，理解してもらえるよう説明するべきである。つまり，施工者には，どのような品質をどのような手法で確保するのかを，発注者にわかりやすく説明する責任がある。そして，発注者は，理解した品質レベルについて，自分の希望に合っているかを確認していくのが自然である。

　しかし，現実は異なる。もう一度住宅の発注で考えてみると以下のようになる。「坪いくら」で価格についての説明を受け，見積書で一項目ずつ材料や部品ごとの単価の提示を受け，構造体の特徴の説明を受け，これで良いのか発注者には判断がつかないうちにプランの最終案の提示を受け，実際に建ったときの建物の雰囲気もわからないうちに図面類で最終形の確認がなされる。これに対し，全部「YES」と答えること以外に住宅を手に入れることができないという感覚のまま，契約を行う発注者が多いのは容易に想像できるところである（「建築の慣行です」とか，「これらの質問に答えないと建てられませんよ」とか言いながら，自分たちの都合の良い確認事項だけ発注者に認めさせるかたちをとる受注者が少なからず存在する。これらの受注者には猛省を求めたい）。

　発注者として最も重要なのは，発注するときに自分が理解できる言葉で素直に頼むことと，わからないことを「建築の慣行です」と言われるがまま無理やり決めさせられることのないようにすることである。

　また，受注者として重要なことは，本当は正しいのに慣行に任せて「当たり前ではないこと」としてきたことを，当たり前に考え直していく勇気であろう。たとえば，住宅を設計するとき，前述のように，基本的には発注者の家族が継続的に快適に生活を送ることができる空間が必要であれば，「いくつ部屋が必要なのでしょうか」や「庭は広めに取りましょうか」という質問をして，設計者が考えるべきことを発注者に押し付けるのはやめるべきであろう。このような質問に類する内容は設計者が考えて提案すべきことである。今後その家族がそこで理想的な生活をしていくことを実現するために，「この家族をどのような特徴があるととらえて，それにどのように応える空間をつくったか」とか「どのようにこの家族の未来の不確実性に対処しようとしているのか」ということについては，設計者が深く考え，発注者の十分な理解を促し，納得を得るような形で提案していく必要がある。そして，住まい手の幸せで快適な時間を誘発することが，つくり手の使命である。要するに，社会や市場にとって良い

ものをつくる競争をすべきである。もちろん，特定の一部の市場は，競争環境が整っていると考えられるものもある。ある種の茶室のように明確に哲学的側面を最優先とした空間が必要とされる場合，ある種の工場のように使い手が要求する仕様どおりにつくることが必要とされる場合は，ここで指摘した危険性は抑えられていると考えられる。しかし，そのような競争はある程度限られた範囲にすぎない。

　他の事例をあげる。イノベーションを促進するための空間を計画する企業が増えているが，設計者が質問する内容は，常に「どんな部屋が何平米で何室必要か」「柱間のスパンはどのくらいとばす必要があるか」ということで「あとの意匠性については任せてください」ということが多い。しかし，イノベーションの意味すら理解できていない建築設計者が，イノベーションを誘発する空間を計画するのは難しい。このような状況は実際に起こっているようだが，おそらく建築設計者はイノベーションなどという現象には興味がまったくなく，それを誘発させる可能性などには関心がなく，建築分野における設計品質の評価だけを気にしているようである。そのため，スパンを飛ばしてダイナミックな空間をつくることや，立体的な魅力のある事務所形態を考え，いままでになかった建築空間を施主に認めてもらい，その計画内容を実行しようとする傾向がある。どうやら，建築設計者は，建築専門分野で批評の対象となる空間性や意匠性，計画性には興味があるものの，新しい考え方を生み出し，社会に新しい価値を浸透させるということに対して「自分は関係ない」という理解をしているようにしか考えられない。

　次項の内容に触れることになるが，もし，建築設計者が使い手側の要望に不慣れな場合，設計者が一番やってはいけないのは，自分がコントロールしやすいように，過去の類似物件のどれかの条件設定に当てはまるように，対象物件の与条件を歪めてしまうことである。理由は，発注者が発信できる情報の範囲が，客観的に見て限られていることに基づく。現状では，慣行的に設計者が自ら考える範囲を設定し，無理な情報発信や意志決定を発注者に求めている可能性を否めない。図3-1は，対象ごとに異なる，建築をつくるために必要な設計情報の範囲と，その作成者との当たり前と考えられる関係性を示したものである。これらは，現在の慣行と異なる部分が大きいと考えられる（第5章参照）。

(5) 施工者や設計者の危険性回避の方向性

　ここまであげてきたように，各立場によってさまざまな危険性が存在してい

1 建築の競争環境 117

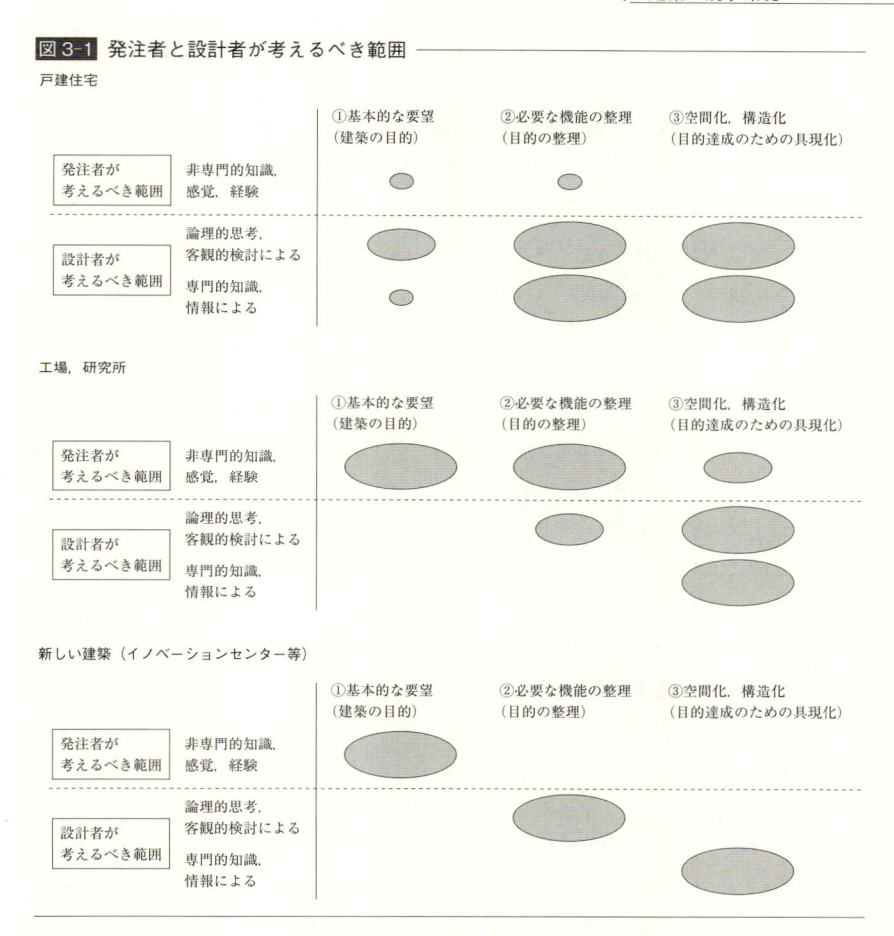

図 3-1 発注者と設計者が考えるべき範囲

戸建住宅

		①基本的な要望 (建築の目的)	②必要な機能の整理 (目的の整理)	③空間化, 構造化 (目的達成のための具現化)
発注者が 考えるべき範囲	非専門的知識, 感覚, 経験	●	●	
設計者が 考えるべき範囲	論理的思考, 客観的検討による	●	●	●
	専門的知識, 情報による	●	●	●

工場, 研究所

		①基本的な要望 (建築の目的)	②必要な機能の整理 (目的の整理)	③空間化, 構造化 (目的達成のための具現化)
発注者が 考えるべき範囲	非専門的知識, 感覚, 経験	●	●	●
設計者が 考えるべき範囲	論理的思考, 客観的検討による		●	●
	専門的知識, 情報による			●

新しい建築 (イノベーションセンター等)

		①基本的な要望 (建築の目的)	②必要な機能の整理 (目的の整理)	③空間化, 構造化 (目的達成のための具現化)
発注者が 考えるべき範囲	非専門的知識, 感覚, 経験			
設計者が 考えるべき範囲	論理的思考, 客観的検討による		●	
	専門的知識, 情報による			●

る。重要なのは，危険性を理解することだけではなく，その危険性から抜け出すことである。繰り返しになるが，これらに共通する原因の一つに，慣行の固定化をあげるべきだろう。これは，「当たり前のこと」が「当たり前でなくなってしまっている」事態を引き起こしている。

　施工者は，単なる受注価格を抑える競争ではなく，自社の強みと弱みを正確に把握し，戦略的に方向性を探る部分があってしかるべきである。現在のままでは，見積，入札などのシステムに従うままで，発注者に対し値段を下げることによるメリット以外にアピールできる局面がほとんどない。

　たとえば，海外展開について見てみよう。徹底的に自社の強みを展開してい

るゼネコンはあるであろうか。他産業を見てみると，多大な労力と時間を使い，それぞれの地域でどのようにビジネスを展開するのかを検討している例が少なからず見受けられる。場合によっては，赴任社員がその赴任地に骨を埋める覚悟で，その地の習慣や人脈を把握しようと試み，その地に適した戦略を模索し，自分たちの長所が活かされるかたちで勝負し，最終的に成功を収めている場合もある。たとえば，日系の空調メーカーでは，中国において高所得者層に市場を絞った高級機シェアの獲得に成功したところもある。ただし，その経緯や戦略を聞くと，中途半端な努力では到底成立しなかったと理解すべきものがある。しかし，これまでの日系のゼネコンは，自分たちのやり方や価値観を受け入れてもらうことを前提とし，それで成り立たないビジネス環境に対して簡単にあきらめてきた経緯はないだろうか。おそらく，自分たちのやり方や考え方を変えないで，簡単に手に入る市場はほとんどないと考えるべきであろう。また，BIMをはじめIT化が進むなか，国際基準を抑えにいくことなど，他産業から学び，これまでの固定化した考え方から抜け出すことも視野に入れた強い意志を持つべきではないだろうか。

　設計者が，単品受注生産である建築を設計するとき，住宅を中心として，基本的に特定少数の施主に満足してもらわなければならない場合がある。この場合，社会全体の評価は受けにくいことになる。それに対し，自動車やカメラなどの多くの消費財では，一つのプロトタイプを大量生産し，それを不特定多数の使い手が評価していくことになり，社会に広く浸透した評価が問われることになる。

　そのため，建築設計は，業界の内部の専門家や専門雑誌が中心となり，評価軸を決めている面があるのかもしれない。それらには，計画における合理性や，環境負荷についての指標はあるものの，建築の根本的な目的に即した評価軸は用いられているのであろうか。

　逆に，社会が広く認める評価軸を明確に決めてあるようなら，それに従い，優れた設計内容がどのようなものかが理解され，そのような優れた設計に対して高い設計料が支払われる素地ができると言える。要するに，健全な競争環境が整備されることになる。

　この点がある程度うまくいっている分野も存在する。改修や改築である。これには，使い手の明確な要望があり，結果に対して使い手が納得する基準があることがポイントである。たとえば，住宅において，「ある特定の狭かったと

ころを広くし，やっと思い通りに使えるようになった」とか，「暗かったところが明るくなった」など，その機能をつくり出し始めた住まい手が，その機能を引き出しやすい空間を求めるため，必要とされる方向が明確となることが考えられる（これが，後述する「発生機能」である）。

現状においては，新築を中心とした建築物全体に対する広く社会も認める評価軸の整備が望まれ，その活動が専門家の中で始まることが期待される。

2 建築分野における健全な競争環境の構築

これまで述べてきたことは，下記のようにまとめることが可能だと考えられる。これらを見ると，建築分野において，はたして健全な競争環境が保たれているのかどうかは疑問である。

(1) つくり手の目指すものについての評価軸が不明瞭である。
(2) 発注者は本当に欲しいものを依頼できていない。

まず(1)を考えると，つくり手は，どのようなものを創出しようとしているのだろうか。設計者が目指すものは何であろうか。設計教育の中では，自分が建築や空間を通して「何をするべきか」を定め，それを達成する設計内容をつくることを目指している面がありそうだが，「何をすべきか」という内容について，的確な判断ができているのであろうか。施工面を考えると，施主によって必要な仕様や品質に差があるはずである。それを，自分たちがつくりたい品質しかつくらないということを行っているのではないかという懸念が考えられる。これは，自己組織の品質目標を優先することによって過剰品質や過剰工期などを押し付ける一方，コストでなく価格を理由なく下げて不自然ともいえる苦労に基づく競争をしているということではないだろうか。

そうではなく，真に良いものが何かを明確に示し，それを正確に提供できる組織は十分な利益を得るべきではないだろうか。

次に(2)に関して考えると，通常，発注者は「何かをするため」に建物が必要となるはずである。そうであれば，その「何かをするため」という目的の内容を明確にし，それをつくる能力がある人たちにつくってもらえばよいのである。そのとき，前述したとおり，自分たちが理解できないのにわかった顔をすることが一番良くないことである。建物のグレードはどのくらいか。どのくらいの広さの部屋が何室必要か。どんな構造が良いか。どんな空調方式が良いか。そ

れらのことを答えるだけの知識がない以上，適当に答えることになってしまう。発注者としては，自分が「何をしたいのか」を明確に伝え，あとはつくり手に任せるべきである。つくり手には，つくり手が提案する内容について，それがどのような理由で発注側の「したいこと」を実現させることになるのかをきちんとわかりやすく説明してもらえばよいのである。

　行政機関などの代表的な発注者ですら，現在，どのように発注すべきかを迷いながら検討している面があると言えよう。たとえば工事の発注でも，総合評価方式などの「できそうな人の中で安くつくってくれる人」を探し，その探し方も受注側の世界の評価軸やボキャブラリーを使って探している面がある。発注予定金額の決め方も，つくり手の金額の積み上げを想像することが基本である。しかし，本来発注者が興味があるのは，つくり手の過去の実績やつくるのに実質的にいくらかかるかではない。発注する物件が1～2年くらい後に完成したときに，良くできているかどうかである。そして，でき上がったものの価値に合った金額は払うべきだし，価値がほとんどない内容ができ上がれば，ほとんど支払いをするべきではないとも考えられる。一部でこのような現状の問題点に気づき始めている発注機関もたしかに存在する。

　本当に必要なことは，受注側も発注側も納得する明確な評価軸を定め，その軸を中心に受注側の競争環境が整えられることではないだろうか。このような予備的考察をふまえ，つくり手が，使い手の要望に即した良い建築をつくり，相応の利益を得るという競争環境をつくるために，何を考えなければならないかを，次節以降で示していきたい。

　建築について，昨今，さまざまな受け止められ方がなされている。たとえば，使われない公共建築などに対して「箱物」という言葉を使いながら，無駄の象徴としてとらえられる局面があった。また，スカイツリーのように，社会の中で多くの人々にポジティブにとらえられるものもある。建築設計の著名な賞を受賞した建築などの，専門領域である程度の評価を得たものが取り壊される例も少なからずある。また，震災後に起こった，復興住宅や新しいまちづくりに関する議論も，明確な方向性を得にくい感がある。もし，建築の良し悪しに関する明確な評価軸が示され，ユーザーがその指評に即して十分建築のパフォーマンスについて納得したうえで発注できれば，つくり手も健全な競争ができ，現在のようなユーザーが理解できない中，進められる価格競争から脱することができないだろうか。建築工事に絞り，概念を表現したのが図3-2となる。

図3-2 建築産業の施工に関する現在の競争（価格競争）と顧客が求める良質な建築をつくる競争の概念

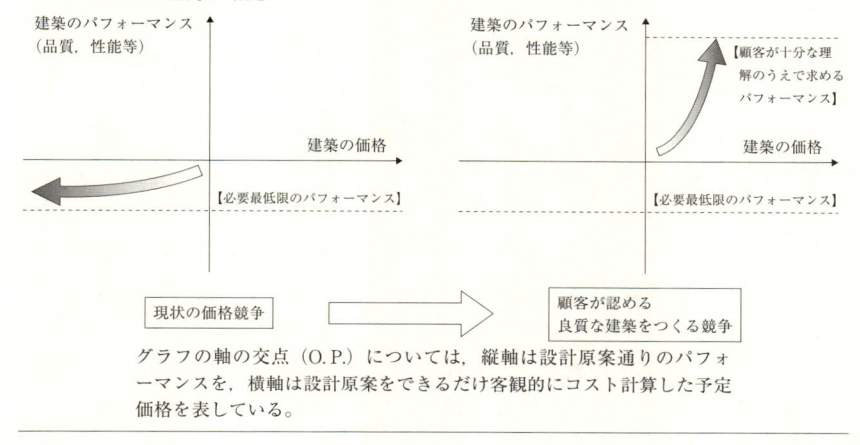

グラフの軸の交点（O.P.）については，縦軸は設計原案通りのパフォーマンスを，横軸は設計原案をできるだけ客観的にコスト計算した予定価格を表している。

2.1 設計プロセスの精査

(1) 一般的な製品の設計プロセス

一般的に製品を設計していく行為は，さまざまな視点から考えていくことができる。ここでは，どのように対象の構成を築き上げるのかという，設計プロセスから考えていく。

まず，H. サイモンの指摘に基づき，主に二つの基本的な点をおさえておきたい。一つめは，設計プロセスを精査していくに当たって，プロダクトは基本的に複数の要素によって構成されているとみなすべき点である。もし，対象が一つの要素でできているようであれば，単純な内容であるため，設計行為も議論する余地がほとんどなくなり，ここでの考察の対象とする必要がなくなる。二つめが，基本的に既存の要素を扱うことになる点である。もし，すべての要素を発明，発見しながら新しい製品を開発するとしたら，それはきわめて困難であるということが想定される。事実，実社会の経済的活動の中でつくられるプロダクトを見ると，大量生産を基本としたものでも，単品受注生産されるものでも，一つひとつの要素を発明しながら設計されるものはほとんど見当たらない。そして，サイモンは，完璧な形ではないにしろ，構成要素を階層化させながら整理していく傾向があることを指摘している（Simon 1969）。

このように，複数の既存要素を使って，製品は構築されていくことをふまえながら設計プロセスを記述していく。まず，製品が人工物である以上，目的が存在すると考えられる。この点からは，使い手の要望を中心とした要求条件と，さまざまな外的要因に拠る制約条件の双方を満たしていく必要があると考えられる。しかし，要求条件だけを取り上げても，どのようにそれらの条件に対処していくべきか，全容を正確に理解することは容易ではない。たとえば，その製品の主な使い手が限定されている場合でも，使い手以外のさまざまな関与者からの要望が要求条件の構成要素となる場合もある。また，対象の関与者が限定されたとしても，それらの関与者が要求する内容をすべて言葉で言い尽くすのは，まず不可能である（この点については後で詳しく述べることとする）。

次に，認識した範囲の要求条件をもとに，制約条件を考慮しながら，概念設計に移ることになる。このときも，諸要素をどのように構築していくかが設計の課題となっていく。そして，この概念設計を前提として，機能設計，構成設計，生産工程設計へと進むのが一つの基本的な流れと考えられる。この場合，各様相とともに，関連要素をどのようなかたちで構築していくかが要点となる。

(2) 製品設計プロセスにおける各様相

このように，プロダクトの設計プロセスには，複数の様相が存在すると考えられる。使い手の要望に関する様相，概念設計に関する様相，機能設計に関する様相，構成設計に関する様相，生産プロセスに関する様相などがあげられる。その中で，各様相は相関関係を持つことになる。なぜなら，どの様相でも前工程に当たる様相の内容を受け，内容が設計されていくからである。このような関係性があるため，ある段階で矛盾が生じた場合などは，それをつくる源となっている前工程へのフィードバックが必要となる事態が生ずる。一般的に有形，無形のプロダクトを前提にして，これらの関係性を表したのが図3-3であり，これらは，プロダクトによって意識的に判断されていく工程もあれば，ほとんど無意識に判断がなされている部分も含まれていると考えられる。なお，この図の示すように，各様相では，構成要素が完全なかたちでないにしろ階層化する傾向があることが知られている。

以下，各様相を，もう一度使い手が誰であるかという点を含め，注意深く観察していく。

関与者の構成　　まず，設計プロセスの最初の段階として，対象となるプロダクトの基本的な使い手の要望に基づいた目的の設定がなされるはずである。

図3-3 つくり手から見た一般的なプロダクトの設計プロセス

【つくり手のストーリー】

つくり手によるデザインプロセス →

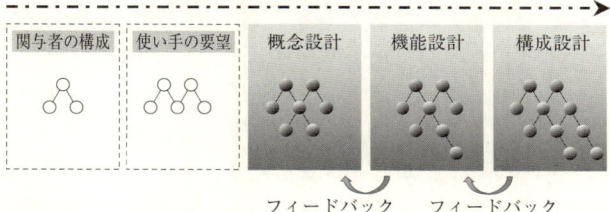

関与者の構成 ／ 使い手の要望 ／ 概念設計 ／ 機能設計 ／ 構成設計

フィードバック　フィードバック

つくり手は，対象製品のユーザーを限定的に想定し（関与者の構成），それらのユーザーの要望を把握できることを前提とする（使い手の要望）。それに基づき，各設計プロセス（概念設計，機能設計，構成設計）を進めていく。各様相では構成要素の階層化を基本とした整理をしながら，まとめていくことになる。

そのため，設計プロセスの第一段階として，「誰の」要望に応じるのかが検討される。使い手を中心とした対象となる関与者としては，特定単数の場合もあるが，不特定多数の場合も考えられる。ただし，ほとんどの製品設計においては，この段階はつくり手が深く考えていない場合が多い（もしくは自分たちの都合が良いように勝手に想定している）。しかし，「誰のため」のプロダクトかということは，きわめて重要な前提となっていくものである。そして，多くの場合，「誰のための」プロダクトかという点については，主たる使い手のみでなく，その周囲の関与者を視野に入れる必要があると考えられる。その場合，主たる使い手の要望内容と相反する他の関与者の要望事項を，設計の条件に加えることが必要となる可能性を含むことになる。たとえば，買う立場では安価なものがよくても，メンテナンスする立場ではメンテナンスしやすいものを優先することになり，二つの事象は相反する内容になり得るのである。

使い手の要望　そして，これらの要望内容は，プロダクトの基本的方向性に直接影響を及ぼすことになる。創出されるものについては，きわめて明確な単一の要望が求められる場合もあるが，建築を含む多くのプロダクトについては，複雑かつ言葉にしにくい要望事項が求められる場合も少なからずある。このとき，前述の通り，要望を持つ主体は，使い手だけでなく多岐にわたる立場が基本となるため，それらの要望が矛盾や複雑な関係性を持つことになる。そのために，この工程，つまり要望事項の記述と理解が，困難となる側面を持つ

ことになる。

　実は，一般的に，使い手側にとって自分が欲しいものを言い表すことが難しいことは，明らかである。それには主に三つの理由がある。一つは，いまあるものに似たプロダクトについては想像できるが，これまで目にしたことのないプロダクトを想像することは，困難であるということ。二つには，使い手側は，そのプロダクトに関する情報をほとんど持っていないため，何ができるのか，何が達成するのに困難かを理解しえないということである。ましてや，既存のプロダクトが現在あるかたちで供給されている理由もほとんど理解できていない。要するに，対象プロダクト分野に関する情報がつくり手側に偏在しているということである。三つめは，使い手がそのプロダクトを使い続けたとき満足するのかしないのかが想像できないという点である。自分の手に取り，実際に使い，そしてある程度時間が経ったとき，そのプロダクトが自分にとって良いものであるかどうか，重要なことであるかどうかがわかるが，そのすべてを事前に予測することは難しい。

　概念設計　このように課題が多い中でも使い手の要望を理解し，その要望に応えるかたちでプロダクトの概念設計がなされることになる。この段階も，多くの達成すべき事項を階層化させながら，全体として一つのものへ結実するように関連要素のストラクチャーが考えられることになる。

　機能設計　次に想定されるのが機能設計である。これは，前工程の概念設計の内容を基本としながら展開されていく。この段階では，製品の機能を具体的に検討していくことになる。つくり手は，意識的，無意識にかかわらず，この製品の役割を概念設計の内容に照らし合わせながら整理していくことになる。

　構成設計　通常の設計行為の主要プロセスである。前工程で設計された機能のストラクチャーを成り立たせるために，実際の製品の物理的な構成設計が行われる。このとき，機能設計の内容を完全に実現させるためには，構成上の制約とコンフリクトを起こす局面が少なからず生じることになる。建築の場合，要望の中で矛盾が生じているとき，機能設計の範囲での対応が困難なものが出てくる。たとえば，公共建築のエントランスを考えると，主要目的である公共性からはなるべく多くの人々が分け隔てなく入館できるよう開かれたものが求められるが，警備やメンテナンスの観点からはなるべく閉ざした方向性が求められる。これらの機能設計や構成設計を階層構造で表現すると，対象となる人工物によっては，きれいな階層化ではなく，ある階層で他のクラスターと結び

付く現象を伴うセミラチス構造（網目状のネットワークのこと。アレグザンダーの論が有名）を強く呈していくことになる（Alexander 1965）。そのために，多くの場合，この段階での見直しが必要になると考えられる。

また，機能設計に即し構成設計（実際のプロダクトの構造の設計）がなされ，構築された構成設計の内容に基づき，それを実際につくり上げる生産プロセス設計が行われる。ただし，この内容は，構成設計が行われている中で，つくり手がある程度想定していることが通常である。つまり，構成設計を行いながら実際にどのように生産するかについて，大筋は考えられているものである。そのために，設計図や仕様書に表出する構成設計内容は，つくるのが不可能なものはまれであると言える。つまり，製品の構成設計時，生産工程全体の概要，技術面，コスト面，そして物流，商流やサプライヤーの能力なども，少なからず検討されていると言ってよいだろう。

2.2 つくり手による機能と使い手による機能の相違
(1) 使い手の設計プロセスへの二種類の関与

ここで述べてきた設計プロセスでは，主体はつくり手である。つまり，つくり手がプロダクトをつくっていくストーリーである。しかし，使い手を前提としたプロダクトが創造される以上，使い手も重要な関与をしていくことになる。また，前述のとおり，使い手以外にも関与する立場は多く，権利関係が生まれる関与者，対象製品の技術的関与者，物流面，商流面の関与者，使用される環境から影響を受けるすべての対象者など，多くの立場が考えられる。

このような視点から，使い手側の製品創造のプロセスに関係するストーリーを付加して描いたのが図3-4である。この図に基づき，ここまでつくり手の視点から考察を進めてきた設計プロセスに対し，使い手側が影響を及ぼす局面を精査しながら，実際の製品設計プロセスに存在する課題を抽出していく。

まず，つくり手と使い手が影響を及ぼし合う局面として，二つをあげることができる。一つめの局面は，前述の通り，つくり手は使い手の要望を知り，それに基づいて機能設計することとなる点である（図3-4のA）。このとき，使い手が自分の要望を言葉で表し尽くせない点についての問題を前節で指摘した。二つめは，この機能設計に基づいてつくり込まれたプロダクトを使い手が手に取り，自ら機能の束を見出していく点である（図3-4のB）。以下，この二つめの局面を中心に議論を進め，つくり手が最終的にどのように建築を中心とした

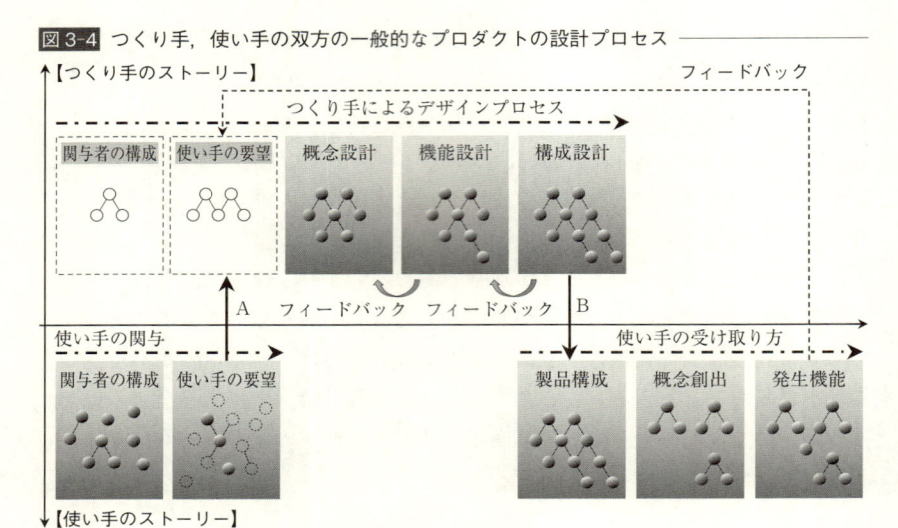

図3-4 つくり手，使い手の双方の一般的なプロダクトの設計プロセス

つくり手側と使い手側の間で，直接主な情報が行きかうのが，AとBであるとして整理すると，つくり手による設計行為の川上と川下の工程で，使い手の製品を介したストーリーが展開される。これらの関係のなか，川上では本来複雑で把握しにくい関与者の構成や使い手の要望は，つくり手によって単純化される傾向がある。川下では，使い手は，つくり手の考え方に基づく機能（設計上の機能）とまったく異なる機能（発生機能）を見出すことになる。

プロダクトをつくり上げていくべきかを考えていきたい。

(2) つくり手による「設計機能」と使い手による「発生機能」の根本的相違

ここまで述べてきたように，つくり手の視点から考察した設計プロセス（つくり手のストーリー）では，使い手の要望を受けたかたちで製品の概念設計がなされ，それに基づいて機能設計がなされ，構成設計へと進んでいく。ここで示された機能設計は，つくり手が，概念設計に基づきさまざまな与条件を整理しながら構築していくものである。ここで，機能設計によってつくられた内容を「設計機能」と定義する。この「設計機能」は，後工程である構成設計や生産工程設計で浮かび上がる課題がフィードバックされることにより，内容が揉まれていくことになる。

使い手の要望を実現させることが主要な目的であると考えるなら，つくり手によって「設計機能」が構築され，それに即して構成設計がなされるだけでは，重要な盲点が隠されたままである。つまり，前述のとおり，使い手側の要望を完全に把握することが困難であるとしたなら，「設計機能」の内容が拠り所の

ない状態で設計がなされている可能性を含むことになる．要するに，つくり手が，使い手の要望を深く把握していないのに，把握しているつもりになって設計している可能性が否めないということである．このような視点から，使い手の要望が実現したかどうかを考えるには，使い手が製品を手に取り，「設計機能」どおりの機能を取り出せたかどうかを観察しなければならないことになるはずである．しかし，これまでの設計・生産に関する議論を顧みると，このような当たり前の方向性が薄いことに気づく．

　一般的に，使い手は，設計者のさまざまな前提に基づいた情報によって生産されたプロダクトを受け取る（購入する）ことになる（図3-4のB）．しかし，使い手側には，そこに埋め込まれた情報を正確に読み取り，取り出さなければならない義務はない．そのために，使い手は，主に構成設計によって構築された有形，無形のプロダクトそのものを購入することによって，実際に使用する過程で，自分の使いたいように使うことになる．事実，多くのプロダクトを観察すれば，つくり手の考えた「設計機能」とまったく違う機能が使い手によって取り出されることがある．

　たとえば，プロダクトとしての側面を持つ人工物として都市の中の街路やショッピングモールを考えると，「設計機能」とまったく異なる機能が見出されている場合を容易に観察することができる．つくり手は，主に円滑な通過とショッピングのための空間を創出したものでも，それ以外の多くの行為を見ることができる．行動観察によって，滞留や静止に表されるような，休憩，立ち話，待合せから携帯電話の操作や子どもの遊びなどの行為を見出せる．それらは，使い手が見出した，滞留や静止がしやすいわずかな空間によって繰り返し行われる傾向があるが，つくり手の「設計機能」には必ずしもなかったものも少なくないはずである．そして，これらの滞留や静止は，都市空間に必要な人間行動に基づいた機能が表出したものであると考えることができる．しかし，つくり手がこのような行動を誘発させる空間をつくっても，このような行動は起こらない場合も多い．もっと注意深く考察すると，視覚的な開放性，精神的干渉体，コミュニティ形成の媒体，街区の象徴などの役割に関連する機能を持つものであるかもしれない．これらは，いわば使い手が使用することによって発生した機能である．しかし，繰り返しになるがつくり手が「設計機能」を考え，構成設計および形態に繁栄させ，街路をつくったとしても，使い手側がそれらのプロセスで想定された機能を認知し，それに基づいて対象を使用するかどう

図3-5 「設計機能」と「発生機能」の相違

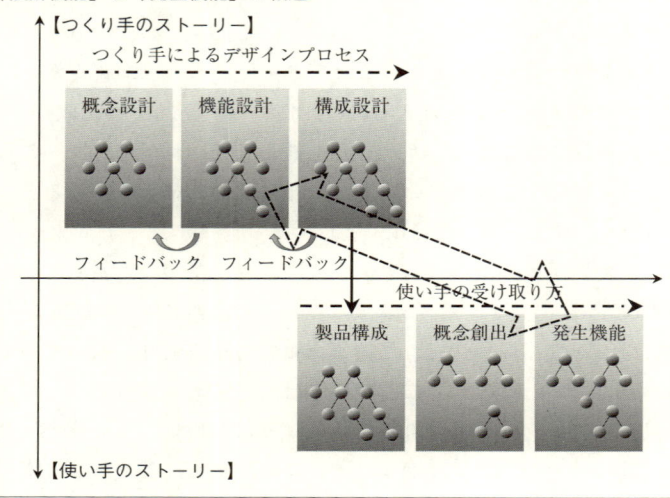

【つくり手のストーリー】
つくり手によるデザインプロセス
概念設計　機能設計　構成設計
フィードバック　フィードバック
使い手の受け取り方
製品構成　概念創出　発生機能
【使い手のストーリー】

かは別である。注意深く観察すると，使い手は必ず独自の感じ方から考え方を生み出し，その対象を利用しながら，新しい利用概念を構築している（図3-4の「概念創出」）。要するに，使い手は使用するという経験の中で，自然発生的に対象の機能をつくり上げることになる。ここでは，この経験を通した自然発生的に使い手によって構築される機能を「発生機能」とする。この「発生機能」が，つくり手による「設計機能」とまったく異なる経緯によってつくられることが重要な点である（図3-5）。

ここで指摘したことは，道具として目的が比較的明確な自動車やPCでも同様の側面が存在する。

(3)　設計時に理解することが不可能な「発生機能」

ここで指摘した「設計機能」について，何に基づいて構築されるのかを考えたい。ここまで述べてきたように，つくり手は使い手の要望を前提に概念設計し，機能設計に結び付けていく。このとき，つくり手は，対象となるプロダクトの目的のために，合理性，意匠性，性能，品質，新しい発想などを追求し，機能設計と構成設計の間をフィードバックさせながら設計情報をつくり込んでいく。ここでつくり手が使っているパラメーターは，基本的にすべてプロダクトのパフォーマンスを上げるものである。このパフォーマンスを上げることとは，デザインや性能の品質を上げ，コストを抑え，プロダクトの魅力を向上さ

せていくものである．そして，それらのパラメーターは，使い手の要望に基づいていることになる．しかし，前述のとおり，使い手にとって自分の要望を正確に述べることは不可能に近く，多くの場合はぼんやりとしたイメージや既存のプロダクトにおける不満なことについての指摘などにとどまることになる．

　逆に言えば，使い手は，プロダクトがつくられる前に要望を明確に持つのではなく，目の前にあるプロダクトを使いながらある思いを持つことの方が中心であると言えよう．そのプロダクトを手に取り，使ってみて，自分が使いやすいように機能を構成していく．つまり，使い手は，プロダクトを購入し，説明書などの設計者のメッセージを理解することはほとんどなく，自分が使う機能のみを取り出し，また，想定されていなかった機能をつくり出す．このときのパラメーターは，使い手の感覚が入ってくることになる．つまり，使い心地，満足度，好き嫌い，流行，評判の良し悪し，印象など，さまざまな感覚が媒介するパラメーターを含意することとなり，自分が勝手に取捨選択して取り出した「設計機能」の一部とともに，使用下で自然に発生することになる機能群を構築していく．

　このような傾向は多くのプロダクトで起こると考えられ，以下，これまで深く触れなかった二つの側面について考察を加える．

　一つが，そのプロダクトが使用時に置かれる外的な環境との関係である．この関係性によって，プロダクトの役割は左右される部分があると考えられる．プロダクトが置かれる環境は，時間とともに変化し，固定した考え方でとらえることが基本的に不可能である．そのうえ，多くの操作可能な要素と操作不可能な要素によって構成され，把握が困難な面がある．このような外的な環境の中で，対象となるプロダクトがどのような位置づけになるのか，どのような操作がなされるべきなのか，どのような予測不可能な事項が起こるのか，定性的な考え方は成立しにくい．

　二つめが，使い手の感覚的な部分である．デザインや使い勝手をはじめとした使い手の感性によって取捨選別されていく可能性がある以上，つくり手の意図のすべてが反映されることは難しいと考えるべきである．繰り返しになるが，つくり手が表現しようとした内容は，そのプロダクトの構成に落とし込まれているはずであるが，使い手によってその内容どおりに理解されるとは限らない．とくに，「設計機能」がまったく同様のプロダクトを想定した場合でも，使い手が見出す使い方や用途には大きな相違が生じることがある．先にあげた街路

の例でもその側面は理解できる。たとえば，ある街路がコミュニティの媒介となるかどうかは，さらに多くの要素が複雑に絡まり，一様な生成過程はありえない。これは，まったく同じ形状の街路が二つあったとしても，それらがコミュニティ形成に関して同じ結果を導き出すことがないということから明白である。要素として考えられるものとしては，周辺住民構成，利用者や通過者の構成，住民の帰属意識，関与者の利害関係，行政の関与，景気，社会世相など，いくらでもあげることができる。これらは場所や地域で異なることは明白だが，時間的には継時的に変化していくことになる。

　どのようなプロダクトやサービスでも，多かれ少なかれここまで指摘してきた「設計機能」と「発生機能」の差異が生じる可能性を持っているのではないだろうか。つまり，これらが意味していることは，プロダクトの設計プロセスにおける「設計機能」と，使い手がそのプロダクトから取り出す機能のストラクチャーが，基本的に関連性がない要因を含んでいるということである。使い手は与えられたプロダクトを手にし，その後，その時点での環境のもと，自分たちの感性に基づく嗜好によってさまざまな判断を加え，自分たちで機能のストラクチャーをつくり出す。これを，先にあげたように，使い手によって創造される機能のストラクチャーが事後的に発生するために「発生機能」と呼ぶ。つくり手から見ると，この「発生機能」には，想定した固定化された機能，想定した自由な機能，想定しえなかった自由な機能が含まれることになる。

(4)　「発生機能」による建築の価値創造の理解の可能性

　ここまで見てきたとおり，「発生機能」は，どのようなプロダクトについてもつくり出されることになる。そして，創出されたプロダクトが実社会の中で有効に使われるかどうかを考える場合，この「発生機能」が主に問われることになる。しかし，この「発生機能」について，有効な評価手法が確立されていないということに気づく。

　前出の街路を事例にあげ，考察を試みる。とくに住宅地内の街路を想定すると，まず設計プロセスに従い，「設計機能」として，人と車の快適な交通のための空間としての役割が与えられ，それに基づいた構成設計がなされる。たとえば，住区の中では，通常緑豊かな，良好な質を実現した街路が概念設計の内容となる場合が考えられる。その街路をつくるための舗装や街路樹の仕様の検討，経済的試算，空間としての都市デザイン視点の評価については，通常設計段階で検討されることになる。しかし，でき上がった街路が，結果として住区

にとって重要なものとなるかどうかは，近隣住民，生活圏関与者，定期的な通過者，管理者などによって，複雑な権利関係の中，実際に使われていくことによって認識されていく。場合によっては，地域コミュニティの形成媒体となり，住区の象徴として位置づけられ中心的役割を担うこともある。そして，近隣住民を中心に，多くの都市生活の中でコミュニティが形成されるのに有意な行為が，多く認められることになると考えられる。これらの行為は，遊具やベンチなどの行為を促すはずの装置を単純に設置しただけでは，認められない場合も多い。しかし，心理的にも，ある特定の街路空間に，特別な意味合いを見出している状況は少なくない。象徴的な事柄としては，近隣住民が，街路に空間としての豊かさを感じ，好意や誇りを持っている場合がある。この場合，街区への訪問者にも同様の感覚が生じていることも考えられる。これは，街路の変更計画が提示された場合に，近隣住民を中心とした反対運動が起こるプロセスなどを精査していくと具体的にどのような機能かを理解できるかもしれない。

　このような現象は，他の製品でも頻繁に見出すことができる。携帯電話やデジタルカメラ，パソコンなどについて考えると，設計者が設計プロセスで考えた「機能設計」の内容の多くは使用者に理解されることもなく使われないままとなる。その代わりに，独自の使い勝手の良い一部の機能は頻繁に使われるようになる。そして，場合によっては，つくり手が想定していなかった使い方が発生するわけである。たとえば，携帯電話のカメラは，記念撮影などの通常のカメラの使い方というより，いまやコミュニケーションのための道具の一つとして，印象的なものを見たことやその場にいたことなどをメモ代わりに残すことが，主な機能となってきたことなどがあげられる。

　一般化すると，設計されたプロダクトが使い手に渡った後は，使い手がさまざまな外的要因，内的要因に基づく環境の中で「発生機能」を構築することになる。この状況は，前述のとおり使い手を含む関与者，外的要因，内的要因は，継時的に変化していくために，定性的にとらえることが困難となる。

　問題は，繰り返しになるが「発生機能」についての評価手法が確立されていないことである。つくり手の世界では「設計機能」について独自の評価手法がつくられ，設計者たちはその評価の基準に沿いながら切磋琢磨していると言えよう。つまり，対象プロダクトの構成や生産プロセスと一緒に議論されながら，技術的達成度，費用対効果，課題の克服などにおけるつくり手視点から固定化された評価軸とともに，意匠デザインの優劣などが総合的に評価されているの

ではないだろうか。しかし，使い手によってつくられる「発生機能」は，事前に把握できない面がある。そして，社会に広く価値を生んだかどうかを理解できる可能性を持っている。この事実をつくり手が正確に理解しないということは，使い手がどのように受け止めたかをつくり手が把握する機会を，自分たちで放棄しているのと同じであろう。

2.3　価値共創の概念と建築における「発生機能」の差異

いくつかの学術分野において，図3-4，図3-5の使い手による「概念創出」の考え方に近い，鋭い視点から議論がなされてきた。著者が理解する範囲ははなはだ浅いが，「発生機能」や工学としての創造の推進という立場から，表面的な事項だけでも触れておきたい。

以下，顧客との共創や経験価値という考え方を俯瞰していく。1990年代後半，シュミットなどにより，経験価値という考え方が示された。これは，感覚に基づく経験から得られる要素が重要であるという議論である。つまり，製品を通して得たすべての経験が使い手にとって重要であり，それを前提とした戦略が必要であるということである (Schmitt and Simonson 1997)。また，そこから展開し，経験価値は，感覚的なものに加え，その感覚の変化に基づくものや思考に基づくものなどがあるとしている (Schmitt 1999)。そして，製品が生み出す価値だけでなく，顧客の購買や消費のプロセスが価値を生み出し，価値共創に結び付いていくことになると考えられる (Schmitt and Rogers 2008)。一方，従来のつくり手が一方的に価値をつくって提供するという価値提供を前提とした考え方から，価値共創という，価値はつくり手と使い手が対象となる製品などを共創する一連の経験の中から生まれるという考え方が示された (Prahalad and Ramaswamy 2004)。

まさに納得できる洗練された内容であるが，建築を創造することを考えると，この内容だけでは少々足りない部分があるように思われる。まず，価値共創の視点により，建築の使い手による消費のプロセスというのは何を指しているのかを考えてみる。使い手にとっては，建築に接しながら，基本的な生活行為に加え，独自の使い勝手や感覚が生まれてくることになる。その中に，記憶や思い出が発生することになる。それらが，どのくらい充実したものになるか，貴重なものになるかで，その住宅の価値が変わってくるのではないか。そこまでは，価値共創に関する前述の指摘がものの見事に言い尽くしている。要するに

消費プロセスの中に価値が生み出されるということである。

　しかし，これだけだと，次に創造するためにフィードバックされる知見を得ることができず，単なる一つの人間行動の解説でしかない。理解して終わりである。これからものを創造するために，もう少し理解を深めなければならない。

　ここで指摘した建築の使い手の一連の経験は，何らかの感覚や記憶を芽生えさせ，独自の価値観をつくり出し，どのように使うか，どのくらい大切にするかを考えたり，感じたりすることに基づくものである。図3-4で言えば，使い手としての対象に対する使用上，操作上の「概念創出」である。しかし，使い手にとって，このような感覚的なことを言葉で言い尽くすことは困難なことであろう。たとえば，住宅に住む人は，生活の中でさまざまな経験をしながら，新しい感覚や価値感を得ることになる。そして，その後を考えると，徐々に新しい要求や希望を持つようになり，その要望や希望によって，新しい機能を住宅に見出していくことになる。つまり，住宅は，単なるどこにでもある空間ではなく，その空間があるからこそ，できることが生まれてくるのである。たとえば，居間に家族が安心して集まりリラックスできるようになったり，トイレで考え事が深くできるようになったり，風呂に毎回同じ入り方をすることでストレスに感じることを忘れることができるようになったり，縁側の端でだけ特定の家族が会話するようになったりする。これらは，すでに単純な消費のプロセスという範疇では理解できないものである。それどころか，場合によっては使い手が，つくり手の考えた設計上の機能とはまったく違うストーリーで，独自の機能を生み出すことになる。そして，最終的には，住み手が明確な要望を持つようになり，それに沿って，家を改修したり，模様替えをしたりすることになる。

　このように住宅の創造を考えてみると，前述のような考え方を展開しただけではうまくつくれそうにない。住宅では使い手は単純な消費や使用をするわけではないと考えられ，住宅は生活を送るための場であり，常に，情報の変化に伴う価値観の変化，外的環境の変化に伴う価値観の変化，そして上記の指摘のとおり経験に基づく感覚的価値観の変化などが起こる。そして，それらは継続的に起こるのである。そのうえ，使い手のメンバー（家族構成など）も変化していく。これは，住宅を考えた場合，至極当たり前なことである。

　要するに，引き渡された建築は，使い手の生活や活動の場となり，その使い手の価値感が使用している中で永続的に変化することに基づくものであるとい

うことになる。これが表出したものが「発生機能」である。このような側面は，すべての製品やサービスにも多かれ少なかれ含まれているが，現状のさまざまな製品やサービスのつくり方を俯瞰すると，使い手が使うことで得る感覚や感情などを軽視しても創造できるということなのかもしれない。しかし，もっと真摯にこの点を考えていく必要があるのではないだろうか。

2.4 建築に必要な使い手視点の価値創造

　ここまでの内容を参考に，建築の創造過程を精査し，そこから発注者にとっても，受注者にとっても望むべき方向性となる試案について具体例を取り上げながら，述べていきたい。とくに，要望と機能に関する三つの要点（図3-4では「使い手の要望」「機能設計」「発生機能」）を取り上げてきたが，これらを中心に考察を加えていく。

　まず，使い手側の要望に即した機能構成と，つくり手側の設計された機能構成を考えていく。前述の一般的プロダクトの考察の中で，使い手は自分の要望を把握しきれていないということを指摘したが，このことは建築でも当てはまる。住宅や事務所ビルなどの建築を発注するとき，通常は内部の空間が直接必要なものである。つまり，壁や床や窓の素材や形状に関して尋ねられても，使い手側にとっては要望に直接かかわらない事柄であり，欲しい空間ができるかどうかを想像するしかない。しかも，ほとんど経験や知識がないことが多いため，正確な答えはできないのが自然であろう。もともと使い手は空間に対しても要望を言い尽くすことができない。おそらく未来につくられる空間に対する要望を言うのは，論理的にも無理な場合が圧倒的に多いであろう。

　一方，目的が明確で単純な建築プロジェクトの場合であれば，何とか要望を言い尽くすことができるかもしれない。たとえば内部のラインが決定されている工場や，仕様が決定されている自動搬送倉庫のように，建築に対して明確な目的があり，それのみを実現させることが重要である場合は，要望事項を言い尽くすことができる可能性は高い。

　しかし，多くの建築には，複数の目的が掲げられ，すべての目的を満たすことが困難なことが多いと考えられる。たとえば，もう一度使い手視点の意味を理解するために，住宅の一部である居間を考えてみる。家族が安心してくつろげること，来客を温かくもてなすこと，みんなで快適にテレビを見ることができることなど，いくつもの事柄が基本的に使い手によって求められる。さらに，

朝から晩まで時間を追って考えると，求められることが変化していく。特定の家族のメンバーが，独自の要望を持ち，その内容が時々刻々と変化していく。たとえば，朝は父親がゆっくり新聞を読み，昼前は母親が友人を招き，昼過ぎは母親が洗濯物を畳み，夕方は子どもが遊びまわり，夜は全員でテレビを見る，などということになる。要望内容は，一週間でも変わっていき，季節とともに変わっていき，年月が流れると変わっていくことになる。住まい手の年齢が変わり，景気は変わり，流行や常識が変わるのである。使い手はそれらの自分たちの要望をすべて事前に言い尽くすことは無理である。

使い手はこれらの内容を感覚的に取捨選択していくことになる。つまり，気に入れば居間のある場所でくつろぎ，場合によっては台所や寝室でくつろぐこともあろう。それらは，ほとんどつくり手のストーリーと関係なく，思いもよらない使い方が生じることも自然である。わかりやすい例としては，まったく同じプランの住戸が連なる団地でも，各住戸で明らかに異なる使い方がなされ，異なる機能が創出されていることである。もし，つくり手の意図どおりに使い手が使うのなら，均一な使われ方がされるはずである。この点は，つくり手の設計した機能構成と，事後に使い手がつくり出す発生機能の関係性を表していると言えよう。つくり手の描いたストーリーに沿った物語を忠実に展開する使い手など，いるはずがないのではないだろうか。

これらの「発生機能」を創出する経験を通し，使い手はしっかりした要望を持ち，自分が欲しい空間について明確に言い表すことができる部分が出てくる。たとえば，住宅の改修時に，部屋や通路の大きさや幅，窓の高さや手すりの高さなどについても明確な要求ができるようになったり，また，独自の使い方を想像しながら発注できるようになる。これらこそが「発生機能」を創出したことに起因していると考えられる。

一般的に，プロダクトが社会の中で高い価値を生むためには，社会に認められ，必要とされ，広く浸透していくという一面が必要であると考えられる。プロダクトとしての建築が社会に浸透していくということは，存在する空間で使い手によって多くの有意義な機能が継続的に創出されることであると考えられる。逆に言えば，どんなに美しい形態を実現したつもりでも，ほとんどの人がその空間を活用しようとしなかったり，その空間に意味を見出そうとしなかった場合，つまり，使い手による機能が生まれなかった場合は，社会の中で価値が認められたとは考えにくいことになるのではないだろうか。

3 建築におけるこれからの価値創造の方向性

　本章では，建築産業全体が不自然な状態に陥っていることと，一つの産業領域に閉じ込もっていることにより当たり前のことが当たり前に見えなくなっている可能性があることから，それらを打開するための基礎的な考察を行った。

　そこからわかったことは，建築の発注者が，うまく発注できていないこと，受注者（設計者と施工者）が，社会が認める指標を持っていないこと，健全な競争環境を得ていないこと，引き渡しまでしか考えていないことである。そして，引き渡し後に使い手がつくる機能構成が価値創造の判断に重要なことなどである。これらから考えられる方向性としては，以下のとおりである。

- 使い手は，建築設計を発注するとき，設計者が設計するために聞きたがる事項ではなく，普通の言語で自分が理解している範囲をできるだけ正確に専門用語を無理に使用しないで言い表すこと。
- 使い手は，建築工事を発注するとき，受注者の施工に必要な金額算出方法に則るのではなく，自分の価値判断から支払うのに妥当な金額を決める努力が必要である（良いものにはたくさん払えるが，悪いものにはあまり払いたくないはずである。現状では尺度がなく，難しいが，専門家が存在する組織が発注者となる場合，その尺度をつくりはじめる努力は必要であろう）。
- 設計者は，使い手が何を望んでいるのかを平易な言語で話してもらう努力が必要である。また，事前には使い手が望むことをすべて理解するのは無理であることを念頭に置き，設計プロセスを進める必要がある。
- 施工者は，契約前に，発注者に理解してもらえる方法によって，品質に関する方針を伝える必要がある。また，それが的確かどうか，発注者に判断してもらう必要がある。とくに，自分がつくりたい品質を押し付けるのではなく，発注者が求める品質を理解し，それに沿って施工すべきである。
- 設計者と施工者は，つくった建築による空間が，引き渡し後に使い手によってどのような「発生機能」を創出しているかを観察することが必要である。価値創造の重要な側面が現れていると考えられるからである。

　とくに，建築産業の関係者が取り組まなければならないことをまとめると，以下のようになる。

- 建築産業において，社会や市場に求められる「良い設計」「良い建築」に

関する評価軸がほとんど存在していないことが大きな問題である。社会に求められる評価軸を業界内外に明示し，それに基づく競争環境をつくる必要がある。要するに，「良い設計」が何かを，社会や市場も納得するかたちで明確に示し，それに基づく競争環境をつくることで，設計産業が疲弊する状況を打破し，設計の価値を確立することができると考えられる。「良い建築」についても同様であり，単純に，設計図書に指定されている内容を，受注者の価値観で品質を定めてつくるようなことをせず，発注者が納得するような価格と品質を的確に実現することを考えるべきであろう。それを発注者が理解しやすい形で明示して伝えることにより，発注者，そして社会全体の理解と同意を得て，価格の引き下げ競争だけでない競争環境を整備する方向が見出せると考えられる。

参考文献

Alexander, C. (1964), *Notes on the Synthesis of Form*, Cambridge, MA: Harvard University Press. (稲葉武司訳『形の合成に関するノート』鹿島出版会, 1978 年。)
青木幸弘 (2006), 「ブランド構築と価値のデザイン」『青山マネジメントレヴュー』No. 9, 26-35 頁。
藤本隆宏 (2003), 『能力構築競争：日本の自動車産業はなぜ強いのか』中央公論新社。
藤本隆宏 (2004), 『日本のもの造り哲学』日本経済新聞社。
藤本隆宏・武石彰・青島矢一編 (2001), 『ビジネス・アーキテクチャ』有斐閣。
藤本隆宏・安本雅典編著 (2000), 『成功する製品開発』有斐閣。
井上崇通・村松潤一編著 (2010), 『サービス・ドミナント・ロジック：マーケティング研究への新たな視座研究への新たな視座』同文舘出版。
古阪秀三編著 (2009), 『建築生産』理工図書。
前田正史編 (2009), 『Beyond Innovation：「イノベーションの議論」を超えて』丸善プラネット。
松村秀一編著 (2004), 『建築生産：Management and Organization of the Building Process』市ヶ谷出版社。
延岡健太郎 (2006), 『MOT［技術経営］入門』日本経済新聞社。
Prahalad C, K. and V. Ramaswamy (2004), *The Future of Competition*, Boston: Harvard Business School Press. (有賀裕子訳『価値共創の未来へ：顧客と企業の Co-Creation』ランダムハウス講談社, 2004 年。)
Schmitt, B. H. (1999), *Experiential Marketing: How to Get Customers to Sense, Feel, Think, Act, Relate*, New York: Free Press. (嶋村和恵・広瀬盛一訳『経験価値マーケティング：消費者が「何か」を感じるプラス α の魅力』ダイヤモンド社, 2000 年。)
Schmitt, B. H. and D. L. Rogers eds. (2008), *Handbook on Brand and Experience Management*, Cheltenham, UK: Edward Elgar.
Schmitt, B. H. and A. Simonson (1997), *Marketing Aesthetics*, New York: Prentice Hall.

（河野龍太訳『「エスセティクス」のマーケティング戦略』トッパン・プレンティスホール，1998年。）
Simon, H. A. (1969), *The Sciences of the Artificial*, Cambridge, MA: MIT Press. （稲葉元吉・吉原英樹訳『システムの科学』第3版，パーソナルメディア，1999年。）
Tidd, J., J. Bessant and K. Pavitt (1997), *Managing Innovation:Integrating Technological, Market and Organizational Change*, Chichester; New York: Wiley. （後藤晃・鈴木潤監訳『イノベーションの経営学』NTT出版，2004年。）
内田祥哉（1977），『建築生産のオープンシステム』彰国社．
上原征彦（1999），『マーケティング戦略論』有斐閣．
野城智也（2003），『サービス・プロバイダー：都市再生の新産業論』彰国社．
吉田敏（2007），「建築ものづくりにおける『設計情報』に関する一考察」『日本建築学会総合論文誌』No. 5，84-89頁．
吉田敏編著（2012），『技術経営：MOTの体系と実践』理工図書．
吉田敏（2015），「製品の機能創出に関する基礎的考察：つくり手による機能設計と使い手の使用によって発生する『発生機能』の相違」『日本感性工学会論文誌』第14巻2号，325-333頁．
吉田敏・野城智也（2005），「構成要素の特性の変化に伴う建築生産技術と生産組織の動態的な適合関係」『日本建築学会計画系論文集』第598号，189-196頁．

第4章	
	プロダクトからサービスへ

野城智也

1 人工物としての建築と建築の機能

1.1 建築が提供するサービスが問われている

　いままで建築にかかわる産業は，建築というモノ・プロダクトを提供する産業として活動してきた。しかしながら，日本国内における建築ストックは量的には充足し，むしろ個々の使い手・住まい手が求める用途機能を発揮しサービスを提供できているのかが問われ始めている。

　たとえば，地方自治体の行政が箱物行政として揶揄されているのは，公共施設が提供している公共サービスの内容・質に疑問が持たれているためであるとも考えられる。立派な学校建築，病院建築，図書館建築がつくられたとしても，それらが用途・機能を発揮して，教育サービス，医療サービス，情報・文化サービスが十分に提供できていなければ，不要の箱物として非難されることになる。

　同様に，ホテル建築は宿泊サービスの装置として，その機能が問われている。また，事務所建築は知的生産の装置として有効に機能しているのかが問われている。その背景には，知識経済の進行とともに執務・業務空間（work place）における知的生産性が重要視される一方で，事務所建築の使われ方，使い方によって知的生産機能に大きな差異が生じるという認識がある。商業建築が高い頻度で改修されるのは，イメージを表出しつつ商業サービスを提供する装置と

しての質が，商業活動そのもののパフォーマンスと深くかかわっているためであるとも思われる。

「フローの時代からストックの時代へ」と言われて久しいが，以上例示したように，ストックの時代とは，使い手・住まい手から見て建築がいかなる機能を発揮しサービスを提供しているかが問われている時代であると言える。なお，ここで言うサービスには，建物が持つ利便性・快適性・安全性などの種々の利用価値が含まれる。

しかしながら，不幸なことに，過去そして現在においてもなお，機能について十分な検討がなされないままに計画・設計されている建築は少なからずある。その一因は，多くの建築が限られたプロジェクト期間という時間的プレッシャの中で計画・設計されていることにある。また，現代の建築家たちは歴史的な経緯から「機能主義」(functionalism) という言葉にネガティブな印象を持っていて，建築の機能よりもその形態に主たる関心を置くような傾向が少なからずあることも一因と思われる。

一方，設計者が入念に機能を検討し計画・設計した建築であるにもかかわらず，期待された機能が発揮されていない建築も多数存在する。その一因は，計画・設計段階で想定された使い手・住まい手の要求条件と，実際の要求条件が一致しないことにある[1]。また，使い手・住まい手に対して，入居した建築の使いこなし方，住まいこなし方について十分な情報が提供されていないことも一因であると思われる。

機能にかかわる検討が不十分なままに計画・設計された建築ストック，十分に検討はなされたけれども期待された機能を発揮していない建築ストックが少なからず存在する。このことは，生活の質 (quality of life) を貶めてしまっているという点においても，また経済・社会的効率を低め，さまざまな機会を奪っているという点においても，誠に不幸なことであり，個々の使い手・住まい手が望ましいサービスを建築から得られるような改善を促していくことは，ストックの時代における重要課題である。フローの時代においては，機能を発揮させるための使いこなし・住まいこなしは，もっぱら使い手・住まい手側の工

---

1 たとえば，分譲用集合住宅や事務所建築は標準的な住まい手像を想定して設計される。実際に入居する住まい手・ユーザーそれぞれの生活様態も温熱感も個々別々で多様である。結果として，住まい手・ユーザーは，サイズの合わない既製品の背広を何とか着こなそうとするかのように，自分にとって居心地が良くなるように建築の使い方の工夫を強いられている。

夫や学習体験によって練り込まれていくべきものであって，産業の活動対象域であるとは考えられてこなかった。しかしながら，ストックの時代にあっては，建築が期待されるような機能・サービスを発揮するためには，使い手・住まい手自身による努力のみならず，専門家が手助けすることによってより良い機能・サービスが引き出せる余地も大きいことを認識し，使い手・住まい手を起点に建築にかかわる産業を再定義すべきなのではあるまいか。こういった問題意識に立って，本章では，使い手・住まい手が得るサービスを基軸にした，建築産業の再定義を試みる。

1.2 建築を使いこなし，その機能を引き出す

図 4-1 は，人工物である建築と，住まい手・ユーザーによって建築から引き出されるサービス（建築の機能）との関係を概念的に示したものである。住まい手・ユーザーは，起居移動，開け閉め，スイッチのオンオフなどさまざまな「操作」を通じて，建築からさまざまな機能（＝サービス）を引き出している。

では，住まい手・ユーザーは建築から満足すべき内容・水準の機能を引き出しえているのであろうか。「住み慣れたすまい」という言葉にはさまざまな意味があるが，その一つの意味合いは，どのように過ごせば（＝住宅という人工物をどのように操作すれば），自分にとって好ましい住み心地（＝住宅から引き出されるサービス）が得られるのか，その術を体得していることであると思われる。だが，住み慣れていることと，心底満足していることとは同義語ではない。かりに入居時点で住み心地に完全に満足していたとしても，その後，家族の人数が変わるなど住まい方や暮らし向きが変わり不便を感じ始めることもあるであろう。多くの人は，住み慣れてはいても，程度の差こそあれ，住み心地に関する何らかの願望や不満を抱き続けて生活していると想像される[2]。

残念ながら，かりに機能に関して十分な検討がなされて設計・計画された建築において，使い手・住まい手が，望ましい機能（＝サービス）を引き出すことに齟齬をきたしている例は少なからず存在すると思われる。たとえば，省エ

---

[2] たとえば，平成 20 年国土交通省住生活総合調査によれば，住宅に対する総合評価における不満率（「非常に不満」＋「多少不満」の率）は 32.0％ である。また，今後 5 年間程度の間の住み替え・改善の意向の有無について問うたところ，今後，住宅の新築・購入・増改築や賃貸住宅への入居等の住み替え・改善の「意向がある」世帯は，全世帯の 17.7％ で，それらの世帯のうち，「リフォーム（増改築，模様替え，修繕など）を行う」と回答した世帯が 41.8％ を占めている。

図 4-1　建築から引き出されるサービス（建築の機能）概念図

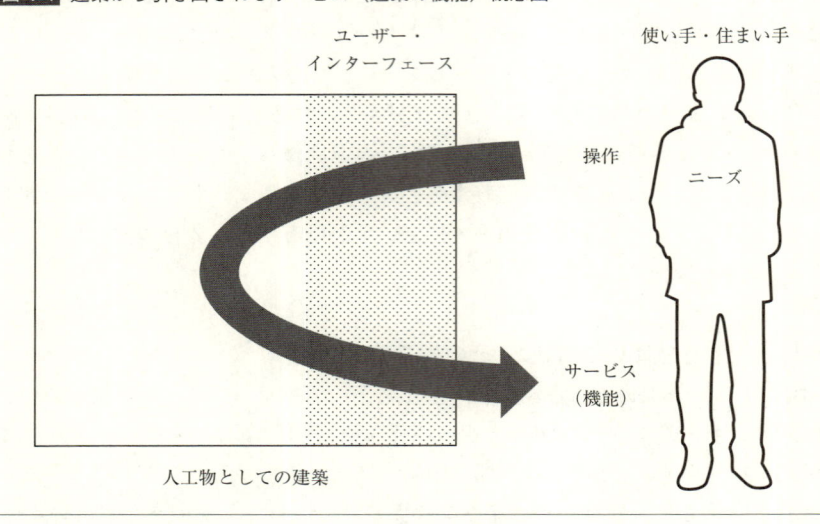

（図：人工物としての建築（ユーザー・インターフェース）から矢印が使い手・住まい手へと向かい、「操作」「サービス（機能）」「ニーズ」と示されている）

ネルギー住宅として建築されていながら，とてもそうとは思われない性能を示している住宅がある。実現している室内環境や，エネルギーの使用効率は，住まい手の生活様態や人数，窓の開け閉めのタイミングや頻度，機器の運転方法など，住まい方（「操作」方法）によって大きな影響を受ける。にもかかわらず，省エネルギー住宅の住まい方についてきめ細かな指南をその供給者から受けたうえで，住みこなしているケースが多数派であるとは言い難い。まして，前項で述べたように，機能に関する検討が不十分なままに生まれ落ちた不幸な建築も多い。

　まさに，望ましいサービス（建築の機能）を引き出すための，住み方・使い方の工夫，言い換えれば，「操作」方法の擦り合わせが必要とされているゆえんである。専門家が「操作」方法の擦り合わせの手助けができれば，使い心地・住み心地を向上できる余地が大きい。しかしながら，現実には使い手・住まい手と専門家とのかかわりがないために，改善の手立てが講じられないまま放置されているケースが少なからずあると想像される。使い方・住まい方への専門家による支援には，大きな産業上の可能性が秘められていると言わねばならない。

2 市場の変容と建築の考え方の変化

2.1 ストックの時代からフローの時代へ

　本論を進める前に，ストックの時代の実相を概観しておきたい．図4-2は，1990年における着工床面積および工事予定金額を100として各年の指数水準を計算した結果を示している．建築産業は1973年のオイルショック，91年のバブル崩壊，および2008年以降に大きな需要の落ち込みを経験している．ただし，オイルショック以前の局面では工事予定額ベースでは一貫して上昇基調であるのに対して，バブル崩壊以降の二度の需要の落ち込みでは工事予定額の減少と連動し，しかもその落ち込みの程度は工事予定額のほうが上回るような傾向を示している．企業収支の悪化，建築品質の低下，有能な人材の離職などの悲痛な現実が，このグラフの向こう側に透けて見えるようである．2008年以降の需要の急激な落ち込みは，多くの企業にとっての適応速度を上回っていて経営に深刻な影響を与えているとも想像される．日本の建築産業が，建築というプロダクトを生産して対価を得ている産業であると定義するならば，日本の建築産業は，2010年時点で1990年のピーク時に比べ4割〜5割程度の需要しか持っていない産業なのである．

　2011年以降このような需要減少は下げ止まり，震災復興やオリンピック開催決定により上昇基調に転じている．だが，人口の高齢化・減少，および国内産業の空洞化という状況を勘案すると，長期的に見れば日本国内の建築の新築市場の規模的拡大が持続する事態が訪れるとは想像し難い．今後長期的に持続する新たな市場が創造されるとすれば，それは新築建物を対象としたものではなく，既存建物を対象としたものであろうことは疑いべくもない．図4-3は，既存建物総量と新築建物量との比率（Stock/Flow，以下S/Fと標記）が年次別にどのように推移してきたかをプロットしたものである．ここで，既存建物量（stock）および新築建物量（flow）は以下のデータに拠っている．

- stock：総務省・固定資産の価格等の概要調書・家屋総括表における「総数」床面積および「非課税」床面積の和
- flow：国土交通省・建築着工統計における着工建築物・床面積合計

　S/Fは，かりに既存建物すべてを建て替えた場合，何年で建て替えることができるのかを表した指標であると見ることもできる．図4-3に示すように，

図 4-2 着工床面積および工事費の年次別推移

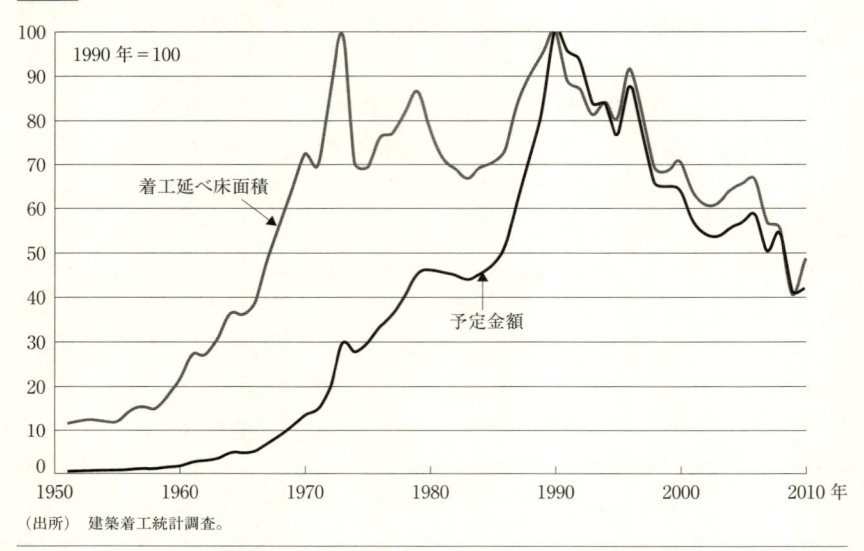

（出所）建築着工統計調査。

　1964年の東京オリンピックからオイルショックまではS/Fは縮小を続け1973年には13.6，すなわち新築をすべて建替えに振り向ければ14年弱ですべてのストックを建て替えられるような水準にまで達している。オイルショック以降S/Fは上昇傾向に転じ，1974年に20の大台に乗り，81年には25を突破し，以降96年にかけて25と30との間を推移してきた。その後S/Fは上昇傾向を強め，1998年には40台に達する水準にはねあがり，2001〜2007年に45前後でもみあってきた。そして，2008年以降S/Fは急激に上昇し，2010年には74という水準に達した。これは，新築すべてを建て替えに振り向けても74年を要するということを示している。

　「既存建築物に不具合や機能不適合があるならば建て替えればよい」という，いわゆるスクラップ・アンド・ビルド的な発想・思考法は，1960年中葉から90年代中葉にかけての30年間の長きにわたってS/Fが20〜30程度を推移した状況が植え付けてきたと言ってもよい。この発想・思考法は，建築産業関係者だけでなく，発注者側にも，また建築にかかわる制度を構築する政策担当者にも染みついてきたと思われる。日本の建築規制の主対象が新築の建築物である一方で，既存建築物に対する規制が相対的に緩いという事実は，「新築によ

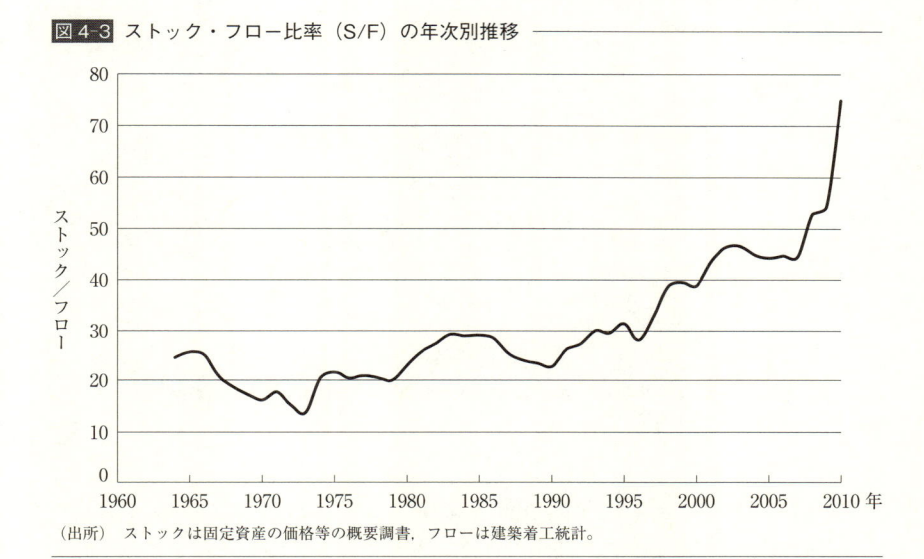

図4-3 ストック・フロー比率（S/F）の年次別推移

（出所）ストックは固定資産の価格等の概要調書、フローは建築着工統計。

って現状改善する」という暗黙の前提が，政策担当者の発想・思考法を拘束してきたことを象徴していると思われる。望ましいサービス（建築の機能）を引き出せるように住み方・使い方を工夫する，あるいは，望ましい「操作」方法を誘導するように建築規制の体系を考え直すという発想はきわめて乏しかった。しかしながら，いま日本はS/Fが70を突破するような国である。マクロに見て「既存建築物に不具合や機能不適合があるならば建替えればよい」という発想・思考法は有効性を失い，むしろ「既存建築物の不具合や機能不適合を，運用改善や改修によって，改善・緩和していく」という発想・思考法に立つべき状況となっている[3]。

2.2 経時的カスタマイゼーションという考え方

その発想・思考法は，英語圏では，life cycle thinking（ライフサイクル全体を俯瞰した発想・思考）と呼ばれている。建築のライフサイクル全体を見渡す発想に立てば，刻々と変化する要求条件の中で，建築の使い手・住まい手が望まし

---

[3] 図4-3に示すような状況をふまえるならば，新築に対する規制のみならず，既存建築の安全性，品質，性能を確保するための規制を機能させていかねばならないが，そのためには制度枠組みそのものを見直していかねばならないと思われる。

図4-4 経時的カスタマイゼーション概念図

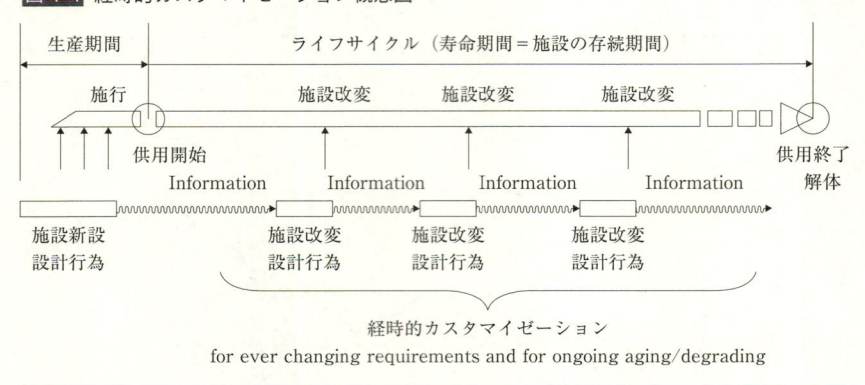

```
|←─生産期間─→|←──────ライフサイクル（寿命期間＝施設の存続期間）──────→|
         施行        施設改変    施設改変    施設改変
              ↑         ↑         ↑         ↑              供用終了
           供用開始                                            解体
              Information Information Information Information

  施設新設      施設改変   施設改変    施設改変
  設計行為      設計行為   設計行為    設計行為
              └─────────────────────────────┘
                     経時的カスタマイゼーション
              for ever changing requirements and for ongoing aging/degrading
```

いサービス（建築の機能）を引き出せるようにしていくためには，ライフサイクル各段階での要求条件と，建築の住まい方・使い方を擦り合わせていく考え方，すなわち，経時的にカスタマイゼーションしていくという考え方が必要となる。

図4-4は，経時的カスタマイゼーションという考え方を模式的に表したものである。現代社会においては，社会経済環境や利害関係が変化する速度はきわめて速い。かりにある時点での要求条件に適合させたにもかかわらず，短時日のうちに要求条件と建築の住まい方・使い方との間に乖離が生じても決して不思議ではない。社会環境や利害関係の変化の速度が高まれば高まるほど，経時的カスタマイゼーションの潜在需要が膨らんでいると思われる。

経時的カスタマイゼーションにおいては，要求条件[4]との適合度・乖離程度を継続的にモニターしていくことが前提となる。そのためには，建築がいかに運用・運営（operation & management）され，関係者がどのように建築を用い，それによって，どのような機能（サービス）が得られているかを，継続的に把握していくことが必要である。また，乖離があると同定された場合，その評価をするとともに，擦り合わせのためのさまざまな技術的手段を用意しておくことも必要である。経時的カスタマイゼーションに役立つようなさまざまな要素技術が開発されてはいるが，エンジニアリングとして十分に成熟しているわけ

---

[4] いわゆる暗黙の要求条件，すなわち，建築の使い手自らが自覚しない要求条件，および言語化して表現しない要求条件も含まれる。

ではない．

　住まい手・使い手が望ましいサービス（建築の機能）を引き出すことができるように経時的カスタマイゼーションを支えるエンジニアリングを磨いていくことが，縮小する国内市場において，新たな潜在需要を顕在化させ，市場として成長させることになるのである．

2.3　海外市場でも賢い住まい方・使い方を支えるエンジニアリングが求められている

　国内市場が縮退する中で，海外市場を新たに開拓していくことによって，この閉塞状況を打開するという論がある．たしかに可能性がないわけではない．たとえば，中国においては，近未来にかけて農村部から都市部に約1.4億人の人口移動があると見込まれている．地球規模でも開発途上国を中心に都市部への人口移動は進行し，巨大都市の数は加速度的に増加している．その急激な都市化の規模と速度は，地球規模では建設市場規模の拡大が続くであろうことを意味している．こういった観点に立つならば，日本の建設業の眼前のビジネス機会の可能性は拡大一途であるという見方もできる．とくに，急激な経済成長を示しているいわゆる新興国市場（emerging markets，中国，ブラジル，ロシア，インド，メキシコ，韓国，トルコ，ASEAN加盟国など）の諸国にはさまざまなビジネス機会が生まれていると考えられる．実際，中国にプレハブ住宅生産工場を建設するなど，近年，日本の住宅産業の中国進出には顕著な動きが見られる．

　だが，国内と同様のビジネスモデルをただ適用すれば，世界市場の中で一角を占めることができる，と考えるのはあまりにも楽観的にすぎるように思われる．過去の経験に照らし合わせてみても，請負工事業というビジネスモデルの枠組みの中で，現地での社会慣習にも精通し豊富な安い労働力や資材の調達力を持った地場の請負業者と競争することは決して容易ではなく，地場の請負業者にはない付加価値を提供できる市場領域を開拓していかざるをえないと考えられる．実際，現時点でも，海外市場において日本の建設業が受注するプロジェクトは，工期短縮・遵守，品質管理水準など，地場請負業者に対する比較優位性が評価されて受注に至っているケースが多いと言われている．その比較優位性の源泉はプロジェクトのマネジメントを含む広い意味でのエンジニアリング能力であると想像される．

　本書執筆の時点では，「スマート・シティ」構想が，海外市場開拓の大きな

切り札となることが期待されている。しかしながら，日本企業のポジショニングが，請負工事業というビジネスモデルの枠にとどまる限り，スマート・シティを開発するデベロッパーから買いたたかれるリスクに常におびやかされ続けなければならない。

　幸か不幸か，先行するスマート・シティ・プロジェクトにおいて，企画・計画時においてうたったエネルギー性能や環境性能が実際には発揮できずに，発注者に失望感が広がっているという事例が出てきていると言う。まさに，スマート・シティという複雑で巨大な人工物を使いこなすための住み方・使い方（「操作」方法）が求められている。スマート・シティがもたらす価値創造は，施設・建物を引き渡すことによって実現するものではなく，そこから，望ましい機能が引き出されることによって実現するものである。言い換えれば，エンジニアリングが適用されて，施設・建物の運営・運用において，企画・計画時において謳ったエネルギー性能や環境性能が実現されることによって初めて価値創造ができるのである。

　日本の建築産業が，スマート・シティをテコに海外市場開拓の可能性を探究するのであれば，エンジニアリング力を背景に施設・建物の運営・運用段階にも責任のある関与のできるビジネス・パッケージが発注者からは求められていること，「国内が縮小して従来のやり方の有効域が狭まったから海外で」という発想は通じないことを認識すべきである。

　住まい手・使い手が望ましいサービス（建築の機能）を引き出すための経時的カスタマイゼーションにかかわるエンジニアリングを磨いていくことが，国内においても，海外においても，新たな市場を成長させ，自らの競争優位性を高める機会を拓くことになるのである。

3 使い方・住まい方のカスタマイゼーションへ

3.1 生活の質を向上させる機能のカスタマイゼーション

　日本の建築関連産業，とりわけプレハブ住宅産業は，個々の住まい手の要求条件に応えるために，さまざまな技術革新を起こし，大量生産品である工場生産部材・部品を活用しつつも，個々のユーザーにも対応することを実現してきた。欧米各国では工場生産（prefabrication），工業化（industrialization）がステレオタイプ化と同義語となって産業として成功しなかった一方で，日本は工場

生産と個別需要への対応（mass-customization）が両立しえた特異な国として国際的にも注目を浴びた（たとえば、Gann 1996）。

だが、その両立のため、あるプレハブ住宅供給企業では20万点に及ぶ部品を管理するなど、量産効果を損なうような多種多様な部品を取り扱う負荷を与えることになった。その結果、住宅市場の縮退とともに、プレハブ住宅企業における戸建て注文住宅部門の収益性は苦戦の一途を辿っている[5]。

このような状況においては、個別多様な要求条件に応えるために供給するモノをカスタマイゼーションするのではなく、人工物から引き出されるサービス（建築の機能）をカスタマイゼーションする、という発想の転換が求められる。この住まい方・使い方のカスタマイゼーションにおいて大事なことは、生活の質（quality of life）の向上が価値創造の原点になるということである。従前は、できるだけ多くのモノを所有することが豊かなことであると思われてきた。しかしながら、いわゆる先進諸国（well developed world）では、むしろ生活の質（quality of life）を重視する価値転換がゆっくりとではあるが進んでいるように見られる。これは、各種の環境問題に象徴されるように、モノが溢れることによってむしろ生活の質が低下することもありうることを多くの人々が自覚し始めたことによる[6]。

この変化は、ミクロ経済にもさまざまな形で現れている。レンタル・サービスや共用サービスの広がりがその一例である。たとえば、ベビーベットやベビー用浴槽、成人式の着物など一時期だけに使う用品を購入するのではなくレンタルするサービスを利用する人は増えている。米国でも、"bringing best educational toy to you" というキャッチフレーズのもと子どもの成長に合わせておもちゃを貸し出すサービス[7]や、高級ネクタイを宅配レンタルし飽きたら何度でも取り替えることができるサービスが始まっているという[8]。さらに、従前は一家に1台の自動車を所有することが高度経済成長の果実の象徴であった

5　たとえば、積水ハウス株式会社2013年1月期決算概要、大和ハウス株式会社平成24年3月期決算概要などを参照のこと。

6　2011年、日本ではブータン・ワンチュク国王の来日を契機に、同国が提唱している国民総幸福量（GNH: Gross National Happiness）という概念が紹介され共感を生んだ。このことは、「モノがあることが必ずしも豊かなのではない、むしろ生活の質が大事」という価値転換が、日本でも静かにだが着実に進んでいる証左であろう。

7　SparkBoxToys社ホームページ（http://www.sparkboxtoys.com/）

8　Tie Society社ホームページ（https://www.tiesociety.com/）

が，複数種の自動車を共同利用するカーシェアリングは着実に普及している。ITの世界では，ハードウエアを所有するのではなく，ASP（アプリケーションサービスプロバイダー）を利用する傾向が法人組織では強まってきているが，クラウドコンピューティングの広まりとともに個人ユーザーにおけるハードウェア離れもさらに加速していくであろう。

建築も例外ではなく，建築というハコを所有することよりも，建築を使いこなすことによって，豊かな住生活，効率的な生産活動，気持ちの良いサービスの実現など，広い意味で生活の質を高めることに，より高い価値を置く指向が顕在化している。近年のいわゆるシェア住宅の伸びは，住宅を単なるシェルターとしてではなく，生活する場，あるいはそこで生起するコトに価値を見出す人が増えていることを示唆している。また，住宅を所有する高齢者がその住宅を売却し，ケアサービス付シニア住宅の会員権を購入し入居するというライフスタイル，言い換えれば所有価値を利用価値に変換する広がりを見せている。

住まい手・使い手が，個々の要求条件に応じて，建築から引き出すサービス（機能）の内容・程度が，生活の質（QOL: Quality of Life）に大きな影響を与えると言える。言い換えれば，引き出されるサービス（機能）のカスタマイゼーションの度合いが生活の質や，その結果生み出される価値の高低を決定づけると言ってよい。

ではいかにして，その前提となる個々の要求条件を把握するのだろうか。

3.2 スマート建築の本当の意義

住まい手・使い手の要求条件は，そのすべてが言語・図面などによってあらかじめ明示的に表現されるわけではない。暗黙の要求条件（tacit requirements）と呼ばれる，当初は言語化・図面化されていない要求条件がある。それらのうちいくつかの条件は，建築設計者によって図面や模型を示された際に，あるいは，実際その建築ができ上がった際に，住まい手・使い手によって発せられる，賛同，疑問，当惑，反駁という形で初めて言語化されるものもある。また，使い方・住まい方を観察し分析することによって推測されうるような，ついぞ言語化されないような要求条件もある。

建築の実務者にとって，暗黙の要求条件の把握は実務上きわめて重要で，把握の努力を怠ると，顧客満足度にはゆゆしき影響があること，長期間にわたる不満・不評，あるいは係争にすら発展しかねないことは，経験的によく知られ

ている。そこで，設計に先だったワークショップの開催，スケッチなど設計構想を素材にした対話，アンケートなど，暗黙の要求条件が言語化されるようにさまざまな工夫が試みられてきた。また，「住まい方調査」「使い方調査」などの使われ方の現状を観察することによって要求条件を推し量る試みもなされてきた。加えて，入居後施設評価（POE: post occupancy evaluation）も実施されている。

以上のような，さまざまな暗黙の要求条件の把握・分析法は，実務者個人あるいは組織固有の門外不出のノウハウとして，あるいは建築学会などの学会で発表される汎用性ある知識として蓄積されてきている。ただ実務的には，どの方法も，それなりに手間がかかることも事実である。要求条件の把握に手間がかかることを解決・克服していかないと，その経済的実行可能性を高めることはできない。

こうした観点から見て，近年起きている技術的変化は着目に値する。それは，建築に多くのデジタルセンサー類が設置されるようになったことである。エネルギー供給関連機器，上下水道関連機器，空調機器，調理機器，衛生機器，照明，開口部や，セキュリティ機器，家電，寝具，什器などにもさまざまなデジタルセンサーが取り付けられて，さまざまなデータ・信号を，それぞれの機器の製造者や，サービス提供事業者に送り続け，その情報通信総量は増え続けている。建築まわり，住宅まわりでビッグデータが形成されつつあると言ってよい。

もし，かりに，それらのデータが関連づけられて集計され分析されることになると，建築の使われ方・住まい方がそこから透けて見えるようになってくる。当然厳格なプライバシー保護の対象にすべき情報ではある。だが，たとえば，単身高齢居住者の安否の確認・見守りに活用する，あるいは，個々の使い手・住まい手の嗜好に合わせて室内空調を最適化する，など居住者にとって望ましいサービスを提供するための手がかりとして利活用できる可能性があることも事実である。使い手・住まい手の了解・承認と厳格なプライバシー管理を大前提に，建築まわり・住宅まわりのビッグデータが関連づけられて利活用され，個々の使い手・住まい手の暗黙の要求条件が解析され，これをもとに生活の質（QOL）を高めるようなサービスが創造され供給されていく可能性は日々拡大しているという事実とその意味を，産業界は真剣に熟思すべきと思われる。

本章執筆時点では，スマート建築，スマート・ハウスといった言葉が流行し

始めているが，高性能機器の集合体というイメージが先行している。かりに搭載機器が高機能であっても，使い手・住まい手が，それらから望ましいサービスを引き出すことができなければ宝の持ち腐れである。スマート建築，スマート・ハウスの使い手・住まい手にとっての意義は，個々の要求条件に応じた使い方，住まい方のカスタマイゼーションを実現してくれる可能性も持っているという点にあると思われる。そのためには，スマート建築，スマート・ハウスに搭載されたデジタルセンサーから発せられるデータを収集し，連携させ，分析し，個々の暗黙的要求条件を把握していくビジネスモデルの創造と，そのモデルを支えるデータ科学の進展が促されていかねばならない。

4 ストック時代の産業枠組み

4.1 プロシューマー

では，個々の使い手・住まい手の要求条件を把握し，それに適合した機能・サービスを提供していくためには，どのような産業の枠組みが必要となってくるのだろうか。図4-5は，その一つの様態を表している。

プロシューマーは，1980年にアルビン・トフラーが，その著書『第三の波』で提示した概念である。トフラーは，未来社会では生産者と消費者の区分けはあいまいになり融合するであろうと予言し，そこから，生産者（producer）と消費者（consumer）を合成したプロシューマー（prosumer）という語が生まれた。トフラーは，「標準品の大量生産（mass production）が支配する市場において利益を継続的に得たいのであればマス・カスタマイゼーション（mass customization）になることは必然である。とすれば，消費者が生産プロセス，とくに個々別々の要求条件を同定する（specifying design requirements）プロセスに参加することは必然である」という論を展開する。現代社会は，驚くほどにトフラーの30年前の予言のように展開しているとも言える。

図4-5は，プロシューマーという概念を，本章の趣旨に沿って建築分野に当てはめてみたものである。ここでプロシューマーは，個々の使い手・住まい手の代理人として，対話やデータ分析などさまざまな手段を通じて要求条件を把握したうえで，さまざまなサービスや製品を組み合わせて，ひとまとまりの解決策（integrated solution）としてとりまとめて提供し，使い手・住まい手がよりよいサービス（機能）が得られるように手助けをするプレーヤーである。

図 4-5 使い手・住まい手の代理人としてのプロシューマー

供給者 A / 供給者 B / 供給者 C / 供給者 D
モノ／サービス A / モノ／サービス B / モノ／サービス C / モノ／サービス D
供給 ⇄ 要求（各供給者との双方向のやりとり）

使い手・住まい手の代理人プロシューマー（prosumer）
垂直統合されたバラバラのモノやサービスを
使い手・住まい手個々の要求条件に合わせて組み合わせる

ひとまとまりの解決策（integrated solution）の提供　／　対話などを通じた暗黙・明示的要求条件の整理・把握

使い手・住まい手
個々別々の要求条件

需要者ユーザー

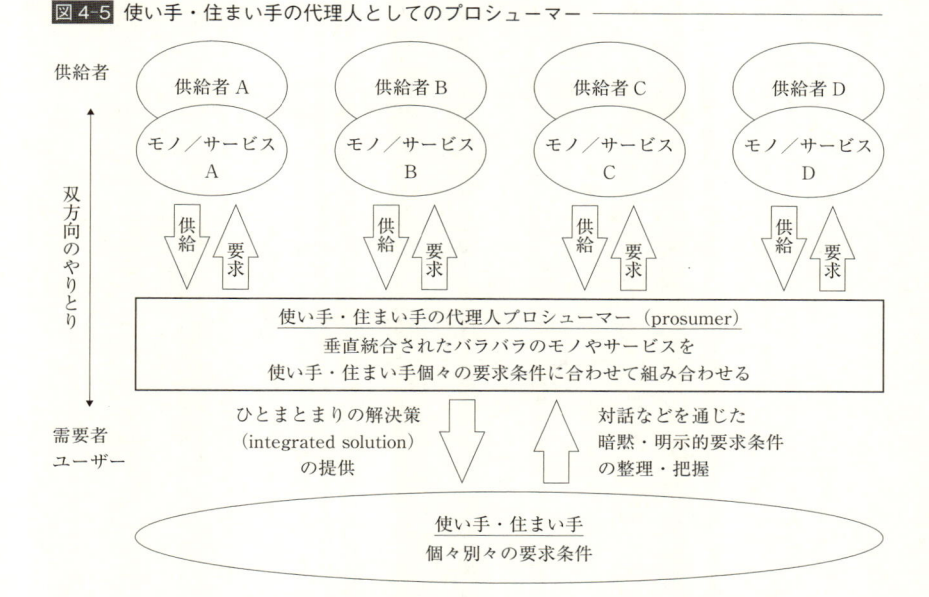

後述するように，「住まいのコンシェルジェ」という言葉が使われるようになっているが，まさにプロシューマーの一類型と言ってよい。

4.2　サービス・プロバイダーという業態

図 4-5 のプロシューマーという産業の枠組みからは，新たな業態像が浮かび上がってくる。それは，建築というモノではなく，使い手・住まい手に建築の機能・サービスを提供することを主眼とする業態である。フローの時代には，建築関連産業は建物というプロダクトを提供しその対価を得てきた[9]。そのような業態はプロダクト・プロバイダーと呼ぶことができる。これに対して，建物が持つ機能・サービスを提供し対価を得る業態を，サービス・プロバイダーと呼ぶことができる。

図 4-6 は，プロダクト・プロバイダーと，サービス・プロバイダーの業態の相違を模式的に描いたものである。プロダクト・プロバイダーにとっては，設

9　このことは，建築の計画・設計段階で，建築の形態の「ありよう」の方が，その機能よりも重視されてきた一因とも考えられる。

図4-6 プロダクト・プロバイダーとサービス・プロバイダー

(1) プロダクト・プロバイダー

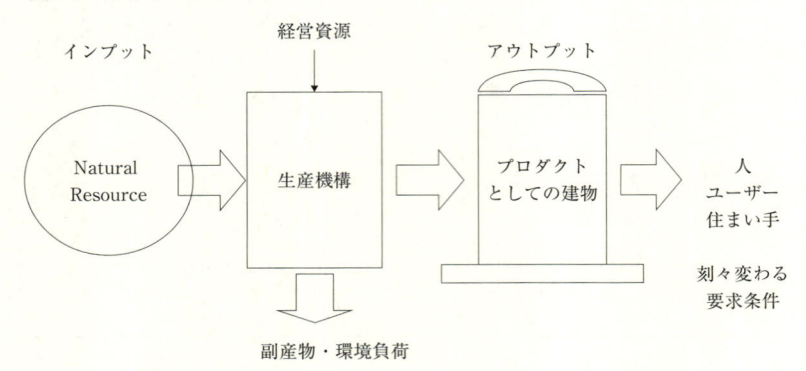

インプット　経営資源　アウトプット

Natural Resource → 生産機構 → プロダクトとしての建物 → 人 ユーザー 住まい手

刻々変わる要求条件

副産物・環境負荷

(2) サービス・プロバイダー

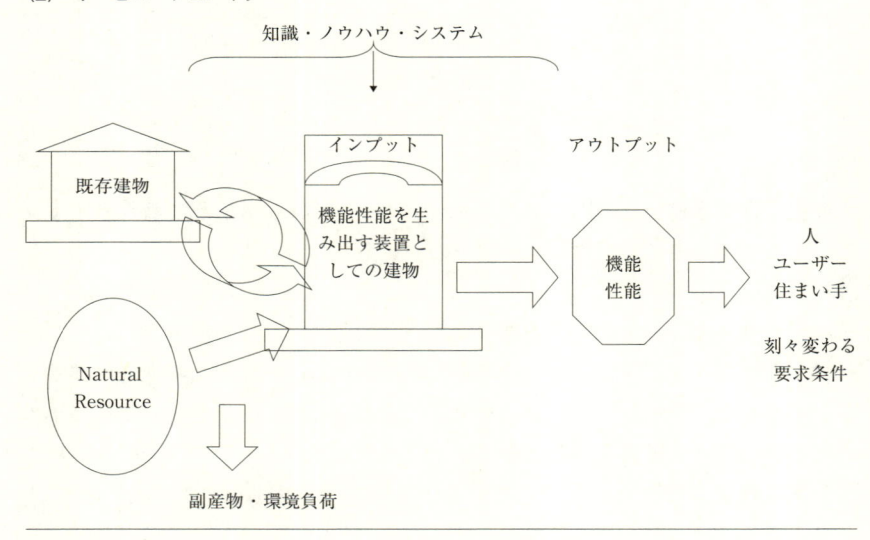

知識・ノウハウ・システム

既存建物

インプット　アウトプット

機能性能を生み出す装置としての建物 → 機能性能 → 人 ユーザー 住まい手

Natural Resource

刻々変わる要求条件

副産物・環境負荷

計図面に表示された建物の出来型を実現しているか否かが契約上最も重要な事項であるのに対して，サービス・プロバイダーにとっては，求められている機能・サービスが得られるかが最も重要なことがらとなる。

　ライフサイクルにわたり機能・サービスを提供していくという，サービス・プロバイダーの業態は，さまざまな産業部門でも進行しつつある。たとえば，

かのパルミサーノ・レポート[10]が指摘しているように「ジェットエンジン・メーカーは，単にエンジンを売っているのではなく，維持管理を含めたライフサイクルサービスを提供しており，そのビジネスモデルは航空機の「推進力（propulsion）というサービスを売っている」。「また，無線産業はその利益を無線機器からではなく，サービス提供から得ており，そのサービス内容も従来の音声サービスからデータサービス」へと変革している。

4.3 垂直統合の桎梏を越えて

それでは，日本の建築産業は，ジェットエンジン・メーカーや，無線機器メーカーのようにサービス・プロバイダー化していくのであろうか。ここで，ひとつ留意しておかなければならないことがある。それは，日本の建築産業は，製造業と同様に，垂直統合の度合いが高く，棲み分けられた縦割りの範囲で思考し行動しようとする傾向が強いことである。

1980年代末のいわゆるバブル時代に多様な事業分野に進出しようとして成功しなかった苦々しい体験からか，大手の建設会社の経営者からは「本業回帰」という言葉がよく聞かれる。それは，棲み分けられた事業範囲の中で従来の業態を継続させる，という意思表示であるとも解釈できる。

この垂直統合の桎梏が強ければ強いほど，事業者が横に連携して，個々の使い手・住まい手に応じて包括的なサービスを提供することは困難になる。一方では，建築の基本機能の提供だけにとどまらず，エネルギー管理，見守り，介護，健康サービス，資産管理など，建築・住宅まわりではさまざまなサービスへのニーズが潜在的には拡大していると思われる。それだけに，事業者が縦割の事業範囲を越えて，それぞれが持っているデータを関連づけて利用するなど，情報を含む経営資源の相互利用可能性（interoperability）を高めていくことが求められている。垂直統合された事業領域の棲み分けがなされた環境においては，情報を独占することで市場競争での優位を図ろうとする発想が強かった。だが，その在来の発想に基づいて行動している限り縮小再生産しかありえないことを，産業界が自覚し，発想の転換を図ることを切に願わざるをえない。根本的な発想の転換（mind-resetting）が求められるゆえんである。

---

[10] Innovate America, Council on Competitiveness, 2005.〈http://www.compete.org/images/uploads/File/PDF%20Files/NII_Innovate_America.pdf〉

5 サービス・プロバイダーのビジネスモデル

建築・住宅に関連したサービス・プロバイダーのビジネスモデルは具体的にどのようなものになるのか，その萌芽・嚆矢となりうるような事例を以下に概観してみよう。

5.1 事例1:「すまいのコンシェルジェ」

住まい手から見て，信頼のおける専門家にアクセスすることは，容易ではない。たとえば，住宅のリフォームの営業をかけられた場合，専門家の支援なしに住まい手だけで，営業提案内容を評価し，以下のような疑問に確たる答えを導き出すことは難しい。

① 自らの住生活の質を向上させるために最も優先度が高いことなのか。（もっと優先度の高いことはないのか。）
② 技術的に見て住宅の質を向上させることが期待できるものなのか。
③ ライフサイクル・マネジメントの観点から見て最も費用対効果が高い手段であるのか。
④ かりにリフォームをするにせよ，営業提案している者は信頼するに足る事業者なのか。

この例が示すように，住まい手にとって，信頼のおける専門家にアクセスできる窓口・道筋は明確でない。そこで，住まい手側に立ってよろず相談・支援を担う「すまいのコンシェルジェ」という概念が，2008年頃から各方面でとなえられ始めた。

いま，さまざまな「すまいのコンシェルジェ」サービスが各地域の工務店・ビルダー，電鉄会社をはじめさまざまな組織によって創成され展開しつつある。本章の執筆時点ではそのサービスの範囲・内容は多様であるが[11]，「すまいのコンシェルジェ」が，住生活のよろず相談窓口で，専門家として，住宅のライフサイクルにわたって住み心地（住生活のQOL）を向上させるサポーター的役割を果たすという点では共通している。

「すまいのコンシェルジェ」は，住まい手の代理人（arrangement and buying agent）として次のような役割を果たしている。

① 住まい手が居住する住宅に関する技術的情報，使われ方・住まい方に関す

るデータを収集・整理する。
②住まい手の暗黙的・明示的要求条件を把握し，整理する。
③住み心地を向上させるために考えられる選択肢を整理する。選択肢には，モノ，サービスの購入調達だけでなく，使い方・住まい方の工夫なども含む。
④住まい手に，それぞれの選択肢の内容と特質を説明する。
⑤かりに，何らかの選択肢が選ばれて実施することになった場合は，さまざまなベンダーとの交渉を含め，業者選定や発注，検収などを支援する。

「すまいのコンシェルジェ」にとっては，住宅というハードウエアは，良い住み心地を得るための装置であり，住まい手・使い手が望ましいサービス（建築の機能）を引き出すことを支援し，住み心地（＝住生活の質，QOL）を向上させることに価値創成・価値獲得の起点を置く。

「住宅に関する技術的情報，使われ方・住まい方に関するデータ」が把握され整理されていることは価値創成・獲得の大前提になる。筆者らが提唱している住宅履歴書（通称，いえかるて）は，まさに「住宅に関する技術的情報，使われ方・住まい方に関するデータ」である。住宅履歴書は，医療におけるカルテに相当する，と言ってもよく，「住まい手の暗黙的・明示的要求条件を把握し，整理する」基礎情報となる。

表4-1は，住宅履歴書（いえかるて）に含むべき情報を列挙したものである。住宅履歴書（いえかるて）は，住宅がどのような部品・部材で構成され，誰によってどのように設計・製造・施工・維持改修保全がなされ，いかに検査・評価されてきたのかを再現するためのデータ群をひとまとめにしたものであると言える[12]。

---

[11] たとえば，「東急電鉄住まいと暮らしのコンシェルジュ」では「住まいの駅前相談窓口」を設けて，住宅の新築，購入，リフォーム，賃貸，売却などの包括相談に加えて，インテリア・家具，庭・ガーデニング，セキュリティ，カーリースやカーシェアリング，保育，介護，不要品回収・買い取り，各種保険など，暮らしにかかわる相談・アレンジメントの支援を行っている。

また，地域の工務店では，住まいのコンシェルジュを次のように説明している。「大切な家を長く快適に住まうには，『きちんと手入れをして長く大切に使う』を実践していくことがとても重要になります。定期点検や定期メンテナンスはもちろんのこと，日々の暮らしの中でちょっとしたこと，気づいたことなど，家のお困りごとをなんでもお気軽にご相談していただける窓口として『住まいのコンシェルジュ』が誕生しました」。（高砂建設HP，http://www.takasagokensetu.co.jp/iekarte/index.html）

[12] 住宅履歴書について詳しくは，野城ほか（2009）などを参照されたい。

表 4-1 住宅履歴情報に含まれるべき情報例（戸建住宅・集合住宅専有部分対象）

新築段階	新築段階（つづき）
● 建築確認関係 　－ 地盤調査報告書 　－ 開発行為にかかわる書類や図面 　－ 確認申請計画概要書・提出図面 　－ 構造計算書 　－ 型式適合認定・製造者認定 　－ 完了検査　検査済証　など ● 性能表示関係 　－ 設計住宅性能評価，住宅性能評価（新築）にかかわる書類や図面など ● 長期優良住宅認定関係 　－ 認定手続きのために作成される書類や図面 ● 設計図書 ● 工事契約図書 ● 火災保険・地震保険など保険関係図書 ● 施工図面や施工関係書類 　－ 工事経過報告書 　－ 資材・設備・機器の検品記録簿 　－ 杭打ち工事報告書 　－ 配筋検査など，各種検査記録 　－ 電気設備図，給排水配管図など専門工事業者が作成した施工図 　－ 専門工事業者一覧表　など ● 施工写真 　－ 施工手順や構造各部位の接合方法，下地など建物完成後隠蔽される部位の納まり方が推定できる画像資料	● 引き渡し書類（取り扱い説明書など） 　－ 引き渡し書 　－ 住まいの取り扱いと手入れ説明書 　－ 設備・機器などの取り扱い説明書 　－ 各種保証書 　－ 点検プログラムおよびチェックリスト 　－ 鍵・備品リスト 　－ 竣工図　など 　　　　　使用段階 ● 運用記録 　－ 光熱費データ 　－ 上下水道費データ 　－ 委託警備記録など ● 維持保全改修記録 　－ 長期修繕計画，維持管理計画，またはメンテナンスプログラム 　－ 自主点検，サービス点検，法定点検，住宅診断にかかわる図書 　－ 計画修繕にかかわる図書 　－ 性能向上のための改修関係図書 　－ 認定長期優良住宅について保存が義務づけられている維持管理の記録 　－ 住宅性能評価（既存）にかかわる図書 　－ 日常的な維持保全記録 　－ 修繕改修工事図書・写真・記録 　－ 維持費積立金データ　など

　住宅履歴書（いえかるて）の情報が情報管理者によってアクセス権を許可され関係者に閲覧・利用できる環境が整い，相互連携可能性（interoperability）が高められれば，すまいのコンシェルジェ・サービスは拡充し広く展開していくであろう[13]。加えて，エネルギー管理，見守り，介護，健康サービス，資産管理など，住生活の質（QOL）を向上させるさまざまなサービス・プロバイダーの起業も促し，住まい手にとっては，質の高いサービスを享受したり，住宅を賢く使うための，よすがとなっていくことが期待される。また，リフォーム工

　13　なお，一般社団法人住宅履歴情報蓄積・活用推進協議会（http://www.iekarute.or.jp/）によれば，住宅履歴書を住まい手に代わって管理更新する情報サービス機関は現在60機関あり，約300万戸の住宅の住宅履歴書が何らかの形で整備されていると言われている（本章執筆時点）。

事における不確実性が低まることによって費用対効果が高まるとともにトラブルを低減させることが期待される[14]。結果として，次のような国民経済上の便益を生む基盤も形成されることになる。

・「得体がわかる」住宅が増え既存住宅市場が拡大する。
・住宅の資産価値が向上する。
・住みかえ，リフォーム，リバースモーゲージを含めたさまざまなライフスタイルの選択肢が用意される。

5.2 事例2：機器・部品のリース・レンタルによる機能売り

コピー機，乗用車をはじめとして，私たちの身の回りの人工物をリース・レンタルで調達することが広く普及している。使い手は，コピー機，乗用車というモノではなく，コピーする機能，移動する機能というサービスを買っていることになるから，リース・レンタルはサービス・プロバイダーの一類型であると見ることができる。

実際に，某空調機器工事会社が，「売り物はきれいで快適な空気です」というキャッチフレーズのもとにリース・レンタルで省エネルギー型の機器を提供するサービスを試みたことがある。また，筆者らは十数年来，住宅用インフィル（住宅用設備機器・内装部材）のリース・レンタルのシステム化や普及に取り組んでいる（詳しくは，野城 2003）。使い手・住まい手が購入するのは，キッチンセット，空調機，太陽光発電といったモノではなく，調理をする機能，快適な空気を提供する機能，太陽により自宅で発電する機能というサービスであるから，それらをサービス・プロバイダーと見ることができる。

住宅インフィルのリース・レンタル化は，建物の住まい手・使い手にとって次のような便益をもたらすことが期待される。

・身の回りの人工環境（built environment）を，変わりゆくニーズに適応させていく機会が増える。
・高品質高耐久製品を低価格で使用する機会が増える。
・機能・性能が一定期間保証される。

---

14 住宅，建築の現状が詳(つまび)らかでない状況で改修工事・リフォーム工事が計画される場合，工事請負者は，予想されざる事象への対処のための予備費用を工事予算に盛り込むことになる。結果として，発注者から見て割高な契約額，受注者から見て成り行きによっては赤字となる案件となり，何らかの齟齬係争を生む原因を形成してしまうおそれがある。

・刻々変化するニーズに応じて専門家から助言が得られる。

一方，住宅用設備機器・内装部材の製造企業にとってみれば，次のような可能性を拓くと思われる。

・顧客の持つ潜在需要を顕在化し，産業にとっての新たなビジネス機会を創出する。

・資源生産性（resource productivity）が改善する。

物理的に建物と一体化しているなど建築本体への附合の度合いが高く，リース・レンタル化に馴染まないインフィル部品もある一方で，取り替えが容易な動産として取り扱えるインフィル部品も数多くあることから，普及に向けてさまざまな取り組みがなされている[15]。

5.3 事例3：エネルギーを賢く使うためのサービス

建築における使用エネルギー量は，先進工業国では一国のエネルギー総使用量の1/3から1/2を占めると言われている[16]。また，地球温暖化ガス抑制対策の投資効率を産業部門間で比較すると，建築セクターにおけるエネルギー使用によって排出される地球温暖化ガスを抑制する対策に投資することが最も効率が高いとされている[17]。こうしたことから，建築におけるエネルギー使用を抑制していくことは，社会的にも経済的にもきわめて重要となっている。しかしながら，以下のように種々の課題がある。

(1) 設計時点での予測どおりにエネルギー使用効率を発揮している建築は少ない。

機器およびそれらを組み合わせたシステムの実性能[18]が予測しづらいこと，建築の使われ方（建築内での人の行動）を正確には予見し難いことなどの種々の条件が重なることにより，設計時点の想定と，実性能の間には差異が発生することがむしろ常態化している。

(2) どんな対策をとれば，何がどれだけ制御できるのか正確にはわからない。

2011年夏，日本においては，我慢比べのような精神主義的な節電策がと

---

[15] たとえば，LIXIL住生活財団「200年住宅研究会報告書」。

[16] たとえば，経済産業省「エネルギー白書2011」。米国政府DOE, *Building Energy Data Book* など。

[17] たとえば，IPCC「第4次評価報告書」。

[18] 機器の製造者の表示の根拠となる実験室・試験室等の測定データは，実際の使用条件と異なる。まして他の機器との組み合わせによって発揮される機能・サービスの予測に限界がある。

図4-7 建築におけるエネルギー使用にかかわる課題・概念図：何をどう制御すればよいのかわからない

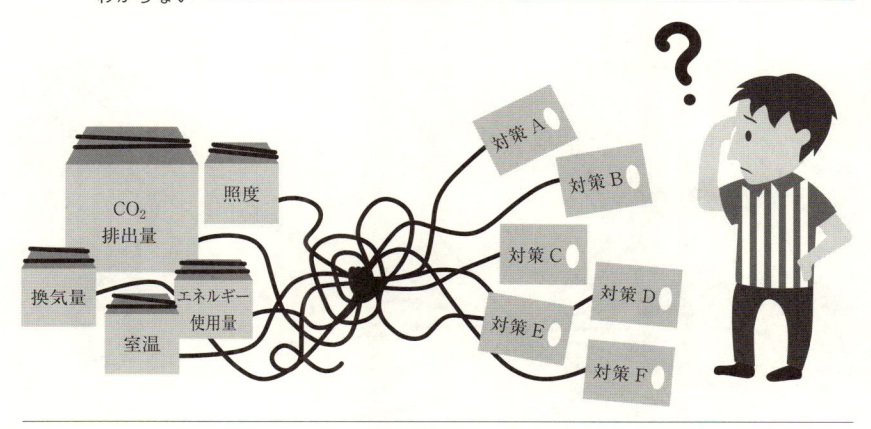

られた感があるが，筆者の経験では，建築ユーザーの快適性水準を低下させる前に，改善すべき無理・無駄が存在する。

(3) 管理目標を達成するためにどの対策をとればいいのかを定量モデル化し，建物の使い方を最適化してくれるサービスがない。

図4-7は，以上のような課題群の一端を表した概念図である。

これらの問題を解決するために，エネルギー使用状況や室内外環境にかかわる計測データを継続的に収集，解析し，これをもとにエネルギーの使用効率改善策を計画・実行するエネルギー・マネジメント・サービスが今世紀初頭から創始された。とくに，2011年の東日本大震災以降，さまざまな主体が新規参入している[19]。

こうした流れを受け，経済産業省では，2011年度にエネルギー管理システム導入促進事業費補助金制度を創設し，「BEMSアグリゲータ」というエネルギー・マネジメント・サービスを担う新たな業態の普及定着を促進する政策を展開した。同事業によればBEMSアグリゲータとは，中小ビル等にBEMS（Building Energy Management System）を導入するとともに，クラウド等によっ

---

19 いわゆるESCO (energy service company) は，省エネルギー改修工事をすることを前提に一連の包括的サービスを提供する事業となっている。一方，エネルギー・マネジメント・サービスは，運用改善という内科的治療を旨とする。改修工事という外科的治療をすることを旨とするESCOとは一線を画している。

図4-8 エネルギー・マネジメント・サービスの目的・概念図：制御性（controllability）の向上

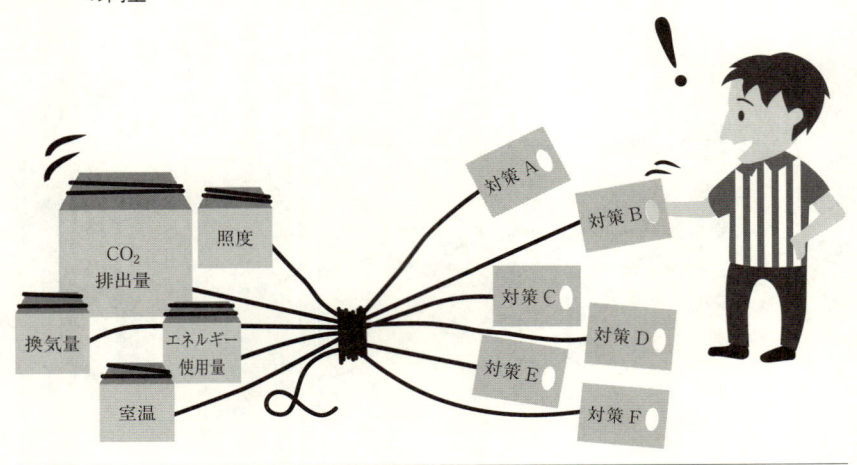

て自ら集中管理システムを設置し，中小ビル等の省エネを管理・支援する事業者であるとされ，主として以下のような業務内容を持つと定義されている。

- 一般社団法人環境共創イニシアチブ（SII）が指定する要件を満たすBEMSを商品化し，BEMSアグリゲータとして登録を行う。
- 全国の高圧小口の電力需要家に対して，BEMSを導入する。
- 該当するBEMS導入事業に対して，SIIに補助金の交付を申請する。
- 効果的なエネルギー管理支援サービスを提供する。
- 補助金を受けた設備について，適切な財産管理を指導する。

経済産業省が普及定着を図るBEMSアグリゲータは中小建築物を主たる対象としているが，エネルギー・マネジメント・サービス一般が目指しているところは，「使い手・住まい手にとって必要な機能を建築から引き出すためのエネルギー使用量を抑制すること」にある。言い換えれば，図4-8の概念図に示すように，エネルギー・マネジメント・サービスは，エネルギー使用にあたっての制御性を高めることで，無理な我慢を強いることなくエネルギーの使用量を抑制することを目指している。

エネルギー・マネジメント・サービスは，BEMSアグリゲータをはじめ多様に展開し始めているが，そのサービス内容を次のように段階的に発展させることが期待されている。

図 4-9　エネルギー使用量等の見える化システム概念図

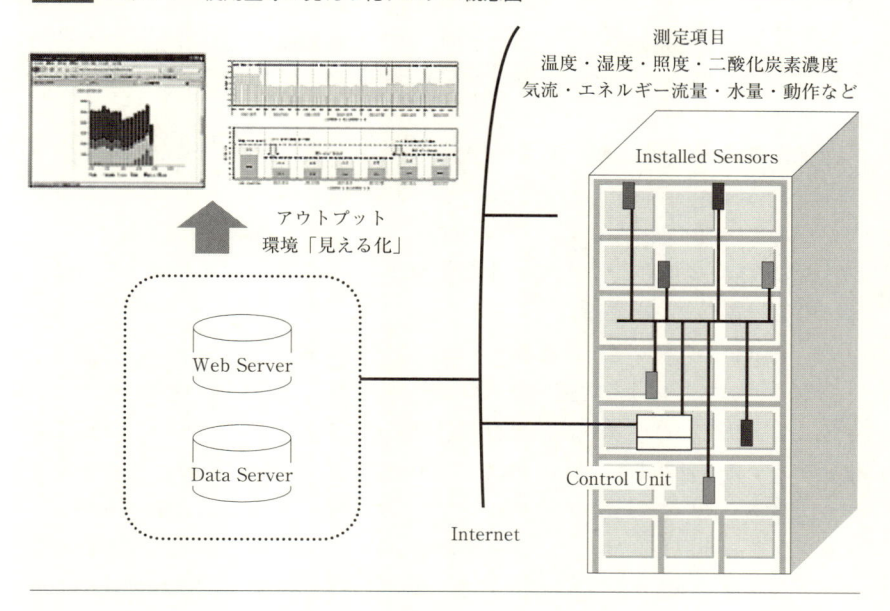

測定項目
温度・湿度・照度・二酸化炭素濃度
気流・エネルギー流量・水量・動作など

Installed Sensors

アウトプット
環境「見える化」

Web Server

Data Server

Control Unit

Internet

(1) 段階1：使用エネルギー量の「見える化」

　エネルギー・マネジメント・サービスは，図4-9に示すようなエネルギー使用量等の「見える化」を起点とする。ここでは，ICT（情報通信技術）を活用して建築各所にセンサー類を配置し，リアルタイムでエネルギー使用量や，環境条件にかかわるデータを収集し，その集計・分析内容を，建築のユーザー，管理者，所有者など関係者に表示する。近年では，エネルギー使用量や，室内外の環境条件を計量するセンサー類が高度化・低コスト化し，またその通信機能も充実し，前述のように建築まわりでは多くのデジタルセンサーが用いられるようになってきたことから，図4-9に示すシステムの技術的・経済的実行可能性は飛躍的に向上した。

　この「見える化」機能は，使用エネルギーの無理・無駄発見の手がかりを与える。たとえば，多くの建物では，やや大きめの空調能力を持った機器が設置される傾向にある。能力にゆとりを持たせる，というのは設計思想としては正しいと見ることができるものの，結果として，空調機器は大半の時間，低負荷での稼働になってしまい，エネルギー使用効率を著しく低めている。せっかく，

省エネ型の空調機器を設置しながらも，低負荷稼働のために，その優秀な性能が発揮できていない事例は多い．このような建築設計時の期待性能と，実性能との差異を計量により明らかにすることにより，

①無理・無駄を発見し，
②建築の使い方の改善策（建築の「操作方法」の工夫）を企画・実施し，
③その効果を計量し，改善策の効果程度を評価し，必要に応じてさらなる改善策を企画・実施し，

継続的に性能・効率を改善していくことが，エネルギー・マネジメント・サービスの第一ステップとなる．

(2) 段階2：エネルギー使用量予測による能動制御

第一ステップにおける継続的改善のプロセスは，二種類の学習プロセスを引き起こす．ひとつは，ユーザー自身の学習プロセスで，エネルギーの「見える化」システムを活用して，自らの創意工夫がどのくらいの効果があるかを学びつつ，建物を使いこなすこつをつかんでいくプロセスである．エネルギー・マネジメント・サービスは，ユーザー自身の学習プロセスをお手伝いする役割を果たす．ただ，十人十色と言うように，ユーザー自身の創意工夫の度合い，取り組みの積極性には個人差が大きいと言わざるをえない．

巷間，「エネルギーの見える化によってエネルギー使用量を10％縮減できる」ということが一般則であるかのように言われている．筆者は，このような言説は，「毎日，体重を計測しているのでダイエットできる」と同様の言説であると理解している．体重を計測することはダイエットの必要条件ではあるし，実際に体重計に毎日乗ることによって節制しダイエットに成功する人もいる．しかしそうでない人もいる．同様にエネルギーの見える化は必要条件ではあるが必ずしも十分条件ではない．

より効果が確実で，エネルギー使用量削減効果が大きい手段は，収集したデータを分析・解析し，これに基づいて，機器などを自動制御することである．そのために重要なことは制御内容と期待効果との間の数量的関係を精度高く予測できることである．具体的には，図4-9の見える化システムを継続的に用いて室内外気温，室内湿度，照度，ドアの開閉回数などの環境センシング・データと，使用エネルギー使用量との関係を解析し，気象予報などをもとにした近未来の当該建築におけるエネルギー使用量の予測精度を高めつつ，図4-10に示すようなヒューリスティックな方法で，制御を最適化していく．

図 4-10 フィード・フォワード型能動制御の考え方

①により省エネルギー・アクションが継続的に改善され②により予測精度が向上することにより，エネルギー需要自動制御の途が開かれる。

```
エネルギー使用量・予測モデルの設定
          ↓
省エネルギー・アクションの計画・実施 ←──┐
          ↓                          │①
エネルギー使用量                       │
室内外環境条件・建物使用条件・計測     │
   ↓           ↓                      │
  分析      アクション効果評価          │
   ↓                                   │
エネルギー使用量・予測モデルの修正 ─② ─┘
```

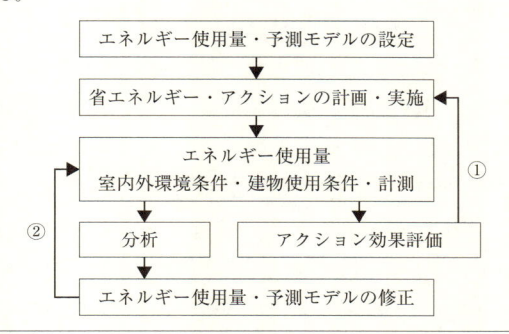

　図 4-10 のようなプロセスを繰り返していくと，たとえば，数時間後のエネルギー需要予測量をもとに，空調機器を予冷運転して一定負荷で連続運転することにより，省エネルギーを実現するなど機器類を能動的に制御できるようになる。言い換えれば，室内外温湿度や各種空調負荷の変動に応じて事後的に追従するのではなく，フィード・フォワード型予測制御ができるようになる。そうなれば，快適性を大きく損なうことなく，エネルギー使用量を節約できるようになることが期待される。図 4-10 のアルゴリズムをいち早く商業化したベンチャー企業では，過去 10 年弱の間に，金融機関，公共施設，テーマパーク，店舗（コンビニエンスストア，大型店舗），宿泊施設，大学キャンパスなどさまざまな用途の建物でサービスを展開し，運用改善によって 10～30% 程度の光熱費の縮減を実現している。

(3) スマート・シティ構想への応用可能性

　図 4-10 のフィード・フォワード型能動制御技術は，いわゆるスマート・グリッドの基幹技術として活用できる可能性を持っている。スマート・グリッドの定義は必ずしも定まっていないが，少なくとも日本においては，太陽光発電や風力発電など出力変動の大きな再生可能エネルギー電源が大量に導入された場合の電力ネットワーク全体の安定を実現する手段としても期待されている。フィード・フォワード型能動制御技術を活用して，制御モードごとにエネルギー使用量が精度高く予測できるようになれば，出力変動に合わせてエネルギー

需要の調整をする途が拓かれることになる。言い換えれば，フィード・フォワード型能動制御技術を磨かない限り，スマート・グリッドは絵に描いた餅であり，ましてやスマート・シティは絵空事となってしまうおそれもある。スマート・グリッドや，スマート・シティは巨大で複雑な人工物システムであり，使い手・住まい手それぞれが望む機能・サービスが引き出されていくためには，賢く使うためのデータ解析技術と制御技術は不可欠となる。本章の執筆時点では，スマート・グリッド，スマート・シティなどの文字が日本各所で躍っているが，プロダクト・プロバイダー的発想が見え隠れすることが大変気になる。スマート・グリッド，スマート・シティによって生活の質（QOL）を実際に向上させるサービス・プロバイダーとしての成功例を見せない限り，この熱気を帯びた期待が大きな失望に結びつきはしまいか，懸念される。

6 サービス・プロバイダーが定着・展開するための諸条件

以上，サービス・プロバイダーの先行事例を概観した。それでは，サービス・プロバイダーという業態が定着・展開していくための条件とは何であろうか。建築にかかわる企業間の取引は，各々がプロダクト・プロバイダーであることを暗黙の前提として，長年かけてその慣行を定着させてきた。これらの取引慣行に呪縛されることなく，機能・サービスに基盤を置いた経済取引が成立していくためには，次のような条件が満たされていなければならないと考えられる。

(1) 関係者間で認知または合意された「サービスに関する共通物差し」が用意されていること。
(2) サービスの質を向上させるためのデータの収集能力を供給者が持っていること。
(3) 個々の顧客の要求条件に合ったサービスを供給する仕組みがあること。
(4) ユーザーから見て利便性の高いワンストップ・サービスを供給できる仕組みがあること。

以下，これらの要件を概説する。

(1) 要件1：サービスに関する共通物差しが用意されていること

機能・サービスは無形である。しかし無形であるからといって，計量できなければ経済取引として整理しえない。したがって，建築の機能・サービスの基

盤となりうるような計測尺度（metric）や指標（indicator）[20]などの物差しが用意されなければならない。

インターネット・サービスをはじめさまざまなサービス提供取引では，サービス・レベル・アグリーメント（SLA: Service Level Agreement）に基づき取引契約が結ばれている。SLA は，サービス・プロバイダーが顧客に提供するサービスの内容と範囲，実現すべきサービス・機能の要求水準やその計測方法をわかりやすい言葉で明確に定めた文書である。

建築にかかわる SLA では，建築の機能・サービスの内容をさまざまな計測尺度・指標を用いてサービス・レベルを表現することになる。計量対象となる建築の機能・サービスには，物理量として直接計量できる機能・サービスと，定性的で物理量としては計測できない機能・サービスとが含まれている。後者については，グレード分け（rating）をする基準を定めて定量化する方法などが考えられる[21]。また，建築の機能・サービス（アウトカム）を直接計測するのではなく，建築の機能・サービスを引き出すために，どういう内容の業務を提供したか（プロセス）を計測することも考えられる。

すまいのコンシェルジェ・サービスは，引き出された住生活の便益，および提供された業務の内容・量を，多種多様な物差しを組み合わせて計測し，SLA を構成することになると考えられる。また，住宅インフィルのメインテナンス・リースにおいては，インフィル部品ごとに，部品から引き出される機能・サービスを複数の物差しを組み合わせて計測し，SLA を構成すると思われる[22]。一方，エネルギー・マネジメント・サービスにおいては，エネルギーの使用量，もしくは地球温暖化ガス排出量などの指標を基盤に契約が構成されることになる。なお，UNEP-SBCI（国連環境計画・サステナブル建築と気候変動イニシアティブ）では，Common Carbon Metric（CCM）の計測方法案を作成し実務での試行を始めた（本章執筆時点）。これに呼応する形で，国際規格 ISO 16745 が 2015 年に制定された。これらは，建築から排出される地球温暖化ガス量について世界で共通の計測方法を確立しようという試みである。かりに，

---

[20] 計測尺度（metric）は一般的にはバイアス・価値観が入り込まないが，物差し（indicator）には価値観・規範が反映する。したがって，市場が形成されていくためには何らかの社会合意・スタンダードが必要になる場合がある。

[21] CASBEE，LEED，BREEAM など現在世界で用いられている建築の環境性能評価方法では，物理量として直接計量する方法と，グレード分けによる定量化が併用されている。

[22] 実務的には，自動車やコピー機のメインテナンス・リース契約も参照されることになろう。

このような物差しが国際的に成立すれば，いわゆる Cap and Trade などの政策的規制が国境を越えて導入されたり，Clean Development Mechanism (CCM) などによる地球温暖化ガスの排出削減量の国際取引化が可能になる。言い換えればCCMと，サービス・プロバイダーとしてのエネルギー・マネジメント・サービスが深く結びついていく可能性を持っている。

(2) 要件2：サービスの質を向上させるためのデータ収集力

建築にかかわるサービス・プロバイダーの価値創造・価値獲得基盤は，個々の使い手・住まい手によって「望まれる機能・サービスと現実との乖離・差異」を何らかの方法で埋めていくことにある。そこで，機能・サービスの現状を計測・分析し，乖離・差異を解消するための方策を立案して実行し，その効果を測定分析したうえで，さらなる改善策を実行していくことが，サービスの質を向上させていくために不可欠である。

建築の様態も，使用環境も，使い手・住まい手によって望まれる機能・サービスの内容は，千差万別である。機能・サービスの計測・分析を基盤に継続的に改善策を施していく一連のプロセスは，建物個々別々に展開されていくことになる。それゆえに，機能・サービスにかかわるモニタリング・データを収集する能力，および収集したデータを解析する工学的能力が求められる。住宅履歴書（いえかるて）や，図4-9のようなシステムから得られるエネルギー使用量データや環境センシング・データは，まさにこのモニタリング・データに相当する。

モニタリング・データは，建築がいかに使われているのか，またそこで人がどのように行動しているのかを示すオペレーション・データとしての性格も持つ。オペレーション・データは医療・健康サービス，セキュリティ・サービスなどさまざまなサービス供給者にとっても垂涎の大きな価値のあるデータである。クラウド・コンピューティング・システムの普及と相まって，近い将来，モニタリング・データ，およびオペレーション・データは大事な経営資源として認識され，取り扱われることになるであろう。

サービス・プロバイダー間の価値創成・価値獲得競争における比較優位性は，オペレーション・データというビッグデータを収集・解析し，個々の顧客にとっての機能・サービスの最適化に結びつけていく能力に依存していくように思われる。

(3) 要件3：個々の顧客の要求条件に合ったサービスを供給する仕組み

サービス・プロバイダーによる価値創成・獲得は，経時的カスタマイゼーションによって個々の使い手・住まい手それぞれの要求条件に適合した機能・サービスを提供することにも立脚している．一般には，個々別々の対応をとればとるほど，供給コストを上昇させ，サービス供給の経済的実行可能性を失わせてしまうおそれがあると考えられる．個別化（customization）による価値創造・獲得と，供給費用の増加というジレンマを解決・緩和するためには，サービスを効率的に提供するためのロジスティックス・システムが構築され，運用されていなければならない．建築のオペレーション・データは，ロジスティックスを最適化するためにも必要不可欠の前提となる．

(4) 要件4：ワンストップ化サービス

「すまいのコンシェルジェ」の事例で示唆したように，垂直統合の桎梏を超えて，ひとまとまりのサービス（integrated solution）が提供できればサービスの付加価値を向上させることができる．また，エネルギー・マネジメント・システムで用いられているデータは，たとえば見守りサービスにも活用できるように，建築・住宅にかかわりのある各種サービスにおいても利活用できる可能性を持っている．生活の質（QOL）を高めることを起点にすることによって，供給者視点の縦割り発想に拘泥されず，従来の産業の枠を超えて，ワンストップのサービス体制が構築できればできるほど，サービス・プロバイダーによる価値創造・価値獲得は拡大していくであろう．

従来の産業ドメイン，専門区分ドメインを超えるボーダーレスさや，ユーザーにとっての serviceability を中心視座においた発想がサービス・プロバイダーにとっては，何よりも肝要であり，ワンストップ・サービスはそのキーワードとなるであろう．

おわりに

以上，本章では，建築に関連する産業のサービス・プロバイダー化について論じた．本章を閉じるにあたり，読者の皆様が抱いたかもしれない誤解を解いておきたい．

サービス・プロバイダー化は，ものづくりを磨くことを否定するものではなく，むしろ，さらにものづくりを磨かなければならないことを示している．建物はつくったが，その機能・サービスは保証できない，というのは人工物の提

供のあり方として間違っているといわざるをえない。
　一般に，人工物設計において機能設計は通常は中心となるテーマであるが，必ずしも建築分野ではそうではなかった。しかし，オペレーション・データを収集解析することによって，ライフサイクルにわたって機能を作り込み発現させていくことをサービス・プロバイダー化は求めている。そのプロセスで，的確で有益なフィードバック情報がものづくりの現場にはもたらされるであろう。そのような意味では，サービス・プロバイダー化は広義のものづくり力をますます磨いていくことになると考えられる。

参考文献

Gann, D. (1996), "Construction as a Manufacturing Process? Similarities and Differences between Industrialized Housing and Car Production in Japan," *Construction Management and Economics*, 14(5), 437-450.
LIXIL住生活財団「200年住宅研究会報告書」．
野城智也（2003），『サービス・プロバイダー：都市再生の新産業論』彰国社．
野城智也・腰原幹雄・齊藤広子・中城康彦・西本賢二（2009），『住宅にも履歴書の時代：住宅履歴情報のある家が当たり前になる』大成出版社．

第Ⅱ部 ◆ 建築ものづくりの特徴

第5章　建築の特徴のとらえ方
　　　　——これまでのつくり手の視点から使い手の視点へ
第6章　「アーキテクチャ」から見た日本の建築ものづくり
第7章　建築におけるアーキテクチャの位置取り戦略

第Ⅱ部の流れと位置づけ

　第Ⅱ部では，第Ⅰ部で論じた建築ものづくり論の基礎編を受けて，その応用編としてアーキテクチャ概念を建築物に適用し分析を行う。本書で取り上げる「アーキテクチャ」とは，人工物の設計情報を，設計要素間の結合関係，あるいはグラフ構造として抽象的，形式的に示した概念を指す。この概念を人工物としての建築に適用し分析することで，建築ものづくりにおけるさまざまな特徴，製品・プロセス・組織の関係を明らかにし，日本の建築業の強み・弱みを浮き彫りにし，今後の戦略のあり方を導き出すことが第Ⅱ部の狙いである。

　第5章は，本書の対象とする建築物とは何かを，ビルディング・タイプ（市場・用途）を通じて整理しようと意図した章である。その過程で，既往の分類がつくり手の視点に偏った分類であることが指摘されるとともに，新たに使い手の視点，価値創造の視点に立った三つの類型化手法が提示されている。

　第6章では，アーキテクチャ論の分析枠組みに従って，建築物の機能・構造・工程・組織の関係性を詳細に検討する。第2節でアーキテクチャ論の諸概念や手法が建築分野のそれらとどのように対応するかを整理した後，続く第4節では外国の建築ものづくり，他産業のものづくりと対比させながら，製品アーキテクチャと設計・生産プロセス，組織体制を分析する。その結果，日本の建築ものづくりは相対的にインテグラル型寄りの傾向があることが明らかにされる。また，第7節でも，施工計画段階に相当する「構造―工程」アーキテクチャの分析を通じて，日本の建築ものづくりに特有の統合型組織能力が発達する傾向があることが示される。あわせて，モジュラー化の得失やICT化についても言及される。

　第7章では，5, 6章のアーキテクチャ論的分析をさらに応用して，建築事業の戦略分析を行う。建築のアーキテクチャ的な特徴が，収益性に与える影響について考察する。ここで用いる分析枠組みは，「アーキテクチャの位置取り（ポジショニング）戦略」である。この分析枠組みを戸建住宅，マンション，生産施設，オフィス，病院，リフォーム，海外市場など多岐にわたる建築物に適用して分析を行う。その結果，日本の建築物が従来，利用システムの特殊性に起因して「外インテグラル・アーキテクチャ」である傾向が強く，さらに，それが「中インテグラル・アーキテクチャ」の傾向をもたらし，結果として日本の建築物は「中インテグラル・外インテグラル」の位置取り戦略に集中する傾向があったことを明らかにする。そのうえで，近年は，それ以外の位置取りへの移行も見られること，結果として，日本の建築物のアーキテクチャ戦略が多様になってきていることが明らかにされる。

第5章

建築の特徴のとらえ方
これまでのつくり手の視点から使い手の視点へ

吉田　敏
安藤正雄

1　建築の基本的な特徴

　これまで，建築産業は，製造業やサービス業などの他産業と分けて，特別な産業として理解される場合が多かったのではないだろうか。たしかに建築産業独自の側面もあるし，産業の慣行が独特で理解しにくいと感じられる面があるかもしれない。とくに，価格の不透明性から，談合やダンピングなどのネガティブな印象があるかもしれないし，「きつい，汚い，危険」と評された施工環境のイメージがあるかもしれない。しかし，でき上がった建築を見ると，複雑で幅広い技術を組み合わせながら，高品質な生産物をつくり上げている面もある。本章では，建築の特徴を正確にとらえていきたい。また，これまで進んでこなかった建築と他産業の産業間比較が進めば，他産業から建築産業が多くのことを学び，他産業に建築産業の優れた部分を伝えることが可能となることを意味する。たとえば，BIM（Building Information Model）などの建築のIT化で，業界内ではこれまでの作業の効率化だけを考えている面があるようだが，他産業を見ればプラットフォームをおさえる価値に気づくことになる。
　本章では，その可能性を具体的に大きくする素地を考えていきたい。そのために，基本的にものをつくる視点から考えていくこととし，建築の特徴を整理していくものである。
　まず，最も基本的な視点の一つとして，ものをつくるプロセスから考えてい

く。建築はさまざまなプロセスを経てつくられることになるが，それらのプロセスを俯瞰的に見ると，大きく分けて二つの行為の束によって理解することが可能である。それは設計と施工である。これらを本書の筆者の一人である藤本隆宏は，行為と扱う対象の内容から，「設計情報の創出」と，物理的素材や部品への「情報の転写」として説明している（藤本 2004）。この考え方を建築分野に落とし込むと以下のようになる。まず，要求仕様，敷地条件，法規的規制，技術的制約，計画合理性，デザイン性などに基づき，多くのプロジェクトごとに異なる因子によって「設計情報」がつくられる。この「設計情報」が，建築のしつらえとしての構法や施工の手法としての工法などに落とし込まれることによって，生産物としての建築がつくり出されると考えることができる。「設計情報」のつくり手の主たる目標が，できるだけ高いパフォーマンスを達成する生産物をつくるような情報を創出することであると考えると，すべての面においてできるだけ最適解を選択していく必要があることになる。つまり，企画段階，設計段階，施工段階，メンテナンス段階において，物件ごとに異なる与条件に対し，最適な情報を，与えられた時間の中でまとめていくことになる。とくに特徴的なのが，建築をつくるのに，建築分野の技術的知識だけでなく，機械分野，情報分野，電気分野，電子分野，化学分野など，多くの技術的知識が必要であり，それに基づき，多くの産業分野や製品分野がかかわることになる点である。そのために，建築生産のシステム全体を理解しようとするとき，一つの局面やプロセスだけを見ていくことでは不完全である。すべての段階を包括的に把握していくことにより，はじめて建築の特徴を理解することができる。

　本節では，他産業と異なる側面と類似する側面の両方を持ち合わせている建築について，基本的な特徴を理解するための見方を示していく。また，次節以降では，これまでのつくり手中心の見方にとどまらず，価値創造に立脚した使い手視点の見方を示すものである。

1.1　単品受注生産としての建築の特徴

　建築は，基本的に単品受注生産が前提となっている。各プロジェクトは，必ず固有の敷地を対象としている。敷地の形状や接道条件，インフラとの接続，周囲の環境などにより，必ずその敷地独自の前提条件が存在することになる。また，その敷地が存在する地域により独自の規制や条例が存在するし，実際に

施工を行う職人が通うことのできる地理的範囲も限定される。つまり，敷地だけでも多くのプロジェクト独自の与条件が存在することになる。また，施主の要望を満たすかたちで，意匠を含む建築計画，構造計画，設備計画，外構計画などについて，最善と考えられる内容にまとめていくことになる。そのとき，コスト面の抑制，工期の最適化，施工安全性，近隣の環境に対する配慮，そして前述の敷地に関する与条件など，さまざまな内容を満足させていく必要がある。それら多くの与えられた条件についての優先順位もプロジェクト固有のものとなっていく。これらの点より，建築の生産活動に関する以下のような考慮すべき点が考えられる。

　一つめとして，設計，施工ともに，限られた時間の中で，限られた経済的資源によって，各々の独自性があるプロジェクトを進めなければならない点である。各建築プロジェクトにおいては，独自の設計組織や生産組織，そして生産方法や生産プロセスを一時的に組み上げていくことになる。プロトタイプに基づくマスプロダクションでは，比較的安定した設計組織や生産組織によって，そのプロトタイプをつくるために試作，実験，フィードバックなどに基づく多くのエネルギーが注がれ，工場内の製作過程において改善作業が繰り返し行われ，最終的に生産システムが構築されていくことになる面があると考えられる。それに対し，建築では，参考として類似物件のコスト，工期，生産方法などに準じることを拠り所にして計画が進められる傾向がある。つまり，施主は想定範囲内の価格と工期を期待し，つくり手はそれに応えようとするため，プロジェクト独自の与条件に対する検討が十分になされることが困難な面がある。そのため，すべてのプロジェクトで慣行的な設計内容や生産方法を採用せざるをえない面があり，実際には，試作，実験なども部分的な内容に限られ，新しい素材やシステムの検討も十分になされないまま，計画，設計，施工がなされていくことになる面があることは否定できない。

　二つめは，与条件の変化である。建築の各プロジェクトは，計画を開始してから建物が竣工するまで，どんなに早くても半年，通常で2〜3年，長いものだと10年以上かかる傾向がある。その間に，ほとんどすべてのプロジェクトに関係する要素が変化していくことになる。もう一度敷地を取り上げて考えても，用途地域，容積率，建蔽率等の法規的基本事項の変更の可能性に加え，地価，地盤状態，接道の状態，近隣の意見，周辺環境などの変化が考えられ，設計内容から生産システムまでさまざまな影響を受けることになり，それらをプ

ロジェクトごとに検討していく必要がある．そして，このような面は，当然，敷地だけでなく，施主の要望，景気，為替などの変化から，社会の変化，技術の変化など，広い範囲について影響を受けることになることは自明であろう．

三つめが，建築現場（敷地）における施工作業の必要性である．建築の生産システムにおいて工場生産化がいくら進んでも，工場の中だけでつくり上げることは困難である．敷地における作業がまったくなくなることは，基本的にありえないと言えよう．そのために，気候，天候，地中埋設物への対応，近隣住民の現場作業に対する理解など，施工に関する不確実な要因が少なからず存在することになる．このように施工作業場所が物件ごとに異なる物理的な制約を受けることになり，その制約の中で多数の工種が作業していくことになり，建築施工計画の策定は高度な専門的知識と多くの経験が必要となっていくことになる．

四つめは，要求条件の複雑化や矛盾の内包である．各プロジェクトにおいて，計画の目的が複数のステークホルダーに対する内容となっている場合が多い．要するに，通常ユーザーサイドの立場が複数考えられるため，それぞれの立場からの要求が相容れなかったり，対立することが，十分に考えられるということである．たとえば，建物オーナーは予算の中で資産価値を高める内容が重要であり，テナントは使いやすさや集客力に重きを置いた魅力的な空間を好み，建物管理者はセキュリティ，メンテナンスからクリーニングまで対応しやすい内容が必要である．しかし，これらの要求される事項を整理していくと，各ステークホルダーにとって一致する要求事項，一部のステークホルダーにとってだけ重要な要求事項，ステークホルダーごとに内容が異なる要求事項など，さまざまな内容が存在することになる．一つの具体例として，賃貸用事務所ビルのエントランスホールを取り上げて考えてみよう．エントランスホールの形状，仕様を思い浮かべてみると，テナントは顧客のアプローチの容易さを求め，業務内容によっては不特定多数の外部の人間の誘引を歓迎する．しかし，管理側は建物の維持管理の視点から，むやみに不特定多数を誘因する形状や機能を肯定しにくいということになる．また，居室の仕上げなどの仕様を取り上げても，建物オーナーは，補修しやすいものを求め，テナントは事業内容に合う機能性・意匠性を求めることになり，必ずしも両者を成り立たせることが可能でなくなる場合も考えられる．これらのことは，すべての建築に多かれ少なかれ含まれている問題であり，建築に求められる要望の中身は，ステークホルダーの

立場ごとに主張が異なり，コンフリクトを起こす可能性が内包されていることになる。もちろん，このような側面は他の製品やサービスにも含まれる場合が考えられる。しかし，生活や活動の場である建築は，その生活や活動に変化や矛盾が生じる以上，拭い去れない根本的なコンフリクトが内在していると言えそうである。

1.2 機能面に課題が残る建築設計

前項で触れたように，建築は，人間の生活や活動のための場や空間をつくるものである。この点は，多くの製品分野や産業分野と一線を画すことになる。

多くの製品やサービスは，使い手の持つ明確な目的を実現するものであると考えられそうである。ものを書くためにペンがつくられ，ものを切るためにナイフがつくられ，長距離を移動するために自動車や電車がつくられたのではないだろうか。もちろん，それらの主要な目的が達成されると，付加的な価値が望まれることになる。しかし，建築には，この点において決定的な違いがあると考えられる。

建築は，場所や空間をつくり出すものである。われわれが生活する都市を見てみれば，それぞれのプライベートな空間から，街区や都市全体のような大規模な空間まで，連続するように人工的な空間で埋め尽くされているわけである。そのため，建築は単独であっても，周囲との関係性を注意深くつくり込んでいく必要があり，そのようなつくり方によって，はじめて人間にとって満足する生活や活動の場が得られるわけである。

多くの建築は，明確で限定的な機能を求められない傾向がある。各建築に求められる機能を書き出すと，抽象的かつ非限定的である面があるのに気づくことになる。たとえば，住宅に求められる機能は，第3章でも触れたが，住まい手が長期にわたって安心して生活の中心としての拠り所となる，といったものであろう。これは，出産，子どもの独立，老世帯との同居などによって，住まい手のメンバーが変わろうとも，求められる機能は変わらないはずである。また，政治，景気，社会動向なども変化していくことになるが，それでも機能は変わらないことになる。逆に，ここで述べた機能は抽象的であり，具体的な機能は当初から明確にすることが困難であることにも気づくことになる。他の主要用途の建築でも同様である。市庁舎，学校，事務所，高層集合住宅など，住宅とほとんど同じ理解の仕方が成り立つことになる。また，目的が明確で，主

要な機能を限定的に書き出すことができると思われる建築も，ある程度，同様の側面が見えてくる。たとえば，デパートやショッピングセンターなどは，物品を販売する，という明確で限定的な機能を記述することができる。しかし，各企業は直接販売の戦略を練るだけでなく，店構えを検討し，休憩用のスペースをつくり，家族連れを想定したものなどの付加的な利便性まで検討する。なかには，通常では考えられないくらい快適なトイレを用意するところも存在する。これらは，来店する顧客の生活や活動の場として，商品を買う，ということ以外に，くつろぎ，ゆっくり休み，何らかの新しい機能を見出すことを狙っているわけである。

　このように考えていくと，生活や活動の空間や場を設計するという行為は，当初から限定的に機能を明示することは副次的なことであり，主要なことは，生活者や利用者の継続的な活動から表出してくる機能を引き出すことと考えることができるかもしれない。これが，第3章で指摘した発生機能（Emerged Function）である。設計者にとっては，想定できる可能性がある限定的な機能と，想定することが困難な自由な機能が混在することになる。設計段階には，想定するのが困難な自由な機能を議論することが難しいことになるが，多くの建築では，このような自由に表出してくる機能に価値創造の重要な面が重なる可能性を持っていると考えられる。なぜなら，使い手は，生活や活動のための場所や空間を取捨選択しながら，最も有効な使い方を，行為や経験を通して見出していくことになるため，その結論によって何らかの意味のある場や空間になっていることが求められる面があるからである。要するに，使い手によって発生機能がつくり出されなければ，意味の薄い空間になるということである。しかし，どのように使い手の行為や使い方を誘導しても，使い手がそのとおりに使い続けることは確約されるものではない。つまり，どんなに落ち着く感じがする書斎をつくっても，どんなに明るくて広いリビングをつくっても，どんなに高級な家具と照明を配してダイニングをつくっても，誰も使わないかもしれないし，想定と異なる使い方（たとえば，書斎で家族がくつろぐようになるかもしれないし，ダイニングで子どもたちが学習するようになるかもしれない）がなされるかもしれない。発生機能が表出するかどうか，つまり，そこに生活を送るうえでの価値が創出されるかどうかは，設計者が設計時点ではわからない面が間違いなく含まれるということである。

1.3 標準化や生産システムの固定に課題が残る建築施工

　建築産業の重要な一つの特性と考えられるもののなかに，建築が膨大な種類の部品や素材の集合体であるということがある。部品数や素材数およびその種類が多いために，全体としての複雑性が大きくなりがちである。しかし，国内の建築設計の拠り所とする考え方の一つに，すべての与条件を総括的に考えて最高のパフォーマンスを目指すことがあると言えよう。これは，何かだけが特別に優れているからといって，目的となる生活や活動に大きな不便さが残る場合，使い手に受け入れられる可能性が低くなるからである。そして，基本的に物件ごとに大きく異なる与条件である，敷地と，施主の要望と，建物の主要用途などに対して，総合的に的確な答えを出すのが当然であると考えるためである。その反面，複雑性を抑える試みは持続的に行われてきた。とくに，生産合理性を高めるために，施工における部品の工場生産化については多くの試みがなされてきたと言える。しかし，建築施工の生産合理化のために，建築のすべての部位に関して工場生産中心の生産システム標準化を確立しようという試みを顧みると，いくつかの困難な点があることがわかる。

　一つめは，部品の標準化の弊害としての形態や空間の画一化，類似化である。建築を工場生産中心の生産システムによって合理的につくり出すには，ある程度の標準化が考えられる。しかし，課題はその標準化によって建築が画一化されたイメージになる危険性が伴うことである。当初，海外において，住宅産業中心に建築本体のシステムの標準化を優先することにより工場生産の有利性を引き出すことができた事例があったが，その標準化によって製品としての画一性が欠点となったと考えられる。とくに，国内では，住宅以外でも，施主は独自性の強い形態や機能を求める傾向が強いと考えられる。そのため，自分たちの思いどおりのものを，カスタマイズすることによって実現できることが当然だと考えられていると言える。

　二つめは，標準化された内容の変更が困難である点である。つくり手は，企業間競争に勝つために最終生産物である建築を魅力的にするよう努力することになる。そのため，部品や素材の見直しを頻繁に繰り返す傾向がある。とくに，生活レベルの向上によって多様化する生活環境から生まれるニーズに，建築が刺激されることが考えられる。これまでの，国内における，住宅を中心とした活動の場をつくる建築は，各々の時期において，生産合理性から標準化された

部品などが存在する側面と，多様化した要望に対する部品などのカスタマイズ化が存在する側面とが，混在したものとなっている。もちろん，このような面は，多くの製品やサービスに見られる。しかし，建築の場合は，異なった特性を持つ非常に多くの関連産業や関連技術に支えられており，それらにより多くの種類の製品や部品が供給されてきたため，標準化された部分の変更に大きな課題が残ることになる。

　三つめは，設計側，施工側と工場側の間の契約関係の独特な慣行化による作業面やコスト面の弊害である。これは，部品の標準化によるものだけでなく，広く建築生産に当てはまることであるが，生産システムの固定による問題である。バブル期などを経て，建築関係の各工場では，建築部品生産に関して，図面承認の遅れの慣行化などによって生産プロセスが複雑化することや，設計支援作業の増加が強いられることが元請からの負荷として押し付けられるようになってきた分野がある。これは，建築用の部品などの発注者である建築設計側や建築施工側と，受注側である各工場は，立場が固定されながら継続的な契約関係を結んできたためであることが考えられる。このことは，工場の生産合理性を活かすというよりは，工期とコストを抑えるため，下請けに当たる部品生産の工場側が無理を強いられる面があることは否めない。このようなことは，工場を基盤とした協力会社だけにとどまる問題だけではないが，工場生産の特性と固定化した契約関係は，問題を大きくする可能性を含んでおり，でき上がる建築の品質や，建設産業の業態の健全性に深刻な問題を生じさせることが懸念される。

　また，建築生産のコスト効率は客観化しにくいところがある。一つの建築を完成させるためには，工場生産などと敷地での施工が必ず共存することになる。そのため，物件ごとに与条件が複雑に異なることが主な理由となる。ほかにも，使われる産業範囲や製品範囲が広いこと，単品受注生産による純粋な作業内容の比較が難しいこと，複合化した工事手法ごとのコスト面の比較が難しいことを理由としてあげることができる。とくに，建築は単品受注生産が基本となっているために，建築原価は物件ごとに積算され，見積りを作成しなければならない。つまり，すべての物件で独自の原価が算出されることになる。近年，さまざまな状況において建築産業に対してコスト面の不透明性が取沙汰されている。建築に関するコストの算出内容は，積算の数字に見積り単価をかけていくことになるが，単価は主に材料と工賃によって構成される。一つひとつの部品

代も算出の妥当性を考えた場合に判断しにくい面があるが，工賃，つまり人件費はもっと難しい面を含んでいる．これは，協力会社の利益と労働者を働かせる時間単価が対象となり，忙しさや元請との取引関係によって協力会社が受け入れた金額によって決定される面があるということも否めない．このようなコストを構成する基となる材料と工賃などは，建築に使われる部品や素材が物件ごとに違うことに加え，施工される時期の問題や敷地の場所による条件の違いなど多くの要因がコストに影響し，その数と種類が多いことが特徴となっている．また，建築を担当する組織によって独自のサプライチェーンを持つことになり，一つひとつの部品や素材の単価が組織ごとに異なることも考えられる．そのうえ以上の内容は，最終的に建築物として残る内容について算出される数字であり，これ以外にも建築生産にはさまざまな費用が必要となってくる．まず，直接仮設費と呼ばれる足場，養生，墨出しなどの費用が必要である．これらは，その施工計画によって異なる費用となるために，限定的な数字の妥当性を問いにくい要素が含まれることになる．また，共通仮設費と呼ばれる現場事務所経費，仮囲い費，仮設電気費なども必要となってくる．この内容も，組織ごとに内容が異なることが考えられ，金額の妥当性を論じることが困難である．そして，このほかに諸経費と呼ばれる本社機能などのための費用も計上されることになるが，この費用も妥当な金額がどの程度かを論じるのも困難な面がある．また，このような諸経費などは，工事金額のある割合をもって決定される場合なども少なからずあり，拠り所は必ずしも明確であると言い切れない面がある．

しかし，問題はこのような計上される数字の不確かさだけではない．そもそも，これらの不確かさは，建築生産に含まれる不確実性から，ある程度認めざるをえないものでもある．前述のように建築物件は単品受注生産であるために，それぞれの物件において独自の請負金額が決定される．これは，通常は算出された総建設費に基づき，利益率をかけたものが基本となるはずである．ところが，それぞれの物件で戦略的な請負金額が出されていることが考えられる．

場合によっては，物件ごとの請負金額が，客観的な理由がないまま不自然に本来の見積金額より下げられた金額になることが考えられる．これが，建築産業のコスト的な不透明性と呼ばれる最も大きな要因であると考えられる．たとえば，入札に勝つため，積み上げで算出した全体の金額を何割もカットした入札金額を提示することも考えられる．このようなダンピング行為などが，業界

全体の疲弊を招かないことを願うところである。
　要するに，建築産業は，受注して初めて仕事になるという意識に基づくため，状況によっては，利益をカットしても受注を優先する場合があるということである。そして，受注に対する金額的戦略について考えると，積み上げによる工事原価計算の結果とは遊離した，請負金額の操作に重きを置いている部分があるのかもしれない。受注後は，竣工までライバルが現れることなく，少しずつ工夫しながら利益率を回復させ，場合によっては特命で追加工事を受注しつつ，粛々とプロジェクトを進めていくことができ，受注高や実績をあげていくことができる。これが，利益を削る受注の一つの理由であろう。そして，竣工後についても，竣工した建物の内容を一番よく把握し，工事期間を通し施主側と親密になっていることにより，メンテナンスに関する受注や，発注者とのさまざまなビジネス上の持続的取引など，施主側と望ましい関係をつくることが視野に入っていると考えられる。

1.4　発注方法と機能・構造・工程創造の関係性

　ここでは，建築の特徴の一面を示すため，設計と施工（生産）の関係を見ながら，建物がつくられるプロセスを考えていきたい。基本的には，使い手から要望が示され，それに基づいて設計者が設計し，その設計内容に基づいて施工者が施工していくことになる。しかし，この流れの中で関与者が行う役割が一様でないことを示し，建築をつくるプロセスの一面を明示したい。
　まず，図5-1から図5-3を見て頂きたい。これらは，事務所ビルや工場など対象とした場合の，発注方法によって異なる関与者の役回りの違いである。とくに，「機能設計」「機能の構造への翻訳」「構造設計」「構造の工程への翻訳」「工程設計」に分けて，誰がどのような内容を担っているかを表現したものである。
　図5-1では，国内の設計と施工を分離して発注する方法についての関与者の役割を表現したものである。この場合，発注者，設計者，施工者の三者は完全に別々の主体であり，設計者は設計事務所，施工者はゼネコンが代表的な組織となる。発注者は，企画段階を主に担い，設計段階についても一部を担うことになるが，これは，建物の「機能」の決定に関する役割を担っていると考えることができよう。設計者は，ブリーフの作成，基本計画から実施設計，工事業者の決定に関する準備までの段階を担う。これは，建物の「機能」「機能の構

1 建築の基本的な特徴　183

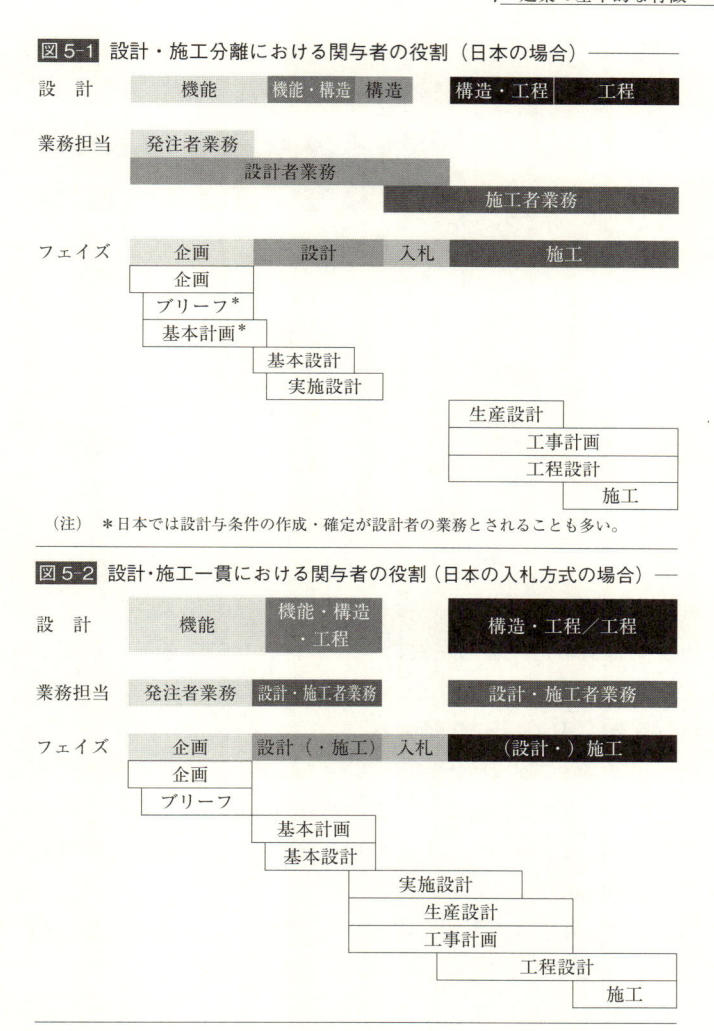

図5-1 設計・施工分離における関与者の役割（日本の場合）

設　計：機能／機能・構造／構造／構造・工程／工程

業務担当：発注者業務／設計者業務／施工者業務

フェイズ：企画／設計／入札／施工
- 企画
- ブリーフ*
- 基本計画*
- 基本設計
- 実施設計
- 生産設計
- 工事計画
- 工程設計
- 施工

（注）＊日本では設計与条件の作成・確定が設計者の業務とされることも多い。

図5-2 設計・施工一貫における関与者の役割（日本の入札方式の場合）

設　計：機能／機能・構造・工程／構造・工程／工程

業務担当：発注者業務／設計・施工者業務／設計・施工者業務

フェイズ：企画／設計（・施工）／入札／（設計・）施工
- 企画
- ブリーフ
- 基本計画
- 基本設計
- 実施設計
- 生産設計
- 工事計画
- 工程設計
- 施工

造への翻訳」「構造」の決定を担うことになる。施工者は，入札から施工までを担うが，この内容は，「構造の工程への翻訳」と「工程」の決定を行うことになる。

　図5-2，図5-3は，同様の視点で描いた内容であるが，設計施工一貫方式についての内容となっている。とくに，図5-2は設計施工を担う組織を入札によって決定する方式であるが，この場合，企画段階は発注者だけが担い，その後

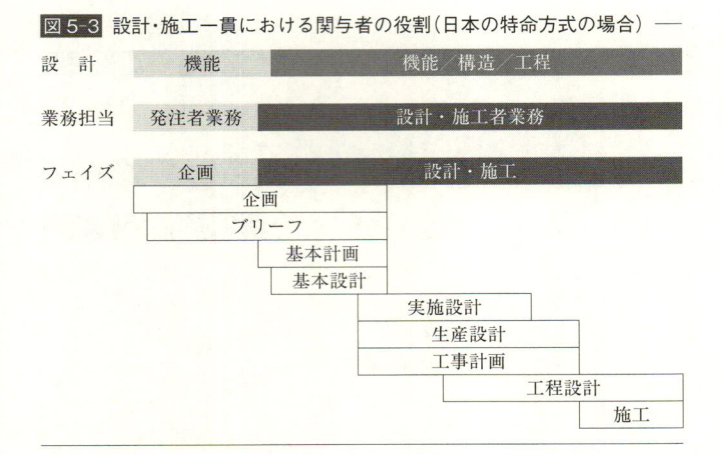

184　第5章　建築の特徴のとらえ方

図5-3 設計・施工一貫における関与者の役割（日本の特命方式の場合）

設計	機能	機能／構造／工程
業務担当	発注者業務	設計・施工者業務
フェイズ	企画	設計・施工

企画
ブリーフ
基本計画
基本設計
実施設計
生産設計
工事計画
工程設計
施工

のすべての段階を設計・施工を担当する組織が行う。これは，「機能」を決定する主要プロセスは発注者が行い，その後，その内容を受けて設計・施工を担う立場が建物をつくっていくことになる。図5-3の場合は，特命方式のため最初から設計・施工を担う組織が決められているものである。そのために，設計・施工を担う組織は，発注者とともに，企画段階から参画し，「機能」を含むすべての段階に関与することになる。

　このように，発注方式が変化することにより，建物の「機能」「構造」「工程」などの決定を担う主体が変化していくことになる。これは，プレハブの住宅や，標準化が進んでいるシステムズビルディングなど特色があるものもあり，さまざまな多様性が認められることになる。

　この点が，建築の一つの大きな特徴となっていることを押さえておく必要がある。

1.5　機能・構造・工程創造における顧客システムの影響

　前項の機能・構造・工程創造に関する議論は，発注方法による影響だけでなく，顧客システムの影響も受けることになる。また，このとき，一品生産の建築と，大量生産型の建築を分けながら，注意深く理解していきたい。

　表5-1は，一品生産の建築を取り上げながら，顧客システムと，機能・構造・工程の創造を担う関与者との関係性を表現したものである。それぞれの表において，該当する関与者が中心となって担う内容については◎，部分的に担

1　建築の基本的な特徴　185

表5-1 顧客システム別の一品生産型建築における関与者の役割

個人住宅(注文) [アーキテクト] B to C			機能	機能・構造	構造	構造・工程	工程
	C	ユーザー＝発注者	◎	◎*	—	—	—
	B	設計者	○	◎	○	○	—
	B	施工者	—	—	○	◎	◎

*：間取り（空間の構造）

個人住宅(注文) [在来：工務店] B to C			機能	機能・構造	構造	構造・工程	工程
	C	ユーザー＝発注者	◎	◎*	—	—	—
	B	工務店	—	◎**	○	○	○

*：間取り（空間の構造）　**：物的構成

分譲マンション B to B（to C）			機能	機能・構造	構造	構造・工程	工程
	C	ユーザー	—	—	—	—	—
	B	発注者(デベロッパー)	◎	◎	—	—	—
	B	設計者	—	◎	◎	—	—
	B	施工者	—	—	○	○	◎

*：比較的モジュラー

オフィスビル [オーナービル] B to B			機能	機能・構造	構造	構造・工程	工程
	C	ユーザー	—	—	—	—	—
	B	発注者(ビル管理者)	◎	○	—	—	—
	B	設計者	○	◎	◎	—	—
	B	ゼネコン	—	—	○	◎	◎
	B	サブコン／サプライヤー	—	—	—	○	○

*：インテグラル

オフィスビル [賃貸ビル] B to B			機能	機能・構造	構造	構造・工程	工程
	C	ユーザー	—	—	—	—	—
	B	発注者(ビル管理者)	◎	—	—	—	—
	B	設計者	—	◎	◎	—	—
	B	ゼネコン	—	—	○	◎	◎
	B	サブコン／サプライヤー	—	—	—	○	○

*：比較的モジュラー

工場 [DBの場合] B to B			機能	機能・構造	構造	構造・工程	工程
	—	ユーザー	—	—	—	—	—
	—	発注者	◎	◎	—	—	—
	—	設計・施工者	—	○	◎	◎	◎
	—	サブコン／サプライヤー	—	—	○	○	○

*：モジュラー，インテグラルの両方がある

公共施設 [病院] B to B to C			機能	機能・構造	構造	構造・工程	工程
	—	ユーザー	—	—	—	—	—
	—	コンサルタント	◎	◎	—	—	—
	—	発注者	◎	—	—	—	—
	—	設計者	○	◎	◎	—	—
	—	ゼネコン	—	—	○	◎	◎
	—	サブコン／サプライヤー	—	—	—	○	○

*：インテグラル

う内容については○で表現している。

　まず，注文住宅を例にあげながら B to C の場合を見ていく。ただし，設計者と施工者が別な場合と，設計者と施工者が工務店などのように同一の場合は，分けて考えていく必要がある。設計者と施工者が別の場合，表においては「アーキテクト」の場合，設計者は設計内容をユーザーの要望にできるだけ対処するように，ユーザーとともに「機能」や「機能の構造への翻訳」のプロセスに参加することになる。また，「構造の工程への翻訳」段階にも参画することになる。このことにより，より多くの要素の関係性を擦り合わせながら，高いパフォーマンスを目指す傾向があると考えられる。これに対し，設計者と施工者が同じ組織の場合，つまり表における「在来：工務店」の場合，標準化が進んだ生産物としての建築が前提となる傾向があると考えられ，基本的に，ユーザー（発注者）は「機能」を考え，工務店は「機能の構造への翻訳」以降を担当することになる。

　次に，B to B の建築を考えてみたい。具体的な対象としては，分譲マンション，オフィスビル，工場を取り上げていく。分譲マンションについては，「構造」を中心に各プロセスが徐々に標準化されてきている傾向があると考えられる。通常，発注者はデベロッパーであるため，「機能」「機能の構造への翻訳」のプロセスでは，繰り返し発注してきたノウハウがあり，それに基づき，「機能」と「機能の構造への翻訳」についてのプロセスは主体的に進める面がある。その後のプロセスは，役割の範囲を明確にしながら設計者が担当していくことになる。オフィスビルでは，オーナービルの場合と賃貸ビルの場合で異なる点があるために分類して考えていく。オーナービルでは，各発注者が独自の「機能」を持つ傾向があると考えられるため，「機能」と「機能の構造への翻訳」段階で，設計者と協力しながら複雑な内容をまとめていく可能性が高くなる。これに対して，賃貸ビルでは，テナントが決定していないことや変更することを考慮する以上，標準的な内容を考えて具現化していくことになる。そのために，発注者と設計者が担う役割も明確化，限定化していく面があると考えることができる。さらに工場で考えてみると，発注者の役割範囲が広いことに気づく。発注者は工場のラインを中心に要望をまとめるため，建築への要望事項をきわめて明確なかたちで示すことができる場合が多いと考えることができる。つまり，「機能」と「機能の構造への翻訳」プロセスについて，主体となって臨む傾向があると考えられる。

1 建築の基本的な特徴　187

表 5-2 顧客システム別の工業化・システム化建築における関与者の役割

プレハブ住宅*(注文) B to C			システムデザイン				邸別デザイン		
			機能1	機能・構造	構造1	工程1	機能2	構造2	工程2
	C	ユーザー＝発注者	—	—	—	—	◎	—	—
	B	プレハブ住宅メーカー	◎	◎	◎	◎	◎	◎	◎

*　クローズドシステム，モジュラー

システムズ・ビルディング** SCSD（学校） B to B to C			システムデザイン				個別プロジェクト		
			機能1	機能・構造	構造1	工程1	機能2	構造2	工程2
	C	ユーザー（生徒・教職員）	—	—	—	—	—	—	—
	B	発注者（教育委員会）	◎	—	—	—	—	—	—
	B	システム設計者	—	◎*	◎*	◎*	—	—	—
	B	S/S サプライヤー（＝SC）	—	—	◎	◎	—	(◎)	(◯)
	B	個別プロジェクト設計者	—	—	—	—	◎	◎	◯
	B	ゼネコン	—	—	—	—	—	—	◯

*　interface, compatibility　**　クローズドシステム，モジュラー

マンションインフィル*（住戸リフォーム） B to C			システムデザイン				個別プロジェクト		
			機能1	機能・構造	構造1	工程1	機能2	構造2	工程2
	—	ユーザー	—	—	—	—	◎	—	—
	—	メーカー（SC/サプライヤー）	◎	◎	◎	◎	—	—	—
	—	住戸設計者	—	—	—	—	◎	◎	◯
	—	ゼネコン	—	—	—	—	—	◯	◎

*　オープンシステム，モジュラー

　最後に，B to B to C の建築を考えたい。これは，病院などの公共建築が典型例となる。必要な知識についての専門性，複雑性が高まり，コンサルタントが発注者につき，物件別の課題をさまざまな検討に基づきながら解いていくことになる。この段階では，多くの要素を擦り合わせながら，できるだけ高いパフォーマンスを目指してつくり込む面があることになる。

　以上のように，顧客システム別に関与者の役割を考えていくと，異なる内容を理解していくことができる。これは，誰が「機能」を設計し，誰が「構造」を設計するかという点を中心に，各建築の持っている関与者の構成によって，

さまざまな変化を見出すことができ，建築全体を一様なものとして理解することの危険性を示している。

また，表5-2にあるような，工業化・システム化の特徴を呈した建築を考えてみる。これは，ある外側的な構成と，内部的な構成を分けて考える特徴を持ち，外側的な構成が工業化・システム化，標準化の思想でつくられているものをあげていくことになる。外側の構成は，クローズ化されているもの（プレハブ住宅，システムズ・ビルディング），オープン化されているもの（マンション）の相違はあるものの，標準化が進んでおり，モジュラー化の様相を呈していると考えられる。

このように，工業化・システム化されていく建築を取り上げても，多くの異なる特徴や，関与者の役割の違いを理解することができる。

2 類型化による建築の全体像の把握

人間が生活する都市は，建築で埋め尽くされている。都市に暮らす人は建築の中で活動し，生活している。しかし，生活の場としての建築は，すべてが独自の機能や用途を持っていると考えることができ，睡眠，休息，移動，執務，生産，教育，売買などの人間のさまざまな行為に呼応するように，多種多様なものが組み合わされて存在していると考えられる。このように多くの種類の建築には，そこで行われる人間の行為が少しずつ異なれば，当然それぞれの特性が存在するはずである。つまり，任意の二つの建築を比べれば，互いに異なる特性を見出す可能性が高いと言えよう。このような建築の全体像については，単純な類型化によって把握することが困難であると考えられることになる。

その一方，社会の中で現状一般的に認められている建築の類型も存在する。たとえば，戸建住宅，集合住宅，学校，工場など，一般的に認識されている建築の種別であり，これらの種別を全部書き出せば，建築の全体像になりそうである。また，このように結果として社会に認められてきたものを前向きにとらえた考え方もある。しかし，このような結果的に社会に認められた種別を見てみると，すべての建築を包括しているとは言えない部分も散見される。たとえば，同じ集合住宅の範疇でも，震災復興住宅と通常の集合住宅は何かが異なるのではないか，概念自体が新しいイノベーションセンターなどどう整理すべきかなど，これまでの種別で括ることが難しい対象は，常に生まれてくることに

なる。一般的な用途の概念を取り上げても，多くの事例をあげることができる。集合住宅といっても，分譲と賃貸で同じ種別と言ってよいのか。設備が質素で小さな2階建てのテナントビルと，ある企業の本社機能を持つ最新設備を完備した超高層ビルと，同じ事務所ビルと言ってよいのか。どうも既存の手法で建築を類型化し，全体像を把握しようとすると，さまざまな視点から違和感を持つことになる。そのため，論理性や客観性から必要とされる建築の種別のためのパラメーターを明示し，全体像を把握していくことは，ごく自然な流れと言えるのではないだろうか。

本節では，建築にはどのような種類があって，その範囲がどのくらい広がっているのかを，慣行や習慣にとらわれないかたちで再考し，その全体像を把握していきたい。

2.1 現状の類型化の問題点

ここでは，現状の建築の類型化を見直しながら，そこにある問題点を考えていきたい。そのために，前述した内容を掘り下げて考えていく。

建築を現状の類型化をとおして全体を把握するために，まず各建築物の主要用途と副次的用途を考えてみよう。複合化された商業建築の中では，レストラン，喫茶店，本屋，薬屋，雑貨屋，映画館，ホール，ゲームセンター，休憩スペース，受付，案内，トイレ，警備室，駐車場，……，というように，かなり多くの用途が見受けられる。市庁舎，総合病院，駅舎などはどうであろうか。非常に多種多様で，それぞれが複雑な特有の用途を求められており，他の人工物と比較してもきわめて多層的な用途が含まれているのに気づくことになる。一方，公共トイレ，倉庫，駐車場などは，かなり大規模な場合でも基本的に単一の用途ということになる。慣行化した考え方による建築の用途の概念は，複雑性に関してさまざまなものが混在していることになる。

次に，建築物の規模を考えるときわめて幅広いことが明らかである。国を代表するような大規模な建物からきわめて小規模なプレハブの仮設事務所などまで，基本的に同じ建築物という概念でとらえられる。この場合，建物の端から端まで歩くと10分以上かかるものから，一人分の布団をやっと敷くことができるような大きさまでを指していることになる。高さは，東京スカイツリーのようなものから，普通の平屋の建物まで考えても，非常に幅広いものが含まれることに改めて気づくことになる。また，地下を考えるともっと幅が広がるこ

とになる。

　一方，つくるために使われている技術知識の範囲も広く，家具や自転車をつくるためのシンプルな技術レベルから，新規性のある旅客機や大型客船をつくるための技術に匹敵する範囲まで広がりそうなことが想像できよう。言わば，つくる対象としての建築には，家具や変速機もない自転車のようなものから，複雑なソフトとハードを無尽蔵に組み合わせたような側面を持つ航空機や宇宙ロケットに匹敵するようなものまで含まれているのと同じことになると言えよう。学術分野で言えば，建築学を中心に，物理学，化学，数学，機械工学，情報工学，電気工学，土木工学，都市計画学，芸術学，社会学など，かなり広い分野が建築の創造に使われることになる。そして，これらは，相互の関連作業の幅の広さも示していることになる。

　また，前述のように，基本的に建築は単品受注生産されている。つまり，一つひとつがそれぞれに与えられた条件に基づき，設計され，施工されていると言うことになるわけである。

　ここまで考えていくと，建築全体をどのようにとらえ，どのように考えるか，一筋縄ではいかないことに気づくことになる。そのため，さまざまな特性を持ち，大変に多くの種類が混在する建築物について，複数の視点を導入して，全体像を把握することを試みる。もちろん，ここまで述べてきたように，すでに建築を類型化したものはある。住宅，事務所，学校，市庁舎，店舗，駅舎など，これらは，用途をはじめ構成や形式に着目し，ある特徴から類型化していることが考えられる。言い換えると，社会的な制度や運用から決まってきた面が基本となり，建築側がプランニングの標準化や合理化を推し進めることにより，徐々に固定化されてきたものであると言えるかもしれない。これを前向きにとらえようとする考え方に「ビルディング・タイプ」というものがあるが，この考え方は，不明瞭な状況をそのままにしておくことになる面があることは否定できない。

　ここでは，まずは，既存の類型化を取り上げ，それらの目的を把握していきたい。現在，標準的に使われている類型化は，法規に基づく規制の網をかけるためのものや，設計方法の差異に基づいたものなどが中心となっている。つまり，法規制を体系化する必要性や，設計上の標準化・効率化を進めることなどから，建築を類型化したものであると言えよう。

　ここで気づくことは，一般的な社会や利用者から見た類型化についての議論

2 類型化による建築の全体像の把握　191

表 5-3 建築設計のプログラムと作業量による類型

建築物の類型	建築物の用途等	
	第1類（標準的なもの）	第2類（複雑な設計等を必要とするもの）
第一号	車庫, 倉庫, 立体駐車場等	立体倉庫, 物流ターミナル等
第二号	組立工場等	化学工場, 薬品工場, 食品工場, 特殊設備を付帯する工場等
第三号	体育館, 武道館, スポーツジム等	屋内プール, スタジアム等
第四号	事務所等	銀行, 本社ビル, 庁舎等
第五号	店舗, 料理店, スーパーマーケット等	百貨店, ショッピングセンター, ショールーム等
第六号	公営住宅, 社宅, 賃貸共同住宅, 寄宿舎等	分譲共同住宅等
第七号	幼稚園, 小学校, 中学校, 高等学校等	―
第八号	大学, 専門学校等	大学（実験施設等を有するもの）, 専門学校（実験施設等を有するもの）, 研究所等
第九号	ホテル, 旅館等	ホテル（宴会場等を有するもの）, 保養所等
第十号	病院, 診療所等	総合病院等
第十一号	保育園, 老人ホーム, 老人保健施設, リハビリセンター等	多機能福祉施設等
第十二号	公民館, 集会場, コミュニティセンター等	映画館, 劇場, 美術館, 博物館, 図書館, 研修所, 警察署, 消防署等

（出所）　国土交通省告示15号（平成21年）の官庁営繕設計料算定基準に基づく。

は薄めであり，広く浸透したものは見受けられないということである。このような状況で懸念されるのは，現在の類型化は，一方的に供給サイドのためにつくられたものが中心であるということである。

以下，既存の建築に関する類型化の例として，建築設計料の算出のために，設計作業のボリュームから類型化されているもの（表5-3）を示す。この表は，各建築の設計行為がどの程度大変なのか，ということを理解するためのものである。それは，作業の大変さが同程度のものかを取り出すことが主な目的と考えることができ，そこから設計料の算出などに利用されるものである。その他，建築基準法の中で使われている用途別分類などが建築の分類では主なものとなるが，こちらはどの建築にどの法規制を当てはめるのかを検討したものとなっている。要するに，現行の類型化は，主につくり手側の行為のための類型化であり，ある作業プロセスのために限られた考え方に基づくものが中心であるこ

とが理解できる。

2.2 使い手から見た類型化の必要性

一方，近年，このような既存の建築の類型化の枠組みが変わりつつあるという指摘もなされている。たとえば，学校を放課後に開放し，地域のコミュニティ形成のために文化活動やスポーツ活動の場に転用しているものがある。また，学校が廃校となり，ほとんどそのままの状態で若手の芸術家の活動の場として運用されたりすることもあろう。これらが既存の類型化の枠組みを超えつつあるという指摘もあるようである。しかし，このようなことは，いつの時代でもあったと考えることもできる。たとえば，ここ数百年のお寺や神社の，地域における役割や機能は，教育から武力，政治まで担ってきた面があり，前述の事例の枠をはるかに超えているようにも考えられる。

これまでの分類の仕方は一つの視点や立場から見たものが多いと考えると，当然さまざまな局面で違和感が生じることになる。たとえば，主要用途を中心に見ると，高等学校の敷地に建っていれば，基本的に教室だろうが職員室だろうが，そして同窓会館だろうが，法規的には同じ「高等学校」とみなされる。逆に，同じ商店街にある，本屋と喫茶店とゲームセンターは，同じ大きさで同じような形をしていても，まったく異なった種類の建築物となる場合がある。

本来，社会全体の中で共通の認識がなされることによって，基本がつくられるべきだったはずの建築の類型化であるが，現在，視点がつくるプロセスに偏ったものがいくつも存在していることは否めない。そのため，ここでは，本書のテーマである，建築のつくり出す「機能」や「サービス」に帰着して，これらの既存の主要用途の類型化を使いつつも，社会が望むものが何であるかという視点から，建築の価値創造に基づく建築物の全体像の把握を再考する。また，専門家の世界の中で，長年継続的に建築をつくっているうちに，つくり手の視点に偏った不自然な方向性や思い込みが混在していないか，という疑問も意識しながら見ていきたい。

まず，他章でも触れたが，建築が何に基づいてつくられてきたのか，その目的から考えていくことにする。対象が人工物である限り，例外を除いて，基本的にはその目的があるはずであり，それを実現させるためにつくられるはずである。通常の工業製品や建築のような生産物の目的としては，「つくられるもののユーザーの要望を実現する」ということになる面があると考えられる。そ

のため，世の中には，さまざまな有形，無形の製品が存在するが，それらのほとんどは，基本的に使い手を中心としたその製品に関与する人たちの要望を実現するためにつくられるという面がありそうである（ただし，それが成り立たない製品が存在することを否定するものではなく，建築を考えていくためにこのような仮説を立てて議論を進めたいという立場である）。

次に，類型化を考える視点から，もう一度建築に関する使い手側の関与者の範囲を考えていきたい。たとえば一つのビルを建てるとき，ユーザー側にあたる関与者は誰であろうか。もちろん，施主となる建て主は関与者である。しかし，それだけでなく，テナントとなる企業や，そこで働く一人ひとりの従業員もユーザーとしての関与者である。その場合，テナント企業の株主はどうであろうか。また，訪問者はどうであろうか。警備する立場はどうであろうか。メンテナンスする立場はどうであろうか。どうやらさまざまなユーザーに準じる立場が存在することになるようである。ところで，そのビルの工事中，隣の住民やビルのオーナーはどうであろう。場合によっては，工事中に大きな影響があるかもしれない。新しいビルにかなり多くの人が頻繁に出入りしたらどうであろうか。大きな車両が絶え間なく出入りしたらどうであろうか。何かの臭いが発生したらどうであろうか。このように，近隣に影響が出る可能性がある事項は少なからず考えられる。しかし，もっと把握しにくいのが，それぞれの事項に関して影響が及ぶ範囲である。隣りだけなのか。その隣りまでか。同じ道に面しているすべての建物までか。見える範囲までか。同じ行政区域内か。限定するのがきわめて難しい。ましてや，感覚的な問題は個人差や心情的側面によって左右されかねないことになる（現在の法規では，工事については，工事敷地から半径何メートルかの範囲にある建物の関係者に建築工事に関する説明会を開くことを義務づけたりする考え方をとっている。つまり，それぞれの敷地からの直線距離によって範囲を推し量ろうとしている）。しかし，場合によっては，地球の反対側の環境保護団体も重要な関与者になりうるのではないか，などと考えていくと，事前に対象建物の関与者を正確に把握することはきわめて困難なことであるということに気づくことになる。異なる例では，東京スカイツリーなどは，工事中にある高さを超えるだけでテレビのニュースで取り上げられ，現在は東京を代表する観光名所となっている。つまり，きわめて多くの人が関心を寄せ，いわば社会全体が関与している側面があったと考えられる。

このように，建築工事だけを考えても，関与者の範囲の正確な認識が困難で

あることを確認したが，それらの関与者が特定されたとして，それらの人たちの要望は正確に把握できるのであろうか。第3章でも触れたように，正確な把握は難しいと言わざるをえない。そもそも，建て主に「どんなビルをつくりましょうか」と尋ねることを想像してほしい。建て主が答えられるのは，自分の事業目的だけである。たとえば，「資金に余裕があるから駅前に利潤率の良いビジネスとなるテナントビルを建てたい」とか，「築50年になったので建物を取り壊し，新しいビルを建てたい」とか，自分の目的は答えられるはずである。しかし，それ以外のことを正確に答えられるだろうか。また，イメージに関する要望を正確に答えられるであろうか。内部の空間に関する要望は答えられるであろうか。壁とか床に関する要望は答えられるだろうか。でき上がる空間についての，視覚以外の面，音，香り，空気の流れ，手触りなどを想像して，すべて答えることはできるのであろうか。テナントを満足させるために何が必要か，示唆できるであろうか。ほとんど無理ではないであろうか。ところが，つくり手（設計者）からくる質問は，「どんな構造にしましょうか」「何を何室必要でしょうか」さらに「坪いくら位で考えていらっしゃいますか」といった内容になる。それらの質問には，建て主が答えられないほうが自然ではないであろうか。しかし，建築側が慣行を押し付ける方向性を持つ限り，このような質問をし続けることになると考えられる。場合によっては，つくり手が，設計するために答えをもらっておきたい事項の質問を繰り返し，その質問の答えとほぼ標準化された設計プロセスを組み合わせることによって建築の設計情報をつくり，「これがユーザーの要望どおりです」と思い込んでしまうかもしれない。しかし，このようなつくり手が欲しい内容を，半ば強引に揃えたところで，ユーザーの要望を書き出すことは困難である。

3 価値創造の視点から見る建築の類型化

ここでは，これまで述べてきた理由から，もう一度，ものを創出する基本的な目的を拠り所にすることにより，「つくられるものについてのユーザーの要望を実現する」ということからつくられる建築が影響を受ける点を整理し，そこから建築の類型化を試みる。繰り返しになるが，これまでの建築の類型化は，ほとんど建築のつくり手側が，自分たちの視点からつくったものであったが，本節では，使い手の視点を意識し，社会の中で建築がどのようにとらえられて

いるかを考えていく。ここでの考え方より，以下の点に注視しながら，類型化を進めていきたい。

(1) つくられるもの（つくり手側の俯瞰的視点から見た建築，詳細は本節 3.1）

① 主要機能の複雑さ：主要な機能にどのような特徴があるか

つくり手，使い手ともに，本来最も重要視する要因を持つ「建築の主要機能」に着目する。その中で，建築に期待される機能を考えると，純粋に単一の機能が求められるもの（倉庫，葬儀場など）から，複雑な機能を求められるもの（市庁舎，複合商業施設など）があると考えることができる。

② 空間と形態（中身と外見に対する依存度の割合）：求められる機能が何を拠り所として存在しているのか

建築に直接求められるのは，何かをするために必要な空間と，壁や天井や設備機器を含む物理的な建築物の二つの面があると考えられる。通常，多くの建築は，この両面が期待されると考えられるが，多かれ少なかれどちらかに重心が偏っていることも考えられる。とくに，空間が非常に重要な例としては，倉庫，畜舎などをあげることができ，形態がきわめて重要なものに，寺社，仏閣などが考えられる。

(2) ユーザー（建築の使い手側の特性，詳細は本節 3.2）

① 特定少数と不特定多数：機能を求めるのは誰か

ユーザーが特定少数の場合，矛盾する与条件を自分たちで優先順位をつけることになるが，ユーザーが不特定多数の場合，それぞれの嗜好や目的によって与条件に対する優先順位が錯綜していくことになる。

② B to B と B to C：目的は自分たちのためか顧客のビジネスのためか

施主の目的が，自分たちのためか，顧客のビジネスのためかによって，つくられる建築物が影響を受ける。とくに，ビジネスが目的の場合，マンションなどの不動産取引のための商習慣による標準化や，工場などの内部活動の環境を整える補助的外皮としての仕様の限定的指定など，建築の自由度が限定されている場合が考えられる。

(3) 要望（使い手側から見た建築に対する要望の特性，詳細は本節 3.3）

① 要望の複雑さ：求める機能は単純か，複雑か

ユーザーの要望は，シンプルな内容からきわめて複雑なものまで存在する。そのうえで，複雑な場合には，要望そのものの数が多いのか，また，それらの要望にお互い矛盾は生じていないのか，重なり合いはないのか，などによって

建築の特性が異なることになる。たとえば、映画館や葬儀場などは、主要目的に関するユーザーの要望は単一性が高いということになろう。逆に、空港や市庁舎には、さまざまな立場から数多くの要望が出され、それらの要望間に矛盾やずれが生じるであろうことは想像がつくところである。また、要望には、数値化される可能性を持つ機能的な側面と、好き嫌いを含む感覚的な側面が共存することになる。ここでは、前者をターゲットとする。

② 要望に内包する不確実さ：要望の実現は建築だけでは決まらない

建築に対する要望は、未来の時点で何かの機能の確立を欲することが基本であるため、必然的にさまざまな予測し難い要因が影響することになり、達成に不確実さが含まれるものが少なくない。また、要望が、かなり複雑な内容となっている場合、社会的動向、政治的動向、経済的動向の影響を受ける場合等、不確実さがどうしても少なからず入ることになる。

多くの要素が含まれる建築について、ものを創造することの基本的視点に立ち、ここであげた三つの見方に着目しながら類型化し、全体像を理解していくこととする。また、ここでは、既存のビルディングタイプをモデルとして配置することによって、できるだけ類似性を避けながら議論の抽象性を抑えることを考える。具体的には、以下の、戸建住宅、分譲集合住宅、賃貸事務所、組立工場、倉庫、高等学校、ホテル、美術館、空港、寺社、葬儀場のタイプを取り上げる（賃貸集合住宅、本社機能事務所、大学などのこれらの類似用途と思えるものは、かなり異なる内容である面があることに留意したい）。ただし、個々のタイプの中にも、物件ごとに少なからず差異や異なる特徴があり、1物件ずつ議論し、その結果を類型化する必要があるが、ここでは議論をシンプルにするため、あえて物件ごとの差異には触れないものとし、それぞれのタイプの典型例を対象としていく。

3.1 建築の主要機能に着目した類型化

まず、一つめのパラメーターとして、つくられる対象そのものの特徴を考えていく。つまり、この場合は、まず建築そのものの持つ特性を理解し、そのうえで最も有効であると考えられるパラメーターを抽出していく。

前述のように、建築物は、本来、つくり手と使い手が共有している目的があるはずである。その目的に沿って、概念がつくられ、機能が設計されていく。この機能設計の段階では、関与者の要望に加え、さまざまな諸条件が加えられ、

つくり上げる建築が持つべき機能群が明示されていくことになる。この機能群の中で、最も主要な機能が、多くの他の様相（構造や工程など）に強い影響を及ぼすことになる。そのため、既存の各ビルディングタイプの主要機能をとらえ、類型化していくことが重要であると考えられる。ここでは、この主要機能について、最も基本的なポイントとして、複雑性を見ていく。これは、主要機能が単純な場合、その内容を達成するのに矛盾が生じにくく、複雑な場合、内容を達成するのに矛盾や混乱が生じやすい、という点に着目するものである。たとえば、倉庫のように「ものを収納する」ことのみが主要な機能の建築と、住宅のように「住まい手たちにとって、これから先の長い期間、安心感を得ることができ、心の拠り所となる」という重層的な機能を求められる建築とを、相違点を理解しながら比較していくものである。

次に、このような主要機能に関し、構造体である建築そのものに依存するものと、構造体の中にできる空間に依存するものとがあることに注目する。つまり、建築そのものが主役か、それとも、内部の空間が主役か、ということである。建築そのものは、歴史的に見ても、構造体そのものをつくることが目的だったこともあれば、空間を生み出すためにつくられるケースもあった。もちろん、多かれ少なかれ両面が求められるものが多いわけだが、その偏りにも注目していく。社会全体からできるだけ客観的に見た建築を理解していくためにも、この視点は基本的なものであると考えられる。

図5-4は、建築の主要機能の特徴から見る二つのパラメーターによる、類型化の考察内容である。各ビルディングタイプのダイヤグラム上の位置は、できるだけ標準的な事例を想定しながら考察したものであり、概要をとらえるために主観を否定せず配されたものである。この図を見ると、主要機能が複雑になる場合は、機能を空間と構造体（および仕上げ）の両方に依存していく傾向があり、図の右半分では縦軸の中間部分に集まりがちである。その反面、主要機能の複雑性が抑えられている場合、つまり、図の左側二つのセルでは、縦軸上、上から下まで広く分布している。

ここから理解できることは、まず、主要な機能を内部の空間に求めるものと、建築そのものに求めるものが、同じ建築の概念の中に混在していることである。つまり、中身が重要な建築と、側が重要な建築があるということである。そして、その分布が広いのが、主要機能が比較的単純なものであり、一つひとつのビルディングタイプを精査する必要があるとともに、設計していくうえでの技

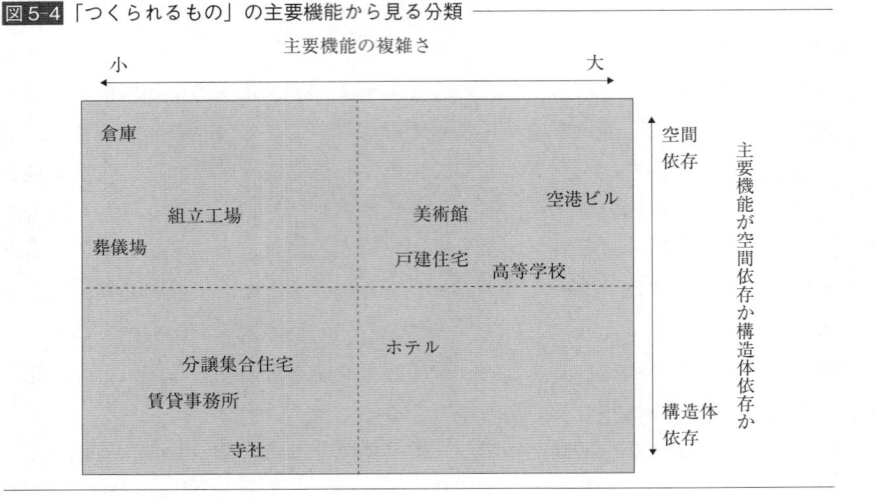

図5-4 「つくられるもの」の主要機能から見る分類

主要機能の複雑さ：小 → 大

	小		大	
空間依存	倉庫			
	組立工場	美術館	空港ビル	
	葬儀場	戸建住宅	高等学校	
		ホテル		
	分譲集合住宅			
	賃貸事務所			
構造体依存	寺社			

（縦軸：主要機能が空間依存か構造体依存か）

　術的知見とプロセスが異なる場合が含まれるということになる。

　図5-4の左上のセルに注目する。代表として倉庫を取り上げ，具体的に考えてみる。明らかに重要なのは中身である。どのくらいの広さと高さがあって，どのような温度が保たれているかが重要である。側である建築そのものがどのようなものでも，あまり興味が持たれる可能性は高くない。極端に言えば，どのような形，構造であろうと，こだわらない施主が多いのではないだろうか。逆に，内部の空間の大きさやコンディションについては，大きな興味が注がれることになる。

　左下のセルの寺社はどうであろうか。通常，伝統と文化と多くの日本人が共有する感覚の中から，建物の外部・内部の形態に，ある特定の表現が求められることになる。たとえば，事務所ビルや倉庫のような形態の寺社には違和感を持つことになる。また，建物の内部については，少し軽視されている面が否めない。お寺で冬の法事などのときに，ストーブを置いて寒さをしのいだ記憶を持っている読者も少なくないと思うが，内部の環境は，建物の形態に比べると少々軽く扱われている場合も少なからずあると言えよう。

　図5-4の右半分の事例として，空港ビルを考えてみる。基本的に求められる機能は，旅客機に安全に搭乗するということであろう。しかし，それを支える副次的機能として，人と荷物を分け，搭乗者を特定し，機内持ち込み荷物に対

するチェックをし，機内用の食糧などを乗せ，飛行機の動作チェックするなどを発着前後に行わなければならない。また，搭乗者が出発までの時間を過ごすため，店舗やレストラン，休憩スペース，トイレなども必要となり，国際空港の場合は出入国手続きも担うことになる。この場合，ランドマークや象徴としての意匠性や，大規模空間として圧迫感のなさや方向性の認識の容易さなどが形態として期待される。一方，これらすべてを成り立たせるために，きわめて大量の情報を制御していくことが必要であり，電子機器とともに建築そのものも対応のための工夫が必要である。また，物流も非常に複雑であることが容易に想像できると思う。

以上から見出せることをまとめる。図5-4の右上，右下のセルは，縦軸で見ると中央部に集まっており，建築物（外側）と空間（内側）の両方に主要機能を依存する傾向がある。主要機能は複雑なものであり，要求される機能の数が多く，それらの間に矛盾やズレが存在する可能性を含んでいる。建築にどのような形態や機能を用いてつくっても，使い手が合理性や感覚などさまざまな点から使い方を取捨選択し，ある独自の傾向が生まれてくることが考えられる。結果として，使い手が使用下に発生させる機能，第3章で言う発生機能がきわめて重要となる面がある。そのため，設計者を中心に，使い手が建物を使用しながらどのように機能を生み出しているのか，何が機能創出に阻害要因となっているのかを継続的に理解すべきであると考えられる。

左上のセルは，主要機能が単純で空間依存のため，竣工後すぐに，つくり手は，使い手が主要機能を達成することに問題がないかを確認する必要がある。ただし，多くの発生機能が生まれることは期待されない面があるため，将来に大きな主要機能の変更がない限り，当初の機能創出の状況が持続される可能性は低くない。

左下のセルは，建築構築物に依存し，主要機能が単純である対象である。これは，つくり手の持っている基準によって建築構造物の良し悪しを問うという面があり，その点では既存の業界メカニズムが，働きやすい面を持つことになる。

3.2 ユーザーの特徴から見る類型化

二つめのパラメーターは，ユーザーの特徴をとらえるものである。もちろん，この場合のユーザーとは，建築を利用するテナントや訪問者だけでなく，オー

ナーにあたる施主の立場や，セキュリティの担い手や，メンテナンスの担い手など，多くの関与者が対象となりうる．その中で，建築のユーザーから見た価値創造に強い影響がある視点を取り上げていく．

まず取り上げる必要性が高いのが，ユーザーが，特定か不特定か，少数か多数かということである．これは，各立場が異なる要望を持つ可能性から重要である．たとえば，ある建物の入口を考えた場合，テナントはたくさんの客に入場してもらいたいと考えても，セキュリティの立場からはなるべく入館者を綿密に把握していきたいと考えることになろう．つまり，ある立場からは入口を大きく開きたいということになり，ある立場からは入口をできるだけ閉ざしたいということになる．このように，建築に対する要望は，多くの矛盾を抱えている側面がある．そのため，住宅のように家族構成員だけという特定少数が主体の場合，家族の中で，要望に優先順位をつけ，それらの矛盾を解いていくことになる．逆に，複数のテナントが入る商業ビルなどは，オーナー，各テナント，セキュリティ，メンテナンス，そして訪れる客の各立場で要望が異なり，矛盾のない答えを出すのが容易ではなく，その解き方も一様ではない．これは，どのような機能が優先され，どのような機能は後回しにされるのか，ということに結び付き，建築の特性に影響を及ぼすこととなる．

また，施主がどのような使用環境を求めている建築なのかも重要な視点となると考えられる．つまり，施主が自分たちのために建築を使用することを考えているのか，それとも，ある目的を展開するために必要なものとして建築を使用しようとしているのかによって，建築の位置づけが大きく異なることになる．とくに，後者の典型例として，施主が何らかのビジネスを展開するときに建築が必要となる場合が多く，ホテル事業，工場による製品生産事業，マンション分譲などの不動産事業など，さまざまなものが考えられる．

図5-5は，一つの軸として，ユーザーに当たる対象が特定少数か特定多数か，不特定少数か不特定多数かを押さえたものであり，それをもう一つの軸として施主のビジネスへの利用度で三つのグループに分類したものである．

これを見ると，上位のビジネスを担うかたちで，建築が計画されている場合があるということが明示されているのがわかる．右側と真中のセルの内容は，BtoB産業ということができ，事例が示されている．右側は，事業の主要要素として建築が位置づけられているものだが，以下の2種類に分けて考えることができる．

図 5-5 「ユーザー」の特徴から見る分類

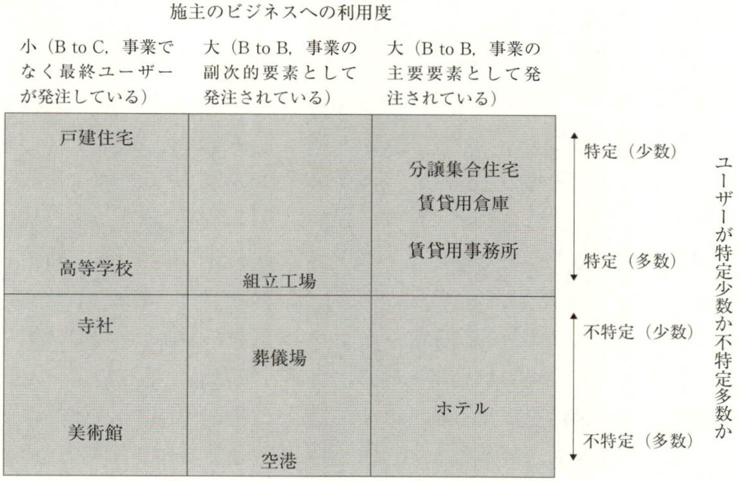

施主のビジネスへの利用度

	小（B to C, 事業でなく最終ユーザーが発注している）	大（B to B, 事業の副次的要素として発注されている）	大（B to B, 事業の主要要素として発注されている）	
	戸建住宅			特定（少数）
			分譲集合住宅 賃貸用倉庫 賃貸用事務所	
	高等学校	組立工場		特定（多数）
	寺社	葬儀場		不特定（少数）
	美術館	空港	ホテル	不特定（多数）

ユーザーが特定少数か不特定多数か

　一つは，分譲集合住宅，賃貸用倉庫，賃貸用事務所のように，実際のユーザーのために，事業者が建物（と土地）を主要な要素としてアレンジしながらビジネスを組み立てているものである。この場合，できるだけ安定した市場価値をつくり出すため，建築に関してわかりやすい範囲で標準化した像をつくり出す傾向があると言えよう。要するに，分譲マンションにおいて，70 m^2 で 3LDK などの間取りと広さを市場で流通しやすいものとし，それ以外の間取りを減らしながら，業界として価格をコントロールしている可能性があるということである。また，階高や設備も均一に揃え，仕上げや水回りの機器や建具などでグレードを設定していく方法がとられていると言える。しかし，一昔前は 6 畳ほどの部屋が必要だった書斎は，今やノートパソコン 1 台あれば十分なため 1 畳ほどで問題なくなり，大型化したブラウン管テレビは薄い板状になり，床暖房や空調機の技術は日進月歩である。典型的な家庭の子どもの数も，一世代前から考えると減ってきている。さまざまな技術の発展や社会動向の変化が起こっているのに，より価値を持つのは，現在市場で認められている 2LDK や 3LDK だけなのか，70～80 m^2 だけなのか疑問が生じることになる。これは，事務所ビルなどにも顕著であり，尖った特徴がある事務所は経済的価値が下がるものとされている。もちろん，ある典型的な事務所の使い方をするときは，

特徴のある平面形状をしている事務所ビルだと各階の面積や形状に非合理性が生じる可能性がある。しかし，上記の機器の大きさに関する変化に加え，通信技術も飛躍的に進歩している現在，事務所に対して現在の標準化に適合しているものだけが，経済的指標により高い価値を認められ続けるかどうかは，少々疑問が生じる。

　もう一つは，シティホテルのように，事業のいくつかの中核的な要素の一つが建築であり，他の主要な要素と建築の相互作用により，必要なクオリティのモデルができ上がるようなビルディングタイプである。ホテルは，顧客に快適な時間を売っていると考えられる面がある。そのために，事業側として，従業員は好感を持つような応対を試み，レストランでは雰囲気と料理のクオリティの合致に注意し，宴会場では利用者の目的に適合した満足感を得ようとし，客室では清潔感と快適性を供給しようとするわけである。そして，建築はそれらのレベルとのバランスが最適なものが求められ，敷地もそれなりの立地条件が求められ，ロビーや各居室の明るさや香りまで的確なものが求められ，それらが整えられれば総合的にユーザーにとって満足度の高い時間を過ごすことが可能になると言えよう。この場合，建築設計の方向性としては，ホテルの事業側の考え方を理解し，そこから意匠面を中心にコンセプトを設計していくことが必要となる。つまり，相手の考え方の理解，その概念化，そこからの機能設計と形態の設計が必要となるのである。この点について，百貨店や企業の本社ビルなどについても同様の側面があると考えられる（逆に，事業をとおして，最終顧客に満足度が生じたかどうかは，事業主の運用にもかかわると考えられる。基本的には，建築の設計は事業主の考え方を理解し，それに対して建築としての最高のパフォーマンスを実現することが目的となろう）。

　図5-5の左側のセルの内容は，ユーザー自身が施主である場合である。ここにも，大きく分けて二つのグループが存在する。

　一つめは，戸建住宅（デベロッパーがあらかじめ住宅をつくっておいて，それを売るような場合を除く）のように施主が特定少数であるケースである。この場合，最終ユーザーが施主として建築を発注するため，すべての要望は特定少数の家族などのメンバーによって出されることになる。建築のユーザーは，矛盾が生じるさまざまなことに対して要望を示さなければならない。たとえば，良い仕様や品質のキッチンユニットは欲しいが，予算は抑えたいということになろう。庭は，なるべく開放的にしたいが，セキュリティやプライバシーの面からは閉

ざしたものにするべきかもしれない。さまざまな相容れないことが思い浮かぶ。このとき，施主の数が限られていれば，その人たちが要望を一つにしていくことになる。要するに，矛盾が生じる内容に対して，特定少数の施主が明確な答えを示すことになる。

　二つめは，美術館のように，発注に関する関与者が不特定多数のときである。もちろん，建築の発注時は担当者が建築設計者に要求仕様を依頼し，形態を含むすべての内容を承認していくことになる。しかし，この行為は多くの関与者の代弁となるような判断に基づくことになる。では，関与者はどんな人たちであろうか。まず，利用者が考えられる。これは，不特定多数である。次に，館を運営する人たちが考えられる。おそらく数十人という単位の館員によって運営されるものが多いと思われるが，どのような立場が考えられるであろうか。入館者数を増やすことが第一の責務である立場，美術品の所蔵内容について考える立場，美術品の収蔵環境を整える立場，セキュリティを考える立場，管内の空調を中心とした来館者のための環境を考える立場，予算を考える立場など，さまざまな立場が考えられる。そして，公的な資金が部分的にでも入っていれば，非常に多数の納税者が出資者の立場として加わる。それぞれ，立場によって優先したいと考える内容が異なることになり，設計プロセス，施工プロセスにおいて複雑性を高めることになる。たとえば，先の入口の例を考えても，なるべく利用者らが入りやすくするために開く概念で進めたい立場と，セキュリティの面などから閉ざす概念で進めたい立場が存在することになろう。このように矛盾を生じたかたちで施主からの要求仕様が示されるとき，場合によっては建築のつくり手が判断していかなければならないこともありうる。つまり，基本となる「発注側の要望を実現する」という行為そのものの中に，矛盾を含むことになる。

3.3　ユーザーの要望の特徴から見る類型化

　建築には，要望の実現に際し，さまざまな不確実性が内包される。技術的な不確実性や，工種間の情報や責任範囲に関する不確実性，その建築に期待されているような機能が現れるかどうかについての不確実性など，さまざまな不確実性が含まれている。

　とくに，要望に，未来にしか明確化されないことが含まれているときなどは，要望そのものに不確実性が内包されることになる。この場合，ブリーフィング

などによって書き表すことが不可能な部分が含まれることになる。つくり手は，真摯にこの特性に向かい合い，時間的な経過を追いながら，ユーザーが，独自の建築や空間に対する使い方や思いを創出し，機能をつくり出すことを，実現する努力が必要である。また，基本的に，建築設計行為とは，そのようなユーザーがつくり出す機能を誘発させることが重要な目標の一部のはずである。

　たとえば，前述した住宅の設計をもう一度考えてみることにする。住宅の目的とは何であろうか。おそらく，「ユーザーである家族にとって，これから先，1年後，5年後，10年後，20年後に，生活の中心として，安心して，心の拠り所となるような空間」ということになろう。そして，これを「実現する」ことこそが，ユーザーの要望ということになろう。しかし，多くの設計者は「そんなことは当然考えている。将来家族の人数が変わるときのことも施主と話している。そして，施主が何を大切にし，どんな価値観を持っているか，どんな趣味を持っていて，どんな性格かなどを聞き出しながら，なるべくすばらしいものをつくっている」などの答えを返してくる。しかし，上記の住宅の目的を読み返し，納得できれば，そのような設計者の発言には問題があることがわかると思う。たとえば，将来，家族の構成が変われば，つまりメンバーが変われば，その新しいメンバーはどのような性格なのか。何を大切にし，どんな趣味を持つことになるのか。これらのことは，当然対象が子どもでも老人でも検討しなければならないはずである。そして，現在の家族に関しても，将来，経済的に豊かなのか。精神的に心配なことはないのか。大切にすることや価値観は変化していかないのか。これらを，何十年先まで，すべてのステージについて考えていかなければならないはずである。要望から見た住宅は，不確実性が高いということになり，つくり手はこのことへの対応を怠ってはならないことになる。

　また，住宅における要望の複雑さについても考えてみよう。ユーザーからの住宅への要望は，機能的な事項だけでも多くのことがある。そして，感覚的な事項についても，かなり多くの要望がある。これは，住宅が生活の場であり，1日の中でも，1年の中でも，数年というスパンを考えても，生活を送るために中心的な役割が必然的に期待されるからである。ある時点を考えても，ユーザーである住まい手の要望は幅広く，恣意的な内容が含まれている。たとえば，朝，起きたときの住まい手の要望を考えてみよう。まず，問題なく出かける準備ができるということが望まれる。そこには，「静粛性を保つ」機能，「快適な温度を保つ」機能などが求められる。また，感覚的な面，つまり嗜好が入って

図 5-6 「要望」の特徴から見る分類

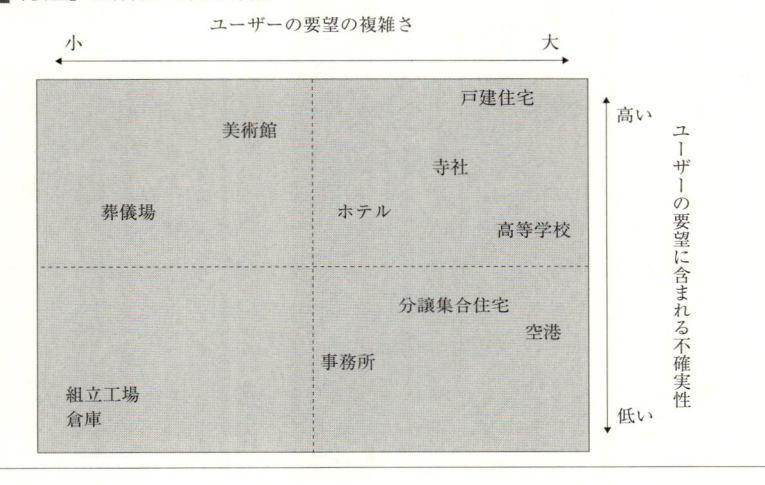

ユーザーの要望の複雑さ
小 ←――――――――→ 大

		戸建住宅
美術館	寺社	
葬儀場	ホテル	高等学校
	分譲集合住宅	空港
	事務所	
組立工場 倉庫		

高い ↑
ユーザーの要望に含まれる不確実性
↓ 低い

くるような内容も求められることになる。家族が顔を合わせコミュニケーションをとるための「安心して会話ができる」空間，落ち着いて1日の予定を整理して「集中できる」空間など，多くの種類の要望が考えられる。これらは，多種多様に考えられ，また，ユーザーごとに異なるものを求めることが容易に想像される。

図5-6はユーザーの持っている要望について整理した図である。ユーザーの要望について，複雑さ，不確実性とともに，かなり広範囲な分布となっていることがわかる。基本的には，横軸の複雑さは，ユーザー側が多くの種類の機能を求めているのかどうかを推し量るものであり，縦軸の不確実性は，ユーザー側の対象建築物の使用という経験をとおして事前の想定が難しい機能群を得るかどうかを推し量るものである。

要望の複雑さについてもう少し考えていこう。図5-6の右側にくるもの，つまり複雑なものとして，二つの傾向があると考えられる。一つは，戸建住宅や集合住宅が該当する，基盤的な生活の場であるために非常に多くの要望が含まれるものである。もう一つは，ある限定された目的や時間が前提とされているものの，多くのユーザーが利用するために，複雑になるものであり，学校や空港，駅舎などを事例としてあげることができる。

要望の不確実性についても考えを進めてみる。これは，もちろん施主や使い

手の要望に不確実な側面があるということである．たとえば，住宅の使い手は，設計前のある時点に，主要な要望を言い尽くすことになる．ここで，最も基本的なことを考えてみたい．使い手は，何のために住宅を欲するのだろうか．住宅の目的とは，何であろうか．おそらく多くの場合，前述のように「1年後，5年後，10年後，それ以降も，継続的な未来において，家族の心の拠り所となり，安心して快適に過ごすことができる空間を得る」ということが目的なのではないであろうか．もしそうなら，未来の長い時間を継続的に考えていくことが前提となるわけである．しかし，10年後の自分たちの価値観は予言できない．社会や景気はどのようになっているのか．自分たちの収入と支出はどのようになっているのか．自分たちの健康状態はどうか．自分たちは何を大切だと感じ，何は必要ないと感じるようになっているのか．そして，家族の構成メンバーもどのように変化しているのか．これらすべてを言い当てることは無理であろう．それも，これらを含む多くの事柄が，継続的に変化していくことになる．住宅の発注者の真の要望を得ることは，大変に困難なことだと言えよう（要するに，角度の高いブリーフィングを得ることは，論理的に難しいということになる）．おそらく，設計者にできることは，「継続的な未来において，家族の心の拠り所となり，安心して快適に過ごすことができる」ような機能を誘発する可能性を高めるような空間を提案することだけであろう（そのためには，設計者が，竣工してから，5年後，10年後，15年後に，設計した住宅を訪れ，上記のような機能が誘発されているかどうかを確認し，誘発するための努力をしていくべきであろうが，ほとんど行われていないようにも思える）．

　要するに，要望に未来時点の要素の変化が含まれている場合，当然不確実性が含まれ，ターゲットが見つけにくい．また，ターゲットが見つかっても，そのターゲットの実現について，不確実性が含まれる．そして，ターゲットの実現ができても，不確実性が存在することによって結果の全体像がつかみにくいところがあるわけである．

　図5-6のそれぞれのセルを見ていこう．

　左下のセルは，要望の複雑さ，不確実性ともに小さいものである．この場合，つくり手として，計画と施工の段階において，対象となる建築物に対するユーザーの要望を明確にとらえることによって，ユーザーが使用することで現れる機能を事前に把握できる可能性が高くなる．つまり，建物の竣工，引き渡しまでに，つくられる建築物の目的達成度が比較的容易に理解できる面がある．た

とえば，工場の場合，ユーザーが建物に望むことは，計画している生産ラインを動かすうえで，温度，湿度，ほこりの有無など，健全な周辺の環境を整えることであろう。この生産ラインについては施主側がすべての情報を持っているため，建物に要求する仕様を明確にすることができ，必要な環境を間違いなく手に入れる計画内容を確認することができる。要するに，ユーザー側の要望が明確であり，このことによってでき上がる建築がユーザーの求める機能をかなり正確に実現できうると考えられる。

　右下のセルは，ユーザーの要望の複雑さは大きいが，不確実性は小さい。そのため，要望の複雑さに対応するために建築計画の内容にさまざまな工夫が必要となる。その内容により，結果としてユーザーにとって有用な機能が得られるかどうかの差が，比較的大きめに出る可能性が高いと考えられる。たとえば，空港は，さまざまな立場からの要望により，結果として要望の複雑さは高いと考えられる。しかし，空港として求められることは，安全に航空機を運航すること，場合によっては税関の機能を確立することなど，基本的に明確で，時間や状況とともに変化してしまうような内容は多くないと言えよう。そのため，要望の複雑さへの対応が建築設計の主な課題となる。

　左上のセルは，ユーザーの要望の複雑さは小さいが，不確実性は高くなる。この場合，計画内容，施工内容における差より，竣工引き渡し後にどのような機能が創出するかを追うことがきわめて重要である。つまり，比較的標準化された設計，施工の内容の後，使用されている状態でつくり手は継続的に対象を観察し対処していく必要があると考えられる。美術館は，美術品の展示や収蔵などの限られた機能だけ考えれば，建築計画はある程度間違いなくまとめることができよう。しかし，その美術館が，将来にわたり，人々に愛され，美術に関する文化的な拠り所となるかどうかは，建築工事が終わった時点では予測しきれない。多くの美術に関する活動が催され，場合によっては美術以外の事柄の発信源となるかどうかなど，より豊かな機能が生じるかどうかは不確実であるということになる。

　右上のセルは，ユーザーの要望の複雑さ，不確実性が高い。計画内容の工夫の可能性が広く，その反面，ユーザーが使用することによってどのような機能が見出されていくのかが予見しにくいことになる。つくり手としては，設計段階，施工段階に多くの検討が求められ，そのうえで引き渡し後継続的なつくり込みが必要である。ここまで，何度も取り上げてきた住宅は，典型的なものと

言える。人々の生活の拠点となる住宅は，生活上のすべての活動に関する要望，そして，将来の変化をも含むこれからのすべての状況についての要望が基本となる。そのため，住宅の建築計画においては，できるだけユーザーの要望を理解する努力とともに，竣工後も含む継続的な要望の把握が，きわめて重要になると言える。

4 多様な建築に関する正確な理解の必要性

　ここでは，建築の専門家にも，そうでない人にも，建築の特徴をできるだけ正確に理解してもらうための内容をまとめた。とくに，ものを創出する基本的な目的を拠り所にし，これまでの建築分野では使ってこなかった視点から，建築の類型化のための試考を行った。これらから，建築がかなり広い範囲の特徴を持ち，すべての建築を一括にまとめて扱うことが危険なことを示唆したものとなっている。これまでも，前述のように，建築の設計時などの一時的な目的のために分類を行う方向性はあった。しかし，対象の特性を正面から見据えることにより，同じように扱われている建築が広い範囲に点在していることを確認することができた。ここから理解できることは，単にさまざまな特徴を持つ建築が混在し，一つにまとめて考えることが難しいということだけではない。多様化する建築を対象とする以上，的確な視点による類型化により，近似的なものは互いに学びながら，それぞれの特性を確認していくことが重要となる。また，それぞれの類型化の中できわめて異なるという結果が出たものについては，同じ建築という生産物だから同じ考え方でつくればよいという既成概念を見直す必要性があることを示唆している。

　ここでは，建築がいかに広い範囲の生産物かということ，また，それを分類しようとした既存の考え方が決して十分とは言えないことに関する理解を試みた。そのうえで，それを補う新しい見方を示したものである。また，ここで示したフレームワークによって，建築だけでなく，他産業の生産物と比較することで，これまで考えてこなかった産業間比較などを行うことができる可能性を含んでいるものでもある。

参考文献
藤本隆宏（2003），『能力構築競争：日本の自動車産業はなぜ強いのか』中央公論新社。

藤本隆宏（2004），『日本のもの造り哲学』日本経済新聞社。
藤本隆宏・武石彰・青島矢一編（2001），『ビジネス・アーキテクチャ：製品・組織・プロセスの戦略的設計』有斐閣。
藤本隆宏・安本雅典編著（2000），『成功する製品開発』有斐閣。
古阪秀三編（2009），『建築生産』理工図書。
今江麻衣・安藤正雄・蟹澤宏剛（2008），「ストック活用における専門工事業の職能・ビジネスアーキテクチャに関する研究」『日本建築学会第23回建築生産シンポジウム論文集』217-222頁。
国土交通省住宅局・日本建築学会編（2012），『建築基準法令集　平成24年版』（3冊セット）技報堂出版。
前田正史・柘植綾夫・北澤宏一・吉田敏ほか（2009），『Beyond Innovation：「イノベーションの議論」を超えて』丸善プラネット。
松村秀一編（2004），『建築生産：Management and Organization of the Building Process』市ケ谷出版社。
内田祥哉（1977），『建築生産のオープンシステム』彰国社。
内田祥哉編（1981），『建築構法（第5版）』市ケ谷出版社。
野城智也（2003），『サービス・プロバイダー：都市再生の新産業論』彰国社。
吉田敏（2007），「建築ものづくりにおける「設計情報」に関する一考察」『日本建築学会総合論文誌』No.5，84-89頁。
吉田敏（2008），「国内生産組織における建築の技術発展傾向についての考察」，特定領域研究「日本の技術革新：経験蓄積と知識基盤化」第4回国際シンポジウム研究発表会論文集，53-60頁。
吉田敏編（2012），『技術経営：MOTの体系と実践』理工図書。
吉田敏（2015），「製品の機能創出に関する基礎的考察：つくり手による機能設計と使い手の使用によって発生する『発生機能』の相違」『日本感性工学会論文誌』第14巻2号，325-333頁。
吉田敏・野城智也（2005a），「建築生産における構成要素のモジュラー化に関する考察」『日本建築学会計画系論文集』第595号，173-180頁。
吉田敏・野城智也（2005b），「構成要素の特性の変化に伴う建築生産技術と生産組織の動態的な適合関係」『日本建築学会計画系論文集』第598号，189-196頁。

第 6 章	
	「アーキテクチャ」から見た日本の建築ものづくり

安藤正雄
吉田　敏

1 はじめに

1.1 アーキテクチャと建築

「アーキテクチャ」という英語はそもそも一般に「建築」として理解されている概念である。語源となったギリシャ語は，「第一の」および「工匠」を意味する二つの語素を合成したものとされ，建築をものづくりの首座に位置づけるこの用語の確立には，現存する最古の建築書であるヴィトルヴィウス[1]の『建築書 (de architectura libri decem)』[2]がおおいに与っている。アーキテクチャは，その構想や実現に広範な専門的知識を要する総合芸術あるいは総合的技術である建築にふさわしい言葉として成立したものであるが，古典古代にあってそれは「architectus の術」すなわち「諸技術の原理的知識を持ち，職人たちの頭に立って制作を指導しうる工匠の術」を意味したという。したがって，この言葉は単に建築術ばかりではなく，「土木技術，機械技術，造兵技術など高度の知識を必要とするいわゆる大技術一般を含む広範な技術」を対象としていた（森田 1979）。その後の近代工学の発展に伴い，アーキテクチャは造船学 (naval architecture) やコンピュータ・アーキテクチャなどといった新しい分野

---

[1] 紀元前 1 世紀後半，ギリシャ的教養を身につけた建築家であり技術家としてローマに生きた知識階級のローマ市民。
[2] 紀元前 33 年から 22 年の 10 年間の間に成立したとされる。（森田 1979）。

にも適用されていくが，それはこの概念が大技術全般を覆うものであり，複雑な人工物の構造，構成，設計あるいは設計思想といった意味をその根幹に含んでいるためである。

広く人工物全般を扱うものづくり経営学は，アーキテクチャというこの工学的概念を学問的基盤の一端に据えている。その理由は，人工物の構想，設計，製造にかかわるつくり手から使い手への設計情報の流れを分析，理解するためにこの概念がきわめて有用なためである。また，人工物のアーキテクチャとその生成にかかわる組織，企業，産業，社会との相性が，ものづくりのあり方や成否を左右することを明らかにするからである。ものづくり経営学の立場から建築ものづくりを分析することを試みた本書の目的は，いわば，アーキテクチャ概念が巡り巡って再び建築に邂逅したその瞬間のインパクトを伝えることにある。本書副題に「Architecture as "Architecture"」と英文を付したゆえんである。本章は，とくに，このアーキテクチャ概念を通じて日本の建築ものづくりの特性を分析することに当てられた章である。

1.2 アーキテクチャによる建築ものづくり分析

アーキテクチャは，本書に繰り返し述べられているように，それぞれが要素に分解された機能と構造を突き合わせることを基本的な表現形式とする。ここでいう「構造」とは物的構成のありようを指し，建築の用語では構法がこれに近い。「構造」は建築でいうところの（狭義の）構造（構造力学，構造体，鉄骨構造など）ときわめて紛らわしいので，以後必要に応じて「構造」と表記する。「構造」の要素を建築では構成材というが，それぞれの構成材にどのような機能が担わされて全体としての建築が成立しているかを示すのが，機能と構造によるアーキテクチャである。これを人工物一般のものづくりでは製品アーキテクチャと呼ぶ。製品アーキテクチャは要求される機能がどのように具体的な構造として実現されているかを示すものであるから，これは要求と設計解の関係を表すものと理解してよい。建築学においては，構法計画と呼ばれる分野がまさにそれに対応する諸問題を扱う分野として成立している。

人工物全般を扱うものづくり経営学では，製品アーキテクチャをキー概念に，ものづくりの設計思想を大きくインテグラル（擦り合わせ）型とモジュラー（組み合わせ）型に分ける。建築は先述のように古来「高度の知識を必要とするいわゆる大技術一般を含む広範な技術」として成立したものであり，また二つと

して同じものはない一品注文製作物であるから、そもそもインテグラルな人工物を代表するものと言える。また、本書の随所に示されるように、日本の建築ものづくりは、他の国々と比べた場合、インテグラルな特性を強く帯びている。本章の目的は、日本の建築ものづくりを子細に検討し、その特性や意味を明らかにするとともに、課題を明らかにすることにある。

ものづくりとは「人工物に託して設計情報を創造、転写、発信し、顧客に至る流れをつくり、顧客満足と経済成果を得ること」と、ものづくり経営学は述べる。生産プロセスは、設計情報を素材に転写し、仕掛け品（構成材）や最終製品（＝構造）を実現に至らしめる重要な過程であるから、アーキテクチャに「工程」という軸を加えてアーキテクチャを拡大表現することがある。ここでいう工程とは、建築の用語で言えばむしろ「工法」に近く、リソースと方法の両方の意味を含む。機能・構造・工程アーキテクチャのうち、工法の選択・決定にかかわる「構造・工程」アーキテクチャの検討は、日本では設計の一部とはみなされず、施工段階の「工事計画」に含まれると考えるのが普通である。しかし、第2章で触れたように、日本の建築ものづくりにおいては生産設計が重要な位置を占めており、構造・工程の擦り合わせの結果、しばしば「機能—構造」アーキテクチャの改変に及ぶ構造の変更（あるいは詳細な仕様の決定）が行われることがある。こうしたインテグラルな特性とその創造的意味を扱うために、本章では構法と工法を複合した構工法という言葉を用いる。

1.3　本章の構成

本章は、大きく三つの部分に分かれる。

第2節は、人工物一般に適用されるアーキテクチャ概念を建築ものづくりに当てはめながら、続く分析のための整理を行う部分である。その過程で、工業製品や貿易財といった人工物とは異なる建築ものづくりに特有の解釈や留保が必要なことも明らかにされるが、本章の目的は、建築も人工物の一つとしてものづくり分析の対象となりうることを示すことにあり、その特殊性を解明することにはない。

第3節から第6節に至る4節のうち最初の3節では、主として「機能—構造」アーキテクチャの分析を通じ、日本の建築ものづくりがインテグラルな特性を強く示すことを明らかにする。第6節では、視点を変えて、組織特性とアーキテクチャの適合性を検討し、モジュラー化の可能性を検討する。

第7節では「構造―工程」アーキテクチャに焦点を当て，日本の建築生産システムのインテグラル性を浮き彫りにするとともに，擦り合わせ型の構工法計画として開発された手法の概要を紹介する。第8節には，今後の建築生産に大きな変革を迫ると考えられているBIM（Building Information Modelling）についての論考を配し，本章のまとめに代えた。設計・生産情報のフロント・ローディングと円滑な調整を目指すBIMはアーキテクチャ概念による建築ものづくりの考え方に通じるところが多いためである。

2 建築ものづくりの「アーキテクチャ」による記述

2.1 機　　能

建築がいかなる機能を満たすべきかについては，建築分野はすでに答を得て久しい。ローマの建築家，ヴィトルヴィウスはその建築書の中で「（建築は）強さ（firmitas）と用（utilitas）と美（venustas）の理が保たれるようになされるべきである」と述べている。強・用・美に今日の言葉を当てるとなれば，最初の二つはそれぞれ耐久性および構造安全性，機能性となろう。強・用・美は，全体として建築という人工物の機能の総体を表していると言えるし，また「用」が狭義の機能を表していると考えることもできる。今日，建築に求められる広義の機能をいかにとらえるかについてはさまざまな考え方があるが，いずれもヴィトルヴィウスが示した原型を大きく逸脱するものではない。たとえば，2002年以降，英国で実用に供されているDQI（Design Quality Indicator）がある。これは，20世紀末の英国建築産業の憂慮すべきパフォーマンスを改善する方策の一環としてCIC（Construction Industry Council）が取りまとめたもので，設計品質の評価に発注者やユーザーを巻き込んでいるところに特色がある（Gann, Salter and Whyte 2003）。DQIの評価項目は図6-1に示すように，大きく機能性（functionality），建物品質（build quality），効果（impact）に分かれる。それぞれは用，強，美に対応しているが，さまざまな検討の結果，このような整理が最もわかりやすいと判断されたという。

建築における機能については，このような一般的理解が存在するとはいえ，機能的要求が建築のありようを単線的，自動的に規定すると了解されているわけではない。機能的要求を的確に数え上げ，記述することや，それらを建築のありように即して書き換えることは依然として困難な問題である。また，美に

2 建築ものづくりの「アーキテクチャ」による記述　215

図 6-1 DQI の評価項目

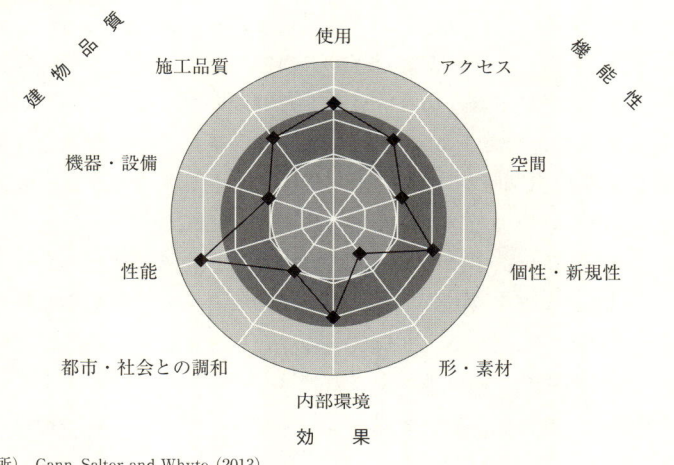

（建物品質／機能性）

- 施工品質
- 使用
- アクセス
- 機器・設備
- 空間
- 性能
- 個性・新規性
- 都市・社会との調和
- 形・素材
- 内部環境
- 効果

（出所）Gann, Salter and Whyte (2013).

かかわる問題，あるいは DQI の「効果」に含まれている都市や社会との調和，さらには経済性といった問題は建築デザインにとってきわめて重要であるが，これらが機能としてとらえられるかはそもそも疑わしい。さらに，建築デザインに携わる者は誰でも，機能という言葉から，建築におけるモダニズムの別称である機能主義を想起することであろう。19 世紀後半に出現した鋼，ポルトランドセメントなどの新材料は 20 世紀になって新しい建築表現を生み，近代合理主義はそこに「形態は機能に従う」というテーゼを見出した。しかし，20 世紀も四半世紀を残す頃になると，ポスト・モダニズムとしてこのような考え方に異議申し立てがなされ，多くの共感を呼ぶことになった（それでも機能が形態の決定にかかわっているという事実自体が否定されたわけではないが）。以上は，求められる機能を正確に記述すること，あるいは形態（＝設計解）を排他的に機能と関連づけることはいかにも困難であるということを示しているだけで，その点においては，建築も他の人工物も本質的に変わるところはない。しかしながら，ここでは，機能に関して，建築が消費財，貿易財といった人工物とは決定的に異なる側面を持っていることを，次の二つの点について特筆しておく。

　一つは，建築が一般の消費財とは異なり，何十年，何百年というサービス・ライフを持つという事実である。その間，同じ建築物の機能が変わるばかりではなく，用途すら改変されることは珍しくない。たとえば，家族構成が変われ

ば同じ住宅に要求される機能は変わるし，少子高齢化時代は小学校を老人福祉施設に用途変更することを求める。用途変更は建物新築時にあらかじめ想定されていないことも多く，そのため，当初の機能的要求に見合う最適解も変更後の用途にとっては最適ではないという厄介な問題が生ずる。この問題に呼応して，「構造」の不変部分である構造体に着目し，「構造」の機能適合性よりもむしろ構造体の機能適応性（「サポートのキャパシティ」という）が重要であるという考え方が提出されている（Brouwer and Cuperus 1992）。

　もう一つは，建築はある場所に建てられてはじめてその機能を発揮するという単純にして深遠な事実である。よって，建物そのものの機能や価値は場所性と切り離して定義，測定することはできないということになる。住宅価格は最寄り駅からの時間距離，風致地区や文教地区といった場所性に大きく左右される。建築の機能・価値は，場所を媒介として社会，経済，文化と密接に結びついているのである。

　以上のような本質的な問題について，本書は次のように考える。本書の基本的なスタンスは，設計という行為を伴う人工物一般のアーキテクチャを通じて建築ものづくりを考察することにある。機能の捕捉に限界があるということは，したがって，アーキテクチャによる分析や理解にはおのずから限界があるということを意味する。しかし，それはこの手法の限界というより，設計という行為を取り扱う学問全体の限界と受け止めるべきである。このような限界をよく認識したうえで考察を行うと同時に，建築分野から提出された特有の問題にいくばくかでも解答を用意することが，われわれの課題であると考える。

　機能をどのようにとらえるかについては，構造との関連において語るべきことが多くある。これらは次項に譲るとして，ここでは，ものづくり経営学でいうところの顧客システムに関連して，機能は誰のために誰が考えるのかということに関する問題を簡単に整理しておく。まず明らかなこととして，機能は建築を使う人のためにある。しかし，使う人の中にはさまざまな立場のユーザーのほかにオーナー，管理者などがおり，それぞれの機能的要求はしばしば矛盾することもある。多くの場合，使う人は専門知識に乏しいばかりか，設計を依頼した経験にも欠けるため，発注者の要求（＝ブリーフ）はその代理人によって用意されることになる。設計者がこの任に当たる代理人を兼ねるとすれば，責任の所在のほかに利益相反の問題が生じうる。日米の設計者の標準業務を比較してみると，日本では設計与条件の整理や敷地に関する調査など，設計者に

委任される業務の範囲が広く，第三者のコンサルタントがブリーフを作成するケースは少ない。しかし，設計者を建築家と言い換えれば，クライアントに対する契約上の責任を超える社会的責任，倫理に裏づけられた権能を建築家に託してよいとする解釈もありうる。これらの問題の存在を認識したうえで，本章では，要求機能はあくまでユーザー，オーナーが提示するものと単純化して議論を進めていく。

2.2 構　　造

　建築は多くの構成材を組み合わせた複雑な人工物である。したがって，その設計に当たり，全体を大まかにいくつかの部分に分けて総合と分析を繰り返す複雑な手続きを必要とする。たとえば，建築を（狭義の）構造，仕上げ，設備に分けて考えることはよく行われる。同様に，設計・施工を通じて多くの種類のリソース，すなわち材料，技能・技術が用いられるため，広く社会に了解された何らかの区分を必要とする。それゆえ，各国には，建築という人工物の構造の成り立ちを表現する標準分類が導入されている。各部分はさらにいくつかの部分によって構成されるため，標準分類は階層構造を持つことが普通である。

　北米で標準規格として利用されているUniFormat^{TM} 2010（以下，UniFormat）を見てみよう。CSI/CSC（Construction Specifications Institute/Construction Specifications Canada）によるこの分類体系は基本設計段階での積算を第一の利用目的としており，したがって，建築一般に共通に用いることが可能な部位（building element）がその基軸にとられている。UniFormatはレベル1の大分類からレベル4の個別エレメントに至る4層の階層構造を持つが，「床（Floor Construction）」はレベル3に相当し，床を支える「柱」はさらに細かいレベル4に現れる。ここで注意すべきは，部位による「構造」の内訳分類がすでに「機能」を含意しているということ，および，これら部位は材料や構工法に関する設計仕様を何ら限定していないことである。すなわち，構造の分類体系は必然的に機能概念と結びつき，部位による構成材分類が必ずしもさらに下位の物的構成を指示しないということであれば，構造を機能から切り離して物的構成要素に切り分ける術はないということになる。部位による「機能―構造」複合概念は，そのアーキテクチャがユーザー／発注者，設計者，施工者に所与のものとして了解されている限りにおいて便法とみなされうるが，そうでなければ新しい発想を阻む要因ともなりうる。

建築を構成する部分を性能の明らかな具体的な材料・製品として分類する体系として，北米ではMasterFormat® 2014（以下，MasterFormat）が用いられている。これは，工事契約に必要な詳細レベルの構成材の仕様書を作成するためのコード体系，標準書式であり，要求機能（の一部）との整合性は，これら構成材が発揮する性能を通じて保証される。UniFormatのレベル4はMasterFormatに展開される。たとえば，レベル4の柱は（設計者がそれ以前に具体的な構法を思い描いているとはいえ）この段階で初めて鉄骨造なのか，あるいは鉄筋コンクリート造なのかが指示される。基本的な理解として，仕様書は完成建物の機能・性能を可能な限り厳密に指示するものであるから，これは設計がほぼ完了した段階の「構造」に対応するものと考えてよい。ところが，前述のように，設計の構想・検討段階での「構造」は具体的なモノのレベルに達しないことがあるから，設計解としての「構造」にはさまざまな中間的な表現形式があると考えざるをえない。

　MasterFormatは，発注契約手続きを確実・迅速にすることが目的であり，現在建築に用いられている材料・構法を網羅する必要があることから，その階層は多岐に及び，かつ深い。さらには将来の拡張に備えて予備のスロットが10進法のコード体系に埋め込まれている。構造の表現がこのように複雑化した理由は，もちろん，絶え間ない技術革新と，その結果の新材料，新構法の登場による。建築の技術，構法が安定していた近代以前は，「構造」に関する関心は全体として薄かったと考えてよい。その証拠として，ディテール（詳細図）の意味の変化をあげてみよう。古典主義建築のアカデミアの中心にあったボザール[3]では，「ポシェ」（英語のポケットに相当）と呼ばれる表現手法が多用された（図6-2(1)）。建築家の関心事は空間とその装飾がいかなる心的効果を及ぼすかにあり，ディテールは細部意匠を意味した。意匠にかかわる表層の被膜の裏側にある構造体や下地材をどのようにつくるかを等閑視した結果が，その部分を空白として描くポシェという表現技法である。しかし，近代はディテールの意味を一変させた。図6-2(2)は，近代建築をつくり上げた巨匠の一人，ミース・ファン・デル・ローエ（1886～1969年）が1940年代中盤に設計したIIT図書館管理棟の詳細図である。ここでは，鉄骨の主構造，煉瓦を積んだ壁体，ガラスと鋼製サッシによる「構造」が断面詳細図として描かれている。「構造」

　3　エコール・デ・ボザール。1648年に設立されたフランス王立アカデミーの美術学校。建築アカデミーは1671年設立。

2 建築ものづくりの「アーキテクチャ」による記述　219

図6-2　ディテールの意味の変化

(1) パリ・オペラ座　断面図（部分）
(1862年着工）設計：シャルル・ガルニエ

（出所）Middleton, Robin and David Watkin (1987), *Neoclassical and 19th Century Architecture/2: The diffusion and Development of Classicism and the Gothic Revival*, (History of world architechture), New York: Rizzoli International Publications.

(2) IIT 図書館・管理棟　平面詳細図（1944年）
設計：ミース・ファン・デル・ローエ

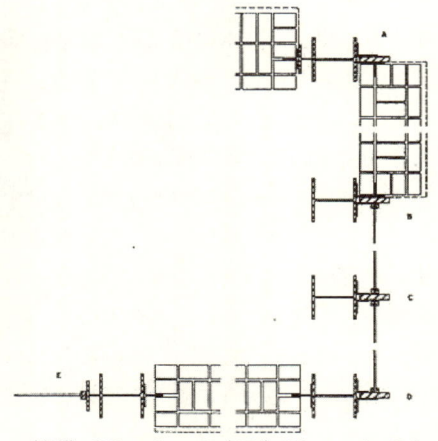

（出所）Hilberseimer, L. (1956), *Mies van der Rohe*, Chicago: Paul Theobald and Company.

の直截的，即物的表現こそが近代の建築芸術（＝モダニズム＝機能主義）の精髄であるということの表現であるが，その背景には新技術，新材料，新構法の到来があった。

　伝統構法，在来工法という言葉には，ポシェに関して述べた内容と同じように社会化された技術と設計の体系が含まれている。日本の伝統建築は複雑かつ精妙な形態とディテールを持つが，その図面はといえば，平面に壁や開口部に関する簡単な仕様が注記されているほか，屋根形状を示す略図が付加された程度の簡素なものである。にもかかわらず，高度な様式的完成度を持つ建築を実現できたのは，（木割書など家伝書として一般には秘匿されてきたとはいえ）特定の発注者と技術者集団内部に共有された技術，様式に関する知識や経験の蓄積があり，しかも時を経てそれらがより広い範囲の集団に定着した過程があったからである。在来工法は伝統構法に根差しながらもその起源を特定することは困難であり，また日々その姿を変えつつあるという点で伝統構法とは異なるが，広く社会に普及し，一般に認知された技術と様式の体系であるという本質は変

わらない。このような場合，木工事の構造に関する一般の意識は薄れ，意匠，形態や規模に関する関心がもっぱら表面化するのは当然のことであろう。そのアーキテクチャはおのずとモジュラーに傾き，オープンに流通する構成材も出現する。事実，日本には，畳，建具，欄間彫刻など，早い時期からオープンに流通し始めた建材・部品が多くある。

　建築の「構造」を論ずるうえで最も注意を要するのは，それが持つ物的構成と空間構成の二重の意味であろう。建築を組み立てることは，空間を組み立てることでもあり，その空間をつくり出すモノを組み立てることでもある。

　しかし，建築を使うということは建築が提供する空間を使うことにほかならず，建築の機能はまず空間にあると言ってよい。ドアを開閉したり，空調機器を操作したり，椅子に腰かけたりというように，建築を構成するモノに直接働きかけることもあるが，これらの行為は建築を使うことの目的とは言い難い。モニュメントのように眺めるだけの建築物を除外すれば，建築の機能を担うのはまずもってその空間である。建築の空間構造は，各空間の大きさ，形状，質とその隣接関係を含む配置によって表現される。空間の大きさや形状，配置に関する設計的検討は，平面計画や断面計画と呼ばれる。住宅や学校，病院など，特定の用途を持つ建築は特定の機能に対応した室空間によって構成され，用途に見合う全体の機能を実現する。

　一方，建築が空間のみで成立しないことは言うまでもない。建築は，外界から雨風や寒気，暑気などを遮断し，内部によく制御された快適な環境をつくり出すためのシェルターである。快適な内部環境という点では，空間を区切るモノの材質や形状が大きく関係する。また，重力や地震に抗して内部空間の機能を保持し，あるいは限られた用地を有効に利用するために空間の積層を可能にすることも，モノとしての建築が担う重要な機能である。このように整理すれば，建築の機能に対応する構造はまず空間構造として与えられ，その空間に要求される機能を物的構成としての構造が担保するという2段階の関係づけがなされることがわかる。空間構造を定義するのは屋根や外壁，柱といった部位であり，部位は先述のように機能と構造が複合した概念である。したがって，建築の機能を物的構成としての構造と無理なく関連づけたアーキテクチャとしてとらえることは十分に可能である。

　空間構造を部位という物的構成に置換することは原理的に可能であるから，構造は空間構造，物的構成のいずれかによって表すことができる。しかし，ホ

ールや廊下など多くの空間と関係のある空間構造や，開放的・半開放的空間，可変空間を取り扱うことは煩瑣(はんさ)にすぎるため，必要に応じていずれの構造表現も用いるようにすることが現実的である。

2.3 機能—構造
(1) 『形の合成に関するノート』

「機能—構造」アーキテクチャに関連する理論についても，建築には先駆的な実績がある。パターン・ランゲージをはじめ，建築設計に関する数々の理論や思想を提唱したクリストファー・アレグザンダーが学位論文として上梓した『形の合成に関するノート』(Alexander 1964)がそれである。彼によれば，「デザインの最終目的は形であり，デザインの問題は形をコンテクストに適合させること」である。形はわれわれが制御できる環境の一部であり，コンテクストとはこの形に要求を提示するものである。「良いデザインの家は，コンテクストにうまく適合しているだけではなく，コンテクストが何であるかはっきりとわかるようになっている」。形とコンテクストを設計解と要求に，さらにそれらを構造と機能に置き換えれば，この先駆的な業績とアーキテクチャに基づくものづくり分析との近縁性，連続性が理解されるであろう。アレグザンダーがここで示した数学的な方法は，そのことをさらに明瞭に表している。分析の出発点は要求事項であり，最終結果であるプログラムはそれをツリー状の階層構造として表した要求の集合である[4]。逆に，合成の出発点は要求事項の最少単位に対応するダイアグラムであり，最終結果である解（問題の実現）はそれらのダイアグラムをプログラムに従って結合することで導き出される複合的な一つの物体（形）である。「その構造的なヒエラルキーは，問題分析の過程で確立された機能的なヒエラルキーと対をなしている」。

形の実現，すなわち設計を，無自覚な素人の経験，感覚や，専門家の主観に委ねるのではなく，コンテクストが示す客観的な問題とそれに論理的に適合する解としてとらえようとするこの理論は，建築のみならず広く人工物の設計を扱う学問に大きな影響を与えた。『ノート』では，アレグザンダーは複雑な要求（「機能」）や解（「構造」）に展開するために，それらをツリー状，すなわちモジュラーな構成に単純化している。しかし，ほぼ同時に発表された論文「都市

---
[4] DSM (Design Structure Matrix) に相当する。

はツリーではない」（Alexander 1965）の中では，都市はツリーではなくセミラチス状の構造を持つものとして思考されるべきだとも明言している。セミラチスはインテグラル・アーキテクチャに対応するものであるという事実が，まことに興味深い。セミラチスは少ないエレメントにより数多くの部分集合をつくることができる。伝統的な都市，近代的な計画都市ではない都市は，重なり合う機能，構造のためにはるかに豊かなパターンを持つことに，アレグザンダーは気づくのである。

　もう一つ興味深いことは，アレグザンダーが要求に対応する「適合」の集合を「不適合」の集合に周到に置き換えていることである。未経験，未知の環境あるいはコンテクストにおいては適合性を事前に洗い出すことは不可能であるが，不適合性は経験の集合として確実に蓄積される。このことは，未見，未知の新しい人工物の要求機能を事前に合理的に確定することは困難であるという本章の主張に重なる。その生涯を通じ，アレグザンダーが近代的な都市・建築よりも伝統的な集落・建築に強く惹きつけられていたという事実は，こうした限界の認識を反映しているのかもしれない。

(2) 構法計画

　日本の建築学分野においては，1960年代後半から設計方法に関する議論や研究が盛んになされるようになった。建築が産業の近代部門として確固たる地歩を築きつつあったことの反映であり，建築計画学にも工学としてのさらなる深化が求められていたといってよい。建築学会を中心に進められた設計方法論の初期の研究成果は同学会刊の設計計画パンフレットとして数冊がまとめられており，その中では他分野の知識や考え方が参照されていた。

　同じ頃，建築構法を専門とする内田祥哉研究室（東京大学）を中心に，構法計画と呼ばれる学問分野が打ち立てられつつあった。構法は建築の物的構成を表す言葉であるが，用語としての定着は構法計画と同じくらい新しい。建築という実践知識が今日的な意味での高等教育に組み入れられたのは西欧においても19世紀後半に入ってからであり，当時，教学としての知識は様式論としての歴史意匠と技術論としての構造の2分野に集約されていた。いずれも設計に直結する基礎的な知識という位置づけである。科学技術の発展に伴って構造学や環境学など建築学における工学諸分野が分離確立されていく過程で，いわば残滓のように構造分野に取り残されたのが，一般構造と呼ばれる分野であった。建築構法および構法計画は，この一般構造を科学，工学に裏づけられた体系，

図6-3 BEの各部の定義

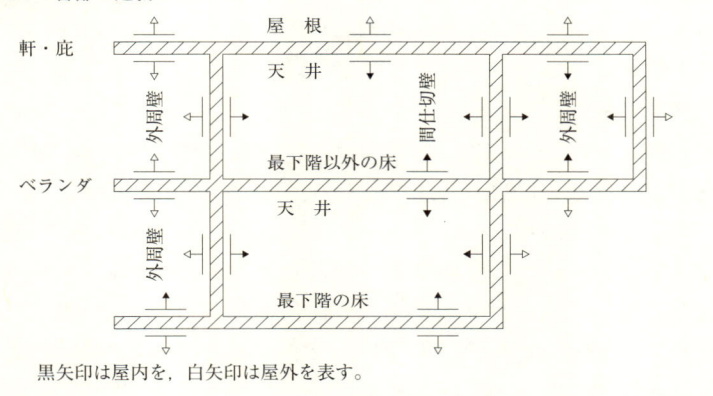

軒・庇／屋根／天井／外周壁／間仕切壁／外周壁／最下階以外の床／ベランダ／天井／外周壁／最下階の床

黒矢印は屋内を，白矢印は屋外を表す．

手法として再編しようとした意思の表明であり，産物である．

　構法計画学は設計計画論であり，生産論，システム論であり，あるいは構築環境にかかわるマネジメント論でもあるが，学としての淵源は1960年代に取り組まれたBE（ビルディング・エレメント）論にさかのぼる．その一面をとらえて性能論とも呼ばれるBE論は，建築の各部を空間の仕切りとして意味づける．空間の仕切りはすなわちそれが分かつ二つの空間を定義し，仕切りが制御すべき機能を明らかにする（図6-3）．その機能は性能に置換され，水・音・熱・光など制御の対象となる作用因子を特定して記述される．こうして建築の機能（の一部）を各部（＝部位）の性能に還元することができ，逆に部位の性能を総合すれば建築の機能的適合性が判定できると考えられたのである．

　BE論の延長上に打ち立てられた構法計画は，要求に合致する実現（＝設計解）を導くことをその目的とする．この側面を取り上げれば，構法計画はまさしく「機能―構造」アーキテクチャの決定に関する理論，手法であるということができる．しかし，ここでも，いかにして機能から設計解が導かれるかという問題に突き当たる．BE論的構法計画は，部位の構法およびその構成材の選択・組み合わせを前提として，設計に役立つ参照事例の総覧を整備することを意図していた．既知の事例を参照する設計計画手法は，それゆえ，未知の機能，構造の創造に寄与するには限界があった．構法計画がこのようなかたちで構想されたのは，おりしもプレハブ建築をはじめとする新しい構法が陸続と生み出されていた時期であり，また建築以外の分野からも建築のアーキテクチャに関

する発想が次々ともたらされていた時期であった．BE論的構法計画の探究がこの時点でストップし，構法計画の関心がオープン・システムに代表される生産論，システム論に移っていったことは，いまとなれば了解できる．

(3) 機能は構造に先行する

住宅の設計を建築家に依頼する理由は，難しい注文を聞き入れ，依頼主自身では想像もつかない住宅を実現してくれると期待するからである．この場合，機能が十全に検討されたうえでユニークな構造が決定される．高度な機能，複雑な機能を持つ建築は，また建築家の出番を求める．住宅の場合と同様に，機能が構造に先行して検討され，アーキテクチャはインテグラルとなる．

前例のない機能を持つ建築を新規に開発する場合も，要求される機能が徹底的に検討されない限り，構造を決めることはできない．システムズ・ビルディングはその典型であり，ここではその事例としてSCSD (the School Construction Systems Development, 1961～67年) を取り上げる．カリフォルニア州は，当時急増する人口のため，大量の学校が不足するという問題を抱えていた．SCSDは，州政府の要請で開発された学校建築のためのシステムであり，アポロ計画のために開発されたシステムズ・アプローチを応用し，短期間に総計20万m^2にも及ぶ大量の学校を建設した実績で知られる．SCSDを世に知らしめたもう一つの理由は，それがオープン・スクール（チームティーチングや進度に応じた個別学習を取り入れた新しい教育システム）の理念を具現化した斬新な姿をまとって登場したからである（図6-4）．SCSDは1500 mmのグリッド上で平面が計画される鉄骨造，平屋建てのシステムで，屋根，天井，間仕切，空気調整の四つのサブシステムを持つ．大スパンのオープン・スペースを実現する屋根構造のシステムや可動間仕切，平屋建ての屋根上に置かれた空気調整サブシステムはすべて，オープン・スクールの機能的要求に由来する．

SCSDの開発・発注仕様をまとめるのに当たり，開発チームはE (Educational) シリーズ，T (Technical) シリーズに分かれる膨大な検討を行った．前者が新しい学校建築に求められる「機能」に，また後者が機能に擦り合わせた「構造」の仕様開発にかかわることは容易に理解されよう．すなわち，SCSDはインテグラル・アーキテクチャを通じて開発されたものである．しかし，SCSDの四つのサブシステム（1社独占のクローズド・システムであった）はそれぞれ主要な機能を担うように分節されたから，でき上がったシステムのアーキテクチャはモジュラーである．個別建設プロジェクトの要求機能はサブシステムの組

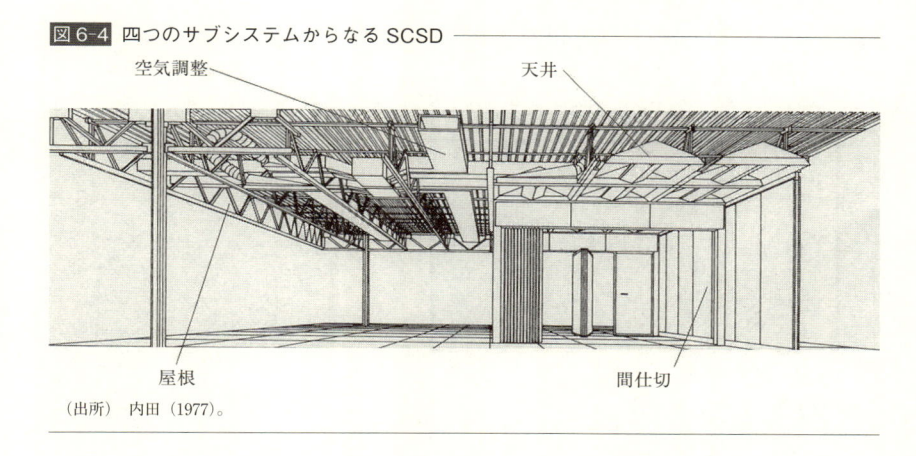

2 建築ものづくりの「アーキテクチャ」による記述　225

図6-4 四つのサブシステムからなる SCSD

空気調整　　　　　　　天井

屋根　　　　　　　　　間仕切

(出所)　内田 (1977)。

み合わせによって容易に対処できるという意味でも，SCSD はモジュラー・アーキテクチャの範疇に分類される。このように，開発段階はインテグラル，適用段階はモジュラーというアーキテクチャの二重性は，プレハブ建築やシステムズ・ビルディングなどのシステム建築に共通の特性である。SCSD の経験を下敷きにカナダで展開された学校建築のシステムである SEF (Study of Educational Facilities) は，競争性と多様性を確保するため 10 のサブシステムのそれぞれに 2 社以上のメーカーを用意した。そのためにインターフェイスを標準化し，サブシステム間のコンパティビリティをあらかじめ保証したため，適用段階の SEF はオープンかつモジュラーなアーキテクチャとして実現された。

(4) モジュラーならば構造が先

建築家に依頼された住宅の設計や SCSD に示されるように，「機能―構造」アーキテクチャを語るときには，構造に先行して機能が発想され，あるいは決定されると言外に了解されている。しかし，実際に機能が構造よりも先に決まると言い切れるのであろうか。

民家の間取りや（狭義の）構造において，上屋柱と呼ばれる構造柱が一定間隔で室内に現れる形式は，独立した無柱の室空間単位に区切られた形式よりは古いとされる（図6-5）。構造に用いられる木材は貴重な材料であり，とくに空間の大きさに関係する梁材の寸法には入手可能な資源がおのずから定める限界があった。内部空間を拡大するには，2本の柱上に梁を支えた門型のフレームの単位を比較的狭い間隔で次々と並べるほかなく，かくして広間の室内に上屋

226　第 6 章　「アーキテクチャ」から見た日本の建築ものづくり

図 6-5　上屋柱を持つ民家（千葉県石橋家住宅，17 世紀中頃）
(1)　石橋家住宅復原平面図　　　　　　　　　　　(2)　石橋家住宅復原梁間断面図

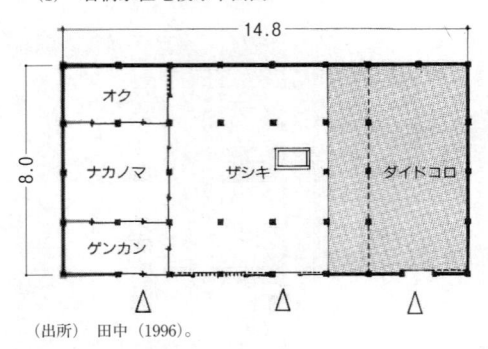

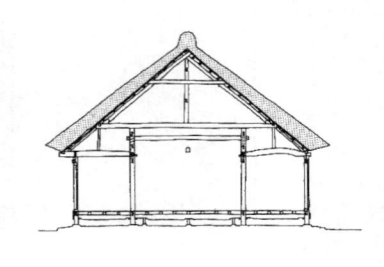

(出所)　田中（1996）。

柱が露出して並ぶことになった。このような構造であっても住まいの機能は不足なく包含されているから，この場合，「構造」に即して「機能」が発想されたと見ることができる。しかし，畳を敷き詰めた座敷が上層民家に普及してくると，差鴨居と呼ばれる横架材を柱上部の側面に差し渡して屋根構造に影響を与えることなく邪魔な柱を省き，また曲がった松梁を上下に交差させながら精妙に組み合わせる技法（梁算段という）などが導入されて，内部に柱のない部屋からなる間取りをある程度自由につくることができるようになった。その過程で門型フレームの単位も消滅し，梁は柱上に直接支えられる形式から，柱上部をつなぐ桁の上に架かる形式に代わって現在に至っている。すなわち，折置組と呼ばれる構造形式から京呂組と呼ばれる構造形式への変化である。ここには，逆に，「機能」に応じて「構造」が変化していった様子が見て取れる。

　この例で示唆されていることは，きわめて当然のことであるが，「モジュラー・アーキテクチャに従えば構造が先決する」という単純な事実である。京呂組を継承した今日の在来構法木造軸組住宅の場合も例外ではない。C. アレグザンダーはこのようなプロセスを「無自覚な段階」と呼んだが，蔑視を込めて言っているのではない。ヴァナキュラーな材料，構法は，世界中に調和のとれた風景を生み出してきたからである。

　ものづくり経営学では，人工物の機能はユーザーが構造に働きかけることによって発現すると理解される。機能の多くはあらかじめ想定されたものであるが，働きかけの結果，それ以外の機能が見出されることがある。構造の項で述

べたように，「構造」は「機能」を含意した「機能―構造」複合体として分節されることが多く，想定された機能は構造の要素に与えられた名辞から連想される。物的構成としての構造要素の例として，階段と梁をあげる。階段は垂直移動を可能にする機能を持ち，柱は梁やスラブを介して荷重を支持，伝達する機能を持つと了解されているが，階段が腰掛けになり，柱が背丈を測るために使われることは，誰もが経験として知っている。空間構造の要素には，室名の例として，ダイニングと主寝室を取り上げる。ダイニングは食事の場，主寝室は夫婦の就寝の場とされるが，ダイニングで子どもが勉強し，主寝室が母親と乳幼児によって占拠されているのは，ごくありふれた光景である。このように「機能―構造」複合体には部位の名称や室名として機能が措定されるのであるが，名辞と実体が対応するとは考えられていない。設計のための基礎学と位置づけられる建築計画学は，各種施設における生活の場を実地に調べる「使われ方調査」をとくに重視し，多くの知見と優れた洞察をもたらしている。また，環境情報が人に働きかけて機能を誘発するというアフォーダンスに関する研究は，建築計画学分野の多くの研究者が関心を持って取り組んでいるテーマの一つであり，建築設計者の多くはアフォーダンスという専門用語に知悉しているか否とにかかわらず，そのような意識を手法化している。

(5) 機能，構造をどう記述するか

　機能と構造は別物でありながら，それぞれのアーキテクチャ構成の最下層で互いに対応づけられている。また「機能―構造」には先述の複合性があるため，両者の区別はあいまいになりがちである。だとすれば，両者の記述法には明確な違いがあるのかどうかを確認しておく必要があろう。

　要求として提示される機能は，設計解ではないという点でおのずと構造の表現とは異なるはずである。構造が設計解として図にされた情報により多く依存するのに対し，機能的要求は言語的な表現にとどまる。加えて，機能的要求を提示する発注者／ユーザーと設計解を用意する構造決定者の間には知識・情報入手能力の非対称性があるため，言語的表現と図的表現の間のギャップが縮まることはないし，言語表現も定性的な表現にとどまりがちである。しかし，このことはネガティブな結果に直結しない。なぜならば，設計の自由度はより優れた解を生み出す機会を増大させるからである。

　このことを，建築部品の標準化を例にとり，要求仕様（性能仕様）と製品仕様の違いという観点から具体的に説明してみよう。1960年，先進的な量産技

術を用いた高機能の部品の普及促進を図るため，公共住宅用に共通化，標準化された kj（公共住宅の意）部品制度が制定された。この施策を通じて広く一般に普及した部品の中には，ステンレス流し台，水洗便器などがある。共通化，標準化はもちろん量産のために必要であったが，公共発注にとっては会計法が要求する競争入札の条件を満たすことも重要であった。仕様を共通化することで，複数のメーカーの参入が図られたのである。このように，製品の寸法，形状，性能を設計解（構造）として明示する方法を製品仕様という。製品仕様は，しかし，さらなる設計の改良を阻んだため，kj 部品は急速に陳腐化する運命にあった。代わって導入されたのが，1973 年制定の BL（ベター・リビングの略称）部品制度であり，これは現在まで続いている。BL 制度が新たに導入したのは，製品仕様に代わる性能仕様（性能機能で記述した要求仕様）である。性能仕様は機能的要求を言語表現したものと考えてよい。公共，民間を問わず広い範囲に用いられる BL 部品は，寸法，性能に関する一定の基準を満たす限り，随時オープン部品として認定され，更新されていく。重要なことは，製品の仕様を具体的な構造として規定せず，より抽象的な機能要件として提示する性能仕様は，設計の自由度を保証し，結果としてその種の製品の進化を促す作用を持つということである。

　日本の建築法令は，諸外国の法令と比べた場合，責任と引き換えに専門家，当事者に委ねられるべき裁量を過度に制限する一方，建築が満たすべき品質を担保するために仕様を具体的に規定する規制法の色合いが濃いことが，かねてより指摘されていた。その結果，設計の自由度が制限され，規制の最低水準を満たせばことが済むという風潮が助長されたというのである。この問題に対し，1998 年から 2000 年にかけて，性能規定化への転換を図るべく，建築基準法の改正が行われた。「仕様書規定から性能規定へ」の転換である。構造から機能への転換であるといってよい。これも上記と同様の流れである。

　要求を機能で与えることは，設計の自由度を保証するという意味の限りにおいて望ましいことである。しかし，実際には要求条件を機能ではなく，構造で指示することも少なくない。空間構造を例にとるならば，親子 4 人が住む住宅を設計して欲しいという代わりに，3LDK の住宅を設計して欲しい，あるいは 10 畳の主寝室に 6 畳の子ども部屋が 2 部屋欲しい，という具合である。設計者の発想に期待するのであれば，仕様をできるだけ機能のかたちで与えるべきである。しかし，たとえば裁判所やオペラ劇場のように，建物の機能，使われ

方に関する経験，知識が発注者側に偏在している場合，発注者ないしはそのコンサルタントが必要に応じ，構造として仕様を与えることが適切である。ブリーフやRFP（Request for Proposal）の記述法に関してはいっそうの研究が望まれるところである。

(6) コミュニケーションの回路は用意されている

これまで，機能と構造のいずれが先に与えられるべきか，あるいは性能仕様と製品仕様のいずれが適切かという議論を続けてきたが，建築の場合，断定はむしろ不毛である。なぜならば，建築は一品注文生産品であり，特定の発注者と設計者がいる。そして，両者の間にはコミュニケーションの機会がいつも用意されている。この点が，不特定多数のために設計され，市場に出される一般の製品と決定的に異なっている。たしかに，依頼者にとって要求機能を的確に言語化することは困難であるが，逆に機能を具体化された構造から推し量ることはできる。ならば，一方通行にとどまることなく，要求と設計解を擦り合わせるために，積極的にコミュニケーションを図るべきではないか。機能―構造は，何らかのコミュニケーションの手段を通じ，互いを往還しながら漸進的に具体化されると考えるほうが自然であり，創造的である。図面（中間的な設計解）は，その際，有力なコミュニケーションの手段となる。実は，複数の設計者間あるいは設計者グループ内の設計の進め方も，これと変わるところはない。RIBA（英国王立建築家協会）は建築家の業務に関する解説書[5]の中で，ブリーフをきわめて興味深いかたちで示している（図6-6）。ブリーフは本来，発注者から設計者に提示されるべきものであり，設計解を求めるための要求機能を定めるものである。しかし，RIBAは最初のブリーフを戦略的ブリーフとし，その後展開されるブリーフと区別する。戦略的ブリーフは機能的要求を網羅したものではないが，これをもとに設計者は基本計画をつくり，ブリーフにフィードバックする。基本計画が基本設計へと展開される過程でいくつもの設計中間解がつくられるが，ブリーフもそれに伴って進化する。基本設計が合意された段階でブリーフも確定するという考えである[6]。重要なことは，設計案（構造）を媒介にコミュニケーションを重ね，基本設計が固まった段階でブリーフも固ま

---

5 *Architect's Job Book*, 7th Edition, RIBA Publications, 2001.
6 RIBAと同じ考え方によるBS 7000-4（英国規格：建設プロジェクトにおけるデザイン・マネジメント）では基本設計に対応するブリーフをconsolidated brief（固まったブリーフ）と呼ぶ。

図6-6 ブリーフと設計の往還（RIBA）

```
                     施主要求事項
       ブリーフ              設　計
       ニーズ書  ─────────→
                           評価 A
       戦略的ブリーフ B ──→
                           基本計画 C
       プロジェクトブリーフ C ──→
                           基本設計 D
       プロジェクトブリーフ D ──→
                           実施設計 E
                           生産情報 F
```

（出所）　*Architect's Job Book*, 2001.

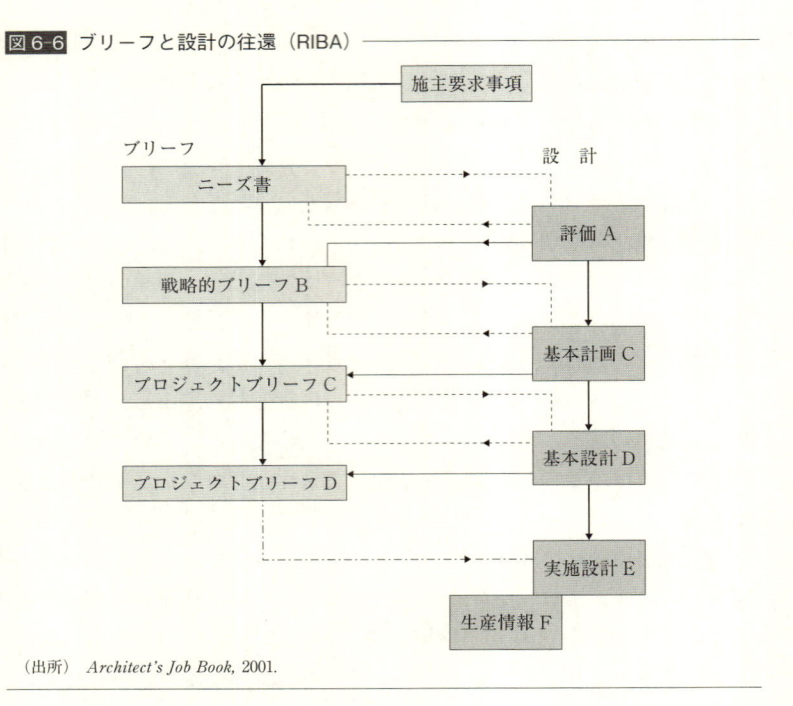

り，実施設計に進む前の最終合意が得られるというその過程である。

　構造を媒介に機能を確認するという意味では，一つの設計案を示してさらに良い代案を求める代案設計や，基本設計と実施設計以降を分けて発注契約する各種の二段階方式も同様に現実的な手法であると言える。

2.4　機能－構造－工程

(1)　「構造－工程」アーキテクチャ

　機能－構造からなる製品アーキテクチャはさらに工程を含むアーキテクチャに拡張展開される。製品とは設計情報を素材に転写したものであり，製品の機能は転写の方法である工程に左右されるからである。先に述べたように，ものづくり経営学でいう「工程」は建築では「工法」に近い。また，同じ大工でも親方と弟子で仕事の出来栄えが違うように，工程は単に方法を示すばかりではなくリソースの能力等も合わせた概念である。建築でいう工程計画や工程表とは異なる意味を持つこの言葉についても，「構造」と同じように必要に応じて

かぎかっこ付きの「工程」と表記することにする。

「工程」は誰が決めるかを論ずるのは，案外，難しいことである．一般的に，米国は設計段階における仕様（「構造」）の確定度が高いといわれる．構造の確定度が高いということは，構造の特定の部分がモジュラーに成立し，かつ工程がある程度標準化されているか，または設計段階での「工程」検討とそれに関する意思決定の完了が慣習化されていることを意味する．日本の場合，生産設計，すなわち施工段階での「構造―工程」アーキテクチャの擦り合わせをその強みの源泉としているから（第2章参照），「工程」の検討・決定はもっぱらGC（ゼネコン）が行う．より正確に言えば，GCとSC（サブコン），サプライヤーの間にも設計者とGC間と同様の関係が成立しているから，「工程」はGCを中心としてSC，サプライヤーを含む施工サイドが行う．「工程」検討の過程で「構造」の詳細な仕様が決定されることは一般的であるし，「構造」の変更がなされることもしばしばある．日本の建築ものづくりの「構造―工程」アーキテクチャは，このようにインテグラルである．GCとSC，サプライヤー等との重層的な関係を含み，日本の建築ものづくりはインテグラルな特性を持つ．

建築の「工程」に特徴的なのは，仮設である．設計段階で完成建物の「構造」として示される部分の工事は本設工事，完成後消滅してしまう部分は仮設工事という．型枠や支保工などが仮設に含まれる．また，同様に扱うべきものとして，クレーンなどの機材もあげられる．仮設は建築プロセスの中で重要な位置を占め，コストにも響くので，「工程」検討の大きな部分を占める．もちろん，仮設計画を含む「工程」検討と関連して，構造が変更されることは多くある．その例の一つが部品化である．鉄筋コンクリートの部位やその一部，たとえば梁をPC (Pre-cast Concrete) 化するケースを考えてみよう．本設としての「機能―構造」設計はあくまでも寸法，配筋，コンクリートの仕様等にとどまる．この梁を現場打ちコンクリートとするか，あるいはPC化するかは，施工段階，すなわち現場で決められることも多い．この場合，新たに接合方法を検討決定しなければならないから，「構造」は変更される．またPC化により品質が変わるため，「工程」の検討はさかのぼって「機能」にも影響を及ぼす．このことからも，日本の建築ものづくりは，「機能―構造―工程」アーキテクチャの全体にわたって擦り合わせ型の特性を持つと言える．

部品化はまたプレハブ化，工場生産化，工業化とも大きくかかわっている．建築工事は順序関係を持つ一連の作業からなるプロセスであるが，一部の構成

材を取り出し，部品化することで，その部分を並行して，あるいは事前に生産することができる。事前生産をプレハブリケーションという。また，PC部材を現場のヤードでプレハブ化することをサイト・プレハブという。サイト・プレハブと工場生産によるプレハブとでは，設備や輸送・搬送上の制限等の「工程」の違いから，形や品質はおのずと異なってくる。どちらを選択するかは，アーキテクチャ全体にかかわる判断による。

　基礎を介して大地につなぎとめられる建築は，自動車等の工業製品とは異なり，製品を製造ライン上に流すことはできない。現場に多数の専門職種や専門工事業者が入れ替わり，立ち替わり現れ，主として重力と「構造」が支配する順序関係に従って下から上に順次組み上げていく。そのままでは手待ちが生ずるため，工区分割が図られる。部品化，プレハブ化も，現場の最終施工（組立）場所から切り離した空間で組立を行うという意味で，工区分割の一つの形態であると言える。高層オフィスビルやマンションなどの大規模建築物は水平，垂直に工区分割され，各工区で同じ作業が繰り返されるように工事が計画される。こうして，限られたリソースを有効利用し，工期を短縮することが可能になる。工区境が部材分割を左右するように，「工程」設計の一部をなす工区分割は，また「構造」に影響を及ぼす。鉄骨柱を何階分の高さで節割するかを決め，それに従って施工用のエレクション・ピースを柱に付加する例などがこれにあたる。

　機能と構造，およびその決定者の境界があいまいであるように，構造と工程，およびその決定者の境界もあいまいである。その結果，設計された「構造」がはたして実際に建設可能かどうかを事前に検討することの必要性が叫ばれるようになり，英米でBuildability, Constructabilityと呼ばれる専門分野の出現をうながした。この問題はさらに，設計とは何かという根本的な問題を顕在化させてもいる。設計とは形を決めることか（意匠設計），設計解としての「構造」の仕様を提示することか，あるいは設計解の実現可能性も保証することが求められているのか，建築設計とエンジニアリングの境界はどこにあるかといった問題である。設計責任の所在も含めて，今後整理されるべき大きな問題である。

(2)　構法計画と構工法計画

　以上から明らかなことは，少なくとも構造の決定には工程が大いに関係しているという事実である。1990年前後，構法（構造）と工法（工程）を一体的に扱う必要性が認識されるようになり，構工法という言葉が用いられるようにな

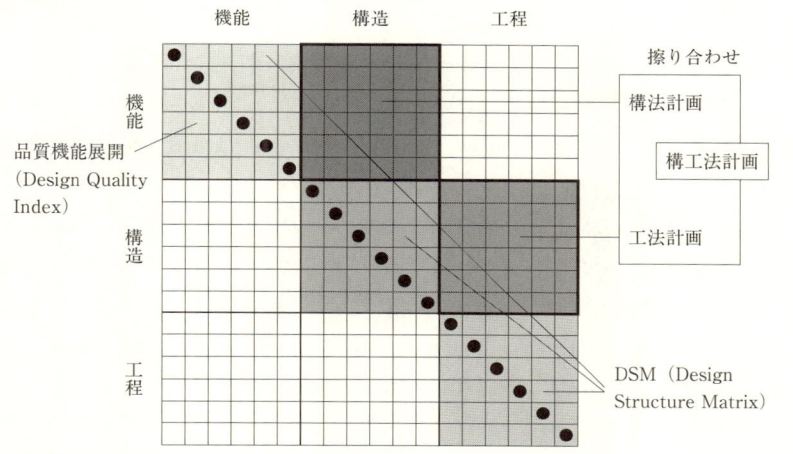

図6-7 アーキテクチャの領域と関連分野の関係

った（山崎ほか 1990；安藤 1992）。その認識をもたらした第一の要因として，絶え間ない技術革新とともに設計の分業化も進み，設計に関する新しい発想の担い手を建築設計者（建築家）のみに限定することが事実上困難になったということがある。第二の要因は，生産設計に象徴されるように，従来設計とは無縁とされた施工者の側で実際には多くの創造的設計行為がなされており，それがとくに擦り合わせ型のアーキテクチャを得意とする日本において，建築物の機能向上，技術革新の大きな源泉となっていたという事実である。これは，テイラー主義に象徴されるように，計画（発想）と実践とを二分し，計画を上位とする 20 世紀特有の思想に対するチャレンジであったとも言える。構造と工程を数理的に一体化して取り扱う構工法計画の手法については，第 7 節で扱う。

(3) アーキテクチャの領域と関連諸分野の関係

図 6-7 は，製品アーキテクチャに「工程」を付加してでき上がる 3 次元の「機能―構造―工程」アーキテクチャを，行列の形で表現したものである。構法計画は機能と構造の 2 軸がつくる部分行列の領域に相当し，一方，工法計画あるいは構工法計画は構造と工程が張る部分行列に相当する。しかし，構工法計画も機能にさかのぼって影響をフィードバックすることがあるため，構工法計画は 3 次元の行列全体に重なっていると考えるのが，本章の主張である。

「機能―構造―工程」アーキテクチャを表す各部分は，建築学，建築の実務，

隣接諸学の各分野や手法に対応している。「機能」の内部構成には品質機能展開，DSM (Design Structure Matrix[7])，建築プログラミングなどが対応する。DSM は，また，構造，工程それぞれの内部構成に関連すると考えることもできる。建築でいう工程計画は「工程」の内部構成により多く関係する。建築計画は機能と（空間）構造の全領域に対応し，建築設計は機能と構造の全領域に関係する。

　建築ものづくりの発想のポテンシャルは，このアーキテクチャ全領域の随所に存在する。インテグラル・アーキテクチャに傾斜した日本の建築ものづくりは，工程から構造，機能へとさかのぼる擦り合わせにおいて最もよくその能力を発揮してきた。この回路は，しかし，機能の革新に対してはそれほどの効力を発揮しない。たとえば，今世紀になって登場し，建築とその表現に新しい可能性をもたらしたダブル・スキン・ファサードは，日本で発想されたものではない。ダブル・スキンは環境工学ないしは設備，意匠，構造の機能を複合して擦り合わせた新しい外皮設計法である。コストアップに直結するにもかかわらず外皮を二重化することが受け入れられたのは，それがオフィス・ワーカーの労働生産性改善や省エネルギーに寄与するという新しい価値が見出されたからである。このような価値に対する洞察は，機能の内部構成を擦り合わせる思考によってしか得られない。GC を中心とした日本の建築ものづくりの能力構築能力にはおのずと限界がある。誰がその役割を担うにせよ，設計にはより上流のデマンド・サイドに立った発想が必要とされるゆえんである。

(4) オープンとクローズド

　「機能－構造」アーキテクチャを行列で表現し，モジュラー型，インテグラル型，およびその中間・混合型の別を示したのが，図 6-8 である。この図が示唆していることは，インテグラル型のほうがモジュラー型よりも多くの設計の可能性を秘めているということである。インテグラル型は，機能にせよ構造にせよ，それぞれの要素の自由な組み合わせを可能にする。機能要素と構造要素の対応づけも自在である。モジュラー型とインテグラル型とでは，製品の可能態の領域が格段に違う。先に，機能の革新は機能の内部構成を擦り合わせることによってしか実現しないと述べたのはこのことである。

　モジュラー・アーキテクチャは，設計・生産の社会的分業を実現するために

---

[7] Dependency Structure Method とも言う。

図6-8 アーキテクチャの型と設計の可能態

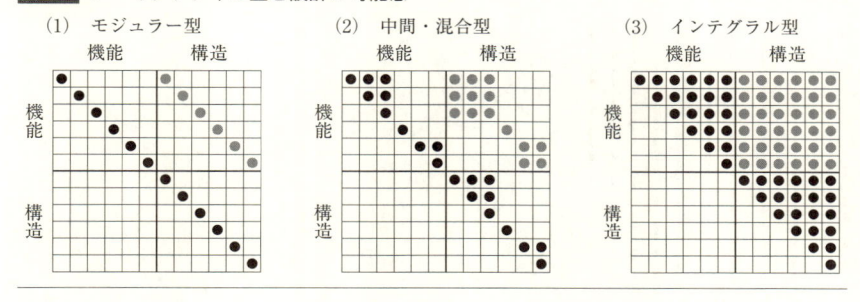

(1) モジュラー型　　　　(2) 中間・混合型　　　　(3) インテグラル型

　有効である。技術の専門化，高度化は社会的分業をいっそう促進する。とくに，不特定多数のユーザーに技術の恩恵を行き渡らせることが必要な場合，すなわち量産化と市場化が必要な場合，モジュラー型という条件は必須になるといってよい。住宅部品や設備機器は，モジュラー・アーキテクチャの構成要素として普及してきたものである。モジュラー・アーキテクチャにはもう一つの利点がある。それは，限られた数の構成要素（部品）を組み合わせることによって，多様な製品（建築）が生み出されるという利便性である。

　アーキテクチャには，オープン，クローズドの区別をつけることがある。オープンは業界標準の製品を，またクローズドは囲い込まれた製品をいう。不特定多数のユーザーのために量産化され，市場化される製品は，オープンかつモジュラーなアーキテクチャを前提としている。オープンかつモジュラーな製品は標準化されたインターフェイスを持つ。また，形や寸法，性能のほかに価格という情報も持つ。

　一品注文生産物としてその都度各部が設計される建築は，基本的に「クローズド・インテグラル」なアーキテクチャとなる。しかし，一部にオープン部品を使うことが一般的であるため，実態としては中間・混合型となる。これに対して「クローズド・モジュラー」なアーキテクチャを持つ建築の代表格は，プレハブ住宅やシステムズ・ビルディングである。オープン部品は「オープン・モジュラー」なアーキテクチャに従う部品であるが，工業化されたオープン部品として成立している構造体は少ない。しかし，在来木造軸組構法はオープン部品（オープン・システムのサブシステム）とみなしてよい。「オープン・インテグラル」・アーキテクチャは存在しないので，オープン・アーキテクチャは必然的にモジュラー・アーキテクチャとなる。

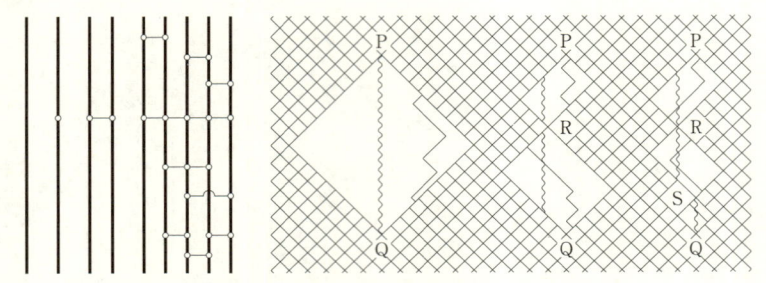

図 6-9 アミダ型オープン・システム

分割点（結節点）が多いほど P から Q に至る経路は制限される（右）。
バイパスを設けると経路選択の幅は広がる（中）。
（出所）内田（1972）。

　オープン・アーキテクチャの多様性は組み合わせに由来するため、要素分割の数を増やし、選択可能な各要素の数を増やせば多様性は増すと考えられがちである。しかし、モジュラー・アーキテクチャの制約のために、要素分割の細分化は設計の自由度（可能態）を著しく減じ、かえって画一性を招いてしまうといち早く指摘したのは内田祥哉であった（内田 1972）。内田は、「全体の形を型にはめないためには、分割点をまたいだバイパス部品の存在を許しておくことが必要」とし、これをアミダ型オープン・システムと呼んだ（図 6-9）。

3　日本の建築ものづくりのアーキテクチャ

　本節では、日本の建築がどのような設計思想、つまりアーキテクチャでできているのかを分析していく。建築は、敷地が存在し、そこにすべての素材や部品を運び、そこで作業することが必要な範囲が出てくる。そのため、もしも、地域ごとにつくり手の思想に傾向があるなら、その地域性が比較的明確に表出してくることが考えられる。
　その一方、建築がプロジェクトごとに異なる与条件のもと、異なるものがつくられることになる。つまり、すべての建築は多かれ少なかれ異なることになる。そのために、ある地域の建築と、別の地域の建築を比較しようとしても、何と何を比較すれば地域性を理解することになるのかを判断するのに、難しい面があると言える。

そのようななか，ここでは，建築のつくり方を比較すべく，地域ごとに標準的な詳細設計内容と認められるものを比較するという手法（吉田・野城 2005a；吉田・野城 2005b）をとり，建築のつくり方に関するアーキテクチャの地域間比較を行う．

3.1 日本の建築における「構造」のアーキテクチャの傾向

ここでは，建築の設計内容について，日本の建築設計思想を記述し，その傾向を理解していく．対象としては，国内の建築生産活動の記述を中心に行っていくが，比較によって理解を深める目的で，英国の建築生産活動の記述も同様の手法で試みるものとする．

具体的な手法としては，標準詳細図から読み取れる情報を中心に構成要素を分解し，その構成要素間のつくり込み方に注目していき，それに基づいて記述を試みる．前述のとおり，建築は単品受注生産で，敷地条件，主要用途，施主要望などをはじめ，多くの物件ごとの与条件の違いがあり，全体の傾向をつかむためにはでき上がった建築をランダムに比較をしても地域ごとの設計思想の傾向は理解できない．この標準詳細は，ある地域で，標準化されていると考えられる典型的な収まりなどを表している．そのため，偏りや特殊性を可能な限り排除した内容を理解することができる．このような視点から，この標準詳細によって，日本と英国の二つの異なった地域の考え方を比較することが有用であると考えられる．この標準詳細を参考にしながら，現場で施工するときに，インターフェイスの標準化などによって，何らかの調整に関する必要性を排除する方向の考え方で成り立っているもの（モジュラー型）と，調整を前提とした方向の考え方で成立っているもの（インテグラル型）を，分類して記述していくものとする．

対象としては，建築の構成に関する事例として，図 6-10 のような窓の下部を取り上げ，一般的にどのようにつくられているのかを理解するために日本と英国の標準詳細を見ていく．このような開口部には，複数の工種が接するように施工されていくことになり，それらの関係性に，根本的な設計思想の違いが生まれる可能性が高いと判断した．図 6-11 は，(1)が英国の標準詳細，(2)が日本の標準詳細の断面図の例を示している．とくに，(2)の日本の標準詳細を見ると，軀体は水じまいを考慮して他部と擦り合わせ（①），水切りも水じまいを考慮して他部と擦り合わせ（②），防水モルタルも同様に他部と擦り合わせ

図6-10 対象部分のイメージ（図6-11(1)部分のイメージ図）

（屋外側）　　　　　　　　　　　　（室内側）

窓枠

水切　　　　　　　　　　　　　　開口下部

（出所）　Ivor（1995）に加筆。

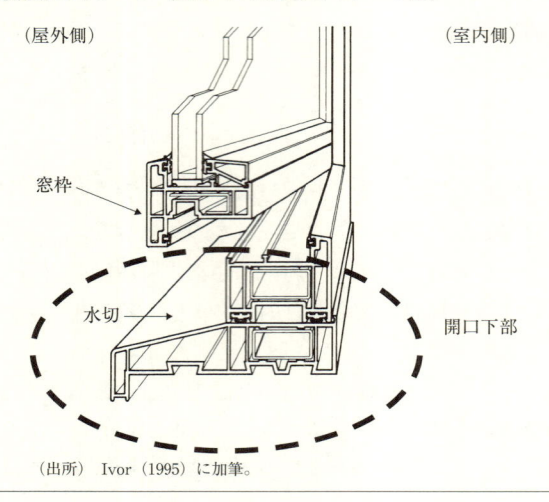

(③)，ウレタン吹付部も断熱性や結露を考慮して他部と擦り合わせ（④），アルミ材の強度を補強材を用いずにアルミ材で保ち（⑤），下地金物を軀体と擦り合わせて埋め込んでいる（⑥）。つまり，すべての部分で互いを擦り合わせ，調整することが当たり前であって，それによって全体の品質を高めていると考えられる。(1)図を参照すると，英国では，基本的には一つの部品が一つの機能を果たし，部品間には標準的なインターフェイスが用いられ，複数の部品が擦り合わされることなく構成されている。要するに，標準的な部品を比較的単純に組み合わせるだけでつくり上げられている。

図6-12と図6-13は，これらの日本と英国の開口下部の，部位間の関係性を考察したものである。手法としては，部位などの要素に分解し，その階層性を表現していく。施工される各部位を塊ごとに取り出し，階層表現に表していくものである。図6-12のとおり，国内の事例は，部品の設計主旨として，建築現場にて調整・加工などが必要であるとされたものであり，部品間の接点や接合面については，多くの部分が構成要素の相互依存性が高い「擦り合わせ」によって構成されていることを表している。これは，この部分が典型的なインテグラル型のアーキテクチャによって構成されていることを表している。これに対し，比較のため記述した英国における開口下部の製品アーキテクチャは，基本的に構成要素間の相互依存性が低いモジュラー型のアーキテクチャと言えよ

図6-11 開口下部（サッシ窓周り）の標準詳細

(1) 英国の標準詳細

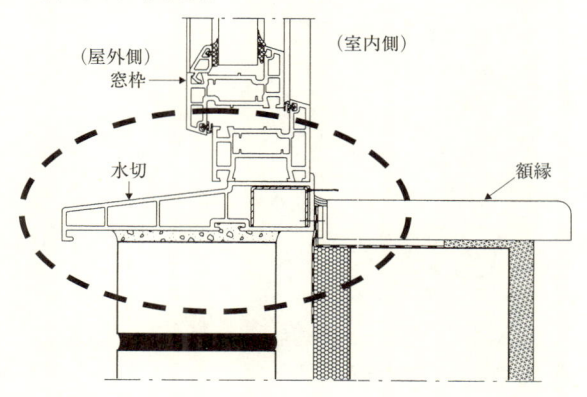

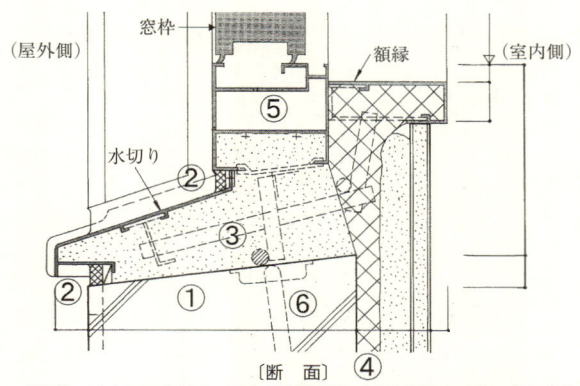

(2) 日本の標準詳細

（出所）(1)は Ivor (1995), (2)は戸田建設建築工事技術部 (1993) の図に加筆。

う。現場で調整の必要性があまり強くなく，標準的なボルトや部材を挟むことなどによる「組み合わせ」の接合部分が多く含まれており，モジュラー型の特徴を持っていることになる。これらの関係は，他の複数の工種が交わる，防水収まり部，パラペット収まり部などでも同様の結果が得られる（吉田・野城 2005a）。

　つまり，記述したことにより，国内の建築産業において，誰もが当たり前に使っている各部分に対する考え方は，すべての部分で英国と根本的に違う設計思想によるものであるということが理解できる。

図 6-12 日本の開口下部の標準詳細（図 6-11(2)）における要素の階層化

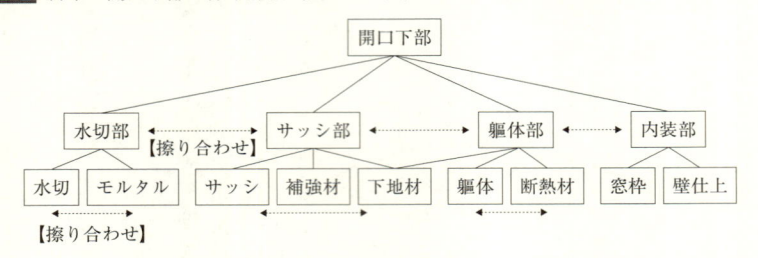

```
                              開口下部
          ┌──────────────┬──────────────┬──────────────┐
        水切部 ←──→ サッシ部 ←──→ 軀体部 ←──→ 内装部
       ┌───┴───┐【擦り合わせ】┌───┴───┐   ┌───┴───┐   ┌───┴───┐
      水切  モルタル    サッシ 補強材 下地材  軀体 断熱材   窓枠 壁仕上
     【擦り合わせ】
```

　ほとんどの階層で，すべての部位が擦り合わされている。たとえば，水切は防水モルタルが充填され，止水性，強度が高められている。また，その水切部は，サッシの枠部と一体化され，止水性，意匠性等を高めている。サッシも，アルミの型材のみによって十分な強度を保ち，補強材が必要なくなっている。サッシの下地金物は，コンクリート軀体に埋め込まれ，十分な強度と正確な位置を確保している。これらは，ある機能を達成するために，一つの部位によるのではなく，複数の部位によって高いパフォーマンスを目指したものということができる。

図 6-13 英国の開口下部の標準詳細（図 6-11(1)）における要素の階層化

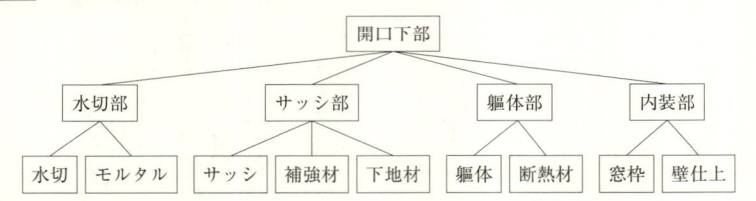

```
                              開口下部
          ┌──────────────┬──────────────┬──────────────┐
        水切部          サッシ部         軀体部          内装部
       ┌───┴───┐      ┌───┴───┐     ┌───┴───┐      ┌───┴───┐
      水切  モルタル  サッシ 補強材 下地材  軀体 断熱材   窓枠 壁仕上
```

　国内の事例と比較したとき，まったく異なる方向性であると認識できる。ほとんどの部位はモジュラー化している。たとえば，水切部は，標準化されたブリックの上に，シンプルにモルタルが塗られ，その上に水切が設置される。水切部，サッシ部，ブリック，ブロック，内装の仕上げ材は，お互いに相互の関係性が薄く，モジュラーの概念でつくられているということができる。

3.2　国内建築の「機能−構造」のアーキテクチャの傾向

　次に複数の様相間の関係性を考えていきたい。

　まず，機能と構造の関係を考えると，設計時の思想としては，ある機能を成立させるためにいくつかの部品や素材を組み合わせていくことを基本としていくことになる。たとえば，外部の天候の変化から内部空間を守るために，床，壁，天井の軀体と仕上げが組み合わされることになる。自然の風を取り込むためには，窓，窓枠，額縁などによって構成していく。つまり，機能と構造の要素の関係は，複数対複数ということになるのが基本的であると考えられる。

図 6-14 一般的な構造の階層化と機能の階層化の関係とアーキテクチャの型

（左：モジュラー型　右：インテグラル型）

構造の階層化：主要部位 — 副次的部位
機能の階層化：副次的機能 — 主要機能

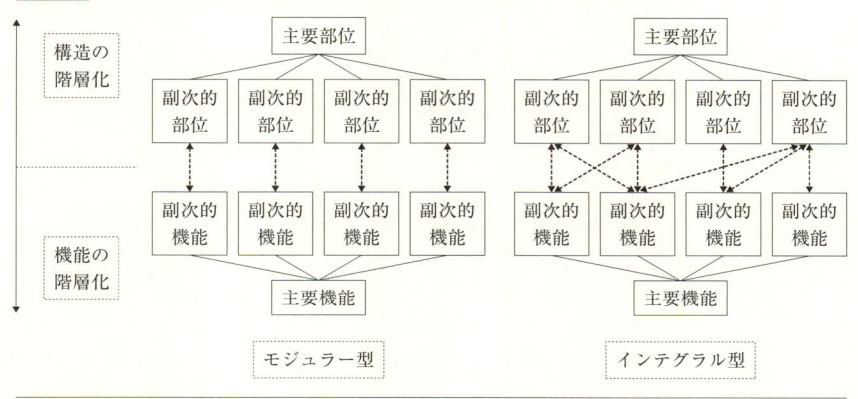

　次に，構造と工程のアーキテクチャについて考えていくと，さまざまなケースが考えられる。ただし，インテグラル型の思想で建築をつくった場合，構造の要素は複数の生産工程にかかわりがある場合が多いと考えられる。なぜなら，一つの部品を設置するのに，インテグラル型の思想の場合，物理的に周囲の部品とのかかわり，調整があるはずであり，そのために複数の工程に関与することが多くなる。また，一つの工程は，ある部位に違う部位を設置する場合が多く，この場合も複数の構造の要素とかかわり合うと考えられる。つまり，構造に関する要素と工程に関する要素は，1対複数，複数対1の関係になる場合が多いと考えられる。

　このような基礎的な理解のもと，具体的に，図6-11で取り上げた開口下部の標準詳細を使用して記述していきたい。まず，このような様相間の要素の関係性には，二つのパターンが考えられる。図6-14は，生産物の構造（上半分）と生産物の機能（下半分）をそれぞれ階層化させた模式図である。これを使い，様相間の関係性を考えたい。アーキテクチャで考えると二つのパターンに分かれる。一つめが図6-14の左側のように，それぞれの各要素が1対1対応となるパターンである。また，二つめが図6-14の右のように各要素が複雑な関係性を結んでいるパターンである。前者がモジュラー型で，後者がインテグラル型であるということになる。

　インテグラル型の特徴を考えると，この型は，一つの機能を達成するのにいくつもの部位を調整することになる。また，それぞれの部位は，いくつもの機

図 6-15 日本の開口下部の標準詳細（図 6-11（2））における構造の階層化と機能の階層化の関係

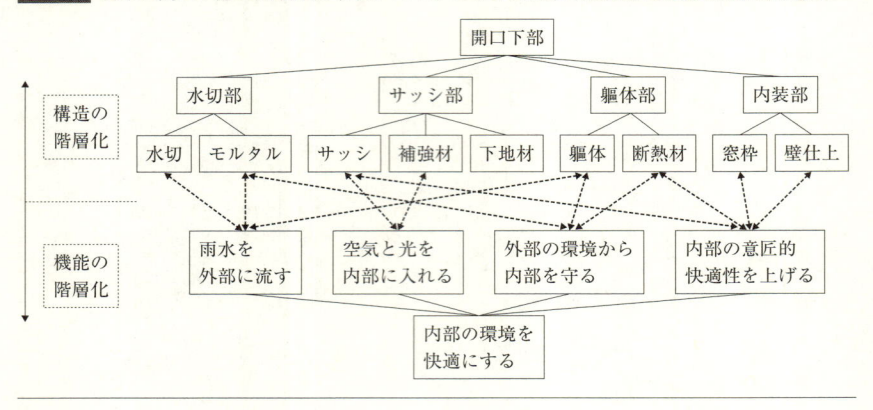

構造の階層化：
開口下部 — 水切部（水切、モルタル）／サッシ部（サッシ、補強材、下地材）／軀体部（軀体、断熱材）／内装部（窓枠、壁仕上）

機能の階層化：
雨水を外部に流す／空気と光を内部に入れる／外部の環境から内部を守る／内部の意匠的快適性を上げる／内部の環境を快適にする

能に関与することとなる．利点と欠点は，モジュラー型の長所と短所に対して表裏の関係となっている．このようなインテグラル型は，一つの機能を達成するのに，かける労力は大きくなるものの，つくり上げるものの性能や品質などについて高いパフォーマンスを実現することが可能な面があると言える．

　以上を念頭に置き，実際の標準詳細を見ていきたい．図 6-15 が，図 6-11 の日本の開口下部についての，部位の階層化と機能の階層化の関係図である．たとえば，水への対応として「雨水を外部に流し出す」という機能を見てみよう．この機能はきわめて重要で，開口がある限り一番回避すべき課題に対応したものと言えよう．しかし，相手は水であり，毛細管現象をはじめ，思わぬかたちで水漏れが発生しかねず，また，一度発生すると仕上げ材を含め多くの材料に多大の悪影響を及ぼすことになる．それに対し，まずコンクリートの軀体で傾斜をつけ，水切と軀体の間にシールを打ち，水切の内部には防水モルタルを充填し，水切の形状と材質も検討し尽くされ，その水切とサッシの枠とがシールによって止水されているのである．他の機能についても同様であり，構造の要素間を擦り合わせることによって，できる限り高いパフォーマンスがなされている．

　これに対し，図 6-16 のような英国の対象内容がどうなっているかを見てみよう．「雨水を外部に流す」機能は，基本的に水切のみで行っている．施工面では，ブリックワークは標準部品を積み上げるだけであり，モルタルで調整し，水切りを設置することとなるが，標準部品化，標準プロセス化の面では，合理

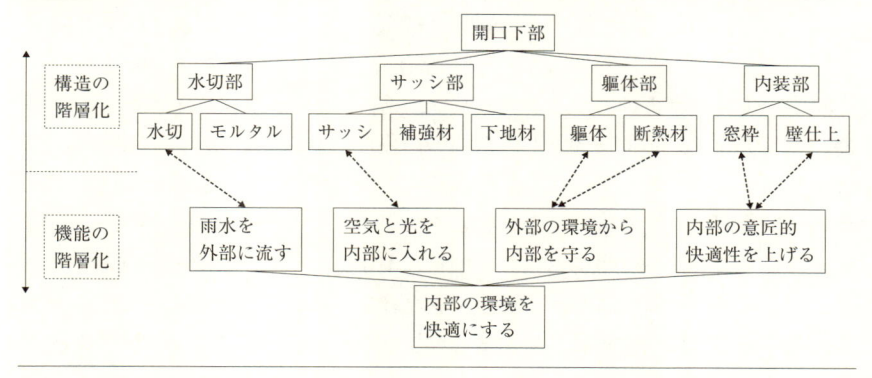

3 日本の建築ものづくりのアーキテクチャ 243

図6-16 英国の開口下部の標準詳細（図6-11(1)）における構造の階層化と機能の階層化の関係

```
構造の階層化:
  開口下部
    ├─ 水切部 ── 水切、モルタル
    ├─ サッシ部 ── サッシ、補強材、下地材
    ├─ 軀体部 ── 軀体、断熱材
    └─ 内装部 ── 窓枠、壁仕上

機能の階層化:
  水切 → 雨水を外部に流す
  サッシ → 空気と光を内部に入れる
  軀体 → 外部の環境から内部を守る
  内装 → 内部の意匠的快適性を上げる
  （総合）内部の環境を快適にする
```

的になっていると言える。ただし，パフォーマンスの面では少々低く，水が内部に入ってくる可能性もある程度考えられる。しかし，この点についてはほかの手を打っている。軀体に当たる壁がブリックとブロックで複壁となっており，その二つの壁の間で，水をとらえ，最終的に壁の最下部で外部に抜くことが検討されているシステムである。完全な止水性が保たれているわけでなく，複壁間までは水が染みることが前提となっているが，内部への水の侵入はほとんど対応できていると考えられる。標準化がうまく進んでおり，必要な機能が保たれれば，時間，コスト，労力などの投入資源を抑えることが可能であるとも言える例である。

この考察からわかることは，この部分に対する日本の考え方は，機能と構造の関係性の中でも強いインテグラル型を呈していることである。このような傾向は，この開口下部だけでなく，外壁の最上部（パラペットの立上り部），外壁基礎部などの，多くの機能と構造が錯綜するいずれの部分においても見られる（吉田・野城 2005a）。

このことは，日本の建築産業に関与してきた多くの設計者や技術者が，インテグラル型の思考で，現在も行っているつくり方に関する基本的な知見を築き上げているということである。これは，簡単にすべてを変更することが難しいほど絡み合いながら，設計や施工に浸透しているということを表している。

繰り返しになるが，これが良いのか悪いのかを論じているものではない。違いを客観的に理解できる可能性を追っているものである。

4 日本の建築における機能―構造―工程―生産組織の関係性

　建築の生産活動を理解するため，機能，構造において，それぞれの構成要素間の相互依存性，および機能と構造間の関係性において対応する要素の記述を考え，建築をつくり上げる設計思想の特徴を把握することを試みた。とくに，機能と構造間における構成要素の記述内容を示すことによって，構法・工法を同時にとらえながら，目に見えない創造に関する特性の一面を把握することができたと考えられる。これは，システム全体を一括して考察する手法や，要素還元して各構成要素に着目する手法とは違った視点を示したものであり，システム全体が持つ不明確ながら確実に存在する特性の一部を理解するための記述を示すことができたと考えている。

　また，ここで用いた記述の方法は，対象の生産物（ここでは日本の建築）を深く理解している観察者の判断に基づくものであり，対象の素描と言うことができる。もちろん，各生産物のインテグラル（擦り合わせ）やモジュラー（組み合わせ）の度合いを厳密に測定する手法は完全には確立することができていない面があるかもしれない。しかし，既知のことであるが，対象の生産物の性質や成り立ちを確実に理解したうえで，この考え方による記述で，対象の持っている特徴の傾向を認識することが可能となると考えられる。

　この記述から得られた内容を再度まとめてみると，以下のようなことが言えよう。まず，国内建築生産システムのアーキテクチャが，比較のうえでインテグラル型の傾向を持っていると認識できたが，この傾向をできるだけ正確に把握していくためには，引き続き，全体システムのアーキテクチャと各様相のアーキテクチャの組み合わせを精査する必要がある。とくに，二つの様相間において，モジュラー性が高いと考えられる部分が，周囲に対して少なからずそのモジュラー部分を軟らかく受けとめるような変化を促す可能性があることが理解でき（吉田・野城 2005b），モジュラー化のメリット・デメリットを分析していく必要があると考えられる。他産業の事例を参照しても，このようなインテグラル型システム内に存在するモジュラー要素は，生産活動全体に影響を及ぼすものもあり，より深い考察が重要であると考えられる。

　考察の事例として，日本のプロジェクトの標準的な中層鉄筋コンクリート造事務所ビルの工事を想定し，複数の工種が関係する，既成杭を含む「基礎工

4 日本の建築における機能―構造―工程―生産組織の関係性　245

図 6-17　各様相間の相互依存関係の記述（日本の基礎部周囲）

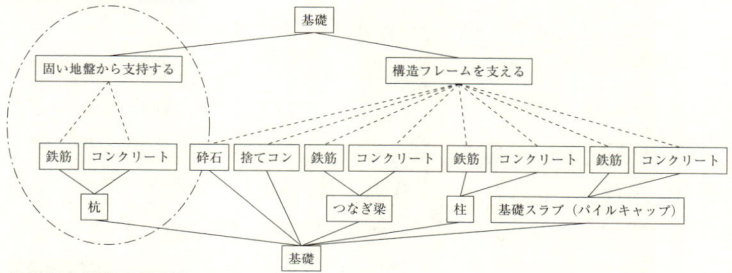

基礎部の機能の階層化

基礎部の構造の階層化

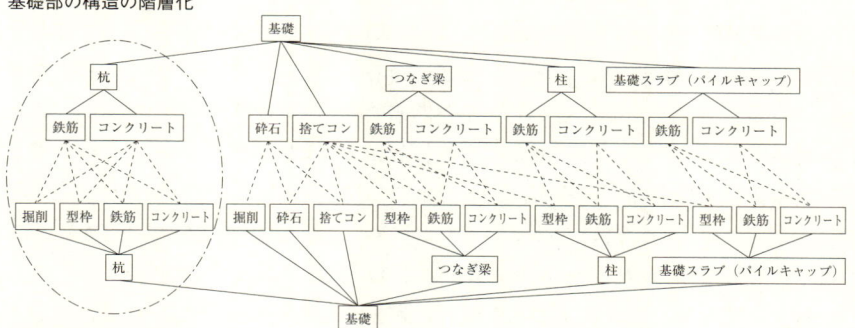

基礎部の構造の階層化

基礎部の工程の階層化

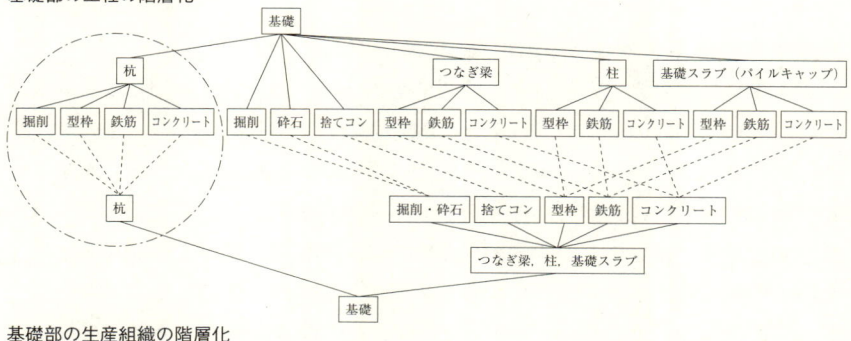

基礎部の工程の階層化

基礎部の生産組織の階層化

事」の複数の様相間の記述を行う。ここではとくに，現場打ちのコンクリート杭を想定した基礎工事について記述した内容を考察する（図6-17）。基本的には様相間において構成要素間の1対1の対応関係はほとんど確認できず，インテグラル型のアーキテクチャであると考えることができる。これは，前節の日本の建築生産における単一の様相について，インテグラル化の傾向を認識したが，その内容の傾向に一致した結果となっている。ただし，既成杭に関して，他とは違う特徴が見られる。比較的大きな塊で見た場合，言い換えれば，上位の階層の要素同士で考えた場合，モジュラー型の1対1対応が確立されていると考えられる。これは，既成杭に関しては他の構成要素との相互依存性が弱く，機能，構造，工程ともに，他の要素をほとんど気にせず，当該要素だけに注目していけばよい状況を表している。つまり，インテグラル型のシステムに，モジュラー型の要素の存在を，記述によって認識できることになる。

また，前節で取り上げた開口部について同様の記述をしてみると，より強い要素間の相互依存性が認められることになる。ただし，細かく記述内容を確認していくと，サッシを収めるための各構成要素の相互依存性が比較的強いことが認識できる（吉田・野城 2005a）。全体的には，基礎工事と同様にインテグラル型の特色が見受けられるが，サッシとその関連部分で，シールや左官を中心に，複数の要素間において強く擦り合わされた一群が生じていることが認められる。この擦り合わされた状況は，他の構成要素の状況とは異質なものとなっており，局所的に構成要素の相互依存性が強く，複雑な関係で，周囲に対しても影響を与えていると考えることができる。

5 構成要素の重層性から見たアーキテクチャの特性

5.1 アーキテクチャのポジショニング

もうすでに熟知している読者もいるであろうアーキテクチャのポジショニングについて，国内の建築を取り上げながら議論していきたい。

一般的に，生産物のアーキテクチャがインテグラル型の場合，それを生産する組織にとっては統合能力，擦り合わせる能力が重要となってくる。これは，前述のとおり，インテグラル型の生産物では，部位間の微妙な調整によって生産物の機能を向上させることになるためである。つまり必要とされる統合能力とは，部位間の擦り合わせを持続的かつ効果的，効率的に推し進めていく能力

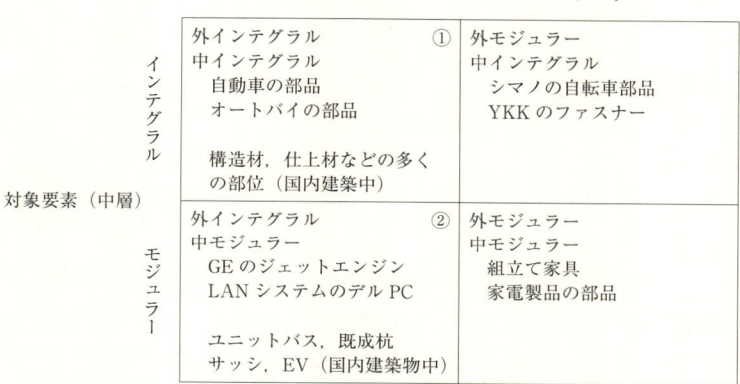

5 構成要素の重層性から見たアーキテクチャの特性　247

図6-18 全体システムと対象要素による類型化

	全体のシステム（上層）	
	インテグラル	モジュラー
対象要素（中層）　インテグラル	外インテグラル　① 中インテグラル 　自動車の部品 　オートバイの部品 　構造材，仕上材などの多く 　の部位（国内建築中）	外モジュラー 中インテグラル 　シマノの自転車部品 　YKKのファスナー
対象要素（中層）　モジュラー	外インテグラル　② 中モジュラー 　GEのジェットエンジン 　LANシステムのデルPC 　ユニットバス，既成杭 　サッシ，EV（国内建築物中）	外モジュラー 中モジュラー 　組立て家具 　家電製品の部品

（出所）藤本（2004）に加筆。

である。逆に，目標とする生産物の機能をつくり上げるために，構成要素間の調整が比較的必要のないモジュール型生産物の場合は，一般的に，インターフェイスをルール化し，標準化された部品や素材を選択していく組み合わせ能力が効果的である。また，どの階層レベルでどのような内容が必要とされているかということを見抜くことが重要となってくる。これは，各システムの階層構造において，どの階層レベルを考えるかによって，求められるアーキテクチャが異なり，必要とされる組織能力が変わっていくためである。建築を対象とした場合，これらの要素が，異なる製品分野や技術分野に散らばったかたちとなり，擦り合わせに対し大きな努力が払われるかどうかで，でき上がるものに大きな差異が生じることになることが考えられる。

　図6-18は，生産物の構成を対象とした，システム全体のアーキテクチャと，特定の部位のアーキテクチャとの関係性を表したものであり，ポジショニングの概念を用いながら，システムの特性を理解していくものである。ポジショニングについての詳しい解説は，次章に譲るものとするが，ポイントだけ押さえておきたい。

　ビジネスの戦略などにも使用される図6-18の内容は，全体のシステムのアーキテクチャと，ある特定の要素のアーキテクチャとの関係に着目している。①を例にとると，全体のシステム（上層）がインテグラルということは，それ

図6-19 ポジショニングの階層的表現（図6-18①，②のヒエラルキーの記述）

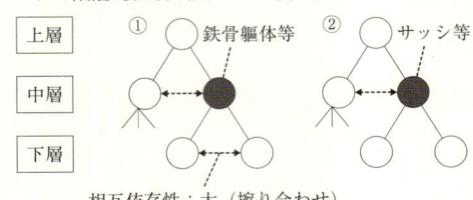

　　　　　　上層　　①　　鉄骨躯体等　　②　　サッシ等
　　　　　　中層
　　　　　　下層

　　　　　　相互依存性：大（擦り合わせ）
　　　　　　　　　　上インテグラル　　　上インテグラル
　　　　　　　　　　中インテグラル　　　中モジュラー

を構成している中層の構成要素の要素間相互依存性が強いことを表現し，中層も構成要素である下層で構成要素間相互依存性が強いインテグラル型であることを表している．たとえば，建築生産物で考えると，上層要素を建築全体，中層を鉄骨構造体，下層を柱・梁接合部などとすることができる．これを階層構造が明確になるように図解したものが，図6-19である．

　建築という対象物を考えるとき，この2段階のポジショニングの考え方を，もう少し掘り下げたい．建築を「中層」とする考え方も多くの知見を得ることになる（吉田 2005）．しかし，建築のつくられ方を主に考える場合は，図6-18の「全体システム」や，図6-19の「上層」が建築ということになる．建築には，前述のように，生産物としての建築の構成要素として，多くの材料や部品，そして他産業の最終製品が含まれている．このような建築の特徴を考えていきたいが，まずは，現在読者がいる部屋を見回してもらいたい．カーペット，壁紙，天井材などによって，壁や床などが覆われていると思う．そして，エアコン，照明，サッシ，ドア，スイッチ類などが目に入るであろう．別の部屋には，水周りのシンク，トイレの便器，エレベータなどが点在していると思う．また，おそらく直接見えないと思うが，鉄筋コンクリートや鉄骨などによって構造躯体がつくられており，それらがうまく構成されて，いまいる建物ができていることがわかるであろう．

　このような多くの製品や部品が，それぞれの役割を果たし，建築という生産物を物理的に埋め尽くしているのである．前述のように，建築で標準的に使われている詳細図を理解し，その地域の建築に関するアーキテクチャを把握した．しかし，大まかな理解はできたが，それだけでは，これから何をどのように考えるべきか明確にわからず，直接今後の建築のつくり方に役に立つ事象がきわ

めて限られてしまう。
　ここでは，建築の構成を見ながら，その特徴を描き出し，以下のようなことに対し，的確な対処をしていくことができる可能性を追いたい。
- 当たり前のことが当たり前になっているか（不自然になっていることはないか）。
- 良い製品をつくっているのに，なぜ利益率が上がらないのか。
- なぜある製品だけは同業他社が真似できないのか。
- コストを抑えるには，どのように考えるべきか。

　ただし，その前に一つだけ言っておきたいことがある。建築産業において，最も産業全体を疲弊させている理由の一つに，「理由のない」買いたたきがあると考えられる。通常，製品のコストは，できるだけ無駄にかかるお金を抑え，生産にかかわるコストを抑え，十分なレベルの製品をつくったならば，妥当な利益を加えた価格で取引されるべきであろう。また，きわめて良い製品をつくったならば，それ以外の製品より高めの価格で取引されるべきであろう。もちろん，実社会はそんなに単純ではない。しかし，建築産業においては，ゼネコンの現場の役割の一つに，各サブコンと「理由があろうがなかろうが」安く契約して利益率を上げるという方向性があるようで，この風潮が建築業界中に流布しているように思える。このような慣行には，今回の分析を進めても有効な対応策を見出すことは難しい。関係者一同が真摯な姿勢で，産業全体を良い方向に進めていくことを期待したい。

5.2 3階層のポジショニング分析による建築生産システムの評価

　それでは，建築産業において，ある戦略的視点を持つヒントになるよう，建築生産物の重層的な階層化表現を試みたい。これは，上記の「これから的確な対処をしていくことができる可能性」のヒントになるものが見えてくることを期したものである。
　まず，図6-20を見て頂きたい。建築用にポジショニングの考え方の応用を進めたものである。多くの産業を対象にできる鋭い視点だった図6-18のような考え方は，自分の製品やビジネスモデルが，どのような大きなシステムの中に入っているのかを考えたものであった。要するに，自分と，その上を見たものである。ここでは，この見方を拡張し，きわめて重層的な建築生産物の特性を見極め，新しい有効な見方を得る可能性を深めていきたい。

250　第6章　「アーキテクチャ」から見た日本の建築ものづくり

図6-20　ポジショニングの階層的表現（図6-18②の末端部品レベルまでのヒエラルキー表現）

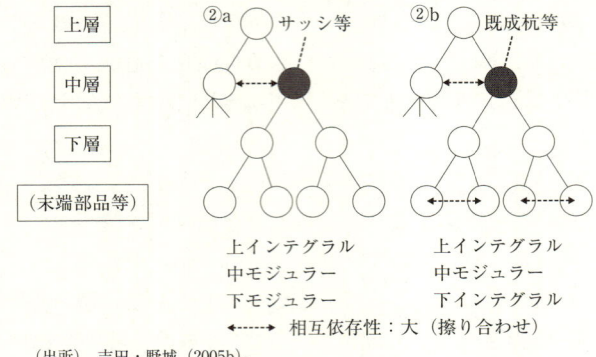

```
上層
中層                ②a ―― サッシ等           ②b ―― 既成杭等
下層
（末端部品等）
                    上インテグラル            上インテグラル
                    中モジュラー              中モジュラー
                    下モジュラー              下インテグラル
                   ←‥‥→ 相互依存性：大（擦り合わせ）
```

（出所）　吉田・野城（2005b）。

　図6-20で対象を建築とした場合は、「上層」が建築である。建築に使われている主要部品としては、鉄骨や鉄筋やコンクリートであり、木や石やガラスであり、化学素材であり、それらが加工された部品や製品などである。また、製品といわれるものだけを見ても、簡素な技術が使われているものから、先進性が強い複雑な技術に基づいたものまでさまざまである。それらは、各産業の商流や物流に基づいている。要するに、ローテクからハイテクまで、小さいものから大きいものまで、簡素なものから複雑なものまで、軟らかいものから硬いものまで、きわめて重層的に組み合わされているのが建築であると言えよう。そこで、図6-20にあるように当該要素（「自分の主要部品」）の上位だけでなく、下位の要素がどのようにつくられているのかを記述していく。この理由は単に複雑だからというわけではない。図6-18の右上のセルと左下のセルにおいて、その分野に大きい影響力を持つ製品が見られるが、その一方、同じセルにとくに大きな影響力を持つことができない製品も含まれている。場合によっては製品のコスト競争が過度となり業界が疲弊している場合もある。表6-1は、図6-20の考え方によって、日本の建築を中心に実際の事例をまとめたものである。これに基づいて、以下考察を加える。

　まず、A列を見ると、いくつかの製品分野が並んでいる。これらは、上位部品（顧客側製品等）が擦り合わせで、自分の主要部品も擦り合わせで、自分の末端部品も擦り合わせである。これらの製品の多くは、開発や生産に多くの経済資源が投入されており、利益率などを考慮した場合、生産組織である各企

業としてはメリットが小さい。つまり，多くの弛(たゆ)まない努力を必要としながらも，実社会における経済活動としての製品生産としては恩恵を受ける可能性は決して大きくない場合が多い。日本の建築関連産業の多くは，このパターンに当てはまる。しかし，これを単純に否定することは危険であり，能力の構築にはきわめて重要なパターンである可能性を確認する必要がある。

　B列の場合は，自分の末端部品のみモジュラー型のものである。このタイプの典型的なものは，コストを落とすための合理性から，細かい部品をなるべく標準化された市販品で補おうとするものであり，建築関連産業も他産業と同様の傾向があると考えられる。ただし，建築関連の多くの部品が，上位に当たる建築そのものの擦り合わせの影響で，自分の主要部品に関しては擦り合わせが強いられる傾向もあるため，このパターンも多く存在する。

　C列とD列は，建設関連産業の場合，工場生産を基本とした部品が中心として見受けられる。典型的なものは，工場でつくり，現場で組み上げることになるため，自分の主要な部品をモジュラー化させる方向が考えられる。その中で，Cの場合は，自分の末端部品をカスタマイズしながら擦り合わせている方向にある。しかし，よく観察すると，有効性が高い擦り合わせと，擦り合わせなくても対応できそうな擦り合わせが存在することに気づく。この点について，ユニットバスとサッシの比較を後述する。

　E, F, G, H列は，上位の建築が擦り合わせている国内の建築関連産業では，当てはまらないものである。特徴は，上位がモジュラーのため，自分の部品が標準部品として扱われることになり，魅力的な代替製品があれば置き換えられてしまうことになる。また，逆に何らかの強みがあれば，多くの顧客に欲してもらうことになる場合もあると考えられる。とくに，H列の場合，すべての階層でモジュラー型となっているため，部品や製品は基本的に標準部品を組み合わせればできてしまう場合が多く，経済活動としては質ではなく量の勝負となる場合が多い。このセルでは，国産製品は比較的少なく，日本の技術特性に適合しない要因を含んでいる面があると考えられる。

　これらを精査すれば，ある層の擦り合わせが他企業によるコピーを許さない理由になっていたり，ある層の擦り合わせが無駄な擦り合わせでコストの抑制ができなくなっている原因になっていたり，ある層のモジュラー化が合理的な生産を促していることが理解できたり，さまざまな現象の理解の可能性を広げることになると考えられる。

表6-1 上位部品・当該部品・下位部品の構成要素間相互依存性のタイプと該当する製品

	A	B	C	D
上位部品	擦り合わせ	擦り合わせ	擦り合わせ	擦り合わせ
自分の主要部品	擦り合わせ	擦り合わせ	モジュラー	モジュラー
自分の末端部品	擦り合わせ	モジュラー	擦り合わせ	モジュラー
事例	自動車主要部品 日本のビル用マルチエアコン スーパーコンピュータ		日本のルームエアコン	
(国内建築)	型枠工事 木工事	軽鉄間仕切り 鉄骨工事	日本のサッシ ユニットバス	エレベータ OAフロア

	E	F	G	H
上位部品	モジュラー	モジュラー	モジュラー	モジュラー
自分の主要部品	擦り合わせ	擦り合わせ	モジュラー	モジュラー
自分の末端部品	擦り合わせ	モジュラー	擦り合わせ	モジュラー
事例	日本製S社のギア 中国の日本製D社のビル用マルチエアコン 日本製ノートPC	日本製デスクトップPC	中国の日本製D社のルームエアコン	自転車主要部品 中国の中国製ルームエアコン アメリカ製ノートPC アメリカ製デスクトップPC
(国内建築)				

(出所) 吉田 (2013) に加筆。

以下，いくつかの事例を取り上げ，より詳細に考察を加える。
(1) 国内建築の木工事

各層の構成は，表6-1のAおよび図6-21のように，上位インテグラル，当該インテグラル，下位インテグラルとなっている。これは，他産業でも散見されるパターンであるかと思われるが，利益が上がらず苦労も多い。ただ，あきらめて楽をしようとした場合，持っている強みを失うことになる可能性が考えられる。ここで頑張ることによって，高い技術力を保ち，信用を得，他の国や

図6-21 木工事の3層製品アーキテクチャ

（凡例：○○ 組み合わせ、○⇔○ 擦り合わせ）

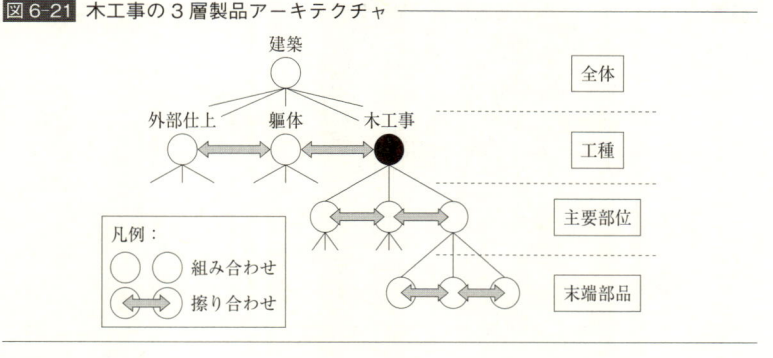

全体 / 工種 / 主要部位 / 末端部品

地域の追従を許さないレベルを確立し保てる可能性を持つものであろう．伝統建築における大工が行う木工事の見事さなど，想像できる対象は多いと思われる．このパターンは，ある意味では，国内製品のほとんどが属するものと言ってよいのかもしれない．

(2) 国産建築内のユニットバス，サッシ

これらは，各層の構成は，表6-1のCおよび図6-22のように，上位インテグラル，中位モジュラー，下位インテグラルとなっている．これは，主要部品としてバスユニットが何枚かのパネルを中心に分割されながら工場で生産され，計画敷地にて組み合わされるように設計されていることを表している．ユニットバスが生産されることになったきっかけは，1964年の東京オリンピックの準備時に施工期間が足りなかったため，それまで現地でつくっていたバスを，できるだけ工場で製作することによって工期を短くすることが考案されたことであった．つまり，技術や戦略によってこのようなポジショニングがとられたわけでなく，外的要因によって偶然にとられた型である．しかし，設計思想として現地生産と同じ部分も残し，でき上がりの品質レベルを落とさないことが前提であったため，末端部品においてすべてカスタマイズし擦り合わせを行っている．このことによって，やはり他組織にとって追従が困難な技術が内包されていると考えられる．事実，ユニットバス技術については，上位2社が先行し，他企業が追い着くまでかなりの年月が必要だった．また，現状でも，海外企業が国内企業のユニットバスやユニットシャワー製品と同レベルの製品をつくることは，素材から一つひとつの細かい部品まで独自の技術で展開しているため，簡単にコピーしにくい状況であり，海外展開も期待できる特徴を持って

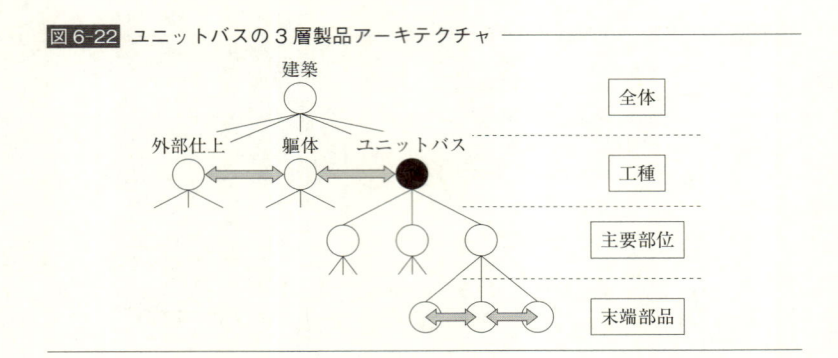

図6-22 ユニットバスの3層製品アーキテクチャ

いるように思える。ただし，ユニットバスの事業はトップメーカーでも決して大きな利益率は得られていない。これは，ゼネコン要請のもとでの開発であり，ゼネコン側が買いたたくことが可能だったため，当初よりメーカー側にコスト決定力がほとんどなかったということが原因だった可能性があり，ここでの議論と異なる論点があると思われる。ただ，海外展開の可能性の中に，もし，ユニットシャワーが標準部品の一つとして広く用いられるようになった場合は，末端部品が強く擦り合わせられ，簡単に同様の品質の製品がつくれないことから，きわめて魅力的なビジネスモデルとなることはあげておきたい。

　サッシの場合は，少々異なる内容と言える。英国の事例などと比較した場合，末端部品レベルで擦り合わせをしていると言える。たとえば，前述した英国のアルミサッシの例は，アルミ部材の強度が低いために，異なる材質の補強材を抱き合わせた形となっている。いわば，サッシとしての機能はアルミ部材で，必要な強度の確保は補強材で対応している。これに対し，日本のアルミサッシは，アルミ材で十分な強度も確保するために断面形状を工夫している。典型的な擦り合わせである。ただ，もしも英国のつくり方のほうが低コストでできたなら，なぜ日本ではこのようなつくり方の発想が見られないのかが不自然とも考えられる。その反面，日本のサッシメーカーは自分たちの断面の型が決まっており，各社の仕様はほとんど差がつかないにもかかわらず，形の独自性から差別化ができても不思議でないが，それを選定する建築設計者にはその違いが魅力として伝わっていないと言えよう。言い換えれば，各社が独自の固定化した複雑な型（部材の組み合わせ方）以外の型が必要な場合は，「型をおこす」として価格がはね上がる傾向があるのである。理由として考えられるのが，コス

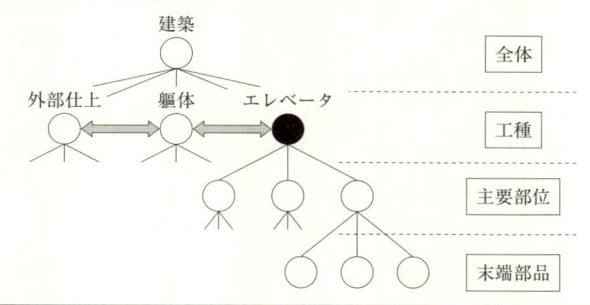

図6-23 エレベータの3層製品アーキテクチャ

トを抑えるために製作プロセスのモジュラー化が進められ，異なる様相で擦り合わせが残ってしまったということである．何らかの合理性からモジュラー化が進められた場合は，モジュラーの層も生産物としての長所（ユニットバスの場合は工期の短縮）を伸ばすために工夫されていくことになる．しかし，コストを抑える目的だけでモジュラー化された場合は，日本の建設関連産業では，製品間の差別がなくなり，価格のたたき合いだけが目立つ傾向があると言え，サッシ産業の疲弊が心配される．

逆に言えば，ポイントは，価値を生む擦り合わせと，価値を生み切れていない擦り合わせがありそうだということである．

(3) 国内建築内のエレベータ

エレベータの各層の構成は，表6-1のDおよび図6-23のように，上位インテグラル，中位モジュラー，下位モジュラーとなっている．この場合，上位システムが必要とする仕様を正確に理解できるかどうかが，その製品の価値を大きく左右する．なぜなら，製品そのものに関する技術特性は，部品の標準化によって，組織ごとによる差異が生じにくい．そのため，顧客に当たる上位システムに関する知識と情報によって付加価値をつける必要がある．特別な情報や知識による付加価値がなければ，同等の製品を複数の組織がつくることができることになり，価格競争が激しくなる．その中で，メンテナンス面でのビジネスに重心を置いていたところもあったと言える．要するに，モノではなくサービスを売っているモデルである．

(4) エアコン

表6-1の事例の2段目は，エアコンを表している．このエアコンの事例を通

して，日本の建築と中国の建築における違いを考察したい。表6-1のAの事例の2段目に，日本の建築にビル用マルチエアコンを入れる場合があげられている。この場合は，このセルの他の製品と同様に，上位の製品やシステムの設計者から，かなり難しい要望を受け，自分の主要部分，そして自分の末端部品をすべて駆使しながら最高のパフォーマンスを狙うことになる。その過程において，各部品を自分の組織でつくるかもしれないし，サプライヤーを巻き込むことになるかもしれない。とにかく，苦労しながら，製品，そして生産プロセスにおいて，技術や知見を総動員してつくり込むことになるパターンである。製品として，生産プロセスとして，施工への適応力として，最高のパフォーマンスを生み出すことができる企業がシェアを奪っていくことになると考えられる（ただし，価格決定力については，ゼネコンに金額をたたかれ，利益が大きい企業はほとんどなくなってきている。逆に言えば，この状況を払拭できるほどの他企業との差異をつけているところがほとんどないと解釈できるのかもしれない）。Cの国内建築内のルームエアコンは，インバータなどの擦り合わせ要素は入っているものの，モジュラー化している範囲が広く，多くの企業の製品がコモディティ化し横並びとなっており，それを最終ユーザーが家電量販店で購入したりする。価格のたたき合いである。

　海外ではどうであろうか。中国を見たとき，ルームエアコンはかなり広く浸透し，その中では価格を抑えている中国製品（表のH列）がかなり大きな売上げをあげている。日本企業は，ちょうどこの市場に乗り込み始めたところである（表のG列）。インバータのレベルの違いなどが市場に理解され，受け入れられ，商流もうまく整うことが期待される。

　そのような状況のなか，表のE列では，きわめて有効なモデルができている。これは，中国の富裕層が高級で品質の良いエアコンを求め，そこに適合させる見事な戦略ができていたと解釈できる。中国の高級マンションが主な対象の一つで，新築で引き渡されるときにスケルトンで渡され，そこに，買い主が自分でエアコンを含むインフィルを設置していく。つまり，上位はモジュラーである。その中で，他社製品への置き換えを許さないくらいの魅力が認められたビジネスモデルをつくっていたと言えよう。売上げ，利益率とも，特筆すべき良好な数字を達成している。このようなモデルは，腰を据えた膨大な努力やきわめて高い観察力などの賜物であり，建築産業，そして建築関連産業の多くの企業にとっては，参考となるモデルであると考えられる（吉田 2013）。

(5) パソコン（他産業への手法による貢献の可能性）

表6-1のE〜H列の中，事例の3行目と4行目にパソコンを記載している。ここで，建築を見ていくことで考え出した3階層のポジショニング手法について，その可能性を拡張しておきたい。このような，建築の分析から他産業に拡張できる手法の開発などは，建築の特性に端を発した他産業への貢献の一つであると考えている。

パソコンは当該部品の層および下位の層を考えると，各部品レベルでのモジュラー化が進んでおり，基本的にはインターフェイスのルールも固定化され，さまざまな部品の寄せ集めで一つの製品をつくることが可能である。一方，上位の層は，インターネット全体やLANシステムなどが考えられるが，どのパソコンや機器を他の同等製品に取り替えても成り立つことが前提とされており，モジュラー化が確立されている。米国産のパソコンは，デスクトップ型，ノート型ともに表6-1のH列のセルに収まっている。

一方，国産のパソコンは異なる要素組成を示している。まず，ノート型は，モジュラー型のシステムの中で，主要部品・末端部品とも擦り合わせている。このことにより，軽く，丈夫で，長時間使用可能なパソコンを実現し，持ち運んで使用する要望に高いレベルで対応する方向となっている。また，製品構成の各層における高い技術による擦り合わせにより，他社が簡単に製品をコピーすることができない状況となっている。デスクトップ型は，同様のモジュラー型システムの中で，主要部品のみの擦り合わせが行われている。末端部品は，他と共通でインターフェイスの標準化により，モジュラー化が進んでいる。この場合，インテリアにおけるデザインやモニタ一体型によるコンパクト化などの付加的な目的のために主要部品を擦り合わせている。しかし，据え置き型のパソコンの場合，移動や小型化にメリットは少ない。むしろ必要な仕様を的確かつ柔軟に供給するアメリカ製デスクトップのようなモデルのメリットが有効な場合が多いと考えられる。

以上をまとめて図示したのが，図6-24である。もちろん，タブレットなどの観察と分析は引き続き行う必要がある。しかし，このような考え方は，建築の多層性を観察することから生まれたものであり，建築の特性に基づく気づきが他産業への貢献の可能性を示唆したものであると考えている。

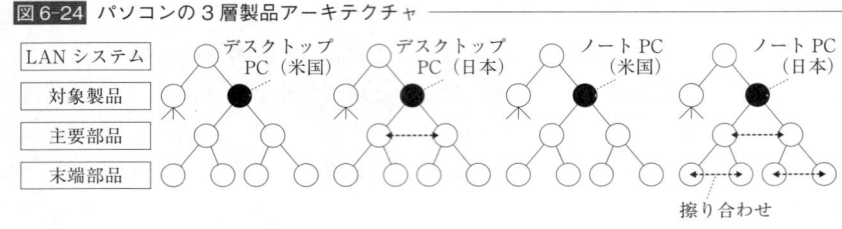

図 6-24 パソコンの 3 層製品アーキテクチャ

(出所) 吉田・野城（2005a）。

6 建築産業の組織特性と製品アーキテクチャの関係性

　ものづくりの生産組織に地域による特性があるとすれば，敷地という制約があって，その場所からの距離が多くの影響を及ぼすことになる建築産業は，その特性が色濃く出る可能性は比較的高いと考えられる。要するに，建築産業は，日本のものづくりの強みも弱みも，色濃く持っている可能性が高いということである。

　たとえば，日本の建築産業は工期の正確性などで国際的に高い評価を得ている（Bennett 1991）。一つの建築プロジェクトに参加する企業は，少なくとも数十，多い場合は数百ということになり，すべてのプロジェクトでそれらの企業は多かれ少なかれ組み替えられていく。各ゼネコンは非常に親密なサブコンも抱えており，同じサブコンにいろいろなプロジェクトでの協力を求める傾向がある。そのため，強い関係性を持つことになり，これが工期の正確性に結び付く面もある。

　日本の建築産業の組織の特性は，さまざまな視点から多くのことを語ることはできる。しかし，ここでは，アーキテクチャの考え方を用いながら，日本の建築産業の各組織の特性を議論していく。

6.1　日本の建築組織間の擦り合わせを前提とした関係性

　日本の建築分野の組織はどのような特徴があるのだろうか。記述をすることで，建築生産組織を中心に，その特徴を見えるようにしていきたい。

　組織は，記述という面から考えると，もともと目に見えるような対象ではない面があるため，取り上げるのが困難な部分がある。しかし，ここまで議論し

てきたアーキテクチャによって，各組織はどのような考え方が得意なのかという点については理解できそうである。ただし，前述のように，建築生産組織は数十から数百の企業体などの組織によって構成されていて，全体を一度に理解するのは難しいと考えられる。そのため，それぞれの組織が，生産活動の中でさまざまな判断を，インテグラル型で行う傾向があるのか，モジュラー型で行う傾向があるのかを考えていきたい。しかし，契約内容や法規上の関係性のみでは説明がつかないものが含まれており，どのような視点から見るのかについてが重要になる。

　ここでは，生産組織を管理していく立場の現場管理者が，組織の構成員である各サブコンに対して，施工活動の中で何を組織間の義務であるとみなしているかという視点（吉田・野城 2005a）を使う。契約の内容だけを確認するのではなく，実質的な非公式の慣行を含めて理解していきたいということである。具体的には，日本のゼネコンに所属し，国内と英国のプロジェクトの経験がある複数の建築技術者にヒヤリングをし，サブコンに期待する範囲を聞き出すというものである。とくに，できるだけ判断が重要となる作業を抽出し，そこで現場管理者がサブコンに対して何を期待しているのか，標準的な内容を国際間比較していく。以下，調査の内容を説明する。

　事前ヒヤリングにより全体の施工工程の流れを理解しながら，契約時，施工作業全般，安全性，変更，竣工後の五つのプロセスに分け，それぞれのプロセスの中での重要な行為を抽出した。これらの行為は，サブコンとの関係性によって，各生産工程における結果が大きく左右される可能性を含むと判断されたものである。そして，それぞれの行為について，組織の特徴の検討上，最も重要であると考えられる具体的な細目をあげ，前述の複数の管理経験者に，サブコンに対して各項目について期待する度合いに関する判断を委ねた。要するに，ゼネコンの担当者が，サブコンがその行為をやって当たり前と思うかどうかを尋ねたわけである。具体的には，サブコン間で，お互いの工事の進捗状況を確認しあったり，全体工期の遅れに関して責任を持ってもらったりすることが，当たり前かどうかを考えてもらった（日本の建築技術者なら誰でも，「そんなの当たり前だろう」と思われるであろうが，英国ではそうでもないということである）。

　これらの結果を見てみると，日本と英国の各サブコンに期待されていることに，明らかな相違が見られた。

　まず，契約時，つまり実際の施工プロセスの前の段階で，英国では，各組織

の責任範囲の明確な内容を確認することが求められた。逆に，日本では，契約時には各サブコンが責任を負う内容の確認が重視されていない傾向がある。

一方，実際工事が始まった後で，日本では各組織に対して，情報と責任の共有が強く求められることになる。これは，契約の範囲を前提にせず，すべてのサブコンがすべての範囲で，情報と責任を共有することが基本であると考えていると言えよう。これにヒヤリングで得られた個々の意見の要点などを加えて解釈すると，建築を竣工するというプロジェクトの中で，問題や課題をゼネコンとすべてのサブコンが一緒に解き，一緒に乗り越えていきながら，十分な品質と正確な工期を達成すると考えられていると言える。まさに，可能な限り多くの要素を総括的に考え，最高のパフォーマンスを出そうとするインテグラル型の考え方であり，それが得意な組織の集まりであると考えることができそうである。英国では，サブコンは契約範囲だけをしっかりとやることが求められ，その作業内容の範囲や境界をしっかり確認することが求められる。そして，現場管理者は，全体の工期が守れるかどうか，全体の品質がどうかなどは，サブコンが気にすることではない（考えてくれることではない）とみなしている。まさに，モジュラー型の考え方が基本となっている。

6.2 建築におけるモジュラー化とオープン化

建築についての技術的特性が変化することについては，内田祥哉がすでに指摘している（内田 1977）。内田はクローズド部品のオープン化に着目している。当初は特定の建築のためにつくられた特注部品が，その後，市販を視野に入れるような製品となり，競合する他製品の出現を誘発し，最終的には複数の製品が共通のインターフェイスを持つことで互換性があるものが市場に認められていくことを説明している。ここでは，アーキテクチャから各部位の技術的特性の動態的な変化を理解し，内田が指摘した変化に注目しながら，無数にある建築の部位を標準化していく経緯を見極め，生産組織との関係性を考えていく。

一方，他産業を対象とした先行研究では，製品の構造アーキテクチャのインテグラル化とモジュラー化の往復するような変化の存在の指摘がなされている。たとえば，ハードディスクの開発に注目した楠木・チェスブロウの内容が，アーキテクチャのダイナミクスとして図6-25のような内容を説明している。これは，対象となる製品が成熟してくると，その製品のニーズと技術特性がある方向に進み，モジュラー化していくということである。一方，根本的な与条件

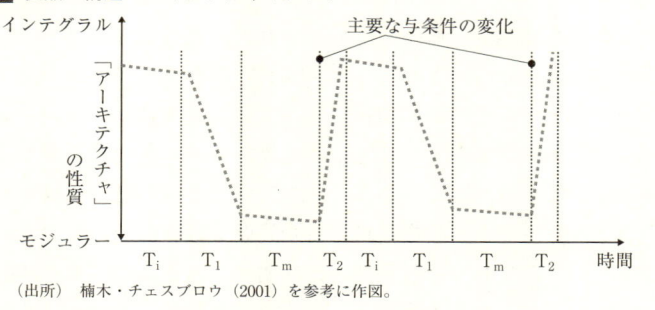

図6-25 製品の構造アーキテクチャのシフト

（出所） 楠木・チェスブロウ（2001）を参考に作図。

が変化し，多くの内容に抜本的な見直しが必要とされる場合，インテグラル化していく可能性が出てくる。つまり，対応する製品の構造アーキテクチャもインテグラル型からモジュラー型へ，またモジュラー型からインテグラル型へ移行する可能性があるということである。建築分野では多種多様な要素を含むために，このような指摘を参考にしながら，生産技術の側面からの分析が必要であると考えられる。

　これらの指摘をもとに，建築に関する考察を加えていきたい。建築も，一般的に，対象となる産業・業種がごく初期の場合，製品アーキテクチャはインテグラル型であると仮説を掲げることができると考えられる。これは，生産物のシステムを構成する多種多様な諸要素について，どのような相互依存性の濃淡が内包されているのかを明確に理解されておらず，各要素技術がどのように組み合わされているかを定義しきれない状況からスタートすることが考えられるからである。製品の構造アーキテクチャがインテグラル型の場合，生産物のパフォーマンス向上のための問題解決は，関係する諸要素との相互依存関係により複雑になる。技術的革新の実現のためには，このような不明確な位置づけの技術的要素について緻密で包括的な調整を行うことが必要になると考えられる。そのために，対応する生産組織の情報を統合する必要性が生じることになる。このとき，一体化した組織内部によって生産活動が完結している場合は，必要な情報の集約が容易となる。このようなことから，製品の構造アーキテクチャがインテグラル型の場合，一般的にインテグラル型の生産組織が有利であり，モジュラー型も同様であるという可能性が否定できない。

　また，多くの場合，当初インテグラル型だった製品の構造アーキテクチャは，

徐々に合理的な切れ目，または関係性が強い塊が見出されていき，モジュラー化していくと考えられる。製品の構造アーキテクチャがモジュラー化した状況では，諸要素の切り分け方とインターフェイスに関する標準化がなされる。このようなインターフェイスの標準化によって複雑な要素であってもシステムの中に容易に出し入れが可能となり，市場メカニズムに基づくものづくりの効率を高めることができる。また，このインターフェイスの標準化は代替可能なコンポーネントとしての生産物を供給する企業間では，製品のパフォーマンスに関する競争を引き起こし，これが技術的発展やコスト面の抑制を誘引することになる。

　このモジュラー化についての内容は，定義にもよるが，内田がオープン化によって説明した内容と重なる部分がある。ここで述べたように，技術面での発展により，一般的にインテグラル型の生産物はモジュラー型へと移行する傾向がある。当初，諸要素の合理的な切り分け方が不明確であり，要素間のインターフェイスが標準化されていないことによって，オープン化させることが困難な場合が多い。これが，モジュラー化することによってインターフェイスがルール化され，オープン型への移行が自然なものとなっていくことになる。逆に，生産物がモジュラー型である場合は，その製品がオープン型の特性を持つ可能性が高くなる。それに対し，モジュラー化しているのにもかかわらずクローズ型である生産物がある。建築部位で例示するならばOAフロアや押出し成型セメント板などをあげることができる。これは，モジュラー化している生産物において，製品戦略としてインターフェイス（OAフロアで言えば支柱部分の形状，押出し成型セメント板では取り付け金物）のクローズ化を選択しているとみなすことができる（吉田 2005）。つまり，生産物がインテグラル型の場合はオープン化が難しいが，モジュラー化されたものであればオープン型かクローズ型かの選択は技術的な面より企業戦略などによってなされている場合が多く，最終的には顧客のニーズによりオープン化する可能性が考えられる。これは，藤本が他産業を対象に指摘した内容に適合している（藤本 2004）。

　製品アーキテクチャと生産組織の得意なアーキテクチャの関係性は図6-26のように整理することができる。左上のセルでは，製品アーキテクチャがモジュラー型であることに対し，モジュラー型が得意な組織は，非効率な調整を排除し，対象に対する技術的な特化が可能となる。右下のセルでは，インテグラル型生産物に対してインテグラル型が得意な組織は，調整機能を高めていくこ

6 建築産業の組織特性と製品アーキテクチャの関係性 263

図6-26 製品アーキテクチャと組織の得意なアーキテクチャの関係性

組織の得意なアーキテクチャ

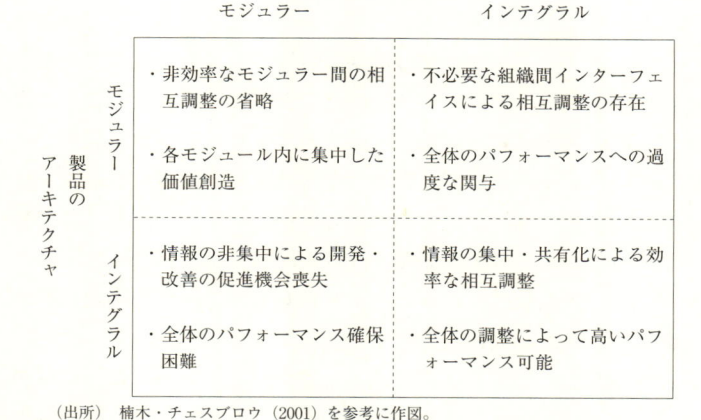

	モジュラー	インテグラル
製品のアーキテクチャ　モジュラー	・非効率なモジュラー間の相互調整の省略 ・各モジュール内に集中した価値創造	・不必要な組織間インターフェイスによる相互調整の存在 ・全体のパフォーマンスへの過度な関与
製品のアーキテクチャ　インテグラル	・情報の非集中による開発・改善の促進機会喪失 ・全体のパフォーマンス確保困難	・情報の集中・共有化による効率的相互調整 ・全体の調整によって高いパフォーマンス可能

(出所) 楠木・チェスブロウ (2001) を参考に作図。

とによって，複数組織では難しいような複雑な技術的要素の相互依存性を整理しながら最適化を目指して調整していくことが可能となる。その反面，セルの右上と左下では，生産物と組織の得意な型の不適合が認められる。

まず，右側のセルのインテグラル型の得意な組織を考えた場合，諸要素間の相互依存性に関する知識の蓄積と集約により生産技術や生産知識の統合にかかわる情報を蓄積していくことが可能となる特性を持つ。当初は右下のセルに適合し，各組織は相対的に長い時間をかけた推察・実験・試行などを経て，徐々に情報を蓄積していくことになり，この経緯において諸要素間の相互依存性を理解していくことになる。この相互依存性の理解を通して，実験・試作・シミュレーションなどが行われ，結果として要素間の技術的な相互依存性を小さくしていくことができ，インターフェイスを標準化する方向で計画していくことができる。これは，右上のセルに移行していくことを意味している。このような視点から見ると，生産物のインテグラル型からモジュラー型への移行は一つの流れとして認められると考えられる。しかし，このように移行した製品アーキテクチャは生産技術と生産組織の得意な型の不適合を起こす可能性がある。要素技術のインターフェイスが明確になるにつれて製品アーキテクチャがモジュラー化するが，統合型組織戦略を基本とするインテグラル型の得意な組織にとってはこの段階で，生み出すことが可能となる価値を取り出すことが困難で

あるということになる．要するに，組織間の調整が効率的に可能になったのにもかかわらず，内部調整に頼ることにより限界が顕在化してしまう可能性があるということである．

左下のセルでは，モジュラー型の得意な組織が生産物に対して，型としての不適合を起こしている．モジュラー型が得意な組織であるために，生産物の要素間相互依存関係の総括的な情報が入手できず，インテグラル型製品アーキテクチャを的確に構成する術を持ち合わせない状況に陥る可能性がある．そして，一つの組織が外部機関に対して何を供給して欲しいかという根本的な情報を合理的に整理することができず，開発・改善が困難となる場合が考えられる．これは，インテグラル型製品アーキテクチャに対して，重要な調整に関する問題を解く組織間の調整力が欠如してしまっている状態である．

これらの考察からわかることは，日本の建築産業においては，インテグラル型の得意な組織が，インテグラル型の建築をつくり出すことに合理性があるということである．しかし，国内の組織が，建築の中に組み込まれるモジュラー化した製品や部品を扱っている場合は，無駄な調整を残していないかどうか，非効率的なモジュラー化になっていないかどうかなどを見直す必要があるかもしれない．

6.3 国内建築産業におけるモジュラー化の促進によるメリットとデメリット

以上の議論より，国内の建築産業においては，モジュラー化に対して，注意を払いながら進めていく必要性が浮かんできたが，その反面，モジュラー化には生産合理性の向上を中心とした魅力もあるわけである．ここでは，まず，モジュラー化の促進によるメリットを中心に整理し，以下のように主に四つの点にまとめる．

一つめが，各モジュールにおける発展や開発を独立して行うことができ，専門化した特定の対象を他と切り離したかたちで作業していくことが可能となる点である．対象となるモジュールを担当する組織は，他のモジュールとの関係性を考慮する必要性が小さくなり，対象に関する専門化した範囲に特化して開発することができる．建築では，接する部品によって，技術的分野の特性，産業分野の特性が著しく異なる場合が少なからずある．そのため接する部品の関係性によっては，モジュラー化により十分に有効な働きとなる場合があると考

えられる。

　二つめは，ある機能に対して変化が求められた場合に，その対応をモジュールごとに検討していくことが可能となり，システム全体を変更していく必要がなくなることである。これも，国内の建築では，モジュラー化によって大きなメリットがありうると考えられる。それも，建築ではさまざまな製品が隣り合わせとなるため，ある製品の機能面の変化が，隣の部位に影響を及ぼさないことは有効な面であることになる。

　三つめは，システム全体を変更，進化させた場合でも，モジュールごとに維持や再利用ができる可能性を持つ点である。システムの向上のためにある部分が変化しても，変化に関連しないモジュールはそのままの状態で使用し続けることができる。繰り返しになるが，建築はきわめて多様な技術知識に基づく多くの産業分野によって支えられている。そのため，ある建築に関与するすべての産業が同時に同じように変化をすることがほとんど考えられない。ある部分ごとの変化が起こったとき，その部分で対処できるようであれば，大きなメリットがあることになる。

　四つめは，基本となる点であるが，要素間のインターフェイスの数を削減し，相互依存性を低減させることにより，構成要素間の擦り合わせにかかるエネルギーを抑えることが可能な点である。これも部品点数と部品の種類がきわめて多い傾向がある建築には，重要なポイントとなりえることである。

　しかし，ここでの記述化による考察でもはっきりしたように，現状の生産物としての建築には，デメリットを含むモジュラー部位が存在していると考えられる。これらのデメリットを整理すると主に以下の二点になる。

　一つめが，インターフェイスのルール化，集約化によって，構成要素間について関心が払われない部分を潜在化させることである。とくに，すでにルール化されたインターフェイス部分には，注意が払われない可能性が考えられる。しかし，各モジュールが変化，発展していく中で，インターフェイスがその変化に追従していかない場合，重要な問題を引き起こす可能性がある。さらに対象部位のモジュラー化に伴い，生産組織の設計思想の傾向との相違が，深刻な問題を引き起こすことになる。各生産組織の設計思想の傾向は，その地域の持つさまざまな諸要素の影響を受けて固有に決まってくる可能性があり，故意に変化させることは難しい面があると考えられる。これに対し，生産における分業体制は，成立過程や商慣習などさまざまな背景が関係しており，対象となる

部位のアーキテクチャに適応している傾向が認められる（吉田・野城 2005b）。これらが要因となって，サッシの生産組織の設計思想と生産プロセスの関係性における複雑性の増大（吉田・野城 2005b）など，国内の建築産業において散見される問題をつくり出している一因となっている。これらの問題は，モジュラー型に固定されたアーキテクチャでは，モジュールの内部だけで吸収できる変化に対しては柔軟に適応していくことができるが，つくり手側の組織がインテグラル型の傾向を持つ国内の建築関連産業では，他のモジュールとの関係性を含む変化を不必要につくり出し，生産システムとしてのデメリットを露呈している。

　二つめが，一方的なインターフェイスの固定化である。固定化されたインターフェイスは，それに関係する構成要素が変化していく中では，必ずしも最適化されている状態ではなくなる。この点により，ルールが固定化された中では，全体のシステムの中の各構成要素は無駄を含み，要素間の関係性に余剰的な含みを持つことになる。前述の例では，サッシの周囲の開口下部で各様相（機能，構造，工程等）における複数の構成要素が複雑な関係性を呈している点が注目される。サッシが周囲の軀体等の構成要素と関係するのに際して，通常サッシメーカーが持つ部材一つひとつの既存の形状を順守し，サッシのインターフェイスを固定化させてしまうことにより，周囲に比較的大きな労力や時間や費用を必要とさせることになっている。つまり，周囲の部位との擦り合わせによって，固定化したサッシのインターフェイスを吸収していく必要性が生じていると考えられる。このように，一方的にインターフェイスが固定化されることは，インターフェイス自身の進化をあきらめるだけでなく，一つひとつの構成要素間におけるインターフェイスの最適化をもあきらめることになる。

　前述の3段階のポジショニングにおいて，下インテグラル化した部位は，ここであげたデメリットを排除し，メリットの恩恵を被るための努力がなされた結果である場合が含まれている。たとえば，表6-1のユニットバスについては，さまざまな形状や材質の周囲の建築との取り合い部分に対処するために，インターフェイス部に独自の擦り合わせ部品を入れて，大きなパネルなどをうまく収まるようにしている。このような製品の部品構成なども，アーキテクチャで議論することにより，事前に論理化しながら設計内容の方向性を検討することもできると考えられる。ただし，その効果がどのように生産性に表れているのかについての定性的な測定はここでは示しておらず，今後客観的な検証方法の

開発が必要である。

　いずれにしても，アーキテクチャで建築を分析すると，現状で合理的にできていると認識できるところもあれば，不自然であると認識せざるをえないところもある。このようなアーキテクチャの考え方を取り入れながら，建築全体が戦略的に発展していくことが重要であると考えられる。

7 構造―工程アーキテクチャを擦り合わせる構工法計画

7.1 複合化構法と多工区同期化工法

　設計施工分離方式であれ，設計施工一貫方式であれ，日本の建築ものづくりの特徴はGC（ゼネコン）を中心とした生産段階での擦り合わせにあると繰り返し述べてきた。言い換えれば，「構造―工程」アーキテクチャにインテグラル性を色濃くとどめているということである。本節では，RC（鉄筋コンクリート）造系の集合住宅軀体構工法を例にとり，このことについて具体的に説明する。キーとなる言葉は複合化構法と多工区同期化工法であるが，これらは集合住宅軀体構工法に限定されたものではなく，高層の鋼構造オフィスビル等，同一の基準工程が繰り返される建築工事一般に適用される。その意味で，複合化構法と多工区同期化工法は生産・施工段階における日本のインテグラル・アーキテクチャを支える車の両輪であると言ってよい。

　しかし，日本のこの分野のアーキテクチャが最初からインテグラルなかたちで成立したわけではなかった。そもそも，それ以前に，RC造の建築が一般化しているとも言えなかった。日本の建築，および建築生産システムが大きく変化するのは，1964年に開催された東京オリンピックから第一次オイルショック（1973年）に至る高度成長期の前後を通じてである。この間に，ほぼ9割方が木造戸建てないしは長屋建てであった日本の住宅がRC造など非木造の住宅，それも集合住宅に一挙に変わる兆しを見せ始めたし，プレハブ住宅も出現した。また，この間に，霞が関ビルや新宿超高層ビル群が建ち上がり，都市も建築産業も大きく変貌し始めた。

　高度成長期に強く求められた建築生産方式がプレファブリケーション，ないしは工場生産化方式である。この時期，戦後復興と押し寄せる都市化の波の中，社会は大量の不燃集合住宅の建設を必要としていた。大量の建設需要に加え，RC造建築工事に従事する技能者の不足，それに起因する品質欠陥が強く懸念

されていた。この課題を克服するために国家的事業として推進されたのが，RC 造による中層集合住宅の工業化版である大型 PC 板 (Precast Concrete Panel) 工法であり，その標準化である。その結果，大型 PC 板工法による建設分は一部にとどまったとはいえ，公団住宅団地という言葉から想起されるように，南に向きを揃えて同じような規模と住宅平面を持つ 4 階建ての中層 RC 造住宅が整然と並ぶ郊外住宅団地が，全国の都市郊外に出現した。

　大型 PC 板工法は，工場で生産されたルームサイズの大型 PC 部材を専用車両で搬送し，現場で組み立てる工法である。これにより，現場での作業は，躯体工事に関する限り，ジョイント部の鉄筋接合とコンクリートないしはモルタル充填だけとなり，大半が工場生産となるため，品質確保と省力化が同時に達成されると期待された。躯体の標準化に加え，内装・設備の部品化，標準化が同時に進められていたとおり，RC 造中層集合住宅建設ははっきりとモジュラー・アーキテクチャを目指していた。

　残念ながら，大型 PC 板工法が世に定着することはなかった。これに代わって現れたのが複合化構法である。オイルショック後，郊外大団地開発のための大量の不良土地在庫をかかえ，高・遠・狭と購買者，居住者から敬遠された市場は，ふたたび都市内の市街地に向かい始めた。J ターンである。小規模，不整形な敷地により高層，高密な集合住宅を建設するには，低層壁式構造の RC 造集合住宅の構造体として標準化された大型 PC 板工法は不適当であった。ラーメン構造による RC 造，SRC（鉄骨鉄筋コンクリート）造の高層集合住宅躯体工事のための複合化構法は 1970 年代後半に登場し，1980 年代に一般化した。

　複合化構法[8]は，プロジェクトの条件に合わせて，住戸内外の床，屋根，住戸境壁，外壁，柱等の各部に各種の構法を臨機応変に選択し，組み合わせたものである。住戸境壁を例にとると，PC 板工法，大型機械化型枠工法，在来現場打工法などの中から，敷地の条件や工期，労働市場，担当者の経験などに応じて適切な構法が柔軟に選択されるのである。個別案件に対してその都度設計を行い，適切な部分構工法の選択・組み合わせを行うという意味で，複合化構法はインテグラル・アーキテクチャの典型である。この動きに呼応するように，1976 年，日本住宅公団は性能発注を導入し，GC の開発による構工法採用が可能になった。

　8　この用語の早い用例の一つは，高田 (1989)。

図 6-27 MOS・DOC 躯体構工法の例

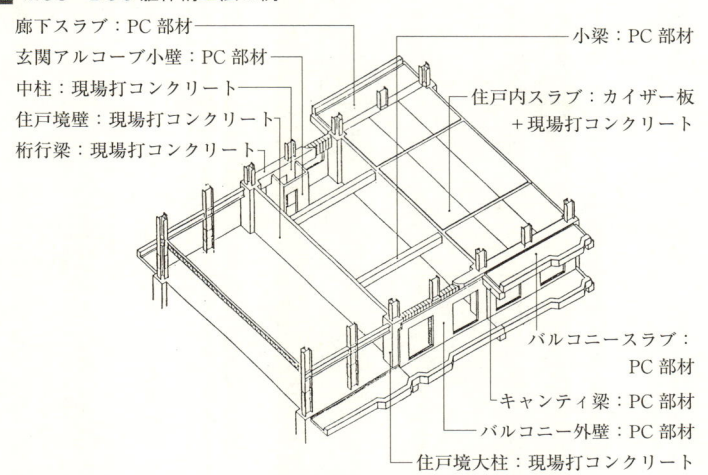

廊下スラブ：PC 部材
玄関アルコーブ小壁：PC 部材
中柱：現場打コンクリート
住戸境壁：現場打コンクリート
桁行梁：現場打コンクリート
小梁：PC 部材
住戸内スラブ：カイザー板＋現場打コンクリート
バルコニースラブ：PC 部材
キャンティ梁：PC 部材
バルコニー外壁：PC 部材
住戸境大柱：現場打コンクリート

　複合化構法は，通常，多工区同期化工法[9]と組み合わせて用いられる。多工区同期化工法とは，一連の基準工程をいくつかに分節して同じ数の隣接する工区に割り振ることで，すべての職種（または作業チーム）の同時並行作業を可能にし，無理・無駄を排除して生産性を高めるとともに，工期短縮を達成しようというものである。この手法がタクト工法などの従来からの手法と異なるのは，各作業チームが工区間を移動することを許容するため，各チームの作業時間を揃える必要がないことである。

　複合化構法，多工区同期化工法を適用した事例の中でも実績の多いものに，三井建設（現三井住友建設）による MOS・DOC 構工法がある。MOS（Mitsui Outside Structure）は RC または SRC 造高層板状集合住宅の躯体構法で，梁成，階高を押さえるため，桁行方向に中間柱を挿入したところに特徴がある。この基本的な構法（「構造」）にプロジェクトごとに複合化構法を適用することで，構法（「構造」）の詳細が決まると同時に，多工区同期化工法の適用も可能となる（図6-27）。多くに共通して用いられる部分構工法は戸境壁用の機械化大型型枠であり，その脱型，盛替が必要なため，床等の水平部位と壁・柱等の垂直部位のコンクリートを分離して施工するいわゆる分離打工法が採用される。狭

---

[9] 初出は，安藤・崔・浦江・河谷ほか（1983）。

図 6-28 DOC 工程表

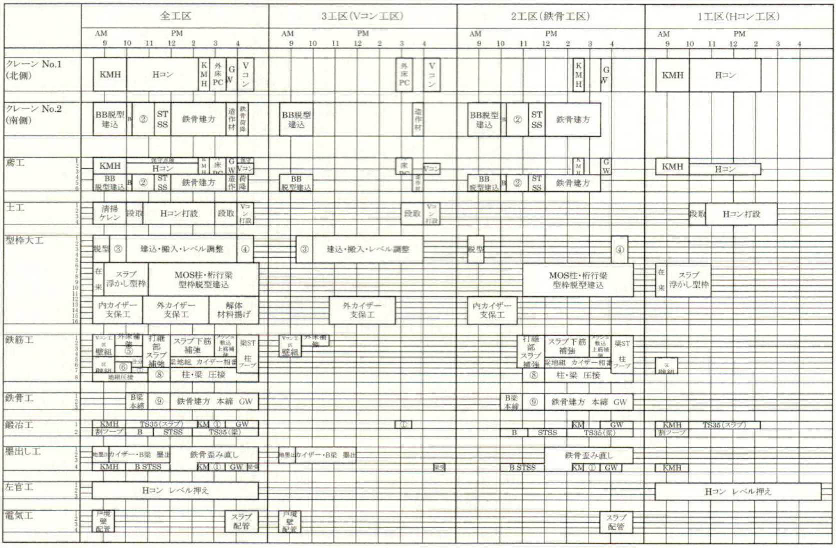

タイムモジュールを1日とする水平3工区分割の工程表である。縦軸にはクレーン2基のほか、施工階で従事する各工種・チームの計50人余りが配されている。横軸にはタイムモジュール1日分の時間割が各ジョブ工区および全工区について与えられており、工区境をまたいで移動する各工種・チームの1日の動きがわかる。各工種・チームは、地上など施工階以外の作業も含めてフル稼働するように計画されている。

義の意味での工程が細かく分節されることは、多工区同期化工法にとっては都合のよいことである。DOC (one Day One Cycle) 工法は多工区同期化工法の一つのブランド名で、1日を単位として各チームが毎日同じ作業を繰り返し、順次一つ先の工区に進んでいくことを特徴とする。工区分割は基準階を水平に分割することを基本としているため、工区分割数と同じ日数が経過すると基準階1階分の工事が完了することになる。DOC 工法は各チームの稼働率を高く保つように計画されるから、工期短縮化に著しい効果がある。縦軸に各作業チームの編成を示し、横軸に各工区別に時間軸を示すことにより、各作業チームの工区別時間割を示したものが DOC 工程表である（図6-28）[10]。各チームは5分間を単位とした時間割に従って作業を完了させ、工区間を移動する。DOC 工

---

[10] DOC 工程は MAC (Multi-Activity Chart) と呼ばれる作業計画手法の一種である。MAC の導入は清水建設が早い（松本・三根・内山 1979）。

法の開発展開を主導した河谷史郎は,「建築現場にも製造業なみのよどみない作業の流れを実現したい」という意欲を持っていた。DOC工法では毎日水平,垂直のコンクリート打設作業がある。多工区同期化工法以前の現場では何日かに1回の割合で行われるコンクリート打設の日を目標にマイルストーン管理を行うのが精一杯であったことを考えると,その革新性がよくわかる。

7.2 インターフェイス・マトリクスによる多工区同期化構工法計画

本項では,以下,安藤正雄らが開発したインターフェイス・マトリクス（以下,IFMと略記）による多工区同期化構工法計画手法を要約して紹介する。「構造」「工程」の要素とその間のインターフェイスを数理的に取り扱い,複合化構法・多工区同期化工法を組み合わせた構工法計画に展開したこの手法は,インテグラル型の「構造―工程」アーキテクチャを特性として持つ日本の建築ものづくりをモデル化して示すのにふさわしいと考えたからである。

構工法モデルに要求されること

構工法計画に用いる構工法モデルにまず要求されることは,構造と工程を同型的に取り扱うことができることである。双方を1対1に対応づけることができれば,同型的な取り扱いは可能である。それは,建築の場合,構成材のまとまりと工程のまとまりが対応するような粒度を適切に選択することにより,比較的容易に達成される。こうして,「構造―工程」アーキテクチャを一つに重ね合わせたモデルの数理的表現であるIFMがもたらされ,構工法モデルにプロダクト・モデルとプロセス・モデルの二面性が付与される。「機能―構造―工程」アーキテクチャを示す（部分）行列のうち,機能,構造の次元は一致しないが,構造,工程の次元は一致するとしてよい。

構造は機能から一意的に導き出されるものではなく,また事前に確定しているものでもない。構造は機能,工程との関係において,「機能―構造―工程」アーキテクチャの中を行きつ戻りつしながら決定されるものである。したがって,構工法モデルは部分的,漸進的に定義できるものでなければならない。同時に,機能の分節は恣意的であり,機能と構造の結び付きもあいまいであるため,構工法モデルには多様な部分構工法の分節・組み合わせを許容するものであることが要求される。すなわち,「機能」が確定した階層的部位分割によるオブジェクト指向型のモデリングではなく,随時オブジェクト・クラスの再定義が許容されるようなモデリング手法であることが必要である。擦り合わせは

インターフェイスの固定を拒み，要素の名辞も実体も自在に変化することを要求するのである。これは，3次元 CAD オブジェクトの合成，分割を通じて操作可能とされる。

インターフェイス・マトリクス（IFM）

IFM は縦軸，横軸ともに構造または工程の要素を配した正方行列である。要素間に直接的な取り合いがあれば一方の要素（c_j）は他方（c_i）にインターフェイスを持つと表現し，行列の要素 e_{ij} の値を 1 とする。要素間に関係がなければ対応する要素の値は 0 である。IFM をグラフで表せば有向グラフとなる。また，IFM は，要素の配列を適当に変えれば三角行列に変換することが可能である。行列の対角要素を 1 としたのは，この部分が工程の作業に対応することを表現するためである。

上記の構造，工程は完成建物を表す設計解に相当するものであり，構成材はすべて本設のものであって，IFM の軸上には同じ構成材は一つしか現れない。IFM 上で仮設を扱う場合には，一つの仮設資材に関して建込み／設置と解体／撤去の二つの要素を要する。

IFM は構造と工程の二面性を持つ。IFM を構造とみなせばその要素は構成材であり，工程とみなすときの要素は工程要素という。すなわち，一つの IFM は同じ構工法モデルの異なるファセットを表している。インターフェイスについても同様で，構造ファセットではそれは構成材間の物理的な取り合いを意味し，工程ファセットでは建築用語での工程の順序関係を意味する。工程の順序関係は，接合関係，支持関係といった構成材間の物理的なインターフェイスによってほぼ決まると考えてよい。構成材（c_j）が（c_i）にインターフェイスを持つとき，（c_i）に対応する工程要素は（c_j）に先行する。

図 6-29 に IFM と工程を表すグラフの関係を示した。グラフ表現には，矢印が作業を表すアロー型とノードが作業を表すフロー型があるが，IFM に対応するグラフは両者の中間といってよいような性質のものである。

IFM の要素間の関係と行列演算

IFM を用いて，さまざまな演算ができる。n 個の構成材からなる IFM は n 次元の正方行列である。IFM のべき乗をブール積として計算を繰り返せば，ある段階でそれ以上変化することのない到達可能行列が得られる。IFM が構成材間の直接先行・後続関係を表しているとすれば，IFM の到達可能行列は構成材間の間接的な先行・後続関係を表す。

7 構造—工程アーキテクチャを擦り合わせる構工法計画　273

図 6-29 IFM とそのグラフ表現

(1) インターフェイス・マトリクス

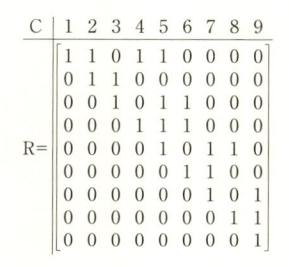

$$R = \begin{bmatrix} C & 1 & 2 & 3 & 4 & 5 & 6 & 7 & 8 & 9 \\ & 1 & 1 & 0 & 1 & 1 & 0 & 0 & 0 & 0 \\ & 0 & 1 & 1 & 0 & 0 & 0 & 0 & 0 & 0 \\ & 0 & 0 & 1 & 0 & 1 & 1 & 0 & 0 & 0 \\ & 0 & 0 & 0 & 1 & 1 & 1 & 0 & 0 & 0 \\ & 0 & 0 & 0 & 0 & 1 & 0 & 1 & 1 & 0 \\ & 0 & 0 & 0 & 0 & 0 & 1 & 1 & 0 & 0 \\ & 0 & 0 & 0 & 0 & 0 & 0 & 1 & 0 & 1 \\ & 0 & 0 & 0 & 0 & 0 & 0 & 0 & 1 & 1 \\ & 0 & 0 & 0 & 0 & 0 & 0 & 0 & 0 & 1 \end{bmatrix}$$

(2) インターフェイス・マトリクスの工程グラフ表現

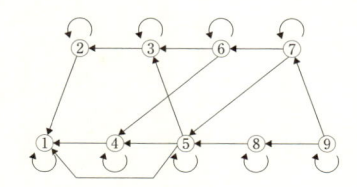

(3) アロー型ネットワークによる表現

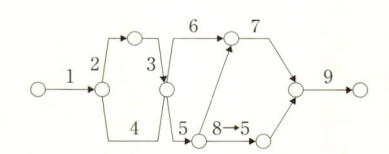

(4) フロー型ネットワークによる表現

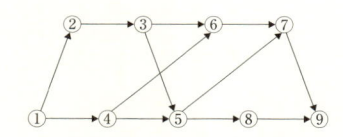

　ある工程要素（構成材），またはそのグループは，対応する要素を 1 とし，他を 0 とした n 次元のベクトルで表現される。このベクトルと IFM，IFM から得られる到達可能行列の積から特定の工程要素に直接・間接に先行・後続する他の要素を算出することができる。たとえば，ある職種に属する工程要素をベクトル c とすると，その職種の作業に先行あるいは後続する他の職種の作業群，その職種の作業に巻き込まれる他の職種の作業群（誘因要素），その職種の作業に先行も後続もしない他の職種の作業群（平行要素）が特定できる（図 6-30）。DSM の解析も，同様に誘因要素やループを計算することにより可能になる。

　IFM に各要素の作業時間を関連づければ，工期やクリティカル・パスを計算することができる（秦・安藤・浦江 1987）。その計算には IFM のべき乗を用いる。ブール積によらない場合，IFM を k 乗した行列の要素 (i, j) の値は要素間のパスに含まれる工程要素の数を与えるから，これにより最早開始時刻（ES）が同じ工程要素群を抽出できる。この行列の対角要素に作業時間を代入することにより，各要素の最早開始時刻（ES_i），最早終了時刻（EF_i）が求められる。到達可能行列の転置行列を用いて同じように各要素の最遅開始時刻（LS_i），最遅終了時刻（LF_i）を求めることができる。各要素のトータル・フロ

図6-30 先行要素・後続要素・誘因要素・平行要素

ベクトル c：ある職種（C）の担当構成材／工程要素
　　　　　　＝サブシステム（c）
P(c)：(c) の先行要素
S(c)：(c) の後続要素
I(c)：(c) の誘因要素
L(c)：(c) の平行要素

$I(c) = P(c) \cap S(c)$
$L(c) = \{c_i \mid c_i \not\in P(c) \cup S(c)\}$

平行要素 L (c)

S/S の先行要素全体　　サブシステム(S/S)＝c̄　　S/S の後続要素全体

誘因要素 I (c)

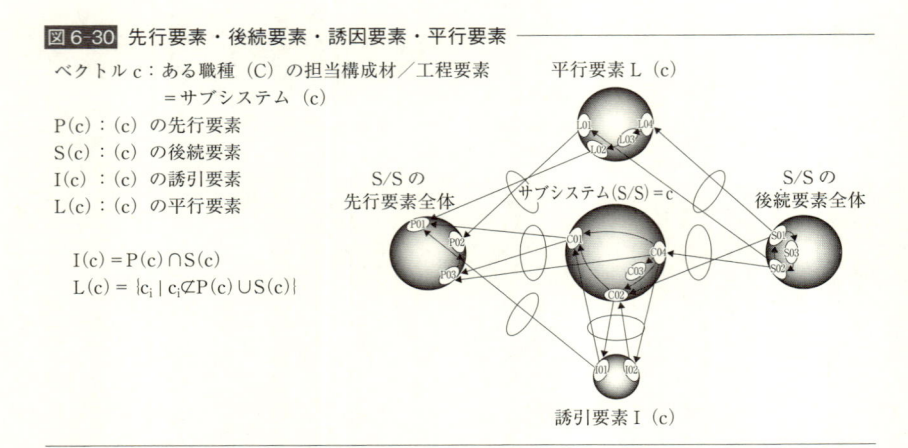

ート（TFi）は LSi − ESi で与えられ，クリティカル・パスは TFi が 0，すなわち $LS_i = ES_i$ となる要素群を結んだパスである。また，全体工期は EF_i の最大値で与えられる。

IFM による多工区同期化構工法計画

　ここで取り扱う構工法計画は「構造―工程」アーキテクチャを通じた擦り合わせに相当し，具体的には複合化構法と多工区同期化工法の両方の適用を指す[11]。出発点は「機能―構造」設計を終えた段階の「構造」であり，各部位の形状，寸法，材料仕様や鉄骨サイズ，配筋等の建築構造設計は終わっているが，RC 造のどの部分を現場打ちにするか，あるいは PC 化するかということや，部材分割は未定である。本節ではこの状態の「構造」を「構法基本モデル」と呼んでおく。

　構法基本モデルへの複合化構法の適用は，構法基本モデルの各部に部分構工法を当てはめ，部材（構成材）分割を完了することを言う。この段階の「構造」は「工程」に対応した最も詳細なモデルであるが，実際に工事が終わった段階の完成建物は，構法基本モデルと同じ状態に復するとみなすことができる。

　多工区同期化工法の適用は，部分構工法の当てはめと構成材分割を終えた「構造」の構成材に対応する工程要素の（狭義の）工程順序を出発点とする。こ

---

[11] 多工区同期化構工法の計画に関する基本的な文献として次をあげる。安藤・崔・浦江・河谷・松本ほか（1983〜1985），安藤・浦江・河谷ほか（1985），安藤・浦江・河谷ほか（1988），安藤・河谷・浦江（1990），戸倉・安藤・浦江ほか（1992）。

図 6-31 サイト工区とジョブ工区（MOS・DOC 構工法）

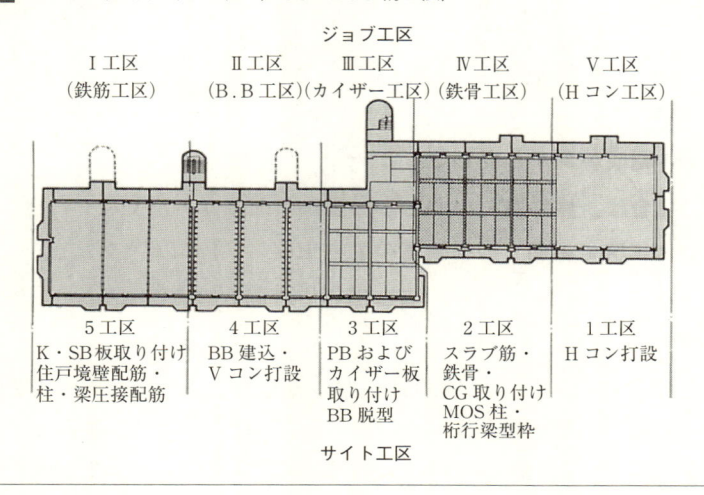

ジョブ工区
- Ⅰ工区（鉄筋工区）
- Ⅱ工区（B.B工区）
- Ⅲ工区（カイザー工区）
- Ⅳ工区（鉄骨工区）
- Ⅴ工区（Hコン工区）

サイト工区
- 5工区：K・SB板取り付け／住戸境壁配筋・柱・梁圧接配筋
- 4工区：BB建込・Vコン打設
- 3工区：PBおよびカイザー板取り付け／BB脱型
- 2工区：スラブ筋・鉄骨・CG取り付け／MOS柱・桁行梁型枠
- 1工区：Hコン打設

の工程の順序関係は，すでに述べたように，構成材間のインターフェイスによって与えられ，行列（IFM）によって表現される。IFM に職種，工区分割数，基準階の施工量（構成材の数量），投入資源水準（各職種の人数や機材の数），施工能率（歩掛：単位施工量当たりの工数等），サイクル工期といった変数を関係づけることにより，多工区同期化工法の（狭義の）工程が算出可能となる。工区分割以前の工程を「基準階工程」と呼ぶことにすると，工区分割は基準階工程を分節していくつかの工区に割り当てることを意味する。これを IFM の操作で言うと，工区分割は IFM を工区単位の部分行列に分割することに当たる。工区は，空間的な位置とそこに割り当てられた工程の二つの情報を持つ。そこで，サイト工区，ジョブ工区という言葉を用いて二つを区別するが，前者は作業空間・建築空間の位置を，後者は前者の状態を表す（図6-31）。ジョブ工区は，たとえば鉄骨工区というように，その工区に含まれる主要な工程要素によって命名される。図 6-31 では，サイト工区数（基準階の水平分割数），ジョブ工区数，基準階工程の分節数は一致しているように見えるが，1 から数サイクル分先行している下階のサイト工区の工程要素の一部も最上階（施工階）の工事と同時期に行われているため，実際には基準階工程の分節数（＝ジョブ工区数）はサイト工区数より多い。

　ジョブ工区分の繰り返し作業の時間単位をタイムモジュール（TM）と呼ぶ。

276　第6章　「アーキテクチャ」から見た日本の建築ものづくり

図6-32 工区分割とインターフェイスの消去

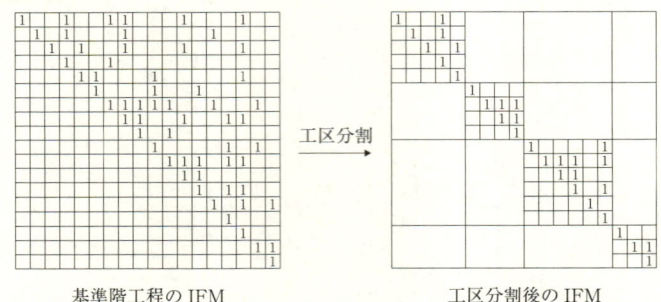

基準階工程のIFM　　→工区分割→　　工区分割後のIFM

したがって，TM は各ジョブ工区の工期の最大値を定める。DOC 工法の TM は1日である。1TM が経過するたびにジョブ工区の全体は隣接先行サイト工区に進む。よって基準階1階分に相当する工期は，TM にサイト工区数を乗じた値となる。一方，一つのサイト工区に着目すると，その工区の工事が完了するサイクル工期は TM にジョブ工区数を乗じた値となる。

　ジョブ工区に分割された IFM の部分行列のそれぞれは，別個のサイト工区に対応する。異なるサイト工区間の構成材には取り合いの関係は存在しないから，それらに対応する工程要素間にもインターフェイスは存在しない。すなわち，ジョブ工区を表す IFM においては，対角線上の部分行列で示される同一ジョブ工区内部に含まれるもの以外のインターフェイスをすべて消去できる（図6-32）。このことにより，多工区同期化工法の工程計画を並行して進む各ジョブ工区の工程計画に還元することが可能になる。多工区同期化工法においては，同じ作業者が工区間をまたいで移動し，異なるサイト工区（＝ジョブ工区）の複数の工程要素を担当することができる。このとき，異なるサイト工区の工程要素間にインターフェイスは存在しないから，サイクル工程の工程要素の順序を自在に逆転させて動くこともできる。この自由度が，1TM・1工区・1職種を基本的セットとするタクト工法と根本的に異なる点であり，多工区同期化工法に格段に優れた計画上の柔軟性を付与するのである（図6-33）。ただし，同じ作業者が同じ時間に二つ以上のサイト工区で作業することはできないという「リソース競合」の問題は解決されなくてはならない。リソース競合は一般に適切な順序化を図ることで解消されるから，部分行列間に新たにインターフェイスが付加されることになる。

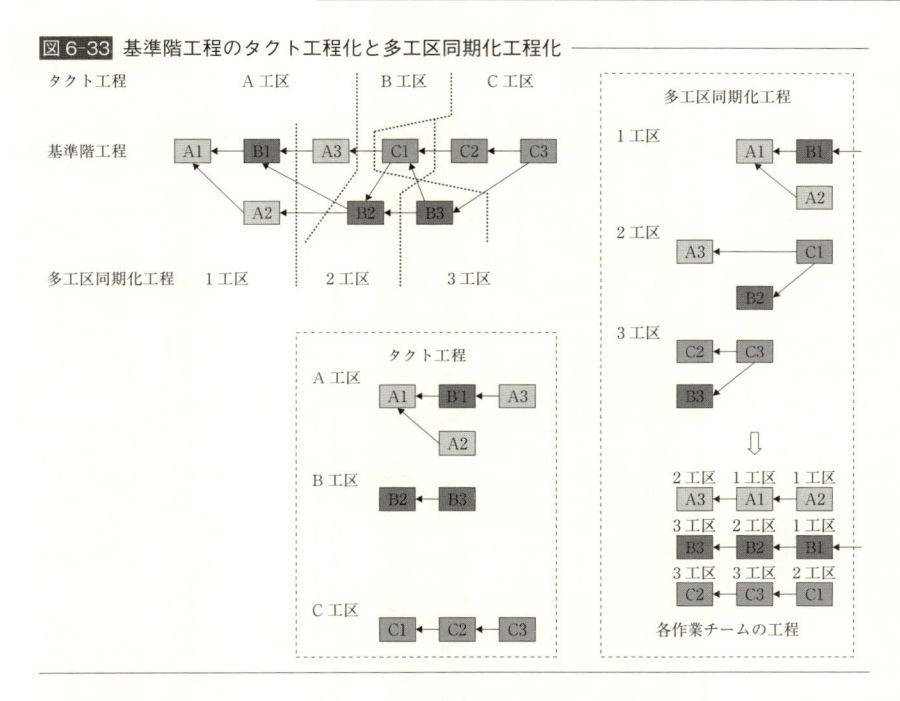

図 6-33 基準階工程のタクト工程化と多工区同期化工程化

多工区同期化工法が可能にする工程計画の自由度は，この工法のもう一つの特徴である完全同期化という前提を保証する。完全同期化とは，各作業チームの全ジョブ工区における作業時間の合計が上限の TM に近い値となっている状態を言う。言い換えれば，各作業チームの稼働率が 100% に近い状態である。多工区同期化工法によって完全条件を満たすことは比較的容易であり，同一サイト工区のサイクル工期が長くなることを問題としなければ，解はいくつも見出される。多工区同期化工法では，計画の初期段階で，構法基本モデルが与える施工量と労務歩掛から算出されるリソース水準（必要人数）を施工チーム編成と擦り合わせて検討し，各チームの作業時間の TM に対する割合が最も高くなるような人数を決定する（図6-34）。リソースの平準化を目指すという意味で，IFM による多工区同期化工程は山均しやライン・バランシングと同じ考え方を共有する。しかし，平準化が計画当初に組み込まれていること，および同一の条件から複数の解が得られるという点で，必要なリソースを積み上げた後に局所最適化を図るような他の手法とは決定的に異なっている。

図 6-34 に示した計画フローは，サイクル工程をジョブ工区に割り付けるプ

図 6-34 多工区同期化工法の計画フロー

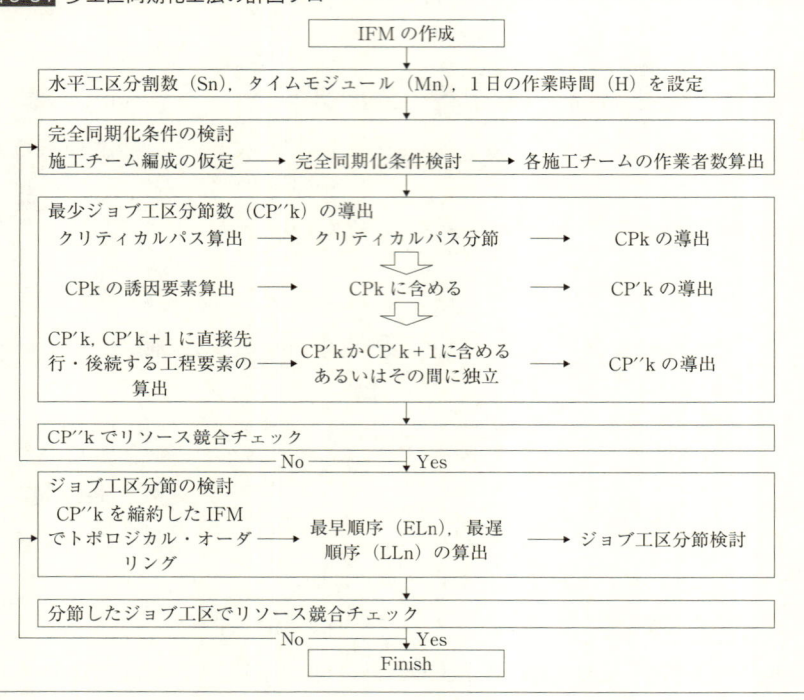

```
                    ┌─────────────────┐
                    │  IFM の作成      │
                    └─────────────────┘
                            ↓
    ┌──────────────────────────────────────────────────────┐
    │ 水平工区分割数（Sn），タイムモジュール（Mn），1日の作業時間（H）を設定 │
    └──────────────────────────────────────────────────────┘
                            ↓
 ┌→ 完全同期化条件の検討
 │   施工チーム編成の仮定 ─→ 完全同期化条件検討 ─→ 各施工チームの作業者数算出
 │
 │  最少ジョブ工区分節数（CP″k）の導出
 │   クリティカルパス算出 ─→ クリティカルパス分節 ─→ CPk の導出
 │                              ⇓
 │   CPk の誘因要素算出 ─→ CPk に含める ─→ CP′k の導出
 │                              ⇓
 │  CP′k, CP′k+1 に直接先
 │  行・後続する工程要素の  CP′k か CP′k+1 に含める
 │         算出          あるいはその間に独立  ─→ CP″k の導出
 │
 │   CP″k でリソース競合チェック
 │          ├── No ──────┐  Yes
 └──────────┘            ↓
    ┌──────────────────────────────────────────────┐
    │ ジョブ工区分節の検討
    │   CP″k を縮約した IFM     最早順序（ELn），最遅
 ┌→ │  でトポロジカル・オーダ ─→ 順序（LLn）の算出  ─→ ジョブ工区分節検討
 │  │   リング
 │  └──────────────────────────────────────────────┘
 │                            ↓
 │   分節したジョブ工区でリソース競合チェック
 │          ├── No ──────┐  Yes
 └──────────┘            ↓
                       Finish
```

ログラムを示したものである。このプログラムは 200 にも及ぶ工程要素を持つ集合住宅内装設備工事[12]の多工区同期化工程を作成するために開発されたものであるが，汎用性を持つ（志手・安藤・浦江ほか 2013）。ジョブ工区へのサイクル工程の割付は，① IFM によって抽出されたクリティカル・パス（CP）を TM で分節し（CP のジョブ工区分節），次いで，②残余の工程要素を誘引要素，平行要素，TM に由来するロジックに従って①のジョブ工区に統合し，あるいは新しいジョブ工区を設けるという 2 段階の手続きを経る。②の手続きにおいては，工期短縮を重視するか，計画・管理の安定性・確実性を重視するかといった戦略が関係してくる。そのため，実装されたプログラムでは計画者の戦略的判断を取り入れるために，画面上での任意の工程要素のドラッグ・アンド・ドロップによる付加，削除，移動，およびジョブ工区の新設，削除ができるよ

---

[12] 集合住宅躯体工事の工程要素は数十程度。

7 構造—工程アーキテクチャを擦り合わせる構工法計画　279

図 6-35 ジョブ工区への基準階工程の割付

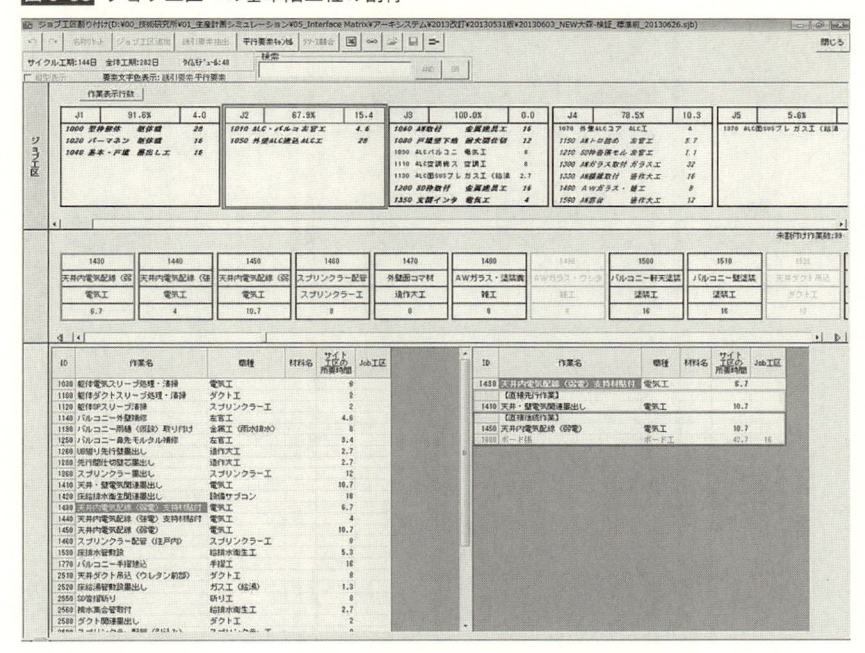

クリティカル・パス上のジョブ工区をクリックし，抽出された平行作業を表示した例．

うにされている（図 6-35）．図 6-35 中，上段はその時点で作成されたジョブ工区とそれぞれに含まれる工程要素を示し，中段は割付未了の工程要素を示す．ジョブ工区の変更がなされるたびにジョブ工区内のクリティカル・パスが自動計算され，TM に対する時間的余裕度が表示される．下段は中段で選択された工程要素の詳細を参照するために設けられた欄である．

　プログラムを実行して生成された多工区同期化工程は，IFM とその要素の属性からなる一つの構工法モデルである．そのパフォーマンスは，生成された構工法モデルに固有の変数（必要なリソース人数，作業チームの稼働率，それらの工期内変動，全体工期，サイクル工期等）の値によって示される．改善の余地があると判断されれば，パッケージ編成，チーム編成にさかのぼって多能工化などの変更策が講じられ，新たな構工法モデルが生成される．工法の変更だけでは改善が期待できない場合には，さらに扱う材料を変更したり，取り合いのディテールを変更することもある．これらは構法（＝「構造」）に及ぶ変更であるか

図6-36 構法基本モデルと二つの複合化案

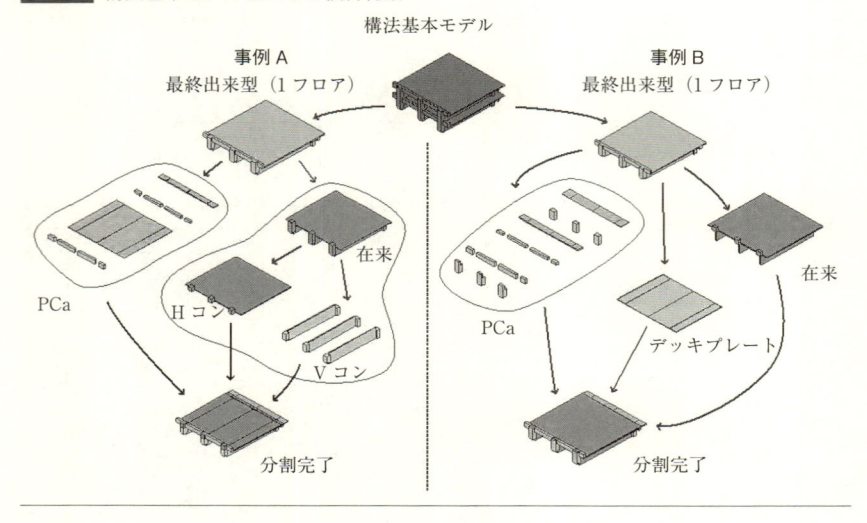

　　　　　　　　　　　　構法基本モデル
　　事例A　　　　　　　　　　　　　　　　事例B
最終出来型（1フロア）　　　　　　　　最終出来型（1フロア）

　　　PCa　　Hコン　　在来　　　　　PCa　　デッキプレート　　在来
　　　　　　　　Vコン

　　　分割完了　　　　　　　　　　　分割完了

ら，多工区同期化構工法計画は全体として複雑な「構造―工程」アーキテクチャのモデル化を通じた擦り合わせ型の手法であると言える。

複合化構法の構工法計画

　ここでは，実施設計が終わり建物各部の設計仕様が確定した状態の「構造」である「構法基本モデル」から生産のための最終的な「構造」に対応する「構工法モデル」を導き出す手法について具体的に述べる（北野・安藤・河谷ほか2002）。生産設計に相当するこのプロセスでは，構法基本モデルの各部に部分構法を当てはめて複合化構法を仮定し，それを多工区同期化工法に展開した結果の諸元を評価することにより，「構造」と「工程」を確定する。以下で取り上げる実例はRC造高層集合住宅躯体工事であり，これに対して検討された二つの複合化構工法を比較評価する。構法基本モデルは3Dソリッドモデラーで記述されており，これから部分構法に対応する構成材を切り出して3Dオブジェクトを定義する。次節で触れるインテグラル型のBIMの例である。

（1）複合化構法の計画

　計画対象建物はL字型平面を持つRC造14階建板状集合住宅であり，基準階住戸数は23戸と大規模である。

　比較検討のために，二つの複合化構法（A，B）を仮定した（図6-36）。Aは

この種の軀体にすでに多くの実績のある構法で、住戸境壁に大型機械化型枠を用い、水平・垂直のコンクリートを別々に現場で打設するVH分離打工法とする。住戸内の床にはスラブ下半分をPC板とするハーフPC板を採用し、スラブ上半分は、梁PC上部と合わせてコンクリートを現場で打設する。また、柱は現場内コンクリートとする。これに対して、Bは柱と住戸境壁をPC化し、また住戸内部の床はデッキプレートを用いた現場打コンクリートとするなど、Aとは大きく異なる複合化の方針がとられている。主な理由は、基準階に含まれる住戸数が多い大規模案件に対して工期の制約がタイトであること、またA構法では大型機械化型枠のセット数を多くすると転用回数が減ってコストアップにつながると見込まれたことによる。結局、このプロジェクトではB案が採用されている。

(2) 工程要素の抽出

A、Bのそれぞれに想定された部分構工法より、工程要素を抽出する。工程要素に対応する構成材の数量は3Dオブジェクトからもたらされる。また、過去の部分構工法の実績データを集積したデータベースより労務歩掛とインターフェイスを取得し、数量データと合わせて、工程要素ごとに当該プロジェクトに必要な作業工数（人時）を算出し、工程要素の諸元を確定する。

(3) 多工区同期化工法によるシミュレーション

A、B両構法について、工区分割数とTMを決定する。このプロジェクトでは、TMはDOC工法に基づいて1日とした。Aの施工速度、工区分割数は、過去の実績を考慮して2戸/日、12工区に設定した。一方、Bは高速施工を目指した結果、6戸/日、4工区とした。次いで、完全同期化条件下で職種編成、作業チーム編成を検討し、作業者の人数等を決定した。この時点で、リソース競合の調整を除き、構工法計画は終了するから、出力された変数の値により二つの計画のパフォーマンスの比較が可能となる。

(4) 構工法の評価

表6-2にA、B両構法の評価をまとめて示す。基準階工期は当初設定したとおり、Aが12日、Bが4日と、BはAより3倍速くなっている。基準階を施工するのに要する1日当たりの作業者の人数については、AがBの約43%と格段に少ないが、基準階全体の施工に要する工数はBのほうがAより約23%少ない。Bは、労務資源の上限に制約がなければ、工期短縮化、労務コスト削減、クレーン等の仮設・工事用機材の調達コスト削減に有効な複合化であると

表6-2 二つの複合化構工法の比較

構工法モデル	事例 A	事例 B
サイクル工期（a）	12 日	4 日
1 日当たり労務資源水準（b）	26 人	60 人
基準階当たり労務資源水準（a×b）	312 人日	240 人日

言える。一般に，構工法計画の戦略は，プロジェクトの条件が資源制約的か，工期制約的かによって大きく異なる。この結果もそれに従う。ここに示した評価は多工期同期化工程に含まれる要素に基づく評価に限られているが，PC部材の調達コスト等，他のコスト要素をこれに加えて評価することは困難ではない。

工事計画段階で「構造─工程」アーキテクチャを通じた擦り合わせを行うことは，日本の建築生産システムが持つ著しい特徴であり，能力である。また，擦り合わせの結果は「構造─工程」アーキテクチャの範囲にとどまらず，「機能─構造」アーキテクチャの改変にまで及ぶこともある。

たしかに，日本の建築ものづくりの現場はインテグラル・アーキテクチャとそれに由来する能力，より正確に言えば能力構築のためのポテンシャルを持つと結論づけられる。しかし，多能工化や構法の見直しなど，個々のプロジェクトでの擦り合わせを通じて得られた経験は良い意味でルーティン化し，全体としてモジュラー・アーキテクチャへと向かうように普及していくことも事実である[13]。アーキテクチャのポテンシャルと適合性はまた別物であるという認識が重要である。

8 建築ものづくりのアーキテクチャとBIM[14]

8.1 BIMとアーキテクチャの型の整合性

BIM（Building Information Modelling）は大きな技術的・社会的変革をもたらしながら，着実に進化しつつある。しかし，このような革新は日進月歩の進化を伴うために，BIMにはさまざまな期待や受けとめ方，考え方があることも事実である。

---

[13] この点については本章6節2項，第7章の記述も参照されたい。
[14] 本節は，次の論文を改稿したものである。安藤（2013）。

図6-37 ソシオテクニカル・システムとしてのBIM（WSP）

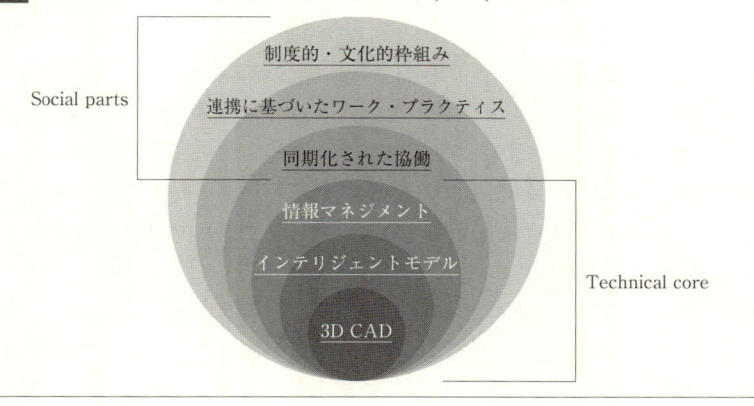

Social parts
- 制度的・文化的枠組み
- 連携に基づいたワーク・プラクティス
- 同期化された協働

Technical core
- 情報マネジメント
- インテリジェントモデル
- 3D CAD

　NIBS（The National Institute of Building Science, 米国）の定義によれば，BIMとは，①建物の物的・機能的特性のデジタルな表現であり，②ごく初期の建物の構想段階から取り壊しに至るまでの間存続するものとして定義され，③建物のライフサイクルを通じて意思決定のための信頼に足るベースとなるような，共有された知識情報源である。①の部分に示された建物の物的特性はアーキテクチャでいう「構造」にほかならず，この部分全体は「BIM とは製品アーキテクチャのデジタルな表現である」と書き換えることができる。この際，「工程」が含まれていないことに注意しよう。

　しかし，BIM に期待されていることは，技術的な効用ばかりではない。③の部分にほのめかされているように，BIM は設計・生産のプロセス，ワーク・スタイル，商慣習，制度を一変させるようなインパクトを持つと，誰もが考えている。技術が先行し，制度・慣習の進化が続いて起こると期待されているわけである。「BIM の真実」をまとめた WSP[15] は，BIM をソシオテクニカルなシステムとしてとらえ，多層に重畳したシステムとしてこれを表現する（図6-37）。技術的コアの外側を「同期化された協働」「連携に基づいたワーク・プラクティス」が囲み，さらにその外側を「制度的・文化的枠組み」が囲んでいる。

　一方，ものづくり経営学は，社会や文化，市場，産業，企業特性等に応じて

15　英国ベースの多国籍エンジニアリング・デザイン・コンサルタント。http://www.wspgroup.com/

適切なアーキテクチャの型があるとする。とすれば，地域や市場，建築ものづくりの型に応じて適切なアーキテクチャの型が存在し，それに対応した BIM の型が存在すると考えるべきであろう。しかも，アーキテクチャ，BIM は絶え間なく進化するものである。個別企業にとっても社会にとっても，進化の行きつく先をそれぞれの意思によって見定め，戦略化する必要がある。

以上の検討から，BIM の適用にもインテグラル型とモジュラー型の違いがあることが理解されよう。問題は，BIM の目的，適用に関する議論や実践がしばしばこれらを混同していることにある。

端的に述べるならば，米国の建築ものづくりはモジュラー型であり，米国においては，BIM は間違いなくモジュラー型を前提として構想されている。設計施工分離方式の場合，日本の施工図に相当する図面は，米国では，一般に設計事務所によって作成されるという。設計段階で仕様の確定度が高ければ施工との擦り合わせは当然不要となる。この事実によって，米国のモジュラー指向の一端を説明することができる。

DB（デザイン・ビルド）の場合も，インテグラル型アーキテクチャと表裏の関係にある日本の設計施工一貫方式とは対照的に，米国は顕著なモジュラー指向を示す。DB は性能発注の一種であるから，建物の「構造」は発注段階では未定であり，原理的にはどのような「構造」の構成も可能である。しかし，DB のために開発・運用されている PerSpective[16] というアプリケーションを例にとると，仕様・積算のための建築要素の分類標準である UniFormat を媒介に，DB の場合であっても見事にモジュラー性が担保されていることに目をみはらされる。PerSpective が持つ性能規定部は，3 ないし 4 階層からなる UniFormat の「構造」にリンクされ，さらにその最下層がプロダクト・レベルの仕様記述標準である MasterFormat にリンクされている。このようにして，発注者から仕様の全体（＝「機能」）が最初に提示されていると否とにかかわらず，受注者であるデザイン・ビルダー（DBr）は「構造」とそれに対応する性能を決定することができ，結果的に発注者は最終成果物の要求に対する適合性を確認することができるのである。

PerSpective 成立のキーとなっているのは，「機能」＝性能規定部の構成もさることながら，UniFormat が持つツリー状の階層的構造である。これが，

---

[16] Building Systems Design Inc.

モジュラー・アーキテクチャの「構造」をそのまま表していることは明らかである。実は，アメリカの DB は，単純でリスクの少ないプロジェクトに適用されるものとして導入されている。PerSpective もその用途を，オフィス，住宅，ローテクの商業用・産業用建築といった比較的単純なものに限っている。単純かつ標準的な構成を持つと了解されているビルディング・タイプは，モジュラー・アーキテクチャを持つということである。

このようにモジュラーな設計思想は，BIM においても歴然としている。すなわち，OPEN BIM や BuildingSmart といった標準化の動きの中核をなすオブジェクト指向の IFC（Industry Foundation Classes）がそれである。階層的なオブジェクト・クラスの構成，属性の継承といった設計思想は，まさにモジュラー・アーキテクチャそのものと言ってよい。また，オブジェクト指向のモジュラー・アーキテクチャは，規格化，標準化と親和性が高い。

しかし，もともと建築文化には地域性や多様性があるため，これらを共通のコード体系で括ることには無理がある。本稿の文脈では，加えて，モジュラーな設計思想ではインテグラル・アーキテクチャを有する建築には対応しきれないということを強調しておきたい。インテグラル型の生産システムでは，設計（「機能」−「構造」アーキテクチャの決定）や生産設計（「構造」−「工程」アーキテクチャの決定）の過程でオブジェクト・クラスの再定義を要する局面が多々生ずる（図 6-38）。ツリー状ではなくネットワーク状の構造を持つインテグラル・アーキテクチャにふさわしい BIM とは何か。とくに日本が先導して方向性を示すべき挑戦分野であろう。

たしかに，日本の建築生産はインテグラル・アーキテクチャを持つところにその特徴と強みがある。しかし，単純で明快な用途を持つ小規模，低リスクの建築プロジェクトに至るまでインテグラルな設計思想で対応するということになれば，そこには大きな無駄があると言わざるをえない。

もう一つ，BIM の大きな利点であり達成目標である協働，知識情報の共有ということに対しては，GC（ゼネコン）を中心とした日本の建築生産システムは十分な関心を払ってこなかったきらいがある。近年，設備，エレベータ，カーテンウォールと建築の取り合いに関して BIM 利用の顕著な進展が見られるようであるが，そもそもこれらのサブシステムこそオープンな BIM にふさわしい対象であり，モジュラーな設計思想を必要とするものである。日本の GC の BIM は軀体の生産設計偏重であったと言えないだろうか。軀体の生産設計

図 6-38 スクライム工法（三井住友建設）の構成材分割

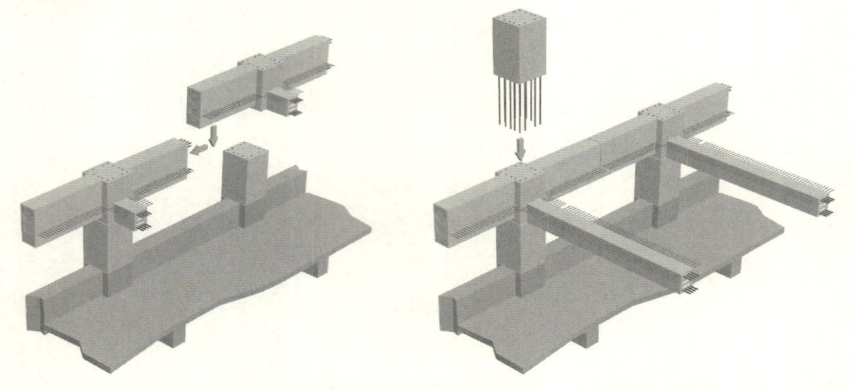

柱の一部と梁を一体化した大型 PC 部材から突き出した主筋を水平方向に横差しにし，その上方から柱 PC 部材の主筋を差し込む工法である。この場合，柱―梁一体化部材は，より強度の高いコンクリートを用いる柱部分とそれ以外を二度に打ち分けた複雑な部材である。

（注）　同一工法の特許を共同で保有する大林組の呼称は LRV 工法。

がいかに効率的に行われようとも，それは受注者サイドのコストダウンに寄与するだけで，発注者サイドの価値創造に直接つながるものではない。強みの源泉であるインテグラル・アーキテクチャも，それが必要な部分でのモジュラー・アーキテクチャへの移行を阻害しているとなると，グローバルな波に乗り遅れる原因ともなりかねない。

8.2 アーキテクチャから見た BIM の課題

　OPEN BIM に代表されるモジュラー・アーキテクチャ指向の BIM はそれ自体巨大な革新であり，ワークフローや社会のあり方に大きな変革をもたらしつつある。しかし，一品生産の建築には，一度限りの試行によって創造的，革新的アイディアの実現が求められることも多い。こうしたイノベーションは，擦り合わせによって「機能」「構造」の範囲や構成，および「機能―構造」の対応関係を一新することによって達成される。すなわち，その実践はインテグラル・アーキテクチャ上で行われる。

　インテグラル・アーキテクチャに適した BIM は何かを明確に示すことは困難であるが，現在の BIM，あるいはそれが対応するモジュラー・アーキテク

チャの考え方の限界を指摘することは可能である。

　まず，3D オブジェクトを取り上げてみよう。3D オブジェクトはモノの形状を指示するという意味で「構造」の要素を記述するベースであり，これに属性を加えて要素の関係を含む「構造」の記述体系ができ上がる。しかし，この「構造」と「機能」はどのように関係づけられるのであろうか。属性を持つ「構造」の要素を積み上げて「構造」全体が持つ機能を導き出すことはある程度できそうである。しかし，「機能」の総体を（同時に）「構造」の要素に割り付けるロジック，手法はどこにも存在していないのである。ここに，インテグラル型の BIM を追求することの意義がある。

　BIM は「機能」およびその「構造」への対応づけという点において，ロジックとオペレーションの技術を欠いたまま歩み出したと言えるのだが，実はその欠陥を短絡的に埋め合わせる便法を私たちはこれまでも無意識に使ってきた。その便法を「部位」と呼ぶ。では部位とは何か。それは，すでに本章でも触れたように，「構造」に含意された「機能」を体する「機能－構造」複合体にほかならない。私たちは，柱や外壁といった部位の機能を類推し，表現することができる。しかし，結局のところ，部位はモジュラー・アーキテクチャを扱うことを可能にするにすぎない。創発的なイノベーションは，いったん成立したモジュラー・アーキテクチャを創造的に破壊し，再編するインテグラルなアプローチによらざるをえないのである。

　建築の「構造」にはもう一つ，モノとは空間の二重性という問題がある。モノによって空間を記述すること，あるいは逆に空間によってモノを規定することは不可能ではないであろうが，現実的ではない。そこで，IFC はモノ，空間による二種類の「構造」表現を持つようにされている[17]。しかし，設備系統等，必ずしも空間とはなじまないものある。統合的なモデリングの体系を考えるうえでは悩ましいところであろう。

　最後に，「機能」「構造」に「工程」を加えたアーキテクチャも扱うことのできる BIM の必要性について触れておく。施工プロセスの可視化や 4DBIM と称されるプロセス・モデリングへの展開は BIM の可能性の一つとされる。しかし，それを実用的な詳細レベルで行うとなれば，構成材相互の関係を属性として持たせるだけでは不十分である。広義の工法を含む「構造－工程」アーキ

---

[17] 空間には，領域設定や位置指定など，別次元での操作的用途もある。

テクチャを何らかの方法でモデリングに統合することが必要なのである。たとえば，仮設の問題がある。建物の部分としては表現されず，また工法の選定や計画手法によって変わる仮設をどのようにモデルに取り込み，表現するのか。さらには，工区分割や部品化，プレハブ工法（プレファブリケーション）によって生成変化する構成材をどのように扱うのかという問題もある。これに関しては，オブジェクト・クラスとその集合が縦横に変化することを許容しうるようなモデリング手法が必要であることが理解されよう。すなわち，インテグラル・アーキテクチャに対応したBIMである。それは，日本においてまず解かれるべき課題である[18]。

8.3 DB と BIM

　フロント・ローディング，協働，発注者のプロジェクト関与を促進するBIMは，必然的に発注調達方式の革新を意味する。アメリカのIPD（Integrated Project Delivery）はBIMに対応して導入された調達方式である。IPDはBIMのプラットフォーム上で発注者，アーキテクト，ゼネコン，スペシャリスト・コントラクター／サプライヤー等すべての関係者が情報を共有しつつプロジェクト定義と設計を進めていく方式であり，設計が生産・施工情報と連動しながら漸進的に展開していくこと，ファスト・トラックが実現できること，工事発注段階では数量が確定していないという点で，DB方式やそれとは対照的なCM方式と類似した性格を持つ。IPDはプラットフォーム上での擦り合わせを可能とするという点でインテグラルであり，擦り合わせを行う専門職能，スペシャリストはモジュラーな社会システムの存在を前提としているという点で複雑な仕組みとなっている。パートナリングの編成や設計責任の所在等，未解決の問題も多いと想像されるが，BIMの浸透とともに安定した制度になっていくのであろう。

　一方，第2章に述べたように，現今の市場を支配する縮小・停滞傾向のもと，発注サイドのイニシアティブによるDBへの傾斜がグローバルに認められる。すなわち，より高リスク，ハイエンド，複雑なプロジェクトにもDBを適用し，インテグラル型の設計の利点を一部取り込もうとする動きである。

　インテグラル・アーキテクチャは日本の設計施工一貫方式と深い関係にあり，

---

　18 鹿島建設はBIMという用語が定着する前から，DBCAD，LINCS（Linkage of Information for New Construction System）等の先駆的開発を行っている（八坂・塚越・坂野ほか 1997）。

それが日本型建築生産システムの特質となっていることはすでに述べた。また，インテグラル・アーキテクチャに適合したBIMの必要性についても繰り返し述べてきたところである。

そこで，以下では，日本の設計施工一貫方式とは異なり，モジュラー型アーキテクチャに適用される調達方式として成立した欧米のDBの新しい動向について考えてみることにしたい。取り上げるのは，BIMとの相性もよいと考えられている新しいDB方式，アメリカのブリッジングである。

ブリッジングとは，基本設計に相当する設計発注仕様書[19]をブリッジング・アーキテクトが作成した段階で入札にかけ，実施設計を含むその後のプロセスをすべてDBr（デザイン・ビルダー）に委ねる手法である[20]。発注者にとって，DBは，品質・工期・コストに関するリスクをプロジェクトのごく初期に一括してコントラクターに移転できることにある。一方，そのデメリットは，発注段階で価格に見合う機能を持った建物の調達ができるかどうかを発注者は知りえないことにある。ブリッジングは，このメリットを活かしつつ，デメリットを打ち消すように，DBB（設計施工分離）方式とDB方式を折衷させた工夫と言える。これにより，発注者は設計が完了する前に価格と工期をフィックスすることができるし，プロジェクトの定義や設計により多く関与できる。問題は，どの程度まで確定された設計（「構造」の仕様）を受け渡すかということにある。

図6-39は，DB，DBB，ブリッジングのうちどの調達方式を選定するかを判断するに当たって用いられるテンプレートの例である。縦軸にはMasterFormatに準拠した分類が示されており，興味深いことに，ここにもモジュラー型の設計思想が根づいている。横軸には，それぞれの項目に対して，工事入札以前にどの程度の確定度で設計仕様が用意されなくてはならないかというレイティング（％）が示されている。このレイティングはもちろんプロジェクトの特性によって異なる。一つの目安として，レイティングの平均が20％以下であれば旧来のDBが適しており，また50％以上であれば設計段階で擦り合わせを完了する伝統的なDBBが適しているという。ブリッジングの適用域は，その中間の20〜50％である。レイティングが高いビルディング・タ

---

[19] RFP（Request for Proposal）．
[20] ブリッジングは米国の公共建築の調達に用いられている。この場合，ブリッジング・アーキテクトはデザイン・ビルダーのチームに参加することはない。この点で，ブリッジングは，基本設計を行ったアーキテクトがそのままデザイン・ビルダーの傘下に入る英国の新しいデザイン・ビルド方式（Novation）とは決定的に異なっている。

図 6-39 調達方式選定のためのテンプレートとレイティングの例

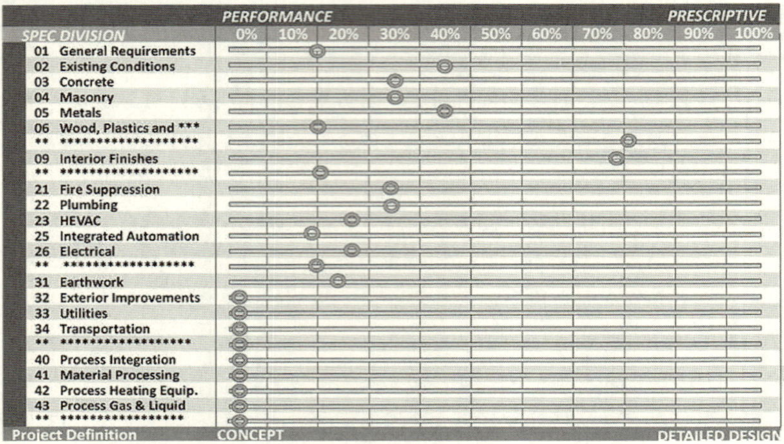

(出所) SOM 提供。

イプはそれだけ複雑・ハイエンドな建築ということで，インテグラル性の強いアーキテクチャを持つ。ブリッジングは，MasterFormat のモジュラー性に依拠しながら，基本設計段階の「機能―構造」アーキテクチャと実施設計段階の「構造―工程」アーキテクチャにインテグラルなアプローチをある程度取り入れようとする方式である。

8.4 インテグラルか，モジュラーか

　本節では，BIM に関するさまざまな期待や考え方は，大きく二つの極性を持つアーキテクチャの指向性に整理できることを示した。とはいえ，その極性のいずれが BIM に適合するかという議論は不毛である。

　インテグラルな設計思想が慣習化した日本では，BIM に関してもインテグラル型のアプローチが求められ，先駆的な実績も積まれている。しかし，その実績は「構造―工程」アーキテクチャにほぼ限定されており，本来 BIM に期待される設計・生産のオープン化という課題に関しては，社会的な合意を形成しようとする意思は乏しく，技術的な取り組みも不足している。

　「構造」に対応した 3D オブジェクトを技術的核とする BIM は，そもそも要求「機能」を仕様として記述するには向いていない。したがって，要求「機

能」と「構造」設計を連動させたモジュラー型のアーキテクチャを土台としつつ，DB や IPD が持つ擦り合わせのポテンシャルを活かすには，何か別の方法を考えなくてはならない。PerSpective や先の調達方式選定基準に認められるように，米国にはモジュラー型の設計思想が社会全体に深く浸透しており，それはもはや文化と言ってよいほどである。しかし，そうした設計思想をふまえつつ，インテグラルなアプローチにも道を拓こうとする姿勢から学び取ることは多いのではないか。

　擦り合わせ一辺倒の建築ものづくりに固執するばかりでは，進化の道は壁に突き当たる。アーキテクチャの適合性に目を向けた柔軟な発想が必要であるということは，本章各節に共通した結論である。

参考文献

Alexander, C. (1964), *Notes on the Synthesis of Form*, Cambridge, MA: Harvard University Press. (稲葉武司訳『形の合成に関するノート』鹿島出版会, 1978 年。)

Alexander, C. (1965), "A City is not a Tree," *Architectural Forum*. (押野見邦英訳「都市はツリーではない」『デザイン』No. 100, 1967 年。)

安藤正雄 (1992),「構法・工法から構工法へ」『施工』1 月号。

安藤正雄 (2003),「インターフェイス・マトリクスによる構工法計画の理論と手法」博士学位論文, 東京大学大学院工学系研究科。

安藤正雄 (2013),「BIM の二極性」『建築コスト研究』No. 33。

安藤正雄・崔民権・浦江真人・河谷史郎ほか (1983),「多工区同期化工法に関する研究」『日本建築学会学術講演梗概集』。

安藤正雄・崔民権・浦江真人・河谷史郎・松本啓二ほか (1983〜1985),「多工区同期化工法に関する研究 (その 1〜その 12)」,『日本建築学会大会学術講演梗概集』。

安藤正雄・河谷史郎・浦江真人 (1990),「基準階 IFM からの n 工区分割同期化工程の導出法」『第 6 回「建築生産と管理技術」シンポジウム論文集』。

安藤正雄・浦江真人・河谷史郎ほか (1985),「同期化された水平多工区分割工法の計画に関する研究」『第 1 回「建築生産と管理技術」シンポジウム論文集』。

安藤正雄・浦江真人・河谷史郎ほか (1988),「水平・垂直に工区分割された工区の工程順序化」『第 4 回「建築生産と管理技術」シンポジウム論文集』。

青木昌彦・安藤晴彦編著 (2002),『モジュール化：新しい産業アーキテクチャの本質』東洋経済新報社。

Baldwin, C. Y. and K. B. Clark (2000), *Design Rules: The Power of Modularity*, Vol. 1, Cambridge, MA: MIT Press. (安藤晴彦訳『デザイン・ルール：モジュール化パワー』東洋経済新報社, 2004 年。)

Bennett, J. (1991), *International Construction Project Management*, Oxford; Boston: Butterworth and Co. Ltd. (梅田健次郎監訳『建設プロジェクト組織：日米欧の比較と 2001 年展望』鹿島出版会, 1994 年。)

Brouwer, J. and Y. Cuperus (1992), "Capacity to Change, International Conference on

Facility Management EUROFORM '92."
藤本隆宏（2003），『能力構築競争：日本の自動車産業はなぜ強いのか』中央公論新社。
藤本隆宏（2004），『日本のもの造り哲学』日本経済新聞社。
藤本隆宏・安本雅典編著（2000），『成功する製品開発：産業間比較の視点』有斐閣。
古阪秀三編著（2009），『建築生産』理工図書。
Gann, D. M., A. J. Salter and J. K. Whyte（2003），"Design Quality Indicator as a tool for thinking," *Building Research & Information*, Vol. 31, No. 5.
秦智哉・安藤正雄・浦江真人（1987），「インターフェイス・マトリクスを用いたクリティカル・パス計算法」『日本建築学会大会学術講演梗概集』。
Ivor H. Seely（1995），*Building Technology*, 5th Edition, Palgrave Macmillan.
北野信吾・安藤正雄・河谷史郎・浦江真人・安藤功（2002）「4次元構工法モデリング手法を用いた多工区同期化構工法計画」『第18回建築生産シンポジウム論文集』。
楠木建・チェスブロウ，H. W.（2001），「製品アーキテクチャのダイナミクス・シフト」藤本隆宏・武石彰・青島矢一編『ビジネス・アーキテクチャ』有斐閣。
前田正史編（2009），『Beyond Innovation：「イノベーションの議論」を超えて』丸善プラネット。
松本信二・三根直人・内山義次（1979），「建設工事計画における作業計画方法に関する研究（その1）マルティ・アクティヴィティ・チャートについて」『日本建築学会大会学術講演梗概集』。
松村秀一編（2004），『建築生産：Management and Organization of the Building Process』市ケ谷出版社。
森田慶一（1979），『ウィトルーウィウス建築書（普及版）』東海大学出版会。
志手一哉・安藤正雄・浦江真人・蟹澤宏剛・本田裕貴・染谷俊介・田澤周平（2013），「高層集合住宅の内装・設備工事における多工区同期化工程計画手法」『日本建築学会計画系論文集』Vol. 78 No. 683。
高田博尾（1989），「建築施工における複合化工法」セメント協会編『セメント・コンクリート論文集』セメント協会，所収。
田中文男（1996），『関東の住まい／日本列島の民家の旅⑧関東』（INAX ALBUM 37），INAX出版。
Tidd, J., J. Bessant and K. Pavitt（2001），*Managing Innovation*: *Integrating Technological, Market and Organizational Change*, Chichester: Tidd Wiley.（後藤晃・鈴木潤監訳『イノベーションの経営学』NTT出版，2004年。）
戸田建設建築工事技術部編著（1993），『戸田建設の建築標準ディテール図集』彰国社。
戸倉孝之・安藤正雄・浦江真人ほか（1992），「構工法選択システムにおける構工法の記述法」『第8回「建築生産と管理技術」シンポジウム論文集』。
内田祥哉（1972），「アミダ型オープンシステムによる表現」『日本建築学会大会学術講演梗概集』。
内田祥哉（1977），『建築生産のオープンシステム』彰国社。
内田祥哉編（1981），『建築構法（第5版）』市ケ谷出版社。
内田祥哉（2002），『現代建築の造られ方』市ケ谷出版社。
浦江真人・安藤正雄・崔民権・河谷史郎ほか（1984），「工区分割化とインターフェイスの消滅（多工区同期化工法に関する研究 その8）」『日本建築学会学術講演梗概集』。

山崎雄介ほか（1990），「構工法計画のモデル化と利用方法に関する研究」『第6回建築生産と管理技術シンポジウム』日本建築学会．

八坂文子・塚越修・坂野弘一ほか（1997）「構造設計情報の生産計画業務への多角的活用の試み：躯体生産情報システムの開発」『第13回建築生産シンポジウム論文集』．

野城智也（2003），『サービス・プロバイダー：都市再生の新産業論』彰国社．

吉田敏（2005），「建築ものづくりシステムにおける分業デザインに関する研究」博士学位論文，東京大学大学院工学系研究科．

吉田敏（2007），「建築ものづくりにおける『設計情報』に関する一考察」『日本建築学会総合論文誌』No. 5，84-89頁．

Yoshida, S. (2009), "Technology Diffusion with Strategy of the Technological Information of Japanese Companie," PICMET2009 (on CD-ROM).

吉田敏編（2012），『技術経営：MOTの体系と実践』理工図書．

吉田敏（2013），「製品アーキテクチャから見るビジネスモデルの変化：日系企業の中国戦略の変化に関するケーススタディ」『産業技術大学院大学紀要』第7号，155-160頁．

吉田敏・野城智也（2004）「アーキテクチャ概念による建築の設計・生産システムの記述に関する考察」『日本建築学会計画系論文集』第589号，169-176頁．

吉田敏・野城智也（2005a），「『アーキテクチャ』の概念による建築生産における構成要素のモジュラー化」『日本建築学会計画系論文集』第595号，173-180頁．

吉田敏・野城智也（2005b），「構成要素の特性の変化に伴う建築生産技術と生産組織の動態的な適合関係」『日本建築学会計画系論文集』第598号，189-196頁．

第7章 建築におけるアーキテクチャの位置取り戦略

志手一哉
藤本隆宏

はじめに

本書では，建築および建築物を「ものづくり」の分析枠組みを用いて再解釈するという作業を通じて，「建築物の価格や建築業の収益性が多くの場合不安定であるのはなぜか」という問題を考えてきた。ものづくり論の中核的な概念は「組織能力」と「アーキテクチャ」であるから，ここでの分析には，建築の設計・施工現場における組織能力の分析と，建築物のアーキテクチャの分析が含まれることになる（藤本 2003, 2004）。

本章ではこのうち，アーキテクチャ分析に焦点を当て，建築のアーキテクチャ的な特徴が，収益性に与える影響について考察したい。ここで用いる分析枠組みは，「アーキテクチャの位置取り（ポジショニング）戦略」である。この枠組みにおいては，ある建築物の位置取りは，顧客の利用システムが持つ「外アーキテクチャ」と，建築物自体の「中アーキテクチャ」の組み合わせで決まってくると考える。

この分析枠組みによって，本章ではまず，日本の建築物が従来，利用システムの特殊性に起因して「外インテグラル・アーキテクチャ」である傾向が強く，さらに，それが「中インテグラル・アーキテクチャ」の傾向をもたらし，結果として日本の建築物は「中インテグラル・外インテグラル」の位置取り戦略に集中する傾向があったことを示す。そのうえで，近年はそれ以外の位置取りへの移行が見られ，その結果，日本の建築物のアーキテクチャ戦略が多様化していることを示す。

1 アーキテクチャの位置取り戦略とは

1.1 中アーキテクチャと外アーキテクチャ

　現代の標準的な経営戦略論においては，自社の製品をどの産業に参入させ，その産業における顧客，競合企業，資材供給者など，他の経済主体に対して，どのようなかたちで自社の事業を存在させるかを構想し，実行することを「ポジショニング戦略」と言う。その代表的な枠組みである M. ポーターの「5 勢力 (five forces) 分析」においては，自社事業と，顧客，競合者，新規参入者，代替品，供給者との勢力関係から，自社が参入する産業の魅力度（楽に高収益を上げられる程度）を推定する (Porter 1980)。

　また，自社の複数の製品群あるいは事業群を，さまざまな市場・産業にどう展開し，その中でどのようなポジションをとらせるかを「ポートフォリオ戦略」と言う。たとえば GE，マッキンゼー，ボストンコンサルティングなどは，それぞれ，参入する産業の成長度と，産業内での自社のシェア（強さ）という 2 軸によって，自社の製品群のポートフォリオを評価する図式，すなわちプロダクト・ポートフォリオ・マトリックスによって，当該企業の全社戦略を評価する（網倉・新宅 2011 ほか）。

　こうしたポジショニングあるいはポートフォリオといった概念を前述のアーキテクチャ論に応用する試みを，筆者らは「アーキテクチャの位置取り戦略」と呼び，さまざまな企業・産業でこれを応用してきた（藤本 2003, 2004；藤本ほか 2007 ほか）。この分析においては，顧客の製品・工程アーキテクチャ（外アーキテクチャ）と，自社の製品・工程アーキテクチャ（中アーキテクチャ）という 2 つの側面を，同時に分析する。これによって，自社の製品・工程が，顧客にとって，競争相手にとって，またサプライヤーにとってどのような意味を持つか，そして，どうすれば利益を出すチャンスができるか，そのパターンを，ある程度予想できるようになる。言い換えれば，自らの組織能力，市場ニーズの特性，あるいは社会的・技術的な制約条件を前提として，自社の製品あるいは製品群の最適のアーキテクチャ的な位置取り（ポジショニング）を工夫するのである。

　①たとえば，顧客の製品あるいは工程の「外アーキテクチャ」が「インテグラル（擦り合わせ）型」であるならば，顧客は当方にカスタム設計（特注）の部品あるいは設備を新たに設計・開発することを要求し，また，カスタム品なり

1 アーキテクチャの位置取り戦略とは　297

図7-1 アーキテクチャのポジショニング・ポートフォリオ戦略

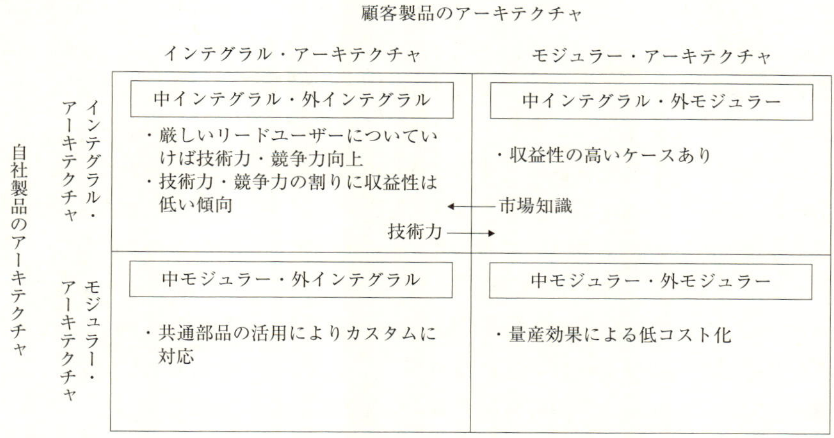

顧客製品のアーキテクチャ

	インテグラル・アーキテクチャ	モジュラー・アーキテクチャ
自社製品のアーキテクチャ　インテグラル・アーキテクチャ	中インテグラル・外インテグラル ・厳しいリードユーザーについていけば技術力・競争力向上 ・技術力・競争力の割りに収益性は低い傾向	中インテグラル・外モジュラー ・収益性の高いケースあり
自社製品のアーキテクチャ　モジュラー・アーキテクチャ	中モジュラー・外インテグラル ・共通部品の活用によりカスタムに対応	中モジュラー・外モジュラー ・量産効果による低コスト化

（中央に「技術力」←→「市場知識」の矢印）

の比較的高い価格でそれを買う可能性が高い。その特注仕様の条件がとくに厳しく，ピンポイントでハイレベルな最適化を顧客が要求するならば，自社製品の「中アーキテクチャ」も「インテグラル型」になりやすい。この場合，自社製品のアーキテクチャは「中インテグラル・外インテグラル」となる。

②顧客の要求仕様がそこまで厳しくない場合は，メーカーが標準部品の組み合わせで顧客のカスタム設計要求に対応できる可能性も出てくる。その場合は，アーキテクチャのポジショニングは「中モジュラー・外インテグラル」となる。

③逆に，顧客の製品・工程の「外アーキテクチャ」がモジュラー型であれば，顧客は，すでにこちらが設計済みの業界標準部品（設備），あるいは社内共通部品（設備）を要求してくる可能性が高い。顧客が，それなりに高性能な標準品を要求してくる場合は，当方は設計の擦り合わせによって高度な汎用部品あるいは汎用設備を開発しておく必要がある。その場合，アーキテクチャのポジショニングは「中インテグラル・外モジュラー」となる。

④もはや高度な汎用部品・汎用設備は必要ない場合は，当方も汎用部品の寄せ集めで製品を組むことができるので，ポジショニングは「中モジュラー・外モジュラー」となる。

以上をまとめるならば，図7-1のような4つの基本的なポジションを想定することができる。図は2×2のマトリックスでまとめられている。実際には，

縦横ともに，連続的なスペクトルと考えるのがより自然であるが，説明を簡単にするため縦横とも二分法とし，すべての人工物が，四つのポジションのいずれかに属するものと考えよう。ここで，図の上半分は「中インテグラル」，下半分は「中モジュラー」であり，左半分は「外インテグラル」，右半分は「外モジュラー」である。

　この枠組みを，戦後日本に典型的な貿易財（あるいは製造業）の優良現場，すなわち「多能工のチームワーク」を持ち味とし，調整能力が高い統合型のものづくり現場の場合に当てはめてみよう。前述のように，統合型の組織能力を持つそうした企業は，「中インテグラル・アーキテクチャ」のポジション（図7-1の上半分）に位置する調整集約的な製品の場合に競争力を発揮しやすいと，われわれの「アーキテクチャの比較優位説」は予想する（藤本 2012）。要するに，調整能力に富む現場は，調整負荷の高い（調整集約的な）製品と適合的である。

　しかしながら，同じ擦り合わせ型アーキテクチャの部品でも，それを汎用的な「標準品」として販売する場合（中インテグラル・外モジュラー型：図7-1の右上）と，特定のシステムや製品に専用の「カスタム設計品」として売る場合（中インテグラル・外インテグラル型：図7-1の左上）では，競争戦略のポイントが異なり，また利益率も異なる可能性がある。たとえば，前者であれば市場シェアの獲得によるコスト優位が至上命題になるが，後者ではむしろ，有利な価格設定ができるか否かが重要になる（後述）。

　このような戦略策定や利益パフォーマンスの違いを説明するロジックとして，筆者らは「アーキテクチャの位置取り戦略」を考えるのである。

1.2　アーキテクチャ・ポジションの4類型

　そこで，上記の2タイプを含め，アーキテクチャの位置取りに関する4つの基本型の特徴について，改めて考えてみよう。

　すでに図7-1に示したように，「アーキテクチャの位置取り」においては，まず「当該製品の内部構造はインテグラル型かモジュラー型か」という「中アーキテクチャ」の違いがあり，次に「その製品が利用される川下産業の製品や消費システムのアーキテクチャはインテグラル型かモジュラー型か」という「外アーキテクチャ」の違いがある。これを縦横に組み合わせれば，四つの基本的なポジション（位置取り）が抽出されるわけである[1]。以下，この四つの特徴を簡単に説明していこう（藤本 2003, 2004；藤本ほか 2007）。

(1) 中インテグラル・外インテグラル（左上）

　その製品自体の中アーキテクチャが「インテグラル（擦り合わせ）型」であり，なおかつその製品の販売先の利用システムや製品や工程の外アーキテクチャもまた「インテグラル（擦り合わせ）型」である場合，当該製品・部品は，そうした川下のシステム・製品・工程のためにカスタム設計された特注製品あるいは専用部品として販売される。これが「中インテグラル・外インテグラル」の位置取りである。

　これは，モデルごとに設計の異なる自動車部品や，客先の工程に合わせて設計された専用設備など，日本の産業（とりわけ産業財・中間財）でよく見られるパターンである。一方において，統合型の組織能力を持つ日本の多くの現場と適合的な「中インテグラル製品」であるため，こうしたポジションにある現場の「裏の競争力」は強い傾向にあるが，反面，儲かっていないケースも多い。儲からない理由は，中インテグラルであるため設計の調整費用が余計にかかること，外インテグラル（カスタム）であるため営業の調整費用や新規設計の費用も余計にかかること，カスタム部品なので量がまとまらず量産効果が上がらないこと，ほかに転用ができない取引特殊的部品なので取引相手に買いたたかれやすいこと，などである。したがって，特許，囲い込み，ブランド力などによる価格設定力がよほど強くないと，高収益は達成しにくい。

　反面，イノベーション直後の新しい高機能製品は，そうした高機能を要求する限られた特定の先進的顧客に対して精密な最適設計で応じることが多いので，このポジションになりやすい。したがって，かりにいまは儲からなくても，将来の収益商品をコンスタントに生み出していくためには，自社の製品群の中に「中インテグラル・外インテグラル」の製品を，一定数あるいは一定比率持っていることが，全社ポートフォリオの観点からは望ましいだろう。

　また，そうした先端的な中インテグラル・外インテグラル製品は，自社の技術力や現場力を鍛える「イノベーションの道場」としての役割を持つので，かりに開発当初は赤字であっても，それは授業料と割り切る必要もあろう。

　しかし，全社的・長期的に見て，すべての自社製品が「中インテグラル・外

---

1 また，こうしたポジショニング分析は，製品アーキテクチャにも工程アーキテクチャにも適用可能である。製品アーキテクチャならば部品の標準化・特注化の別，工程アーキテクチャならば設備やレシピの標準化・特注化の別が問題にされる。しかし，本書では，まずもって建築物（製品）のアーキテクチャに焦点を当てるので，ここでは「製品アーキテクチャ」に集中することにする。

インテグラル」ポジションに集中しているとすれば，それは問題かもしれない．自社の価格設定力がよほど高いか，あるいは顧客がよほど価格に甘くない限り，会社全体の収益力が低迷するおそれがあるからである．したがって，全社的に，よりバランスの良いポートフォリオを構築するためには，一部製品のアーキテクチャのポジショニングを，たとえば「中インテグラル・外モジュラー」（横移動）あるいは「中モジュラー・外インテグラル」（縦移動）へと移行させることが望ましい．「中インテグラル・外インテグラル」の傾向が強い日本の建築業の場合も，この発想が必要になる．

(2) 中インテグラル・外モジュラー（右上）

このポジションは，「中インテグラル・外インテグラル」と同様，その製品自体の中アーキテクチャは「インテグラル（擦り合わせ）型」であるが，その製品を取り込む川下企業（買手）の製品やシステムはモジュラー型寄りである．モジュラー型の顧客はすでに設計済みの標準部品や共通部品を発注してくる傾向がある．したがって，中インテグラルである分の設計調整費用はかかるが，外モジュラーなので客先との営業調整費用や追加設計費用は節約できる可能性がある．

このポジションの製品は，買手である企業や消費者の利用システムあるいは製品・工程がモジュラー型であるため，標準化・汎用化・共通化した製品・部品・設備となりやすい．したがって，標準品として市場シェアをとり，量産効果や学習効果により競争相手に対するコスト優位を築き，結果として高いシェアを高い収益力に結びつけるのが，このポジションにおける「勝ちパターン」である．また，標準品は複数の顧客に転用可能なので，特定の顧客に買いたたかれるリスクが小さくなり，その点で，価格面でも有利である．

たとえば，インテルのCPU，シマノの自転車ギアコンポーネントなどは，「高性能によって業界標準をとり，高い市場シェアを高い収益率に結び付ける」という「中インテグラル・外モジュラー」ポジションにおける良い形を，長年，実現してきたと言えよう．また，インテグラル設計で高機能タイプの耐久消費財（超小型電子機器や高機能デジタルカメラ）も，多くの消費者に標準設計品として供給されることから，このポジションと解釈できる．

以上の2タイプは，多くの日本企業が得意とする「中インテグラル型製品」を開発・生産する企業がとりうる，二つのアーキテクチャ的ポジションである．同じ擦り合わせ製品でも，どのような顧客にどのように売って利益を確保する

か，すなわち，ビジネスモデルの違いで，アーキテクチャ戦略の勘所は違ってくるわけである。

これに対し，「モジュラー型アーキテクチャ」の内部構造（中アーキテクチャ）を持つ製品がとりうる基本型は，以下の二つである。

(3) 中モジュラー・外インテグラル（左下）

このポジションの場合，その製品自体の中アーキテクチャは「モジュラー（組み合わせ）型」であるが，その製品を取り込む川下企業の製品やシステムは「インテグラル（擦り合わせ）型」寄りである。たとえば，社内共通部品や業界標準部品を活用し，それらをうまく組み合わせて専用部品・専用設備・カスタム製品などをつくることで，ライバルに勝つコスト構造を実現し，なおかつ顧客の特殊なニーズにきめ細かく応えている，というケースがこれに当たる。中モジュラーなので設計調整費は節約できるが，外インテグラルなので営業調整費は相対的に高くなる。たとえば，セールスエンジニアによるきめ細かい直販営業が必要となるからである。

このポジションには，標準部品をうまく組み合わせ，カスタム化したサービスやソフトを加えて顧客の特殊要求に応える，いわゆる「ソリューション・ビジネス」が多い。とくに，他社流通網を介さずに，直営店を通じて顧客とダイレクトにつながり，商品知識を持ったセールスエンジニアが活躍し，彼らの高度な提案営業によって，コスト的に自社に有利でありながら顧客の特殊要求にも応えるカスタム商売（ソリューション・ビジネス）に持ち込むのが，「中モジュラー・外インテグラル」ポジションにおいて典型的な勝ちパターンである。いわゆる「マス・カスタマイゼーション」と呼ばれる手法もこれに近い。

たとえば，デルのパソコン直販のダイレクト・ビジネスモデルは，汎用部品を活用しつつ，顧客ごとに異なるニーズにカスタム化で応える，という意味で，「中モジュラー・外インテグラル」のソリューション・ビジネスだと解釈できる。

また，自動車というインテグラル型製品にカスタム設計部品を供給するデンソー社の電装部品や電子制御ユニット（ECU）の中には，デンソーから見た部品の共通化を進めて「中モジュラー」を実現しつつ，自動車企業のカスタム要求に応える「中モジュラー・外インテグラル」型の部品が少なくない（当該製品に標準部品・共通部品がどのぐらい入っていれば「中モジュラー」と判定できるかにもよるが）。とくに同社では，ソフトウェアを顧客に合わせカスタム化しつつ，

量産効果の大きいハードウェア部品はできるだけ標準化し，そのソフト・ハードを組み合わせて全体をカスタム化する事例が目立つ。

自社の標準型センサー（それ自体は中インテグラル・外モジュラー型）をうまく組み合わせて，工場現場などにカスタム設計の「センシング・ソリューション」を構築・提供するキーエンス社，あるいは，自社の業務用空調機を建築物や客先のビジネスに対して最適配置するダイキン社の「エアコンディショニング・ソリューション」なども，このタイプの位置取りと言えよう。

(4) 中モジュラー・外モジュラー（右下）

最後に残ったこのポジションは，その製品自体（中アーキテクチャ）も，売り先の利用システムや製品・工程（外アーキテクチャ）も，ともにモジュラー型のケースである。この場合，一方では設計合理化によって共通部品・標準部品を活用しながら，他方で完成品を川下のモジュラー・システム向けの標準品として販売し，二重に量産効果を得る。当然，設計調整費用も販売調整費用も節約できる。つまりこのタイプでは，徹底して量産によるコスト競争力がポイントになる。

このポジションは，大胆な投資や量産効果の追求や，徹底した標準化の推進など，いわば力技の勝負になりやすく，きめ細かい技で勝負するタイプの日本企業にとっては，やや苦手なタイプであることが多い。むしろ，本社の戦略構想力が高い米国企業，資金や意思決定の集中力が高い韓国企業，優良な低賃金労働力の動員力に長ける中国企業などが，このポジションで高い業績を発揮する傾向がこれまではあった。

日本企業は，製品の標準化により，結果的にこのポジションに入ってしまう場合がある。たとえば，「中インテグラル・外モジュラー」（図7-1右上）のポジションで有利な事業を展開していたアナログ家電の事業が，製品のデジタル化による設計標準化によって「中モジュラー・外モジュラー」（図7-1右下）へ下方移動し競争力を失うケースは，とくに1990年代以降，製品ライフサイクルの短いエレクトロニクス産業では目立った。

このような「中モジュラー・外モジュラー」のポジションでは，日本産業の多くは苦戦するが，なかには，粘り強く事業を続けた結果，他社が先に脱落し，いわゆる「残存者利益」を得ることもある。かつてのオーディオ・カセットテープなどはその一例であろう。また，低賃金国や大量消費国に生産現場や開発現場を移転し，そこで事業として生き残る方策もある。

以上の4つが，アーキテクチャ戦略の基本ポジションである．むろん自社現有の組織能力と市場構造を前提としたより良い「位置取り」をその都度選択することが基本だが，さらに一歩進んで，そうした技術体系（とりわけアーキテクチャ）や市場構造そのものを改変し，自社に有利なアーキテクチャ的状況を創出する能動的な位置取り戦略も，長期的には考えていく必要がある．つまり自社製品のアーキテクチャは，短期的には市場に合わせて選択するものだが，長期的には市場に提案していくものであるかもしれない．

1.3 アーキテクチャのポートフォリオ（合わせ技）戦略

次に，自社製品の「アーキテクチャ位置取り戦略」を製品領域間あるいは製品階層間で連動させ，全体としての利益を得る「合わせ技」について言及しておこう．

現代の企業は多くの場合，複数の製品や事業を持っており，ときに，それらを束ねた全体のポートフォリオが，企業全体の競争力や収益性に影響を与えることもある．かりに，あるアーキテクチャのポジションがほかより儲かることがわかっており，さらに自社がそのポジションを占める条件が揃っていたとしても，長期的に見れば，かならずしもこのポジションのみに集中特化することがベストであるとは限らない．ビジネス間の技術移転・知識移転などの効果が予想される場合，あえて複数のポジションの間のバランスを考える「アーキテクチャのポートフォリオ戦略」も考慮する必要がある．すなわち，自社製品群の，アーキテクチャ的なポジションの「組み合わせの妙」を考えるのである．

たとえばシマノは，多段式のギアコンポーネントで業界標準を獲得し「自転車のインテル」のような「中インテグラル・外モジュラー」の位置取りを実現した．ところが，そのシマノは，かつて，冷間鍛造の自動車部品も少しだけ生産していた．シマノの自動車部品ビジネスは「中インテグラル・外インテグラル」型であり，実際，あまり儲かっていなかったと言う．しかし，同社によれば，厳しい自動車企業の技術的・管理的要求についていくことで，冷間鍛造の生産技術力や管理力が鍛えられる．そこで鍛えた技術が自転車部品などに転用され，そうした主力ビジネスの競争優位を支える．だから，あえて利益の薄い自動車部品ビジネスにも，少しだけ参入していたのだと言う．つまり，「中インテグラル・外インテグラル」と「中インテグラル・外モジュラー」の間で「アーキテクチャのポートフォリオ」が成立し，前者から後者へ，技術知識の

フローが見られたのである。

　また，前述のキーエンスなどの場合，個々のセンサーの層では顧客要求に応じてカスタム設計することはなく，あくまでも高機能な標準部品化を開発するのだが，上位階層である「ソリューション」層においては客先の工程の特殊要求を先取りして徹底的にカスタム化するため，結果として前者は「中インテグラル・外モジュラー」，後者は「中モジュラー・外インテグラル」となる。優良ものづくり企業の中には，このように階層別にアーキテクチャの位置取りを巧みに変えるケースが見られる。

　以上が「アーキテクチャの位置取り戦略」の基本ロジックである。これは，現場の組織能力と現物のアーキテクチャを発想の起点とする「現場現物の戦略論」であり，トップダウン発想の強い欧米の経営戦略論とは思考法の異なる，日本発の経営論である（藤本 2003, 2004; 藤本ほか 2007）。それでは，こうしたアーキテクチャ戦略分析を，大型人工物である建築物，とくに日本の建築業に応用した場合，どのような知見が得られるだろうか。本章ではここから，いくつかのタイプの建築物（ビルディングタイプ）について，その考察を試みることにする。

2　日本の建築物とアーキテクチャの位置取り

2.1　利用システムの機能要求・意匠要求・制約条件と外アーキテクチャ

　建築の「外アーキテクチャ」は，建築物を一つのコンポーネントとする，消費者の「住生活システム」，あるいは企業の「ビジネス・システム」が，どのぐらいインテグラル寄り，あるいはモジュラー寄りであるかに関係する。建築物の購入者・利用者がかかわる住生活やビジネスの機能要求が高度かつ精密であるほど，また，建築物を取り巻く環境の制約条件が厳しいほど，外アーキテクチャはインテグラル寄りになりやすい。

　第一に，建築物は，敷地と一体となって初めて住生活やビジネスの手段として機能するため，敷地や地形という「外からの要求」との相互作用により「外インテグラル」に振れる傾向がある。たとえば，建築物を土地に固定する基礎は，建築物の重量や，高さと接地面積の比であるアスペクト比，地下階の階数や平面的な大きさ，地中における支持層と呼ばれる硬い地層の分布状態などの組み合わせに応じて設計し，構築方法を検討する。また，非成型な敷地いっぱ

いに建築物を構築する場合や公開空地を設ける場合は，そうでない場合と比較して空間の取り方や利用者のアプローチのさせ方などに工夫が必要である。

このように，建築物というコンポーネントと，敷地というコンポーネントの相互作用は緊密であるので，その間のインターフェイスの標準化がなかなかできない。つまり，敷地の非均一性と狭隘性という，敷地の制約条件が厳しいために，日本の建築物は外インテグラルな人工物となりやすかった。とくに，世界でもまれな，起伏のある巨大都市東京では，この傾向が強かったのではないだろうか。その反対に，造成と区画が行われた分譲地への住宅や工場の建築では，このインターフェイスの標準化がやりやすいと言える。

第二に，外インテグラルの傾向は，建築物の利用システムであるビジネスの機能要求の高さや精密さに起因する場合もある。たとえば，最新の液晶パネル工場のように，巨大な生産設備の最適配置が生産や物流の効率の点で不可欠な建築物の場合，液晶パネルの高生産性・高品質・高速生産というビジネス上の機能要求に対応して，建築物は特殊設計される傾向が高くなる。つまり，歩留まり向上という，利用者の合目的的な機能要求により，当該建築物は，外インテグラルとなりやすい。

ただ，ショッピングモールや賃貸オフィスのように，その機能の利用者と構造物の所有者が同一でない場合も多い。このような建築物では，誰のビジネスにとっての機能要求が高度化するのかを，慎重に考える必要がある。たとえば，当該建築物の機能利用者の要求が高度化していても，その情報が構造購入者に伝わらなければ，外アーキテクチャのインテグラル化は望まれないかもしれない。

第三に，建築物自体は，自動車やファッションと同様に，公共空間で消費されるという側面を持つ。したがって，ある事業を遂行するための建築物そのものに，その事業を象徴する広告塔としての役割を持たせるとすれば，その建築物にはユニークな意匠の外観や内装が要求されることになろう。いわば記号としての性質が，当該建築物と他の建築物との差異化を要求する。また，建築物はアートでもある。大多数の設計者は，デザイナーとアーティストの2つの性格を兼ね備えており，自己主張の欲求が少なからずある。つまり，建築物の意匠に特徴を持たせようとする差異化は，発注者の「要求」と，設計者の「欲求」が渾然一体となって誘引される。こうした論理は，個人の住宅の場合にも，ある程度成立する。住宅のユニークさは，ある種の個人や家庭にとって顕示的

消費の一形態であるとともに，設計者（あるいは建築家，住宅作家と呼んでもよい）が自己主張を表現した作品でもある．この傾向が強いほど，建築物はインテグラルな方向に振れやすい．

ただし，コンビニエンスストアなどチェーン店のように，看板と建築物を一体化する要求が強いほど，設計者の欲求は抑えつけられる．この場合，建築物の標準化が行われ，建築物の外アーキテクチャはモジュラーである．反対に，機能要件や制約条件がさほど厳しくない場合にも，その構造物は外モジュラー化しやすい．たとえば，旧住都公団の集合住宅建築は，日照・眺望確保などの要請から，敷地に対する建築物面積の比率である建蔽率を低く保つ傾向がある．この場合，かりに敷地形状が特異でも，建築物の形状はそれから建築物の形状はそれと切り離して計画することができるので，経済的な側面から建築物の外モジュラー化が進む．

2.2 建築物自体の機能要求・意匠要求・制約条件と中アーキテクチャ

次に，「中アーキテクチャ」を考える．中アーキテクチャがインテグラル寄りかモジュラー寄りかは，建築物そのものへの機能要求や制約条件に左右される．一般には，外アーキテクチャがインテグラルなら中アーキテクチャもインテグラル，反対に，外アーキテクチャがモジュラーなら中アーキテクチャもモジュラーになりやすいという，アーキテクチャの連関効果が見られる．これは，サイモン的な意味での複雑な階層システムにおいて，上位階層（住生活やビジネス）の機能要求や制約条件は，下位階層（建築物）の機能要求や制約条件に波及する，ということを意味する．しかし，いつでもそうとは限らない．中モジュラー・外インテグラルな建築物や中インテグラル・外モジュラーな建築物も存在する．

まず，建築物への機能要求が厳しい場合，当該建築物は，他の条件が一定でも，インテグラル化しやすい．ここで，建築物の機能とは，建築学的な意味での機能（たとえば構造に引き寄せた柱機能，床機能，壁機能，梁機能，天井機能，窓機能など）ではなく，顧客の留保価格（reservation price，許容価格とも言う）に影響を与える製品機能である．したがってそれは，上位システムである顧客のビジネスや住生活次第だが，一般には，安全，防犯，採光・眺望，空調・断熱，耐久，外観意匠，内装，情報通信，生活支援，等々であり，消費者が評価する住宅の場合，人間の認知能力の限界から言って，おそらく十指に満たない数だ

ろう。

　住宅やビルディングの構造要素の数を、この基本機能要素の数になるべく合わせるのが、公理系設計論やアーキテクチャ論の基本的な手続きである。かりに、機能が6つなら、構造要素（建築物の部位）は、できるだけ機能完結的な6つの要素に分割する。たとえば、構造体、隔壁・床、基礎、屋根、開口部、設備、等々か。つまり、最もモジュラー的な階層でモジュラー的に分割されたモジュール間の相互依存性の高低で、中アーキテクチャのインテグラル度を評価するのである。

　こうして見ると、ハイテク工場や住宅リフォームのように、建築物に対する機能要求が高度化・顕在化している場合、その建築物は、中アーキテクチャがインテグラル化しやすい。ここでは、機能に見合った価格設定力を建築業者が持てるかどうかが、収益性のカギを握る。

　顧客のカスタム要求は存在するが、その水準が極端に高くない、たとえば、小規模なオフィスビルや、ハウスメーカーの自由設計住宅の場合、高度な機能要求や制約条件が存在しなければ、ある程度、建築物自体のモジュラー化は可能だろう。つまり、「中モジュラー・外インテグラル」とし、顧客のカスタム要求と、資材設計の標準化・量産化の差額を自らの収益にできる可能性が出てくる。しかし、顧客がカスタム設計に対して、より高い価値を見出せない場合、このビジネスモデルは十分に機能しない。

　高機能型の空調、水まわり、エレベータなどの設備、あるいは外装材や構造体などは内部がインテグラル化しやすい。しかし、これらの機器や建材の外アーキテクチャは、建築物とのインターフェイスの標準化が進んでいる。たとえば空調機器、浴室・トイレ、エレベータなどは、設置に必要なスペースの最小寸法がカタログ等に示されている。つまり、建築業から見れば、モジュラー型となっている。このような設備機器では、高機能品で高シェアを獲得した企業が高い利益率を得る可能性がある。

　高機能タイプの建物における中アーキテクチャの全体的な傾向は以上のとおりだが、その細部においては、部位や階層ごとに、モジュラーな部分とインテグラルな部分が細かく入り組んだ構成となっている。すなわち、一方では業界標準的なオープン部品を活用しつつも、他方では必要に応じてそれを改造し、あるいは標準部品（不変部分）の課す設計制約を軀体（可変部分）に柔軟に吸収させることで、カスタム化とコスト低減をある程度両立させてきた。

その結果，建築物は多くの場合，「オープン部品を多用するインテグラル設計」とでも言うべき特徴を持っている。自動車のような多品種大量生産の製品の場合は，社内共通部品でも十分にコスト低減が可能なので，日本では新規モデルの構成部品の2〜4割が社内共通部品，6〜8割が製品特殊部品（モデル専用部品）であり，オープン部品の比率は小さい。これに対して，多品種一品生産的である大型建築物の場合は，オープン部品（設備など）と建物専用部品（軀体など）の組み合わせという色彩が強く，この点では自動車とは異なるアーキテクチャ特性を持つ。

より具体的に言うなら，建物の設計者は，ユニット化されたオープン部品を使用する場合でも，たいていは当該部品の内部における可変部分を知っており，建物全体の設計に合わせてそのパラメータを調整する。あるいは，オープン部品の標準規格に合わせて構造体の形状をカスタム設計する場合もある。

既製のオープン部品の特注化はコストアップを伴うが，軀体や間仕切りの形状は作り手が自由に決められるため，現場ではアルミサッシやユニットバスなどの既製品に合わせ，軀体の位置を調整したり，段差を設けたりする。このように構造体をノンシステム（カスタム設計の部分）としておくことで，オープンな規格部品を多用しつつ建物全体の統合性を確保することができる。ただし，このような納まり上の擦り合わせが多いほど，最終顧客の利益に直接関係しない部分で，生産設計や施工のコストが余計にかかる点は要注意である。

他方，販売から施工まで垂直統合のビジネスで供給される戸建住宅やマンションでは，各戸の設計規格をある程度標準化し，また，敷地と建築物のディカップリング等により，建築構造の設計標準化（外モジュラー化）と，住戸構造の設計標準化（中モジュラー化），つまり「中モジュラー・外モジュラー」化を同時に進めることにより，設計・施工コストの低減が可能である。

以上のように，建築物の中アーキテクチャは，その建物に対する機能要求や制約条件によって，ある場合はインテグラル化，他の場合はモジュラー化の全体傾向（マクロ・アーキテクチャ）を示す。一方，その細部（ミクロ・アーキテクチャ）は，オープン部品とカスタム部品の複雑な混成体となっている。

3 建築物のアーキテクチャ位置取り戦略の諸類型

以上のような，建築物の外アーキテクチャおよび中アーキテクチャの分析に

より，建築においても「アーキテクチャの位置取り分析」が可能かつ有効ではないかとの見通しが得られた。そこで本章では以下において，いくつかのタイプの建築物に関して，図7-1の四つの基本戦略を念頭に置きつつ，アーキテクチャ戦略の分析を試みることにする。

まず，すでに説明した四つの基本ポジショニングを建築物のケースに応用し，その一般的な特徴について，以下のような見通しを立てておこう。

(1) 建築物の中インテグラル・外インテグラル戦略

従来型のビジネスモデルを継承しつつ，供給者の価格設定力を高める。そのためには，資産価値の顕現化が必要である。現在の建築物は実費の積み上げがベースとなっている。つまり自動車産業のように「プライス－原価＝利益」ではなく，「原価＋利益＝プライス」が建築業のコスト構造である。このポジションでは，将来の資産価値を現在価格に反映させる仕組みが必要である。つまり高度な擦り合わせによる設計や品質，たとえば，周辺地域との調和やライフサイクルコストなどが価値として評価されなければ，ダンピングも談合も続き，安定した収益は確保できないのではないか。

(2) 建築物の中インテグラル・外モジュラー戦略

設備や建築技術などの高度化を続ける一方，外アーキテクチャに対するインターフェイスの簡素化を図る。シェア1位をとり，学習効果によるコストダウンと，インテグラル設計の高価格指向により，顧客満足度を高位に保ちつつ，高収益を確保する。高機能な設備類やエンジニアリング能力はこのポジションで強みを発揮できる。ダイキンの省エネ技術，TOTOのデザイン性と機能性が高いサニタリー，外装に構造面や設備面で機能を持たせるファサードエンジニアリングのアラップなど，グローバルでシェアの高い企業が多く活躍しているポジションである。

(3) 建築物の中モジュラー・外インテグラル戦略

なるべく納まりや施工の標準化，保有・既存技術の組み合わせを徹底し，なおかつ，建築物全体はカスタマイズする。構造的には構造体（スケルトン）と内装や設備（インフィル）を分離する考え方が前提となる。企業向けなら，ソリューション・ビジネスの一環として建築をとらえる。住宅では基本性能と設計の自由度が高い製品の展開である。いずれにしても，内部プロセスの整流化とインターフェイス・ルールの社内標準化に知恵を出して利益を得るポジションである。

(4) 建築物の中モジュラー・外モジュラー戦略

まず，敷地の特性から切り離すことにより，地上部分の外アーキテクチャのモジュラー化を考える。具体的には免震技術を活用することになろうか。一方で，市場流通している建築部品を最大限に活用することで，中モジュラーの度合いを高める。企業向け，個人向けのどちらにおいても，機能的に魅力のある事業・住環境を構築できるプラットフォームを提供する企業がアーキテクトとなる。このポジションでは，ユーザーによるカスタマイズなど新しい建築のあり方を提示できる可能性がある。

4 人工物の階層構造と中外アーキテクチャの分析

分析の枠組みに関してはすでに述べたので繰り返さないが，ここでは，図7-1 で示したような 2×2 のシンプルなマトリックスを用いて，各種の建築物における中アーキテクチャ・外アーキテクチャの位置取り戦略およびその動態を分析する。またその前提として，建築物の利用システム，建築物自体，その部品などからなる，人工物の階層構造を仮定することにする。

一品生産の現地施工という特徴を持つ建築物も，製造業の製品と同様に，一つの人工物である。したがって，建築物の設計構想すなわちアーキテクチャを戦略的に分析し，進むべき位置取り戦略（ポジション）を明確化し，また，そのポジションで行うべき施策，目指すべき目標，全体として必要な建築のアーキテクチャ・ポートフォリオなどを分析することが可能である。

あるいは自社が得意としている分野におけるアーキテクチャがどのような方向で変化してきたのか，現在どのポジションにあるのか，これからどの方向に向かうと予想されるのかを客観的に見つめ直し，技術開発戦略や業務改善，採用計画，海外展開に活かしていくことができるのではないだろうか。実際に，後に詳しく述べるが，建築物の中アーキテクチャは，外アーキテクチャの影響を受けてモジュラー寄りにもインテグラル寄りにも振れている。

このように，建築におけるアーキテクチャの位置取り戦略は，他の製品同様，その製品のアーキテクチャ，および利用システムのアーキテクチャが，収益にどう結びつくかを，予想し分析するうえで，有効なツールと言えよう。

人工物としての建築は，多くの材料や部品，他産業の最終製品が体よく組み合わされてでき上がっている。そして本書第 6 章で指摘されたように，材料／

部品／製品と軀体との取り合いであるインターフェイスの工夫に，設計や施工といった「建築ものづくり」の生産性を左右するカギがある。ここでは，もう少し視点の高度を上げて，設計から施工にかけた「建築ものづくり」を担う企業のビジネスに光を当ててアーキテクチャの位置取り戦略を考えたい。

発注者の事業システムにおける建築物の位置づけを認識するための枠組みとして，図7-2に階層構造の基本形を示す。

第1層が発注者のシステムとすれば，発注者の事業あるいは生活を営むシステム（S）の構成要素群は $\{s_1, s_2\}$ である。この第2層は，建築物（s_1）が他の構成要素（s_2）とどのような分割・結合関係にあるのかという様相を表しており，建築物（s_1）の「外アーキテクチャ」である。建築業の活動は，発注者の要求に対して最適な設計や技術を提供する受け身の側面が強い。このことから第2層のアーキテクチャを決定づける因子の多くは発注者からもたらされると仮定できる。ここで注意しなければならないのは第1層，つまり発注者が建築物を利用する目的が多様ということである。たとえば，オフィスビルという建築用途でも，賃貸オフィスと自社ビルでは発注者の利用目的が異なっている。集合住宅も同様に，マンションは販売目的，アパートは賃貸目的である。このような場合，同じビルディング・タイプでも，建築物から得られる発注者の利益構造は異なっている。

第3層は，建築物（s_1）に求められる機能を具現化する構造／部位 $\{s_{11}, s_{12}, s_{13}\}$ の分割・結合関係を表す。つまり建築物の「中アーキテクチャ」である。この階層は建築物をどのような部分で構成するか，どのような製品や技術を組み合わせるか，それらをどのような業務範囲と責任範囲で専門工事会社に外注するかなど，建築ものづくりを請け負う側の企業に多くの裁量がある。この建築物の中アーキテクチャは基本設計で方向づけられる。

さらに，個々の構造／部位の構成要素（資材／部品）の相互関係を表す第4層 $\{s_{111}, s_{112}\}$，$\{s_{121}, s_{122}\}$，$\{s_{131}, s_{132}\}$ がある。日本の建築物が一般的に，この階層のアーキテクチャがインテグラル寄りであることは第6章に詳しい。これらの相互関係を調整して設計する行為は実施設計や生産設計と呼ばれており，日本のゼネコンはこの能力が概して高いとされる。

以降は，前半で，戸建住宅，マンション，ハイテク分野の製造業施設，賃貸オフィス，医療施設の5例を取り上げて建築物のアーキテクチャの位置取りについてやや分析的に検討する。後半では，建築ものづくり企業が積極的にアー

図7-2 建築物のアーキテクチャの垂直配置

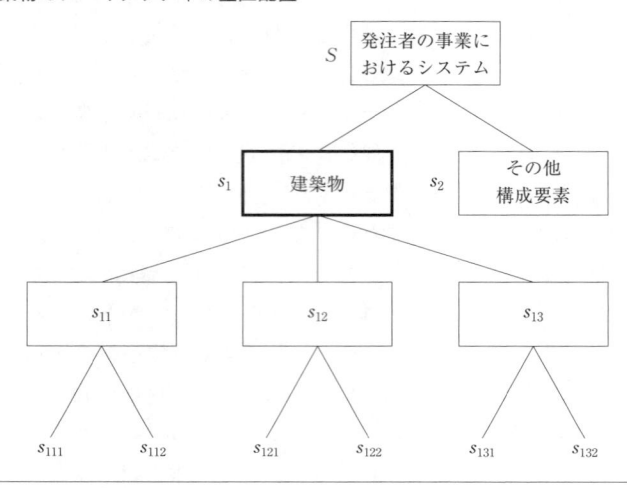

キテクチャの位置取り戦略を模索できる分野として，リフォーム&リニューアル（R&R）市場と海外市場を取り上げる。

5 住宅分野の分析

5.1 戸建住宅

戸建住宅は，供給方法の違いで3分類できる。一つめは，建築家や地域の工務店が担う注文住宅で，発注者であるユーザーの要望を余すことなく具現化しようとするタイプである。二つめは，ハウスメーカーや住宅フランチャイズ（FC）が提供する，自由設計と呼ばれる方式で，程度の差があるものの，基本的にはマス・カスタマイゼーションが本質である。三つめは，パワービルダーと呼ばれる住宅分譲会社が，大量に建設した規格型住宅をリーズナブルな価格で販売する分譲建売り住宅である。

建築家や地域工務店以外の企業が住宅市場で頭角を現し始めるのは，ハウスメーカーが1970年前後，住宅FCが1990年前後，パワービルダーが2000年前後である。近年は，高価格帯・自由設計住宅でハウスメーカー，低価格帯・規格型住宅でパワービルダーに勢いがある。このように戸建住宅市場では，ユーザーの機能要求に応じた供給者の棲み分けが進んできた。ここでは，供給者

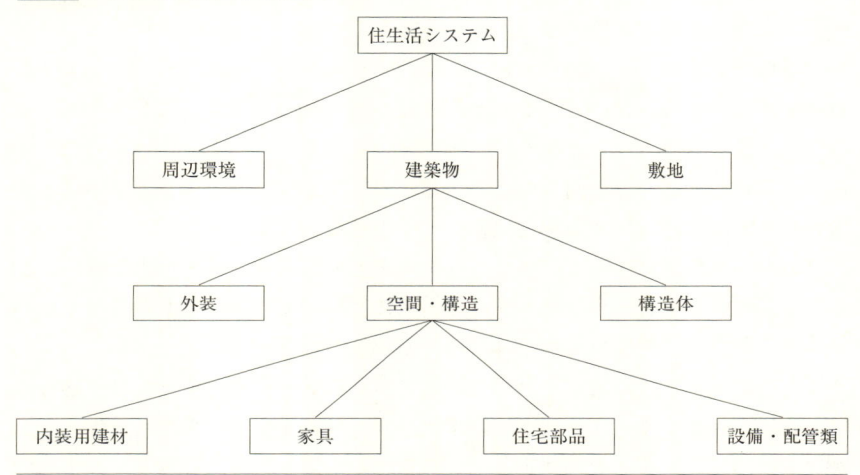

図7-3 戸建住宅建設事業の階層図

```
                          住生活システム
              ┌───────────────┼───────────────┐
          周辺環境          建築物           敷地
                     ┌───────┼───────┐
                    外装   空間・構造   構造体
              ┌───────┼────────┼────────┐
          内装用建材   家具    住宅部品   設備・配管類
```

の事業システムに注目して,アーキテクチャの位置取り戦略を検討する。

戸建住宅のアーキテクチャ

戸建住宅のアーキテクチャを図7-3に示す。戸建住宅は,発注者が個人ユーザーであるので,第1層はユーザーの住生活システムである。住生活システムにおいて戸建住宅は,建築物のほか,景観や近隣施設などの周辺環境,住宅を建設する敷地で構成される。これらを第2層とし,その中で建築物に注目すれば,第3層は,外装,空間・構造,柱や梁などの構造体で構成される。さらに空間・構造は,ドアやフローリングといった内装用建材,市販あるいは造り付けの家具,ユニットバスなどの住宅部品,電気配線や排水管などの設備・配管類で構成されている。このようなアーキテクチャの垂直配置において,建築物を中心とした,外アーキテクチャ,中アーキテクチャを検討する。

(1) 外アーキテクチャ

戸建住宅のユーザーは,自らのライフスタイルに合わせて供給者を選択することになる。たとえば,建築家や工務店に注文住宅を依頼するユーザーは,「窓から海が見える家に住みたい」「狭くてもいいから駅から徒歩5分の戸建て住宅が欲しい」「四季折々の自然の変化を感じながら生活したい」といったこだわりのある要求を持つとしよう。この場合,ユーザーは,周辺環境と建築物,敷地を一体的に考えていると類推される。

それに対してハウスメーカーや住宅FCの注文住宅を選択するユーザーは，区画の広さや近隣の雰囲気を問題とするかもしれない。日常生活が極端に不便な分譲地があるとは考えづらいので，このようなユーザーは，角地にしようか，敷地面積と予算の関係はどうか，そこに安心して住める素敵な家を建ててくれる信頼できるメーカーはどこか，吹抜けをつくろうかやめようかといった，選択の組み合わせに関心が向きやすい。したがって，外アーキテクチャの構成要素相互の密接さは，先の事例と比較してやや希薄となる。

分譲建売り住宅になると，外アーキテクチャの組み合わせの自由度は，ほとんどないと言ってよい。ユーザーには，兎にも角にも戸建住宅を取得したいという強く明快な目的がある。それに応える企業がパワービルダーである。

以上の推測から，戸建住宅という建築物の「外アーキテクチャ」は，建築家や工務店が供給する注文住宅がインテグラル，住宅FCやハウスメーカーが手がける自由設計がインテグラルとモジュラーの中間，パワービルダーによる分譲建売りがモジュラーと分類できる。

(2) 中アーキテクチャ

戸建住宅の建築物を構成するコンポーネントは，外装，空間・構造，構造体，である。また，空間・構造を構成する第3層も時代とともに変化している。

住宅部品は，1960年前後から70年代にかけて，アルミサッシ，ユニットバス，システムキッチン，洗面化粧台，セントラル給湯器など，住宅の部分や空間，機能を切り出した工業化，すなわちモジュール化が進んできた。また，従来現場で接合部を加工していた軸組みも，CADの普及と歩を合わせるように完成度を上げてきたプレカット技術により，近年そのほとんどを工場で加工するようになっている。筆者の一人が聞いた話では，戸建住宅専用の構造設計ソフトから出力したCADデータをプレカット工場に送信すれば，工場側でNCデータに変換して木材を加工してくれるということであった。つまりプレカット工場と住宅供給企業との情報流通のインターフェイスは標準化されている。

このように，戸建住宅のアーキテクチャがモジュール化する流れの中で，その供給者，中でもハウスメーカーには，生産システムに関する戦略的な選択を迫られた時期がある。

赤崎と高田によれば，1980年代までのハウスメーカーは，自由設計住宅を主力とするメーカーと企画住宅を主力とするメーカーに勢力が二分されていた（赤崎・高田 2008, 2009）。前者は，市販あるいは社内共通の汎用部材による構

造やディテールの社内標準を充実させ，それらの組み合わせで多様な住空間を提供できるようになっていた．たとえば，外部の工場で加工した小型の汎用部材を組み合わせて，多様な外観を実現できる[2]．それに対して後者は，企画した商品イメージに合わせたオリジナルの住宅設備，内装部材，外装部材を逐次開発し，それらを自社工場でアセンブリーした大型ユニットを現場で組み上げる方式であった[3]．

両者ともいまで言うモジュール設計に相違ないが，そのモジュールがオープン部品かクローズド部品かというところに違いがある．これは，1980年代以前の住宅部品市場が未成熟な段階での市場調達か内製かという，取引コスト的な視点におけるアーキテクチャ選択の違いである．この場合，住宅部品市場が拡充するに従って，市場調達がコストの面で比較優位となる．近年では消費者が要望する自由設計の程度に応じて軽量鉄骨，重量鉄骨，木造と構造体のラインナップを消費者が選択できるハウスメーカーもある[4]．加えて，免震装置の組み込みオプションが用意されているなど，ハウスメーカーが供給する戸建住宅の建築物の「中アーキテクチャ」はモジュラー型である．

設計標準

設計標準については，西郷の研究が詳しい．西郷による表7-1は，中小工務店，住宅FC（ノウハウ系／構法・設備系），パワービルダーにおける生産プロセスの構造を比較したものである．西郷は，いくつかのプロセスから構成される製品製造を効率よく実施するために，標準化を徹底し，「擦り合わせ型」から「組み合わせ型」へと転換することに注力したのがハウスメーカーととらえている（西郷 2012）．

中小工務店は，商品企画や商品設計，あるいは構造やディテールの社内標準を整備する組織能力が弱いため，販売，設計，発注，施工といった一連のプロセスを擦り合わせ的にこなしていく．むしろ，ユーザーの要望に合わせた個別

---

[2] この代表的企業である積水ハウスは，1983年に「構造およびディテールが誰にでも理解しやすい形に標準化」を行い，その結果「1棟あたりの部材は点数，品種とも20％以上が削減されることとなり，施工の簡略化にもつながった」と当時を振り返っている（赤崎・髙田 2009）．

[3] 企業によっては雨戸，出窓などの付属品も一体化されており，なかにはキッチン設備を組み込んだ外壁パネルも存在する．また，室内部材や屋外部材においてもその商品イメージに適合したオリジナルの住宅設備，インテリア部材，エクステリア部材であり，社内的にもその商品専用の部材であるケースが多い．さらに，流通においても部材がパック化され，一部の部材を除いて単品での取引を行えない仕組みになっている（赤崎・髙田 2008）．

[4] 積水ハウスHP（http://www.sekisuihouse.com/index.html）．

表7-1 住宅事業者の事業形態とマニュファクチャリング・プロセス

	事業者タイプ	中小工務店(埼玉県)	住宅FC A社(ノウハウ系)	住宅FC B社(構法・設備系)	パワービルダー
概要	商品特徴	自由設計	低価格・高品質	高気密・高断熱	規格型分譲住宅
	年間販売棟数	10棟未満	1,000棟以上	1,000棟以上	1,000棟以上
販売施工	構造計画	自由設計	特定部分指定あり	特定部分指定あり	標準プラン(一部変更可能)
	平面計画	自由設計	対応範囲内で自由設計	自由設計	標準プラン(一部変更可能)
	住宅設備	自由設計	特定部分指定あり	特定部分指定あり	標準仕様(一部変更可能)
	インテリア	自由設計	自由設計	自由設計	パッケージ化,メーカー交渉
	流通	単品対応	特定部分指定あり	特定部分指定あり(BTO対応)	固定
	販売価格部材積算	仕様決定後積算提示 仕様決定後見積入手	仕様決定後積算提示 特定部分のみ指定価格、他は仕様決定後見積り入手	仕様決定後積算提示 特定部分のみ指定価格、他は仕様決定後見積り入手	事前積算(金額固定) 事前積算(金額固定)
部材設計生産	軀体	在来軸組プレカット,木材指定無し	特定構法(軸組金物工法),木材指定あり	特定構法(軸組パネル工法),木材指定あり	特定構法(在来軸組プレカット+パネル工法),木材指定無し
	部材接合	自由	特定(軸組金物工法)	特定(軸組金物工法)	特定
	サッシ	自由	特定指定品(市販品)	特定指定品(市販品)	特定指定品(市販品)
	住宅設備	市販品	特定指定品(市販品)	特定指定品(市販品)	特定指定品(市販品)
	建材(内外装仕上げ)	市販品	特定指定品(市販品)	指定無し	特定指定品(市販品)
	部材の生産	無し	特定部材につきメーカーと供給量協議	特定部品についてBTO供給	部材メーカーに供給量協議
	部材の生産設備	無し	無し	特定部品のみ量産設備保有	無し
業務形態	商品企画	無し	擦り合せ型業務(本部)	特定部分のみ擦り合せ型業務,全体は無し(本部)	擦り合せ型業務
	商品設計	無し	無し(本部)	特定部分のみ擦り合せ型業務,全体は無し(本部)	擦り合せ型業務
	販売	擦り合せ型業務	擦り合せ型業務(加盟店)	擦り合せ型業務(加盟店)	組合せ型業務
	設計	擦り合せ型業務	擦り合せ型業務(加盟店)	擦り合せ型業務(加盟店)	組合せ型業務
	発注	擦り合せ型業務	特定部分組合せ型+その他部分擦り合せ型業務(加盟店)	特定部分組合せ型+その他部分擦り合せ型業務(加盟店)	組合せ型業務
	施工	擦り合せ型業務	擦り合せ型業務(加盟店)	擦り合せ型業務(加盟店)	組合せ型業務

(出所) 西郷(2012)より転載。

5 住宅分野の分析

図 7-4 戸建住宅建設事業のポジショニング

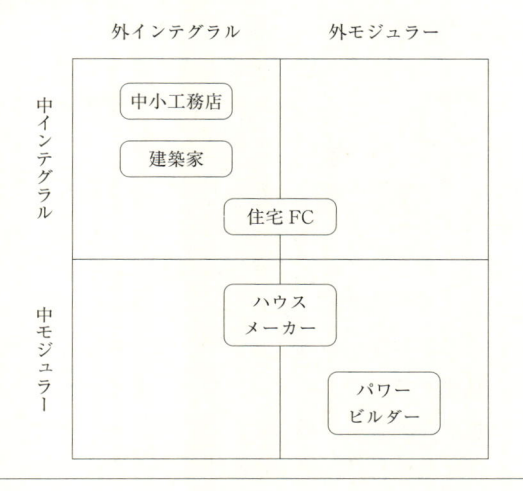

```
                  外インテグラル      外モジュラー
           ┌─────────────────┬─────────────────┐
    中     │   ┌─────────┐   │                 │
    イ     │   │中小工務店│   │                 │
    ン     │   └─────────┘   │                 │
    テ     │   ┌─────────┐   │                 │
    グ     │   │ 建築家  │   │                 │
    ラ     │   └─────────┘   │                 │
    ル     │   ┌─────────┐   │                 │
           │   │ 住宅FC  │   │                 │
           ├───┴─────────┴───┼─────────────────┤
    中     │   ┌─────────┐   │                 │
    モ     │   │ ハウス  │   │                 │
    ジ     │   │ メーカー│   │                 │
    ュ     │   └─────────┘   │ ┌─────────┐     │
    ラ     │                 │ │ パワー  │     │
    ー     │                 │ │ ビルダー│     │
           │                 │ └─────────┘     │
           └─────────────────┴─────────────────┘
```

設計を提供するためのコーディネーション能力が高いと言える。住宅 FC の多くは，商品企画，商品設計，社内標準整備などの上流プロセスを FC 本社で行うが，実務部分の業務をフランチャイジーである中小工務店に任せるため，その部分のプロセスはやはり擦り合わせ型となる。

　これらに対してパワービルダーは，中小工務店を専属的な施工チームとする垂直統合の施工体制である。この体制では，施工を担う中小工務店に意思決定の裁量がほとんどない。パワービルダーの中で近年成長に勢いのあるアーネストワンを育てた西河によれば，「市場で一番要求の高いであろう部分を，生活を楽にするために購入する規格住宅として特定の形として確定し造り上げる。その規格住宅を，大量生産可能にすることにより高品質低価格を実現し，市場に出す。市場との接点で，さらに顧客の要求を組み入れ，次の規格住宅としてさらに進化させる。この手法で，顧客が満足する商品群をつくり上げ，一般的な注文住宅の請負価格と比較してコストパフォーマンス向上が叶う」と自社の強みを分析している（西河 2009）。このことは本社の擦り合わせ能力で，商品企画とモジュラー型の建築物をつくり込んでいると解釈できる。

　アーキテクチャのポジショニング
　以上から，戸建住宅の「中アーキテクチャ」の比較は，設計標準に注目すべきと言えよう。マジョリティの消費者は，隠れて見えない部分や一般的な納ま

りに興味を持つわけではない。メーカーの信頼性やこれからの暮らしに対するイメージで戸建住宅を評価する。したがって，空間構成への注文や手ごろなコストという目的が達成されるならば，十分な満足を得ることができる。このような市場では中モジュラーなアーキテクチャの住宅が比較優位である。

　ハウスメーカーや住宅FCが位置している中間帯のポジションでは，国内需要が減少に向かう中で，事業の多角化が進行している。またハウスメーカーによる買収あるいはハウスメーカーに対する買収など，多様な企業間連携が見られるようになってきた。ここでは，完成度が高まった中モジュラー型の製品アーキテクチャを基盤とし，「外アーキテクチャ」をどのポジションに展開するかの戦略と連携相手との相性が注目されることになろう[5]。

　一方で，資材の材質やその加工にまで口を挟むようなマイノリティの消費者は，中インテグラルな建築しか認めない。このような消費者にとって戸建住宅とは買うものではない。彼らは，建築家や工務店，あるいは大工と共同で住宅をつくることに価値を持つ。ここにビジネスの焦点を合わせるならば，こと細かな標準化は逆効果である。オーナー会などを通じて「ファン」との対話を深

---

[5] （参考）　ハウスメーカーの事業多角化：下記の円グラフは，ハウスメーカーの大手である，積水ハウスと大和ハウス工業の2013年度有価証券報告書に記載されている，連結のセグメント別の外部企業に対する売上高の比率である。戸建住宅の建設は，積水ハウスが29％，大和ハウス工業が14％で，賃貸住宅の建設と合わせても，両者ともに売上高の半分に満たない。その一方で，不動産関連が20〜30％程度を占めている（積水ハウスは不動産フィー事業，大和ハウス工業は商業施設事業と事業施設事業）。有価証券報告書を子細に読むと，不動産関連事業の営業利益は，戸建住宅事業と賃貸住宅事業の合計に対して，積水ハウスが0.2倍，大和ハウス工業が1.1倍である。以上から，大手ハウスメーカーでは事業の多角化が進んでおり，積水ハウスは住宅に軸足を置いた多角化，大和ハウス工業は周辺分野への多角化であることが理解できる。

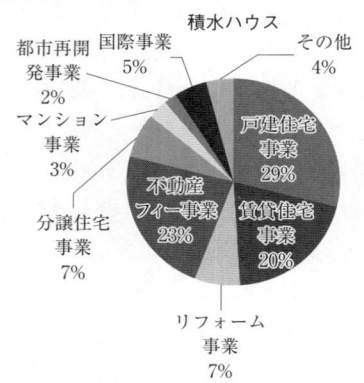

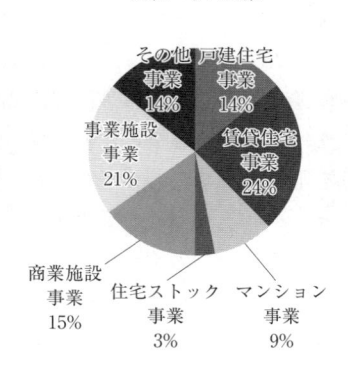

積水ハウス
- 戸建住宅事業　29％
- 賃貸住宅事業　20％
- リフォーム事業　7％
- 不動産フィー事業　23％
- 分譲住宅事業　7％
- マンション事業　3％
- 都市再開発事業　2％
- 国際事業　5％
- その他　4％

大和ハウス工業
- 戸建住宅事業　14％
- 賃貸住宅事業　24％
- マンション事業　9％
- 住宅ストック事業　3％
- 商業施設事業　15％
- 事業施設事業　21％
- その他事業　14％

め，住宅のライフサイクルを通じた価値共創で存在感を増すことができると考えられる．

5.2 マンション
マンションのアーキテクチャ

大多数のマンションは，分譲マンション事業者（以下，デベロッパーと呼ぶ）が発注者である．つまり，建築物への機能要求は，マンションのユーザーではなくデベロッパーによる．したがって，マンションのアーキテクチャの第1層に位置するシステムは，分譲マンション事業となる（図7-5）．

第2層を構成する，周辺環境，建築物，敷地の関係は，デベロッパーが取得した敷地（建設用地）における，周辺環境への影響と事業採算性の調整と言い換えられる．ここで周辺環境とは，建設地域における景観や日照への影響に加え，小中学校や公共交通機関のキャパシティなど多岐にわたる．これらに対して，階数や総戸数など建築物の規模は，法制度が許す範囲で投資効率の最大化が指向される．このような周辺地域と事業者の利害調整を経てマンション建設事業の計画は固まっていく．

建築物の内部構造である第3層は，エントランスや外部廊下などの共用空間，エレベータや給水ポンプなどの共用設備，建築物の構造体，バルコニーや外壁仕上げなどの外装，そして分譲される専有部の空間・構造で構成される．これらの設計は，デベロッパーから設計事務所やゼネコンに外注されることが多い．図7-5の第4層は，専有部の空間・構造を構成する要素である．これらのインターフェイスは，半世紀にわたるマンションの歴史の中で標準化が進んできた．むしろ，間取りや天井高など，空間・構造を介した構造体と第4層の干渉に調整が必要となることが多い．このような調整業務を生産設計と呼ぶ．また，第4層を構成する要素のグレードは，マンション販売価格の単価水準と相関する．さらに，高価格帯のマンションでは，メニュープランやフリープランなど，間取りや仕様のカスタマイズオプションが設定されている場合もある．

完成したマンションは，ユーザーの区分所有となり，その分割単位で建築物から切り離されて中古住宅市場に流通することになる．

(1) 外アーキテクチャ

デベロッパーは公共交通機関へのアクセスや，周辺環境などの立地条件を評価してマンション建設用地を取得する．建築物の計画は，取得用地の大きさや

図7-5 分譲マンション建設事業の階層図

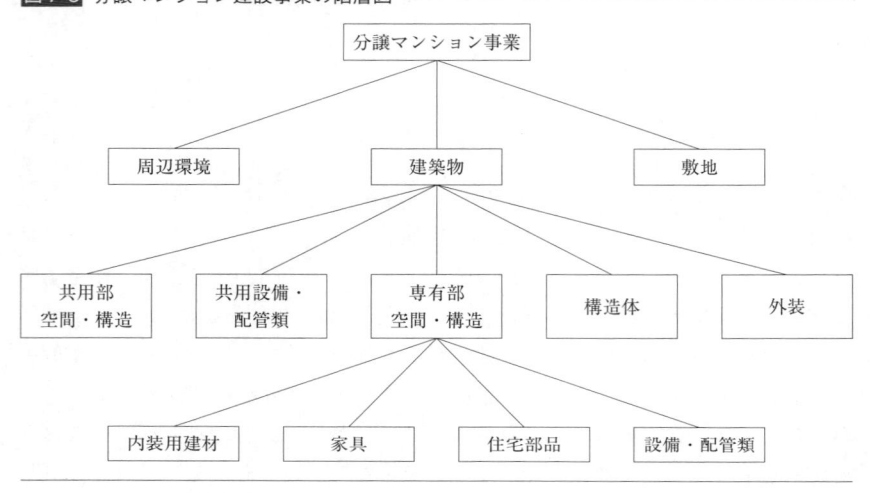

```
                    分譲マンション事業
           ┌───────────┼───────────┐
         周辺環境      建築物        敷地
         ┌──────┬──────┼──────┬──────┐
      共用部  共用設備・ 専有部   構造体   外装
      空間・構造 配管類  空間・構造
              ┌──────┬──────┬──────┐
           内装用建材  家具  住宅部品  設備・配管類
```

用途地域，周辺地域に与える影響を勘案して進められるが，その決定因子がプロジェクトの規模で大きく違っている．

100戸未満の中低層が1棟だけ建設されるような，小規模単体マンションの計画は，地域に与える影響が比較的少ないため，不整形な敷地を除けば，建築物の計画は敷地を最大限に活用するように他の構成要素から独立的に進められる．

他方，中高層の住宅棟が一つの敷地に複数立つ多棟型マンションや，超高層タワー型マンションなど大規模なプロジェクトは，景観，日照，偏った人口動態など，周辺地域に与える負の影響が大きくなる．それに加えて，法規制や緩和制度，許認可，街区としての開発など，小規模単体と比較して検討事項が多くなる．住宅地や既存のマンションに近接した敷地での大規模マンション建設事業では，これらの設計上の関係や当事者間の利害が複雑となる．その調整と建築物の計画は密接な関係を持つ．

このようにマンション事業における建築物の「外アーキテクチャ」は，小規模単体がモジュラー寄り，大規模プロジェクトがインテグラル寄りである．

(2) 中アーキテクチャ

マンションの「中アーキテクチャ」は，図7-5の第3層で機能と構造の関係，第4層で構成要素同士の納まりを検討することになる．たとえば，建築物の下

位階層に位置する専有部の空間・構造（間取りや天井など）は，構造体や共用部の空間・構造（パイプシャフトなど）の大きさや配置に制約を受ける。また，ユニットバスやシステムキッチンなどの住宅部品が構造体の柱や梁と干渉する部分では，柱・梁欠きといったプロジェクトごとの特注設計が行われ，それらの排水配管が設置される範囲では，コンクリートの床に段差を設けることもある。あるいは，小梁の配置と住居の間取りの関係から給気や排気のダクトのルートを調整し，それが通る部分の天井に見せかけの梁型をつくる場合もある。このように，マンションの空間・構造を構成する要素は，構造体に合わせて住居ごとに専用の設計をすることになる。したがって，マンションという建築物の「中アーキテクチャ」は，一般にインテグラル寄りである。

しかし，超高層タワー型マンションでは，機能と構造体の関係，つまり図7-5の第3層における複雑性が解消される方向にある。多くのゼネコンは，2000年前後に，「フリープラン対応」と呼ばれる構造体を超高層マンション市場に投入した。この構造体は，従来型と比較して階高が若干高いことに加え，住居が位置する範囲に構造体の柱や梁がない。そのため，構造体から空間・構造を切り離してある程度自由に設計することができる。

図7-6は，従来型の中低層マンション（板状型耐震壁つきラーメン構造）と，フリープラン対応の構造体を採用した超高層タワー型マンション（タワー型ダブルチューブ構造）で，空間・構造の構成要素と構造体の干渉を可視化したものである。分析の詳細は拙著（志手・安藤 2012）を参照されたいが，フリープラン対応の構造体を採用することで，「中アーキテクチャ」がモジュラー型にシフトすることが一見してわかる。

アーキテクチャのポジショニング

以上をまとめると次のようになる。マンションの「外アーキテクチャ」は，プロジェクトの規模が小規模な場合にモジュラー寄り，大規模な場合にインテグラル寄りとなる。他方で，「中アーキテクチャ」は，フリープラン対応の構造体を採用しているかどうかで決まる。従来型はインテグラル寄り，採用しているマンションはモジュラー寄りとなる。超高層タワー型マンションは，フリープラン対応の構造体を採用するケースが多いと予想できるが，小規模なマンションは，法規制による建物高さの制限の中で，なるべく多くの階数を計画しようとするため，フリープラン対応の構造体の採用が難しい。

これらのことからマンションのアーキテクチャの位置取りは，図7-7に示す

図7-6 フリープラン対応技術の採用と非採用のアーキテクチャの比較

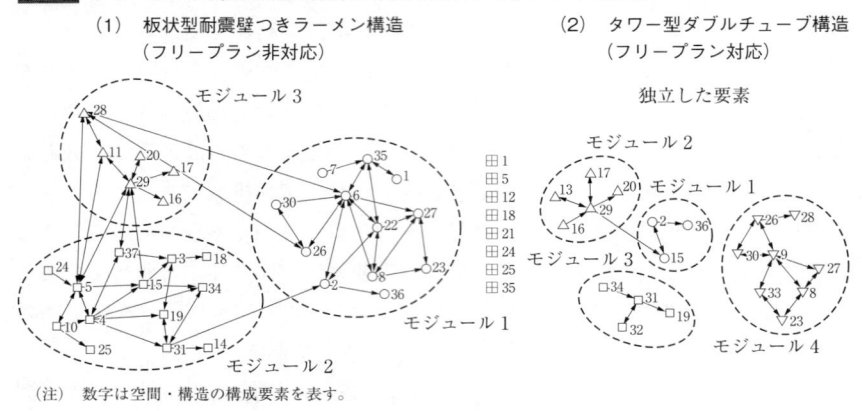

(1) 板状型耐震壁つきラーメン構造
（フリープラン非対応）

(2) タワー型ダブルチューブ構造
（フリープラン対応）

（注）数字は空間・構造の構成要素を表す。

ように，中低層で単体が「中インテグラル・外モジュラー」，中高層で多棟型が「中インテグラル・外インテグラル」，超高層タワー型が「中モジュラー・外インテグラル」に分類できる。これらとの比較において，鉄骨造の低層賃貸アパートは，「中モジュラー・外モジュラー」に位置づけられよう。

マンションの設計プロセスをモジュール化した例もある。マンション施工を得意とする三井住友建設は，従来約100工程と認識されていたマンションの設計プロセスを約500工程まで細分化してその検討順序を再構築することにより，設計期間，設計工数ともに約40%短縮・低減できる「急速設計システム」を開発した[6]。住宅部品のメーカーは，間仕切壁など他の構成要素との取り合いに関する寸法ルールを社内で定義しており，それをカタログやCADデータで公開している。加えて，設計事務所やゼネコンは，生産設計の知識を社内で形式化しているので，相互調整のルールを整備して，生産設計のタスクを合理的な順序に組み替えることが可能である。

一方で「外アーキテクチャ」は，大規模がインテグラル寄り，小規模がモジュラー寄りと分析したが，経済環境の変化を考察に加える必要がある。バブル経済が終焉した後，土地の価格が下落すると，総戸数を十分に確保できないマンションの事業採算性が低下した。1990年代半ばから，国政主導でよりいっそうの大規模化を促進する規制緩和が相次いで施行された。他方で小規模には，

---

[6] 三井住友建設プレスリリース（http://www.smcon.co.jp/2010/0708950/）。

図7-7 分譲マンション建設事業のポジショニング

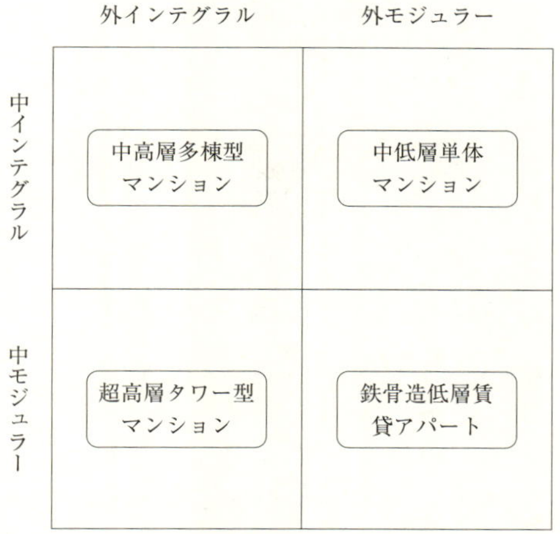

	外インテグラル	外モジュラー
中インテグラル	中高層多棟型マンション	中低層単体マンション
中モジュラー	超高層タワー型マンション	鉄骨造低層賃貸アパート

立地条件や高級化，高齢者向けサービスなどによる価格差別が必要となりつつある。つまり，中低層マンションの「外アーキテクチャ」は，モジュラーからインテグラルにシフトしていると推察される。この流れと対象的に，分譲マンションの流通システムは，ややモジュラー寄りで進展してきたように思われる。建築物のライフサイクル，地域との共生，住民の多様性などに配慮した，マンションを取り巻く市場の持続的な活性化にビジネスの芽はないだろうか。

6 非住宅分野の分析

6.1 製造施設（ハイテク分野）

製造業における建築物は，生産設備を格納する器である。中身の製造技術が高度であるほど，器である建築物に対する要求は複雑になると予想される。たとえば半導体などのハイテク製造施設ではクリーンな空間が必要である。クリーン化に関する要素技術は多岐にわたる。それらの技術を組み合わせ，発注者の要求を満足させる製造施設の空間を提供するコーディネーターが必要で，その代表格がゼネコンである。ここでは，ハイテク製造業の事例として，電子デバイス・半導体を取り上げ，製造施設のアーキテクチャを分析する。

図7-8に示すように製造施設は，周辺環境，建築物，製造設備，敷地が「外

図7-8 電子デバイス・半導体製造施設の階層図

```
                電子デバイス・半導体製造事業
          ┌──────────┬──────────┬──────────┐
       周辺環境     建築物      製造設備     敷地
               ┌──────┬──────┬──────┐
          建築系設備・  その他空間・  製造空間・   構造体    外装
            配管類      構造       構造
                            ┌──────┬──────┐
                         設備機器類  内装用建材  設備・配管類
```

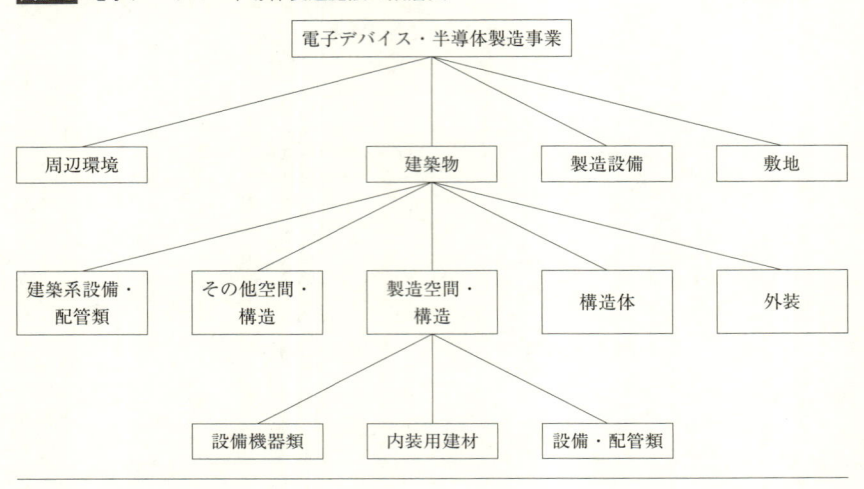

アーキテクチャ」を構成する。ここでは，周辺環境や敷地とその他の要素との相互依存はあまりないと考える。当然，製造施設の計画に合わせた大きさの土地が必要だが，それ以上に，産業クラスターや地域行政との関係などの経済性が，敷地の選択に影響する。一方で，製造施設の新規建設が周辺環境に与える主な影響は，雇用の増加である。これらのことから，「外アーキテクチャ」分析の対象を建築物と製造設備の関係とする。そして建築物を構成する第3層が「中アーキテクチャ」である。中アーキテクチャは，主に製造空間・構造に注目する。

電子デバイス・半導体工場

　電子デバイス・半導体の製造は，製造装置とクリーンルームの組み合わせで進化してきたと言える。クリーンルームは，1958年頃からアメリカで組織的な研究が開始され，1966年に日本初のクリーンルームが富士通の川崎工場内に構築された[7]。日本で高度なクリーンルームを必要とする生産施設の建設が増加し始めるのは1970年代である。草創期のクリーンルームは，空調設備機器メーカーを主体に開発が進められた。1980年頃に大手ゼネコンがクリーンルームの開発に参入，ダウンフロー方式[8]と言われる製造空間全体をクリーン

7　富士通ホームページ（http://jp.fujitsu.com/group/fsl/history/history.html）。

化する建築技術が確立する。その後，半導体の微細化が進むにつれてクリーンルームの構成部品や資材に吸着する 0.1〜0.5 ミクロン粒径のゴミや，配管類から漏れる微量のガスが，製造する製品の歩留まり向上に対する問題となった。日本の関連企業や産学の技術者は，新しい部品，材料，表面処理，施工技術の開発を進め，1987 年頃に「スーパークリーンルーム」の技術体系を確立した。

しかし，クリーンルームの高度化が進むに従って，その建設コストが増大するという問題が顕在化した。そこで，300 ミリウエーハへの転換を機に「局所クリーン化技術」を実装した製造装置の採用が広がっていく。局所クリーン化技術とは，デバイス製造装置の内部および装置間の搬送部分をクリーン化することで製造空間全体のクリーン度をグレードダウンできるものである。局所クリーン化技術の普及により，半導体製造施設の建設におけるクリーンルームの設計能力はあまり重要な問題ではなくなる（富田・立本 2008）。

その後，普及した液晶・プラズマパネルの製造では，2003 年の第 6 世代（1500 mm × 1800 mm）工場から，これまでと異なる課題が生じた。それは，製造設備の大型化による，床の振動，高い階高における高洗浄空間の維持，さらには早い世代交代への対応を目的とした生産設備レイアウトのフレキシブルな変更を可能とする柱間隔のロングスパン化である。これらの課題解決には生産製造設備に対応した建築技術の擦り合わせ的な調整が必要である。たとえば，その重量や振動と構造，レイアウトと空間，発熱量と清浄用設備などに個別設計が必要となるのである。

技術開発とアーキテクチャの関連

図 7-9 は，電子デバイス・半導体工場に関する特許で，ゼネコンが出願者に含まれる出願件数[9]を縦軸，技術分類の多角度[10]を横軸，ゼネコン 1 社による単独出願の割合を円の大きさとし，1980 年代から 10 年単位で集計したもので

---

8 天井全面から均一の清浄な空気が降りてきて床面で吸い込んで循環させる垂直層流方式。作業空間の上部全面に吸気層，下部全面に排気層を設ける必要がある。

9 検索式：(半導体＋集積回路＋LSI＋ウェハ＋ウェハー＋ウェーハ＋ウエハ＋ウエハー＋ウエーハ＋クリーンルーム＋液晶パネル＋プラズマディスプレイ) and（工場＋施設) and（鹿島建設＋清水建設＋大成建設＋大林組＋竹中工務店＋長谷工＋戸田建設＋西松建設＋五洋建設＋前田建設工業＋三井建設＋住友建設＋三井住友建設）

10 公開特許公報には国際特許分類（International Patent Classification：以下，IPC）が付与されており，筆頭 IPC の平均情報量（Entropy）を計測することで出願特許の技術的多角度を可視化できる。エントロピーの低下は出願特許の技術分野が特定セクションに偏る傾向，増加は分野が分散する傾向を示す（鈴木・児玉 2005）。

図7-9 電子デバイス・半導体工場建築に対するゼネコンの特許出願傾向

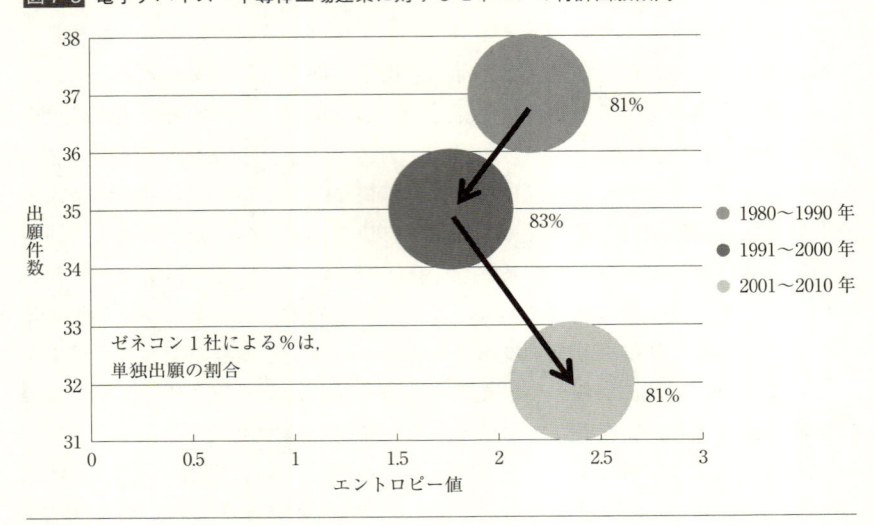

縦軸：出願件数（31〜38）
横軸：エントロピー値（0〜3）

- 1980〜1990年：81%
- 1991〜2000年：83%
- 2001〜2010年：81%

ゼネコン1社による%は，単独出願の割合

ある。

　出願件数と単独出願の割合はあまり変化が見られない。技術分類の多角度は，クリーンルームの高度化が課題であった1980年代から局所クリーン化の技術が概ね確立した後の90年代に向けて低下し，液晶・プラズマパネル市場が本格化する2000年代は一転してどの年代よりも高い値となる。

　1990年代にゼネコンの特許出願における技術的多角度が低下する要因は，それまでの建築技術体系と軌道の異なる局所クリーン化技術に機能が代替したことによる非連続な変化により，クリーン化に対する継続的な技術発展の必要性が失われ，構造体を利用した天井内や床下の空調設備空間や，微振動対策など構造体分野に集中したためと考えられる。2000年代に顕在化する液晶・プラズマパネルの大型化に起因した課題を解決する個々の要素技術は，これらの研究開発成果の応用と解釈できる。2000年代は，帯電防止やゾーニングなど，追加的な課題解決に対応する技術の特許が増加して，多角度が上昇している。

アーキテクチャのポジショニング

　製造施設の中で「ハイテク」と呼ばれる分野では，製造設備と建築物を統合的に計画することで，製造される製品の品質や歩留まりを向上させることができる。いわば，建築物は，発注者の資本財の一部分である。このようなコーデ

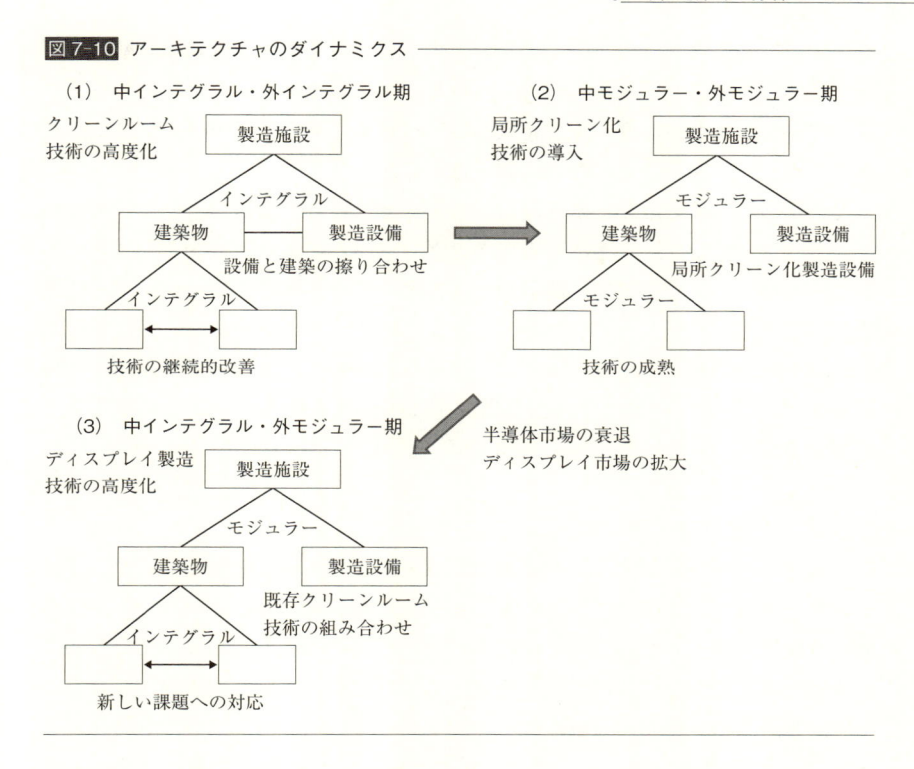

図7-10 アーキテクチャのダイナミクス

(1) 中インテグラル・外インテグラル期

クリーンルーム技術の高度化

製造施設 — インテグラル — 建築物・製造設備
設備と建築の擦り合わせ
インテグラル
技術の継続的改善

(2) 中モジュラー・外モジュラー期

局所クリーン化技術の導入

製造施設 — モジュラー — 建築物・製造設備
局所クリーン化製造設備
モジュラー
技術の成熟

(3) 中インテグラル・外モジュラー期

ディスプレイ製造技術の高度化

製造施設 — モジュラー — 建築物・製造設備
既存クリーンルーム技術の組み合わせ
インテグラル
新しい課題への対応

半導体市場の衰退
ディスプレイ市場の拡大

ィネーションをゼネコンが引き受けることで，両者にメリットのある関係を築いてきた。

しかし，課題解決の方法が明らかになるに従い，専門化と技術の深化が進む。そして，製造システムの世代交代と設備投資費抑制に対する経済合理的な選択が，「外アーキテクチャ」のモジュラー化を促すことになる。具体的には，300 mm ウエーハへの転換を機に，デバイス製造装置の内部および装置間の搬送部分をクリーン化することで，製造空間全体のクリーン度をグレードダウンできる局所クリーン化技術を実装した製造装置の採用が広がる。その結果，建築物に求められるクリーン化技術に対する継続的な技術発展の必要性が希薄化した。このような，建築業から見て他産業で進展した軌道の異なる技術が導入されることで，図7-10の左上から右上へのシフトで表したように，製造施設は「中モジュラー・外モジュラー」寄りにシフトした。

その後，発注者の主要な市場が，大型液晶ディスプレイに移行するとともに，

生産設備の大型化や，柱が少なくレイアウト変更の柔軟性と高い振動制御の両立など，建築物における新しい課題への対応が求められた。それに対する建築技術的な対応が進むに従って，建築物のアーキテクチャは「中インテグラル・外モジュラー」寄りに振れたと推測できる。

　大衆化した製品では，技術的優位があったとしても，価格競争になりやすい。このような分野では，建築業も製造業のグローバル競争の間接的な参加者である。したがって，建築業は，建築物の「外アーキテクチャ」のモジュラー化を積極的に肯定することも一つの戦略と考えられる。そのためには，発注者企業の製品や製造設備の技術動向に対する理解や洞察力，発注者との継続的な意思疎通など，「外アーキテクチャ」を構成する企業との擦り合わせ的な情報共有が重要であろう。

6.2　賃貸オフィス

　オフィスの所有者にとって建築物は，アセット（資産）を構成するコンポーネントである。過去には，土地の含み益が資産価値を担保していたため，建築物の収益性があまり意識されていなかった。わかりやすく言えば，右肩上がりの経済では，土地を担保に資金を調達でき，賃貸スペースへの需要が旺盛なこともあり，不動産経営の意識が低くてもそれなりに利益を上げられた時代であった。1990年頃までは，ビルディングのオーナーが建築物を発注し，所有し続けることが暗黙的な前提であった。ほとんどのオーナーは建築やビル経営の専門家ではないため，設計からテナントリーシング代行までオールインワンで対応できる設計事務所やゼネコンを重宝した。また，周囲の景観とあまり関係なくシンボリックな外観や建築家の個性を表現した建築物が多いことも，この時期までに建築されたポストモダン建築の特徴である。

　ところが，バブル経済が崩壊して成熟経済に転換し，土地の価格が低位で安定している環境では，建築物の資産価値，すなわち建築する建築物の収益性が問われるようになる。これに元国有地や企業跡地などまとまった土地が都心部に出たことや，2002年に成立した都市再生特別措置法による容積率の大幅な緩和施策が加わり，首都圏を中心に，大手不動産企業が主導した再開発による大型複合ビルの建設が目白押しとなる。また，ビルディングオーナーも単体の企業ではなく複合化している例が多くなってきた。

賃貸オフィスのアーキテクチャ

(1) 外アーキテクチャ

賃貸オフィスは投資効率の最大化が発注者における建築物の価値基準となる。ここでは，発注者が用意した敷地と，規制緩和の組み合わせ，建築物や公開空地の設計，オフィス需要と建築物規模の関係を統合的に調整して事業計画が練り込まれる。

また近年は既存建築物の解体を伴う再開発が多い。そこでは既存軀体の活用や歴史的外観の保存など土地（立地）と建築物の関係が以前に増して密接になりつつある。たとえば，三井不動産の日本橋，森トラストの六本木，三菱地所の丸の内というように，大手のデベロッパーは，エリアマネジメントの考え方を前面に打ち出している。これは，地域としての魅力創出で不動産事業の収益性を向上させようという戦略と言える。再開発による建築物の大規模化が良い兆候であるかどうかは別として，利益における建築物の比重が土地と比較して高まったことで，周辺地域と建築物のつながりを統合的に計画しようとする潮流にあることは確かである。

このように賃貸事務所ビル事業のアーキテクチャ，つまりその建築物にとっての「外アーキテクチャ」はインテグラル寄りにシフトしている。

(2) 中アーキテクチャ

21世紀に入り，投資不動産市場における資産評価の環境は整備されつつある[11]。同時に，建築物に対する発注者の要求は変化する。たとえば，都市再生特別措置法（2002年）による容積率の大幅な緩和施策などは，大規模再開発を後押しする。この流れでは，何十層にも積み重ねられた人工地盤を長きにわたって利用して，収益を上げ続けようとする誘引が働く。

いまではほとんど死語に近いが，OA機器が普及し始めた1980年代に「インテリジェントビル」という言葉が流行した。インテリジェントビルとは，ビル内で使用する電話回線／PBX（構内交換機）／インターネット接続／LANなどの通信機能，フリーアクセスフロアなどの建築設備，ビル全体の空調／給排水／エネルギー／照明／防災／防犯などの集中管理・自動制御などが完備されたビルで[12]，当時は，これらを統合的にデザインすることが新しかった。その後，OA機器の発熱に対する年間の冷房負荷が高まると，氷を利用した蓄熱

---

[11] 不動産証券化（REAT）や，CASBEEに代表される環境性能評価などがあげられよう。

[12] ITmediaエンタープライズ（http://www.itmedia.co.jp/im/articles/0411/27/news011.html）。

図7-11 賃貸オフィスの階層図

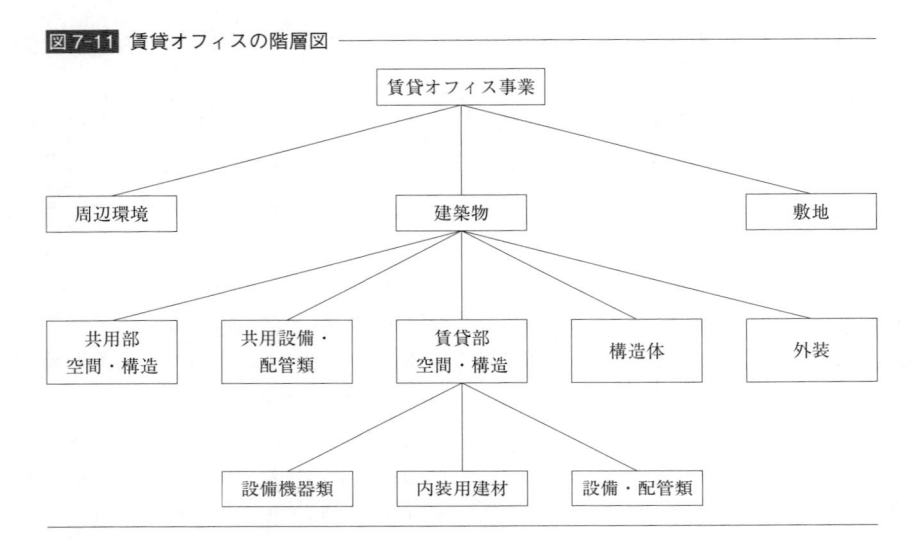

```
                        賃貸オフィス事業
            ┌───────────────┼───────────────┐
         周辺環境          建築物            敷地
              ┌────────┬────────┼────────┬────────┐
           共用部    共用設備・  賃貸部    構造体    外装
          空間・構造   配管類   空間・構造
                        ┌────────┼────────┐
                     設備機器類  内装用建材  設備・配管類
```

冷房システムや，その蓄氷槽をおもりとした制振システムをゼネコンが開発した（綱淵 1992）。このように1980年代から90年代にかけてゼネコンは，次々と新しい技術を開発して超高層オフィスビルに導入を進めていく。この状況は，ゼネコンが出願した事務所系ビルの特許データを整理した図7-12に，如実に現れている[13]。1980年代と90年代の技術分野の多角度と出願件数はともに高い値を示している。

　2000年代に入り，賃貸オフィスビルの基準階は，コア回り，システム天井，OAフロア，パーティション，ビル用マルチエアコン，機能複合的外装システムなどの組み合わせで構成されるモジュール型になってきた。

　2002年に竣工した東京駅前の丸ビルは，五重塔の芯柱を参考に開発した「耐震シャフト」を採用することで，空間の高い自由度を保持したまま，震度7の地震でも主要構造体や外装，設備が重大な損傷を受けない構造となっている。この例は，新たに開発した耐震シャフトという構造部位が，建築物の耐震性向上と広い空間を創出する二つの機能を兼ね備えている（オフィスビル総合研究所ベースビル研究会 2006）。また，ファサードにおいても建築物の意匠性と省

---

[13] 検索式：（オフィス＋事務所＋共同ビル）and（鹿島建設＋清水建設＋大林組＋大成建設＋竹中工務店＋戸田建設＋長谷工コーポレーション＋西松建設＋五洋建設＋前田建設＋三井建設＋住友建設＋三井住友建設）

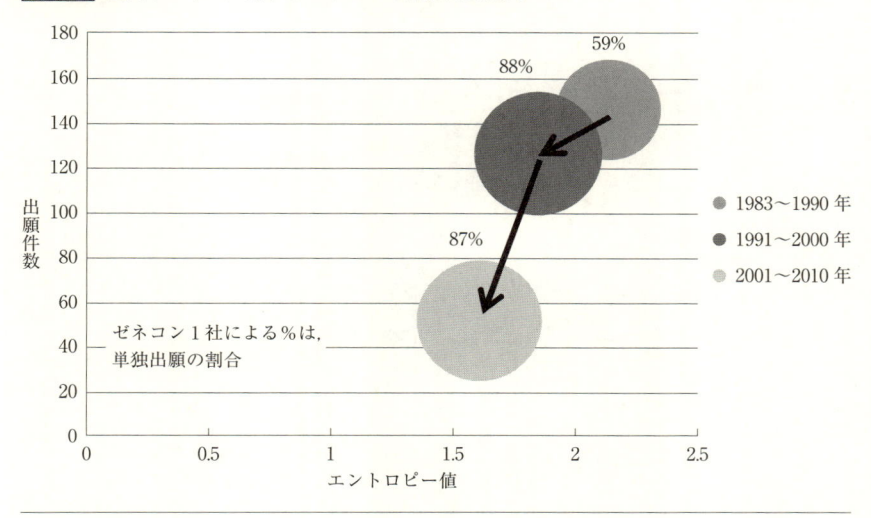

図 7-12 賃貸オフィスに対するゼネコンの特許出願傾向

エネルギー性の機能を兼ね備えた設計が多く見聞されるようになってきた。

このように近年の賃貸オフィスビルは，長期にわたり収益を上げ続けることができるように，フレキシビリティや更新性の高い設計建築物が指向される傾向にある。そのため耐用年数が異なる要素間のインターフェイスを簡素化することが発注者における収益性評価基準の一つになる。したがって，個々の要素技術は擦り合わせ型でも専門分化が進むため，建築物の「中アーキテクチャ」はモジュラー寄りに振れやすい。この傾向は，図 7-12 においてゼネコンが含まれる特許出願件数が 2000 年代に大きく減少していることやゼネコンによる出願特許の技術分類の多角度（エントロピー値）の継続した低下に現れている。

アーキテクチャのポジショニング

国内経済の成長と土地の値上がりを常に期待できた時代には，特徴的な外観や独自性の高い技術にコストをかけて，発注者と建築家の双方に作品的な建築物を建設しようとする気運が高かったと考えられる。このような，パトロンと芸術家の関係を連想させる建築中心の機能要求は，「中インテグラル・外モジュラー」という特異なポジションの背景として考えられる。ところが，1990 年代前半に経済が急反転すると，土地の有効活用，都市再生の掛け声に合わせて，都市再生特別措置法など，建築物の高層化を促進する緩和政策が相次いだ。

図7-13 賃貸オフィス建設事業のポジショニング

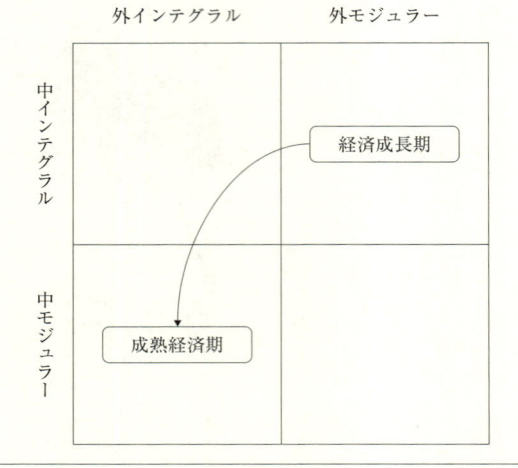

```
                外インテグラル      外モジュラー
           ┌──────────────┬──────────────┐
    中     │              │              │
    イ     │         ┌─────────┐         │
    ン     │         │ 経済成長期│         │
    テ     │         └────┬────┘         │
    グ     │              │              │
    ラ     │              │              │
    ル     ├──────────────▼──────────────┤
    中     │    ┌─────────┐              │
    モ     │    │ 成熟経済期│              │
    ジ     │    └─────────┘              │
    ュ     │                             │
    ラ     │                             │
    ー     └─────────────────────────────┘
```

　プロジェクトの大規模化が「外アーキテクチャ」のインテグラル化をうながす傾向があることは，先のマンションの項で述べたとおりである。

　デフレの長期化と建築物の大規模化が相まって，地価と比較した建築物への投資費用が相対的に高まると，建築物への機能要求は経済的な観点に移っていく。この特徴的な例は，スケルトン・インフィル（本書第4章参照）の考え方で，長期にわたり収益を上げ続けることができるように，フレキシビリティや更新性への関心の高まりがあげられる。このような「中アーキテクチャ」のモジュラー化は，投資不動産事業における建築物の理想的なシステムとして，発注者や投資家およびユーザー企業の要求から，生じている現象であろう。この流れに合わない場合は，過去の有名建築でさえも解体の憂き目にあっている。

　以上から，賃貸オフィスのアーキテクチャは，「中インテグラル・外モジュラー」から「中インテグラル・外インテグラル」を経由し，「中モジュラー・外インテグラル」にシフトしてきたと分析できる。

　日本国内の人口が減少していく中で，超高層オフィスという半ば恒久的で，巨大な人工地盤の構築が都心部で広がっている。これらを将来にわたり，有効活用するための知恵と工夫，ビジネスのアイディアが建築業界に求められている。

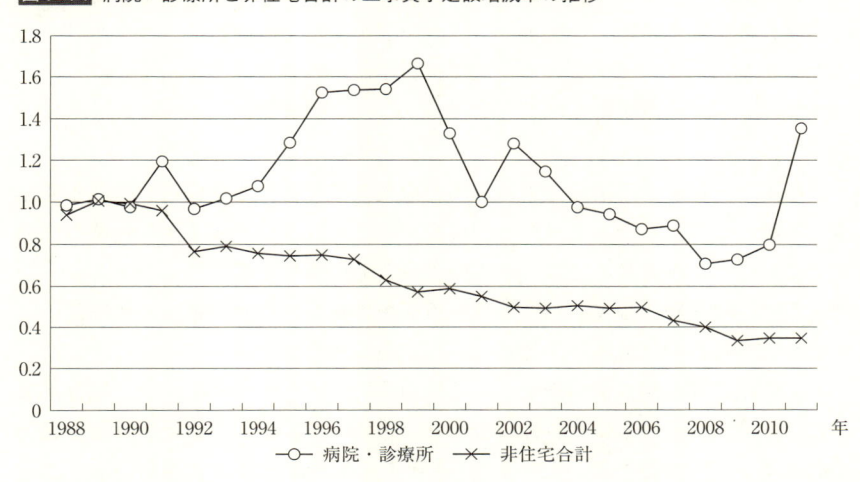

図7-14 病院・診療所と非住宅合計の工事費予定額増減率の推移

6.3 病　　院

図7-14は，国土交通省の建築着工統計調査に記載されている非住宅の工事費予定額の1990年を1とした増減率の推移を，病院・診療所と非住宅合計で比較したものである。非住宅合計は1990年をピークとしてその40％を割り込む水準まで低下し続けているが，医療・診療所は，1999年にピークを迎えた後，減少基調にあったものの，2008年を底として増加に転じている。高齢化が急速に進展する日本では，他の建築種別の市場が低迷する中で，病院・診療所の建築市場は今後も安定的に推移していくと予想される。

近年，病院建築でシェアを伸ばしている戸田建設は，医療施設の建設プロセスを人体の器官にたとえて，次のように表現している[14]。医療施設というシステムはこれらの機能に分解でき，それらの相互依存を統合的に調整することで，付加価値の高いサービスを医療従事者や患者に提供できるというわけである。

①脳＝医療・介護システム：医療・介護サービスを提供するプロセスを設計
②中枢神経＝情報システム：物理的に離れた部門間の情報伝達・共有化を設計

---

14 戸田建設 HP（http://medical.toda.co.jp/solution/index.html）。

③循環器系＝物流システム：各部門間の物理的な人・物の流れを設計
④筋骨格系＝建築物：上記各システムを運用するための器・空間を設計
⑤消化器系＝ファイナンス：上記建築物のための資金調達手法を設計

病院のアーキテクチャ

(1) 外アーキテクチャ

　医療事業を構成する構成要素は，周辺環境，建築物，医療機器，敷地と考える。施設の建設に当たっては，診療圏をどのようにカバーするか，地域の医療需要に対応した診療科の設置，災害時に事業の頑強性を確保できるかといった周辺環境，建築物の規模，バスや救急車両を考慮した車両動線，一般車両の駐車場などを統合的に計画し，それに見合う敷地が必要である。

　将来的には郊外から街の中心への移設を検討すべきだろうが，その場合，限られた規模の敷地で地域の特性に合わせた医療事業に必要な機能を備える建築学的な工夫が必要となる。たとえば，1 階の平面形状のまま立ちあがるオフィスビルのような形状では，低層部に診療部門，高層部に病棟が配置される。このタイプでは，柱間の寸法，空調ダクトやエレベータの位置が病棟を主体に決められることが多いため，診療部門の計画に制約が多くなる（中山 2005a）。

　図 7-15 の医療設備とは，大型の医療機器を意味している。手術設備，レントゲン，MRI，CT スキャンなどは，クリーン度，放射線の遮蔽，磁気シールド，機器の重量など，設置する医療設備の仕様に応じて専用に設計した空間が必要である。これらの診療機器の技術は日進月歩で進化しているため，標準化が難しい。たとえば手術部の設計は，1980 年頃まで感染予防や清潔を保持するための区画や動線分けが重要であった。しかし空調技術が進化したことにより，手術台を中心とした 2 m 角の局所的なクリーン環境を確保しようとする方向にある（大戸 2008）。この場合，救急車から患者を直接手術室に運び込む動線計画が可能となる。あるいは，「マスタースレイブ型内視鏡下手術用ロボット（通称ダ・ヴィンチ）」などの装置を新規に設置するならば，総計 1 t 近い機器の重量を支える構造体が必要となる[15]。

　したがって，病院建築には，その地域で期待される医療事業が担う役割・機能・規模に合わせた最適化の擦り合わせが常に必要で，かつ，地域の人口動態や医療機器技術の動向をある程度予測した，冗長的で経済的な設計が求められ

　15　医薬品医療機器総合機構のホームページ（https://www.pmda.go.jp/）。

図7-15 病院事業の階層図

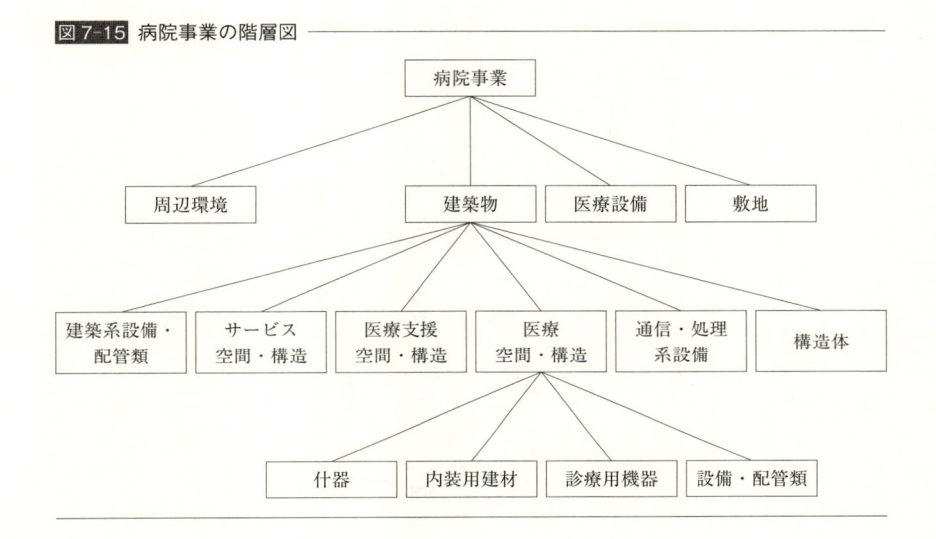

```
                        病院事業
           ┌──────────┬─────┴────┬──────┐
        周辺環境      建築物     医療設備   敷地
     ┌─────┬─────┬─────┼─────┬─────┐
  建築系設備・ サービス 医療支援  医療   通信・処理 構造体
   配管類   空間・構造 空間・構造 空間・構造 系設備
                    ┌──────┬──┴───┬──────┐
                   什器  内装用建材 診療用機器 設備・配管類
```

る。言うなれば，病院建設事業の「外アーキテクチャ」は常にインテグラル型が要求される。

(2) 中アーキテクチャ

病院建築の「中アーキテクチャ」は，建築系設備・配管類，売店などサービス空間・構造，事務課や厨房といった医療支援空間・構造，医療空間・構造，物流を含む通信・処理系設備，建築物の構造体で構成される。病院建築は，ナースコールシステム，無菌システム，臭気の排出，感染防止など，設備配管類が多いため，それらと構造体や内装との取り合い調整[16]が，他のビルディングタイプと比較して格段に複雑である。ただし，検査記録箋などの書類を封入したカプセルを空気の流れで運送するエアシューターが，電子カルテの導入で不要になったように，あるいはパネルと埋込医療器具・空調機器をプレハブ化・ユニット化し，それらを要求機能に応じて組み合わせできる手術室など[17]，技術進化が構成・要素相互のインターフェイスを簡素化することもある。

平面計画においては，食事，リネン，薬品などを上下階に搬送する小型エレベータ（ダムウェーター）が，各々の用途で必要に応じてかつ清潔・不潔の別に設置され，これが諸室配置の制約となる。また，機能的にどうしても隣接しな

---

[16] 部材の組み合わせ方，接続の仕方や干渉回避を指す建設業界の言葉。
[17] アイソテックのホームページ（http://www.iiso.co.jp/index.html）

336　第7章　建築におけるアーキテクチャの位置取り戦略

図7-16 総合病院における諸室相互の配置条件

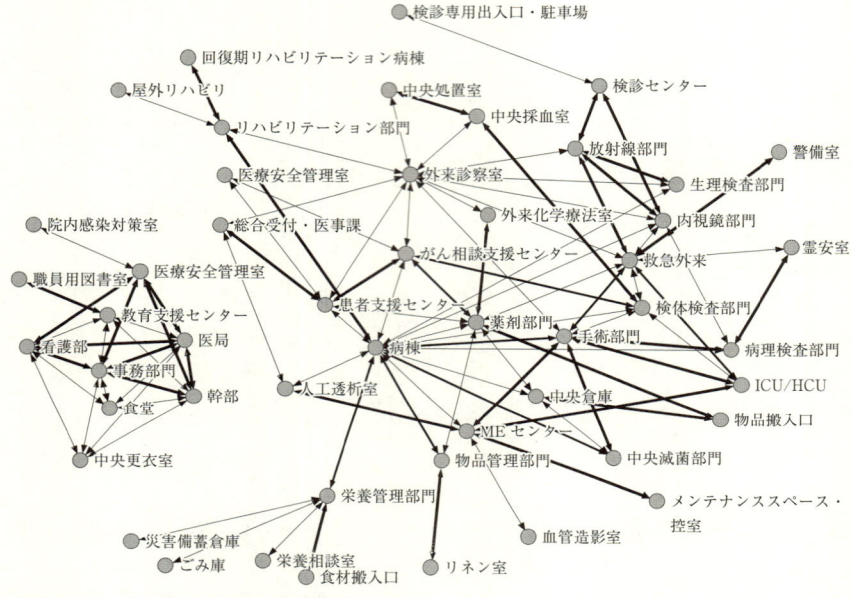

(注) HCUは「ハイケアユニット入院医療管理」。
　　 MEセンターは「医療機器の中央化一元管理センター」。
(出所)「新市立伊勢総合病院建設基本計画案」を参考に筆者作成。

ければならない諸室や，診療のしやすさから近接すべき機能，物流，業務，さらに患者が交錯しない動線計画など，建築計画の細部にわたって慎重な擦り合わせが必要となる。図7-16は，webで公開されていた市立総合病院の計画提案書に記載されている諸室相互の配置条件を可視化した概念図をもとに，筆者が作成した諸室関係のネットワーク図である[18]。細いエッジは動線を考慮する関係，太いエッジは平面上あるいは上下の隣接が必須の関係を表している。この図から病院建築の設計の難しさを一見できる。さらにこれらの諸室は，セキュリティのゾーンや診療科・部門の組織など，運営管理区分が多層化するため，建築計画の検討はさらに複雑化する。

　また，病棟の設計においては，ナースステーションからの見通しの良さ，あ

　18　新市立伊勢総合病院建設基本計画案（http://hospital.ise.mie.jp/web/kensetsu/index.html）。この概念図は，諸室相互の配置条件を，隣接，直上直下，優先的な動線確保の3つに分類し，19の部門別に文章で記述した諸室配置が図示化されたものである。

図7-17 賃貸オフィスのポジショニング

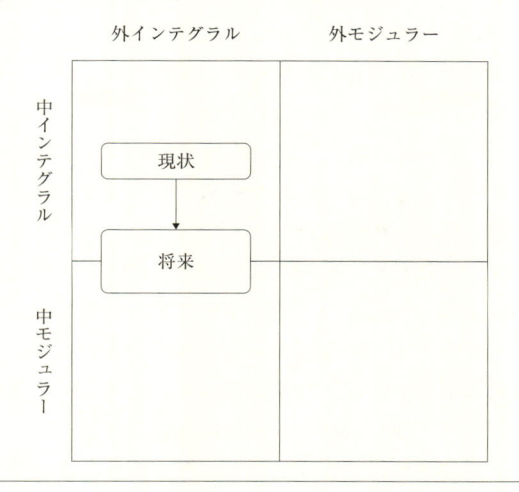

```
         外インテグラル    外モジュラー
        ┌──────────┬──────────┐
中       │  ┌────┐  │          │
イ       │  │現状│  │          │
ン       │  └─┬──┘  │          │
テ       │    ▼     │          │
グ       │  ┌────┐  │          │
ラ       │  │将来│  │          │
ル       │  └────┘  │          │
        ├──────────┼──────────┤
中       │          │          │
モ       │          │          │
ジ       │          │          │
ュ       │          │          │
ラ       │          │          │
ー       │          │          │
        └──────────┴──────────┘
```

るいは病室の広さやイメージなど，入院患者の安心感や満足度に影響する要求を発注者が重視する。特色ある病院では，家族との別れの時間を大切に過ごせるようにと，病院の中で最高の場所に霊安室を設置する例もある（八木澤ほか2011）。このような部分についてはコンピュータ・グラフィック（CG）を駆使して，発注者の意思決定を支援する例も増えている。

　ユーザーの視点では，医療現場従事者の要求である労働条件改善と，外来患者や検診受診者の要求である滞在時間短縮の双方に，動線計画の良し悪しが影響するが，平面・空間計画だけでこれら二つの要求を同時に満足させることは難しい。ICTの導入など医療プロセスの改善や組織構造の改革などと建築設計を統合的に計画する必要がある。そのためには，医療活動を熟知するコンサルタントとの共働や，PFI（Private Finance Initiative）などによるつくり手の経験学習が有効であろう。

　このように病院建築は，多様な視点から高い機能要求があるため，「中アーキテクチャ」はインテグラルにならざるをえない。

　アーキテクチャのポジショニング

　これからの病院建築は，入院患者や付添者の生活支援サービスの多様化，診療科の細分化，あるいは患者ごとの診療スケジュールであるクリニカルパスの導入によるセンター制，災害時診療への対応など，現在進行している医療業務

の改善と建築設計が一体的に進化すると想定される。また，病院 PFI の増加など病院事業の運営に対するイノベーションが建築学的にも求められよう。常に変化する医療事業の環境変化に対応して，建築物の「外アーキテクチャ」は，昔も今も，そしてこれからも「擦り合わせ型」がベストポジションと思われる。

「中アーキテクチャ」も，擦り合わせ的な傾向が強く，病院個別に最適化した統合的なソリューションへの対応力を高めておく必要がある。これからは，高級化志向など患者の要求の多様化がいっそう進むと思われる。加えて，医療分野は病院，介護，福祉などとその対象が広く，それらの機能を組み合わせた総合的な医療事業も増えつつある。病院をとりまく分野では，建築物を通したサービスという考え方がより重要になるのではないだろうか。

一方で，建築物の構成要素は，技術進化によるモジュール化が部分的に進んでいる。それらをうまく取り入れた，建築物のフレキシビリティやメンテナンス性の向上も，施設運営・維持管理の面で重要となる。インテグラルに対応すべきところはインテグラルに，モジュラー化が可能な部分はモジュラーに，さらにはモジュールをオープンで調達するかクローズで保有するかというように，アーキテクチャと設計の良い流れを合わせた技術戦略が必要である。

7 その他の分野

7.1 リフォーム・リニューアル（R&R）市場

図 7-18 は，国土交通省が実施している「建設工事施工統計調査報告（平成 24 年度実績）」から作成した，維持・修繕工事と新築工事の工事高と，完成工事に占める維持・修繕工事の割合の推移である。この統計では増築が新築に含まれ，改築や改装の扱いが不明確なため，R&R 工事の受注高が少なく現れている可能性がある[19]。それを割り引いて考えても，維持・修繕工事は一定の工事高で推移しており，新築工事市場の縮小傾向と相まって，完成工事高に占める割合は一貫して増加傾向にある。今後，この比率がどのように推移するかはわからないが，少なくとも減少に転じることはないと容易に想像できる。

---

[19] この統計における維持・修繕工事の定義は次の通りである。「新設工事以外の工事をいい，既存の構造物及び付属設備の従前の機能を保つために行う経常的な補修工事，改装工事，移転工事，災害復旧工事及び区間線設置等の工事（作業）を含む。新設工事と維持・修繕工事の双方を含む工事については，主たる内容により区分している。」（国土交通省「建設工事施工統計調査報告」平成 24 年度実績）

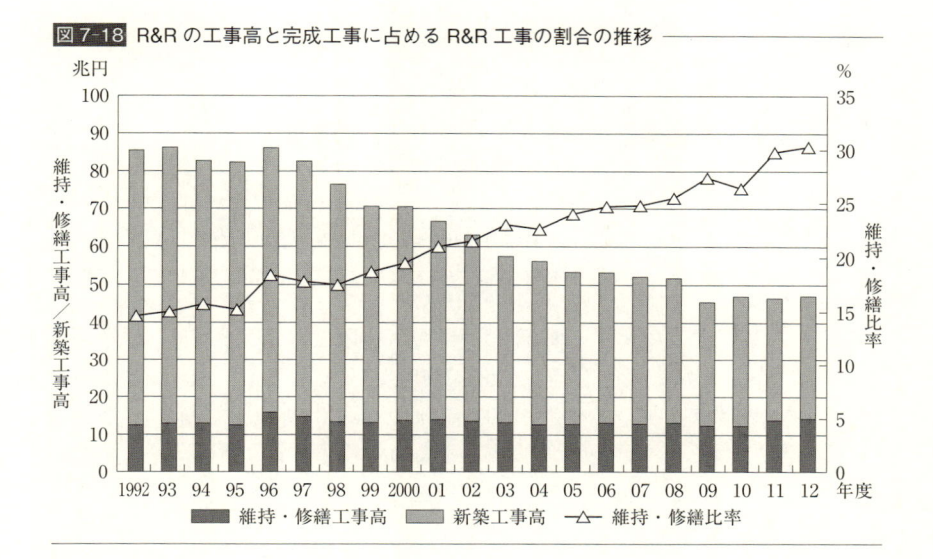

図7-18 R&Rの工事高と完成工事に占めるR&R工事の割合の推移

R&R工事のプレーヤー

R&R工事は，発注者のほか，工事の企画，元請，施工という三者の役割が連携して成立する。表7-2は，2009（平成21）年7月に国土交通省が公表した，建築物リフォーム・リニューアル調査検討会報告書に掲載されている「建築物リフォーム・リニューアル工事への主な参入業種[20]」に，各参入業種が担う役割を筆者が追記したものである。「企画」とは，建築物所有者に代行してR&Rを企画することを指し，故障や劣化に直接対応するアドバイス的な提案は該当しないと考えた。「元請」「施工」は文字通りの意味である。

R&R工事では，元請を中心とした企業が企画領域に，施工を中心とした企業が元請領域へと，新築工事と比較してプロセスの下流から上流への移行を指向する傾向がある。専門工事業やメーカー，小規模な地場企業は，対応範囲の拡張や材料の機能改善，診断能力強化，保険業と連携した瑕疵担保サービスなど，多様な需要に対応できる企業間ネットワークを充実させ，R&R工事の元請受注を目指している（今江・安藤 2007；今江・安藤・德山 2009）。一方，ゼネコ

---

[20] この統計におけるR&Rは次のように定義されている。「建築の増築，一部改装及び改装等を対象とし，新築工事及び全部を取り壊し改築する場合を含まない。なお，建築物本体及び建築物と一体となった設備に係る工事等を対象とし，点検，清掃，少額の消耗品交換（住宅の場合は10万円未満，非住宅の場合は20万円未満），故障修理等の軽微なものは除く。」

340   第7章 建築におけるアーキテクチャの位置取り戦略

表7-2 建築物リフォーム・リニューアル工事への主な参入業種

参入業種	主な特徴等	企画	元請	施工
総合建設業（ゼネコン）系	事務所・ビル，官公庁・公共施設，集合住宅等の大型工事を得意とする。新築の自社施工建築物に関し，竣工後も面倒を見続けている等，高い技術力・信頼性を強みとする営業展開を実施。顧客に対し，積極的に既存建築物に関する改善提案等への営業強化を促進。	○	○	
設備工事業系	建築一式工事*では設備関係のみの部分的な工事が多いが，リフォームでは電気，空調，給排水等の設備に加えて，情報関係の設備等では主体的な役割を担う。設備を中心とした高い技術力，専門性，信頼性を背景として営業を実施。		○	○
住宅メーカー系	新築で建てた自社物件のアフターメンテナンスが中心。フランチャイズ展開等も行い，新築・リフォームの拡大を狙う。	○	○	
デベロッパー系	戸建てから，集合住宅までの対応を可能とする。工事に伴う一時的転居等を含め，総合的な提案・フォローを得意とする。フランチャイズ展開による促進を図る。	○	○	
マンション管理会社系	管理組合との関係で，大規模修繕（共用部分）が得意。近年は管理組合が独自に業者選択する場合も増加しつつある。		○	
住宅設備機器メーカー系	水まわりリフォームを中心。工務店等を会員とし，宣伝ツールや，ノベルティグッズを提供し，自社商品のリフォーム工事への利用促進を促すことにより営業拡大。	○	○	○
インテリア関連会社系	インテリアコーディネートを軸に，住宅・商業施設等の新築・リフォームに営業を拡大。	○	○	
昇降設備メーカー系	昇降設備のアフターメンテナンスから，ビル診断・リニューアルの提案まで，幅広くオーナーをサポートする事業を展開。	○	○	○
エネルギー供給系	電力・ガス等エネルギー供給会社系列の企業で，非住宅系では，エネルギーソリューションビジネスに関連する工事を，住宅系では水まわり工事，生活の電化等を得意分野としている。会員企業を募り，自社商品の利用促進を図る営業も実施。	○	○	○
流通系	デパート等によるインテリアファブリックを中心としたリフォームが得意。		○	
ホームセンター系	住宅関連資材を販売し，使用の仕方・組み立て方等をアドバイスする一方で，工事を請け負う。ユーザーが実際に商品を見て選ぶことのできる強みを持つ。施工は自社でも行うが，関連会社，協力会社による場合が多い。		○	○
オフィス関連商品メーカー系	オフィス空間のリニューアルとして，店舗業やオフィス家具メーカーが独自のノウハウで参入。内装・装飾が中心。		○	
不動産系	仲介，賃貸・管理業務上で必ず必要となるメンテナンス等のリフォーム工事中心。		○	
ビルメンテナンス業系	日々の点検・補修の事業者が，その延長線上として，より規模の大きなリニューアルに参入。		○	
地場工務店系	地域に密着するとともに，血縁・地縁等でつながりを持った営業展開を得意とする。小規模の修理・補修の需要は常にあり，単独での施工受注が可能なことが強み。		○	○
専門工事業系	塗装工事業，内装工事業等，自己の主業を軸に，住宅関連の全体的な住宅リフォーム工事を展開。地場の強みを活かしつつ，地理的拡大も狙う。		○	○
建設資材産業系	自産業製品を使用する施工箇所を中心に，全体的なリフォーム施工にまで営業展開を図る。関連グループ企業等を組織し，拡大を促進。		○	○
プロパティ・マネジメント（PM）事業関連産業系	商社・コンサルティング系企業等が総合力の強みを背景に，不動産資産の有効活用を図った事業の営業を展開。不動産の経営効率アップのため，不動産オーナーに代わって不動産の誘致計画立案・契約・テナント交渉・ビル管理・入居条件交渉・出納業務・リニューアル計画・各種の渉外業務・長期修繕計画策定等を全般的に行うのが強み。	○		

（注） ＊ 総合的な企画，指導，調査のもとに建築物を建設する工事（建設業法第2条，別表）。
（出所） 「平成20年度建築物リフォーム・リニューアル調査検討会報告書」に筆者が追記。

ンや設備サブコンは，事業継続性，知的労働生産性，スマート"X"[21] などを切り口に，保有エンジニアリング技術の組み合わせ，研究開発活動，異業種間連携が活発である。あるいは複数の建材メーカーが提携・統合する例や，家電量販店による住宅メーカー買収など，R&R 市場に対する準備は，着々と進んでいる。

R&R 工事についての分析

国土交通省は 2008（平成 20）年度上半期から「建築物リフォーム・リニューアル調査」を実施している。この調査は，さまざまな建設業者が元請として受注した，増築（別棟増築を除く），改築（全部改築を除く），改装を対象に，受注高と各月の最初に受注した 2 件について詳細な内容を調査したもので，半期ごとに公表される[22]。

図 7-19 は，表 7-3 に示す目的（A）や工事部位（B〜E）の分類で，住宅と非住宅の別に R&R 工事の受注件数を示している。棒グラフは調査の回答企業がその期間内に実施した工事の内訳を示しており，全体として一つのプロジェクトであっても工事部位別に件数がカウントされている。受注時における発注者の R&R の動機から主たる工事を特定しているところにこの調査の特徴がある。図 7-19 の折れ線グラフは，各分類の受注件数に占める主たる工事と回答された比率を示している。つまりその比率が低い工事は他の工事に付随して実施されたと解釈できる。

住宅分野

目的別では，「A-1：劣化や壊れた部位の更新・修繕」の受注件数が突出して多く，主たる工事の比率も 55％ と最も高い。「A-3：高齢者・身体障害者対応」や「A-8：その他」は受注件数がさほど高くないものの主たる工事比率が 40％ に上っている。部位別では，B-2〜B-5 といった建築の部位や，C-3 の設備配管関係の受注高が多い。主たる工事比率が突出しているのは，「C-7：太陽光発電設備（67％）」，「C-8：中央監視設備（100％）」で，「B-3：外壁（43％）」，「C-3：給水給湯排水衛生機器設備（40％）」がそれらに続く。住宅では，建築の部位や設備配管などの更新・修繕を目的とした工事が，それらのいずれかを主目的としてほかは付随的に行われ，バリアフリーや省エネなど，今日的

---

21 X には，グリッド，シティ，エネルギー，ホームビルディングなどさまざまな言葉が入る。
22 以下は，2012 年 5 月に 2011（平成 23）年度上期受注分として公表されたデータを用いた分析である。

表7-3 R&R工事の目的，工事部位

目的別		工事部位別			
A-1	劣化や壊れた部位の更新・修繕	B-1	基礎軀体	C-3	給水給湯排水衛生機器設備
A-2	省エネルギー対策	B-2	屋根屋上	C-4	廃棄物処理設備
A-3	高齢者・身体障害者対応	B-3	外壁	C-5	電気設備
A-4	防災・防犯・安全性向上	B-4	内装	C-6	昇降機設備
A-5	用途変更	B-5	建具	C-7	太陽光発電設備
A-6	耐震性向上	B-6	その他建築	C-8	中央監視設備
A-7	屋上緑化，壁面緑化	C-1	防災関連設備	C-9	その他設備
A-8	その他	C-2	空気調和換気設備	D-1	外溝
				E-1	その他

(出所) 建築物リフォーム・リニューアル調査報告より。

図7-19 R&R工事の受注件数，主たる工事の比率

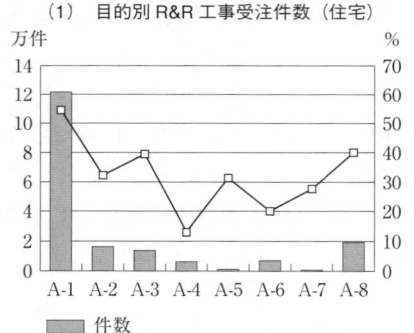

(1) 目的別R&R工事受注件数（住宅）

(2) 目的別R&R工事受注件数（非住宅）

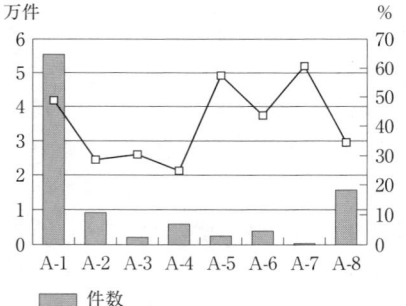

(3) 工事部位別R&R工事受注件数（住宅）

(4) 工事部位別R&R工事受注件数（非住宅）

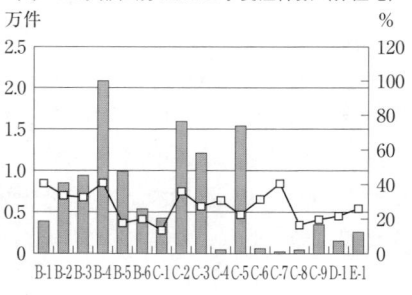

な問題解決を目的とした工事は独立して行われていると解釈できる。

　前者は，地域工務店や住宅メーカーが住宅所有者の相談を受けて受注するようなタイプが該当する。あるいは，職別工事業の連携，たとえば壁のメンテナンスを請け負った塗装業者が，「壁の塗装に合わせてサッシを断熱タイプに替えましょうか」と提案し，連携している他の工事業者と共同で工事を行うようなケースが考えられる。このように個別対処的に受注と工事が決まるため，顧客への対応や施工体制の編成が擦り合わせ的に行われる。したがって地域工務店，住宅メーカー，職別工事業連携によるR&Rは，「中インテグラル・外インテグラル」なサービスになりやすい。

　後者の中で省エネ関連は，太陽光発電設備，コージェネレーション，高断熱サッシなど，付加価値の高いモジュールを個別に設置するケースである。これらは家電量販店やホームセンターなど販売の窓口が一つだとしても，施工はメーカーと契約している代理店に分散して発注される，「外モジュラー・中モジュラー」の典型的な例である。

　これらのほかに，ユニットバスや便器など住宅設備の取り替えでは，住宅設備メーカーがインハウスのコーディネーターや専門の研究組織を擁し[23]，水まわり空間の一式リフォームを展開している例もある。また，バリアフリー化に関しては，ケア・マネジャーや福祉住環境コーディネーターなどが発注者の状態を勘案して個別最適なメニューを立案する。これらはメーカー内部や法で設計や施工の標準化がされているため，内部構造は組み合わせ型に近い一方で，発注者との関係は擦り合わせ型とすることで付加価値を高めている部分もある。したがって「中モジュラー・外インテグラル」なサービスである。

非住宅分野

　非住宅は，「A-5：用途変更（60%）」「A-7：屋上緑化，壁面緑化（64%）」で主たる工事比率が高い。これらは受注件数が少ないものの，独立したR&R市場が存在することを示している。その他の目的は，主たる工事比率がそれなりに高く受注件数が突出している「A-1：劣化や壊れた部位の更新・修繕（51%）」と組み合わせた工事と推測できる。工事部位で主たる工事比率が突出して高い項目はなく，30～50%の間に軀体（B-1～3），内装（B-4），空調（C-2），設備機械・機器（C-4/6/7）が並んでいる。非住宅のR&R工事は，住宅のよう

---

[23] たとえば，TOTOリモデル，TOTO UD研究所など。

に設備の更新・修繕に他の目的や部位を付随させるのではなく，R&R工事が統合的に企画されているのではないかと推測できる。

設備主体の専門工事会社によるR&Rは，建築物完成後のオペレーション支援を通じた設備ソリューション中心のクローズドな「擦り合わせ型」サービスが主流となりつつある（今江・安藤・徳山 2009）。それに対して建築工事主体では，建築物の収益性を高めることを目的とした大改修を，操業しながら施工する場合もあり，「擦り合わせ的」な企画─設計─施工のノウハウや技術が必要となる。

アーキテクチャのポジショニング

ゼネコンと専門工事会社による非住宅分野のR&Rは新築の設計と異なり建設プロセスの上流から下流のすべてで「施設を実際に利用している顧客」との擦り合わせ的な調整が求められるため，アーキテクチャのポジショニングはどうしても「中インテグラル・外インテグラル」寄りとなる。他方，住宅分野は非住宅分野と比較して新規参入の障壁が低く，先に述べたように多様なサービス形態が混在している。ヤマダ電機が住宅メーカーや住設メーカーを買収し，省・創・畜エネルギーをキーワードとした「中モジュラー・外モジュラー」戦略を打ち出すなど，異業種間競争はすでに始まっている。以上を整理すると図7-20のようになる。

住宅分野のR&Rで見たような地域における職別工事業の連携は，R&R先進国の英国でも確認できる。1990年代初頭の英国では，商業，工業，ハウジングといった工事種類に限らず，新築・改築はスペシャリスト，あるいは専門技能工が，修繕・メンテナンスは多能工が対応するという技能編成上の特徴が確認されている（安藤 1991）。そして，修繕・メンテナンスの工事高はなべて少額で，従業員数7人以下の小規模な建設業によって担われているという。日本のR&Rにおける職別工事業による連携も，多能工の価値を高めながら市場や活動領域の拡張を目指して，アーキテクチャのポジショニングを戦略的に検討すべきかもしれない。

また，大規模・非住宅の分野では，建築という物理的なプラットフォームに加え，人や機器の活動データを扱う仮想的なプラットフォームが，発注者の事業において重要な意味を持ちつつある。ICTが急速に発展した昨今，通信プロトコルなどインターフェイスの標準化が進めば仮想プラットフォーム上のビジネスへの参入障壁は急速に下がるだろう。ゼネコンをはじめとしたR&Rの

図 7-20 R&R 工事のアーキテクチャのポジショニング

	外インテグラル	外モジュラー
中インテグラル	地域工務店 住宅メーカー 職別工事業連携 専門工事会社 総合建設業	
中モジュラー	住宅設備メーカー バリアフリー分野	家電量販店 ホームセンター

既存プレーヤーがこの市場で主導権を握るには，アーキテクチャの変化を許容する柔軟性のある戦略が必要となるだろう．

7.2 海外市場

一般的な人工物と建築物

一般的な人工物と建築物が本質的に異なっている点が二つある．

一つは設計情報に不確定性を残したまま工事が進むことである．設計情報が表象するのは，その人工物の，①機能（振る舞い），②構造（形状），③工程（製法）であるが，建築のものづくりでは，それらの変更が大なり小なり日常茶飯に生じる．発注者は，不確実性のある景気変動のただ中で膨大な投資金額を数年かけて建設に投じることになる．そのため発注者の意思決定は，その回収期間の経済見通しに左右され，発注者の要求が複雑であるほど，その細部を詰め切れないまま施工者と契約をすることになろう．

もう一つは発注者やゼネコンが現場の力量を読めない点にある．建築プロジェクトはその場限りで施工の組織編成や生産設備が変わるため，建設地でどのような技能者をどれだけ集めることができるか，地域ごとに異なる自然条件や慣習にどれだけ適応できるかなど，極論すればやってみなければわからないのである．製造業のようにそれらが固定されていて，鍛え上げられたルーチンを

現場である工場ごとに比較して評価できるわけではない。

　日本国内に限定すれば，施工，入札，設計施工一貫など契約方式に若干の違いはあるものの，大局的にはゼネコンがそれらのリスクをまとめて引き受けてきた。その背景には，発注者と受注者の組み合わせが限定的な範囲から選択され，互いの行動パターンをある程度予測できることがある。したがって成長経済期には「グロスで利益を頂けるならばあなたのリスクを私が引き受けましょう」というレントが常に存在していた（安藤 2007）。この考え方は，日本の製造業が海外進出する際の工場建設にも当てはまる。米国の建設プロジェクト総合情報誌である ENR（Engineering News Record）によれば，2011 年における海外直接投資受注額の工場建設部門トップ 10 に，日本のゼネコンが 3 社もランクインしている[24]。これらが日本独特の「擦り合わせ型」の設計施工一貫方式で対処されていたであろうことは容易に想像できる。

　では，現地の発注者のプロジェクトを受注する場合，日本のゼネコンはどのように対処すべきであろうか。

　欧米では，「誰のせいで損をしたのか」が発注者と受注者の双方で常に問題となる。このリスクをなるべく明らかにしようとしてさまざまな発注方式や契約形態が発達してきた。これを受注者側の戦略として積極的に取り入れるならば，「業務範囲（スコープ）と契約形態の組み合わせで，……リスクが乖離できるようになる[25]」。この指摘をした米国オーバーシーズ・ベクテルの日本支社長である宮崎は，日本の大手ゼネコンにおけるエンジニアリング系の詳細設計など，得意分野を切り売りする可能性に言及している。要するに，日本が相対的に強い「擦り合わせ」能力の強さを最大発揮できる部分にリスクを集約したモジュール化はどうかという提案である。

　清水建設がシンガポールで受注した国立ハートセンターは，「アジアで一番の循環器系治療施設をつくる」というプロジェクトで，プロポーザル方式の入札案件であった。清水建設は，日本から病院専門の設計部隊を呼び，3 次元 CAD で立体図面を自ら作成し，工期を短縮できるように地下構造体の変更を提案することで，入札価格が 2 番札であったにもかかわらず逆転受注にこぎ着けた。雑誌の記事で清水建設は，「世界でも，日本のゼネコンのように，研究開発や設計の機能を自前で抱え，資本が手厚い企業はない」と解説し，この記

---

24 「ENR August29, 2011」，1 位に竹中工務店，5 位に鹿島建設，10 位に清水建設。
25 宮崎文彦「エンジニアリングと CM に転換を」日刊建設工業新聞，2010 年 6 月 21 日。

表 7-4 海外工事におけるゼネコンへの発注方式の比較

発注形態		設計施工一括	実施設計＋施工	施工のみ	CM
発注形態図		発注者 ↓ 設計施工 ↓ 専門工事会社	発注者 ↓ 基本設計／実設・施工 ↓ 専門工事会社	発注者 ↓ 設計／施工 ↓ 専門工事会社	発注者 ↓ CMチーム ↓ 設計／施工 ↓ 専門工事会社
施工者役割	基本設計	あり	なし	なし	あり
	実施設計	あり	あり	なし	あり
	施工管理	あり	あり	あり	あり
	CM購買業務	なし	なし	なし	あり
施工者責任	設計	あり	あり（実施設計のみ）	なし	なし
	施工品質	あり	あり	あり	あり
	施工金額	あり	あり	一部あり	あり
	施工工期	あり	あり	一部あり	あり
発注者メリット	設計者との連携	△発注者の意向を反映しにくい	◯基本設計にタレント起用が可能	◯設計重視	◯設計重視
	施工者リスク回避	◯信頼できる施工者選定	◯信用調査	◯分離発注	◯CMチームが代行
	発注者の煩雑性	◯信頼できる施工者選定	◯信頼関係とマナー遵守	×設計期間が長く，調整が多い	◯専門領域はCMチームが代行
	工期短縮	◎ファストトラック	◯実施設計期間短縮	△設計者によりけり	△CMチームが管理代行
	保証・メンテナンス	◯施工者責任	◯施工者責任	△設計者責任	△CMチームが契約代行
	工事費	◯交渉次第で安い	◯施工者によるVE	△工事費が高くなりやすい	◯CMチームが管理代行
	総合評価	◎発注者リスクが小さい	◎発注者と施工者にメリットあり。一般的にこの形態が多い	◯現地施工者の選定が可能	◯GMPつきであればメリットあり。

事を掲載した日本のマスメディアも，「自社の技術力や設計能力を地域や案件ごとに落とし込み，それを含めた総合力で勝ち抜くしかない。……施工と投資をともに手がければ，市況変動リスクに怯えなくて済む。」と総括している[26]。要するに，「グロスで利益を頂けるならばあなたのリスクを私が引き受けましょう」という日本ゼネコンのコンピテンスを海外でも展開すべきというスタンスである。

　発注方式によるリスクの所在の違い

　表7-4は，国内大手ゼネコンに勤め東南アジアを中心として海外工事に30年間携わり，アジア地区の総括責任者を務めた実務者が，千葉大学の講義で使用した海外工事におけるゼネコンへの発注オプションを比較した資料を転載したものである。この資料によれば，発注形態で施工者の役割（業務範囲＝スコープ）が異なっており，それに対応してゼネコン（施工者）の責任とリスクの所在が決まってくる。

　26　「海外市場開拓の研究：『劣等生』脱却の挑戦」『日経ビジネス』2012年3月19日号．

施工者のリスクを最小化しようとするならば，伝統的な入札による「施工のみ」が有利だが，結果として工事費が高くなりやすいため発注者のメリットが他と比較して小さくなると言う。その理由は，発注者と施工者が「単価数量精算方式」で委託契約しているためである。この方式では，発注者が作成した詳細な工事項目とその数量リストに施工者が工事単価を書き入れる。工事が始まるとこの数量と単価をもとにして毎月の出来高が確定される。当然，契約時の設計や人件費が実際と違っていれば工事金額は変化するため，複雑なプロジェクトであるほど最終的な建築コストがいくらになるか不確実さが増す。

そこで施工者は，契約時点で実施設計が相当に進んでいて，設計と実際の乖離が少ないと予想できる場合に，最高限度保証額（guaranteed maximum price: GMP）を設定し，発注者の工事金額の頭打ちを保証する契約を締結する。いずれにしても，発注者や設計者に実施設計を的確にマネジメントする能力が備わっていなければ，プロジェクトは設計期間が長くなったり迷走したりする。

このマネジメント能力の不足をカバーしようとするのが「CM（construction management）」方式である。CM業者は，発注者と設計者と協力して実施設計の精度と施工性を高め，その完了部分から順次サブコン（専門工事会社）に発注して施工を開始する。しかしCMは，あくまでもコンサルタント委託契約であり，原則として発注者に，設計や専門工事会社との契約に関する責任がある。CM業者が施工者となるCMアット・リスクという方式は，CM業者が発注者や設計者と実施設計を詰め，GMPを設定したうえで，CM業者が施工者となり専門工事会社に発注する形態で，日本の建築業界の慣習と似たところがある。

これら二つの違いは，発注者の役割と責任に関するものである。このような複雑なプロジェクトに対するGMPつきの施工契約は，「中モジュラー・外インテグラル」と言えよう。

表7-4における残りの二つは，施工者が設計責任をどれだけ引き受けるかという違いである。施工者の実施設計能力が高い場合，その領域に業務範囲を広げることで，発注者に工期と工事費のメリットを提供できる。その代わり，業務範囲に対応した設計責任を施工者が負うことになるため，何か問題が生じたときに，施工者にリスクが集中する。「設計施工一括」や「実施設計＋施工」では，契約条項の精査や保険の合理的な配置といった，リスクを限定する知識を施工者が備えておく必要がある。

(1) モジュラー型プロジェクト

　純粋なCM方式は，専門分化されたプロジェクト組織でリスクを分散しようとする点に特徴があり，業務プロセスのルールが明快に規定される。たとえばCM方式における実施設計は，図面単位のリビジョン管理が徹底している。ある一例では，Rev. 4：確認，Rev. 3：サブコンへの製作図説明OK，Rev. 2：サブコン製作図着手OK，Rev. 1：サブコン製作着手OKというように細かな規定がされていた。ゼネコンの業務であるコーディネーションでは，各段階でCM業者に対して質疑（request for information: RFI）を提出する。それを受けたCM業者は発注者や設計者と調整してゼネコンに返答するが，この調整には時間がかかる。また，設計変更は，CM業者が取りまとめてゼネコンにチェンジ・オーダーを発行するが，それに該当する実施設計図面は低いレベルのリビジョンからコーディネーションをやり直すことになる。それに対応して，サブコンの製作図や製作は，チェンジ・オーダーのたびにストップとやり直しを繰り返すことになりやすい。

　このような建築生産プロセスの「中モジュラー・外モジュラー」化は，事前のデザインルール設定やその遵守に調整コストがかかるため，複雑なプロジェクトとの相性が良くないと考えるのが妥当である。近年欧米で，設計者や受注者のほか主要なサブコンが共同で設計図の精度向上に協力するパートナリング（partnering），建築主，設計者，施工者などが一つのチームとなり，協力しながら設計を進めるIPD（integrated project delivery）手法が注目されつつある。このような傾向は，建築プロジェクトが大型化・複雑化していることに起因して，実施設計の完成が見えにくくなっているという発注者のリスク回避を目的とした「中インテグラル・外インテグラル」へのシフトと解釈できる。

(2) インテグラル型プロジェクト

　ここで，日本ゼネコンの特徴である設計施工一貫方式について改めて考えてみたい。この方式は，設計と施工を一つの企業が行うことで，発注者の要求を短工期かつローコストで提供しようとする方式である。この方式における「裏の競争力」は，施工性に優れたディテールを設計標準として整備する，基本設計で施工性を考慮した構工法を検討する，高品質でコストパフォーマンスに優れた施工技術を前提に設計をする，それらを精度よく施工できる技能者を確保するといったことがあげられる。これは，「転写をよどみなく高精度で行う設計情報の創造」（藤本 2003）と言い換えられる。さらに「表の競争力」である

図7-21 海外市場におけるアーキテクチャのポジショニング

	外インテグラル	外モジュラー
中インテグラル	日本の設計施工一貫 Partnering/IPD 実施設計＋施工 日本の施工入札	エンジニアリング特化
中モジュラー	施工のみ（GMDつき） CMアット・リスク	CM方式

デザインやプロジェクト・ファイナンス能力との相乗効果が日本の建築市場における設計施工一貫の価値評価につながってきた。このような建築生産プロセスは，「中インテグラル・外インテグラル」の代表例と言えよう。

ゼネコンのビジネスモデルは，施工の実施部分を外注化し，自らは元請業務としての総括管理に特化してきた[27]。このビジネスモデルは，開国以来150年の長きにわたり築き上げてきたものであるが，海外の工事が近年志向している発注方式の方向性と図らずも似通っている。

アーキテクチャのポジショニング

インテグラルなプロセスを長期的に構築してきた日本のゼネコンは，少なくとも，海外市場でローカルや中国，韓国のゼネコンとコスト競争を繰り広げながら施工のみを請け負うことが得策でないことは火を見るより明らかである。郷に入っては郷に従え，あるいは，長い年月をかけた日本の建築生産ステムの移植も重要ではあるが，海外に向けて自らの価値を明確にアピールすることが必要ではないだろうか。先に紹介したオーバーシーズ・ベクテルや清水建設の記事は，「マザー工場を強化して，海外では勝てるところで勝負せよ」という製造業での議論と似たようなところがある。

---

27 建設経済レポート「日本経済と公共投資」No.52（平成21年6月）。

海外での施工では,日本の「職人」のような,情報同化型(青木1996)の高い調整能力を持つ技能者を確保することが難しい。したがって,日本水準の品質や工期を提供するためには,建築物の「中アーキテクチャ」のモジュラー化が有効と考えられる。そのためには,デザインルールの周到なつくり込みが必要であり,そこに日本ゼネコンの卓越した「裏の競争力」を活かすことができるはずである。一方で,建築物の「外アーキテクチャ」は,日本ゼネコンが得意とするきめ細かな擦り合わせで勝負できる可能性がある。プロジェクトの条件が複雑で実施設計のマネジメント力が必要であるほど,日本ゼネコンが国内の大規模プロジェクトで蓄積した能力の出番である。ただし,ステークホルダー間のインターフェイスとなる契約・保険を操る能力を鍛えておく必要がある。これらを含めた「表の競争力」への投資が勝負の勘どころである。

あるいは,「外アーキテクチャ」をモジュラー化するビルディングタイプがあってもよい。たとえば集合住宅は,安全・安心,高品質,便利さなど,日本ゼネコンの技術力をパッケージ化して差別化ができそうな分野である。ここで収益を上げるためには,現地の要求に対応した「高いけど良い」建築物のつくり込みが重要である。技術を前面に押し出した「良いけど高い」への需要はやはり低いだろう。

8 まとめ

8.1 建築物のタイプとアーキテクチャ戦略

以上に述べたアーキテクチャのポジショニングを一望すると図7-22のようになる。全体的な傾向としては,建築物や開発規模が大規模である場合,機能要求が厳しい場合(R&D・ハイテク分野・医療),制約条件が厳しい場合(戸建注文住宅)に,その建物は中インテグラル型の戦略をとる傾向がある。また,建物を含む住生活システムや事業システムに対する機能要求や制約条件が厳しい場合に,そのシステムの構成要素である建物は外インテグラル型(特殊な建物)になりやすい。

このように,ビルディングタイプごとにアーキテクチャの位置取り戦略が示唆されたならば,次に,製造業の分析で示唆されたアーキテクチャ戦略のいわば定石が,建築業の場合においても通用するか否かをチェックしてみる必要がある。すでに本章の冒頭に示したように,製造業の実証研究で得られた仮説は,

図7-22 アーキテクチャのポジショニングのポートフォリオ

	外インテグラル	外モジュラー
中インテグラル	戸建住宅（注文） 集合住宅（大規模） 医療施設 R&R（大規模）	集合住宅 （中小規模） 製造施設 （ハイテク分野）
	戸建住宅（自由設計）	
中モジュラー	集合住宅（超高層） 賃貸オフィス R&R（部分）	戸建住宅（建売り） R&R（部品）

概ね以下のとおりである。

①中インテグラル・外インテグラル型→価格設定力　相対的に高い機能とコストが特徴なので，供給企業が価格設定力を持ち，高い機能に見合った価格を実現できるかがポイントとなる。また，イノベーションはこのタイプから始まるので，当面の赤字は将来への投資と割り切り，速やかに他のタイプに移行することを考える。

②中インテグラル・外モジュラー型→市場シェア　この戦略は，自社の高度な技術力やものづくり力を駆使して高機能の標準品を市場に提案する。したがって，その開発に要する固定費を回収するためにも，市場席巻力のある強力な製品を開発し，できればそれをデファクト・スタンダード化し，他社に勝る市場シェアを獲得してコスト競争優位を築く必要がある。

③中モジュラー・外インテグラル型→対顧客提案力　共通部品や標準部品を巧みに組み合わせることで，顧客の特殊なニーズに対してカスタマイズされた機能あるいはサービス（ソリューション）を提供することが，この戦略のポイントである。したがって，顧客に直結し，隠れた個別ニーズを先取りし，提案営業を行う力が，このセルでの一つの勝ちパターンである。

④中モジュラー・外モジュラー型→コスト低減　この戦略は，コモディティ化した製品の熾烈なコスト競争を勝ち抜く力技を必要とする。その方策は，標準

品の大量生産，標準部品の買いたたき，新興国の低賃金利用など，シンプルかつストレートなものが多く，「きめ細かさ」よりは「大胆さ」が要求されることが多い。

かりに，ある建築ビジネスが上記①②③④のポジションのいずれかを選択したとしよう。その建築ビジネスが，上記のような戦略的な特徴を実際に備えているとするなら，それは，製造業を中心に考えられた「アーキテクチャの位置取り戦略」が建築業でもある程度通用することを意味する。しかし，かりに，あるポジションを選択した建築ビジネスが，上記のような製造業における戦略パターンとは異なる特徴を有するとするなら，それは建築業が平均的な製造業とは異なる，一品生産の大型人工物としての特性を持っていることを示唆しているのかもしれない。

逆に言うなら，上記の四つの基本類型のいずれかを選んだ建築ビジネスの戦略的な特徴を，さらに細かく実証的に検討することによって，「アーキテクチャの位置取り戦略」そのものを，一品生産や大型人工物の領域にも通用する，より汎用的な分析枠組みに発展させることができるかもしれない。それは今後の課題であるが，本章ではその手始めとして，いくつかの代表的なビルディングタイプについての比較分析を試みたわけである。その結果は，概ね整合的であったと言える。

8.2 中アーキテクチャ・外アーキテクチャとプロセス改善

最後に，アーキテクチャの位置取りが，建築のものづくりプロセス，とりわけ生産プロセス[28]のあり方にどのような影響を与えるかについて考えてみよう。ある建築物の内外アーキテクチャのポジショニングがどこであるかによって，それに適合する生産プロセスは異なってくるものと予想されるからである。

すでに述べたように，「中アーキテクチャ」は，建築物自体の構造的な複雑性の程度である。本章では，構造体，内装，設備といった構造／部位間の分割・結合関係を対象とした。このような部分の「取り合い」をうまく「納め

---

[28] 一般的な建築のものづくりのフローは，設計者による設計図に基づいて施工者が選別される。ただし，設計図だけでは施工できず，施工するための設計，いわゆる生産設計を施工側が中心となって行うため，施工側に引き渡すための設計情報の媒体（メディア）への転写を含めて「生産」に相当すると言える。その意味では，日本建築業の特徴である設計施工一貫方式や，近年米国で注目されている IPD などは，設計と生産の境界があいまいで，広義の生産プロセスと解釈できる。

て」構造体や設備配管を施工できる状態にまとめ上げる調整が生産設計の中心的な業務である。うまく納めるためには，個々の部品の詳細や品番のほか，諸室の大きさや配置，空調や照明など設備機器の配置がある程度決まっている必要がある。どのような部品や材料をどのように組み合わせるかの検討は施工側の裁量だが，その検討内容を採用する決定権は発注者や設計者の側にある。このような設計の詳細を確定することを建築業で「もの決め」と言う。

　また，建築物の設計は，施工者が決まってから，場合によっては施工が始まった後でも，諸室の配置や空間のイメージが変更となる場合が多い。テナントなど空間の利用者が決まらなければ確定できない部分もある。あるいは，住宅の建設で経験した読者もあると思うが，でき上がっていく空間を実際に体感することで創発される要求も少なくない。そのため，施工側には「早く決めて欲しい」，発注者や設計者には「なるべく確定時期を引き延ばしたい」という意思決定のコンフリクトがあるのだが，良い建築物を合理的に建設するためには，インテグラルなアーキテクチャでなるべく早く，モジュラーなアーキテクチャでなるべく遅くという，「もの決め」マネジメントの改善が考えられる。

　「外アーキテクチャ」は，発注者の事業システムにおける建築物と他の構成要素の関係性である。「外アーキテクチャ」の複雑さは，建築事業にかかわる関係者間における合意形成の難しさと相関すると考えられる。建築物が地域に及ぼす影響が大きいほど，あるいは他の構成要素の技術進化がラディカルであるほど，「外アーキテクチャ」は複雑となる。この問題を解決する鍵は，建築プロセスに多くの利害関係者を巻き込む「共創」(co-creation) にあるのではないだろうか。他方，外アーキテクチャがモジュラー寄りの建築物は，発注者の要求を具現化する要素技術の組み合わせが肝要となる。意味のあるバリエーションが多いほど発注者はより良い選択ができるため，建築業の側には自社内外の要素技術を有機的に統合して提案する「コンフィギュレーション（組み合わせ）」能力の優劣が競争力の源泉となろう。

　このように整理すると，建築業におけるポジショニング戦略は，各々のポジションで設計から施工にかけての良い流れをいかにうまく構成するかというプロセスの改善にいきつく。また，建築物は大局的にはインテグラル型の性質だが，同じビルディングタイプを繰り返し建設することで，その特性や問題解決の方法が理解され，知識が形式知化していくという一般的な傾向も当てはまる。加えて，自社の設計標準をいかに進化させるかという視点も重要である。そこ

で自社が保有している，企業内で生産され，企業の外では購入も販売もできないペンローズ[29]的な意味でのサービス資源を最大限に発揮できれば，日本の建築業は強さを発揮できるはずである。しかし，分業化が進むプロセスにおいて，良い流れを主導する主体者がポジションごとに違っていることを本章から読み取ることができる。このようなステークホルダーと建築物の相互関係については，本書第8章の分析に譲る。

8.3 建築生産プロセスとポジショニング戦略

以上の特徴をふまえれば，建築業におけるアーキテクチャ・ポジショニング戦略の4類型は，生産プロセスの観点から，以下のように再解釈できる。これはあくまでも大きな方向性を示唆することを目的とする概念規定であるが，アーキテクチャに基づいたポジショニングの特性で建築物をとらえ直し，自社の建築生産システムのあり方を再検討することへの，一つのヒントになるのではないかと考える。

①中インテグラル・外インテグラル戦略　図7-1の左上のポジションは，関係者と共創しながらなるべく早く「もの決め」を進めたい位置取りである。このように表現すれば，ある程度の規模があるプロジェクトの建築プロセスは概ねこのように進められていると類推できる。しかし，総価請負契約が基本の日本の建築業では，もの決めが遅くなりがちで人件費が嵩み，得られるはずの利益が減少する傾向にあるのではないだろうか。したがって，隣接する左下または右上のポジション寄りにプロセスを移行する，あるいはなるべく早い「もの決め」を誘引できる技術や契約上の仕組みが有効と考えられる。他産業では似たような問題を抱える企業をいくつか思いつくが，良い意味での参考となる事例がほとんどない。建築業が先陣を切ってイノベーションに取り組むポジションではないだろうか。

②中インテグラル・外モジュラー戦略　図7-1の右上のポジションは，多様な要素技術の組み合わせ問題を随時解決しながら選択的に建築物をつくり上げる位置取りである。このポジションでは，発注者の事業システムやその動向への理解，売れる技術の独占権やエンジニアリング能力を追求することが競合他社との差別化につながる。専門特化型の傾向が強い一方で，魅力的なバリエー

---

[29] ペンローズは，企業を生産資源の束としてとらえ，その成長を論じた経済学者（Penrose 1959）。

ションで発注者を先導するために，新しい要素技術を獲得するためのポジショニングのポートフォリオが肝要となる。他産業でたとえれば，シマノ社の戦略が参考となろう。

③中モジュラー・外インテグラル戦略　図7-1の左下のポジションは，関係者との共創でじっくりと建築物をつくり上げる位置取りである。だからといってその調整にいくらでも時間をかけてよいというわけではない。そのため，建築物の内部構造で組み合わせ型の可能性を追求する。それが，建築物の価値を高めることと，内部プロセスの効率を高めることを同時に狙うことになる。つまり，日本ゼネコンが得意とする実施設計や生産設計の強みを活かす戦略である。他産業でたとえれば，サービス全体で価値を創出したアップル社の戦略が参考となろう。

④中モジュラー・外モジュラー戦略　図7-1の右下のポジションは，発注者の要求に合わせてインテグレートしたシステムの範囲内でマス・カスタマイゼーションを行うような分類である。本章の前半で述べたように，建築物は元来，「オープン部品を多用するインテグラル設計」という特質がある。ただし，基礎，構造体，外装，内装の間のインターフェイスに関するルールを整備することで，構造体をある程度標準化し，空間・構造は一般的で外装だけ目立つものにしたいといったカタログ的な要求に対応することも不可能ではない[30]。この分類では，ある程度の母数がある発注者の要求をうまく一般化することができれば，大量生産的なビジネスを展開することも可能である。また，異業種参入の障壁が低いため，活性化が期待できるポジションでもある。他産業でたとえれば，プラットフォーム上の競争となっているネットビジネスが該当するだろうか。

8.4　ポジショニングを考慮した建築マネジメントへ

　建築技術の近代化は約50年の歴史である。1960年に国産初のタワークレーンが開発され，5年後の65年に霞が関ビルが竣工して超高層時代が幕を開け，複合化工法の開発へとつながっていく。住宅分野に注目すれば，1960年頃から住宅部品の工業化が始まった。このように1960年代は，建築物のありよう（構造的なるもの）とやりよう（施工的なるもの）を一体として考える構工法の発

---

[30]　たとえば，韓国でよく見られる，センターコア型のオフィスビルはこのタイプに近いと言える。

展が始まった時期である。このような技術進化の潮流と経済成長期における高層化や大型化，大空間化，分譲集合住宅における便利さの追求や高級化など，新しいタイプの建築物や価値基準に対する建築業側の技術的探索は，ハードウェアを中心としたラディカル・イノベーションを多く創出した。こうした技術的探索は，成熟経済に転換した後に，たとえば免震構造など，専門的な技術の高度化，つまりインクリメンタル・イノベーションへと変わってきた。

　このような技術進化の歴史的経緯と発注者の建築物を利用したビジネス環境の変化が相まって，建築物のアーキテクチャはポジショニングが多様になっていることを本章では示した。そして1960年代から半世紀を迎えた2010年代は，持続的な建築需要を予測できる建築物のタイプであれば，建築技術に関する一応のエレメントが出揃ったように思われる。五輪特需が終わるであろう2020年代は，多様なポジショニングのポートフォリオを意識したマネジメント・イノベーションの時代ではないかと提案することで本章を締めくくりたい。

参考文献

赤崎盛久・高田光雄（2008），「1970年代から1990年代半ばまでの販売・施工方式と商品：市場の変化を背景とした工業化住宅事業における販売・施工方式と商品についての研究　その1」『日本建築学会計画系論文集』第73巻634号，2709-2716頁。

赤崎盛久・高田光雄（2009），「1990年代における市場の変化と工業化住宅：市場の変化を背景とした工業化住宅事業における販売・施工方式と商品についての研究（その2）」『日本建築学会計画系論文集』第74巻639号，1117-1124頁。

網倉久永・新宅純二郎（2011），『経営戦略入門』日本経済新聞社。

安藤正雄（1991），「住生産における産業構造および生産技術の変化に関する日英比較研究（1）」『住宅総合研究財団研究年報』No. 18。

安藤正雄（2007），「日本の建築産業の強みと弱み」日本建築学会編『変革期における建築産業の課題と将来像：その市場・産業・職能はどのように変わるのか』日本建築学会，102-117頁。

青木昌彦（1996），『経済システムの比較制度分析』東京大学出版会。

藤本隆宏（2002），「組織能力と製品アーキテクチャー：下から見上げる戦略論」『組織科学』第36巻4号，11-22頁。

藤本隆宏（2003），『能力構築競争：日本の自動車産業はなぜ強いのか』中央公論新社。

藤本隆宏（2004），『日本のもの造り哲学』日本経済新聞社。

藤本隆宏・東京大学21世紀COEものづくり経営研究センター（2007），『ものづくり経営学：製造業を超える生産思想』光文社。

藤本隆宏（2012），『ものづくりからの復活』日本経済新聞社。

藤本隆宏・武石彰・青島矢一編（2001），『ビジネス・アーキテクチャ：製品・組織・プロセスの戦略的設計』有斐閣。

五十嵐敬喜・小川明雄（2003），『「都市再生」を問う』岩波新書。

今江麻衣・安藤正雄（2007），「ストック活用型社会における専門工事業の技術・技能の研究：専門工事業のアーキテクチャ」『日本建築学会第 23 回建築生産シンポジウム論文集』．

今江麻衣・安藤正雄・徳山和彦（2009），「ストック市場化と設備工事業者のビジネスアーキテクチャ」『日本建築学会第 25 回建築生産シンポジウム論文集』．

前田邦夫（1987），『現代アメリカ建設学：プロジェクト・マネジメント入門』開発問題研究所．

中山茂樹（2005a），「病院建築におけるブロックプラン計画の系譜：日本の病院建築の計画史に関する研究 1」『日本建築学会技術報告集』第 21 巻，243-248 頁．

中山茂樹（2005b），「病院建築における手術部計画の系譜：日本の病院建築の計画史に関する研究 2」『日本建築学会技術報告集』第 22 号，389-394 頁．

西河洋一（2009），「低価格住宅プロジェクトに関する研究」『芝浦工業大学専門職大学院工学マネジメント研究科特定課題研究報告書』45-52 頁．

大戸寛（2008），「病院設計と医療技術」『川崎医療福祉学会誌』増刊第 2 号，15-24 頁．

Penrose, E. T. (1959/1980/1995), *The Theory of the Growth of the Firm*, (1st/2nd eds.) Oxford: Basil Blackwell; (3rd ed.) Oxford: Oxford University Press.（末松玄六訳『会社成長の理論』第 2 版，ダイヤモンド社，1980 年，第 2 版の訳．）

オフィスビル総合研究所（2000），『次世代ビルの条件』鹿島出版会．

オフィスビル総合研究所ベースビル研究会（2006），『新次世代ビルの条件』鹿島出版会．

Porter, M. E. (1980), *Competitive Strategy: Techniques for Analyzing Industries and Competitors*, New York: Free Press.（土岐坤・服部照夫・中辻万治訳『競争の戦略』ダイヤモンド社，1982 年．）

西郷徹也（2012），「地域住宅産業の事業形態に関する研究」『日本建築学会計画系論文集』第 77 巻 671 号，111-118 頁．

関川夏央（1992），『良い病院とはなにか：病むことと老いること』小学館．

志手一哉・安藤正雄（2011），「ゼネコンの研究開発活動における対顧客ポジショニングの変化：集合住宅と半導体工場の比較」『日本建築学会計画系論文集 1929-1935』第 76 巻 668 号．

志手一哉・安藤正雄（2012），「大型タワー型マンションにおけるフリープラン対応構造体と住戸計画の関係性：板状型との比較分析を通じて」『日本建築学会計画系論文集』第 77 巻 676 号，1415-1422 頁．

鈴木潤・児玉文雄（2005），『STI ネットワークの研究：日本企業の本業回帰と新規技術取り込みの分析』RIETI Discussion Paper．

富田純一・立本博文（2008），「半導体における国際標準化戦略：300 mm ウェーハ対応半導体製造装置の事例」東京大学ものづくり経営研究センター MMRC Discussion Paper, No. 222．

綱淵昭三（1992），『現代の棟梁 竹中工務店の 21 世紀戦略』実業之日本社．

八木澤壮一・武田至・藤枝秀樹（2011），「病院霊安室の設置要求とそのありかたについて」『日本建築学会大会（関東）学術講演梗概集』E-1，261-262 頁．

『都市・建築・不動産企画開発マニュアル 2007～08』エクスナレッジムック，2007 年．

第Ⅲ部　建築ものづくりにおける課題と展望

第8章　建築の顧客
　　　　──建築は誰が評価するのか
第9章　建築物の価格設定
　　　　──建築物の価格はなぜ決まりにくいのか
第10章　建築産業の契約に関する分析
　　　　──ゲーム理論と情報の経済学の応用
第11章　建築の組織論
　　　　──どのような組織，どのようなマネジャーが必要か

第Ⅲ部の流れと位置づけ

　ここまで本書では，人工物の機能と構造，設計情報の流れ，アーキテクチャ，組織能力，表裏の競争力など，ものづくり経営学の諸概念を，建築物の設計・施工・価値創造に関する建築学の諸研究や知見に適用することを通じて，日本の建築産業の成果と課題に関する一つの再解釈を試みてきた。

　第Ⅰ部では，設計論に立脚する広義の「ものづくり」概念を導入し，大型人工物たる建築物の設計・施工によって顧客や社会に対する使用価値を創造する活動を，利用者に対するサービス（機能）を顕現化させるプロセスとして再解釈するプランを示した。また，日本の建築業の形成過程と，その結果としてのものづくり産業としての諸特徴と課題を，本書の観点から示した。いわば，建築ものづくり論の基礎編である。

　第Ⅱ部ではこれを受けて，具体的に，ビルディング・タイプとしての建築物を類型化し，アーキテクチャの観点から機能・構造・工程・組織の関係を分析し，日本の建築設計・施工の特徴を浮き彫りにしたうえで，建築物のアーキテクチャに関する戦略論的な検討を行った。その結果，日本の建築物は，タイプにもよるが相対的にインテグラル型（擦り合わせ型）寄りの傾向があり，また現場においては設計・施工一貫体制など，設計情報の流れに沿った統合型組織能力が発達する傾向が見られた。また，競争力に関しては，納期や品質ではなく，価格設定に課題が残ることが示唆された。

　これらの考察をふまえて第Ⅲ部では，日本の建築業が直面する最大の課題の一つとわれわれが考える「価値実現」，つまり顧客満足と利益獲得が両立するような建物の供給価格と機能（サービス）のパッケージをいかに実現するか，そのためにどんな課題を解決すべきかを検討し，問題提起と提言をめざす。

　建築業の価値実現が困難な理由として，第2章や第3章では，建築物の機能的あいまい性や不確実性があるために価格設定を不安定化させるということが指摘されているが，そうした機能的あいまい性の原因として，供給者側の建築物の顧客に対する理解が必ずしも十分ではないことが考えられる。

　そこで第8章では，まず建築物における顧客の理解に焦点を当てる。建築物の顧客は多種多様である。とくに公共建築物の場合，機能の利用者と構造の所有者が異なるという状況が発生する。こうした状況を需要者側で複数の経済主体が相互依存する「顧客システム」ととらえ，このシステムの分析を行う。次に第9章と第10章では，価格設定や品質確保に関する経済学の知見を建築物のケースに応用することを試みる。第9章では，建築業における価格設定の特質と問題点を，建築業の価値獲得と利用者満足という観点から，簡単な経済学の概念枠組みによって分析する。第10章では，建築物の取引に関して，ゲーム理論や情報の経済学による分析を行う。最後に第11章では，価値実現の前提として顧客機能を顕現化させるためには明確な製品コンセプトを旗頭に部門間・企業間の統合を行うリーダー（統合者）が不可欠であることを論じる。

第8章

建築の顧客
建築は誰が評価するのか

富田純一

本章では，顧客システムという概念枠組みを用いて，建築物の顧客が多種多様であることを示したうえで，顧客システムが複雑なケースの設計過程の分析を通じて，設計者側にどのような対応が求められるかを明らかにする。

1 建築の顧客とは

顧客システムとは，いわばサプライヤーシステムの対になりうる概念である。第6章でも言及されているように，建築物のサプライヤーシステムはゼネコンを中心とする複数のサブコンが下請け・孫請けとして階層化されている状況を意味する。これに対して，顧客システムでは，サプライチェーンの下流に目を向け，顧客である発注者・オペレータ・利用者が複数存在し，階層化している状況を念頭に置いている。建築業において両者の関係を図式化したものが図8-1である。

建築の顧客として代表的な主体は，発注者と利用者である。まず発注者について，一般的には民間の発注者と公共の発注者が存在する。民間の場合は企業である場合が多い。デベロッパーのような建物そのものが企業活動の対象になるケースと，製造業やサービス業において生産活動を行う工場や事務所になるケースとがある。一方，公共の場合には，教育・文化・福祉といった公共サービスの開始・維持・向上を目的とする建物が発注対象となる。

図8-1 サプライヤーシステムと顧客システムの関係（イメージ図）

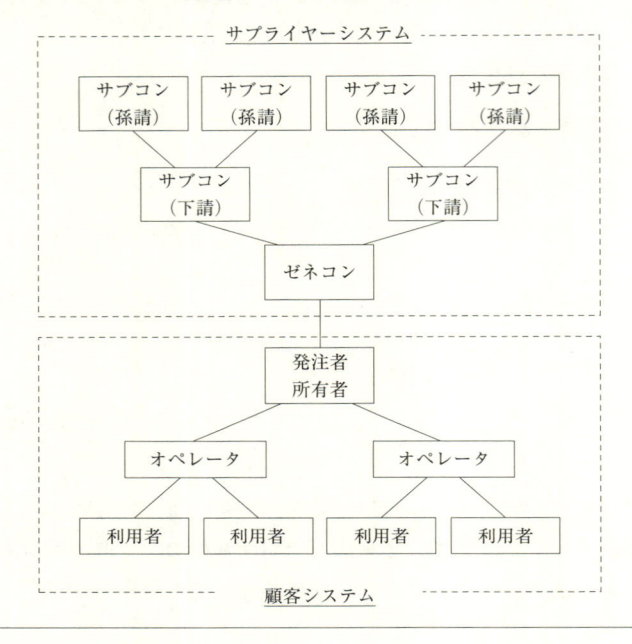

```
サプライヤーシステム
  サブコン（孫請）  サブコン（孫請）   サブコン（孫請）  サブコン（孫請）
       サブコン（下請）              サブコン（下請）
                       ゼネコン

顧客システム
                    発注者
                    所有者
          オペレータ            オペレータ
     利用者    利用者       利用者    利用者
```

　また，発注者の中でもデベロッパーのようなパワーユーザーと零細発注者がいる。パワーユーザーの場合には，組織内部に技術者を抱えていたり，建築プロジェクトの運営・企画・設計・監理を自ら行ったりするケースもある。一方，零細な発注者の場合には，技術者も少なく，多くの業務が建物の維持管理，修繕工事などであり，新築プロジェクトを手がける際には外部設計者やコンサルタントの支援を受けるケースがほとんどである。

　近年，建物ニーズの多様化・複雑化，技術の高度化の流れを受け，発注者自らが要求を具体化し，設計者に伝達することの必要性が問われている。英国では，発注者の要求を客観的に表現するため，ブリーフィング（Briefing），与条件記述書（state of requirement），要求設計仕様書（design criteria）が用いられている。日本でもそうした必要性が認識されているが，発注者の多くは建築経験が乏しいため，要求条件があいまいなままになりやすい。その結果，設計プロセスの後半に大幅な設計変更が起きやすい。

　他方，発注者が単一の個人・組織から複数の発注関係者の集合体へと変化し

ているケースもある。発注者が持つ3要素である需要・資金・土地が分離し，所有・利用・管理も分離するケースである。このような場合には，発注者内部の意見調整を行い，総合的な視野から判断を下せる，経験豊富な統括者が必要とされる（松村 2004）。

所有者と利用者が同じで，利用経験がある場合には，建物に求める機能を明確化し評価しやすいので，価格はスムーズに決まるだろう。たとえば，戸建住宅のリフォームや工場などが考えられる。しかし，第5章でも見たように，所有者と利用者が異なる場合，建物を通じて誰が誰にサービスを提供するのかが複雑になる。たとえば，学校などの公共施設では，所有者である国・地方自治体が利用者である教員と，また別の利用者である生徒が存在する。そこでは教員が生徒に教育というサービスを提供しており，「教育」という面での要求機能は，当該学区の子どもの数がわかれば，どのくらいの広さの教室がいくつ必要であるかが明確になる。

他方，ショッピングセンターなどの商業施設の場合，所有者（発注者）であるデベロッパーが専門店などにテナントを提供し，それら専門店が利用者である買い物客に「ショッピング」という機能を提供することになる。ただし，そうした機能は細かく見ていくと，個々の買い物客が望むショッピングの姿は非常に多様であり，要求機能が分化していき，事前に明確に完全記述することは困難である。このように見てくると，建物の顧客システムは，比較的単純なものから複雑なものまで幅があるように見える。

これに対して，設計・施工の側は，発注方式の観点から分類することができる[1]。欧州の伝統的な発注方式は，設計施工分離型で，設計は設計事務所（建築家），施工は施工業者が担当する。建築主は設計事務所と設計業務委託契約を結び，施工業者と工事請負契約を別々に結ぶ。これに対し，日本の伝統的な発注方式は，設計施工一貫型である。公共工事は設計施工分離型であるが，民間工事の場合は，設計施工一貫型である。

業務範囲から見た契約形態は，設計施工分離契約，設計施工一貫契約，コン

---

[1] なお設計者に関しては，状況次第で発注者にもなりうる。一般的には，発注者に選定されるまでは設計・施工側の一員として，選定後は発注者側の代理人として位置づけられる。本章では，発注者に選定される前，とりわけ企画・設計段階に着目するので，設計・施工側の一員として位置づける。またデベロッパーは企画・設計段階に参画していくケースもありうるが，あくまでも顧客の代表として要望を実現するための行動であると考えられるので，設計過程においては顧客システムの一員であると位置づけることにする。

ストラクション・マネジメント（CM）契約の三つに大別される。設計施工分離契約では，設計業務は準委任契約として設計者と，施工業務は請負契約として施工業者と契約が結ばれる。設計者の作成した設計図書に基づいて，施工業者と工事請負契約が結ばれる。設計施工一貫契約では，施工業者は発注者の要求に基づき，設計から施工までを一括して請け負う契約である。

　CMは，発注者の立場に立ち，プロジェクトの企画・施工・維持管理までのすべての管理を行うことを指す。日本では「工事管理」「施工管理」とほぼ同義である。ただし，CM方式は意味合いが異なる。すなわち，米国で1960年代に普及したプロジェクト実施方式であり，発注者の早期資金回収，施工者のインフレリスク回避，工期遅延・予算超過の防止のためのマネジメント向上を目的とする。このマネジメントの専門家がCMr（コンストラクション・マネジャー）であり，CM方式はCMrと建築主・設計者が一体となってプロジェクト全般を運営管理する方式である（松村 2004）。

　以上のように，大きく三つの業務範囲から契約形態があげられる。日本では設計施工一貫型が主流であり，近年増加傾向にあるが，本章では設計施工一貫型または設計施工分離型に焦点を当てて分析を進めることにする。建築生産における多様な設計者・施工者・発注者の関係すべてを記述・説明することは難しいが，戸建住宅や集合住宅，商業施設，ホテル，オフィスビル，生産施設などの民間建築，学校，同窓会館，市役所，病院，刑務所などの公共建築の顧客システムを記述し，それらの事例分析を通じて，設計者側はどのようにして発注者・所有者や利用者の声を聞き，建物に反映させていけば良いか検討する。発注者・所有者，利用者の要求機能が具現化されていくプロセスを明らかにし，建築産業における顧客システムのマネジメントのあり方を考察する。

2　顧客システム

　本来，競争力のある製品というのは顧客ニーズを満足しうるものである（藤本隆宏 2001）。しかし，建築物の場合，顧客満足の実現が困難である場合が少なくない。その主な理由として，顧客ニーズの多義性や顧客システムの複雑性があげられる。

　まず，顧客ニーズの多義性について見ていこう。一口に建築の顧客ニーズと言っても多種多様である。それらすべてを把握し，建物に反映させるのは困難

である。しかし，ダフィーとヘネーは，近年の建築物は建築家，デベロッパー，顧客という単純化された一般論に基づいて設計されていることを指摘し，これらのプレイヤーは多くの場合，問題と深く向き合わずに安易な解決策を提供してくれる慣習，いわば「規定集」に従うとして批判している（Duffy and Henney 1989）。ダフィーらは，オフィスビルの事例を取り上げ，優れたビルを開発するためには，いかなる建築プロジェクトにおいてもユーザーニーズの慎重な分析が必要であると主張する。

たとえば，分譲マンションを思い浮かべると，「間取り」のように定量的に測定できるニーズもあるが，「快適な居住空間」などの数値化困難な五感に訴えるものも重視されるだろう。加えて，建物の利用者は自らの経験に基づくニーズを保有するため，入居前・使用前に要求機能を完全に明示化することも困難であると考えられる。このように，ニーズを数値化したり明示化したりするのが困難な建物はニーズの多義性が高いと言える。

建築物の顧客ニーズの多義性のもうひとつの側面は，顧客システムの複雑性に関連するもので，異なるニーズを持つ顧客が複数存在する場合である。ここで言う顧客システムとは，「当該設計者が反応すべき顧客が階層構造をなす相互依存した複数の経済主体であるような状況」のことである（Tomita and Fujimoto 2006）[2]。この定義を建築産業に当てはめると，当該設計者とは設計事務所やゼネコンやハウスメーカー等設計施工業者を指し，顧客とは建物の所有者・発注者，メンテナンス担当者，オペレータ，利用者を指し，彼らが階層構造をなしている（図8-2参照）。第1章でも述べられているとおり，建物の機能を引き出すプレイヤーはすべて顧客に位置づけられる。後述するように，建物の発注者には販売者や所有者，利用者が該当しうる。加えて，利用者も異なるタイプの利用者が存在する場合もある。当該企業にとって，この顧客システムが複雑であればあるほど，製品設計活動の進め方も難しくなる。なお，建築物の顧客システムは設計者が建物を発注者に引き渡す前と引き渡した後でプレイヤーが変化する場合[3]もあるが，本章では引き渡す前，とりわけ設計過程に焦点を当てて議論を進めることにする。

2　なお産業財マーケティング研究では，当該企業も含めて「流通システム」と呼ばれることが多いが（Corey et al. 1989），本章では「モノの流れ」ではなく，階層構造をなす複数の顧客間の情報のやりとりの結果，ニーズが確定するということを主張するために「顧客システム」と呼ぶことにする。製品開発の成功要因を顧客システムの観点から検討した研究として，たとえば，桑嶋（2007），富田（2011）などがあげられる。

図8-2 建築の顧客システム

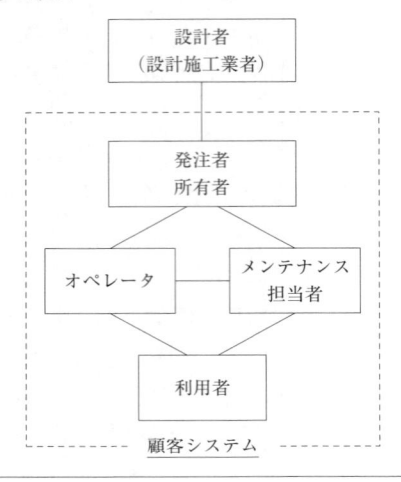

```
        設計者
    (設計施工業者)
          │
    ┌─────┼──────────────┐
    │   発注者          │
    │   所有者          │
    │     │            │
    │ オペレータ ─── メンテナンス │
    │                担当者     │
    │     │            │
    │   利用者          │
    │                  │
    └──── 顧客システム ────┘
```

　より一般的に言えば，システムの複雑性は，システムを構成する要素数と各要素間の相互依存性の強さに分解可能である（Simon 1969；藤本・安本 2000；青島・武石 2001）。構成要素数は，システム内の可能な構成要素間の関係の数を規定する。かりに構成要素が三つであれば，要素間の関係の数は $3 \times 2/2 = 3$ にとどまるが，10個ならば $10 \times 9/2 = 45$ と増えていく。よって，構成要素数が増えると，要素間の関係数も増え，複雑性が高まる。構成要素間の相互依存性は，ある要素のパラメータの変化が別の要素のパラメータの変化を要求する度合いである。たとえば要素間のパラメータがトレードオフ関係にあるような場合，相互依存性が高くなる。要素間の関係の数が一定であれば要素間の相互依存性が高いほど複雑性も高まる。

　これを顧客システムに当てはめると，次のように整理できよう。当該製品の設計者から見て，構成要素の数が多い場合，すなわち反応すべき顧客数が多い，あるいは顧客階層が深い場合，複雑性は高いと考えられる。顧客階層が深いというのは，サプライチェーンが長く，顧客の先にも顧客，さらにその先にも顧客が存在するといったような状況である。また，当該企業から見て，②各要素間の相互依存性が高い場合，すなわち顧客間の相互関係が強い場合，たとえば

　3　たとえば，集合住宅の場合，引き渡し前までは発注者であるデベロッパーは，顧客システムのプレイヤーとして役割を果たすが，所有者に引き渡した後は顧客システムから退出する。

顧客間の目標・ニーズが間接的・直接的に影響を及ぼし合い，トレードオフの関係にあるような場合，複雑性も高いと考えられる[4]。図8-2において点線は顧客システムの範囲，実線は各主体間に相互依存性があることを示している。

冒頭で取り上げたように，住宅の場合は購入者と使用者が同じである点で耐久消費財に近いが，公共建造物の場合は，財の発注者（所有者）と利用者が同一でない。これは，大型トラックや建設機械などの産業財と共通するところがある。施主が所有する建物は，それ自体は構造設計情報が建材に転写された人工物であるが，その建物に出入りし，それを操作することで，建物から提供される機能設計情報，すなわちサービスを最終的に享受するのは，当該建物の利用者である。

ショッピングセンターを例にとると，供給業者は発注者であるデベロッパーのニーズを理解することはもちろん必要であるが，それだけでは必ずしも十分ではない。かりに，そのデベロッパーのニーズに合う商業施設を設計したとしても，そこに出店するテナント・専門店のニーズ，ひいてはそこを訪れる買い物客のニーズに十分に応えられるとは限らないからである。このように，設計者から見て反応すべき顧客が多く，かつ製品の所有者と利用者が別である場合，顧客システム内の顧客同士はたがいに異なるニーズを保有している可能性が高い。よって，顧客システム全体の相互依存関係や情報の流れを把握する必要性が生じる。

3 建築物の顧客システム

以上の議論に基づき，建築物ごとに顧客システムの記述を試みたものが以下の11の図（図8-3～図8-13）である。まず代表的な民間建築の例として，戸建住宅，集合住宅，商業施設，ホテル，オフィスビル，生産施設を取り上げ，次に代表的な公共建築の例として学校，同窓会館，市役所，病院，刑務所を取り上げる。なお，本章の顧客システムの議論では，顧客ニーズを含む設計情報の流れに着目するため，仲介取引を行う不動産業者は除いて記述することにした。

「戸建住宅」の場合，設計者側から見た顧客は所有者と利用者が同一主体（居住者）であり，顧客システム[5]が最も単純なケースである（図8-3）。居住者

---

[4] ここで言う顧客間の相互依存関係は，単に取引関係のみを指すのではなく，顧客間の目標・ニーズの直接的または間接的なトレードオフ関係や利害関係をも含んだ概念である。

図8-3 戸建住宅の顧客

設計施行業者
（ハウスメーカー，工務店）

↓

所有者・利用者
（居住者）

図8-4 生産施設（工場）の顧客

設計施工業者
（ゼネコン）

↓

所有者・利用者
（メーカー）

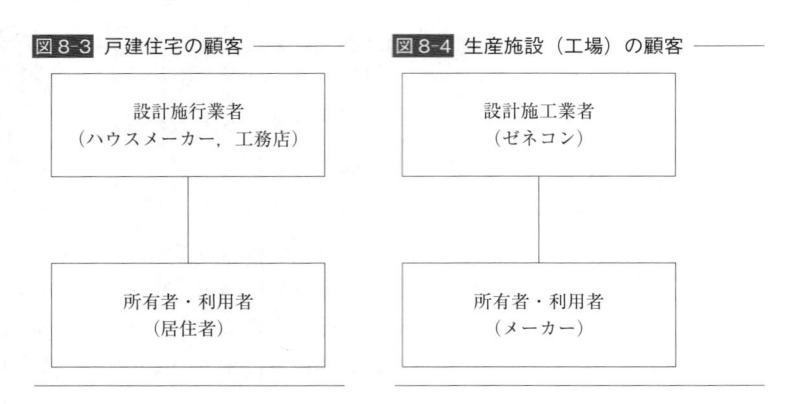

は購入後，戸建住宅に居住することで自ら住宅の機能を引き出す。顧客システムの観点から言えば，一見まったく異なる建築物である「生産施設（工場）」も同様に，所有者と利用者は同一主体（メーカー）となる（図8-4）。メーカーは，工場設備を利用し，製品を生産することで，工場の機能を引き出す。どちらのケースも，設計者は単一顧客（あるいは組織）の顧客ニーズに対応すればよいことになる。

一方，「集合住宅」の場合，戸建住宅や生産施設よりも顧客システムが複雑化している（図8-5）。すなわち，発注者（デベロッパー）とメンテナンス担当者（管理人），所有者・利用者（居住者）が異なる。デベロッパーは居住者にとっての住み心地の良さや管理人にとっての管理しやすさといった要求機能（ニーズ）をシミュレートしたうえで発注を行い，居住者は居住することで，管理人は設備等を利用することでその機能を引き出す。これらの要求機能は時として食い違うこともあるだろう。設計者は相互調整しながら対応する必要が生じる。

状況は若干異なるが，オフィスビル（貸ビル）の場合も，発注者・所有者（オーナー）とメンテナンス担当者（管理人），利用者（企業）が異なる（図8-6）。そこでもオーナーは利用者にとっての使い心地の良さや管理人にとっての管理しやすさといった要求機能をシミュレートしたうえで発注を行い，企業はオフィスビルを利用することで，管理人は設備等を利用することでその機能を引き

5　システムというのは，定義上，二つ以上の関連する主体から構成されるので，厳密に言えば単一顧客の場合，顧客システムとは呼ばない。もちろん，家族で住む住宅の場合には所有者と利用者が異なりうるが，本章では家族を企業同様，同一組織＝同一主体とみなし，議論を進めることにする。

図8-5 集合住宅の顧客システム

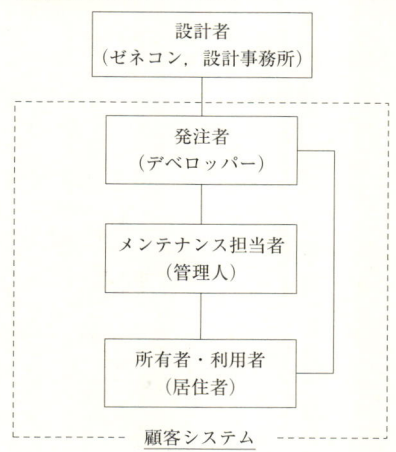

```
       設計者
  （ゼネコン，設計事務所）
         │
    ┌────┼─────────────┐
    │   発注者           │
    │ （デベロッパー）    │
    │    │              │
    │ メンテナンス担当者  │
    │   （管理人）       │
    │    │              │
    │ 所有者・利用者      │
    │   （居住者）       │
    └──── 顧客システム ──┘
```

図8-6 オフィスビル（貸ビル）の顧客システム

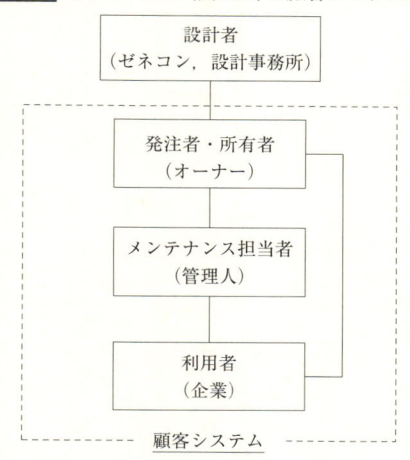

```
       設計者
  （ゼネコン，設計事務所）
         │
    ┌────┼─────────────┐
    │ 発注者・所有者      │
    │  （オーナー）       │
    │    │              │
    │ メンテナンス担当者  │
    │   （管理人）       │
    │    │              │
    │   利用者           │
    │   （企業）         │
    └──── 顧客システム ──┘
```

出すが，これらの機能が食い違うこともあるので，設計者は相互調整・対応を求められる。

「ホテル」や「商業施設」の場合は，さらに顧客システムが複雑化するケースである。すなわち，発注者・所有者とメンテナンス企業に加え，オペレータ，利用者が存在する。ホテルの場合，オペレータとしての従業員とその先にお客が存在することで，顧客システムの階層が深くなっている（図8-7）。これは，従業員がホテルから宿泊機能をサービスとして引き出し，そのサービスをお客が受けるといった状況を想定している。発注者・所有者であるオーナーはお客にとっての過ごしやすさだけでなく，従業員にとっての使いやすさ，メンテナンス企業にとってのメンテナンスのしやすさをシミュレートしたうえで発注を行い，実際にはこれらの機能が食い違うこともあるので，設計者側はそれらの相互調整・対応が求められよう。

商業施設の場合もオペレータとしてテナントとその先にお客が存在する（図8-8）。これは，テナントが商業施設から商売機能をサービスとして引き出し，そのサービスをお客が受けるといった状況を想定している。発注者・所有者であるデベロッパーはお客にとっての買い物のしやすさだけでなく，テナントにとっての使いやすさ，メンテナンス企業にとってのメンテナンスのしやすさをシミュレートしたうえで発注を行い，実際にはこれらの機能が食い違うことも

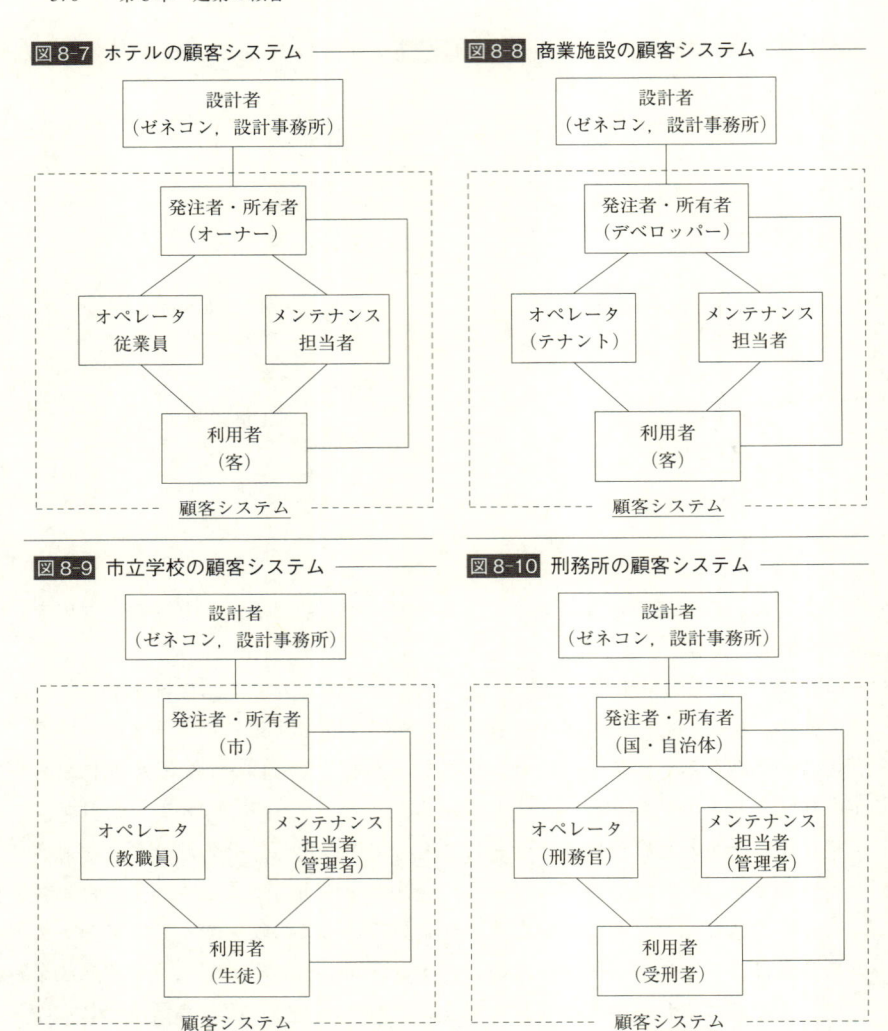

図 8-7 ホテルの顧客システム

- 設計者（ゼネコン，設計事務所）
- 発注者・所有者（オーナー）
- オペレータ 従業員
- メンテナンス担当者
- 利用者（客）
- 顧客システム

図 8-8 商業施設の顧客システム

- 設計者（ゼネコン，設計事務所）
- 発注者・所有者（デベロッパー）
- オペレータ（テナント）
- メンテナンス担当者
- 利用者（客）
- 顧客システム

図 8-9 市立学校の顧客システム

- 設計者（ゼネコン，設計事務所）
- 発注者・所有者（市）
- オペレータ（教職員）
- メンテナンス担当者（管理者）
- 利用者（生徒）
- 顧客システム

図 8-10 刑務所の顧客システム

- 設計者（ゼネコン，設計事務所）
- 発注者・所有者（国・自治体）
- オペレータ（刑務官）
- メンテナンス担当者（管理者）
- 利用者（受刑者）
- 顧客システム

あるので，設計者側にはそれらの相互調整・対応が求められる。

　公共建築の場合にも，発注者・所有者と管理者，利用者が異なるうえ，利用者にも複数の主体が存在するケースが多いので，顧客システムは複雑になりやすい。「市立学校」や「刑務所」の顧客システムはホテルや商業施設と類似している。たとえば市立学校の場合，オペレータとして教職員とその先に利用者

図 8-11 市役所の顧客システム

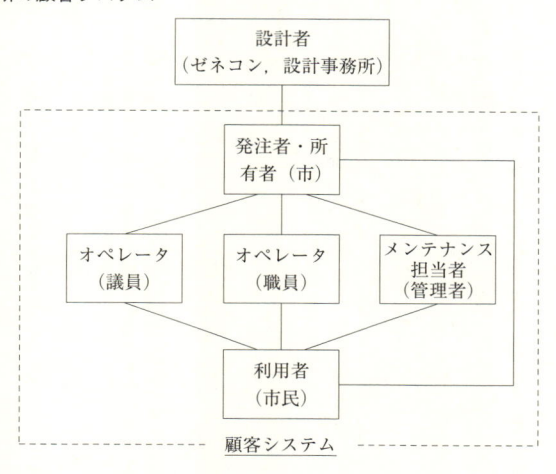

```
                        設計者
                (ゼネコン，設計事務所)
                          │
      ┌───────────────────┼───────────────────┐
      │             発注者・所              │
      │             有者（市）              │
      │           ／    │    ＼            │
      │    オペレータ  オペレータ  メンテナンス  │
      │    （議員）   （職員）   担当者       │
      │                          （管理者）    │
      │           ＼    │    ／            │
      │              利用者                 │
      │             （市民）                │
      └──────────── 顧客システム ────────────┘
```

である生徒が存在する（図8-9）。これは，教職員が学校から教育機能をサービスとして引き出し，そのサービスを生徒が受けるといった状況を想定している。発注者・所有者である市は生徒にとっての授業の受けやすさだけでなく，教職員にとっての教育のしやすさ，管理者にとってのメンテナンスのしやすさをシミュレートしたうえで発注を行い，実際にはこれらの機能が食い違うこともあるので，設計者側はそれらの相互調整・対応が求められる。

　刑務所の場合も，オペレータとして刑務官と利用者としての受刑者が存在する（図8-10）。これは刑務官が矯正機能をサービスとして引き出し，そのサービスを受刑者が受けるといった状況を想定している。発注者・所有者である国・自治体は受刑者にとっての矯正だけでなく，刑務官にとっての矯正しやすさ，管理者にとってのメンテナンスのしやすさをシミュレートしたうえで発注を行い，実際にはこれらの機能が食い違うこともあるので，設計者側にはそれらの相互調整・対応が求められる。

　「市役所」「市民病院」「同窓会館」は，公共建築の中でも顧客システムがさらに複雑化したケースである。たとえば市役所の場合，オペレータが2タイプ，すなわち職員，議員，加えて利用者の市民が存在する（図8-11）。これは職員が行政機能を，議員が議会機能をサービスとして引き出し，市民がそれらを行政サービスとして享受するといった状況を想定している。発注者・所有者であ

図8-12 市民病院の顧客システム

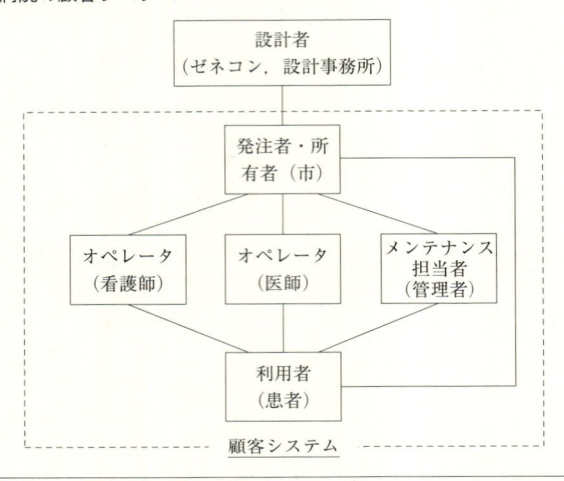

```
                    設計者
              （ゼネコン，設計事務所）
      ┌─────────────┼─────────────┐
      │         発注者・所          │
      │         有者（市）          │
      │        ╱    │    ╲          │
      │   オペレータ  オペレータ  メンテナンス │
      │   （看護師） （医師）   担当者    │
      │                    （管理者）  │
      │        ╲    │    ╱          │
      │          利用者            │
      │         （患者）           │
      └─────────────┼─────────────┘
                   顧客システム
```

る市は市民にとっての暮らしやすさだけでなく，職員にとっての行政のしやすさ，議員にとっての会議運営のしやすさ，管理者にとってのメンテナンスのしやすさをシミュレートしたうえで発注を行い，実際にはこれらの機能が食い違うこともあるので，設計者側にはそれらの相互調整・対応が求められる。

　市民病院の場合も，オペレータが2タイプ，すなわち医師，看護師，加えて利用者の患者が存在する（図8-12）。これは医師が診察・治療機能を，看護師がその補助機能をサービスとして引き出し，患者がそれらを治療サービスとして享受するといった状況を想定している。発注者・所有者である市は患者にとっての治療の受けやすさだけでなく，医師にとっての治療のしやすさ，看護師にとってのサポートのしやすさ，管理者にとってのメンテナンスのしやすさをシミュレートしたうえで発注を行い，実際にはこれらの機能が食い違うこともあるので，設計者側はそれらの相互調整・対応が求められる。

　同窓会館の場合も，オペレータはいないが，少なくとも利用者が3タイプ，すなわち教員・学生，保護者，同窓会が存在する（図8-13）。これは市役所や市民病院のケースと若干異なり，同窓会館からそれぞれが目的とする機能，たとえば教員・学生であれば教育機能，保護者であれば会議機能，同窓会であれば親睦機能を引き出すといった状況が想定される。発注者・所有者である市は3タイプの利用者の機能，管理者にとってのメンテナンスのしやすさをシミュ

図8-13 同窓会館の顧客システム

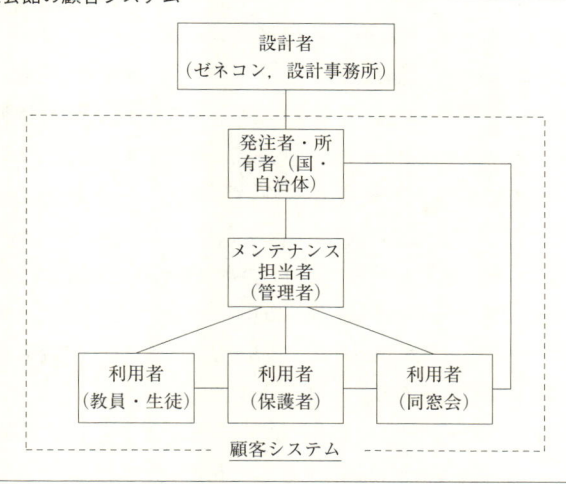

```
            設計者
      (ゼネコン，設計事務所)
            │
      発注者・所有者（国・
         自治体）
            │
      メンテナンス
      担当者
      （管理者）
       ／  │  ＼
   利用者  利用者  利用者
  (教員・生徒)(保護者)(同窓会)
         顧客システム
```

レートしたうえで発注を行い，実際にはこれらの機能が食い違うこともあるので，設計者側にはそれらの相互調整・対応が求められる。

このように，多くの公共建築物では顧客システムが複雑になりやすく，設計者は3主体以上の要求機能・ニーズに対応する必要が生じ，異なるニーズの調整や優先順位づけなどトレードオフの解決が求められることになる。

4 建築の顧客システムの分析

前節では，建築の顧客システムの記述を試みたが，設計者側は実際にどのように顧客分析を行い，どのように顧客ニーズを建築の要求機能・構造へと翻訳していけばよいのだろうか。建築設計の際，顧客ニーズを把握する手法として，英国では「ブリーフィング（briefing）」，米国では「プログラミング（programming）」が提唱されてきた[6]。ブリーフィングとは「施主や顧客が他者に対して自らのニーズ・要望等を公式あるいは非公式に伝達するプロセス」であり，プログラミングは「解決案を引き出すために適切な建築課題や要求条件の提示を導く，課題発見のプロセス」であるとされる（CIB 1997; 溝上 2002; 平

---

[6] 米国でも，ブリーフィングとほぼ同義の専門用語として，プログラミングが提唱されてきた（溝上 2002）。

野・斎藤 2002)。

　英国では 1950 年代から大規模公共建築プロジェクトでブリーフィングが活用され，この手法は四つの側面（科学技術，社会，学術研究，実務）が相互に影響しながら発展してきたとされる（溝上 2002）。とくに実務の世界では，米国では AIA (the American Institute of Architects：米国建築家協会) の呼びかけにより，CRS 社が学校建築の際，発注者や施設のユーザーを建築チームに取り込む「チームによる建築」を実践し，それをウィリアム・ペーニャ（William Peña）らが「プロブレム・シーキング」（設計課題の発見）としてプログラミング手法を体系化した（Peña and Parshall 2001）。英国でも RIBA（英国王立建築家協会）は，ブリーフィングを *Architect's Job Book* として，設計要件整理のプロセスや要求項目のチェックリストをまとめている。

　学術研究では，ブリーフィングやプログラミングは「設計方法論」(design methods research, design methodology) として精緻化された。クリストファー・アレグザンダー（Christopher Alexander）はパタン・ランゲージ[7]の研究から設計手法の手順，設計基準の設定，コンセンサス構築方法などにおいて専門家以外のユーザーを参画させることを提唱している。

　これに対して，日本の状況は，大武（2002）によれば，民間建築におけるブリーフィングの実態は，発注者が自らの責任で行うべきブリーフィング業務の多くを設計者が「建設意図と与条件の把握（旧建設省告示 1206 号の標準業務）」として発注者に代わり実施していると言う。こうした与条件の把握の仕方では，設計者は発注者の意図やニーズを不十分な理解のまま設計作業を進めることとなり，後に設計変更による時間とコストの損失を招く可能性がある。加えて，発注者のニーズを設計者が自らに都合の良い設計条件に合うように誘導しているという批判もある。

　他方，FM（ファシリティ・マネジメント）[8]について言えば，オフィスビルなどの設計時にはプログラミングによりニーズを顕在化させ，課題を抽出したうえで，成果目標の立案を図っている。このため，家具メーカー系列のオフィス設計事務所，大手ゼネコンなどでプログラミングが活用されていると言う。

　7　アレグザンダーは『形の合成に関するノート』の中で，次のように述べている。「私の課題は，問題のパタンとその解答を導くデザイン・プロセスとの間にある深くて重要な構造的対応関係を示すことであった。過去における偉大な建築家は，問題とプロセスの間のパタン化された類似性に常に気づいていて，この構造の類似性の感覚こそが彼らを偉大な形のデザインへと導いたのだと，私は信ずる。」(Alexander 1964; Grabow 1983)

公共建築については，田中（2002）によれば，従来は国土交通省など内部の技術者が利用者から直接要望を聞き，企画・計画をまとめるケースが多かったと言う。このため，ブリーフィングは必要ないと考えられていた。しかし，事業量の増加と行政改革によるアウトソーシング推進に伴い，設計・管理業務の外部委託が増加した。この結果，設計者と発注者・利用者との間で要望にずれが生じるようになったと言う。そこで，公共機関では無駄な公共投資を防ぐため，きちんとブリーフィングを行ったうえで事業評価を行うことが必要不可欠とされるようになった。

この点に関連して，小野（2010）は，公共施設の価値を利用者の立場・視点に立脚して評価すべきであるとして，利用者による施設評価を施設整備のプロセスに導入した事例を分析対象として取り上げた。具体的には評価グリッド法と呼ばれる臨床心理学の面接手法を活用して，利用者にインタビューを行い，複数の対象物を比較評価することで，項目の優先順位づけを行い，ニーズの階層構造を明らかにするというものである。これにより，利用者側の細かなニーズ・要望やその理由・背景もより深く理解できるようになったと言う。

これらのブリーフィングの議論では，民間建築であれ公共建築であれ，マルチユーザー，マルチステークホルダーの状況が想定されているが，どちらかと言えば設計者と発注者のニーズ・要望のずれを解消するための手段としてのブリーフィングの活用に焦点が当てられており，発注者と利用者のニーズ・要望のずれや利用者の中でも異なるニーズを持つことには十分な検討がなされていないものと考えられる。

そこで本章では，ブリーフィングの議論をふまえつつも，顧客システムという概念枠組みを用い，探索的な事例分析を行うことで，顧客システムが複雑な建築物の設計過程がある程度明らかになるものと推察する。

むろん，マルチユーザー，マルチステークホルダーと言っても，実際には戸建住宅，事務所，図書館，学校，市役所，病院，工場，ホテル，ショッピングセンターというように，主機能が一般名称となっている建物がほとんどである。たとえば，「本を所蔵する」のが図書館で，「学生を教育する」のが学校，「地域住民に行政サービスを提供する」のが市役所といった具合である。

8　FMとは，日本ファシリティマネジメント協会によれば，「企業・団体等が保有又は使用する全施設資産及びそれらの利用環境を経営戦略的視点から総合的かつ統括的に企画，管理，活用する経営活動」と定義されている。

たしかに，主機能で見た場合，建物の発注者（所有者）・利用者と設計者の間で認識の不一致はまず起こりえないだろう。しかし，主機能をサブ機能に分化・翻訳する過程において，顧客ニーズの多義性ないし顧客システムの複雑性ゆえに，両者の不一致が生じる可能性がある。たとえば市庁舎の所有者は市であるが，そこで会議を開くのは議員ら議会関係者であり，そこで働くのは行政職員である。この意味で議会関係者も職員も市庁舎の利用者である。加えて市職員の行政サービスを利用するのは市民である。

後述する立川市役所の例では，市民スペースの利用について，議会，職員，市民から異なる要望が出され，設計者はそれらを調整・統合する必要があった。これは，「行政サービス」という主機能から「市民スペースの利用」という一部のサブ機能に分化させていったときに起こるニーズの不一致である。

そこで本章では，顧客システムの分析を行う際，細分化された顧客主体ごとのニーズの相違に着目し，顧客システムの複雑性が高い状況下における設計者側の設計過程を明らかにする。具体的には刑務所，市庁舎，同窓会館の三つの事例を取り上げる。

4.1　刑務所：島根あさひ社会復帰促進センターの事例[9]

刑務所は，法令に反する行為に及び，裁判所の判決により身体拘束を伴う刑罰が確定し，その刑に服することとなった者を収容する施設である。刑務所の所有者は国であり，所管は法務省矯正局である。刑務所で刑に服し，さまざまな刑務作業を行うのが受刑者（被収容者）であり，彼らへの改善指導・矯正教育，刑務所の保安警備などを主な職務とするのが刑務官をはじめとする職員である。このように，刑務所は所有者と利用者が異なるうえ，刑務官というオペレータとその利用者である受刑者という正反対の立場のプレイヤーが存在する。近年急増する受刑者への対応から，職員は勤務負担の軽減，受刑者は処遇環境の改善といった，比較的明確なニーズを有している。ただし，これらのニーズはこれまでトレードオフ関係にある（つまり顧客間の相互依存性が高い）と見られてきた。

こうした中，PFI 刑務所として島根県浜田市旭町にて 2005 年 3 月に建設発表されたのが「島根あさひ社会復帰促進センター」（以下，島根あさひセンター）

9　この事例の記述は，島根県立大学 PFI 研究会編（2009）に基づく。

である[10]。日本において PFI 刑務所が導入された背景として，受刑者の過剰収容，規制改革，行政改革の三つがあげられる。とくに受刑者の過剰収容については，それに伴う刑務官の勤務負担増加，被収容者の処遇環境の悪化をもたらしており，問題視されていた。刑務所，拘置所などの刑事施設は，1998年以降収容率の急激な増加が見られ，2001年10月に100%を超え，著しい過剰収容状態となった。その結果，職員の負担率（職員1名当たりが受け持つ受刑者数）が1996年の2.9から2005年の4.5へと増加した。島根あさひセンターはこうした問題を改善するために，日本で4番目の PFI 刑務所として設立された。以下，設立の経緯について見ていく。

島根あさひセンターの事業地は，2005年3月末に島根県浜田市旭拠点工業団地が選定された。選定に際しては，次の3点が重視されたと言う。
①速やかに施設整備が可能。近隣住民の賛同，造成済みの敷地等。
②2000人規模の刑務所の建設が可能な広さの敷地。
③医療体制の確保。30分圏内に救急対応可能な病院。

PFI の事業方式は，BOT 方式，すなわち民間事業者が施設を設計・建設し，事業期間中の維持管理を行ったうえで，終了後無償で国に譲渡することとなっている。事業期間は，2006年10月から2026年3月までの約20年間，最初の2年間は設計・建設期間で，運営は残りの約18年間である。事業費は落札金額が約878億円（契約金額922億円，税含む），これを18年にわたり定額で返済する。収容対象は初犯3年程度の在所期間の男子受刑者が想定されている。職員数は約500名（国の職員約200名，民間職員約300名，パート・非常勤職員を含む）である。

国の組織としては，センター長の下に総務部と矯正処遇部を設置し，受刑者の収容・処遇・処分に関する業務（権力的業務と呼ばれる）を実施する。これらの業務は法令上，刑事施設の長または刑務官により処理することが前提とされている。これに対して，給食，洗濯，清掃，施設の監視，収容監視などの権力性の弱い業務は，法令下であれば民間事業者が担当可能であるとされている

---

10 PFI とは Private Finance Initiative の略称であり，公共施設の建設，維持管理，運営などを民間の資金，経営能力および技術的能力を活用して行う手法である（藤本 2009）。日本では，効率的かつ効果的な社会資本を整備することを目的として1999年に PFI 法（民間資金等の活用による公共施設等の整備等の促進に関する法律）が制定された。この法律に基づき，施設の設計・建設・運営などに PFI が導入された刑務所は，いずれも「○○社会復帰促進センター」との名称がつけられ，通称「PFI 刑務所」と呼ばれる。

(藤本哲也 2009)。

島根あさひセンター建設・運営の流れは以下の通りである。
　　2005 年 6 月　　実施方針公表
　　2006 年 5 月　　入札公告
　　2006 年 10 月　 開札，事業者決定
　　　同　　　　　事業契約終結
　　2008 年 10 月　 開庁

　法務省によって示された島根あさひセンターの PFI 事業方針は，「官民協働による運営」「地域との共生」「人材の再生」の 3 点である。より具体的に言えば，受刑者の迅速な更生と社会復帰を目的とし，再犯防止のための矯正教育の実施，社会復帰のための就労プログラムの実施が図られる。これにより，地域の雇用創出，地域資源の活用，農林水産業を中心とする施設外作業の実施なども協議され，国，島根県，浜田市を中心とする地元自治体，SPC（特別目的会社）とともに，地域住民が一体となった取り組みを行うこととしている。

　まず，入札公告に先駆けて作業に関する事前提案の募集が行われた。そこでは，上記の事業方針に加え，地場産業の活用や地域との連携を実現すべく優れた提案が求められた。応募者は事前提案書を 2005 年 8 月 12 日までに提出することとされ，23 団体から計 34 件の提案があった。選定の結果，「施設内の栽培施設・設備の整備（ハウス栽培，施設園芸等）」「漁港用の魚箱修理」「浜田市所有の新開団地における農作業の実施」「センター周辺の農業生産法人の農地における農作業の支援」「山林における森林管理作業の実施」「浜田漁港における荷揚げ・魚の選別・入庫作業・船体メンテナンス作業の実施」が要求水準として入札条件に盛り込まれた。

　入札公告は 2006 年 5 月 1 日に実施された。事業者の決定に際しては，入札価格および提案内容により落札者を決定する 2 段階の総合評価落札方式が採用された。事業選定の体制としては，学識経験者および国の職員によって構成される「島根あさひ社会復帰促進センター整備・運営事業事業者選定委員会」（以下，事業者選定委員会）が組織された。

　2006 年 7 月 25 日までに島根あさひ大林組・ALSOK グループ（以下，SA グループ）とあさひセコムグループの 2 グループの応募があった。審査の結果，SA グループが総合評価 850 点，入札価格 878 億 4461 万 3000 円で落札した。あさひセコムグループの入札価格は 916 億 812 万 5000 円，総合評価は 759 点

であった．必須項目審査においては2グループとも要求水準を満たしており，400点を獲得したが，加点項目審査においてSAグループのほうが事業への取り組み方針が明確であること，協力企業間で共通認識がなされていること，受刑者の生活環境重視の施設計画であること，出所後の就労に向けた職業訓練提案がなされていること，自然・動物を活用した処遇プログラムが計画されていること，永続的な地域共生が意図されていることなどから450点と高得点（あさひセコムグループは359点）を獲得した（森田2009）．

　PFI刑務所は，幅広い業務分野を求められるため，SAグループの代表企業である大林組は，参加希望の企業間でコンソーシアムを組み，SPCを設立した．国はSPCと事業契約を結び，施設整備から運営まですべての業務を委託した．SPCは協力企業との間で建設・設備整備請負契約や運営業務委託契約など業務の再委託を行った．

　SAグループの具体的なスローガンおよび事業コンセプトは以下の通りである．まず上記3つの基本方針をもとに，「地域との共生〜共生から共創へ〜地域とともに創る施設をめざして」というスローガンを掲げた．このスローガンには，当該地域で場所だけを借りて刑務所をつくるのではなく，地域住民や地場産業と刑務所が共存共栄できるよう，地域とともに刑務所を一からつくり上げようという思いが込められている．

　SAグループは国の基本方針を咀嚼し，事業コンセプトの一つとして「社会復帰支援コミュニティの形成：島根あさひモデル実現のために」を打ち出した．受刑者を更生させ社会復帰させる過程で，行政，福祉，地場産業，地域住民に協力してもらえないか．そのために，刑務所建設や運営に地域関係者がコミュニティとしてかかわり，ともにつくることで，地域住民から理解される刑務所になるのではないか．それが結果として再犯の少ない安全・安心な社会を生み出す一助になるというものである（歌代2009）．

　このPFI事業では，当初から計画地が高速道路により2区画に分断されていた．計画地の面積はⅠ工区とⅡ工区の2区画で32万5000㎡，東京ドーム7個分である．この敷地に，2000名収容かつ地域に配慮した低層の建物，刑事施設，職員施設，戸外運動場，刑務作業所，職業訓練所を含む刑務所を建設する必要がある．

　まずⅠ工区のグランドデザインは，「ビジターセンター」「子育て支援施設」「盲導犬訓練センター」を備えた「地域交流エリア」としてまとめられた．レ

イアウトは，敷地面積12万7000 m²の中央にビジターセンター，その周囲に子育て支援施設，盲導犬訓練センター，職員宿舎，訓練施設が配置された。

Ⅱ工区は，「刑事施設エリア」として，敷地面積19万7000 m²に，収容棟，居室，教育・職業訓練棟，保安システム，位置情報把握システム，生体認証システムが配置された。これらの多くは，従来からの課題である職員の勤務負担増，それに伴う被収容者の処遇環境の悪化を解消するための配慮が随所に施されている。

収容棟は計9棟から構成されている。1棟は4階建て，1フロアー60名，計240名の収容が可能である。各収容棟はループ上の渡り廊下に直列に配置され，日常監視においても緊急時においても短い動線で駆けつけやすい構造となっている。その他，外部空間に開口部の広い2層吹き抜けの多目的ホールもある。その周囲に配置された居室では95%が個室，窓は鉄格子をなくし，割れないガラスと開きすぎないサッシを採用している。刑務作業・職業訓練を行う教育・職業訓練棟は，収容棟に隣接した一体的な構造となっており，管理しやすいレイアウトとなっている。

保安システムは多重システムが採用されている。センター内は保安区域を明確に区分し，中央監視室から一元管理する。巡回や目視など人による警備と，各種センサーやITを駆使したマシンによる警備を組み合わせて行う。従来型の刑務所と異なる点は，刑務所の外壁をコンクリート塀から2重フェンス，赤外線センサー，監視カメラなど7重の保安構造とした点にある。

位置情報把握システムでは，ICタグを通行証として戒護区域内のすべての人に持たせることで，各人の位置情報が把握できる。これにより，面会や医務診察等の際，受刑者を独歩させることが可能となった。また施設外においても，GPS端末による位置情報を把握し，設定エリアの外へ受刑者が出ると，管理用端末とセンター中央監視室で警報が鳴る仕組みとなっている。さらには，生体認証システムにより，受刑者のすり替え防止対策も図られている。こうした保安システムは地域住民の安全・安心に対する配慮でもある。

以上に見たように，島根あさひセンターは，職員の勤務負担増を抑えつつ，被収容者の処遇環境を改善し，地域住民へ配慮することに成功したと考えられる。この事例を顧客システムの分析フレームワークに当てはめて考えると，SAグループが刑務所で働く刑務官の勤務負担軽減，受刑者の処遇環境改善といった異なるニーズをうまく反映させながら，基本設計図を完成させたケース

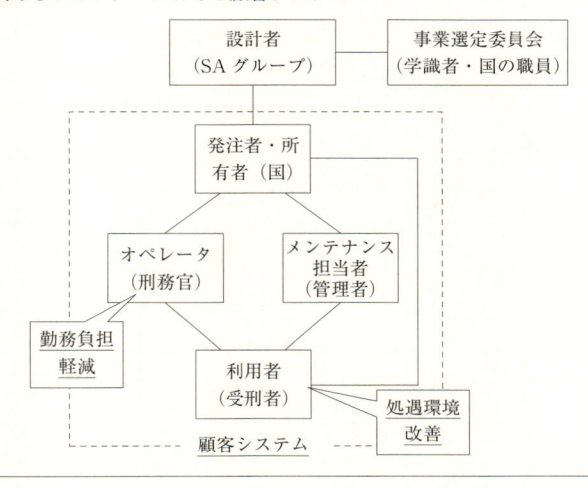

図8-14 島根あさひセンターにおける顧客システム

であると言える。以上を図式化したものが図8-14である。

4.2 市庁舎：立川市役所の事例[11]

　市庁舎は法律により定められた市の行政事務を行うほか，独自に定めた住民サービスを提供する施設である。市庁舎の所有者は市であるが，そこで会議を開くのは議員ら議会関係者であり，そこで働くのは行政職員である。この意味で議会関係者も職員は市庁舎のオペレータ（操作者）である。加えて市職員の行政サービスを利用するのは市民である。このように，市庁舎は所有者と利用者は別であり，複数の異なるニーズを持った利用者が存在しうる。よって，顧客間の潜在的な相互依存性が高く，設計事務所から見て顧客システムの複雑性は高いと推察される。しかし，これまで新市庁舎の設計に当たっては，所有者である市や議会，行政職員の要望を反映することはあっても，最終利用者である市民の要望を積極的に取り入れるケースは少なかった。

　こうした中，立川市では2003年，新庁舎建設に向けて委員長と108名の市民により組織された「立川市新庁舎建設市民100人委員会」を設置した。この

---

[11] この事例の記述は，立川市新市庁舎の選定委員会の委員で，東京大学生産技術研究所・野城智也教授へのヒアリング（2006年9月1日）および「2006年日本建築学会（関東）建築計画部門研究協議会資料」，富田（2011）に基づく。

委員会では，10カ月間，十数回に及ぶワークショップを開催し，「新庁舎建設基本構想市民案」および「現庁舎敷地利用計画市民案」を市長に提出した。市は2005年3月市民案に基づき，「立川市新庁舎建設基本構想」を決定した。その基本理念は，①市民自治の拠点としての庁舎，②市民参画で建設していく庁舎，③経済的合理性に優れたスリムな庁舎，④人や環境に対するやさしさをアピールする庁舎，⑤周辺まちづくりを先導する美しい庁舎の五つである。また，新庁舎建設にふさわしい事業手法についても検討を行い，市民参画や透明性の確保を目指した「立川市新庁舎建設事業手法等検討委員会」が組織され，「同委員会報告書」が市長に提出された。

　これらの経緯から，「立川市新庁舎市民対話型2段階方式による設計者選定競技（立川モデル）」が採用された。立川モデルでは，2段階の選定方式を採用しており，第一次審査では設計協議（コンペ）により，基本構想実現にふさわしい設計候補者を3者選定する。この3者は市民100人委員会の中核メンバーと別々に2時間のワークショップを行い，自案を市民に直接説明し，彼らとのやりとりから提案を持ち帰り，再検討を行うという手順を採用している。このように，市民が設計候補者の選定プロセスに参画する，という点が立川モデルの大きな特色である。

　ワークショップの後，各候補者は第一次提案に市民の要望を反映させ，詳細にまとめた第二次提案書を提出する。第二次審査では，各候補者の公開プレゼンテーション，市民ワークショップサポート会議との意見交換会，学識経験者からなる選定委員会（バリューマネジメント委員会）のヒアリングを実施する。こうした一連の審査手続きを主体的に行うのは，市ではなく，100人委員会である。審査の結果，選定委員会が最優秀賞1者，優秀賞1者，次点1者が選出され，最優秀賞を獲得した設計事務所が立川市と随意契約を結び，設計を担当する。

　立川モデルでは，基本設計のスタート時の協議により，設計者選定後も，3タイプのオペレータ・利用者，すなわち市民，行政職員，議会関係者の各代表が継続的に基本設計の打ち合わせに参加する体制を試みた。市民は旧100人委員会の有志・新規公募市民の約40名からなる「市民ワークショップサポート会議」を月1回のペースで開催，行政職員は市長を本部長とする新庁舎建設推進本部および職員により構成される「庁内検討委員会」を設置，議会関係者は市議会の正・副議長，各派代表と議会事務局職員により構成される「議会棟の

あり方研究会」を開催した。

　これら3タイプのオペレータ・利用者が意見・要望を調整するための「ユーザー会議運営委員会」も設置され，隔週のペースで開催した。さらに，市民を含め関係者すべてが参加可能な「新庁舎ユーザー合同会議」も開かれた。前述のバリューマネジメント委員会は，設計者選定委員の学識経験者5名で構成され，建築の専門家として基本設計，実施設計の点検・検討を行った。基本設計時に2回ほど開催され，設計者チームに対し，技術面のアドバイスを行った。

　担当した設計事務所によれば，その間，「市民，行政，議会からの多様な要望，指摘は時に相互矛盾し，時に既往の合意を覆し，時に当事者同士の調整を要したりしたが，相互の調整を担う市民委員は背後の17万市民への説明責任を見据えながら会議を整え，進行させていった」と言う。たとえば，市民の要望として市民プラザやラウンジといった「市民スペース」の確保があげられたが，行政職員の立場からは「行政スペース」，行政資料室や電気機械設備に相当の建物面積を費やす必要性が，議員の立場からは「議会関連スペース」，たとえば図書室に建物面積を費やしたいという要望があった。

　そこで，議会（議会棟のあり方研究会）からは議会図書室を行政資料室に統合しスペースを節約する案が，市民（市民ワークショップサポート会議）と行政（庁内検討委員会）からはスペースの一部を市民・行政との協働スペースとして分担しようする案が出された。また市民は市長や議会，行政との対話・コラボレーションの場を設けることを要望したが，議会・行政側はセキュリティや業務効率の観点から市長室の配置や議場のレイアウト，各課の出入口などに慎重な対応を図ったと言う。

　いずれにしても，設計者チームは，設計作業開始後も，チーム関係者が毎回こうした会議に出席し，議論を見守り，時に議論を整理してきた。これら3タイプの利用者とのやりとりを経て，基本設計図は何度も変更され，六次案まで提案・承認され，予定を2カ月超過して終了した。

　以上に見たように，立川新庁舎は，市民の要望もうまく採り入れることに成功したと考えられる。この事例を顧客システムの分析フレームワークに当てはめて考えると，まさに設計者チームは議会関係者の議会関連スペースの確保だけでなく，新庁舎で働く行政職員の行政スペースの確保，市民の市民スペースの確保といった異なるニーズ・意見をうまく調整・反映させながら，基本設計図を完成させたケースであると言える。以上を図式化したものが図8-15であ

図8-15 立川新庁舎における顧客システム

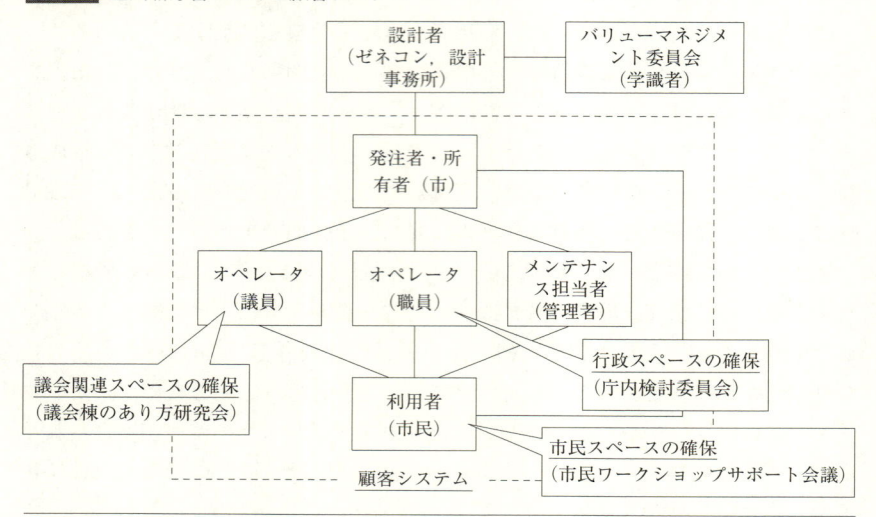

```
              設計者              バリューマネジメ
           (ゼネコン，設計 ──── ント委員会
              事務所)              (学識者)
                    │
        ┌───────────┼──────────────┐
        │      発注者・所           │
        │      有者（市）           │
        │           │               │
   ┌────┴───┐ ┌────┴───┐ ┌────────┐ │
   │オペレータ│ │オペレータ│ │メンテナン│ │
   │ (議員) │ │ (職員) │ │ス担当者 │ │
   └────────┘ └────────┘ │(管理者) │ │
                          └────────┘ │
                                 行政スペースの確保
                                 (庁内検討委員会)
   議会関連スペースの確保    利用者
   (議会棟のあり方研究会)   (市民)
                          市民スペースの確保
                          (市民ワークショップサポート会議)
                  顧客システム
```

る。

4.3 同窓会館：A会館の事例[12]

同窓会館は，学校の記念事業として建てられるケースが多い。用途は会議，集会，研修，資料閲覧，講演会，コンサートなどさまざまである。本節で取り上げるA会館のように，国立学校の同窓会館であれば，所有者は国となる。同窓会館の利用者は同窓会のほかに，生徒，保護者などが考えられる。このように，国立の同窓会館は所有者と利用者は別であり，オペレータは不在であるが，複数の異なるニーズを持った利用者が存在しうる。よって，顧客間の潜在的な相互依存性が高く，設計事務所から見て顧客システムの複雑性は高いと推察される。以下，A会館の設計過程について見ていく。

A会館は，B大学附属高等学校・中学校が，卒業生で構成された同窓会とともに，複合用途の集会施設の計画として進めたものである。附属高等学校教員，高等学校保護者会，中学校保護者会，同窓会の代表を中心に「建設委員会」が組織され，在校生保護者，卒業生らから寄付金を募り，建設する計画となって

---

[12] この事例の記述は，A会館の事務局で，産業技術大学院大学・吉田敏教授へのヒアリング（2012年8月23日）およびA会館の「設計プロポーザル要領」に基づく。

いる。同窓会の代表（3名）は数千人の同窓会員を代表し，高等学校保護者会・中学校保護者会の代表（2名）は保護者1000名強を代表し，教員は2000名弱の教員・生徒を代表している。この委員会では設計プロポーザルを公募するまでの3～4カ月の間に会議を数回実施し，同窓会館への要望事項がまとめられた。当初は「○○部屋を○○平米」「エレベータを○台」といった建物の構造に偏った議論がなされたが，選定委員の「文章で要望を表現するように」といった助言もあり，最終的に「生徒，保護者，学校，クラブ，卒業生の縦横のつながりをつくり，『この学校』らしい伝統・歴史との出会いを可能とするような施設とすること」といった建設趣旨としてまとめられた。

この趣旨のもと，2012年4月に設計プロポーザル説明会が開催された。その要綱には，設計者の応募条件に卒業生であることが盛り込まれていた。計画内容としては，敷地条件，用途，構造，施設計画，建設予算，竣工時期などが明記された。

この同窓会館の場合，所有者は国であり，法規上の事業主体はB大学であるが，実際の事業主体（管理者）は高等学校と中学校である。この施設の利用者は，教員・生徒，保護者，同窓会である。このように，顧客システムは複雑であり，それぞれ異なるニーズ・要望を持っている（図8-16参照）。この会館の施設計画は以下の通りとなっているが，どこに優先順位を置くかで主張が異なっていた。たとえば，教員は以下に掲げたa），b），d），e），h），i）の動線や「教育重視」のスペース確保を主張し，同窓会はc），d），i）の親睦重視のスペース確保を主張した。その結果，d），i）については教員と同窓会との間で調整が必要になったと言う。加えて，保護者はd）の「会議重視」のスペース確保を主張した。そこで，事務局が間に入り，これらの相互調整をすることで，施設計画をまとめあげた。

a) 300人収容の講義室（多目的ホール，小講堂）
b) 資料閲覧室（約100㎡）
c) A同窓会事務室（約40㎡）
d) 会議室（約30㎡）
e) 和室（8畳，茶道・資料展示にも使用可）
f) トイレ
g) 倉庫
h) 履き替え線

386 第8章 建築の顧客

図8-16 A会館における顧客システム

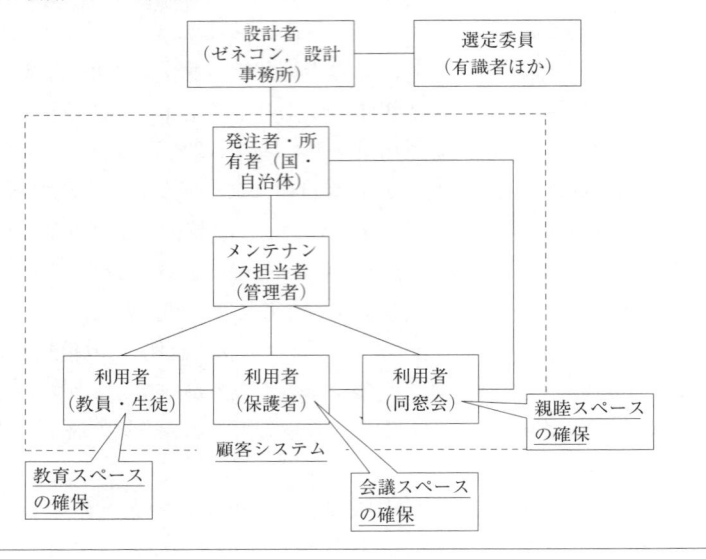

```
                    設計者
                 (ゼネコン，設計 ─── 選定委員
                    事務所)           (有識者ほか)
                        │
         ┌──────────────┼──────────────┐
         │         発注者・所            │
         │         有者（国・           │
         │         自治体）             │
         │              │              │
         │         メンテナン            │
         │         ス担当者             │
         │         （管理者）            │
         │              │              │
    ┌────┴───┐    ┌────┴───┐    ┌────┴───┐
    │ 利用者 │    │ 利用者 │    │ 利用者 │
    │(教員・ │    │(保護者)│    │(同窓会)│─── 親睦スペース
    │ 生徒) │    │        │    │        │   の確保
    └────────┘    └────────┘    └────────┘
         │         顧客システム      
    教育スペース              会議スペース
      の確保                    の確保
```

 i) 入口（道路側〔教員・生徒用〕とグラウンド側〔同窓会・外部者用〕の2カ所）
 j) 空調設備

　最終的に設計プロポーザルには8つの設計事務所から応募があり，選定委員（建設委員会にA同窓会建築関係の有識者，高等学校・中学校の生徒代表を加えたメンバー）による審査の結果，一つの設計事務所が選ばれた。このプロジェクトも，異なるタイプの利用者が審査に参加するという点では立川市役所と同様である。このプロジェクトは現在進行中であり，今後毎月1回のペースで建設委員会を開催予定である。設計事務所も委員会に参加し，細部にわたり利用者間のニーズ・要望の調整をしていく必要が生じると考えられる。

　以上に見たように，A会館は，教員・生徒，保護者，同窓会といった異なる利用者の要望をとり込んでいると考えられる。この事例を顧客システムの分析フレームワークに当てはめて考えると，設計事務所は同窓会の親睦スペース確保だけでなく，教員・生徒の教育スペースの確保，保護者の会議スペースの確保といった異なるニーズ・意見をうまく調整・反映させながら，設計活動を進めていると言える。以上を図式化したものが図8-16である。

5 ディスカッション

5.1 顧客システム・アプローチの有効性

　以上の事例分析の結果，企業は直接取引関係にある顧客だけを見るのでは必ずしも十分ではなく，顧客自体を複雑な組織関係からなる「顧客システム」ととらえ，システム内の情報の流れを考慮したうえでの製品設計活動を行うことが重要であることが示唆された。

　では，製品設計時における顧客システムへのアプローチはどのような場合に効果を発揮するのであろうか。たとえば，工場のように，建物の所有者と利用者が同一で顧客システムが単純であり，建物の主目的が明確な場合には，そうした目前の顧客の要望にのみ忠実に対応すればよいと考えられる。これに対して，島根あさひセンターや立川市役所，A会館の事例のように，顧客システム内に複数のタイプのオペレータや利用者が存在しており，彼らが異なるニーズを有している場合には，顧客システムへのアプローチを図ることが有効となると考えられる。

　建築の機能やサービスを受ける主体が誰なのか。建築本来の価値を評価できる主体が誰なのか。顧客システムという概念枠組みを用いることで，その答えが浮き彫りになるのではないだろうか。たとえば，ある種の公共建築のように，発注者・所有者である国や自治体が要求機能を把握せずに発注してしまうと，当然実際の利用者が望む建築物とは異なるものができ上がることは容易に想像がつく。こうした問題を克服する第一歩としても顧客システム・アプローチは必要であると考えられる。

　また，顧客システムへのアプローチを製品設計過程のどの段階において導入するかということも重要な論点であろう。建物は単品受注生産なので，建設後の大幅な設計変更は困難となる。したがって，設計者側の論理としては，設計の初期段階から所有者や利用者にアクセスし，顧客システムへのアプローチを図ったほうが機会損失を抑えられるだろう。

　むろん，顧客システム内の利用者のニーズ・要望は経時的に変化しうるし，利用者そのものが他の利用者に代わりうるという可能性がある。したがって，設計過程の進捗状況に応じてきめ細かく顧客システムを観察する必要もあるだろう。

これらの議論は，日本であまり定着していないバリューマネジメント（value management）の考え方にも符合する。バリューマネジメントとは，バリューマネジャーやCMがワークショップを開き，ステークホルダーを集め，要求条件をすべて吸い上げ，全員の満足とまではいかないが，全員が受け入れる要求条件にまとめあげることである。発注者が要求条件を提示できない場合はそれを明示し，リスクを引き受けることもする。その第一歩がステークホルダーの特定である。

　第4章で取り上げたスマート・シティの議論もステークホルダーを決めなければ始められない。経験上，テナントとオーナーでは要求条件や目標値が異なる。すでにスタートしたスマート・シティ・プロジェクトにおいて，企画・計画時のエネルギー性能や環境性能が実際には発揮できずに，発注者に失望感が広がっているという問題も発生している。スマート・シティがもたらす価値は，施設・建物を引き渡すことで実現するものではなく，施設・建物の運営・運用においてエンジニアリング・サービスが適用されることによって，初めて実現されるものである。

5.2 顧客システム知識の蓄積

　顧客システムへのアプローチをより効果的なものとし，顧客価値の向上に結びつけるためには，それに関連する知識（顧客システム知識）を蓄積していく必要があろう。顧客システム知識は，顧客システム内の顧客層ごとのニーズにかかわる知識と顧客層間の相互依存関係にかかわる知識からなる。小川（2000）は，ニーズ情報を顧客にとっての必要機能にまで翻訳するには「ニーズ背景知識」が必要であるとし，その情報が生じた活動に参加することによってのみ獲得できるとしている。本章で取り上げる顧客システム知識も，顧客システムに企業が直接アプローチすることによってのみ獲得可能な情報であることから，この概念に近い。

　刑務所や市役所，A会館の事例では，こうした知識獲得のために設計者が顧客システムに直接アクセスを図り，建物に関する異なるニーズの把握とトレードオフの解消しうるコンセプトを抽出したことが成功につながった。たとえば，立川市役所の事例では，設計者チームがユーザー会議運営委員会に参加することで，新庁舎の所有者となる市（議会）だけでなく，新庁舎で働く行政職員や利用する市民の間の異なるニーズ・意見を吸い上げ，顧客システム知識を

獲得した。

　よって，顧客システム知識の蓄積は企業にとって製品設計をより効果的に継続させるための要因の一つとなっていると考えられる。

おわりに

　本章では，顧客がマルチステークホルダーであるネットワーク構造を「顧客システム」ととらえ，建築産業の三つの事例分析を通じて，顧客システムの複雑性が高い状況下における企業の製品設計過程を考察した。

　島根あさひセンター（PFI刑務所）の事例は，所有者と利用者が異なり，かつオペレータと利用者が存在するが，個々のニーズは比較的明確であるケースであった。そこでは，SAグループを中心とする供給業者は，刑務所の所有者である国の要望，オペレータである刑務官らの職員，利用者である受刑者のニーズ，地域住民の不安などを認識し，そうしたトレードオフをうまく解消する設計が求められた。

　立川市役所の事例は刑務所同様，所有者と利用者が異なり，かつ複数のタイプのオペレータと利用者が存在し，かつ個々のニーズも多様であるケースである。設計者チームは，新庁舎の所有者となる市（議会）だけでなく，新庁舎で働く行政職員や利用する市民の間の異なるニーズ・意見を認識し，彼らの意思決定過程に入り込みながらニーズを束ね，設計図に反映させていくことが重要であることが明らかとなった。

　A会館（同窓会館）の事例も前二者と同様，所有者と利用者が異なるが，オペレータが不在で，かつ複数のタイプの利用者が存在するケースである。市役所のケースよりも利用者のタイプごとのニーズは明確であると考えられるが，それでも設計者は，同窓会や教員・生徒，保護者のニーズ・要望の違いを認識し，今後の設計変更に反映させていくことが必要となると考えられる。

　もちろん，本章の分析結果はわずか3例を調査対象としたという点で限界はある。しかしながら，本章の議論は，建築産業だけでなく，複雑な顧客システムを抱える多くの製造業，設計マネジメントに対しても興味深い示唆を与えうる。

　これまでの既存研究，たとえば製品開発研究，産業財マーケティング研究，SCM（サプライチェーン・マネジメント）研究などではこうした観点に立った包括的な実証研究はあまりなされてこなかった。今後は，追加的な事例調査と体

系的な実証分析を通じて，顧客システムの概念・分析枠組みの精緻化を図る必要があろう．

参考文献

Alexander, C. (1964), *Notes on the Synthesis of Form*, Cambridge, MA: Harvard University Press. (稲葉武司訳『形の合成に関するノート』鹿島出版会，1978年．)

青島矢一・武石彰 (2001), 「アーキテクチャという考え方」藤本隆宏・武石彰・青島矢一編『ビジネス・アーキテクチャ』有斐閣, 27-70 頁．

Construction Industry Board (CIB) (1997), *Briefing the Team*, London: Thomas Telford Publishing.

Corey, E. R., F. V. Cespedes and K. V. Rangan (1989), *Going to Market: Distribution Systemes for Industrial Products*, Boston, MA: Harvard Business School Press.

Duffy, F. and A. Henney (1989), *The changing city*, London: Bulstrode Press.

藤本隆宏 (2001), 『生産マネジメント入門 I 』日本経済新聞社．

藤本隆宏・安本雅典編著 (2000), 『成功する製品開発：産業間比較の視点』有斐閣．

藤本哲也 (2009), 「民間のノウハウ活用の新しい刑務所の挑戦」島根県立大学 PFI 研究会編『PFI 刑務所の新しい試み：島根あさひ社会復帰促進センターの挑戦と課題』成文堂, 11-25 頁．

Grabow, S. (1983), *Christopher Alexander: The Search for a New Paradigm in Architecture*, Stocksfield: Routledge Kegan & Paul. (吉田朗・長塚正美・辰野智子訳『クリストファー・アレグザンダー：建築の新しいパラダイムを求めて』工作舎, 1989年．)

平野吉信・斎藤隆司 (2002), 「プロジェクトタイプとブリーフィングプロセス」日本建築学会建築設計ブリーフ特別研究委員会編『ブリーフが拓く建築物の発注者と生産者の新たな関係』日本建築学会, 41-47 頁．

桑嶋健一 (2007), 「機能性化学産業における新規事業開発と事業構造転換：新日鐵化学の事例」『赤門マネジメント・レビュー』第 6 巻 4 号, 133-154 頁．

松村秀一編著 (2004), 『建築生産：Management and Organization of the Building Process』市ケ谷出版社．

溝上裕二 (2002), 「ブリーフ／ブリーフィングの誕生と背景」日本建築学会建築設計ブリーフ特別研究委員会編『ブリーフが拓く建築物の発注者と生産者の新たな関係』日本建築学会, 1-7 頁．

森田裕一郎 (2009), 「島根あさひ社会復帰促進センター整備・運営事業の立案から実施へ」島根県立大学 PFI 研究会編『PFI 刑務所の新しい試み：島根あさひ社会復帰促進センターの挑戦と課題』成文堂, 42-54 頁．

小川進 (2000), 『イノベーションの発生論理』千倉書房．

小野久美子 (2010), 「公共施設の価値と評価に関する研究：利用者志向の観点から」千葉大学大学院工学研究科博士学位論文．

大武通伯 (2002), 「ブリーフ／ブリーフィングの現状」日本建築学会建築設計ブリーフ特別研究委員会編『ブリーフが拓く建築物の発注者と生産者の新たな関係』日本建築学会, 29-40 頁．

Peña, W. and S. A. Parshall (2001), *Problem Seeking: An Architectural Programming Primer*, 4th ed., New York: John Wiley & Sons.

島根県立大学 PFI 研究会編（2009），『PFI 刑務所の新しい試み：島根あさひ社会復帰促進センターの挑戦と課題』成文堂．

Simon, H. A. (1969), "The Architecture of Complexity: Hierarchic Systems," *The Sciences of the Artificial*, 3rd. ed. (1996), Cambridge, MA: MIT Press.（稲葉元吉・吉原英樹訳『システムの科学』第 3 版，パーソナルメディア，1999 年。）

田中晃（2002），「公的発注機関にとってブリーフ／ブリーフィングは必要か」日本建築学会建築設計ブリーフ特別研究委員会編『ブリーフが拓く建築物の発注者と生産者の新たな関係』日本建築学会，9-12 頁．

富田純一（2011），「製品開発における顧客システムのマネジメント：建築産業の事例」『経営力創成研究』第 7 号，135-148 頁．

Tomita, J. and T. Fujimoto (2006), "The Customer System and New Product Development: The Material Supplier's Strategy in Japan," in C. Herstatt, Ch. Stockstrom, H. Tschirky and A. Nagahira, eds., *Management of Technology and Innovation in Japan*, New York: Springer, pp. 73-84.

歌代正（2009），「『地域との再生』から『地域と共に創る施設』をめざして」島根県立大学 PFI 研究会編『PFI 刑務所の新しい試み：島根あさひ社会復帰促進センターの挑戦と課題』成文堂，55-70 頁．

第9章

建築物の価格設定
建築物の価格はなぜ決まりにくいのか

向井悠一朗
藤本　隆宏

はじめに

本章と次の第10章では，建築物の取引にかかわる問題を経済学の観点から議論していく。まず本章では，建築業における価格設定の特質と問題点を，価値獲得と利用者満足という観点から，簡単な経済学の概念枠組みによって明らかにする。次の第10章では，ゲーム理論と情報の経済学を用いて，受注者と発注者の相互作用として建築物の契約を分析する。

近年，すなわち総需要不足の低成長期における日本の建設業（とりわけ建築）の競争パフォーマンスを見ると，納期遵守や建物の品質・機能の点では（社会問題になったような品質偽装問題が一部で例外的にあったものの）概ね良好だが，問題は，価格設定が不安定的なことであった。その根本原因は，一つには発注者側に示される価格の根拠があいまいなことだと推測する。その結果，前章までの分析でも示唆されたように，一方においては，価格の下落に合理的な歯止めがかからず「ダンピング」（コスト割れの低価格設定）が発生するが，他方においては，談合による人為的な高価格設定の事例も観察されるのである。

このうち，とくに公共の土木工事においては，業者間の談合の問題がマスコミなどにより社会問題として取り上げられることが多い（日刊建設工業新聞社編集局 1996；日経コンストラクション編 2004；山崎 2009；日経コンストラクション 2012）。一方，経済学者は，一種の競争不全の問題として談合をアカデミックな観点から分析してきた。たとえば金本・城所（1999）は，談合によって市場メカニズムが働かなくなる結果，公共工事の建設費用は高くなり，国民の税負担が大き

くなること，あるいは談合による高価格が構造物の品質の維持に貢献するとは限らないことを指摘する。また武田（1999）は，談合を資源配分の調整メカニズムとしてとらえ，それにより企業の生産性向上の努力が低下しやすく，とくに不況期には調整メカニズムとして機能しないと分析する。このように，建設業の経済分析やジャーナリズム報道は，従来，公共土木工事の事例を念頭に置きつつ，談合を通じた価格カルテルの形成の問題に議論が集中する傾向があった。

これに対して本書では，こうした談合の社会経済分析の妥当性に合意しつつも，その背後に「価格設定の不確定性・不安定性」という，より根本的な問題があり，談合もダンピングも，いわばこのコインの両面としての特徴を持つと考える。とりわけ，建造物の価格設定がその機能とリンクしない傾向が，上記の「不確定性・不安定性」の一要因だと本書は見る。

1 建築価格決定の不確実性・不安定性

この観点から見ると，日本の建築業，とくに商業ビルや住宅を含む民間の建築工事の場合は，公共土木工事で上記のように談合問題がよく指摘されるのとは逆に，建築会社（たとえばゼネコン）の受注価格がコスト割れする「ダンピング」のほうを問題として指摘されることのほうが近年は多い（本書序章，第2章を参照）。

たとえば，日本の建設会社の現場段階での利益率を表す「完成工事総利益率」の業界平均を見ると，1993年には11％程度あったが，96年には8.5％となり，2007年には5.1％まで落ち込み，2011年でも6.8％となっている（西口・松村・泉田 1999；日本建設業団体連合会 2007；「日建連法人会員決算状況調査」による）。売上高営業利益率を見ると，2011年に1.7％であり，他産業と比べても概して低水準である。こうした利益の低落傾向や低水準がすべてダンピングの結果であるとは断定できないが，少なくとも，建築というものづくり活動から企業が十分な利益をあげられていない現状は見てとれる。

また，これに関連して，国土交通省建設産業戦略会議（2012）は「適正な価格による契約の推進」として「ダンピング防止」を重要課題にあげている。それは，ダンピングが，工事の手抜き，安全対策の不徹底，労働条件の悪化などによる品質低下を招き，かえって国民負担を増加させかねないからだと同会議

は見ている。

　近年では，民間建築だけではなく公共工事の分野においても，「指名競争入札から一般競争入札へ」といった談合防止を目的とした入札方法の変更が，かえって安値受注の可能性を増大させているとの指摘もある。たとえば，日経コンストラクション（2012）によると，都道府県・政令指定都市の約4分の1を占める地域で，安値受注や，コスト割れ覚悟での最低価格での入札が増えている。2006年に福島・和歌山・宮崎で起きた談合事件を機に，公共工事は原則として一般競争入札となったが，過剰な安値受注に歯止めをかけるため，再び競争に制限を課すケースも見られる。このように，談合による人為的高価格設定とダンピングによる過剰に安価な価格設定の間には，一方を抑制すれば他方が助長されるというジレンマがある。

　本書は，結果としての談合やダンピングを糾弾し非難することを目的としていない。むしろ，それらの背後にある「建築物における価格設定のジレンマ」こそが，この産業の根本問題だとわれわれは考える。そして，このジレンマの根源に，「価格設定の不確定性」と，それゆえの「不安定性」が存在すると見る。

　そして，建築物の価格設定におけるこの「不安定性」「不確定性」は，「建築物の価格設定がその機能から遊離している」という根本原因から生じているのではないか。言い換えれば，第5章で指摘されたように，建物の「価格の根拠」となるべき建物の「機能」，すなわち「建物が利用者にもたらすサービス」が売手にとっても買手にとっても観察・評価しにくいものになっているのではないか。さらに言うなら，価格設定の根拠となる機能設計パラメータの属性と水準に関して，発注者と受注者の間で合意が形成されにくいことが問題の本質ではないか。

　もしもこのような状況であれば，結果として建物の価格は，その機能ではなく構造パラメータ，たとえば建物面積とリンクするかたちで決定されることになりやすいだろう。これが，いわゆる「坪単価」である。この場合，構造パラメータはコスト計算の明確な根拠となることから，厳しい競争下にある建築案件の価格は，そのコストぎりぎりにまで低下し，その分，当該建築企業の利潤は低く抑えられる可能性が高いのである（本書第2章を参照）。

　ちなみに，金本・城所（1999）は談合を防ぐために品質を含めた評価を，西口・松村・泉田（1999）は建築物の設計においてVE（Value Engineering）を導

入することを提唱していた。これらは，それぞれ製造品質と設計品質（藤本 2001），すなわち機能的な属性を価格設定に織り込むべきだとの問題提起だと解釈できる。

いずれにせよ，一般に建物の設計とは，顧客が当該建築物に対して要求する機能を，できるだけ合理的な構造で実現する事前の努力のことを指す。したがって，発注者が建物の使用価値の根拠と見るのは主にはその機能であり，受注側がその機能要求を，より簡素な構造や，より効率的な工程（施工方法）で実現できるなら，当該建築企業は顧客満足を損なうことなく，相応の利益を得ることができるはずである。

これに対して，建物の生産者価格（建築会社の受注価格）がその構造設計に依拠して決まるとするなら，VEや技術革新によって構造設計を合理化させ，より高い機能をより簡素な構造設計で実現できるようになったとしても，その設計努力は利益には反映されない[1]。

すでに本書で述べたように，日本の商業建築では，施工（生産）の主体である建築会社（ゼネコン）が詳細な構造設計も行う「設計施工一貫体制」が一般的である。ところが，価格が構造設計で決まってしまうとするなら，建築会社は，かりに「施工方法の工夫」によってある程度の追加利益を得られるとしても，「設計の工夫」，つまり機能要求と構造設計の関係を改善することによる利益を，自ら手にすることはできない。

逆に，施工の途中で顧客の機能要求が顕在化し，追加的な構造設計が必要になったとしても，そのリスクは多くの場合，建築会社が吸収するのが日本の建築業の慣行であった（第2章参照）。つまり，設計・施工の過程において，機能設計・構造設計・実際構造の関係が何らかの理由で変化した場合，建築会社は，機能向上による価格上昇による利益を享受できないが，実際の構造の複雑化によるコスト上昇のリスクは引き受ける，という非対称性が存在する。

かりに，マンションや商業建築物の施主に対して，生産会社（ゼネコン）が構造設計パラメータに基づく価格設定をし，販売会社（デベロッパー）が機能設計パラメータに訴求した価格設定をした場合，設計施工一貫体制であるにもかかわらず，設計努力の分の利益は，ゼネコンではなくデベロッパーに帰着す

---

1 むろん，2005年頃に起こったマンション耐震偽装問題のように，構造設計に対して実際の構造（施工）で手抜きをして不正に利益を得る悪質な行為も過去にはあったが，われわれはこれは例外的であると見る。

る可能性が高い。

　われわれが本書において把握する「日本の建築産業における価格と機能の遊離傾向」とは，概略，以上のような問題を指す。そこで本章の第3節以降においては，これらの問題を簡単な経済モデルを用いてさらに分析していくことにする。

　ここで，本章の理論的なアプローチについて述べておく。建築物には，以上に検討したような特有の人工物としての複雑性や取引慣行があるために，従来の経済学の枠組みでは描写しがたい側面がある。本章では，この建築物に特有の性質によってもたらされる価格形成の問題点を明らかにすることを目指す。そのため，理論の普遍性を追求するよりも，現実の経済現象をよりよく説明することを指向する進化経済学の立場をとる。なお，次の第10章では，建築物の契約について分析するため，需要側と供給側の相互関係に焦点を当て，ゲーム理論や情報の経済学を応用する。この点で，本章と第10章では経済学の理論的な立場が異なるが，そもそも本書は経済学の特定の理論の優位性を主張することを意図していない。本書は，理論的に呉越同舟であることを問題とせず，さまざまなアプローチを用いて，経済現象としての建築物の取引に関する諸問題を提示することを目指している。

2　機能と価格に関する従来の経済分析

　従来の経済学における議論の中で，製品の品質と価格の関係性については，たとえば垂直的差別化のもとで寡占体制が維持される条件を検討したShaked and Sutton（1982）のように，財の品質と財の価格の正の関係性が想定されていた。すなわち，高品質ならば高価格，低品質ならば低価格という明快な関係性が前提とされていた。しかし，現実には，財の品質と価格の正の関係がいつも成り立つとは限らないために，価格決定に関するさまざまな問題が生じていると思われる。

　このように従来の均衡論が想定するような一物一価が成り立つとは限らないという観点から，近年，進化経済学において，相対取引における価格形成メカニズムとして説明が試みられている（江頭 2011）。江頭は，過去の取引実績や取引相手の評判が取引価格に影響を及ぼし，株式市場のような情報を一元的に集約する機能を持つ市場における（集権的な）価格決定メカニズムとは異なる

場合の相対取引に関してモデル化している。そこでは、まず、各経済主体（企業）は、資源を仕入れて取引相手となる下流の企業および消費者をランダムに選択するものとする。各経済主体は、仕入れ価格、下流に供給する財[2]の販売価格、自分に対する社会的評価、および取引を行う可能性がある相手との過去の取引経験に関する評価を持っているとする。そして、各経済主体はそれぞれ独自の満足化基準に基づいてランダムに選ばれた自らの取引相手と取引するか否かを判断する。このとき、他の経済主体と利潤や取引価格の差を比べることはせず、したがって最適化行動もないとする。そして、各経済主体は、他の経済主体に関する過去の取引経験と社会的評価を次の取引の判断材料とするという学習を行い、各経済主体は取引の繰り返しの中で徐々に他の主体に対する経験を蓄積するものとする。

　江頭（2011）では、以上の設定を置いてシミュレーションを用いて分析しており、しだいに価格調整の可能な幅を決定し合意に至りやすい相手と至りにくい相手がはっきりしてくると言う。その結果、繰り返し合意に至る経験を経た主体間のほうが、次の機会にも合意に至る可能性はさらに高まり、各経済主体間の信頼が醸成され、一定の範囲のあらゆる価格で財の取引が成立するようになると言う。このように、実際の経済活動では、均衡理論や情報の経済学のパラダイムに即しておらず、経済主体が直面する状況にローカルに対応していることのほうが多いと思われる。しかしながら、こうした場合の価格形成メカニズムに関する研究は、まだ端緒についたばかりであり、議論の余地は大きい。そこで、本章では、第2章で指摘されたような建築産業の慣行を加味し、相対取引として建築物の取引価格の形成を記述することを試みる。

　また、製品差別化を前提に、異なる設計内容を持つ製品の間で、価格や消費者の選択がどのように行われるかを分析する経済学・経営学的なアプローチとしては、ランカスターの製品属性モデル（Lancaster 1971）や、実証手法としてのヘドニック価格分析などが知られている。このうちランカスターは、消費者の効用が商品の性能や機能といった属性に依存するとして消費者行動を分析し、機能に関する需要と供給によって商品価格が決まるとした（Lancaster 1971）。この点で、ランカスター・モデルは市場均衡の概念を念頭に置いているが、より正確に言うなら、製品設計の異なる個々の品種ごとに右下がりの需要曲線に

---

　[2] コモディティのような差別化されない財を想定している。

直面するケース，つまり製品差別化を前提とした「独占的競争」(monopolistic competition) を描写した理論モデルである。

　一方，ヘドニック・アプローチは，商品の価格を機能属性の束から回帰分析によって分析する実証的な手法である。最近，環境不動産の分野などでは，このヘドニック・アプローチを用いて，建築物の環境性能表示と不動産価格（新築の売り出し価格，賃料ほか）や空室率の間の相関を分析する試みが行われつつある（たとえば，吉田・清水 2010; Eichholtz et al. 2010）。

　こうした経済学や経営学における議論では，多くの場合，すでに存在する商品の機能と価格の関係性が議論されている。住宅市場のうち，中古マンション市場に焦点を当てて住宅価格の形成要因を議論した研究はあるが（清水 2008），まだ存在しない商品の価格の形成については（管理会計学においては「原価企画」という設計段階での原価つくり込み手法が確立しているものの），実証的な経済分析においてはあまり議論されていない。建築物，船舶，航空機などのような受注設計・生産される一品物の場合，設計図さえできていない段階，つまり実現する機能に不確実性が存在する段階で予定価格が形成されることもあるが，こうした価格設定における問題に対しては，従来の経済研究ではあまり議論されてこなかったようである。

　加えて，製品個体のライフサイクルの期間中に消費者と製品の相互作用により製品機能が変化したり，あるいは使用者によって引き出す機能が異なってくる製品については，従来はあまり分析されていない。先行研究では，同一構造の製品については，使用者は一様に同水準の機能を引き出すことを前提としている。しかし，たとえば住宅のように製品寿命が長い人工物の場合，使用期間の間に家族構成やライフスタイルの変化によって用途が変わることは十分ありえる。大型ジェット旅客機であれば，旅客型から貨物型に改修されることもある。自動車工場などのように，もとは完成車組み立て用の建屋だったものが，後にエンジンやトランスミッション用に変化する場合もある。このように，長いライフサイクルの期間中に，ユーザーが建築物から引き出す機能を変化させる典型的なケースとして，以下，住宅のリフォームについて取り上げることとする。

　このように，商品がまだ存在しない（＝機能がまだ存在していない）場合や，使用期間中に引き出す機能が変わっていく場合においては，供給側，需要側の双方にとって商品の機能が見えにくい，評価しにくい状態が出現しやすい。こ

のような機能のあいまいさが，たとえば建築物の一つの特性であるが，こうした「製品機能の不確実性」が存在する場合にどのように価格が形成されていくのかを，以降の節で検討していく．

3 建築物の価格設定の特徴と進化

3.1 人工物・経済財としての建物の特徴

まず，経済分析の前提として，建築物の取引と価格設定の一般的な特徴について，以下に列挙しよう．

(1) 基本的に建築物は製品差別化された非分割財の一品生産である．つまり，同一の設計情報（機能設計と構造設計）を持つ現物（建物）は，たいていは1個であり，同一設計情報を持つ人工物＝製品が多数存在する，標準的な経済学が想定するコモディティとは異なる．同一の間取りのマンションを販売する場合も，向きや階によって機能評価は異なる．

(2) よって価格がマーシャル的な意味で短期均衡（機能・限界効用が主導）から長期均衡（構造・限界費用が主導）に収斂する過程は存在しない．現物の生産量増減による数量調整はない．

(3) 建物の機能の利用者と構造の所有者は，住宅では同一だが，商業建築・公共建築では同一ではないことが多い．

(4) 売手と買手が合意する製品機能は事前には明示されない．つまり機能に関する不確実性が存在する．機能は，構造ができた後で事後的，創発的に発現することが多い．

(5) 製品の現物が存在せず，製品機能が不確実かつあいまいな段階において，入札や随意などによって契約が交わされ，その段階で価格設定が行われる．

(6) 顧客が期待する機能設計パラメータが事前には不明確・不確実であるため，価格が，その段階で比較的に明示できる構造設計パラメータに引っ張られやすい．たとえば「坪単価」という形で構造（建物面積）と連動するが，この場合，価格と構造を結ぶ係数（坪単価）の根拠はあいまいである．

(7) とくにコモディティ化した土木（たとえば道路工事など）においては，製品差別化の度合いが低いため，互いにダンピングの疑心暗鬼が著しく，それを回避する過剰反応として逆に談合が頻発しやすい．

(8) 基本的に建物は貿易財ではなく，国内取引財が中心の非貿易財である．

3.2 価格の根拠：留保価格とマークアップ価格

つづいて、建築物の価格形成を、本書における「ものづくり経営学」の基本的な発想である「設計情報価値説」に基づいて検討しよう。ここでは、個々の需要者にとっての使用価値（留保価格に反映される）は機能設計情報の内容に従う、つまり留保価格（reservation price, 許容価格）P_d は機能（f）で決まるものと想定する。

$$P_d = P_d(f)$$

一方、供給者にとっての生産費用は、構造設計情報の転写効率（原単位）に比例するが、構造（s）、生産性（a）、賃金（w）といった変数に依存する。

$$C = C(s, a, w) = \Sigma(s \cdot a \cdot w)$$

繰り返すなら、設計とは、機能と構造の関係を事前に決めることを指す。機能ベクトル＝F、構造ベクトル＝Sとするなら、製品設計とは「$F \rightarrow S$」の翻訳過程である。建物 j は一品生産の非分割財である。利用者 i は、その財の機能に対し、留保価格 P_{dij} を持つ。建物 j の費用 C_j は、構造設計情報 S_j と、その流れの良さ（労働投入係数 a の行列 A で代表）、投入要素価格（ベクトル W）などで決まる。したがって、

$$C_j = \Sigma(S_j \cdot A \cdot W)$$

建物は、一品一様なので、価格差別が可能であり、その場合、建物の供給価格 P_s は、留保価格 P_d にきわめて近い水準とすることが可能である。すなわち、理想的には、

$$P_s \fallingdotseq P_d = P_d(f)$$

となるため、建築物の供給価格は機能に依存して形成されるはずである。しかし、慣行的には、建物は機能の利用者ではなく構造の所有者に対して販売されるので、その供給価格は、建物の機能（F）ではなく、構造（S）により決まる。すなわち、費用 $C = C(s, a, w)$ に、一定のマークアップ率（$1+r$）を掛けた、ある種のマークアップ価格で決まってくる[3]。すなわち、

$$P_s \fallingdotseq P_d = (1+r)C(s, a, w)$$

---

3 ここでマークアップ価格とは、寡占的な製造企業が実際に行う価格設定に近い形で、いわゆる「オックスフォード調査」が提案した価格設定モデルのことで、フルコスト原理とも言われる（Hall and Hitch 1939）。具体的には、製品1単位当たりの平均コスト（前掲論文では変動費のみだが、実際には平均操業度を想定した全部原価の場合も）に所定のマークアップ率を掛けて製品の単価を決める。この価格は数量にかかわらず一定であるから、供給曲線は水平であり、標準的な経済学が想定する「右上がりの供給曲線」ではないことに注意を要する。

ところが，たいていは $P_s < P_d$ となってしまうため，供給側の収益性は低くなりがちである。つまり，過当競争などにより，r が小さい。

しかし，日本の高度成長期においては，発注側の留保価格は（施工品質と納期さえ守れば）十分に高かった。また，機能乖離のペナルティも小さかった。よって，供給価格は維持され，設計が変更された。供給側の企業は，価値工学（VE）などで再設計を行い，コストを下げることができる（機能ベクトル $F \to F' = F(S')$）。しかし，そもそも施主の側の機能設計があいまいな中では，機能が一定のもとで構造を簡素化する価値工学は，あまり意味を持たない。むしろ，機能と構造の両方の設計変更で，コスト上昇リスクを回避していたと言えよう。

3.3 日本の建物価格設定ルーチンの発生

安藤（本書第 2 章）が指摘するように，日本の建築の価格設定ルーチンは，1940 年代から 80 年代までの，継続的成長期において形成された。安藤の議論に依拠しつつ分析するなら以下のような分析が可能である。なお，ここでは，消費財の住宅ではなく，生産財である商業建築について検討する。

高度成長期においては，生産財としての建築物の発注側（事業用建築の施主）も，建物の細かい設計内容（f, s）にかかわらず，建物から事業利益を得ることができた。一般に，需要が継続的に拡大する時期において重要なのは，納期（T）遅れによる逸失利益である。時間価値は大きく，設計施工リードタイムが短ければ，設計内容の詳細にはこだわらなかった。発注側が建物から得る利益は，大きさの変数であり，設計の詳細は大きく影響はしなかった。この結果，発注側の留保価格（受け入れ可能価格）は，建物の規模の関数となった。

$$発注者の留保価格 \quad P_d = \beta X$$

X は建物規模で，多くの場合は建物面積である。β はいわゆる「坪単価」で，類似事業の業者の坪単価から推定された。よって，発注側は設計の詳細を提示するインセンティブを持たなかった。とくに商業建築は，一定の面積の建物であれば，家賃収入や事業収入を得られた。この結果，継続成長期において，建物の受注側（ゼネコン）は大きな余剰を獲得できた。その余剰によって，ゼネコンは設計能力に投資し，ゼネコンは設計能力（とくに詳細設計・生産設計能力）を社内に持った。この設計能力を持つゼネコンによる設計施工一括受注によって，ゼネコンは設計品質・施工品質を確保しつつ，納期（リードタイム）を短縮した。

一品生産なので，供給者は価格差別が可能である．成長期の売手市場であれば，供給者は，需要者（施主）の留保価格に対して目一杯まで価格を吊り上げることが可能な場合が多い．

$$供給者の費用 \quad C(s, a, w) = \Sigma (s \cdot a \cdot w)$$

とするなら，供給者の費用上昇でのリスクは，投入要素価格（w）の上昇，設計施工工数（a）の増加である．供給者（ゼネコン）が生産設計を内製化し，需要者（施主）が

$$機能設計 \quad f = f(s)$$

において構造設計（s）の変更を認めることによって，ゼネコンはこのリスクを吸収した．すなわち，「$s=1 \rightarrow s=0$」（一部の設計要素の省略），および投入要素価格（w）の削減である．これにより，工数（a）の予想外の増加を吸収する．

3.4 結果としての価格設定ルーチンの構造

その結果，下記のような建築物の価格設定のルーチンが日本において構成されたと考えられる．需要側の留保価格は建物規模（X）の変数である（坪単価主義）．需要側は，機能設計 f の最適化（maximizing）にはあまりこだわらなかった．むしろ，十分な（satisfying）機能を持った構造物が早期に建つことがより重要であった．よって，納期（T）が短ければ，留保価格は十分に大きくなった．そして，一品生産で価格差別が可能なので，供給価格 P_s は留保価格 P_d に近くすることが可能であった．よって，

$$供給価格 \quad P_s \fallingdotseq P_d$$

となる．そして，

$$供給者余剰 \quad R = P - C$$

だが，設計施工工数は納期（T）の変数であるため，

$$a = g(T)$$

すると，

$$供給者余剰 \quad R = P_s - \Sigma(s \cdot g(T) \cdot w)$$

となる．この余剰を原資に，ゼネコンは研究開発センターを社内に持つなど設計能力に投資し，設計施工一貫の事業体制を固めてきた．さらに，設計能力の行使により，供給者（ゼネコン）は，実際の構造内容 s を伸縮させることによってコストリスクを吸収するが，一方で設計・施工品質を確保する．

3.5 価格設定ルーチンの機能と逆機能

しかし,高成長期に確立した価格設定ルーチンは,低成長期には逆回転を始める。価格が機能で決まっていないことが,価格の不安定化につながる。商業建築において,一定の建物規模 (X) からの収益が低下すれば,建築物の機能の向上によって坪単価 β を上げるしかないが,坪単価 β や発注側の留保価格 P は機能設計 f に連動しているわけではない。供給者側からすると,

$$供給者余剰 \quad R = \beta X - \Sigma(s \cdot g(T) \cdot w)$$

である。つまり,ゼネコンの収益は,建築の機能ではなく,構造の変数となる。βX が激減してしまえば,収益性は悪化する。それでも収益を確保しようとすれば,受発注間の情報の非対称性などに目をつければ耐震偽装 (s をごまかす) や,供給者側のサプライチェーン間のパワー関係に物を言わせた調達部材や工賃の買いたたき (w の切り詰め) のような手法もありうる。このように,構造に過度に依存した価格形成プロセスによって,弊害が起こる可能性がある。

成長期が終わると,多くの場合,施主の留保価格が下がると考えられる。需要側にとって,機能はあいまいで,評価が困難である。しかし,需要側は機能に関して不満を持つと,購買しなくなる可能性が高い。これを回避するために過剰設計になりやすくなると考えられる。しかし,低成長期であるため,留保価格 P_d はさほど高くない (むしろ下がる)。顧客の機能への期待を下回ることを回避するために過剰設計になりやすいことから,構造すなわちコストを下げることは容易ではない。したがって,留保価格の低下によるマークアップ価格 P_s の下落圧力は,マークアップ率 r の下落圧力をもたらし,供給側の収益性が悪化することが考えられる。

このとき,機能を実現する構造をより低コストで実現する必要が出てくる。すると,マークアップ価格 P_s を下げるのに,収益 r を下げることのみに依存する必要はなくなる。あるいは,価格を建築機能 (建築サービス) に連動させる必要が生じる。しかし,価格設定ルーチンの慣性は簡単に変更できない。かくして機能は逆機能に転換する。以上は,高成長期から低成長期への移行の過程で生じた,経路依存的なルーチン形成と言えよう。

3.6 日本の自動車産業との類似点と相違点

ちなみに,代表的な貿易財として実証研究が進められてきた日本の自動車メーカーと,建築産業を比べてみると表9-1のように整理できる。取引ルーチンの

表 9-1 日本の自動車産業と建築産業

	自動車	建築
品種・量	多品種（量産品）の見込み設計，生産は見込みまたは受注生産 →規模の経済が働く。	一品物の受注設計・受注生産 →建物単位での規模の経済は働かない。
貿易財／非貿易財	貿易財 →国内需要の飽和は 1970 年代前半。その後 70〜80 年代に輸出の増加。90 年代以降は海外生産の増加。	非貿易財 → 1980 年代まで国内が増加。その後大幅に縮小。
製品アーキテクチャ	インテグラル（統合型）	インテグラル（統合型）（吉田・野城 2005）
取引ルーチンの成立	成長期に生産財取引ルーチンが確立。自動車部品取引は承認図方式（藤本 1997）。機能部品メーカーの簇生と並行して起こった。	高度成長期に，ゼネコンの設計施工一貫体制が発達したが，最終財企業（施主）の機能設計能力は発達しなかった。

成立過程に関して，日本の自動車産業では，部品価格が部品機能と連動する仕組みは維持された。自動車メーカー（買手）も機能設計能力を堅持した。消費財企業が厳しい国際競争をする結果である。ここが大きな違いで，機能設計にかかわらず，人工物の規模で価格が決まる傾向があった成長・供給不足時代の建築物は，自動車とは違っていた。要するに，生産者が詳細設計も行う点，高度成長期に発達したことなどは，自動車部品の承認図方式と，建築物の設計施工一貫体制は似ているが，発注側の機能設計能力，あるいは構造設計評価能力に，大きな差があったわけである。「留保価格が機能で決まらない」という，本書で問題にする現代日本の建築業の発生要因がここにある。

4 個別の建物（物件）取引における価格

本節では，建物（物件）の取引における価格形成の問題をさらに検討するために，建物の種類によって場合分けを行い，個別の取引に焦点を当てて議論を進めていく。これにより，個々にユニークな建物の取引における価格設定の問題点（機能と価格の関係性，発生する余剰やそれを獲得する取引主体など）を明らかにすることができると考えられる。

本節で検討するのは，分譲マンション，戸建ての注文住宅，リフォームとい

う一般的な消費者の購買対象となる建築物とする。一般の消費者が住居として使用する建物であれば，公共建築物やオフィスビルなどの商業建築のような顧客システムの複雑性がない分，機能と価格の関係性の問題などが比較的シンプルに明らかにできると考えられる。

4.1 分析の前提

前節までで，建物の製品アーキテクチャ（機能・構造）と価格の関係性における問題点について概観してきた。そもそも，建物は個々にユニークな財であり，一つひとつ価格差別が行われているので，基本的にその取引は相対取引とみなせる。建物の価格がどのように決まるのか（なぜ建物の価格は機能で決まらないのか）は，相対取引における価格形成メカニズム[4]の問題であると言える。

ここで，前節までに検討してきた建築物の性質をふまえて，分析に当たって前提をいくつかあげることとする。まず，一般的に建築産業は，生産者数，需要者数ともに多数であり，財の性質は差別化されていることから，この分析は基本的にミクロ経済学の独占的競争市場の説明に依拠する。そのうえで，建築物の持つ機能に焦点を当てるため，個別の単体の建築物の取引に注目する。この取引においては，1人（ないし1社）の需要者に対して，1社の供給者が建築物を供給する。ただし，現実には，たとえば一般競争入札のような取引もあるが，あくまでも建築物の機能と価格形成の関係性に焦点を当てるため，こうした場合は本章の守備範囲外とする。需要者と供給者のシンプルな関係性を前提とする（需要者が複相的な場合については，第8章を参照のこと）。そのため本章では，供給者による建築物の価格設定は，量的な調整によってなされるものではないものとする。この点については，独占的競争市場のモデルとは異なる。つまり，通常の独占的競争市場モデルをはじめとする不完全市場の説明では，独占的な供給者が利潤を最大化するような財の供給量を決めることにより，財の取引価格が決定する。これによって，消費者余剰，生産者余剰が決まる。しかし本章では，相対取引の最小の単位である一つの建築物の取引を分析するため，供給量で価格を決めることを前提としない。一つの建築物の取引によって生み

---

4 江頭（2011）が提示する相対取引の市場モデルでは，市場の取引主体が，繰り返される取引から結果を学習することにより，成立する財の取引価格がある範囲内に収束することを明らかにしている。これに対して，本章で扱う建築物は，個別にユニークな財であることや，消費者にとっては一生に幾度も買うことができない，すなわち取引を繰り返す機会があまりなく，取引結果から学習して次の取引を行うことが難しいという性質がある。

出される余剰を議論することにより，純粋に建築物の持つ機能と価格の関係性を明らかにすることを試みる。そのため，一般的な経済学の議論からは違和感があるかもしれないが，量的な調整を考えないことにより，ある一つの建築物をめぐる取引主体間の関係性の中で形成される価格の問題点を議論していく。言い換えると，マークアップ仮説に基づく価格設定を前提とするが，取引主体間の関係性がマークアップ率の設定に及ぼす影響を議論する。

　第二に，建築物の取引において，一物一価は必ずしも成り立っていない。かりに同じ設計の物件だとしても，異なる価格づけがなされることも多い。そこで，個々の建築物の取引は，個々の需要者に対して，個別に設定される価格によって財を供給する取引であるとみなす。通常，顧客の属性などで市場を分割し，それぞれの市場ごとに異なる価格を設定することを価格差別と言うが，本章では顧客一人ひとりに対して異なる価格で財を取引することも，価格差別がなされているとみなすこととする。このことから，必ずしも，財の品質と価格の正の関係を想定しない。この点においても，一般的な経済学の説明とはやや異なるかもしれない。

　第三に，物件の取引価格は消費者の持つ留保価格を超えないものとする[5]。消費者は物件の利便性，快適性，持続可能性，保健性，安全性（浅見・伊藤 2001）といった機能の属性について，あいまいであるにせよ期待し，評価を行ったうえで，「この物件ならいくらまで出してもよい」という留保価格を設定すると考えられる。この留保価格を実際の取引価格が上回る状況は考えにくい。そして，この留保価格と実際の取引価格の差を消費者余剰とみなす。一方で，その建築物の取引価格と費用の差分を供給者側の享受する余剰（生産者余剰）とみなす。建築物の機能属性がどのくらい物件の価格に反映するかについては，実際のデータを用いてヘドニック・アプローチによって分析されるべきである。しかし，本章では，取引主体のうちの誰が差別化の担い手となり，余剰を享受するのかを明らかにすることを主な目的としているので，そのようなアプローチではなく，より単純な独占的競争市場の概念を用いつつ議論を進めていく。

　留保価格に関連して，第四に，消費者の留保価格は線形で表せるものと仮定

---

[5] 第3節において，一品生産のため価格差別が可能であり，供給価格と留保価格をほぼ等しくする（$P_s ≒ P_d$）ことが可能であるとした。しかし，ほぼ等しくすることが可能であるだけで，供給価格と留保価格は完全にイコールではない。建築物の機能のあいまいさなどに起因する価格の不安定性があるため，供給価格は留保価格を大きく下回ることもありうる。

する．これまで検討してきたように，建築物の機能に対する消費者のニーズや評価はあいまいで，不確実なものである．あるいは，当事者本人の情報であるはずだが，完全に把握しているわけではない[6]．しかし，留保価格を図示するときは，基本的に線形で描くこととする．

なお，以下の説明は，現実の事例を説明するものではなく，架空のモデルを説明することによって，建築物の価格差別の機会とその担い手を明らかにすることを試みるものである．現実にはより複雑な状況があるはずだが，ここでは上記のような前提を置くことにより，シンプルに説明することを試みている．

4.2 マンションの場合

まず，比較可能なものが複数ある財としてマンションの場合から検討する．分譲マンションの場合，取引主体はゼネコン，デベロッパー，消費者である．まず，マンションの設計者であるゼネコンと施主であるデベロッパーの間で取引する．次に，デベロッパーは消費者（居住者）に対して，マンションの各部屋を分譲する．他の注文住宅などの建築物と比べて，同一設計の商品を大量に供給しているという点で，製造業に最も近い性格の財である．しかし，同じ設計であるからと言って，必ずしも同じ価格で消費者に供給されるとは限らない．

ゼネコンからデベロッパーに建築物を供給する段階では，機能の利用者（消費者）ではなく，構造の所有者（デベロッパー）に対する供給となる．そのため，供給価格は建築物の機能の変数ではなく，構造の変数となる．したがって，この段階での供給価格は，ゼネコンがマンションを設計・生産するのにかかる費用に一定のマークアップ率を掛けた，

$$P_s = (1+r)C(s, a, w)$$

となる．

一方，デベロッパーから消費者に分譲して供給する段階では，機能の所有者にマンションを提供することとなる．物件ごとに相対取引が行われ，価格差別の機会が存在する．デベロッパーは，立地以外にも，部屋のフロア，向きなどに応じて細かく価格を設定することができるうえに，宣伝広告や営業のやり取りなどを通して，消費者に対して個別に機能をアピールすることができる．すると，同一の設計の部屋が，異なる価格で供給されるようになる．こうした相

---

[6] したがって，本章では，第10章で扱うゲーム理論や情報の経済学（プリンシパル・エージェント問題）のような経済主体の合理性を必ずしも前提としていない．

対取引を経て，消費者がマンションの部屋を購入する段階では，個別に価格差別がなされたユニークな財の相対取引となり，一物一価ではなくなる。したがって，ある消費者 i に対して，デベロッパーが販売する分譲マンションの物件 j の価格は，

$$P_{sij} = P_{dij}$$

と表せる。

　以上より，分譲マンションの取引において価格差別を行い，余剰を得ているのはデベロッパーであると言える（図9-1）。かりに，同じマンションにおいて同じ広さと間取り（つまり同じ設計）であっても，取引価格は異なることがありうる。ゆえに，図9-1のように，分譲マンションの取引価格はバラバラなものとなる。そして，前提より，消費者の留保価格（需要曲線）を下回っていれば，取引は成立する。たとえば，消費者 i の持つ留保価格 $P_{dij}(f)$ よりも，消費者 i に対する販売価格 P_{sij} は下回るので，

$$P_{dij}(f) > P_{sij}$$

　前項の前提に従い，消費者余剰は，留保価格と各物件の取引成立価格との間の隙間で示される。供給者の余剰については，デベロッパーの取り分とゼネコンの取り分が存在する。ここで想定するマンションの場合，ゼネコンがデベロッパーに供給する物件ごとの単価

$$P_s = (1+r)C(s, a, w)$$

は一定である。一方，デベロッパーが消費者に販売する価格，

$$P_s(f) = P_{dij}$$

は，さまざまな条件によって異なるものとなる。つまり，分譲マンションにおける価格差別の担い手はデベロッパーである。そして，消費者に対して分譲マンションの物件の価格差別化が行われていても，それによって発生する余剰をゼネコンは得られないことを意味している。したがって，分譲マンションの場合，デベロッパーのほうが，ゼネコンよりも供給者余剰を能動的に享受することができ，有利であると考えられる。このような場合，ゼネコンが設計することによって創造される機能は，あまり消費者の取引価格に反映されていないと言える。その反面，デベロッパーは，消費者に対して建物の機能を訴求できているとも言える。

　次に，消費者に対してマンションの持つ機能がより訴求されるとする。すると，もともと留保価格の高い消費者の留保価格がさらに高まり，その曲線の傾

図9-1 分譲マンションの価格

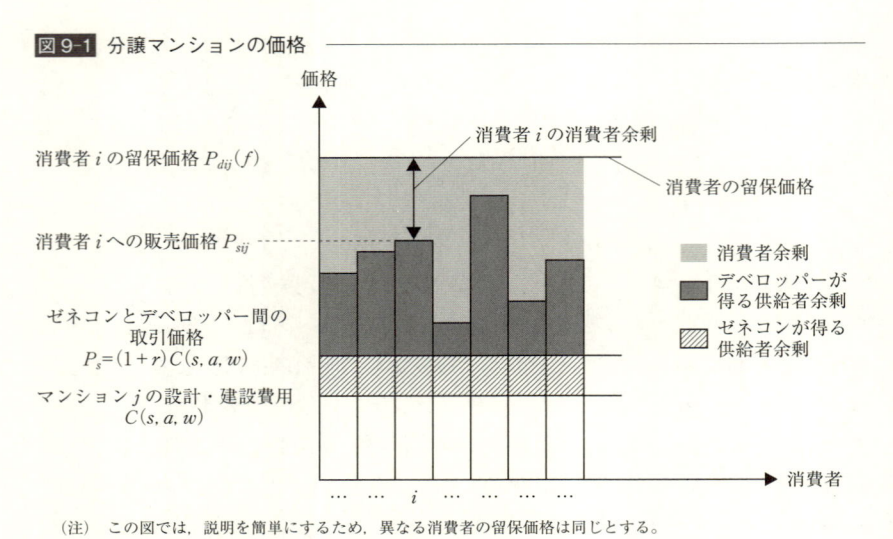

価格軸に沿って、消費者 i の留保価格 $P_{dij}(f)$、消費者 i への販売価格 P_{sij}、ゼネコンとデベロッパー間の取引価格 $P_s = (1+r)C(s,a,w)$、マンション j の設計・建設費用 $C(s,a,w)$ が示されている。図中には、消費者 i の消費者余剰、消費者の留保価格、消費者余剰、デベロッパーが得る供給者余剰、ゼネコンが得る供給者余剰が示されている。

（注）この図では，説明を簡単にするため，異なる消費者の留保価格は同じとする。

きが急になると考えられる（図9-2）。なお，以降の図では，消費者の留保価格が一人ひとり異なるものとする。そして，簡便のために，任意のある建物に対する顧客の評価＝留保価格が高いほうから順番に並べることにより，右下がりの曲線を近似的に描くことができるとする。

機能の訴求によって留保価格が上昇すると，その分，供給側は価格を上げられる余地が増えることとなる。すると，トータルの余剰は増加すると考えられる。その余剰の増加分は，供給者側が享受することが可能である。このとき，設計による差別化が実現することを十分に訴求できれば（たとえば，ゼネコンからデベロッパーに対して「うちの設計が良いから，御社は消費者に対して価格差別できますよ」とアピールする），ゼネコンも余剰を享受することができる。逆に，ゼネコンが行うマンションの設計によって消費者の留保価格の上昇に貢献していることをアピールしなければ，余剰の増加分を享受することはできない。実際には，瑕疵が少ないことや，市場の評価によって留保価格を引き上げることができていると考えられるため，大手のゼネコンはある程度，機能訴求によって余剰を得られていると言う。一方，とくに中小のゼネコンなどは収益性が低い。

以上に検討してきたように，マンションの物件という同一設計のものが複数存在する財の取引から得られる利益については，デベロッパーに偏在する可能

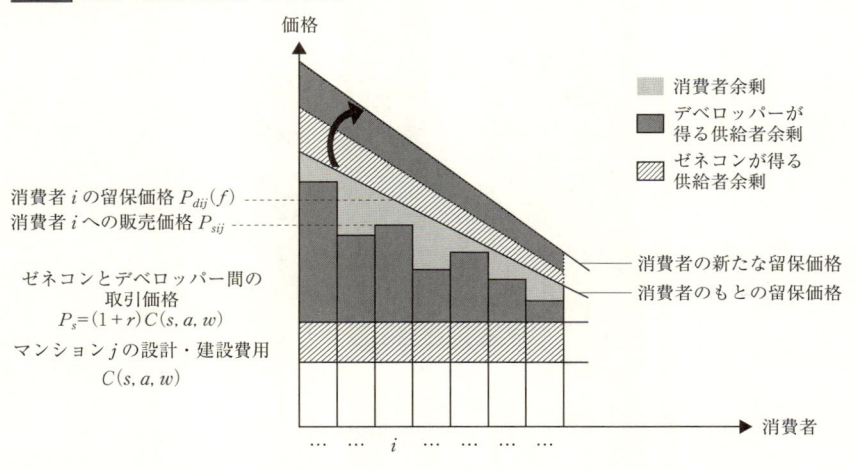

図 9-2 建物の機能の訴求による変化

凡例:
- 消費者余剰
- デベロッパーが得る供給者余剰
- ゼネコンが得る供給者余剰

消費者 i の留保価格 $P_{dij}(f)$
消費者 i への販売価格 P_{sij}
ゼネコンとデベロッパー間の取引価格 $P_s = (1+r)C(s, a, w)$
マンション j の設計・建設費用 $C(s, a, w)$

- 消費者の新たな留保価格
- 消費者のもとの留保価格

性が高い。これは，デベロッパーが価格差別の担い手となっているからである。たとえ，複数の消費者が同じ留保価格（機能に関する要求）を持っていたとしても，相対取引を行う。まして，異なる機能要求を持つ消費者は，異なる留保価格を持っている可能性が高い。それに合わせて取引するということは，口八丁手八丁の要素もあるかもしれないが，機能要求に応えているということでもある。対照的に，ゼネコンはデベロッパーに対して「坪いくら」のような構造の変数で価格をつけて供給している。したがって，マンションの機能に比して，割安になってしまいがちである。ゼネコンは，マンションから引き出される機能により注意を向ける必要がある（機能があいまいで不確実性があるという問題は大きいが）。

4.3　戸建て注文住宅の場合

ここでは，異なる人に異なる設計の建築物を供給している例として戸建て住宅を取り上げる。同一の設計情報を持つ財が複数存在するマンションと異なり，戸建ての注文住宅は基本的に唯一無二の設計情報を持つ財である。戸建て注文住宅の場合，消費者は土地を不動産会社から購入し，住宅をハウスメーカーに注文する。この物件の取引成立価格は土地代プラス建物代となる。土地代は場所によって異なるが，個別の取引における取引主体の工夫ではいかんともしが

図9-3 戸建て住宅の価格

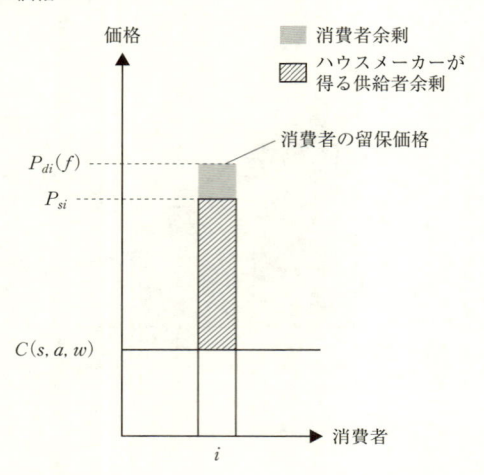

たい所与の条件であるため、やはり考察の対象外とする。物件の取引価格を留保価格に近づけるのは、ハウスメーカーや設計士などの設計努力か、デベロッパーなども含めた供給側の営業努力による。

戸建て注文住宅の場合でも、物件の取引価格と留保価格の差が消費者余剰に相当する。とくに、受注設計される注文住宅の場合、一品一様なので建物の供給価格 P_s は、留保価格 P_d にきわめて近い水準とすることが可能である。前節で検討したように、理想的には、

$$P_s \fallingdotseq P_d = P_d(f)$$

となる。したがって、この観点からすると、消費者余剰 $P_d - P_s$ は供給者側が取りこぼした余剰であるとも言える。

戸建て住宅の場合、消費者は自身の要求に対して専用設計された一品物を購入する。したがって、まずもって、価格差別の機会は、住宅の設計から発生している。この場合、価格差別の担い手はハウスメーカーや設計士といった住宅の供給者である（図9-3）。よって、この取引の場合、留保価格を引き上げるように仕向けるために機能の向上などの設計の工夫を行い、結果として建物の価格を引き上げる余地を増やすことができれば、供給者と消費者の余剰の総和が増大しうるので望ましいと言える。そのためには、消費者の住宅に対する評価能力を向上させるか、評価を補佐することが先決である。そのための方法とし

て、アレグザンダーは顧客の要求をパタン・ランゲージを用いて具体化していくアーキテクト・ビルダーを提唱したが（Alexander et al. 1977；中埜 1988），最近では，日本の「優良ストック住宅（スムストック）」やアメリカの「home inspector」などがあげられる。

しかし，そもそも消費者にとっては一生のうち1回から数回しか取引経験を積むことができないこと，商品が実在しない段階から数十年先までの長期的なイマジネーションが必要となることなどが制約となる。このように，消費者が評価能力を高めにくい，あるいは建物を評価しづらい状況では，留保価格は相対的に低下傾向になり，物件の取引価格を下げる方向で圧力が働くと考えられる[7]。

設計の工夫により何らかのかたちで住宅の持つ機能が向上（高級化）する場合，それによる収益向上を目指すべきハウスメーカーは価格を上げることが考えられる。そして，この変化を消費者が認識して評価すれば，留保価格が上昇する。すると，物件の取引価格を上昇させることができる（図9-4）。このとき，機能向上によって発生する追加的な余剰はハウスメーカーと消費者が享受できる可能性がある。ただし，両者が余剰を享受するためには，機能向上が物件の取引価格に反映される必要がある。機能向上を住宅価格の上昇に反映させるためには，

留保価格 P_d の上昇幅 $(P'_{di}(f) - P_{di}(f))$
$\geq$ 住宅価格 P_s の上昇幅 $(P'_{si} - P_{si})$

となっている必要がある。物件の取引が成立する価格は消費者の留保価格以下になるが，前述のように，一般的な状態として，留保価格と不動産取引の成立価格は近いと考えられる。そのため，物件の取引価格を上昇させるためには，まず留保価格を上昇させる必要がある。よって，まず，消費者に機能の向上を十分に評価してもらい，留保価格を上げてもらう必要がある。こうなれば，留保価格以下の範囲内で不動産取引価格が上がっても，消費者が支払う金額以上

---

[7] このことは，行動経済学のプロスペクト理論（Kahnemann and Tversky 1979；古川・守口・阿部 2003）からもある程度説明できるかもしれない。建築物の機能と価格の2要素に関する消費者のリファレンス・ポイントが変化する場合を考える。このとき，消費者の機能に関する評価能力が不足していると，建築物の機能が評価対象とならず，価格だけがリファレンス・ポイントに加味され，機能はさておき安価な建築物が求められるようになり，留保価格は低下すると考えられる（その結果，建築物が機能のわりに安い価格へと誘導されやすなり，供給側が得る余剰は低くなる可能性がある）。

414 第9章 建築物の価格設定

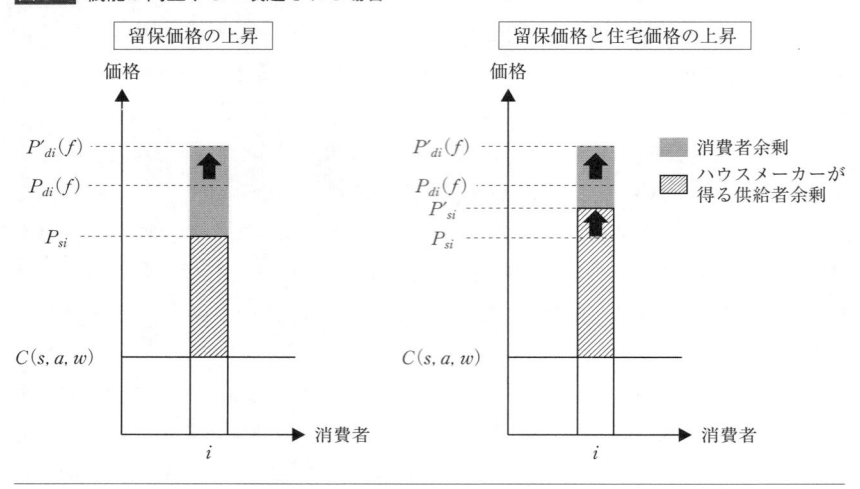

図9-4 機能が向上する・喚起される場合

留保価格の上昇

留保価格と住宅価格の上昇

消費者余剰
ハウスメーカーが得る供給者余剰

の満足感を得られるので，消費者余剰が増加しているとみなすことができる。実際には，建築プロセスの途中で，施主の側からの要望に合わせて設計を変更するときに，追加料金をとるような場合に，留保価格も住宅の最終的な取引価格も上昇することが考えられる。機能要求が不確定な状態で設計・施工をスタートさせることを考えると，契約後にも需給双方の効用を拡大する余地はある。したがって，契約後にもお互いに意思疎通を図り，フレキシブルな変更を可能にし，そこからしかるべき追加料金が発生することによって，建築物の機能が具体化し確定するプロセスにおいて双方の余剰を拡大することができる。

設計による機能向上のほかにも，留保価格を上げることは可能である。マンションもそうだが，住宅の留保価格は，使用者である住人がいかに機能を引き出すことができるのかによっても左右される。したがって，どれだけ留保価格を上げることができるかは，建物の機能をいかに喚起することができるかも重要である。これによって，消費者のお値打ち感が増すのであれば消費者余剰は増えることとなるし，住宅価格に反映できれば供給者余剰は増加する。このことを考えると，供給側は常に建築の機能に注意を払い続けることが望ましいと言える。

次に，住宅の機能を維持しつつ，より低コストで生産できるようになった場合はどのようになるのかを検討する（図9-5）。このとき，ハウスメーカーが設

図9-5 コスト低減を行った場合

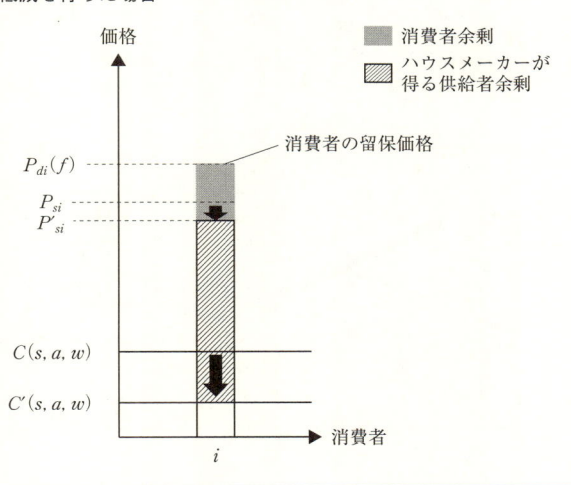

計・施工から販売まで一貫して行う場合に，

住宅価格の維持・低下幅≦コスト低減幅

となれば，ハウスメーカーは追加的な余剰を享受することができる。このとき，消費者余剰は維持ないし増大する。物件の価格が一定なら，デベロッパーの余剰は増大し，消費者余剰は変わらない。

本書で何度も述べているように，事前の建築物への機能要求はあいまいなものである。したがって，機能を訴求するなどして，取引価格を向上させることは難易度が高い。それに比べると，こちらは構造設計の工夫や生産性の向上などによって実現するため，社内のノウハウや研究開発部門の能力を活用しやすいかもしれない。

4.4 リフォームの場合[8]

ここまでは，まだ存在しない建物の機能と価格に焦点を当ててきた。この場合，消費者は要求機能を明確にすることは困難であり，供給側も完璧に要求機能を満足させたり，訴求したりすることは困難である。

これに対して，本節では，すでに存在する建物の機能を変更する場合につい

---

[8] 住宅の品質に関する情報の非対称性の観点から，誰がリフォームを行うのかによって，中古住宅価格への影響が異なるという研究もある（原野ほか 2009）。

図9-6 リフォームの場合

もとの状態

価格軸上に、消費者の留保価格 $P_{di}(f)$、P_{si}、$C(s, a, w)$ を示す。横軸は消費者 i。

経年により，不満が明確化。価値も下落

リフォーム

価格軸上に、$P_{di}(f)$、P'_{si}、$C(s, a, w)$ を示す。横軸は消費者 i。

消費者の留保価格（リフォーム後に期待する機能）は明確

リフォームしたい部分

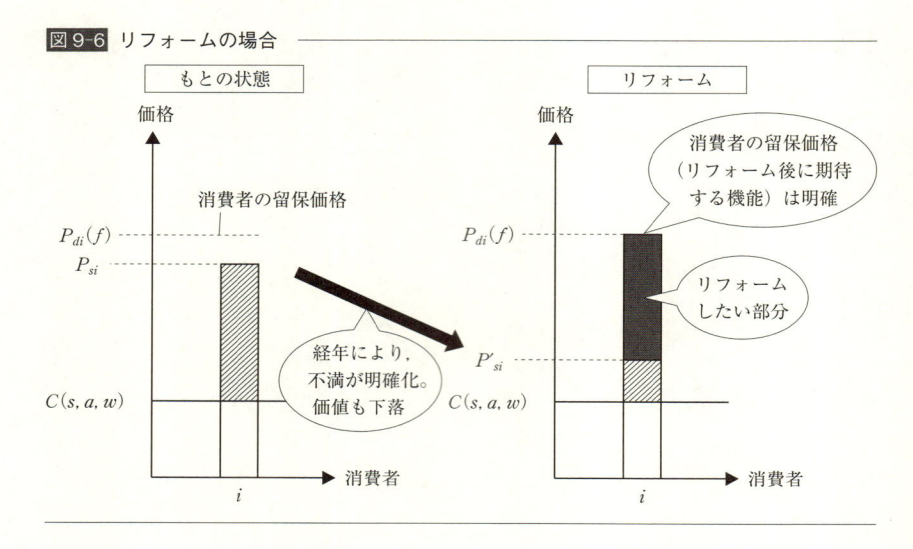

て考察する。アレグザンダーも，台所の掃除がしにくい，雨漏りがする，プライバシーが欠如しているなどといった「コンテクストとの不適合」を明示するのは簡単であると述べている（Alexander 1966）。また，経年変化で劣化する機能もある（建築物の価値自体も減少する）。このように，既存の建築物への不満があり，それを解消するために，機能の変更，向上を図るために設計を行うのがリフォームである。この場合，要求機能は比較的明確にされやすい（図9-6）。そして，新築の場合と比べて，実際に機能を引き出す経験をした後であるため，消費者の機能に対する評価能力は高まっており，「うるさい顧客」となっている。したがって，新築と比べると，リフォームのほうがよりカスタマイズが求められ，インテグラル型の製品・サービスとなる。

しかし，うるさい顧客に対応するインテグラル型のビジネスであるとはいえ，決して収益性が低いとは限らない。顧客の求める機能は明確であり，それ相応の価格が支払われる可能性は高い。新築と比べると，供給側は機能の変数としてリフォーム代を設定しやすいと考えられる。

5 建築の価格設定に関する問題解決に向けて

本章では，模式的に建築物の価格形成プロセスの背後にある経済学・経営学

的な論理について，探索的な検討を試みた。もとより，筆者らは実証系経営学の研究者であり，経済理論の専門家ではないので，建設経済学の精密な理論モデルの構築はここでの目的ではない。本章で試みたのは，あくまでも，本書における実態観察およびその解釈から抽出された発見事実あるいは定型的事実，とりわけ「坪単価」概念に代表される「価格と機能の分離」という現象の発生，現状，帰結を近似できるような経済モデルを提示することであった。

われわれが採用したモデルは，基本的にきわめてシンプルなものだが，適用の対象となった「建築物の価格形成」という現象は，標準的な教科書的にある分析では必ずしもうまく近似できない厄介さを持つ。たとえば，1件ずつ大きく異なる「建築物」という財の相対取引，1件1件のごく微小な現象を検討する分析枠組みは，多数の標準品の需給量を価格で構成する教科書的な部分均衡モデルには必ずしも乗らない。

とはいえ，本章の探索的な分析によって，たとえばマンションの取引において，ゼネコンではなくデベロッパーの側に生産者余剰が遍在する傾向，つまり取引に関与する経済主体によって利益率が大きく異なるという実態を，彼らの価格設定が建築物の機能と連動するか構造と連動するかで説明するなど，発見事実をある程度矛盾なく説明できる初歩的なモデルを提示することはできたのではないかと考える。

そもそも，新築の場合，建物の価格は，まだ存在しないものへの価格づけである。設計される機能が不確実なものへの値づけが行われていることに，建築物の価格設定の難しさがある。しかも発注者は，多くの場合（たとえば住宅を新築する家族の場合），自分の要求する機能を明確に表現する能力も，仕様を読む能力も十分には持っていない。こうした経済主体の合理性の限界ゆえに，価格が機能によって決まらないという側面もある。

さらに，集合住宅などの場合，デベロッパーの利幅は概して大きいが，中古物件の販売価格も含めたその価格設定に関しては，長期的に見て機能相応の価格であるのかも判別しにくい面がある。そもそも，単純に金融商品として見ると，建物，とくに住宅はキャピタルロスしかない商品である。デベロッパーは契約した瞬間で取引終了であるが，消費者は住宅ローンを30年間背負い続ける。しかし，ローンを払い終わった頃には資産価値が大幅に下落しているため，ロスしかない。住宅の取引とは，キャピタルゲインがない金融商品の売買とも言える。まして，住宅の証券化に至っては，金融損失を販売しているだけでし

かないとも言える。しかし，現実には建築物は単なる金融商品ではない。住宅ならば，人が「住む」という機能を消費者に提供する商品である。広義のものづくり論の見方からすると，その機能に対して価格がつけられる。しかし，建築物に特有の機能の不確実性，あいまい性，見えにくさなどのため，設計情報とあまりかかわりなく価格が形成され，前述のような金融商品となってしまっている。

　一般的に，建築物はライフサイクルが長期間にわたる。これは，設計情報の寿命が他の製品と比べて長くなることや，建築物の機能が創発する可能性が高いことを意味している。しかしながら，それに伴う価格面での評価がなされてこなかった。これまでの需要側は，坪単価のような形で，相場と照らし合わせることによって，何となく建築物の価格を認識していた。このため，使い手である需要側が，あまり機能を評価できていなかった。一方の供給側は，建築物の機能を創造し伝達するという認識が不足していた。本章では，これによって生じる建築物の機能と価格の遊離傾向がもたらす価格形成上の問題を指摘した。この問題点に関して，最近の中古住宅市場において，日本の「優良ストック住宅（スムストック）」[9]やアメリカの「home inspection」[10]といった評価制度があり，住宅の「住む」機能と連動した価格設定が試みられている。これらは中古住宅の評価システムであるが，まずは実物がある中古住宅から機能本位の価格設定プロセスを確立し，新築市場に応用することによって，建築物の機能と価格の遊離傾向が緩和され，本章で指摘した問題が解決に向かう可能性があるのではないかと思われる。あるいは，新築時の個別の機能要求に完全に応えるこ

---

[9] 「優良ストック住宅」は，多くの戸建て住宅について，30年間ほどになるローン完済後であっても，資産価値が残る住宅が必要だとの観点からつくられた査定方法である。従来の査定方法と比べると，実際の機能の減衰に沿うようにスケルトン（軀体）とインフィル（内装設備）で償却期間，償却率を分けて計算すること，建物と土地で分けて価格表示を行うことなどに特徴がある。これを可能にするために住宅履歴データを備え，適切な補修や点検が50年以上にわたって行われる。住宅の人が「住む」という機能あるいはサービスが50年たってもなお残るのであれば，それを価値として評価しようという試みである。

[10] アメリカの「home inspection」は，基礎や骨格（structural system），外観（exterior），屋根（roofing），給排水（plumbing），電気系（electrical），暖房（heating），空調（air conditioning），内装（interior），断熱と換気（insulation and ventilation）の項目別に，第三者のhome inspectorが中古住宅を評価し，リフォームなどに役立てる制度である。第三者としてリフォームのためのお手盛りにならないようにhome inspectorとして働くには制約がある。この項目は動詞や形容詞で表されていることからもわかるように，住宅の機能の詳細を明確化する仕組みであると言える。

とは不可能と割り切り，一部のパワービルダーのように一定水準の品質での設計仕様を標準化し，土地の仕入れに注力し，プリカット工法などの工程イノベーションによってコスト競争力を追求して収益を確保する。そのうえで，事後的に創発する機能を，リフォームなどを通じて価格とリンクさせることで，長い目で見て価値獲得につなげていくといったことも考えられる。

おわりに

　最後に，本章と第8章の関連について一言述べる。本章ではゼネコンによる価値獲得がなぜ失敗しやすいのか，その価格設定メカニズムを議論してきた。「価格が機能と連動しにくい」というこの問題は，かりに，本章で論じた「顧客システム」，つまり需要側の経済主体間の相互作用がシンプルな場合であっても，価値獲得が困難になる可能性が大いにあることを示唆している。たとえば，マンションのように機能の所有者と構造の所有者が一致するような，建築物の顧客構造としてはシンプルなケースであったとしても，機能を顧客に提供することによる利益を享受できるとは限らないというロジックを本章で説明した。すなわち，設計と施工によって機能を現実の世界に創出する主体であるはずのゼネコンではなく，むしろその機能を顧客に伝達する主体であるデベロッパーのほうが，価値獲得において有利であるという，本書の前半で提起された実態的な問題に対して，本章では簡単な経済学的な説明を試みた。製品設計を機能と構造の関係からとらえると，建築の価格を構造で定義するゼネコンはあまり利益を得られず，価格を機能で定義するデベロッパーが利益を得るわけだが，その一方で，構造の所有者であり機能の利用者である消費者が一定の余剰を得るという構図も見られたのである。

　次の第10章では，財・サービスの取引についての経済主体間の合意である契約を結び，履行するに当たっての問題点を，ミクロ経済の概念を用いて考察する。具体的には，当事者間の情報の非対称性があることによって生じる逆選択やモラルハザード，不完備契約によって生じる機会主義に関して議論する。本章が取引主体，とくに供給者側が善意であることを前提としてきたのに対し，第10章では取引主体が善意であることを必ずしも想定していない。

参考文献

　Alexander, C. (1966), *Notes on the Synthesis of Form*, Cambridge, MA,: Harvard

University Press.（稲葉武司訳『形の合成に関するノート』鹿島出版会，1978年。）
Alexander, C., S. Ishikawa and M. Silverstein (1977), *A Pattern Language: Towns, Buildings, Construction*, New York: Oxford University Press.（平田翰那訳『パタン・ランゲージ：環境設計の手引』鹿島出版会，1984年。）
浅見泰司・伊藤史子 (2001),「住環境指標と総合化」浅見泰司編『住環境：評価方法と理論』東京大学出版会，169-205頁。
江頭進 (2011),「進化経済学における市場理論：相対取引を前提として」八木紀一郎・服部茂幸・江頭進編『進化経済学の諸潮流』日本経済評論社，所収。
Eichholtz, P. M., N. Kok and J. M. Quigley (2010), "Doing Well by Doing Good? Green Office Buildings," *American Economic Review*, Vol. 100, No. 5, pp. 2492-2509.
藤本隆宏 (1997),『生産システムの進化論：トヨタ自動車にみる組織能力と創発プロセス』有斐閣。
藤本隆宏 (2001),『生産マネジメント入門Ⅰ・Ⅱ』日本経済新聞社。
古川一郎・守口剛・阿部誠 (2003),『マーケティング・サイエンス入門』有斐閣（新版，2011年）。
Hall, R. L. and C. J. Hitch (1939), "Price Theory and Business Behaviour," Oxford Economic Papers, 2, 12-45. Reprinted in T. Wilson and P. W. S. Andrews eds. (1951), *Oxford Studies in the Price Mechanism*, Oxford: Clarendon.
原野啓・中川雅之・清水千弘・唐渡広志 (2009),「情報の非対称性下における住宅価格とリフォーム」東京大学空間情報科学研究センター，Discussion Paper, No. 94。
Kahnemann, D. and S. M. Tversky (1979), "Prospect Theory: An Analysis of Decision Under Risk," *Econometrica*, Vol. 47, pp. 263-291.
金本良嗣・城所幸弘 (1999),「公共工事の発注システム」金本良嗣編『日本の建設産業』日本経済新聞社，所収。
国土交通省建設産業戦略会議 (2012),「建設産業の再生と発展のための方策2012」。
Lancaster, K. J. (1971), *Consumer Demand*, New York: Columbia University Press.（桑原秀史訳『消費者需要：新しいアプローチ』千倉書房，1989年。）
中埜博 (1988),『パタン・ランゲージによる住まいづくり』井上書院。
日刊建設工業新聞社編集局編 (1996),『「良いものを安く」を考える：建設業の新たな挑戦』相模書房。
日経コンストラクション編 (2004),『入札激震：公共工事改革の衝撃』日経BP社。
日経コンストラクション (2012),「迷走する公共工事の入札改革」『日経グローカル』197。
西口敏宏・松村敏弘・泉田成美 (1999),「建設産業の企業行動」金本良嗣編『日本の建設産業』日本経済新聞社，所収。
Shaked, A. and J. Sutton (1982), "Relaxing Price Competition through Product Differentiation," *Review of Economic Studies*, Vol. 49, No. 1, pp. 3-13.
清水千弘 (2008),『不動産市場の情報不完全性と価格形成要因に関する研究』東京大学大学院博士論文。
武田晴人 (1999),『談合の経済学：日本的調整システムの歴史と論理』集英社。
Ulrich, K. (1995), "The Role of Product Architecture in the Manufacturing Firm," *Research Policy*, Vol. 24, No. 3, pp. 419-440.
Waterson, M. (1984), *Economic Theory of the Industry*, Cambridge, New

York: Cambridge University Press.

山崎裕司(2009),『談合は本当に悪いのか』宝島社。

吉田二郎・清水千弘(2010),「環境配慮型建築物が不動産価格に与える影響:日本の新築マンションのケース」東京大学空間情報研究センター,Discussion Paper, No. 106。

吉田敏・野城智也(2005),「『アーキテクチャ』の概念による建築生産における構成要素のモジュラー化に関する考察」『日本建築学会計画系論文集』第595号,173-180頁。

参考資料

日本建設業団体連合会「各年版 日建連法人会員決算状況調査」。

日本建設業団体連合会(2007)「日建連四十年史」。

優良ストック住宅推進協議会ホームページ(https://sumstock.jp)2012年8月5日アクセス。

American Society of Home Inspectors ホームページ(http://ashi.org)2012年8月5日アクセス。

第 10 章

建築産業の契約に関する分析
ゲーム理論と情報の経済学の応用

渡邊　泰典
森　泰一郎
向井悠一朗

　はじめに

　本章では，建築物の契約について議論するために，ゲーム理論と情報の経済学を手がかりとする。この点で，第9章とは異なるアプローチとなっている。第9章は，受注側（供給側）のゼネコンおよびデベロッパーと，需要側の一般消費者が登場する経済主体であったが，これらの合理性を前提としていなかった。この意味において，通常の経済学と比べると性善説の立場であり，実証の視点から現実の建築物の取引における価格形成過程を分析することを試みた。そのため，第9章は，理論やモデルの普遍性を重視するのではなく，現実のよりよい説明を重視する進化経済学の考え方を採用した。

　これに対して，通常の経済学は，経済主体が合理性を持ち，自らの利益を最大化することを前提としている。自分の利益のためなら，他者を騙したり，損害を与えたりする可能性も想定している。いわば性悪説に基づくアプローチである。本章では，この立場から，建築物の取引発注側と受注側の相互作用に関して，ゲーム理論や情報の経済学を用いて分析する[1]。受注者と供給者が複雑な構造を持ちつつ相互作用を起こしている状態を分析するためには，ゲーム理

---

[1] 通常，経営学では，意思決定主体を性善説的にみなす。すなわち，主体は「良いこと」を行うという前提が置かれている。そのため，意思決定主体の「良い」行動を促進ないし阻害するのは，どのような組織設計のインセンティブやモチベーションなのかという議論が中心となる。一方，経済学では，意思決定主体への見方は性悪説である。たとえば，経営者は株主の目を盗んで企業の資金を高級車やジェット機につぎ込んでしまうと考える。したがって，経済学では，どのような制度設計を行うと，このような「悪」を防ぐことができるのかという点を重視する。

論が適当であると考える．さらに，第2章でも指摘されているが，多くの現実の市場と同様に，建築の市場も需要側と供給側が同じ情報を持っているわけではない．つまり，情報の非対称性が存在する．しかし，ゲーム理論を含む通常のミクロ経済学では，基本的に完全情報（需要者と供給側が同じだけの情報を持っていること）を前提としている．そこで，本章では，ゲーム理論に加えて，情報の非対称性に着目する情報の経済学を用いることによって，建築の契約について考察することとする．

1 ゲーム理論

1.1 ゲーム理論とは何か

　ゲーム理論の歴史はフォン・ノイマンとモルゲンシュテルンによる『ゲームの理論と経済行動』に始まる．フォン・ノイマンはハンガリー出身の天才であり，ゲーム理論の創始者であるだけでなく，数学，物理学などの分野でも多数の功績を残した．また，ノイマン型コンピュータと呼ばれる，現在のコンピュータの原型を考案した人物としても知られる．

　ゲーム理論は当初，チェスやポーカーなど日常的な意味での「ゲーム」や軍事戦術・戦略の問題など，対立する意思決定主体の間の行動を分析するための道具として用いられた．しかし現在では，ナッシュによる貢献をもとに，より広い状況での分析が可能となっている．ゲーム理論が分析の対象とする領域は，次の二つによって特徴づけられる．

　相互依存性　ゲーム理論が分析の対象とするのはたった1人の意思決定者の問題ではない．サッカーで，フォワードがキーパーからゴールを奪うためには，キーパーの届かないところへボールを蹴らなければならない．つまり，ゴールが決まるかどうかはフォワードの意思決定だけではなく，キーパーの意思決定にも依存する．逆に，キーパーがゴールを守れるかどうかは，キーパーの意思決定だけではなく，フォワードの意思決定にも依存する．

　合理性　意思決定を行う主体は，ある程度において，首尾一貫した行動をとると考える．したがって，意思決定主体はあらかじめ何をしたいか，ということについて目的が与えられており，その目的を追求すると考える．なぜその目的を追求するのか，人間は広い意味で合理的なのか，という問題はここで扱う問題ではない．

このような相互依存的な状況において，各意思決定者がどのように意思決定を行うのか，そしてその結果どのような状態が実現するのかを分析するのがゲーム理論である。ここでは，まず，囚人のジレンマと呼ばれる状況を分析しながらゲーム理論の導入を行う。

1.2 囚人のジレンマ

いま，AとBの2人が重犯罪にかかわった容疑で捜査され，別件の軽犯罪で逮捕されたとする。検察は2人の重犯罪へのかかわりについて確信を持っているが証拠がなく，次のような取引を個別に持ちかけたとしよう。

「もし君が自白して君の友人が黙秘した場合，君は釈放される。逆に，もし君が黙秘して君の友人が自白した場合，君は起訴されて懲役15年となるだろう。もし2人とも自白した場合，君たちは起訴されるが懲役は8年になる。もし2人とも黙秘するならば，君たちを軽犯罪でのみ起訴して懲役1年にする。」

この2人の容疑者が純粋に刑期の長短だけを重視するとき，彼らが自白と黙秘のどちらを選ぶかがここでの関心である。

先に，ゲーム理論とは相互依存的な状況を分析するための理論であることを説明したが，これから囚人のジレンマを分析する前に，まずゲームとは何かを厳密に定義するところから始めよう。最も単純な形のゲームは次の3要素から構成される。

プレイヤー　　そのゲームに参加しているのは誰か
戦　略　　彼らがとりうる行動は何か
利　得　　彼らは何を目的とするのか

この囚人のジレンマの例では，プレイヤーはA, Bの2人，戦略は「自白」と「黙秘」となる。利得はたがいの行動に依存するため，ゲームを戦略形または利得表と呼ばれる表で表すと便利である。

・もしBが自白するならば，Aは自白して8年か黙秘して15年かを選ぶ
・もしBが黙秘するならば，Aは自白して釈放か黙秘して1年かを選ぶ

相手の戦略に対して自分の利得が最も高くなるような自分の戦略を，相手の戦略に対する最適反応と言う。Aにとっては，Bのどちらの戦略に対しても「自白」が最適反応となっている。このように，相手のどの戦略に対しても常に最適反応となる自分の戦略を支配戦略と言う。

表 10-1 囚人のジレンマの利得表

		B	
		自白	黙秘
A	自白	(−8, −8)	(−15, 0)
	黙秘	(0, −15)	(−1, −1)

　合理的な A と B は，たがいに支配戦略である「自白」を選択する。このように，任意のゲームにおいて合理的な推論によって定まる，それぞれのプレイヤーがとる戦略の組み合わせをゲームの均衡またはゲームの解と言う。

　上の問題において，囚人のジレンマの均衡は（自白，自白），すなわち両方のプレイヤーが自白することである。このとき，両方のプレイヤーは懲役 8 年となる。

1.3　囚人のジレンマの解消と繰り返しゲーム

　次に建築物取引の事例を考えてみよう。たとえば，二者が発注者，受注者の関係にあるとする。ここで，発注者はコストを抑えるために値下げを要求する一方で，受注者はいくつかの発注者の中から一つのプロジェクトを得られればよいと仮定する。ここでは，

① 受注者の戦略は，発注者の値下げ要求を「承諾」するか「拒否」するかである。

② 発注者の戦略は，受注者が要求を「承諾」した場合に存在し，このとき，次の発注を「行う」か，「行わない」かを選択できるという複数回の契約の存在を加味することになる。

この場合に戦略から得られる利得は，

・受注者が「承諾」し，発注者が追加発注を「行わない」場合，発注者は利得 R，受注者は損失 D を得る。

・受注者が「承諾」し，発注者が追加発注を「行う」場合，受注者は追加的な収入の B から D を差し引いた利得を得て，発注者は $R-B$ を得る。

・受注者が「拒否」を選択した場合，両者の戦略は何も行動を生まないので利得はゼロになる。

　表 10-2 において，各セル内部の数字は左側が発注者の利得，右側が受注者の利得を表している。ここで，$R>B>D$，つまり，発注者が追加発注を行う

表10-2 建築物取引のゲーム

		受注者	
		値下げを「承諾」	値下げを「拒否」
発注者	追加発注を「行う」	$(R-B, B-D)$	$(0, 0)$
	追加発注を「行わない」	$(R, -D)$	$(0, 0)$

ことで両者が利益を得られることを仮定する。まずこのゲームが1回きりのものとして均衡を求めよう。

発注者の最適反応について考える。受注者が「承諾」のとき，$R > R-B$ より，追加発注を「行わない」ことが最適反応である。受注者が「拒否」のときは，どちらの戦略を選んでも利得は0であり，どちらも最適反応となっている。したがって，追加発注を「行わない」ことが（弱い）支配戦略になっていることがわかる。

受注者については，発注者の支配戦略である追加発注を「行わない」場合についてのみ最適反応を考えればよい。このとき，$0 > -D$ より，値下げを「拒否」することが最適反応になる。

以上の考察より，この1回きりの建築物取引のゲームにおける均衡は（「行わない」「拒否」）という戦略の組み合わせになることがわかる。つまり，発注者には常に追加発注を取りやめる誘因があり，それを予想した受注者は決して値下げに応じようとはしないのである。

次に，この建築物取引のゲームが無限に長い将来にわたって繰り返し行われる状況を考えよう。このような無限繰り返しゲームでは，プレイヤーはそれまでに生じたゲームの結果に応じて，次の期の行動を変更することができるため非常に多様な戦略を考えることができるが，ここではトリガー戦略と呼ばれる戦略を考える。これは次のような戦略である。

「まず最初は，協調的な行動をとる。その後はおたがいに協調的な行動をとり続ける限り，次の期も協調的な行動をとる。もし，誰かが非協調的な行動をとった場合には，それ以降は非協調的な行動をとり続ける。」

両者がこのトリガー戦略に従っている場合が無限繰り返しゲームの均衡になりうることを確認しよう。無限繰り返しゲームでは，現在の利得と将来の利得

を比較する必要が生じる。そのために割引率 δ ($0<\delta<1$) を導入する。つまり，プレイヤーは今期の 1 円が次期の δ 円に等しいと評価していることを仮定する。言い換えると，δ が 1 に近いほど，将来の利得を現在の利得と変わらぬものとして評価しており，δ が 0 に近いほど，将来の利得に比べ現在の利得を重視していることを意味する。

いま，受注者がトリガー戦略に従っているものとし，発注者の誘因を調べる。もし，発注者もトリガー戦略に従うならば，得られる利得は，

$$R-B, R-B, R-B, R-B, \cdots$$

となる。割引率を用いて利得を合計すると，

$$R-B+\delta(R-B)+\delta^2(R-B)+\delta^3(R-B)+\cdots = \frac{R-B}{1-\delta}$$

一方，もしトリガー戦略に従わず，今期に追加発注を「行わない」ことを選択した場合，来期以降はたがいに非協調的な 1 回きりのゲームにおける均衡が実現するため，得られる利得は，

$$R, 0, 0, 0, \cdots$$

したがって，合計利得は R となる。この二つを比較することで，

$$\frac{R-B}{1-\delta} > R \text{ もしくは } \delta > \frac{B}{R}$$

であるとき，つまり，δ が十分大きければトリガー戦略が発注者にとって最適になることがわかる。

受注者についても同様に，簡単な計算によって $B>D$ である限りトリガー戦略に従うことが最適であることが示される。

このように，1 回きりのゲームがたとえ囚人のジレンマであったとしても，無限繰り返しゲームの状況では，1 回きりのゲームの均衡よりもよい状態を実現することができることが知られている。この結果はフォーク定理として知られている。

このような時間の経過とともに複数回の意思決定が行われる「繰り返しゲーム」の場合には，囚人のジレンマの状況は回避され，受注者は値下げを承諾し，発注者はそれに報いて次の発注を行うという選択肢が支配的な戦略となる（追加発注して損失が出るようなら，追加発注はしないはずなので，追加発注を「行う」）。

囚人のジレンマの例で考えると，もし片方が嘘の自白をし，もう片方が黙秘するという状況があっても，服役後に自白をしたほうがそれなりの反撃をされ

ると予想される場合には，1回限りの関係と異なり，おたがいに自白をするインセンティブがなくなってしまう。この場合にはおたがいに黙秘をし，最適な経済合理性を手に入れられることになる。すなわち，囚人のジレンマは単純モデルであり，複数回戦略が試行される場合には解決されることがある。このように，やられたらやり返す戦略をミシガン大学のアクセルロッドはコンピュータ・シミュレーションで明らかにしており，「反復行動」または「しっぺ返し戦略 (tit to tat)」と呼んでいる (Axelrod 1984)[2]。ほかにも，囚人のジレンマを解消する方法として，罰則規定の強化や，約束を守れば報酬が与えられるといったことが考えられる。

2 情報の経済学

　情報の経済学は，ゲーム理論の考えをもとに 1970 年代以降研究が進められてきたミクロ経済学の新しい分析モデルである。情報の経済学がとくに注目を浴びるようになったのは 2001 年にコロンビア大学のジョセフ・スティグリッツ，USLA のジョージ・アカロフ，スタンフォード大学のマイケル・スペンスらが「非対称情報の経済学」における貢献を認められてノーベル賞を受賞したからである。

　情報の経済学は，それまでの経済学が前提にしてきた完全情報を否定している。現実の多くの市場では一般的に買い手と売り手が同じだけの情報を持っているという前提が成り立つことがほとんどない。そのような不完全な市場経済において，伝統的な経済学が主張するような需要と供給の調整メカニズムが機能しなくなるのである。ここでは，以下で情報の非対称性と非対称下での市場について説明する。

　具体的にはアカロフの「レモン市場：質の不確実性と市場メカニズム」を取り上げる (Akerlof 1970)。これは，中古車の売り手と買い手，ディーラーの三者の市場参加者の価格と品質に関する情報の非対称性についての論文であり，

---

[2] ここでは，1回限りのしっぺ返しではなく，何度もお返しをする必要があることが述べられている。必ず裏切る戦略を「全面裏切り戦略」，一度裏切られたら二度と協力しない戦略を「トリガー戦略」と呼び，後者の戦略のほうが協調行動を生み出しやすいと述べている。一方で，アクセルロッドは一般的に言えば，未来は現在に比べて重要性が低いと述べている。これは，利得の獲得が未来になるほど利得の評価が下がることや，将来のゲームが行われない場合が生じるからであるとしている。これについての批判は，高橋 (1997) に詳しい。

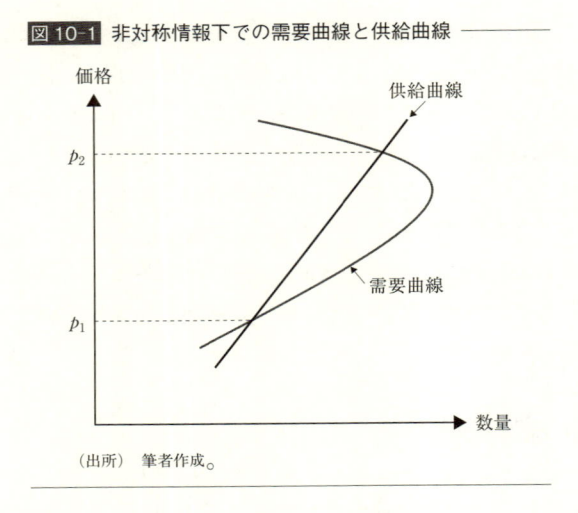

図10-1 非対称情報下での需要曲線と供給曲線

（出所）筆者作成。

「レモン」は俗語で欠陥品を意味している。まず，中古車の売り手は自分の中古車であり，その車の性能や状態をよく知っており，中古車のディーラーも専門業者として中古車の状態や性能などさまざまな情報を持っている。しかしながら，買い手は実際に見た目では良い中古車なのか，性能が悪かったり，事故を起こした欠陥の中古車なのかを判断することができない。全体として中古車には良い中古車と欠陥の中古車があるという情報を持っていても，個々の中古車がどのような状態であるかについて事前に完全な情報を持っていない。これが情報の非対称性という問題である。

そして，中古車の品質は中古車の価格で決定される。それは，中古車を売却して新しい車に乗り換えようとする人は，価格が上昇しているときに売却したほうが利益が増加するからである。しかしながら，欠陥の中古車はできる限り早く売却したいというインセンティブがある。したがって，中古車の供給者側では中古車に占める欠陥車のシェアは中古車価格に依存することになる。

このように，非対称下の市場では価格が低下した場合，むしろ買い手が品質の悪化を懸念するために需要が増加せず，最終的に市場が成立しなくなるという状態が生まれることになる（不完備市場）。これを図示すると図10-1のように屈折した需要曲線として描くことができる。この場合，どの均衡点で取引が実現されるか，またどの均衡点が効率的か（すなわちパレート最適か）は事前にわからないことになる。

この内容をふまえ，以下では，プリンシパル・エージェント理論を中心に分析する。

3 基本的な契約モデル

本節では，契約理論における基本モデルであるプリンシパル・エージェント・モデルと，その例として逆選択（adverse selection）モデルおよびモラルハザード（moral hazard）モデルについて解説する。

プリンシパル・エージェント・モデルでは，プリンシパル（principal）と呼ばれる依頼人が，エージェント（agent）と呼ばれる代理人に対して業務を依頼する状況を考える。建築・土木産業で言えば，プリンシパルとは顧客，すなわち民間建築分野ではデベロッパーや最終需要者であり，公共土木分野では自治体などである。また，エージェントはゼネコンや建設会社，土建業などである。このとき，プリンシパルとエージェントの間には利害の対立があるものとして，どのようにこの両者の間の契約を作成することによって，プリンシパルの意図に沿った結果を実現することができるか，を分析することになる。とくに情報の非対称性の問題によって，プリンシパルが最も望ましい状況を実現することができず，実現される次善の結果がどのような性質を持っているかが分析の主眼となる。情報の非対称の問題は主に，エージェントの能力・性質にかかわる場合とエージェントの行動にかかわる場合の2通りがあり，前者を逆選択モデル，後者をモラルハザード・モデルによって分析する。

3.1 逆選択

逆選択とは，簡単に言えば，本来なら選ばれるはずのないものが選ばれるということである。アカロフの議論で言えば市場で取引される唯一の商品がボロボロの中古車であるという状態である。これは，情報をより多く持っている情報優位者（ここでは建設会社など）が情報劣位者（顧客）の無知につけ込んで，粗悪な製品（土木工事，ビル建設など）やサービスを高額で提供して利益を上げようとするインセンティブが働くからである。すると，情報劣位者は価値に過度に悲観的になり，本来なら成立したいくつかの市場が成立しなくなるという現象が起こることになる。これは悪貨が良貨を駆逐するということである。

ここで，プリンシパルがエージェントに財の生産を依頼する状況を考える。

エージェントは効率的なエージェント（生産の限界費用が低い）と非効率的なエージェント（生産の限界費用が高い）の2通りが存在し，事前の分布は既知であるが，実際にどちらのエージェントであるかはプリンシパルには不明であるとする。プリンシパルはエージェントに対して，生産量と支払額を契約として提示する。タイミングは以下の通りとなる。

(1) エージェントは自分の限界費用を確認する。
(2) プリンシパルが契約を提示する。
(3) エージェントは契約を承諾するか拒否するかを決定する。
(4) 契約が履行される。

このとき情報の非対称性が存在しなければ，プリンシパルはエージェントの限界費用を確認し，自分の効用を最大化するために，限界効用とちょうど等しくなるように生産量を決定し，エージェントの負担する費用をちょうどカバーするだけの支払いを行うことで，この生産活動の余剰をすべて獲得できる。

ところが，情報の非対称性が存在する場合にはこのような契約を履行することはできない。そこでプリンシパルは効率的なエージェント，非効率的なエージェントがそれぞれ自ら好んで選択するような契約を提示する。効率的なエージェント向けの契約を (t, q)，非効率的なエージェント向けの契約を $(\bar{t}, \bar{q})$ とすると，ここで $t > \bar{t}$ かつ $q > \bar{q}$ であり，

・効率的なエージェントは $(\bar{t}, \bar{q})$ ではなく (t, q) を選択する。
・非効率的なエージェントは (t, q) ではなく $(\bar{t}, \bar{q})$ を選択する。
・どちらのエージェントも契約を承諾する。

という条件のもとで期待利得を最大化する契約を選択することになる。

このとき，先ほどと同様に余剰をすべてプリンシパルが獲得するような契約では，効率的なエージェントは非効率的なエージェントのふりをすることでより高い利得を得られる可能性があるため，それを防ぐために効率的なエージェントに対しては追加的な便益をもたらすような契約を用意しなければならない。これを情報レントと呼ぶ。

3.2 モラルハザード

モラルハザードとは，情報の非対称性があることにより，エージェントの行う行動について，プリンシパルが知ることができない情報が含まれているため，監視メカニズムが機能せず，エージェントの行動に非効率が生じる現象のこと

である[3]。具体的な例として，姉歯設計士やヒューザーによる耐震強度偽装事件があげられる。本来なら正しく設計，建築されるはずの建築物が，顧客（住宅購入者やビルのオーナー）などが実際にどのように建築が行われているかを理解できないために，鉄筋の少ないビルやマンションが公然とつくられてしまう事例である。また，建築産業に関連する事例として，事故が多発したシンドラー社のエレベーターもあげられる。これは，きちんとしたメンテナンスが行われていないという点でモラルハザードとしてみなすことができる。

　モラルハザード・モデルでは，エージェントが行う努力水準によって生産量が変化するとし，この努力水準がプリンシパルによって観察できない状況を考える。かりに情報の非対称性が存在しない場合には，プリンシパルはエージェントに対して，契約への参加をうながすだけの支払いを前提として，努力を行わせるように契約を記述することができる。この場合，支払い金額は実際に実現する生産水準とは無関係に，事前の期待値によって定まる。これは，プロジェクトそのものをエージェントに売却しているとみなすこともできる。とすると，情報の非対称性が存在する場合であっても，この最適な契約を履行することが可能となる。そこで情報の非対称性に加えて，エージェントに対して，

・資金制約の問題
・危険回避

などの仮定を加えたモデルがよく分析される。ここでは前者の例を扱う。

　資金制約の問題を加える場合には，実際に実現する生産水準が低い場合に，支払額が低すぎることでエージェントが破産する可能性が発生し，そのような契約をエージェントが拒絶する問題を考慮することになる。このときエージェントに対して努力をさせるためには，生産量に応じて支払額に差をつけることでインセンティブを強める必要があるが，このことにより破産の可能性が高まるというトレードオフが存在する。結果として，資金制約の問題が存在しない場合と比較して，プリンシパルがエージェントに対して提示する契約では努力を選択させる度合いが少なくなる。

---

[3] モラルハザードはもともとフィリップ・ナイト（Philip Knight）が用いた保険用語であり，保険に入ったことで防火そのものを忘れがちになるという点を述べたものである。情報の非対称性と関連づけて議論したのはケネス・アローであるが，彼も「プリンシパルから見えない行動」としている。したがって，一般に議論される「倫理感の欠如」という定義は誤りである。

3.3 逆選択とモラルハザードの混合（False Moral Hazard モデル）

逆選択の問題とモラルハザードの問題を混合したモデルの一つに False Moral Hazard というモデルが存在する。False Moral Hazard モデルでは，不完備情報とエージェントの意思決定の問題の両方を扱うが，エージェントの利得関数そのものは既知となっており，エージェントのタイプがわかれば各タイプにとって最も望ましい行動水準を一意に決定できるものとする。したがって，プリンシパルは，各タイプが望ましい意思決定を自発的に行うように契約を設定すればよい。この場合，エージェントの意思決定問題が加わっているとはいえ，本質的には通常の逆選択のモデルと変わりない。

混合モデルの研究としては，Laffont and Tirole（1986），Laffont and Tirole（1987），Che（1993）などがある。Laffont and Martimort（2002）では，具体的な混合モデルの例として，①非線形下での調達モデル，②所得課税のモデルがあげられている。

4 契約後に生じる事態への対処

4.1 バジャリ＝タデリス・モデル

情報の非対称性が存在する契約モデルでは，発注者と受注者の間の情報の差異によって生じる利害対立をどのように克服するかが焦点であった。しかし，建築プロジェクトにおいては，発注者と受注者の双方が契約後に生じる設計変更などの事態に対して不確実性に直面しており，発注者と受注者の間の私的情報の問題よりも深刻な場合が多い。バジャリとタデリスは，このような状況における発注者と受注者の関係を分析した（Bajari and Tadelis 2001）。

発注者と受注者が契約を結び，その後に建築作業を行う状況を考える。このとき，事前には情報の非対称性は存在しない。時系列は以下の通りである。
(1) 第一期の段階では両者にとってプロジェクトの性質そのものが不確実である。この状況で発注者は仕様をどの程度詳細に書くか（あらゆる事態を想定した細かい仕様を書くか，後で直すことを前提とした仕様を書くか）を決定する。
(2) 第二期に選定された請負業者（受注者）と契約が結ばれ，実際の建設作業が始まる。このとき，契約形態として固定価格（FP）か原価加算方式（C+）かが発注者によって選択される。受注者は第一期で作成された仕様

表10-3 建設費用と修正費用のトレードオフ

(1) 受注者にとって

	最初の建設費用	修正費用
固定価格契約	○	×
原価加算方式	×	○

(2) 発注者にとって

	最初の建設費用	修正費用
固定価格契約	×	○
原価加算方式	○	×

書に基づいて工事を行い,費用削減投資を行う。
(3) 第三期には実際のプロジェクトの性質が明らかになる。当初の仕様でこの性質に対処できない場合には,設計変更のための再交渉を行う。

簡単化のために,潜在的な受注者は無数に存在すると仮定する。すると,事前の余剰はすべて発注者が得ることになる。したがって,受注者の事前の期待利得は0である。再交渉の前に発注者は受注者に提示するために設計を修正しておかなくてはならない。したがって,再交渉が合意に達するか否かにかかわらず,発注者は設計変更に伴う費用を負担しなければならない。

設計変更に伴って行われる実際の作業は,受注者に対して追加的な費用負担をもたらす。この費用負担の大きさは受注者の私的情報(発注者にはわからない情報)である。この私的情報が存在するために,再交渉が常に効率的な結果をもたらすとは限らない(すなわち発注者が受注者に対して受け入れ難い条件を提示する可能性が存在する)。発注者は,あらかじめ想定されていた建設費用と修正に伴う建設費用は分離して把握することができない。したがって,固定価格契約の場合,最終的にかかった費用を合算して償還することとなり,受注者は常に設計変更に応じる。一方で,固定価格契約の場合には先述した再交渉による損失が存在する。

要約すると,
・固定価格契約では,削減した費用が受注者の取分になる[4]ことから,建設費用は(受注者にとって)最適に決定される一方,設計変更の際には再交渉による損失を伴う。
・原価加算方式では,受注者にとっては費用を削減する誘因が存在しないため,最適な費用削減が行われないが,設計変更の際には常に最適な決定が

---

[4] しかし,受注者は無数に存在し競争的であるという仮定から価格競争を通じてこの費用削減分は発注者に還元される。

行われる，

というトレードオフがこのモデルの主眼である．

バジャリ=タデリス・モデルをもとに考えられる主要な結論は，以下の二つである．

(1) プロジェクトが複雑であるほど発注者は原価加算方式と単純な設計（後で変更することを前提とするような設計）を好む．

(2) 再交渉の損失が大きくなるほど発注者は原価加算方式を好む．再交渉の損失と設計の精度については単調な関係が導かれない．

バジャリとタデリスの主眼は，発注者がどのような契約形態を望むかであったが，ここでは事前の不確実性の大小と事前の仕様との関係を詳しく見てみることにする．

4.2 仕様・設計変更に関するモデル

ここでは，バジャリ=タデリス・モデルを拡張した Watanabe (2008) によるモデルを用いて，事前の不確実性が仕様の詳細度や受注者の意思決定にどのように影響を与えるかを分析する．

本書で検討してきたように，建築物の取引において，建築物の機能についての発注者（消費者）のニーズは不安定で，あいまいなものである．そのため，受注者（企業）は発注者とともに，事前の不確実性に直面している．

まず，建築物を複数の機能・属性の束として考えよう．発注者はこの潜在的な機能の束について優先順位をつけることができるとする．事前にはこの潜在的な機能のうち，どこまでの機能を必要とするかは発注者自身でもわからないという意味で，不確実性が存在する．簡単化のために，発注者にとって事後的に必要とする機能がすべてそろっていない限り，発注者にとってその建築物は無価値である[5]．したがって，事後的に必要とする最大の機能 t が決まったときの消費者の効用関数は，

$$V(t, x) = \begin{cases} U(x) & \text{建築物が必要とする機能をすべて満たしているとき} \\ 0 & \text{それ以外} \end{cases}$$

となる．ここで，x は受注者による事後的な製品のつくり込みなどを表しているとするが，ここではあまり重要ではないのでこれ以上は踏み込まない．

---

[5] すなわち，建築物の持つ機能要素は完全補完的であると仮定する．

受注者がこの市場で独占的であり余剰をすべて取ることができるとすると,その売上げは,

$$\omega = \begin{cases} 1 & \text{必要とする機能がすべて製品に含まれているとき} \\ 0 & \text{それ以外} \end{cases}$$

として,受注者と発注者のトータルの効用は,

$$u(x, t, \omega) = U(x) \cdot \omega$$

で表される。この u について展開してみると,事後的につくり込みを上積みすると,効用は増えることがうかがえる[6]。また,機能 t にさらに機能を追加しても,効用は増えない[7]。

したがって,消費者(発注者)のニーズの多様化に対応するために企業(受注者)が事前に建築に盛り込む機能を多くしたからといって,受発注双方のトータルの効用が増加するとは限らないと考えられる。

次に事前の不確実性を適当な分布関数 $F(t, \theta) = 1 - \exp(-\theta t)$ で表すことができるとする。ここで,t は先述した発注者の優先順位に基づいて並べられた機能・属性に対するインデックス,$\theta(>0)$ は事前の不確実性の大きさを表すパラメータであり,θ が小さいほど事前の不確実性が大きい状況を表している。$F(t, \theta)$ は不確実性の大きさを所与としたときに,発注者が事後的にインデックス t までの機能を必要とする確率を表し,θ が小さくなるとき任意の t に対し減少する[8]。これは,発注者が優先順位の高い機能だけでなく,より優先順位の低い機能も必要とする確率が高まることを意味している[9]。つまりここで

---

6 この u について各変数で微分すると,

$$\frac{\partial u}{\partial x} = U' \cdot \omega$$

$$\frac{\partial u}{\partial t} = 0$$

$$\frac{\partial^2 u}{\partial t \partial x} = 0$$

したがって,

$$\frac{\partial u}{\partial x}(x, t, 1) - \frac{\partial u}{\partial x}(x, t, 0) = U' \geq 0$$

となるので,事後的なつくり込みを増すことで,効用が増加することが,導かれる。

7 脚注5より,

$$\frac{\partial u}{\partial t}(x, t, 1) - \frac{\partial u}{\partial t}(x, t, 0) = 0$$

となるため。

8 このことを一階の確率支配と言う。

は，より優先順位の高い機能についてのみ仕様を決めておけば多くの場合において用が足りるような状況を，「不確実性が低い」とし，そうでない場合を「不確実性が高い」としている。

いま，受注者が事前の仕様として，$\hat{t}$ までの機能を想定に入れたとしよう。発注者の事後的な要望がこの範囲に収まり，仕様変更が生じない確率は $F(\hat{t}, \theta)$ であり，このとき余剰の $U(x)$ を受け取る。事前の仕様により多くの機能を含めることで，より多くの費用がかかるとし，この費用関数を $C(t)$ とすれば，この問題は結局，

$$U(x)F(t, \theta) - C(t)$$

を最大化する問題に帰着する。ここで Topkis（1998）にある単調比較静学の結果を用いることで，以下の結果が導かれる。

命題 発注者の嗜好が一階の確率支配の意味で多様になる（θ が小さい）ほど，受注者の事前の仕様は多機能になる（$\hat{t}$ が大きい）が，実際に受注者のニーズをとらえる確率は低くなる（$F(\hat{t}, \theta)$ が小さい）。

この場合，ほぼ自明だが企業の平均的なつくり込み（x）も嗜好が多様化することで低くなる。より一般的な設定を考える場合，受注者はコスト削減とつくり込み，すなわち品質向上のタスクを負い，その両方の効果に影響を与えることができると仮定することから始める。

もう一度バジャリとタデリスの議論に戻ろう。次に用いられているのはホルムストロームとミルグロムの理論である。Holmstrom and Milgrom（1991）は，以下の二つの仮定を課している（Bajari and Tadelis 2001）。

①タスクは，受注者の私的なコスト構造を完全に代替するものである。

②コストに関しては実証可能だが，品質に関しては実証できない。

そして，この仮定のもとで，受注者にコスト削減のインセンティブを与えることは，品質の考慮を完全に無視することにつながり，コスト削減にのみ取り組むようになると指摘している。同様に，マネリとヴィンセントも，発注者が品質についてより多くの注意を払う場合，入札メカニズム（固定価格契約）を用いることは不適切であると述べている（Manelli and Vincent 1995）。

この条件下で，顧客の嗜好が多様化すると，企業は製品の多機能化を実現しようとするが，その一方で顧客の嗜好が満たされたかどうかはゼロイチ（U

---

9 これは密度関数 $f(t, \theta)$ が t に関して減少的であるという条件のもとで成立するが，このことは密度関数を t について偏微分することで確かめられる。

表10-4 固定価格契約と原価加算契約

	固定価格契約	原価加算契約
リスク配分の主体	受託者	発注者
品質へのインセンティブ	低い	高い
発注者の管理	少ない	多い
最小化すると良いもの	コスト	スケジュール
文書化の効果	高い	低い
変更への柔軟性	低い	高い
敵対的な関係性	多い	少ない

（出所） Bajari and Tadelis（2001）のTable1を筆者邦訳。

(t) = 0 or 1）となるため，製品がカスタマイズされて（多数の発注者がいて規模の経済が働くような場合でない），かつ品質を発注者が容易に実証できない場合，結果的に受注者はコストを削減することを優先することになる。したがって，平均的な品質（つくり込み）は低下すると考えられる。

4.3 発注者と受注者間のプリンシパル・エージェント問題の解消

では，どのように受注者と発注者との間のプリンシパル・エージェント[10]問題を解消することができるのか。情報の経済学の観点からすると，サードパーティの活用をあげられる。そこで，ここでは，建築産業で実際に使われている事例を考えることにする。バジャリとタデリスによると，

(1) 両者の摩擦（friction）を減少させる利点として追加コストが発生する再交渉による事後的な非効率性を大幅に削減する，

(2) 発注者に対して設計コストの削減と再交渉による収益を増加させる，

(3) 摩擦の減少によって固定価格契約の利用が増加することで，コスト削減のインセンティブを発生させ，建設コストの低下させることができる，

という3点をあげ，その方法として調停者としてサードパーティ（第三者）を利用することが有効であるとしている（Bajari and Tadelis 2001）。

これに関連して，Chakravarty and MacLeod（2004）は，AIA（the American

---

[10] 第3節で示した通り，情報の経済学の主たる関心は情報の非対称性に起因するプリンシパル・エージェント問題の解消である。近年の金融・保険など，建設産業とどのような複雑な契約体系と発注・受注者間の構造を抱えている産業について，プリンシパル・エージェント・モデルによる分析が有効と考えられている（Rajan 2010）。

Institute of Architects, 米国建築家協会）の建設書式に基づく契約データを用いて分析を行っている。AIA のようなサードパーティを利用した契約方式を用いることで，巨大で複雑なプロジェクトの調達に関する問題，すなわち予見できない偶然性が存在する複雑な契約構造に付随する問題を効率的に解決できるとしている。これは，一般的に言えば，プリンシパル・エージェント間の事後的な交渉ゲームを慎重に組み立てられるということである。チャクラバルティとマックレオドによると，AIA 契約による取引の特徴は以下である (Chakravarty and MacLeod 2004)。

・Bajari and Tadelis (2001) の議論のように，プロジェクトのデザインは投資の決定である。受注者を選ぶための競争入札は，良い設計によってもたらされる限界利益を発注者が享受することを保証する。
・初期の交渉計画は，事後的な権限を発注者に割り当てる。これは，発注者の選好が私的情報になっている場合に効率的である。そうでない場合は，受注者に配分される。
・建設コストは観察可能であると想定される。
・受注者は発注者によって要求された場合，マイナーチェンジを追加コストなしで実行することが求められる。これは受注者が設計する品質を計算し，入札することを保証することになる。
・新しく，予見できないタスクに関しては，原価加算方式が実行されるべきである。
・受注者は発注者の選好が重要ではない作業現場の組織化など多くのタスクに対して，明白な権限を持っている。逆に，受注者による効率的な意思決定を保証するために，欠陥と初期計画からの変更について法的な責任を取ることになる。

このように，サードパーティと一定の契約モデルが存在することで得られる影響が大きいことがわかる。実際に，アメリカではサードパーティが情報の仲介をすることで，情報の非対称性を緩和し，より効率的な契約を行うことができるという認識が広まり，このような契約方式の市場は 93 兆円にも上るとされている (Chakravarty and MacLeod 2004)。

そして本節のインプリケーションとしては，米国のこのような議論が成り立たない事例があるということである。他章でも議論されてきたように，不動産市場が成長していれば短期的な利益よりも長期的な視点，つまり繰り返しゲー

ムとして契約を行うことが重要な場合もある。つまり高度成長期の日本のように，複雑な契約構造である建築産業にも固定価格方式で契約を行う慣習がある点も，ある一面では合理的である。しかし，昨今のように経済成長がゼロになった場合，日本の建築産業の複雑な契約を固定価格で行う慣習は経済学的に合理的でなくなり，モデルが破綻する危険性がある。いまの日本の市場では，Bajari and Tadelis (2001) や Chakravarty and MacLeod (2004) の短期的な契約モデルに移行する必要があると言える。

まとめ

Bajari and Tadelis (2001) は，建築産業における受発注者間の契約形態と価格・費用決定の方法について検討している重要な論文であった。彼らによると，従来の情報の経済学が扱うプリンシパル・エージェント間の情報の非対称性ではなく，両者がともに直面する不確実性にどのように対処するのかによって，契約形態の差異が現れると言う。地盤の状態や発注者が求める詳細な機能など，建築プロジェクトには施工に入るまでに解消されない結果の不確実性が存在する。これに対して，起こりうるすべての可能性を施工前に想定して，対応策と費用を明示するという極端な解決は行われない。通常の設計段階で，ある程度の対応策を想定しておき，設計変更とその費用は事後的に交渉して，原価加算（コストプラス）で決定されるべきである。

このように Bajari and Tadelis (2001) は，事前に用意する対応策（事前にどの程度まで詳細に設計を詰めるか）を建築プロジェクトの複雑性と関連づけて分析し，複雑性が増す（不確実性が高くなる）につれて，発注者は事後的に再交渉する柔軟な方法を好むことを示した。これは AIA の基準でも重要とされている。さらに，この議論を発展させた Watanabe (2008) は，消費者の嗜好が多様化することにより，すべての要求をカバーすることが難しくなるので，一部の設計情報が事前につくり込まれなくなり，したがって受注者の建築物のつくり込み（品質）が低下する現象を示した。つまり，プリンシパル・エージェント理論によると，複雑な建築プロジェクトの場合，第三者の存在によって情報の非対称性の問題は軽減される可能性がある。したがって，今後の日本の建築産業でも，このような独立した第三者機関による仲介によって新しい契約モデルが普及していくことが望まれる。

第Ⅲ部では第8章で，顧客システムが複雑であること（建築物の構造所有者と

機能利用者が一致しない）によって建築物への機能要求が複雑化する場合について，実例を交えて検討した。これに対して，第9章と第10章では，仮想的な状況のもとでの，建築物の取引にかかわる問題点を検討した。第9章では，一般的な分譲マンションのように，建築物に対する発注者の機能要求が比較的シンプルな場合の問題を議論した。この第10章では，経済主体の合理性と相互作用を前提とするゲーム理論とプリンシパル・エージェント理論から，建築物の契約形態を検討することにより，建築物に対する顧客の機能要求が複雑な場合に，品質上の問題が起こりうること，その解決のために第三者の存在が有効である可能性が示唆された。

参考文献

Akerlof, G. A. (1970), "The Market for 'Lemons': Quality Uncertainty and the Market Mechanism," *The Quarterly Journal of Economics*, Vol. 84, No. 3, pp. 488-500.

Asker, J. and E. Cantillon (2003), *Equilibrium in Scoring Auctions*, Boston, MA: Harvard Business School.

Axelrod, R. M. (1984), *The Evolution of Cooperation*, New York, NY: Basic Books.（松田裕之訳『つきあい方の科学』HBJ出版局，1987年。）

Bajari, P. and S. Tadelis (2001), "Incentives Versus Transaction Costs: A Theory of Procurement Con-tracts," *RAND Journal of Economics*, Vol. 32, No. 3, pp. 387-407, Autumn.

Chakravarty, S. and B. MacLeod (2004), "On the Efficiency of Standard Form Contracts: The Case of Construction," USC CLEO Research Paper, No. C04-17, University of Southern California Law School.

Che, Y. K. (1993), "Design Competition through Multidimensional Auctions," *RAND Journal of Economics*, Vol. 24, No. 4, pp. 668-680.

Dixit, A. K. and B. J. Nalebuff (1991), *Thinking Strategically: The Competitive Edge in Business, Politics and Everyday Life*, New York, NY: W. W. Norton & Company.

Gibbons, R. (1992), *Game Theory for Applied Economists*, Princeton, NJ: Princeton University Press.

Holmström, B and P. Milgrom (1991), "Multitask Principal-Agent Analyses: Incentive Contracts, Asset Ownership," *The Journal of Law, Economics, & Organization*, Vol. 7, pp. 24-51.

Laffont, J. J. and D. Martimort (2002), *The Theory of Incentives: The Principal-Agent Model*, Princeton, NJ: Princeton University Press.

Laffont, J. J. and J. Tirole (1986), "Using Cost Observation to Regulate Firms," *The Journal of Political Economy*, Vol. 94, No. 3, pp. 614-41.

Laffont, J. J. and J. Tirole (1987), "Auctioning Incentive Contracts," *The Journal of Political Economy*, Vol. 95, No. 5, pp. 921-37.

Manelli, A. M. and D. R. Vincent (1995), "Optimal Procurement Mechanisms,"

Econometrica, Vol. 63, pp. 591-620.
Milgrom, P. (2004), *Putting Auction Theory to Work*, Cambridge, UK: Cambridge University Press.
沼上幹 (2009),『経営戦略の思考法』日本経済新聞社。
Rajan, R. (2010), *Fault Lines: How Hidden Fractures Still Threaten the World Economy*, Princeton, NJ: Princeton University Press.
清水剛 (2000),「協調行動の進化」高橋伸夫編『超企業・組織論』有斐閣, 所収。
Tadelis, S. (2009), "Auction Versus Negotiations in Procurement: An Empirical Analysis," *The Journal of Law, Economics, & Organization*, Vol. 25, pp. 372-399.
高橋伸夫 (1997),『日本企業の意思決定原理』東京大学出版会。
Topkis, D. M. (1998), *Supermodularity and Complementarity*, Princeton, NJ: Princeton University Press.
渡辺隆裕 (2008),『ゼミナール ゲーム理論入門』日本経済新聞社。
渡邊泰典 (2007),「コミットメントの単調比較静学」東京大学ものづくり経営研究センターディスカッションペーパー, 166号。
Watanabe, Y. (2008), "A Monotone Comparative Statics Result on Contract Incompleteness," *Economics Bulletin*, Vol. 4, No. 16, pp. 1-8.

第11章

建築の組織論
どのような組織，どのようなマネジャーが必要か

野城智也
藤本隆宏

1 はじめに：なぜ，統合者（system integrator）が重要か

　本書ではここまで，建築物を「一品生産の複雑な大型人工物」ととらえ，その構想・設計・生産・利用のプロセスを「広義のものづくり」，すなわち設計情報の創造，転写，機能発現のプロセスと解釈することにより，日本の建築産業の現状を，従来とはやや異なる視角から分析してきた。すなわち，建築物の機能的タイプごとに，その機能と構造との関係にかかわる基本的構想としての「アーキテクチャ」を示し，設計情報の流れをビルディング・プロセスとして分析し，リードタイム，生産性，品質などの競争力要素の評価を試みた。また，建築物の価値の本質は，利用者が建築物を「操作」することにより生じる機能，すなわち「サービス」にあると論じた。また建築活動にかかわる設計者，施工者，材料供給者，構造所有者（施主），機能利用者（使い手，住まい手）などの間の複合的な関係を指摘し，建築物の価格を他の人工物のように機能によって決めるのではなく，構造に依拠して決めることが価格自体の不安定性ひいては不条理な安値受注につながりやすいと主張した。

　しかし，もう一つ残っている重要な問いがある。それは，複雑な大型人工物である建築物を設計・生産する組織をどう設計するかである。すなわち，建築企業（たとえばゼネコン）の設計・施工組織をどのようなユニットに分割し，それらのユニットをどのように統合するか。また，サブコントラクターや顧客組

織など外部の企業とどのように分業し，またその間の調整を行うか。言い換えれば，企業内分業，内部統合，企業間分業，外部統合に関する組織設計を行うということである。また，そうした分業と統合を構想し実行するリーダーのあり方も重要な論点となる。

一般に現代の組織（organization）とは，意図的に調整された諸活動の体系を指す（Barnard 1938）。一方，設計とは人工物の機能と構造を意図的に事前調整する活動にほかならない。とりわけ当該人工物が多くの機能要素と構造要素を持つ複雑な人工物である場合，設計を担当する技術者や実験・解析・評価を担当する技術者は，機能要素別・構造要素別に分業し，その間で調整を行うことで当該人工物の全体機能の目標を達成しようとする。つまり，複雑な人工物は組織によって設計開発される。

問題は，その人工物が大型建築物のようにきわめて複雑な場合，どのような組織設計やリーダーシップが必要となるか，である。一般に，ある製品の開発において高度な技術的専門性が要求されるときは機能別組織（縦割型）が，迅速性が要求される場合はプロジェクトチーム組織（横串型）が，その両方が要求されるときには縦横のバランスをとったマトリックス的な組織が有効とされる（Katz and Allen 1985）。

また，当該製品が小型高機能乗用車のように複雑なインテグラル型アーキテクチャの製品で，かつリードタイム競争が激化している場合，開発リーダーが部門間統合の調整者（設計コーディネータあるいは後述の「システム・インテグレータ〔SI〕」）と，製品コンセプトの主唱者（コンセプト・チャンピオン）の両方を兼ねるようなマトリックス的組織，すなわち重量級プロダクト・マネジャー制（HWPM: Heavy Weight Product Manager）が有効であるとされる（Clark and Fujimoto 1991）。

一方，人工物設計におけるリーダーのあり方は，当該製品のアーキテクチャにより異なるとの指摘がある（Ulrich and Eppinger 1995）。すなわちウルリッヒは，その新製品がインテグラル型の場合は，Clark and Fujimoto（1991）が示したHWPMも含め，開発期間の最中に強力な統合活動を行う「システム・インテグレーター（SI）」すなわち設計コーディネーターが重要だが，それがモジュラー型の場合は，プロジェクト全体に関して事前の分業設計を周到に行う「システム・アーキテクト（SA）」が有効だと予想した。

この分類は，従来から言われてきた「ディレクター」と「プロデューサー」

の違いとも相通じるところがある（Brooks 1982）。たとえばクラシック音楽の指揮者はディレクター，音楽監督はプロデューサーに近い。前者はインテグラルな人工物である個々の演奏を擦り合わせてつくり込む。後者は楽曲・指揮者・演奏者の組み合わせを決め，演奏会の全体の流れを統括する。前者はインテグラル型，後者はモジュラー型の人工物の開発リーダーと解釈することもできる。

　以上は，主として製造業における事例，たとえば産業設備，自動車，コンピュータなどの製品開発についての実証研究から出てきた概念であるが，それでは，これらの組織設計やリーダー類型の概念は，建築物の設計・生産のケースにも応用できるだろうか。建築物も複雑な人工物であるから，自動車や大型コンピュータなどの複雑な製造製品の開発を観察して得た知見は，建築物においても応用可能だ，との予想が一方においては成り立つ。他方，ほとんどの製造業の製品と比べても，大型建築物は，たとえば部品点数から言っても桁違いに複雑である。また基本的に一品一様で，同一の設計情報が生産（転写）活動において複製される量産製造品とは異なり，設計情報は1回しか転写されず，しかも設計と生産（施工）は同時期に行われる，という際立った特徴を持つ。したがって，通常の製造業における製品開発組織や生産組織から得られる知見を，建築産業に直接的に応用することに関しては，われわれは慎重でなければいけない。

　しかし，それをふまえつつも，本書のスタンスは「製品も建築物も人工物であることには変わりはなく，相互の知見の知識共有は可能だ」というものであり，「たしかに建築物は，多くの製造物とは上記のように異なる点も多いが，その違いは絶対的ではなく相対的と考えるべきだ。たとえば自動車は，部品点数では大型建築物とは1桁や2桁は違うかもしれないが，どちらも『複雑な人工物』であるという基本特性は類似している」という立場に立って議論を進めてきた。

　多品種化したとはいえ現代の自動車は設計情報の転写（製造）を繰り返し行っている点で，一品生産される大型建築物とは大きく異なる。だが，話を自動車の製品開発・工程開発に限るならば，設計情報転写の「1回性」という点でも，建築物と製造物の類似性は高まる。たとえば，ある自動車の新型モデルが新設工場で新規の設備・治工具・金型の開発を伴う場合は，建築産業における一つの大型建築物の設計・生産と，自動車産業における新規モデルの製品開

発・工程開発は，かなり類縁的な活動に見えてくる。

そこで本章では，大型建築物が構成要素の数などにおいて桁違いの複雑性を持つということを常に意識しつつも，製造業における開発組織と，建築産業における設計・生産組織は，十分な共通性を持つと考え，とくに複雑な製造物である自動車の開発組織を参考にしつつ，大型建築物の設計・生産組織のあり方を考えてみることにしよう。

基本的に一品生産の複雑な大型人工物である建築物は，その部材・部品点数が膨大であるばかりでなく，それらを組み合わせるインターフェイスも複雑であり[1]，施主・使い手・当事者から示される要求条件（顧客ニーズ）は多様で，多義的で，相互に整合しないことすらある。このような部品点数が膨大で，部品構成や機能要素，そして顧客ニーズが複雑多様な人工物を設計・生産するに当たっては，自動車，船，飛行機，ゲームソフトウエアがそうであるように，以下の二つの組織的機能が必要になる。

① つくり上げる人工物がユーザーや社会に対して持つ本質的な意味，価値，役割，つまりコンセプトを考え出すこと（What to build にかかわる活動）。

② 部品の集合体である人工物が一体的構造として要求機能を発揮できるように，当該人工物の構成要素の設計・生産活動を分担する仕組みを構想し，そうした設計要素や担当者の間の関係を調整・統合していくこと（How to build にかかわる活動）。

前者は製造物であれば，コンセプト・チャンピオン（CC）の仕事であり，後者はシステム・アーキテクト（SA）およびシステム・インテグレーター（SI）の仕事である。コンセプト・チャンピオンがもたらす首尾一貫性（product integrity），システム・アーキテクトが考えるシステム構成の妥当性，あるいはシステム・インテグレーターが練り上げる調整・統合の精度に問題があると，当該人工物の機能不全（たとえば，使い勝手の悪さ，居住性の低下，耐用性・維持管理性不足など）や，品質不全（たとえば，美観不全，仕上がりの悪さなど）のみならず，品質欠陥すら起こりうる。社会を大きく揺るがした，いわゆる耐震性能偽装事件の一因は，責任を持って建築の機能・品質全体をまとめあげる者（コン

---

1 とくに，日本においては，1950年代以降，部材の工場生産化（プレハブ化）が進行したため，多種多様な製造者から多種多様な部材・部品の供給を受けて組み合わせる側面は高まっている。その結果，設計，とくに実施設計段階において，部材・部品を選択し組み合わせるというプロセスが大きな割合を占めるようになっている。

セプト・チャンピオンおよびシステム・インテグレーター）が，分業化された設計・生産組織の中に存在しなかったことであったと見ることもできる。

建築物は，多大な費用を要して，長期間使用する人工物だけに，機能不全，品質不全に対する使い手・当事者の不満は長期間にわたる。まして，品質欠陥が起きた場合の損害は甚大で，使い手・当事者のみならずその影響は社会に及ぶことすらある。逆に，建築物の機能・品質の全体的な首尾一貫性や調整・統合が高いレベルで実現すれば，建築全体でのでき上がりのよさ（TPQ: Total Product Quality）が高まり，使い手がよりよいサービスを長期間にわたって得ることができるようになり，建築物は経済社会の中でより高い価値を獲得（value capture）できるようになる（延岡 2006）。

それだけに，建築の設計・生産プロセスを通じて，建築物の機能・品質全体のまとめあげが有効に働くことが肝要である。言い換えれば，建築の設計・生産組織において，コンセプト・チャンピオンおよび設計コーディネータ（システム・インテグレーター）が存在しなければならない。後述のように，この二つの役割は，一人が担う場合も，複数の人間が分担する場合もあるが，いずれにせよコンセプト創造（外部統合）および設計・生産調整（内部統合）の両方が重要である（Clark and Fujimoto 1991）。

では，建築の設計・生産組織における諸分業をどのように編成し，どのような役割を果たす統合者を配置すれば，建築物の機能・品質全体のまとめあげが強力に働くことになるのであろうか。

2 製造業の製品開発プロセスにおける統合者（開発リーダー）のあり方

本章の主題について示唆を得るために，加工組立型製品の開発プロセスに見られる統合者のあり方について概観しておきたい。ここでは，製造業の中ではとくに複雑なインテグラル型アーキテクチャの製品と言われる自動車の開発組織設計について，先行研究をふまえて簡単に見ておこう（Clark and Fujimoto 1991; Cusumano and Nobeoka 1998; 藤本・安本 2000; 藤本 2004b）。

高機能な自動車のように複雑でインテグラルな人工物の製品開発においては，前述のように内的・外的統合者を兼ねる強力な開発リーダー，すなわち重量級プロダクトマネジャー（HWPM）の存在が，競争優位をもたらす傾向があると

指摘される（Clark and Fujimoto 1991）。言い換えるなら，HWPM とは，コンセプト・チャンピオンとシステム・インテグレーターという二つの役割を一人の開発リーダーに集中させるような組織設計である。筆者らの実証研究の結果によれば，重量級プロダクトマネジャーは，次のような役割を果たしている（Fujimoto 1989; Clark and Fujimoto 1991）。

① 開発のみならず，生産や販売も含む広範な分野の調整の責任を持つ。
② コンセプトから市場までのプロジェクト全期間の調整の責任を持つ。
③ 機能部門間の調整のみならず，コンセプト創造やコンセプト擁護の責任も持つ。
④ 製品コンセプトが正確かつ確実に自動車の技術的細部に翻訳されるように，中間段階の基本設計（製品スペック，コスト目標，レイアウト，主要部品技術の選択など）にも責任を持つ。
⑤ 開発現場のデザイナーやエンジニアと，リエゾン（連絡係）を通じての間接的な結びつきのみならず，直接的かつ頻繁な接触も保つ。
⑥ マーケティング部門が行う通常の市場調査に加え，独自の市場調査を直接に行う。
⑦ デザイナー，設計エンジニア，実験エンジニア，工場スタッフ，現場管理者，営業担当者などと効果的にコミュニケーションするために多分野の知識や言語に通じている（マルチ・リンガルかつマルチ・ディシプリン）。
⑧ 単なる中立的なレフリーや受動的なコンフリクト調整役ではない。製品設計などが当初の製品コンセプトからずれないようにするためであれば，自らコンフリクトを引き起こすことも辞さない。
⑨ 将来市場に対する想像力を持つことが求められている。すなわち，現在の市場に潜むあいまいではっきりとしないヒントをもとに，将来の顧客の期待を先取りして再構成し，予測できなければならない。
⑩ ペーパーワークを行ったり公式の会議に参加したりするよりも，むしろ社内を歩き回って製品コンセプトを説いて回ることに時間を使う。
⑪ その多くが特定分野（ボディ・シャシー設計など）の製品エンジニア出身であるが，自動車全体あるいは生産技術に関しても広範な知識を持っている。

こうした HWPM は，市場ニーズの多様性が大きく，かつ複雑性の大きい製品の開発プロジェクトにおいて必要であるとされる（藤本・安本 2000）。建築物

も，ニーズが多様かつ複雑で，部品・部材構成も複雑であるから，製品開発プロセスに見られるこのような強力な内的・外的統合者のあり方は示唆的である。

　しかしながら，高機能乗用車の場合に有効な HWPM という組織設計が，大規模な建築物の場合もそのまま通用するとは言い切れない。一つには，大型建築物は一般の乗用車と比べても，機能要素や構造要素の数において，より複雑な人工物であるからである。

　加えて，プロジェクトと顧客ニーズのかかわり方が，自動車と建築物では異なる，という点にも留意しなければならない。すなわち，自動車開発プロジェクトでは，顧客・供給者との経済取引，すなわち当該製品の製造・販売・購買と，それに先立つ製品開発とは，少なくとも時間的には切り離された経済行為であるのに対して，建築プロジェクトでは，顧客・供給者との経済取引と「製品」開発は，時間的にも機能的にも，より大きく重複するからである。

　たしかに自動車の製品開発でも，ターゲットとなる顧客のニーズは常に想定され，実車実験やシミュレーションを通じて，設計とニーズの適合性は常にチェックされるのであるが，それはあくまでも「想定された顧客ニーズ」への設計の合わせ込みであり，実際の顧客の声にその都度対応しているわけではない。これに対して，一品生産の大型人工物である建築物の場合，実際の顧客の声が，設計・生産のプロセスを通じて，常時入ってくる状態にあり，設計・施工のプロセスを通じて，「実際の顧客ニーズ」は変動を続ける可能性もある。このような日々の顧客ニーズの変動は，通常の自動車の製品開発では想定していない。

　言い換えれば，後述するように，顧客・供給者との経済取引としてのプロジェクトを契機として，技術開発やイノベーションが引き起こされる点に，多くの製造業とは異なる建築の特性がある。建築プロジェクトのほうが，製品開発プロジェクトよりも課題を技術的に解決するための組織がより臨時的で不確実性が大きい。

　以上のような特性はあるが，建築のプロジェクトにおいて，次々と課題があがり，それらに対してプロジェクトの参加者が共同で解決策を探索するというプロセスに注目するならば，製品開発プロジェクトのプロセスと，建築プロジェクトのプロセスは類似する。建築プロジェクトに参加しているプレーヤー自身が自覚しているか否かは別にして，建築プロジェクトは，「実際の顧客ニーズ」に対する課題解決のための発明・開発が生み出されている場なのである。以下，本章における考察は，主に自動車など製造業の製品開発プロジェクトに

おける統合者（開発リーダー）のあり方と比較しながら進めていきたい。

3 建築の活動はプロジェクトを基盤とする

3.1 プロジェクト組織とは何か

では，プロジェクト組織とは何であるか，ここで確認しておこう．一般に，プロジェクト組織とは，以下の二つの条件を満たす組織であるとされる．
① 有期性：明確な開始時点と終了時点があること
② 独自性：創出する成果物は基本的には唯一無二であること

建築をつくる行為は，独自の目的（すなわち，唯一無二，すなわち一品一様の建築を創出する）を達成するための有期の活動であることから，プロジェクト組織による活動の典型である．一方，自動車の場合も，製造・販売される個々の製品は一品一様ではないが，新製品や新工程の開発においては，一品一様の設計情報が創造される．つまり，自動車の製品開発・工程開発もプロジェクト組織による活動である．

継続性のある組織としての企業内の機能別組織と，有期のプロジェクト組織との関係は，企業内で完結するか，他の企業を巻き込むかによって，理念型としては図11-1のように「企業内完結型」と「企業間連携型」の二つに分けられる．実際には，両タイプの混合系が多いと言えるが，相対的に見た場合，建築プロジェクトは，「企業間連携型」のプロジェクトの様態をとるのが一般的である．

一方，製造業の製品開発プロジェクトの場合は，とくにシンプルな製品の場合，従来は「企業内完結型」寄りのものが多かった．近年は，デジタル財などオープン・モジュラー型製品を中心に，「水平的で緩やかな企業間連携型プロジェクト」により製品開発を行う「オープン・イノベーション」が提唱されているが，これは，インターフェイスが標準化し各企業の開発活動にある程度の自立性を確保できるような製品システムの場合が中心である．大規模建築物や自動車など，統合度の高い人工物の場合は，こうした緩やかな連携で製品開発を行うことは一般的には難しい．

一方，同じ製造業でも自動車のような複雑なインテグラル型製品の場合，とくに戦後の日本では，製品開発工数の相当な部分が部品サプライヤーやエンジニアリング支援企業によって担われており（浅沼 1997；Clark and Fujimoto

図 11-1 企業内完結型プロジェクトと企業間連携型プロジェクト

企業内完結型プロジェクト　　　　　　　企業間連携型プロジェクト

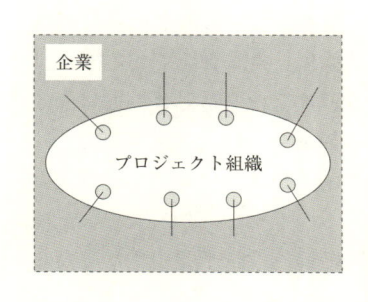

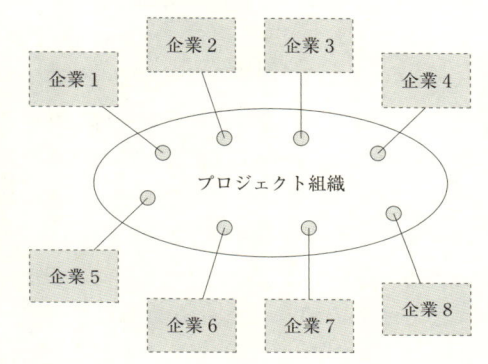

○：プロジェクトに参加する人・グループ

1991；河野 2009），その意味では「企業間連携型」のプロジェクトと言える。しかし自動車の開発の場合は，中核に組立企業があり，部品企業は組立企業の示すスペックに従って詳細設計などを行う副次的な立場であることが多い。少なくとも，一組立企業と複数の部品企業が，ある製品の開発において，ネットワーク型の調整を行うことはまだ少なく，むしろ組立企業を中核にした階層構造に近い（Clark and Fujimoto 1991）。これを「垂直的で緊密な企業間連携型プロジェクト」と呼ぼう。これに対して，大規模建築プロジェクトの場合も，自動車と同様，人工物としての複雑性と，建設業が歴史的に形成した社会的分業体制ゆえに，「企業間連携型」が一般的である。また，これも自動車と同様，大型建築物は複雑でインテグラル寄りの人工物であるため，緊密な設計調整（システム・インテグレーション）を必要とする。一般的にはオープン型製品のように緩やかな連携調整だけでは建物はできない。しかし一方，大型建築物は，前述のように構成要素数が自動車よりはるかに多く，特定の中核企業１社（たとえばゼネコン）が自動車のように全体設計をすべて仕切ることには限界がある。よって，自動車の開発よりは，水平的な連携という色彩が強くなる。要するに大型建築物の開発は，より「水平的だが緊密な企業間連携型プロジェクト」によって遂行される傾向がある。

　しかしながら，「水平的だが緊密な企業間連携」という建築プロジェクトの特性は，ある種の内部矛盾，あるいは非安定性を内包していると言わざるをえ

ない.すなわち,大型建築物の設計・施工のように,プロジェクト参加者が,継続・母体組織としての企業と,有期のプロジェクト組織に両属するような構造は,まとめあげ(system integration)を脅かす組織構造であるとも言える.一般に,縦の継続組織(機能部門)と横のプロジェクト組織が交差するマトリックス組織は,この両属性による縦対横のコンフリクトがしばしば問題になるが(Davis and Lawrence 1977),建築プロジェクトの場合,自動車産業などと比較すれば比較的対等な独立企業が縦の継続組織であるため,この問題の解決はより難しくなると予想される.

実際,海外では,建築プロジェクト組織の構造的脆弱性,不安定性がもたらすまとまりの弱さ(fragmentation)を研究対象にした論文も多い(たとえば,Fellows and Liu 2012).しかしながら一方では,複数組織が連携するようなプロジェクトこそに,建築の組織・プロセスの本質がある,とする論稿もある.

もっとも,製造企業が「水平的だが緊密な企業間連携型」のプロジェクトを経験することもある.たとえば,2011年の東日本大震災で操業停止に追い込まれたルネサスエレクトロニクス社の半導体工場(茨城県ひたちなか市)に対しては,多くの顧客企業が連携して復旧支援チームをつくり,トヨタ自動車からそのチームのリーダーが出た.しかし,このようにいわば呉越同舟の企業横断的なプロジェクトは,製造業では常態とは言えない.結局,このケースでは,トヨタ自動車が強力なリーダーシップをとり,結果的には「垂直型」に近い企業間連携となったと言われる.このように,製造業にも「企業間連携型」の開発プロジェクトは少なくないが,「水平的だが緊密な企業間連携型」となると事例は少なく,これが大規模建築プロジェクトの一つの大きな特徴だと言えるかもしれない.

3.2 グロアクによるテクノロジー・パラダイム論

建築業と製造業における組織設計の違いを強調する代表的な論稿は,スティーブン・グロアク(Steven Groák)による「建築は産業であるのか」(Is Construction an Industry?)という論文である(Groák 1994).

グロアクは,ロンドン大学バートレット・スクールや世界最大の建築・土木エンジニアリング企業アラップ社研究部門で活躍した気鋭の研究者であり,多くの後進を育てた教育者でもあった.この論文は,建築のプロセスにその組織の本質があると主張している論文である.その論文を適宜引用しつつ,本章の

目的に合わせてグロアクの議論を整理してみよう。

　グロアクは，国民経済の建設部門の分析においてその活動を「産業」として，あるいは，小規模ながら安定した「産業」の集合体として，これらの活動を記述しようとしてきたが，それは建設（construction）という活動に関する正しい理解を阻んでいると指摘する。建設が，さまざまな形態の製造業に不適切な形でなぞらえられた結果，建設というプロセスの持つ特性が，問題点として扱われてしまい，その「解決」のために無駄な努力が注がれてきた。そしてこうした誤った認識に基づいた結果，不適切な研究開発戦略がとられてきてしまったと主張する。

　このような誤解の袋小路から抜け出すためには，建設に関して，まったく異なった認識をしなければならない。それは「建設は境界のはっきりした産業，あるいは，企業の固定的な集まりとしてではなく，プロジェクトの集合体として成り立っている」という認識である。建設は，明確な技能と定まった経営資源の存在する産業とみなすべきではなく，プロジェクトを基盤とした（または少なくともプロジェクトに牽引された）経済活動と認識すべきであり，このような認識をもとに，建築を含む建設の組織・プロセスを理解すべきであると主張する。このグロアクの主張内容は，図 11-2 のように解釈できる。

　グロアクが重視しているのは，プロジェクトがイノベーションの契機になること，しかしそのイノベーションのもとになる技術基盤は幅広く調達されてきているという事実である。「先進的な取り組みや，プロジェクト・ベースでの技術開発が持つ潜在的な役割が無視されているが，実際には，それらの多くは，建設にかかわるイノベーションを主導してきた。同様に，建設のための研究開発・イノベーションの相当割合は，建設の中で生まれたわけではないことを示す既往研究もある」。グロアクは，プロジェクトとは，その目的に沿って，知識，技術，サービス，資金，そして製品などさまざまな経営資源を巻き込み，有期とはいえ，新たな連携を生む，創発の場であると主張する。「プロジェクトは，どのようなサービス，資金，情報そして製品は可能かつ必要であるのかをアドホックに，規定するのである。ある意味では，プロジェクトは，それ固有のデマンド・チェーン（demand chain）やニーズ，経営資源，プロセスおよび関連するプロセス，そして組織を巻き込むのである。それゆえ，プロジェクトは常に専門知識やノウハウの新たな組み合わせや連携パターンを生み出し続けているのである」。グロアクは，知識，技術を調達する範囲の拡がり，言い

図11-2 建築プロジェクトの集合体としての建設

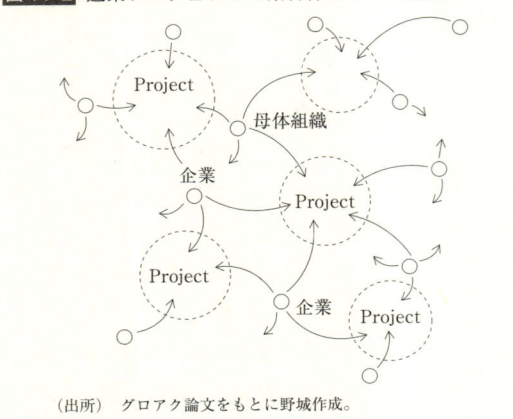

(出所) グロアク論文をもとに野城作成。

換えれば外部との連携の範囲の拡がりを指摘する。「建設は従前にも増して，いままで縁がなかったような領域の技術を用いている。それは，（児玉文雄が言うところの）技術融合（technology fusion）にも匹敵するものである」。この指摘をもとにグロアクはテクノロジー・パラダイム（technological paradigms）という考え方を示す。それは，供給者や技術技能について予見できないような不安定な環境において，プロジェクトを介して，有期の連携を組むことによって，不確実性へ対応するというパラダイムである。グロアクは次のように書いている。

「プロジェクトとは，ある意味で，その発注者や使い手がひきおこす協働的な発明・創出行為（invention）であると見ることもできる。その発明・創出の結果は，人工物の設計という形をとる。そしてその設計は，さまざまな主体（agent）や諸要因によって影響され，しかも，それらの諸主体・諸要因をある程度までは特定することはできるが，そのすべてを特定することは難しい。」

グロアクが，着目するのは，現代の建築プロジェクトにおける技術・知識調達のダイナミズムである。外部との連携性（建設セクターと他の産業セクターとの連関）が漸増しつつある事実に注目し，従来の枠組みを超えたイノベーターの潜在可能性を包括的に勘案し，その最終産出物やサービスにより多くの焦点が当てられるべきである，と主張する。すなわち，本章の主題である，建築にお

ける統合者（システム・インテグレーター）のあり方は，企業ではなくプロジェクトに視座を置いて思考すべきことを示唆している．

3.3 巨大建築物における設計・生産組織のあり方：仮説

グロアクによる上記の製造業・建築業の比較分析は，建築産業の側において深い洞察が示される一方，製造業に関しては，やや平板的あるいはステレオタイプ的との印象は否めない．その結果，製造業とサービス業の違いを過大視しているきらいがある[2]．これに対し本書は，両者の違いをあくまでも相対的なものと見る．たしかに，「設計者のみならず施工者においても，自社の担当者が常に現場で他社のメンバーと，互いにかなり水平的な関係でプロジェクト活動をしている」という，大型建築物の設計・生産の特徴は，建築業においてかなりユニークな特性と言えよう．

複雑な人工物を扱う製造企業では，「複数企業が関与するプロジェクト組織」の存在はかなり一般的である．しかし，「水平的だが緊密な企業間連携」となると，前述のように，建築業では一般的であっても，製造業ではあまり多くは見られない．すでに見たように，製造業の場合，オープン型製品では「水平的で緩やかな企業間連携」による開発，自動車のように複雑なクローズド型製品では「垂直的で緊密な企業間連携」が中心である．

その意味で，自動車などと比べても部品点数が1桁以上違う大規模建築プロジェクトの場合は，「水平的だが緊密な企業間連携」が際立った特徴だとわれわれは考える．しかしこの組織設計は，それ自体が矛盾と緊張関係に満ちた，取り扱いが難しいものである．建築業と製造業の共通点を十分考慮したうえで，やはり大規模建築プロジェクトには，独特の特性があり，それゆえに一般の製造業とはやや異なる開発プロジェクトの組織設計が要求されるのだとわれわれは考える．

結論を先取りするなら，大型建築物のように極端に複雑な人工物になると，全体を一様にインテグラルなアーキテクチャとしたままでは組織の設計調整能力の限界を超えてしまう．そこで，当該建築物をいくつかの機能準完結的（準

---

[2] グロアクがこの論文を書いた1990年代半ばは，英国における建築産業のパフォーマンスに種々の問題があることが指摘され，製造業的手法を導入すべしという論が起きかけていた時期である．こうした議論の中で注意を喚起することを意図したのがグロアクの論文であり，そのために対照性が強調されるきらいがあることには留意して同論文の価値を評価する必要がある．

分解可能) なサブシステムにモジュール分割し (Simon 1969), それぞれのサブシステムの設計統合を受け持つ複数のチームのリーダーが, より上位のレベルで相互調整を行う, という階層的な設計組織が, ひとつの有望な解として提起される。

これを自動車のケースと比較すると, 部品点数が約3万点, 制御するソフトウェアが1000万行を超える現代の高機能自動車の開発には数百人 (100万人時以上) を要し, 製造業では最も複雑な人工物＝製品のひとつであるが, これは1人のHWPMが率いる開発チーム (部品メーカーや派遣会社のエンジニアを含む) で統合可能とされる (Fujimoto 1989; Clark and Fujimoto 1991)。この場合のHWPMは, いわばオーケストラの指揮者のように, 統一されたコンセプトを持ち, 開発期間中を通じて設計統合を行うことが一般的である。

これに対して, さらに複雑な人工物である巨大建築物の場合, もはや1人のHWPMの管理の限界を超える可能性が高い。そこで前述のように, これをいくつかの中インテグラル的なモジュールに切り分け, 各モジュールはHWPMが強力に統合したうえで, これらリーダー同士は会議体によって相互調整されることになる。自動車の開発が「オーケストラ方式」だとすれば, 巨大建築物のそれは「オペラ方式」に近いと言えよう。そこでは, オーケストラ, 歌手, 舞台設計などは, それ自体がインテグラルなサブシステムとして相互調整の対象となる。

また, こうした巨大建築物の設計・生産を統括する全体リーダーは, 強力なコンセプトで開発プロセス全体を牽引するHWPMタイプの「ディレクター」であるよりはむしろ, 事前の分業設計や資源動員, 人選などに長けた「プロデューサー」あるいは「システム・アーキテクト」である可能性がある。

たしかに自動車の設計の場合も, 制御ソフトだけでも1000万行を超えるなど, とくに先進国向けの高機能車は極端に複雑化しており, これまでの機能部品よりも粒度の大きな機能準完結的「モジュール」の単位で車輛を切り分けるようなアーキテクチャ革新が, ドイツのVW社などを中心に提案されており (藤本 2013), この点では, 建築物と方向性は同じかもしれない。しかし, 自動車の場合は, 一部のメガ・サプライヤー (独ボッシュなど) の台頭はあるものの, モジュール開発の中核は依然として自動車メーカーであり, 垂直的な企業間連携の色彩が (とくにライバルのトヨタ自動車の場合は) 強い。

すなわち, 自動車開発の場合, 各サブシステムのリーダーによる定期的な連

絡会議は行われるが（Fujimoto 1989; Clark and Fujimoto 1991），それは1人のコンセプト・チャンピオンが統括することが多い。いずれにせよ，部品メーカーのリーダーが一堂に会する企業横断的な全体会議というものは，筆者の知る限り存在しない。

これに対して巨大建築物の場合は，「プロデューサー」による事前の分業設計と資源動員を前提に，全体設計のリアルタイムの調整は，いわば各パートを受け持つディレクター（たとえば，意匠設計リーダー，構造設計リーダー，環境・設備設計リーダー）間の，互いの専門性を尊重した，より対等なかたちで行われていくことになる可能性がある。

以上が，製品開発論，技術管理論，設計論（アーキテクチャ論）などの先行研究をふまえたうえで，巨大建築物の設計・生産組織に関して導出された一つの仮説である。

4 建築プロジェクトにおけるシステム統合にかかわる論点

では，以上の仮説や，テクノロジー・パラダイムも念頭に置きつつ，建築プロジェクトにおけるシステム統合のあり方にかかわる論点を整理してみよう。

4.1 論点1：設計生産インターフェイスのあいまい性

まず留意すべきことは建築プロジェクトにおいては設計生産のインターフェイスがあいまいであるということである。もちろん，そのあいまいさは建築プロジェクトに限ったことではなく，日本の自動車企業の開発プロジェクトにおいても，開発と生産の緊密な連携は一つの特徴であるが（Clark and Fujimoto 1991），これはあくまでも，設計と生産の責任分担を明確にしたうえで，実際の開発プロセスで両者がオーバーラップして連携する，という話であり，建築の場合とはニュアンスが異なる。

図11-3は，日本の建築プロジェクトにおける設計・生産の一般的なプロセスを表している。建築設計者と施工・生産者の間の契約上のインターフェイスは図のように表すことができる。ただ，このインターフェイスの図中左側の領域で用意される設計情報だけで，生産に必要十分な情報が準備されているとは限らない。そこで，このインターフェイスの右側でも施工・生産者によって，施工図・製作図が作成されることになる。契約上のインターフェイスまでに建

図11-3 設計・生産プロセス概念図

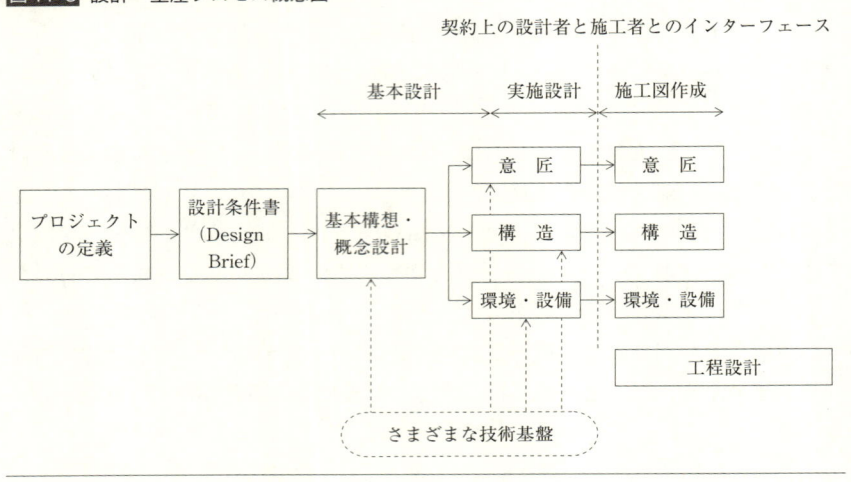

```
                                契約上の設計者と施工者とのインターフェース
                  基本設計    実施設計  施工図作成
                  ←―――――→←―――→←―――→
                              ┌──────┐ ┌──────┐
                           ┌→│ 意 匠 │ │ 意 匠 │
                           │  └──────┘ └──────┘
┌────────┐ ┌────────┐ ┌────────┐ │┌──────┐ ┌──────┐
│プロジェクト│→│設計条件書│→│基本構想・│─┼→│ 構 造 │ │ 構 造 │
│ の定義  │ │(Design │ │概念設計 │ │ └──────┘ └──────┘
└────────┘ │ Brief) │ └────────┘ │┌──────┐ ┌──────┐
          └────────┘    ↑    └→│環境・設備│ │環境・設備│
                      │      └──────┘ └──────┘
                      │               ┌──────┐
                      │               │ 工程設計 │
                      │               └──────┘
                 ┌─ ─ ─ ┴ ─ ─ ─┐
                 │さまざまな技術基盤│
                 └─ ─ ─ ─ ─ ─ ─┘
```

築設計側で用意される設計情報の具体度・詳細度については相当な差異があり，結果として技術の実質上のインターフェイスは多様となることから，設計生産の明確で標準的な境界を見出すことは困難で，そのインターフェイスはあいまいである，と言わざるをえなくなる。

むろん，製造業においても，製造に必要な詳細な設計情報は生産部門や生産技術部門が準備する，という「生産設計」の概念はあり，製造業において設計と生産が完全に分離されているわけではない。しかし，程度の違いということで言えば，建築業の場合は，より本格的なかたちで，川下の生産（施工）部門による完成形（出来型）や仕様の設計および機能の設計の変更が，頻繁に行われるわけであり，建築業と製造業（とくに量産製品）では，際立った違いがあると考えてよかろう。

この観点から製造業との比較で言うなら，建築プロジェクトにおいては，契約上と，技術上の実質的役割が必ずしも一致しない。建築設計を「建築を生産するために必要十分な建築の完成形（出来型）にかかわる情報を用意すること」であると定義するならば，契約上の建築設計者のみならず，施工・生産者も建築設計に実質上は関与している。ものづくり研究分野のことばで表現するならば，施工・生産者は，その契約上の役割である工程設計（建築分野で言うところの工事計画・生産設計）だけでなく，構造設計（出来型の設計）や場合によっては

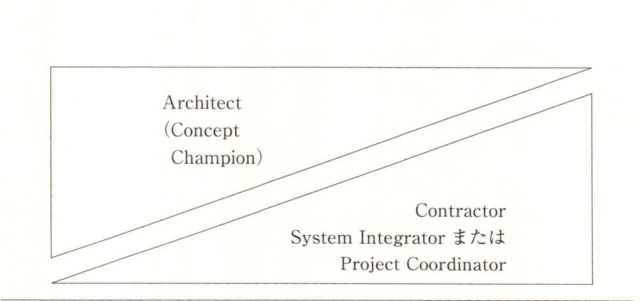

図11-4 建築設計者と施工・生産者の役割概念図

川上　　　　　　プロジェクト　　　　　　川下

```
Architect
(Concept
Champion)

              Contractor
              System Integrator または
              Project Coordinator
```

機能設計にも関与している。製造業では，ここまでの設計変更は（一品一様の一部の大型製品を除けば）一般的ではない。

　ものづくり研究の分野における知見によれば，機能設計・構造設計と工程設計をオーバーラッピングさせ有機的に統合することが，商品・製品の品質を向上させることや，製造企業の競争力を高めるなど，開発のパフォーマンスを向上させるために有効であるとされている。建築プロジェクトにおいても，見かけ上，図11-3のように，ものづくり分野で言うところの機能設計・構造設計と工程設計がオーバーラップしている。だが，実態は，単に施工生産可能性（buildabilityまたはconstructablity）を高めるための作業だけでなく，設計情報がプロジェクトの川上で確定できないところによるオーバーも含まれていると見なければならない。

　では，建築設計者（建築のアーキテクト）と施工・生産者の役割はどうみなすことができるであろうか。その関係は図11-4のような概念図で表現される。

　建築設計者は出来型（what to build）に主たる関心を持つことから，ものづくり研究分野におけるコンセプト・チャンピオン（外的統合者）の役割を担う。施工・生産者はいかにつくるか（how to build）と最終生産物のでき上がりに主たる関心を持つことから，システム・インテグレーターあるいはプロジェクト・コーディネーター（内的統合者）であるとみなすこともできるように思われる。

　前述のように，技術的側面から見れば設計生産の実質的なインターフェイスはあいまいで，プロジェクトの条件によって変わりうる。技術上の実質的役割

は，プロジェクトにおける内的要因群（設計者，施工・生産者の能力），外的要因群（外部調達・連携先の能力・意志）の組み合わせによって決まる。言い換えれば，設計と生産の間の実質的なインターフェイスはプロジェクトによって千差万別であり，設計・生産の連携のなめらかさ（ものづくり研究分野における機能設計・構造設計と工程設計の有機的融合），すなわち，まとめあげ（system integration）のパフォーマンスには不確実性があることになる。その不確実性がネガティブに働くと，たとえば，調達が困難な技能を前提とした設計案がそのまま実施されてしまうなど，何らかの不具合を起こす可能性が増大する。

4.2 論点2：プロジェクト組織における内部調整構造の変化

建築プロジェクトにおけるまとめあげ（system integration）のあり方を考えるに当たって，プロジェクト組織における内部調整構造が変化しつつあることにも留意しなければならない。前出の論文でグロアクは，次のように指摘している。

「人，組織の連携は，プロジェクト組織のまわりに編成されるのであって，企業のまわりに形成されるのではない。ワークパッケージの編成や，設計において役割の増す専門工事業者との契約，優れた製造技術，および出現しつつある設計における専門化が深化発展するにつれて，作業の分担は，技術的知識の分散とノウハウの増加を意味するようになっている。また，多くの発注者や使い手組織が能動的な役割を果たしつつあり，たまさかにしてダイナミックなユーザー自身からのインプットが，建築に関する新たな知識の源泉となっている。それは使い手の要求条件という消極的な従前の考え方を塗り替えるものだ。」

こういった建築プロジェクト内部における各プレーヤーの役割と連携のあり方の変化の中で，とくに重要なのは，契約上，下請け（subcontractor），専門工事業者として位置づけられているプレーヤーの相当な割合が包括的専門工事請負者（specialist contractor）化していることである。ここで，包括的専門工事請負者とは，図11-5のように特定分野の研究開発から施工までを垂直統合して担当する専門工事請負者である。具体的には，カーテンウォールや建築設備分野においては，研究開発・基本設計・構造設計・製造・現場据付施工を一貫して請け負う包括専門工事請負者が成立している。一方，鉄筋，型枠，コンクリート打設などの分野では，専門工事業者は，現場での施工作業等を主領域とす

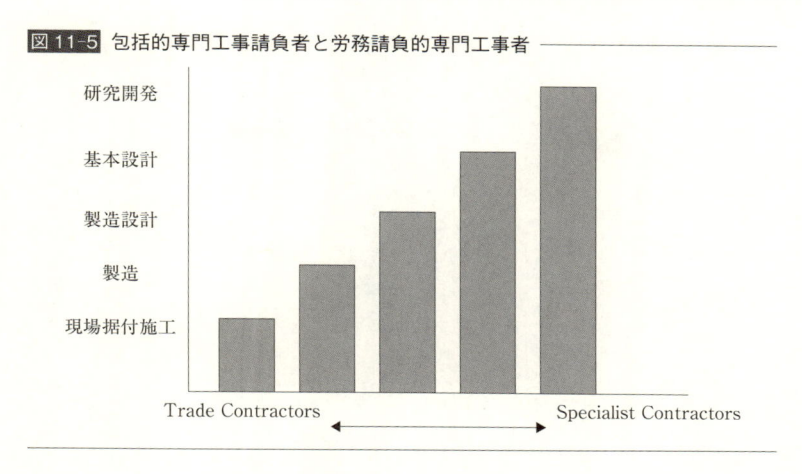

図11-5 包括的専門工事請負者と労務請負的専門工事者

（棒グラフ：左から右へ、現場据付施工／製造／製造設計／基本設計／研究開発の段階を示す）

Trade Contractors ←—→ Specialist Contractors

る労務請負的専門工事請負者（trade contractor）であることが一般的である。

建築業におけるこの，①包括的専門工事請負者（specialist contractor）と，②労務請負的専門工事者（trade contractor）の違いは，自動車のサプライヤーシステムにおいては，①ある機能に特化し，自動車メーカーの機能要求を満たすべく自ら部品の構造設計を行いそれを生産・納入する「機能部品メーカー」と，②客先から渡された構造設計（詳細図面）どおりに部品を生産し納入する「加工外注メーカー」の違い，あるいは，①部品設計能力を持つ「承認図メーカー」と，②客先からの設計図に依存する「貸与図メーカー」の違いにおおまかに対応する（Clark and Fujimoto 1991；浅沼 1997）。後者のタイプが，建築であれば軀体部分，自動車であれば車体部分に多い点も，両者で類似しており興味深い。

包括的専門工事請負者は，建築部材・機器製造企業の一部門や系列企業，提携企業であることが多い。1940年代以降，建築部材・機器を工場などで生産する建築生産の工業化（industrialization of building）が進行してきた。日本は，とりわけ建築生産の工業化が高度に進展した国で，市場に株式を公開するような規模の建築部材・機器製造企業も数多く成立している。包括的専門工事請負者の発展・進展には，このような建築生産の工業化が背景にある。今日の建築産業は，製造業の生産物をアッセンブルするという性格を強めている。また，建築生産の工業化によって，製造業・ものづくり産業の技術・知識を学び，導入する機会を持ち続けてきた，という見方もできよう。包括的専門工事請負者

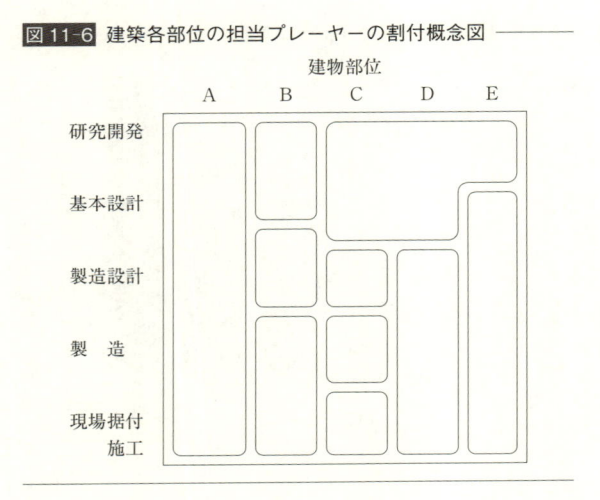

図 11-6 建築各部位の担当プレーヤーの割付概念図

```
                     建物部位
              A    B    C    D    E
    研究開発
    基本設計
    製造設計
    製　　造
    現場据付
    施　　工
```

の出現とその業域拡大は，建築における産業構造変化を反映していると言ってよい。

　従前は，下請け工事業者の業務範囲は現場据付施工に限定されていたのに対して，近年，研究開発から現場据付施工までを垂直統合させて請け負う包括的専門工事請負者が出現し，その業域を拡大させていることは，日本の自動車産業において 1960〜70 年代以降，承認図方式と機能部品メーカーが増大していった歴史的経緯とも共通点がありそうである（藤本 1997）。

　建築生産の工業化による，建築プロジェクト組織における内部連携構造の変化は，多様に展開している。そこで，各建築プロジェクトにおいては，プロジェクトにおける何らかのリーダー役が，図 11-6 に概念的に示すように，どの部位のどの業務範囲をどのプレーヤーが担当するかを割り付けていく「システム・アーキテクト（SA）」的な役割を担うことになる。

　従前は，部位－業務範囲の関係は固定的であったので，図 11-6 のような割付をプロジェクトごとにデザインしていく必要はなかったと想像される。しかしながら，建築生産の工業化の進展によって，日進月歩で新たな技術が生み出され，その技術を担当する企業などが成立し専門化が進み，建築部位－役割分担の関係は流動化していったと思われる。

　吉田敏は 1968 年に建設された日本で初めての超高層ビル霞ヶ関ビルの建設プロセスに関するケーススタディを通じて，建築プロジェクトにおけるシステ

4 建築プロジェクトにおけるシステム統合にかかわる論点　465

図11-7 「パッケージ化」による擦り合わせ範囲の変化：霞ヶ関ビルとそれ以降の超高層ビルプロジェクトにおける技術革新様態の相違

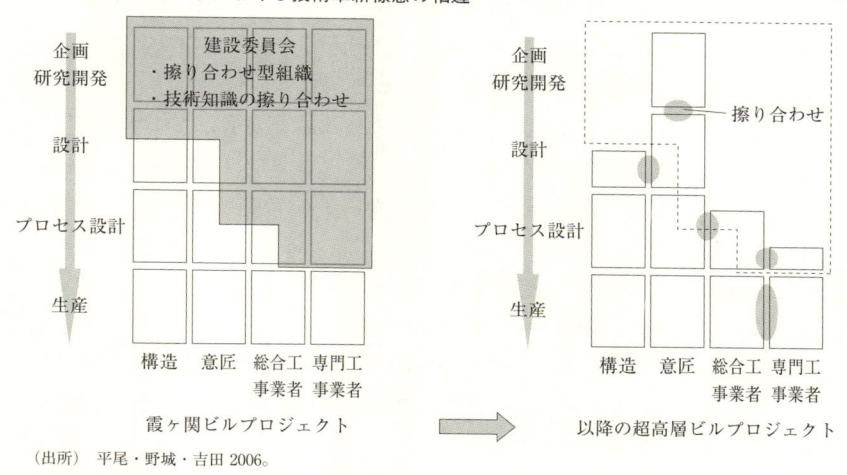

霞ヶ関ビルプロジェクト　→　以降の超高層ビルプロジェクト

（出所）平尾・野城・吉田 2006。

ム統合にかかわる内部構造の史的変化を明らかにしている（平尾・野城・吉田 2006）。霞ヶ関ビルにおいては，当時，日本には存在しなかった人工物を実現するために，カーテンウォールや，高速エレベーターなどさまざまな新技術が生み出されていった。これらの新技術の開発・適用に当たって，技術の相互調整をしていくために，大学教員も参加する建設委員会が組織され，機能・知識を擦り合わせる場として機能した。この霞ヶ関ビル・プロジェクトの経験は，技術的課題を解くための知識・ノウハウを創造・蓄積させただけでなく，どのように分業すれば，超高層ビルに関する技術的課題を解くことができるのか，という手法に関する知識も蓄積させる，パイロット・プロジェクトともなった。すなわち，以後の高層建築プロジェクトにおいては，霞ヶ関ビルのようにすべての技術を擦り合わせて技術革新を進めていかなくとも，あるパッケージ範囲に分業された担当者・グループの中で課題を解決し，異なる担当者・グループ間での相互調整にとどめることができるようになっていった。

　図11-7は，まさに，プロジェクトを中インテグラル的なモジュールに切り分け，各モジュールは，包括的専門工事請負者内のリーダーによる統合に委ねたうえで，これらリーダー同士は，ある種の「会議体」によって相互調整されていく組織のあり方を示していると見ることもできる。

ちなみに，自動車の場合も，部品メーカーとの分業関係は「メーカー・レイアウト」として策定され，一次の機能部品メーカー（日本だけで数百社ある）は，準機能完結的な機能部品を，多くの場合中インテグラル的に設計し生産する。ここまでは建築物と大きな違いはない。しかし，これら機能部品メーカーが自動車メーカーのもとに集まって「会議体」で相互調整をする，というかたちはとられない。調整は個々の部品メーカーごとに，おおむね垂直的に行われる。そこが自動車と建築のサプライヤー調整メカニズムの違いであろう。

4.3　論点3：プロジェクト組織の外部連携の拡大

建築プロジェクトにおけるまとめあげ（system integration）のあり方を考えるに当たって，プロジェクト組織と建設部門には必ずしも属していない外部セクターとの連携が拡大しつつあることも留意しなければならない。前述の論文でグロアクは，次のように述べている。

> 「人工環境を設計し，生産し，マネジメントし，そして使う人は，適切とあらばますます，あらゆる種類の産業から，あるいは技術基盤から，知識・技術・能力を引っ張り出していくことになる。それは，引っ張り出す対象が『建設産業』なるものに含まれていると当事者があらかじめ認識しているか否かとは関係ない。」

建築生産の工業化は，建築部材・機器を工場生産するというプレファブリケーション（prefabrication）という側面を持つばかりでなく，結果として，建築産業にとってのサプライ・チェーンの範囲を拡げ，他産業との境界を流動化させてきたという側面を持つ（Yashiro 2014）。しかもその調達範囲は，部材・機器にとどまらず，協調的な設計施工作業を通じての知識の調達という側面も持っている。その知識調達のダイナミズムは，複雑で大規模なプロジェクトにおいて見出すことができる。たとえば，ポール・アンドルーと東畑建築事務所が設計した大阪市海洋博物館「なにわの海の時空館」（2000年）では直径70メートル，高さ35メートル，重さ1200トンのガラス張りドーム屋根を建設するため，大阪湾対岸にある兵庫県播磨町の川崎重工播磨工場でドーム屋根を製作し，台船に載せられて対岸まで輸送され，そのまま一気に大型クレーンで吊りおろされて設置された。船舶による巨大な構造物の輸送と揚重吊り込みという，他の産業セクターの技術・知識を導入することで，建築プロジェクトにおける課題が解決された一例である。

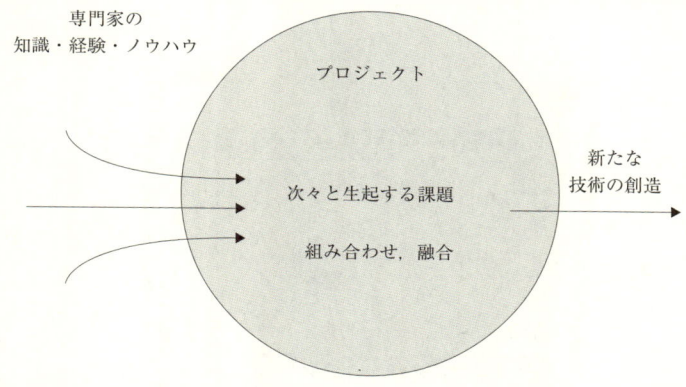

図11-8 プロジェクトにおける知識・経験・ノウハウの調達と解決策としての新たな技術の創造 ──

（専門家の知識・経験・ノウハウ → プロジェクト：次々と生起する課題／組み合わせ，融合 → 新たな技術の創造）

　さらに古い例をあげるならば，東京ドームなど空気膜構造は，力学的要求条件や，耐候性，防水性・耐火性などの諸条件を満たす膜素材が開発されて初めて，実現可能となった。繊維産業という建設部門から見た外部セクターからの技術，知識が建築プロジェクトに誘引された一例とみなすことができる。

　以上の例のようなメカニズムは，図11-8の概念図で表すことができる。

　スマート・ハウスやスマート・コミュニティにかかわるパイロット・プロジェクトを契機に，ICT産業の技術，知識が建設部門にさまざまなかたちで誘引されていることも，図11-8のような図式においてとらえることができるように思われる。

4.4　論点4：技術課題の相互関連性

　建築プロジェクトにおけるまとめあげ（system integration）のあり方を考えるに当たって，技術課題の相互関連性についても留意しなければならない。これは，図11-9，図11-10に例示するように，設計上のあることがら（issue A）に関する意思決定が，他のことがら（issue B）に影響し，しかも，それらのことがら（issue A，issue B）は別々のプレーヤーが担当することになっているというように，技術課題同士が相互に関連し，プロジェクトの各プレーヤーの分担範囲をまたがっている状況を示している。

　設計生産において，プロジェクトを中インテグラル的なモジュールに切り分ける図11-7のようなあり方は，建築プロジェクトの複雑さや規模，および，

図 11-9　自然換気，開口部，パッシブ蓄熱に関連する issue 群

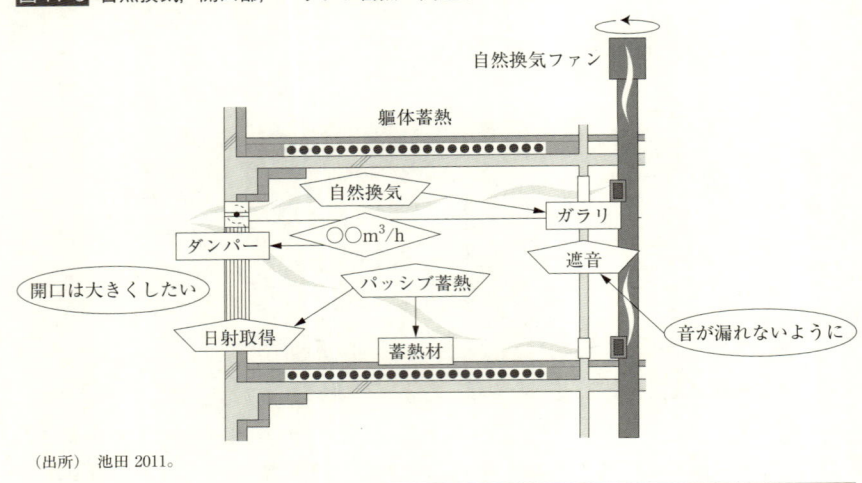

（出所）池田 2011。

　建築生産の工業化という生産プロセスやサプライチェーンの変化を考慮すれば，ある種の必然と合理性があると見ることもできる。しかしながらそのモジュール化は，設計上のあることがら・技術課題（issue）が，特定のモジュールの中で完結することを保証するものではない。むしろ，図 11-9，図 11-10 に例示するように，設計上のあることがら・技術課題の相互依存範囲はモジュールをまたがっていることが多い。それゆえに，各モジュールのリーダー間での相互依存調整をいかに有効に進めるかが，まとめあげのための重要ポイントとなる。

　このような取り組みは，実は自動車産業でも起こっている。機能要求や安全・環境規制の極端に厳しい先進国向けのモデルは，制御系もメカ系も極端に複雑化し，もはや全体がインテグラル型では複雑性が設計者の調整能力を超えてしまう。そこで，ぎりぎりの対応策として，自動車を比較的「粒度」の大きい「準機能完結的なモジュール」に切り分けようとする試みが，近年活発である。

　とはいえ，自動車が質量や運動量の大きな人工物で物理法則に大きく制約される点は変わりがなく，高機能型の自動車が，大半の部品において最適化を必要とする「複雑な擦り合わせ製品」であることも変わらない（藤本編 2013）。その点，質量のない論理や電子で動くという製品特性により，ごく自然にモジ

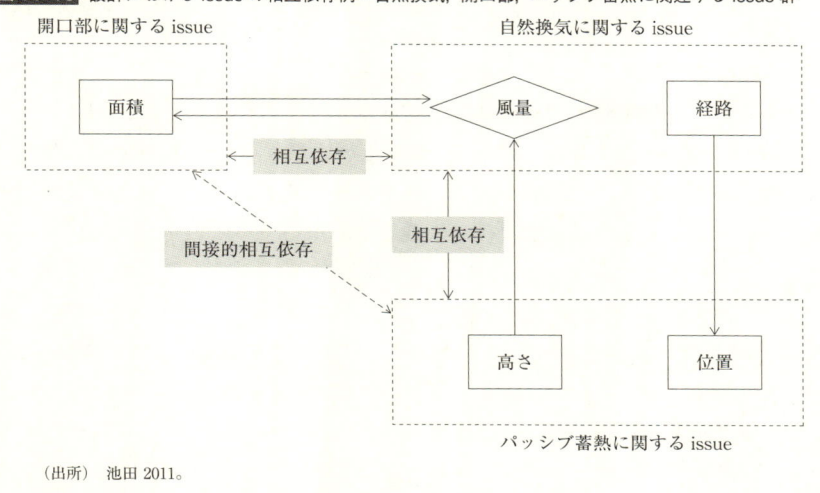

図11-10 設計における issue の相互依存例：自然換気，開口部，パッシブ蓄熱に関連する issue 群

開口部に関する issue／自然換気に関する issue

面積 ― 風量 ― 経路

相互依存

間接的相互依存

相互依存

高さ　位置

パッシブ蓄熱に関する issue

（出所）池田 2011。

ュラー化が進むパソコンなどデジタル機器やソフトなどと，物理法則に従う建築物や自動車は，同じ「モジュール化」と言ってもその意味は大きく異なるので注意が必要である。

5　建築プロジェクトにおけるまとめあげの事例

　建築プロジェクトにおいてまとめあげ（system integration）を進めていくためには，留意すべき事項が多々あり，その対処のためには，統合者（開発プロジェクト・リーダー）にそれなりの力量が求められる。しかし，忘れてはならないのは，建築プロジェクトにおける，まとめあげがタフである作業であるにもかかわらず，日本においては，近過去において，比較的まとまりのよい（すなわち，プロダクト・インテグリティの高い）建築を生産することができてきた，という意味において成功裏に完了したプロジェクトの例は多数存在する，という事実である。

　「出会い丁場」という業界関係用語が象徴するようなアドホックな性格を内包しながら，なぜ多くの日本の建築プロジェクトにおいては，まとめあげが機能し，ダイナミックな知識・技術調達を促し，技術課題の相互関連性を克服し

つつ，まとまりのよい建築を生み出してきたのであろうか。言い換えれば，日本の建築プロジェクト組織はどのようにして，「水平的かつ緊密な企業間調整」が生み出す構造的不安定性を克服し，むしろプロジェクトの持つアドホックな性格を活かしてまとめあげを推進し，比較的まとまりのよい（すなわち，プロダクト・インテグリティの高い）複雑人工物をその成果物として創出することができたのであろうか。この問いを念頭に置きつつ，まとめあげのベストプラクティスの歴史的な発生の系譜と実例を概観してみたい。

5.1 設計者による直営方式の系譜

20世紀初頭，日本の諸官庁の営繕部や，住友本社営繕部（本書執筆時点で日本の最大の設計事務所である日建設計の前身）は，設計のみならず工事も施主直営で行うことがあった。このような施主直営方式においては，発注者組織のインハウス設計者がコンセプト・チャンピオンでもあり，またプロジェクト・リーダーでもあり，まさに，今日の重量級プロダクトマネジャー（HWPM）的な強力な統合者であった。このような，かつての営繕組織のインハウス設計者が持っていた統合者意識はマインドとしては脈々とさまざまな設計組織に流れていると思われる。ただ現代社会においては，プロジェクトの大規模化・複雑化により，住宅分野におけるいわゆるアーキテクト・ビルダーの業態を除いて，まれな事例であると考えられる。

5.2 施工・生産者によるイニシアティブの系譜

日本の大手建設会社に施工管理要員として1980年代半ば以前に就職した者の多くは，工程管理・コスト管理・労務管理のみならず，施工図の作成や，専門工事業者の作成した図面の相互調整などの業務を担当し，技術者としてのまとめあげの能力を構築してきた。これらの年代の社員が施工現場として活躍した今世紀初頭までは，相当割合の建築プロジェクトにおいては，現場所長・工事主任が，プロジェクト・リーダーとしてだけではなく，コンセプト・チャンピオンの役割も実質的には受け持ち，統合者としての役割を果たしていた。こういった役割が可能であったのは，諸外国とは異なり，数多くの現場所長・工事主任が大学などの高等教育機関の建築学科を卒業し，建築設計者の意図を理解するマインドの素地を持っていたことにもよると思われる。

ただし，こういったまとめあげのあり方が，近年はその基盤を失いつつある。

それは，1980年代半ば以降に入社した社員の中で，OJT（On-the-Job Trainig）で施工図の作成や，専門工事業者の作成した図面の相互調整などのまとめあげのための能力を獲得した者の割合が激減し，コンセプト・チャンピオンたる能力基盤が弱体化していることによる。技能労働者の高齢化，減少とともに，施工図が描けない工事管理技術者の増加は，日本の建設会社の将来の存立基盤を脅かしかねないおそれもあると言わねばならない。

5.3 円卓定期定例会議：現代社会におけるまとめあげの一様態

上述のように概観した2種類の系譜は，伝統的な建築生産方式や，工事管理者の能力の一つとして施工図を描く能力が構築されていた状況を背景としたもので，その有効な範囲が狭まりつつある。前述のようなプロジェクト組織における内部連携構造の変化や，プロジェクト組織の外部連携の拡大を受けて，定期の「円卓打ち合わせ方式」によって，課題解決のための技術・知識調達を促進するとともに，技術的課題の相互依存性を克服し，まとめあげを進めていく方式が，多用され始めているように思われる。

中高層建築の外周壁に用いられるカーテンウォール（建築の荷重を負担しない非構造の外周壁）の外装定例会議（名称はプロジェクトによってさまざまである）を実例に見てみよう。

外装定例会議には，建築設計者（建築のアーキテクト），構造設計者，建築設備設計者，ゼネコン，包括的専門工事請負者としてのカーテンウォール・メーカーが関与し，相互に連携調整しながら技術的詳細が決定され，生産されていく。

大規模な中高層建築に用いられるカーテンウォールは，一般的には，建物ごとに個別設計され，受注生産（オーダーメード）される。各プレーヤー，すなわち建築設計者，構造設計者，建築設備設計者，監理者，請負業者，および，中モジュールを担当するカーテンウォール・メーカー，ガラス・メーカー，ファスナー・メーカー，石材メーカー，シーリング・メーカー，外装清掃用ゴンドラメーカーは，それぞれの業務の観点から，外周壁にかかわる図面を製作する。別々の組織，技術者で製作された図面群が，物理的に，あるいは機能的に相互に整合することは保証されてはいない。そのため調整が図られる。

外壁定例会議は，懸案課題の量や進捗度を考慮して，1～2週間間隔で開催される。開催されるタイミングは，大規模な中高層建築プロジェクトの場合，

着工後であり，現場事務所で開催されることが多い。

　同様の会議体は，建築設備工事に関しても開催される。建築設備の具体的な技術的詳細の決定には，建築の意匠設計チーム，建築環境設備設計チーム，および建築設備にかかわる包括的専門工事請負者が加わる。ここで検討される事項には，設計することがらだけでなく，技術課題同士の相互依存性や，分担にかかわることも珍しくない。プレーヤーが一同に会する定例会議では，各プレーヤーが担当する設計内容が相互調整されつつ，詳細設計が詰められていく。

　なぜ，外壁や建築設備の設計における相互調整のための会議体を，工事の着工以降に持たねばならないかと言えば，次のような理由によると思われる。

① 発注者の要求条件が未確定であるため
② 具体的な技術的条件（what to build / how to build）が未確定であるため
③ 包括的専門工事請負者（specialist contractor）が未指名であるため
④ 具体的技術的課題（「収まらない」「つじつまがあわない」という初歩的な課題も含め）はプロジェクトの進行とともに次々と明らかになっていくため

　この定例会議体は，次のような設計のための組織環境を醸成することも目的にしている。

① 課題にかかわる共通認識の醸成
② 参加プレーヤー同士の創発（emergence），技術融合（technology fusion）による課題解決策の協調的な創造
③ 解決策における役割分担・責任範囲の共通認識醸成

　それゆえに現場定例会議は，物理的・機能的なまとまりの良さ，でき上がりの良さ（product integrity）を生み出す機会でもあるとともに，生産に関与する組織内の利害調整をする機会でもある。

　では，誰が，この円卓的な会議体の技術面でのまとめ役となるのか。プロジェクト内部・外部の諸条件によってケースバイケースではあるが，実例を観察する限り，次の要因が働き，技術面での実質的なまとめ役が決まってくるように思われる。

① 誰が扱われる課題群に対する知識・経験（technical capacity）を持っているか
② 誰が創造の刺激者（facilitator）たりえるか
③ 誰が発注，購買権限を持っているか

　ここで留意すべきことは，必ずしも，契約上の階層関係の上位にいるプレー

ヤーが，技術面での実質的なまとめ役になるわけではない，ということである。

このような，プロジェクト限りでの，会議体を通じた相互調整は，次のような不安定な業務環境で行われている。

① プロジェクトをとりまく状況やプロジェクトに対する要求条件が常に変化している
② 調達できる経営資源（知識・経験・ノウハウなど）が予見困難である
③ 参加するプレーヤーの能力が事前には正確には把握できない
④ プロジェクト初期では，施工性に関する情報が不十分である
⑤ 技術革新のタネがどこにあるか予見・把握し難い

成功裏に運営されるプロジェクトにおいては，円卓定期定例会議によって，これらの不確実要因を超えて，適材適所の知識・経験・ノウハウの調達が遅滞・制限なく行われ，解決策を生み出していくことになる。

たとえば前述の，外装定例会議の様態はさまざまであるが，外装の各技術要素のパッケージ（中インテグラル・モジュール）はそれぞれのリーダーによる事前の分業設計と資源動員を前提として，リアルタイムでの全体調整を行っている場であり装置であると考えられる。まさに各モジュール・パッケージを受け持つリーダー間の，互いの専門性を尊重した，より対等な形での相互調整による設計統合が行われていると見てよかろう。それゆえに，この外装定例会議に見られる円卓定期定例会議モデルは，現代の建築において有効に機能する，まとめあげの一様態となりうると思われる。

ただし，円卓定期定例会議方式の適用範囲や，共働で解決策を生み出していくための前提条件を確認していく必要もある。たとえば，自動車の製品開発においても，1〜2週間ごとに，開発リーダーと各機能担当者が集まる「プロジェクト連絡会議」のようなものが開かれるのは一般的な慣行であり，その間にも日常的に緊密な連携調整が部門内・部門間で行われている（Clark and Fujimoto 1991）。しかし，前述のように，それは機能部品メーカーなどを本格的に巻き込んだ「円卓会議」方式ではない。これが，当該人工物の複雑性（たとえば部品点数や制御ソフトの行数）の違いからきているのだとすれば，今後，制御系のさらなる複雑化が予想される自動車メーカーでも「円卓会議」方式が必要になるのだろうか。いまのところそのような動きは見られないが，今後の研究課題であろう。

いずれにせよ，円卓定期定例会議方式モデルは，前述の霞ヶ関ビル建設プロ

表 11-1 霞ヶ関プロジェクトにおける「建設委員会」の有効性を支えたと思われる諸条件

a. 組織の風通しのよさ，密接な定期的会合（全員野球の気持ちの共有）
b. 良きファシリテーターの存在
c. 多角的見方に対する受容性
d. 知識調達の柔軟さ，適切さ，速さ
e. 技術者が萎縮せず，全体システムに対する当事者意識を持って，意見情報開陳できる雰囲気の醸成
f. チームの構成者は，他の分野の技術者の言葉がわかる，他の分野の技術者に伝えられる状況の創成
g. 組織全体のイマジネーション能力の継続的拡大（最悪のシナリオへの対応精緻化）

ジェクト（1968年竣工）において設けられた「建設委員会」にその歴史的雛形を遡ることができるように思われる。この建設委員会がまとめあげの場として有効に成立した理由として表 11-1 にあげるような条件があったと考えられる。

これら表 11-1 にあげた諸条件は，今日の円卓定期定例会議が成立するための条件としてもそのまま読み替えてもいいと思われる。逆に言えば，これらの条件が成立する対象が，円卓定期定例会議方式の適用対象であるとも言える。

6 建築プロジェクトにおける統合者像

本章では，建築の設計・生産組織をどのように編成し，どのような統合者（system integrator）を置き，どのような役割を果たすようにすればよいのかについて考察を進めてきた。

自動車など複雑な製品の開発設計プロジェクトと，建築プロジェクトとを比較してみると，自動車の製品開発プロジェクトに見られるような強力なシステム統合者が必要であることには疑問の余地はない。ただ，自動車の開発プロジェクトに比べるなら，建築プロジェクトは不確実性・流動性がさらに大きく，したがって，重量級プロダクトマネジャー（HWPM）がコンセプト・クリエーター兼システム・インテグレーターとしてプロジェクト全体を強力に推進する，といった剛直なプロジェクト組織の枠組みを導入することはなじまない。むしろ，プロジェクト・プロセスの持つ多様性，複雑性，不確実性の中で，プロジェクトを走らせながら本質的課題を同定し，必要に応じて外部から適材適所の経営資源（とくに技術，知識，ノウハウ）を誘引するとともに，プロジェクト内

6 建築プロジェクトにおける統合者像 475

図 11-11 建築プロジェクト組織のシステム・アーキテクト概念図 ──「システム・アーキテクト」の役割

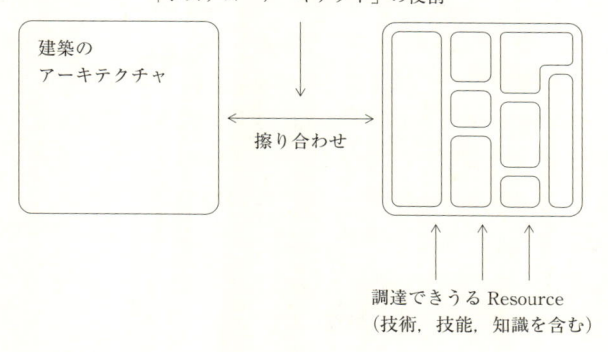

建築の
アーキテクチャ
←擦り合わせ→

調達できうる Resource
(技術, 技能, 知識を含む)

技術のネットワーク
どこに課題解決の努力を注ぐか？

部にあっては，業務の分担範囲を割り付け，外部からの経営資源と絡め合わせながら，有効な連携をつくり出していくという能力が統合者には求められる。これは，図 11-11 の概念図に表すように，建築の製品アーキテクチャと，プロジェクト内部組織の分業の割付を関連づけるとともに，外部からの経営資源の誘引促進を担うような，「建築プロジェクト組織のシステム・アーキテクト」とも言うべき機能，あるはプロデューサー的な役割である。

ちなみに，筆者の一人は，日本にはインテグラル型の人工物開発をリアルタイムで統括する「ディレクター」の人材は比較的豊富だが，むしろモジュラー型の人工物開発を事前に仕切る「プロデューサー」あるいは「システム・アーキテクト」が不足していると見ている（藤本 2004a, b）。やや長いが，以下に引用する。

　日本経済は全体に「擦り合わせ過剰」であり，それが「強いが儲からない」一因だとも言える。自分もお客もみな擦り合わせをやるため，きめ細かい連携調整の能力は高いが，受け身のビジネスになりがちで，過剰品質・少量生産ゆえに儲からない。これらを擦り合わせ型モジュールに上手に切り分け，つなぎ直し，儲かるビジネスの仕掛けを創造する，映画で言えばプロデューサー機能を持つ「組み合わせ屋」が活躍してこそ，その仕掛けに参加する「擦り合わせ屋」も儲かる。たとえば総合商社や産地問屋などの中に構想

力と目利き能力を持った「プロデューサー」が潜在しているはずだ。逆説的だが，21世紀日本の製造業が栄えるためには，「擦り合わせ日本をプロデュースするモジュラー屋」が必要なのである（藤本 2004a）。

グロアクのテクノロジー・パラダイムの立場から見れば，建築プロジェクト組織のシステム・アーキテクトは，図 11-11 の枠組みを構築運用することによって，実務的には次のような役割も果たすことが期待される。

① 課題に対応できる技術のネットワークの編成
② 研究開発努力を注ぐべき事項の同定
③ 生産性向上ための焦点の同定
④ フィードバックシステムの構築

建築プロジェクトにおいて，コンセプト・チャンピオンたる建築設計者と，プロジェクト・リーダーたる施工・生産者のすべてを兼ね備える重量級マネジャーのような強力な統合者が存在しうるか，ということについては，本章で述べた諸状況を勘案すると，疑問の余地がないとは言えない。しかし，もしかりに，建築プロジェクト組織のシステム・アーキテクト役を誰かが果たすことになれば，かりに，コンセプト・チャンピオンと，プロジェクト・リーダーが別人格となったとしても，共働で解決策を推進し満足のいく解に収束させていくことは困難ではないと思われる。

建築プロジェクト組織のシステム・アーキテクト（プロデューサー）のもとに，コンセプト・チャンピオンと，プロジェクト・リーダー（システム・インテグレーター）が適切に配置される体制が，少なくとも現代の日本の建築プロジェクトにおける統合者のあり方としては最も現実的であり，かつ有効であると思われる。

つまり，システム・アーキテクト（SA）があらかじめ分業と調整の「場」や「仕組み」や「資源」を用意し，それらを用いてコンセプト・チャンピオン（CC）と複数企業のシステム・インテグレーター（SI）が企業横断的かつ水平的な設計生産調整を，創発的かつ緊密に行う。これによって，「水平的かつ緊密な企業間調整」という前述の課題が達成される。これが，複雑な大規模人工物の開発における，円卓協議方式が示唆する，基本的な組織構造である。これは，重量級プロダクトマネジャー（CC＋SI）が頂点に立って強力に牽引する自動車型とも，またシステム・アーキテクト（SA）が構築した分業構造を前提に企業間で緩やかな水平調整を行うオープン型製品とも異なる，建築業など将

来の大型人工物の開発において多用される，新たな開発組織設計のあり方と言えるかもしれない。

ただし，その実現のためには，課題もある。従前は，日本の大手建設会社には，建築プロジェクト組織のシステム・アーキテクトを担える人材は分厚く存在したと想像される。しかしながら，現代の建築プロジェクトはさらに複雑化高度化しており，それらの人材が経験知に基づいて蓄積してきた暗黙知だけでは，まとめあげが遂行できるか疑問を持たざるをえないようなプロジェクトも目白押しとなっている。また，一方では，本章で指摘したように，人材層そのものが薄くなってきている懸念もある。

今後，建築プロジェクト組織のプロデューサー役たるシステム・アーキテクト（SA）の重要性が認識され，そのノウハウ・知識が体系化されていくとともに，能力構築が強化されることによって，プロジェクト組織のシステム・アーキテクトがイニシアティブを持つような，まとめあげ（system integration）が広範に展開され，この国で進化・発展していくことを期待したい。さらに，そのあり方が，建築物のような複雑な人工物を，アドホックで，柔軟性のあるプロジェクト組織を通じて生み出していくための雛形になることもあわせて期待したい。

参考文献

浅沼萬里著，菊谷達弥編（1997），『日本の企業組織 革新的適応のメカニズム：長期取引関係の構造と機能』東洋経済新報社．

Barnard, C. I. (1938), *The Functions of the Executive*, Cambridge, MA: Harvard University Press.（山本安次郎・田杉競・飯野春樹訳『経営者の役割』ダイヤモンド社，1968年．）

Brooks, F. P. (1982), *Mythical Man-month: Essays on Software Engineering*, Addison-Weseley.

Clark, K. B. and T. Fujimoto (1991), *Product Development Performance: Strategy, Organization, and Management in the World Auto Industry*, Boston: Harvard Business School Press.（田村明比古訳『製品開発力：日米欧自動車メーカー20社の詳細調査実証研究』ダイヤモンド社，1993年．）

Cusumano, M. A. and K. Nobeoka (1998), *Thinking Beyond Lean: How Multi-Project Management is Transforming Product Development at Toyota and Other Companies*, New York: Free Press.

Davis, S. M. and P. R. Lawrence (1977), *Matrix, Reading*, MA: Addison-Wesley.

Fellows, R and A. M. M. Liu, (2012), "Managing Organizational Interfaces in Engineering Construction Projects: Addressing Fragmentation and Boundary Issues

Across Multiple Interfaces," *Construction Management and Economics*, Vol. 30, No. 8, pp. 653-671.

Fujimoto, T. (1989), "Organizations for Effective Product Development: The Case of the Global Automobile Industry," Unpublished D. B. A. Dissertation, Harvard University Graduate School of Business Administration.

藤本隆宏 (1997), 『生産システムの進化論：トヨタ自動車にみる組織能力と創発プロセス』有斐閣.

Fujimoto, T. (1999), *The Evolution of a Manufacturing System at Toyota*, New York: Oxford University Press.

藤本隆宏 (2004a), 「製造業『擦り合わせ力』磨け」日本経済新聞朝刊「経済教室」1月12日16面.

藤本隆宏 (2004b), 『日本のもの造り哲学』日本経済新聞社.

藤本隆宏編 (2013), 『「人工物」複雑化の時代：設計立国日本の産業競争力』有斐閣.

藤本隆宏・安本雅典編著 (2000), 『成功する製品開発：産業間比較の視点』有斐閣.

Groák, S. (1994), "Is Construction an Industry?: Note towards a Greater Analytic Emphasis on External Linkages" *Construction Management and Economics*, Vol. 12, No. 4, pp. 287-293.

平尾一紘・野城智也・吉田敏 (2006), 「建築プロジェクトにおける技術発展プロセスに関する考察：霞ヶ関ビルプロジェクトを題材として」『日本建築学会』第22回建築生産シンポジウム, 265-270頁.

池田紘 (2011), 「建築設計における思考枠組に関する研究：Issue Structure Analysis による建築設計の分析と考察」2010年度東京大学大学院修士論文.

Katz, R. and Th. J. Allen (1985), "Project Performance and the Locus of Influence in the R&D Matrix," *Academy of Management, Journal*, Vol. 28, No. 1, pp. 67-87.

河野英子 (2009), 『ゲストエンジニア：企業間ネットワーク・人材形成・組織能力の連鎖』白桃書房.

延岡健太郎 (2006), 『MOT [技術経営] 入門』日本経済新聞社.

Simon, H. A. (1969), *The Science of the Artificial*, Cambridge, MA: MIT Press. (稲葉元吉・吉原栄樹訳『システムの科学』第3版, パーソナルメディア, 1999年.)

Ulrich, K. T. and S. D. Eppinger (1995), *Product Design and Development*, 3rd ed. Boston, MA: McGraw-Hill.

Yashiro, T. (2014), "Conceptual Framework of the Evolution and Transformation of the Idea of the Industrialization of Building in Japan," *Construction Management and Economics*, Vol. 32, No. 1-2, pp. 16-39.

終章

建築産業のものづくりのあり方

執筆者一同

　本書では，とかく特殊なもの，特殊な世界と見られがちな建築物および建築業を「普通の人工物」「普通のものづくり産業」として分析することを試みた。第Ⅰ部では，設計論に立脚する広義の「ものづくり」概念を導入し，大型人工物たる建築物の設計・施工によって顧客や社会に対する使用価値を創造する活動を，利用者に対するサービス（機能）を顕現化させるプロセスとして再解釈するプランを示した。第Ⅱ部では，ビルディング・タイプとしての建築物を類型化し，アーキテクチャの観点から機能・構造・工程・組織の関係を分析し，日本の建築設計・施工の特徴を浮き彫りにしたうえで，建築物のアーキテクチャに関する戦略論的な検討を行った。これらの考察をふまえて，第Ⅲ部では，日本の建築業が直面する最大の課題のひとつとわれわれが考える「価値実現」，つまり顧客満足と利益獲得が両立するような建物の供給価格と機能（サービス）のパッケージをいかに実現するか，そのためにどんな課題を解決すべきかについて検討し，問題提起と提言を行った。

　終章では各章を通じて明らかになったことを振り返りながら，今後の建築産業のものづくりのあり方，他産業へのインプリケーションについて考えてみたい。

　まず，本書で議論された主な論点を整理し，列挙してみることにしよう。

1 本書が提示した論点

本書では，以下に示すように，まず建築の製品・市場特性ついて論点を整理したうえで，取引方式，アーキテクチャと戦略・組織，市場の転換に関する論点を述べる。

(1) 建築の製品・市場特性
- **アーキテクチャとしての建築**：建築物は古来設計行為を通じて実現される人工物の典型であり，多くは個別の機能的要求に応じて設計・生産される一品注文生産の複雑な人工物であることから，人工物のものづくりに関する経済学・経営学の成果，とりわけ機能・構造の関係の整合検討を基軸としたアーキテクチャ分析は有効に適用できる。建築業にアーキテクチャ分析が適用できれば，他の製造業やサービス業との比較が可能となり，その強みや弱み，機会・課題を浮き彫りにすることが可能である。
- **機能の流動性・創発性**：建築物の構造（空間）と機能（用途）の関係は，通常の製品（たとえば自動車やコンピュータ）に比べれば，流動的，創発的である。つまり，ある機能要件を満たすために設計された建物（構造）も，それが利用される場面で想定外の機能が事後的に発生することがある（発生機能：emergent function）。これは，設計者による機能の設計プロセスと，使い手が対象を操作（使用）して機能を取り出すプロセスとが，根本的に異なることを意味している。また，貿易財等とは異なり，長期の耐久財である建築には用途変更がつきものであるという側面もある。すでに存在する構造に即して機能の整合を検討する局面も多々あるということが，建築の特徴である。
- **構造の二面性**：機械等の人工物とは異なり，建築を用いるということはその構成物がつくりだす空間を用いることを意味する。したがって建築の構造（設計）を記述するには，空間（間取り図など）による方法と物的構成（断面詳細図など）による方法の二つがあり，対応する機能の集合も異なる。ここには，設計とは何か（たとえば意匠設計とエンジニアリング，かたちと属性の境界など）にさかのぼる重要な問題が提起されており，人工物のものづくり分析の地平をいっそう拡大する必要性可能性が示唆されている。
- **建築・建築市場の多様性**：建築およびその市場は多様であり，同じ建築の

一言で同様・同類の人工物を指すと考えてはならない。一般的なビルディング・タイプ（用途）による分類はある程度有効であるが，顧客へ向かう設計情報のよい流れを扱うものづくり分析は，ビジネス・モデル，顧客システム，ワークフロー，アーキテクチャを包含する新たな分類の枠組を必要とする。

・**顧客システム**：これまで，建築の実現にかかわる主体は建築主（施主），設計者（建築家），施工者の三者であると簡略に理解されてきた。しかし，構造の利用者（ユーザー）と所有者（オーナー）を分けて考えるものづくり分析の切り口からは，新たに重要な関係が見えてくる。これにB2C（個人注文住宅），B2B（工場，商業施設，貸しビル等），B2B2C（分譲集合住宅等）といった分類を重ねれば，顧客システムに立脚した精緻なものづくり分析が可能となる。多様で複雑な顧客システムを持つ公共建築実現のベスト・プラクティスを導く場合等にも必須の切り口である。

(2) 取引方式

・**レント獲得のためのリスクの引き取り**：成長市場（売手市場）においては，取引リスク（工期・工費・品質の遵守）は常に発注者側に存在するが，20世紀後半の日本ではそのリスクを一方的に受注者（ゼネコン）が引き取るというユニークな慣行が定着した。一見不合理に映るこの慣行も，継続的成長はリスク（損失）を上回って余りあるレント（追加的投資による利益）をもたらすと受注者が期待できたことから，受発注者の双方にとって互恵的であったと合理的に説明できる。受注者の追加的努力は統合型の組織能力を強化し，日本の建築ものづくりのアーキテクチャに製造業とも共通する擦り合わせ型の特質をもたらした。

・**設計施工一貫方式の成立**：レント獲得を実現するには，受注者が設計に関する裁量を持つことが不可欠であり，結果として設計施工一貫方式という独特の発注方式が多用されることになった。利益相反という理由から欧米の近代制度から排除されることになった設計・施工の兼業が，日本では成立していることになる。しかし，これは制度・慣習の歪みとしてではなく，ある歴史的過程における社会全体の合理的な選択であったと解釈することが，本書の論点である。市場縮小期，景気停滞期には，当然のことながらその合理性は揺らぐ。

・**生産設計と構工法**：受注者（ゼネコン）のレント獲得は主として「構造—

工程」アーキテクチャの擦り合わせを通じて実現される。その結果，受注者側においては，構造に対応するコスト削減に対する関心は高いが，価格とは機能に対して顧客が支払う対価であるという認識は薄く，しばしばコストと価格が混同されている。構造（構法）と工程（工法）を擦り合わせること（生産設計）を重視する風土のもと，日本では両者を統合する構工法という概念が生まれ，研究・実務に定着している。

- **設計の不確定性**：引き取ったリスクを相殺するレント獲得のために，施工者は設計に関する裁量を必要とする。その結果，設計施工一貫方式の場合に限らず，設計施工分離方式の場合においても，施工者決定段階での設計確定度は低い。同様の不確定性は元請と下請・サプライヤーでも発生するから，全体として設計の事前不確定性は高い。以上の供給者側の事情に加え，そもそも要望の全体を事前に明示し，設計を確定することは困難であり，建築物ができ上がっていく過程で要望をより具体化させていきたいという発注者側の事情もある。
- **機能から遊離した価格設定**：設計の不確定性は，建築物の価格設定の不安定性，不確定性に直結する。これと表裏をなす受注者主導のコスト偏重による価格設定という成長期の慣行と併せて，「機能から遊離した建築物の価格設定」が一般化するに至っている。顧客と受注者との間での機能と価格の関係を媒介にした緊密なコミュニケーションを阻む要因となっている。

(3) アーキテクチャと戦略・組織

- **アーキテクチャと組織能力の適合性**：ある企業の現場が持つ組織能力のタイプ（たとえば統合型か分業型か）と，その企業の製品が持つアーキテクチャのタイプ（たとえば擦り合わせ型か組み合わせ型か）との間に適合性が見られる場合，その現場と製品の組み合わせは，設計の競争優位（design-based competitive advantage）を生む。たとえば，欧米と比べ，日本の建築は擦り合わせ型アーキテクチャで統合型組織能力を発揮した場合に競争優位を発揮する傾向があると思われる。
- **アーキテクチャの位置取り戦略**：日本の建築物が従来，利用システムの特殊性に起因して「外インテグラル・アーキテクチャ」である傾向が強く，それが「中インテグラル・アーキテクチャ」の傾向をもたらした。結果として日本のあらゆる建築物は「中インテグラル・外インテグラル」の位置取り戦略に集中する傾向があったが，それが顧客の要求水準を上回る過剰

設計を蔓延させ，生産性向上を阻害していた面もある。しかし近年は，それ以外の位置取りへの移行も見られ，適材適所でアーキテクチャの位置取りを戦略的に選択することの必要性が明らかとなった。

・システム・インテグレーター：建築プロジェクトは不確実性・流動性が高く，企業内に限定された硬直的な開発組織を導入することはなじまない。むしろ，プロジェクト・プロセスの持つ多様性，複雑性，不確実性の中で，本質的課題を同定し，必要に応じて外部から適材適所の経営資源（とくに技術，知識，ノウハウ）を誘引するとともに，プロジェクト内部にあっては，統合者には業務の分担範囲を割り付け，外部からの経営資源と絡め合わせながら，有力な連携を作り出していくという能力が求められる。これは，建築の製品アーキテクチャと，プロジェクト内部組織の分業の割付を関連づけるとともに，外部からの経営資源の誘因促進を担うような，「建築プロジェクト組織のシステム・アーキテクト」とも言うべきプロデューサー的役割である。企業グループ内で自己完結した技術開発へのアンチテーゼとしてオープン・イノベーションなど分担協調型組織によるイノベーション（distributed innpvation）に対する注目・期待が高まっているが，こうした観点からも，システム・インテグレーターの役割は参考になると考えられる。

(4) 市場の転換

・成長の終焉：成長期を通じ，統合型組織能力と擦り合わせ型アーキテクチャは日本の建築産業に強みを付与し続けたが，成長の終焉はレント獲得機会を著しく減少させるため，強みが一転して弱みに変じたおそれがある。

・サービス・プロバイダー：フローからストック時代に入った建築業においては，建築というモノではなく，使い手・住まい手に建築の機能・サービスを提供することを主眼とする，新しい業域，すなわち「サービス・プロバイダー」の役割が重要となる。

2 浮かび上がってきた建築産業の課題

以上のような論点をふまえると，日本の建築産業には以下に列挙するような課題があることも浮かび上がってきた。

(1) 見えにくい機能

機能（サービス）を基盤に経済取引を引っ張っていく，換言するならば機能で価格をアピールする組織体制が必要である．建築は目に見える人工物ではあるが，ユーザーから見て，建築が保有している機能や，発揮している個々の機能は見えないことがよくある．逆に言えば，建築にかかわる機能が「見える化」できれば，顧客が便益を認識することができ，設計品質の高い建築物の付加価値を高めることができる．よりよい機能（サービス）の提供を通じて顧客を喜ばせたプレーヤーが価値を獲得し利益を上げる仕組みとして機能の「見える化」は不可欠である．

(2) 設計施工による価値獲得の困難性

第8・9章の分析から，顧客システムが複雑な場合はもちろんのこと，単純な場合であっても，価格は機能と連動しにくい可能性があることが示唆された．たとえば，マンションのように，機能と構造の所有者が一致するケースでも，設計や施工により機能を創出する企業（設計事務所やゼネコン）よりも，機能を顧客に伝達して提供する企業（デベロッパー）のほうが価値獲得において有利であることが経済モデルから導かれた．これは，価格を構造で定義する側よりも，価格を機能で定義する側のほうがより多くの利益を得ることを示唆している．

(3) 過剰なインテグラル化／モジュラー化

第6章の分析から，日本の建築の特徴として，設計も施工も「擦り合わせ型アーキテクチャ（インテグラル型）」の傾向が強いことが明らかになった．これは日本の強みでもあるが，ややもすると同章の開口部のケースにもあるように，不要な擦り合わせによる調整コストの増大につながりかねない．

一方で誤ったモジュラー化も避けるべきである．たとえば，自動車や船舶においては，制約条件が厳しく人工物の複雑化が進展していく中で設計のモジュラー化が起きているが，一部の建築においては，もっぱらコスト低減のためのモジュラー化が指向されており，これはしばしば設計品質の低下を招く．

また第7章で分析したように，設計者や施工者は，発注者の要望に応じたアーキテクチャの位置取りを本格的に検討する時期にきていることを認識すべきであろう．

このように，建築物設計のどの階層や部位をインテグラル化し，どこをモジュラー化すべきか，すなわちミクロレベルにおけるアーキテクチャの見極めが必要である．

(4) コンセプト・チャンピオンの不足

　日本のゼネコンが生産現場におけるシステム・インテグレーションの主役を果たしているにもかかわらず利益率が低いのは，提供している建築物の「機能の見える化」ができていないこと，言い換えれば顧客に直接価値を届けられないことに一因があると想像される。

　日本の建築ものづくり企業は，コンセプトを実物に写し込むための翻訳能力を鍛えていく必要がある。設計と施工が分業で行われる建築業では，この橋渡しの能力が自動車産業で言う「重量級プロダクト・マネジャー」が持つ能力に近いと考えられる。自動車の場合，システム・インテグレーションの役目を重量級プロダクト・マネジャーが担い，コンセプトを車に乗り移らせ，機能がさまざまな形で「見える化」され，付加価値を高めている。建築業の場合，コンセプト・チャンピオンもシステム・インテグレーションも担えるような人材が少ないのではあるまいか。現場たたき上げではあるが一方で関係者に理念も語れるような人材が分厚く必要である。加えて，「機能の見える化」のためには，機能を「見える化」するための物差し（metric, indicator）が過不足なく用意されているとは言いがたく，共通の物指し（common metric）の構築普及に汎産業的に取り組まねばならない。

(5) プロデューサーの不足

　コンセプト・チャンピオンの不足に加え，第11章の分析から，日本は超大型構造物が必ずしも得意ではないことが示唆される。これは，日本の産業が，自動車は得意だが，飛行機が苦手なところからも容易に想像できる。たとえて言うなら，オーケストラは得意だが，オペラは苦手だということである。

　日本の建築産業は，設計，施工，専門工事会社，メーカーなど，もともと要素技術に強い。それらを束ねて大きなものをつくることに課題がある。大規模なプロジェクトの場合，それぞれの分野のリーダーがそれぞれ大きなチームを率いている。大型人工物の場合，とくにそれが複雑である場合は，これらのリーダー同士で有効に調整する組織的な仕組みが必要である。この組織において，必ずしも契約発注側の技術者が実質的なイニシアティブをとるとは限らない。チームとしてうまく機能できるか，第11章で言及したプロデューサーを育成していく必要があろう。

(6) 発注者の能力不足

　だからと言って，建築物の発注者の役割を軽視するつもりは毛頭ない。第3

章でも言及したように，大型建築物の発注者が，自らの要求条件を事前に過不足なく明示することは容易ではない。加えて日本においては，第2章に述べた状況から発注者から受注者にリスクを移転する慣行が近年まで続いてきたため，プロジェクトのマネジメント，リスク・マネジメントに対する認識も経験も不足していることが多い。その結果，発注者が本当に必要な建築物を得るためのプロセス（要求条件の同定・整理，すなわち機能開発）がおろそかになり，建築物の使用段階で想定していた機能との齟齬（使い勝手の悪さ，維持管理費用の高騰）が生じるなど，顧客満足度を低下させるケースが想定される。

発注者は自身が求める要求を自分の言葉で正確に表現し，つくり手はそれを建築の言葉や技術に翻訳してそれに適したアーキテクチャで対応していくことの重要性は本書を通じての主張の一つである。欧米では発注者がリスクを負うためにコンサルタントなどの外部専門家を雇うことがごく当たり前であるように，日本においても発注者のマネジメント能力を高めていく育成や支援の仕組みが必要である。

以上述べた課題から透けて見えてくることは，良い発注者と良い受注者が組んで，市場をつくることができるかどうかが課題解決にとっては枢要であるということである。ユーザーによる操作が容易な箱物としての建築物を用意し，それをどう操作し求められる機能を発揮させるのかについては，発注者と受注者が共同で価値をつくり込む価値共創が求められると言ってもよい。ただし，開発事業などで発注者と受注者としてのデベロッパーが展開しているようなあり方のみを発注者と受注者による価値共創のあり方と理解すべきではない。建築産業における各プレーヤーの保有能力範囲に応じた価値共創のあり方が探究されるべきである。たとえばゼネコンはデベロッパーの真似をするのではなく，設計とエンジニアリングの領域において，機能を訴求するイノベーションを起こすことが求められると言ってよい。

3　今後の展望と提言

本書の紙数は尽きた。しかし，以上述べてきた課題を乗り越えて，日本の建築産業の将来展望を拓いていくためには，次の二つの設問に答えていく必要があろう。第一に「大型建造物はどこまで複雑化し，どう対処していけばよいか」，第二に「機能の見える化と付加価値の獲得をいかにして成し遂げるか」

である。

3.1 建物は複雑化するのか

まず，一つめの設問は，「大型建造物はどこまで複雑化するか」である。しかし，これに関しては，「複雑化と単純化の動きが錯綜し，全体としての趨勢は読みにくい状況が続く」と，歯切れの悪い解を用意するしかないであろう。

たとえば，同じく複雑な人工物である高機能型の乗用車と比べた場合，大型建築物は，たしかに部品点数では自動車に比べ桁違いに複雑であり，要求機能の多様さも自動車以上であろう。設計・開発組織も，より複雑になりやすい（本書の第11章）。しかし，自動制御系に関しては，高速移動する重量物である自動車（制御ソフトはしばしば1000万行を超える）ほどには複雑でないかもしれない。いずれにせよ，建築物が，地上で最も複雑な人工物の一つであることに変わりはない。

それでは，大型建造物は，今後も設計的に複雑化していくのであろうか。比較の意味で，自動車，戸別住宅，大型の商業建築物を考えてみよう。まず自動車に関しては，近年における新興国市場の急速な拡大により，構造が単純でモジュラー型寄りの安価なモデルが中国などの新興国市場で急拡大し，世界市場に供給される自動車の平均的な設計複雑度は下がったと見られる。複雑なインテグラル型の高機能・低燃費車を得意とする日本の一部企業は，新興国で苦戦している。

図終-1 は，2つの技術が並存する状況下における製品性能，市場規模，複雑度の関係を示した概念図である（藤本2013）。クリステンセンの『イノベーションのジレンマ』では，ハードディスクドライブ産業などでは，主力企業が勝ちパターンである既存技術に固執し，「持続的イノベーション」を繰り返した結果，顧客が望まない過剰設計に陥り，後続の代替技術による「破壊的イノベーション」を担う新興企業にとって代わられるということが明らかにされている（図終-1の(1)）。

これに対して，図終-1の(2)は自動車産業を想定して描かれていたが，自動車産業の場合は，日欧米の先進国モデルと，中国など新興国市場のモデルは，設計思想の異なる製品群として並存する状況が想定されている。クリステンセンの議論とは異なり，先進国モデルの市場も依然として大きいままに維持されている。これは「高速で公共空間を走る重量物体」という自動車の本質を変え

図終-1　製品性能曲線，市場規模，平均複雑度曲線

(1)　破壊的技術が次々と出現するケース（クリステンセンの想定）

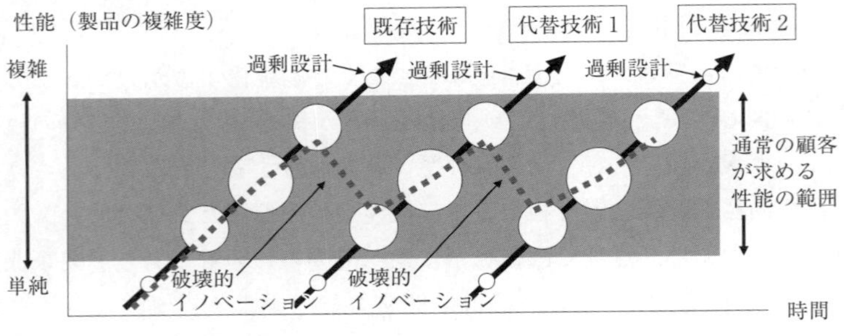
性能（製品の複雑度）
既存技術
代替技術 1
代替技術 2
複雑
過剰設計
過剰設計
過剰設計
通常の顧客
が求める
性能の範囲
単純
破壊的
イノベーション
破壊的
イノベーション
時間

(2)　二つの技術が並存する場合（自動車はこれに近い？）

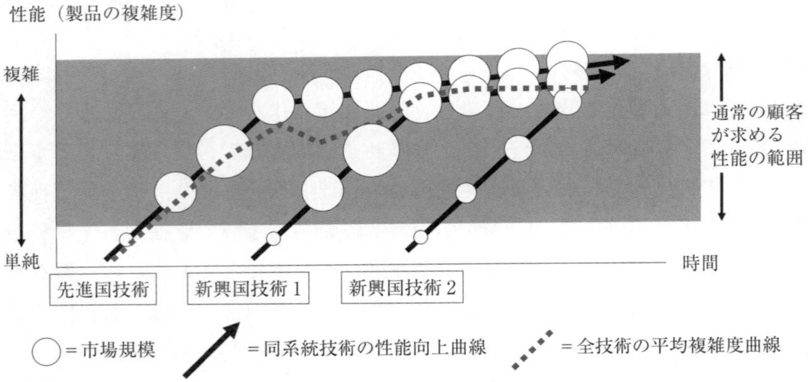
性能（製品の複雑度）
複雑
通常の顧客
が求める
性能の範囲
単純
時間
先進国技術
新興国技術 1
新興国技術 2
＝市場規模
＝同系統技術の性能向上曲線
＝全技術の平均複雑度曲線

（出所）　藤本（2013）。

ることが困難なうえ，近年の環境・安全規制，品質基準の厳格化などが相まって，複雑・擦り合わせ型のアーキテクチャを持つ自動車が市場で生き残り続けることを示唆している。

しかも，クリステンセンも想定したように，先進国，新興国，それぞれの市場においては，顧客はしだいに高機能な製品を求めるようになる。つまり，市場ニーズの重心の移動を示す矢印は上方に向かっている。今後，中国自動車市場の爆発的な拡大に匹敵するような世界市場の急変は起こらないと考えるなら，自動車という人工物の平均の設計複雑度は，結局は上がってくると考えられる。つまり，21 世紀前半を見通したとき，自動車の設計は結局複雑化すると筆者らは考える。

では，建築物の場合はどうか．まず住宅のように国民の所得水準が予算制約として影響する耐久消費財の場合は，高所得国と低所得国で設計思想が異なる可能性（低所得国でモジュラー型の住宅が普及する可能性）はあるが，実際のトレンドはそう単純でもない．たとえば在来工法の住宅の場合，耐震性，耐火性，防犯性，断熱性，快適性など，その基本性能は顕著に向上しているが，サッシや外壁といった工業製品に関しては，部品の標準モジュール化によって選択肢が狭まり，意匠性に関してはレベルダウンの傾向も一部見られる．要するに，高機能化・高デザイン化と標準化の間での綱引きが見られ，全体としての設計が複雑化するのか簡素化するのか，インテグラル化かモジュラー化か，部位によって動きは錯綜しているように見える．

大型の公共建造物の場合，企業や政府の予算で建築が行われるため，国民の所得水準と設計思想の連動性は住宅よりは低く，新興国でも巨大で複雑な建造物が建設されることは少なくない．中国などの新興国政府が国威発揚のために巨大で目立つ建築物を発注する傾向が強い．この場合，むしろ新興国で，新規な材料や工法を用いたインテグラル型の大型建築物が林立する可能性もある．また，いわゆるスマートシティや震災復興地域のように，エネルギー効率や防災性に関する目標が高くなれば，地域の建物群の相互依存性が高まり，街全体の設計がインテグラル化する傾向も予想される．

いずれにせよ，大型建築物の場合，大地に根を張り長期間使われること，人命や人生に深くかかわることなどから，一方においては建築物あるいは建物群の高機能化・多機能化の傾向は地球規模で続き，それに応じて設計の複雑化・インテグラル化・個別最適化の傾向は続くと見られる．しかし他方では，設計者の能力を超えた「複雑性の爆発」を避けるために，切羽詰まったかたちでの設計の簡素化・モジュール化・標準化の努力も同時に続けられよう．

21世紀は，デジタル化により人類が論理的な計算制約から解放される一方で，物理的・生理的な環境制約は強まる．そうした中で，複雑化大型建築物の設計は，一方において複雑化の趨勢，他方において簡素化の努力が続き，その固有技術と設計思想は，新たな環境に適応するかたちで，いやおうなく進化していくことになろう．

3.2 アーキテクチャ発想の能力構築競争

以上，見てきたように，日本の大型建造物は変化していても最後は擦り合わ

せにいきつく。むろん，設計の細部においてはモジュラー化，共通化，インターフェイス（結合部）の標準化などによる設計簡素化の努力は必須と見られるが，しかし社会や市場が課す機能要件や制約条件を満たす過程において，全体としてはインテグラル型に帰着しやすい。

たとえば，大手ゼネコンをスピンアウトした技術者が創業したベンチャー企業[1]が手がけるサービスは擦り合わせ型である。同社の提供する既存建築における使用エネルギー削減サービスでは，開発したソフトウェアを用いて，運用改善策を試行実施・評価しながら，個別の建物のハードウェア特性，環境特性，運用特性を明らかにし，目標値に継続的に近づけていくサービスを提供し，顧客価値を獲得している。これは前述のように，ディマンドチェーンの観点から，顧客価値を見出し，擦り合わせ能力と結びつけた好例であると思われる。このような機能の組立能力（顧客との擦り合わせ能力，既存建築を対象とした機能開発，ディマンドチェーンの開発能力など）を鍛えることが求められる。

そもそも大型人工物においては，ものづくり（設計・生産）と考えること（研究・企画）が不即不離である。R&D・設計とものづくり現場が離れるわけにはいかない。船のように自国完結型もあれば，飛行機のようにグローバルなものもある。飛行機がなぜグローバルなのかと言えば，サブセットがすでに十分に大きいからである。GEのエンジンでもカーボンファイバーの翼でも，切り分けた後の中のインテグレーションはやはりものづくりの現場で行う必要がある。

建築の場合は，その土地ごとに一種類しかつくり方がないのが特徴である。現場は一品生産プロジェクトであるが，かなりの部分を現場が責任を負う。現場所長，現場という単位に工期や品質の責任やその問題解決に関する情報が集中しているという意味において，デザインビルドのように施工者が設計に関与するシステムは，きわめて合理的である。

アーキテクチャの観点から言えば，ある種のモノは擦り合わせに収斂化するし，ある種のモノはモジュラー化する。たとえば，プレハブやシステム住宅などはモジュラー化に収斂した一例である。モジュラーな建築は，ある特定の時間・空間の状況を反映して，その時代に最適なアーキテクチャとして生き残っ

---

1 専門の技術者が常駐していないような建築物などを主たる対象に，建築物の使用に伴うエネルギーの削減のための診断・運用改善サービスや，改修のためのコンサルティングサービスを提供しているベンチャー企業。建築の機能を売る，新たな付加価値創造に挑戦している企業の一例と言ってよい（http://www.a-bl.co.jp/index.html）。

ている。その意味で，モジュールを巧みに組み合わせるマス・カスタマイゼーション戦略は，日本のハウスメーカーが完成させた独自のアーキテクチャ発想の戦略であると言えよう。

アーキテクチャの比較優位論から見ると，われわれは決して「日本人が得意な擦り合わせ型の建築に特化せよ」と主張しているのではない。擦り合わせ型の建築が比較優位を持つにはいくつかの前提条件が必要である。

第一に，「擦り合わせ比較優位説」は，能力構築競争により組織能力を鍛えてきた現場にのみ当てはまるという点である。

第二に，擦り合わせ型製品は，顧客が製品の極限性能や機能バランスにこだわるような市場でのみ通用する。そうでない市場では，擦り合わせ型製品は過剰設計となり価格競争力を失う可能性がある。アーキテクチャの優劣を決めるのは，あくまでも顧客であるという点を忘れてはならない。

第三に，「擦り合わせ比較優位説」は，モジュラー化を目指す日本の技術者の事前の努力を否定しない。技術者たるもの，市場と技術が許す限りにおいて，設計をモジュラー化し簡素化する事前の努力をするのは当然である。しかし事後的には，厳しい顧客ニーズや技術革新ゆえに，モジュラー化が難しい製品が出てくる。日本企業が強いのはまさにそうした「事前にはモジュラー化努力をしたけれども，事後的に擦り合せにとどまる製品」である。

第四に，日本製品といえども「擦り合わせべったり」の製品で勝負することは難しい。成功している日本製品は，顧客にアピールする要所要所に「擦り合わせ設計」を仕込んでいると考えられる。むしろ，全面擦り合わせの製品は，多くの場合，過剰設計で価格競争力を失うのではないか。

以上をふまえたうえで，日本は海外に比して得意なモノをつくればよい。発注者の要望に対する許容や真のニーズを深く理解しつつ，モジュラー戦略とインテグラル戦略をうまくバランスすることが重要であろう。たとえば，得意な擦り合わせ建築はゼネコンの組織力や世界的に認められている設計力で勝負しつつ，モジュラーな建築は過剰な擦り合わせを避けてBIMを最大活用する，といった戦い方が求められる。

3.3 新たな形式の人工物創造能力の向上

次の設問は，「機能の見える化と付加価値の獲得をいかにして成し遂げるか」である。前節で，発注者の能力不足，機能の「見える化」の不十分さを指摘し

たが，これらの問題は，何をつくるのか（what to build）を定義する能力，すなわち，新たな機能の開発能力の不足を示唆している。

一方，日本の産業は，形や大きさの見えるモノを媒介としたコーディネーションは強く，その意味で，日本の建築産業は納期を厳守し品質管理する能力，換言すれば，どのようにつくるのかにかかわる能力（how to build）は高い。

反面，日本の産業は，目に見えないモノ・コトの設計・調整は強くない傾向があると言われる。たとえばソフト製品の開発がこれに当たる。目に見えないモノ・コトの創造では，物差しをつくって，評価して，最適化するという一連のプロセスをなめらかに運ぶために，何をつくるのか（what to build）を定義する能力と，どのようにつくるのかにかかわる能力（how to build）を絡み合わせることが不可欠である。何をつくるのかを定義する能力の未成熟さは，建築物の機能（サービス）を売るという新たな付加価値創造の機会を損なってしまっているおそれが強く，その能力を向上させることは急務である。

かりに，what to build 能力を向上させることは，既存の設計要素を組み合わせて新しい人工物の形式（コンフィギュレーション，configuration）を創造する能力も賦活させるであろう。たとえば，竹中工務店が東京ドームをつくったときは，類似の構造物は存在せず，東京ドームの建設はまさに新たな人工物形式の開発でもあった。かつての日本では，プレハブ住宅やユニットバスなどのように新たな人工物の形式が盛んに創造され，日本人の生活を変えるようなイノベーションがもたらされていた。今日でも，さまざまな建築設備・部品・材料が開発されているが，かつてのユニットバスや洗浄機つき便座のようなイノベーションを生む例は激減し，製造企業には手詰まり感があるように見受けられる。その原因を要素技術の後進性に求め革新的な技術の開発に活路を見出すきらいもあるが，むしろ，新たな人工物形式を生み出しえていない点に主因があることを見落としているおそれがある。

What to build 能力を補強し，従来からの強みである how to build 能力を絡ませて，新たな形式の人工物を創造する能力を向上させていくことは急務であり，さもないと，たとえばスマート・シティをはじめとする大規模で複雑な人工物の創造（新たなコンフィギュレーションの創造）にかかわる国内外の競争で，日本の建築産業が後塵を拝してしまうおそれがあると言わねばならない。

3.4 優れたディマンドチェーンの構築と進化

建築の機能を売ることがもたらす付加価値向上によるイノベーション，新たな形式の人工物の創造によるイノベーションを進めていくためには，what to build 能力の向上だけでなく調達のあり方の変革も不可欠であり，日本の建築産業にかかわるサプライ・チェーンをディマンド側から見直すことが求められている。これは現実のサプライ・チェーンをいかに再編成して，よいディマンド・チェーンをいかに構築するかという課題であるとも言える。

日本の建築産業にかかわるサプライ・チェーンは進化の一途を辿ってはいるが，一方ではサプライ・チェーン・システムの垂直統合度と複雑度は増し，硬直化を生んでいる。こういった硬直性は，よりよいディマンド・チェーン構築の阻害となりうる。

発注者側に立つ強力な独立したコンサルタントが登場すること，いわば，買い手の代理人（buying agent）やコンシューマー（consumer）役のプレーヤーがその活動域を広めていくことが優れたディマンド・チェーンの構築と進化には重要である。

4 結語：開かれた建築業を目指して

本書においてわれわれは，大地に根を張る大型人工物である建築物を考察の対象とし，その課題と可能性を考えてきた。われわれは，建物はまずもって「設計されたもの＝人工物」であり，「設計」とは人工物の機能と構造と工程の関係を事前に規定することであると考えた。そして，建物の使用者が建物から得る使用価値すなわち建物の価格の根拠は，まさに使用者が建物を操作し使用することによって引き出される機能，すなわち建物が提供する「サービス」であると考えた。

建物とは，外と内を分ける構造物であると同時に，それによって区切られた空間でもある。つまり，空間そのものに機能がある。したがって，建物の機能は多義的であり，創発的である。建物の使用価値は，そうした将来の発生機能をも反映するべきであるが，そうした無形の機能，すなわち建物が将来においてもたらすサービスに対するイマジネーションが，受注側でも発注側においても十分でない場合，建物の価格は，そうした本質的な機能を反映せず，むしろ単に構造的な特性（たとえば床面積）と結びついたかたちで提示されることにな

る。日本において指摘される，建築会社の低利潤体質は，「建物は設計され実現され操作されるもので，その価値は操作の結果としての機能あるいはサービスによって決まる」という上記の考え方が，建築業界に十分浸透していないことが一因ではないかとわれわれは考える。

建築は，英語で言えば「アーキテクチャ」であるが，皮肉なことに，建築業界は「アーキテクチャ」という言葉のもう一つの意味，すなわち「設計形式に関する思想」についてはあまり議論してこなかった。建築業界では，先端的な固有技術や設計内容（デザイン）については常に語られてきたが，設計の形式的・思想的な側面，つまりアーキテクチャの戦略・戦術に対する意識は希薄であった。むしろそうしたアーキテクチャ発想は，1990年代以降，米国を起点に，機械・電子工学やソフトウェア工学や経営学で発達してきた（Ulrich 1995; Baldwin and Clark 2000; 藤本 2004）。アーキテクチャ概念の一つの起源が，建築家クリストファー・アレグザンダーの *Notes on the Synthesis of Form* であったにもかかわらず，である。

これに対し，われわれは，建築物に対する環境制約も機能・安全要求も厳しくなる21世紀前半において，建物の価値の源泉は，まずもってその「機能（サービス）」であると主張した。そしてその機能は，建築物の構造を操作することで発生すると考え，建築業界は，建物の機能と構造に関する戦略的な思考，すなわちアーキテクチャ戦略を構築すべきだと論じた。また，そうした戦略を有効に実現する組織の設計を工夫すべきであるとも述べた。

これらの考察は，建築物という一見身近な存在に関し，建築学と社会科学の専門家が，幾夜もディスカッションを重ねる中から生まれた。こうした，いわば文理融合による産業分析や「ものづくりプロセス」の分析は，いわゆる「普通の製造業」の分野では近年活発になってきた。しかしわれわれは，とかく特殊な産業と見られてきた建築業も，一個の人工物を設計し実現する産業であり，そこでは，他の製造業やサービス業との「設計思想」や「ものづくり知識」の共有がきわめて有効だと考えている。21世紀の建築業は，そのように知的に開かれた産業であり続けるものと，われわれは期待する。

参考文献

Alexander, C. A. (1964), *Notes on the Synthesis of Form*, Cambridge, MA: Harvard University Press. （稲葉武司訳『形の合成に関するノート』鹿島出版会，1978年。）

Baldwin, C. Y. and K. B. Clark (2000), *Design Rules: The Power of Modularity*, Vol. 1, Cambridge, MA: MIT Press.（安藤晴彦訳『デザイン・ルール：モジュール化パワー』東洋経済新報社，2004年。）

Christensen, C. M. (1997), *The Innovator's Dilemma: When New Technologies Cause Great Firms to Fail*, Boston, MA: Harvard Business School Press.（伊豆原弓訳『イノベーションのジレンマ：技術革新が巨大企業を滅ぼすとき』翔泳社，2000年，増補改訂版2001年。）

藤本隆宏（2004），『日本のもの造り哲学』日本経済新聞社。

藤本隆宏編（2013），『「人工物」複雑化の時代：設計立国日本の産業競争力』有斐閣。

Ulrich, K. T. (1995), "The Role of Product Architecture in the Manufacturing Firm," *Research Policy*, Vol. 24, No. 3, pp. 419–440.

編者紹介

藤本 隆宏（ふじもと たかひろ）
　東京大学大学院経済学研究科教授
野城 智也（やしろ ともなり）
　東京大学生産技術研究所教授
安藤 正雄（あんどう まさお）
　千葉大学名誉教授
吉田 敏（よしだ さとし）
　産業技術大学院大学産業技術研究科教授

建築ものづくり論　Architecture as "Architecture"
Architecture as "Architecture": Function, Structure and Process

東京大学ものづくり経営研究シリーズ

2015年7月10日　初版第1刷発行

編　者	藤本　隆宏
	野城　智也
	安藤　正雄
	吉田　敏
発行者	江草　貞治
発行所	株式会社　有斐閣

〒101-0051
東京都千代田区神田神保町2-17
電　話　(03) 3264-1315〔編集〕
　　　　(03) 3265-6811〔営業〕
　　　　http://www.yuhikaku.co.jp/
印　刷　大日本法令印刷株式会社
製　本　大口製本印刷株式会社

© 2015, Takahiro FUJIMOTO, Tomonari YASHIRO, Masao ANDO and Satoshi YOSHIDA. Printed in Japan

★定価はカバーに表示してあります。
落丁・乱丁本はお取替えいたします。

ISBN 978-4-641-16414-7

JCOPY　本書の無断複写(コピー)は、著作権法上での例外を除き、禁じられています。複写される場合は、そのつど事前に、(社)出版者著作権管理機構(電話03-3513-6969, FAX03-3513-6979, e-mail: info@jcopy.or.jp)の許諾を得てください。